WEBER-GRELLET

Bilanzsteuerrecht

REIHE
Studienprogramm Steuern

Herausgeber der Reihe:
Prof. Dr. Heinrich Weber-Grellet

Bilanzsteuerrecht

Professor Dr. habil. Heinrich Weber-Grellet
Universität Münster
Vorsitzender Richter am Bundesfinanzhof a. D.

21., vollständig überarbeitete Auflage, 2025

BOORBERG

Bibliografische Information der Deutschen Nationalbibliothek | Die Deutsche Nationalbibliothek verzeichnet diese Publikation in der Deutschen Nationalbibliografie; detaillierte bibliografische Daten sind im Internet über www.dnb.de abrufbar.

21. Auflage, 2025
ISBN 978-3-415-07624-2

Bis zur 20. Auflage erschien das Werk im Verlag Alpmann und Schmidt Juristische Lehrgänge Verlagsgesellschaft mbH & Co. KG, Münster.

Satz: abavo GmbH, Nebelhornstraße 8, 86807 Buchloe | Druck und Bindung: CPI books GmbH, Eberhard-Finck-Straße 61, D-89075 Ulm

Richard Boorberg Verlag GmbH & Co KG | Scharrstraße 2 | 70563 Stuttgart
Stuttgart | München | Hannover | Berlin | Weimar | Dresden
www.boorberg.de

Die Freude an der Buchführung

> „Ich ging soeben unsere Bücher durch, und bei der Leichtigkeit, wie sich der Zustand unseres Vermögens übersehen lässt, bewundere ich aufs neue die großen Vorteile, welche die doppelte Buchhaltung dem Kaufmanne gewährt. Es ist eine der schönsten Erfindungen des menschlichen Geists, und ein jeder gute Haushalt sollte sie in seiner Wirtschaft einführen. Die Ordnung und Leichtigkeit, alles vor sich zu haben, vermehrt die Lust zu sparen und zu erwerben, und wie ein Mensch, der übel haushält, sich in der Dunkelheit am besten befindet und die Summen nicht gerne zusammen rechnen mag, die er alle schuldig ist, so wird dagegen einem guten Wirte nichts angenehmer, als wenn er sich alle Tage das Fazit seines wachsenden Glücks ziehen kann."

Mit diesen Worten versucht Schwager Werner dem Wilhelm in Johann Wolfgang von Goethes „Wilhelm Meisters theatralische Sendung" (spätere Auflagen liefen unter dem Titel Wilhelm Meisters Lehrjahre und enthielten diese Passage nur in gekürzter Form), die Tätigkeit als Kaufmann schmackhaft zu machen (nach Giersberg, FAZ v. 08.07.2003, U 1).

Inhaltsverzeichnis

1. Abschnitt Grundlagen

A. Gegenstand

Das Bilanzsteuerrecht – nach Max Lion eines der schwierigsten, interessantesten und wichtigsten Gebiete des Steuerrechts (Lion, Vorwort) – ist der Teil des Steuerrechts, der sich mit der ertragsteuerlichen Gewinnermittlung durch Bilanzierung befasst.[1] 1

Daraus folgt:

- Das Bilanzsteuerrecht ist eine juristische Disziplin.
- Das substanzsteuerliche Bewertungsrecht gehört nicht zum Bilanzsteuerrecht.
- Die Gewinnermittlung durch Überschussrechnung (§ 4 Abs. 3 EStG) und die Gewinnermittlung nach Durchschnittssätzen (§ 13 a EStG) stehen außerhalb des Bilanzsteuerrechts.

Zum Bilanzsteuerrecht gehören demnach die Normen, die die Gewinnermittlung nach § 5 Abs. 1 EStG (für Gewerbetreibende) und nach § 4 Abs. 1 EStG (z.B. für Land- und Forstwirte, freiwillig bilanzierende Freiberufler) regeln.

Stellung des Bilanzsteuerrechts innerhalb des Steuerrechts 2

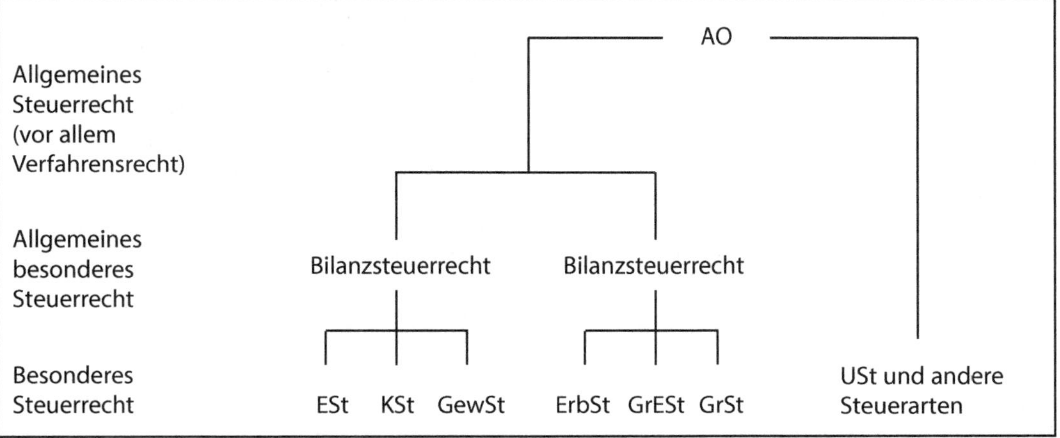

B. Anwendungsbereich

Das Bilanzsteuerrecht dient der steuerlichen Gewinnermittlung. Der **Gewinn** ist Grundlage der Einkommensermittlung bzw. der Steuerfestsetzung für die 3

- Einkommensteuer (§ 2 Abs. 2 S. 1 Nr. 1 EStG: bei Einkünften aus Land- und Forstwirtschaft, Gewerbebetrieb und selbstständiger Arbeit),
- Körperschaftsteuer (§ 8 Abs. 1 KStG) und
- Gewerbesteuer (§ 7 S. 1 GewStG).

Zur Gewinnermittlung durch Bilanzierung **verpflichtet** sind

- Gewerbetreibende, die aufgrund gesetzlicher Vorschriften verpflichtet sind, Bücher zu führen und regelmäßig Abschlüsse zu machen (§ 5 Abs. 1 EStG),

1 Vgl. Mathiak/K/S/M § 5 EStG Rn. A 19; zu Grundfragen und Zukunft der Gewinnermittlung Weber-Grellet DB 2010, 2298, DB 2016, 1279.

- Land- und Forstwirte, die aufgrund gesetzlicher Vorschriften verpflichtet sind, Bücher zu führen und regelmäßig Abschlüsse zu machen (§ 4 Abs. 1 EStG; Rückschluss aus § 13 a Abs. 1 S. 1 Nr. 1, § 4 Abs. 3 EStG).

Klein-Gewerbetreibende können ihren Gewinn **freiwillig** nach § 5 Abs. 1 EStG ermitteln, zu Klein-Land- und -Forstwirten vgl. § 4 Abs. 1 EStG (vgl. § 13 a Abs. 2 S. 1 EStG).

Steuerpflichtige mit Einkünften aus selbstständiger Arbeit können zwischen der Gewinnermittlung nach § 4 Abs. 1 EStG und der nach § 4 Abs. 3 EStG wählen.

Zur Buchführungspflicht vgl. 3. Abschnitt, Rn. 113 ff.

4

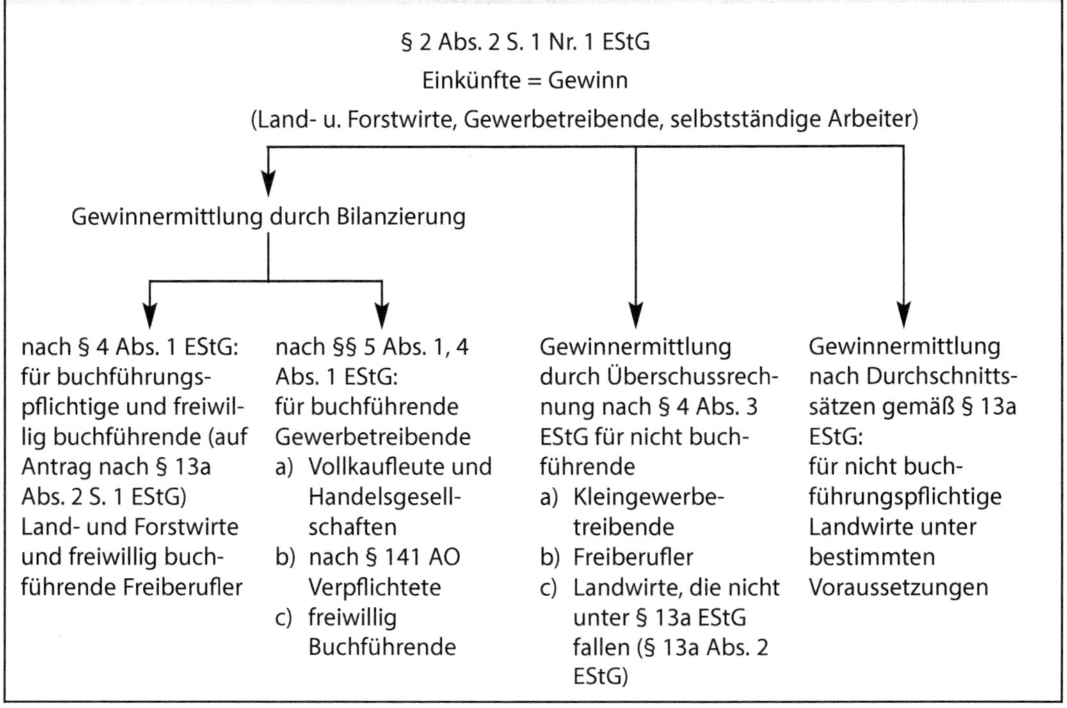
Gewinnermittlung bei Unternehmern

Eine (unsystematische) Sonderregelung ist die sog. Tonnagebesteuerung nach § 5 a EStG, bei der der Gewinn für Handelsschiffe im internationalen Verkehr nach der im Betrieb geführten Tonnage zu ermitteln ist.

C. Rechtsgrundlagen

5 Das Bilanzsteuerrecht ist nicht einheitlich kodifiziert. Pläne zur Verabschiedung eines selbstständigen Steuerbilanzrechts sind gescheitert.[2] De lege ferenda ist – im Hinblick auf die Eigenständigkeit des Steuerrechts[3] – ein eigenständiges Bilanzsteuerrecht anzustreben.[4]

---

2 Vgl. Entwurf eines 3. StRefG – EStG 1975 – v. 09.01.1974 – BT-Drs. 7/1470 in Anlehnung an die Vorschläge der Steuerreformkommission 1971.

3 BFH v. 31.01.2013 – GrS 1/10, BStBl. II 2013, 317; Schmidt/Weber-Grellet § 2 Rn 38.

4 S. im Einzelnen Weber-Grellet DB 2016, 1279.

Grundlegende Normen sind die §§ 4–7 k EStG, die kraft Verweisung (vgl. § 8 Abs. 1 KStG; § 7 S. 1 GewStG) auch für den Bereich der KSt und der GewSt Anwendung finden **(Kernbereich des Bilanzsteuerrechts)**. Diese Vorschriften definieren den Begriff des Gewinns und schreiben vor, wie der Gewinn zu ermitteln ist.

Rechtsquellen des Bilanzsteuerrechts finden sich darüber hinaus in einer Vielzahl anderer Gesetze, auf die ausdrücklich oder stillschweigend verwiesen wird. Von besonderer Bedeutung sind vor allem

- §§ 140 ff. AO, die steuerrechtlichen Vorschriften über die Führung von Büchern und Aufzeichnungen, und
- §§ 238 ff. HGB, zumeist Grundsätze ordnungsmäßiger Buchführung (GoB), auf die § 5 Abs. 1 EStG verweist.

Das Bilanzsteuerrecht befindet sich in einem steten Wandel; dieser Wandel zeigt sich aktuell in der Neujustierung der Maßgeblichkeit durch das BilMoG, in der Internationalisierung der Rechnungslegung und in Zusammenhang mit der fortlaufenden Digitalisierung der Rechnungslegung (E-Bilanz).

Noch nicht abschließend geklärt ist die Frage, welchen Einfluss das **europäische Bilanzrecht**, insbesondere in Gestalt der RL 2013/34/EU (v 26.06.2013; ABl Nr. L 182, 19 v. 29.06.2013), die die 4. RL (78/660/EWG – BiRiLi) und die 7. RL (83/349/EWG – konsolidierter Abschluss) ersetzt, und die **internationalen Rechnungslegungsgrundsätze**, wie die IAS (International Accounting Standards) – nunmehr IFRS (International Financial Reporting Standards) – und die US-GAAP (General Accepted Accounting Principles) auf Dauer auf das Bilanzsteuerrecht entfalten werden.[5] Der **EuGH** selbst hält sich – bei RL-Berührung – auch in bilanzsteuerrechtlichen Fällen für zuständig,[6] überlässt die Entscheidung über eine Vorlage aber eher den nationalen Gerichten.[7] Dementsprechend haben in den letzten Jahren die Finanzgerichte von bilanzsteuerrechtlichen Vorlagen abgesehen.

---

5 Dazu Schmidt/Weber-Grellet § 5 Rn. 3; s. u. Rn. 48.

6 C-28/95, DB 1997, 1851, Tz 26/27 – Leur-Bloem; C-275/97, DStR 1999, 1645 – DE + ES zu pauschalen Garantierückstellungen; C-306/99, BStBl. II 2004, 144 – BIAO, auch zur Wertaufhellung; C-640/18 DStRE 2020, 577 – Wagram – zur Bilanzwahrheit beim Ratenkauf (kritisch Weber-Grellet, FR 2020, 834).

7 C-297/88, 197/89 EuGHE I 1990, 3763 – Dzodzi; Weber-Grellet DStR 2003, 67; ferner Bärenz DStR 2003, 492; Scheffler StuB 2003, 298.

6

Übersicht

Rechtsgrundlagen des Bilanzsteuerrechts

§§ 4–7 k, insbesondere §§ 4 Abs. 1, 5 EStG

Handelsrechtl. Grundsätze ordnungsmäßiger Buchführung (zum größten Teil kodifiziert im HGB, 1. Teil, 3. Buch, §§ 238–339)

AO (§§ 140-148)

I. §§ 4–7 k EStG

1. § 4 Abs. 1 EStG	Allgemeiner Gewinnbegriff
	Betriebsvermögen am Schluss des Wirtschaftsjahres (Wj.)
/	Betriebsvermögen am Schluss des vorangegangenen Wj.
+	Wert der Entnahmen
/	Wert der Einlagen
=	Gewinn
2. § 4 Abs. 2 EStG	Bilanzkorrektur
3. § 4 Abs. 4–8 EStG	Betriebsausgaben
4. § 4 a EStG	Gewinnermittlungszeitraum; Wirtschaftsjahr
5. § 4 f EStG	Verpfl ichtungsübernahmen
6. § 5 Abs. 1, 6 EStG	Gewinnbegriff bei Gewerbetreibenden – Maßgeblichkeit der hr GoB
7. § 5 Abs. 1 a–5, 7 EStG	Sonderregelungen für Bewertungseinheiten, immaterielle Wirtschaftsgüter, Rückstellungen, Rechnungsabgrenzungsposten, Verpflichtungsübernahmen
8. § 5 a EStG	Tonnagebesteuerung
9. § 5 b EStG	Elektronische Übermittlung von Bilanzen (E-Bilanz)
10. § 6 Abs. 1 EStG	Allgemeine Bewertungsvorschrift
11. § 6 Abs. 2, 2 a EStG	Absetzungsfreiheit bei geringwertigen Wirtschaftsgütern (GWG); Sammelposten
12. § 6 Abs. 3–7 EStG	Bewertung in Sonderfällen
13. §§ 4 b–4 d, 6 a EStG	Betriebliche Altersversorgung
14. § 6 b EStG	Übertragung stiller Reserven
15. §§ 7–7 i EStG	AfA; Sonderregeln

II. GoB, insbesondere §§ 238–339 HGB

§§ 238–241 a HGB	Buchführung und Inventar
§§ 242–245 HGB	Eröffnungsbilanz und Jahresabschluss
§§ 246–251 HGB	Ansatzvorschriften
§§ 252–256 a HGB	Bewertungsvorschriften
§§ 257–261 HGB	Aufbewahrung und Vorlage von Unterlagen
§§ 264–289 a HGB	ergänzende Vorschriften für Kapitalgesellschaften
§§ 336–339 HGB	ergänzende Vorschriften für eingetragene Genossenschaften
§§ 340–340 h HGB	ergänzende Vorschriften für Kreditinstitute und Finanzdienstleistungsinstitute
§§ 341–341 h HGB	ergänzende Vorschriften für Versicherungsunternehmen und Pensionsfonds

III. §§ 140–148 AO: Führung von Büchern und Aufzeichnungen

D. Rechtsnatur, Struktur, Methodik und Grundbegriffe, Mängel

I. Rechtsnatur

Das Bilanzsteuerrecht als Teil des Steuerrechts ist **Eingriffsrecht** und **Lastenverteilungsrecht**.[8] Maßgeblich sind die objektiven Verhältnisse; das gilt für die Rechtsanwendung, m.E. aber auch für die Tatsachenfeststellung.[9] 7

Das Bilanzsteuerrecht bildet ebenso wie das Handelsbilanzrecht einen in sich geschlossenen Normenkreis. Die Normbereiche des Handelsbilanzrechts und des Steuerbilanzrechts stehen in getrennten Systemzusammenhängen, aus denen heraus sie jeweils (differenziert) zu interpretieren sind.[10]

II. Struktur

Das Bilanzsteuerrecht gliedert sich in **autonomes** Bilanzsteuerrecht (z.B. §§ 4–7 k EStG; 8 §§ 140ff. AO), das zum Teil mit dem Handelsbilanzrecht deckungsgleich ist (z.B. § 5 Abs. 5 S. 1 EStG und § 250 HGB), und in aus dem Handelsbilanzrecht transformiertes sog. **inkorporiertes** Bilanzsteuerrecht, das aufgrund der generalklauselartigen Verweisung des § 5 Abs. 1 EStG auf die handelsrechtlichen Grundsätze ordnungsmäßiger Buchführung sämtliche geschriebenen und ungeschriebenen Rechtssätze des Handelsrechts umfasst, denen die Qualität von Grundsätzen ordnungsmäßiger Buchführung zukommt.[11]

III. Methodik des Bilanzsteuerrechts

Die Methodik der jeweiligen Rechtsmaterie ist von deren Eigenart geprägt. Für das Bi- 9 lanzsteuerrecht als Teil des Steuerrechts bilden auf der einen Seite die Grundsätze der Gesetzmäßigkeit und Tatbestandsmäßigkeit wichtige Auslegungsmaßstäbe; auf der anderen Seite verlangt der verteilungsrechtliche Aspekt auch im Bilanzsteuerrecht eine teleologische Interpretation der Gesetze, die die Gleichmäßigkeit und Systemgerechtigkeit der Besteuerung im Auge hat.[12] Unter Beachtung dieser „Grenzpfähle" sind im Zweifel die einzelnen Vorschriften ihrem Zweck entsprechend auszulegen.[13] (Bilanz-)Steuerrechtliche Tatbestandsmerkmale sind danach, auch wenn sie einem anderen Rechtsgebiet entnommen sind, nach dem bilanzsteuerrechtlichen Bedeutungszusammenhang und dem Inhalt der einschlägigen Einzelregelung zu interpretieren.[14] Im Sachbereich des Steuerrechts hat der Gesetzgeber bei der Auswahl des Steuergegenstandes einen weitreichenden Gestaltungsraum. Nach st.Rspr. des BVerfG hat er jedoch nach Regelung dieses Ausgangstatbestandes die einmal getroffene Belastungsentscheidung folgerichtig im Sinne der Belastungsgleichheit umzusetzen.

---

8 Vgl. zur Rechtsnatur des Steuerrechts Weber-Grellet, Steuern im modernen Verfassungsstaat, 2001, 188 ff.

9 Im Einzelnen Weber-Grellet, Abschied vom subjektiven Fehlerbegriff DStR 2013, 729; Weber-Grellet, Wider den subjektiven Fehlerbegriff – ein Beitrag zur Stärkung des Steuerrechts KSzW 2013, 311.

10 Weber-Grellet, Steuern im modernen Verfassungsstaat 2001, 325.

11 Schmidt/Weber-Grellet § 5 Rn. 1.

12 Weber-Grellet DStR 2024, 1858. – Prinzipiell sind auch teleologische Extensionen und Reduktionen möglich (abgelehnt in BFH v. 08.11.2016 – I R 35/15, BStBl. II 2017, 768 zu § 5 Abs. 4 b EStG).

13 Englisch T/L 5.46 ff.

14 Zur neueren Position des BFH vgl. Weber-Grellet BB 2018. 2347, 2351.

Der Begriff der **wirtschaftlichen Betrachtungsweise**[15] verlangt die spezifisch steuerrechtliche Beurteilung von Sachverhalten. Sie fordert die an den spezifischen Regelungszielen der steuerrechtlichen Regelungen und deren eigengesetzlicher Terminologie auszurichtende steuerrechtliche Beurteilung, ob der bewirkte wirtschaftliche Erfolg einen Steuertatbestand erfüllt.[16] Sie ist Ausdruck der funktionalen Differenz von Zivilrecht und Steuerrecht. In neuester Zeit hebt der BFH zunehmend die Bedeutung der sog. wirtschaftlichen Betrachtungsweise hervor, etwa bei der Beurteilung von Leasing-Sachverhalten, in Zusammenhang mit der Zurechnung bei der Wertpapierleihe oder in der Entscheidung (des I. Senats) zur Passivierung eines Darlehens mit steigenden Zinssätzen.[17] Die sog. wirtschaftliche Betrachtungsweise wird gelegentlich ganz zu Unrecht als „defizienter Modus der Rechtsanwendung" verstanden; sie ist vielmehr Ausdruck der Eigenständigkeit des Steuerrechts und verlangt im Kern die autonome steuerrechtliche Beurteilung eines konkreten Sachverhalts; im Bereich der Auslegung fordert sie eine an den spezifischen Regelungszielen der steuerrechtlichen Regelung und deren eigengesetzlicher Terminologie auszurichtende zweckbestimmte (teleologische) Beurteilung.[18] Bilanzrechtliche Ausprägungen der wirtschaftlichen Betrachtungsweise sind das **Realisationsprinzip** und das **Belastungsprinzip**.[19]

IV. Grundbegriffe

10 Zentrale Grundbegriffe des Bilanzsteuerrechts sind die Handelsbilanz, die Steuerbilanz und der Maßgeblichkeitsgrundsatz, der die Maßgeblichkeit der handelsrechtlichen GoB anordnet. Die Begriffe Handels- und Steuerbilanz sind Schöpfungen des Schrifttums,[20] die im HGB und EStG selbst nicht verwendet werden (vgl. §§ 242, 264 HGB; § 4 Abs. 2 EStG; vgl. aber § 60 Abs. 2 EStDV).

Grundpfeiler des (heutigen) Bilanzsteuerrechts sind das imparitätische Realisationsprinzip, eine steuerrechtlich-teleologische Auslegungsmethode und das Bemühen um Objektivierung. Alle bilanzsteuerrechtlichen Fragen sind nach Maßgabe dieser Vorgaben, die weitgehend schon in der Rechtsprechung des RFH angelegt sind, zu entscheiden.[21]

Die **Handelsbilanz** ist der nach handelsrechtlichen Vorschriften aufgestellte Jahresabschluss (§§ 242 Abs. 1 S. 1, 266 HGB).[22] Die **Steuerbilanz** ist die den besonderen steuerlichen Vorschriften entsprechende Vermögensübersicht (§ 60 Abs. 2 EStDV). Aufgrund des Maßgeblichkeitsprinzips (§ 5 Abs. 1 EStG), dem vor allem praktische Überlegungen zugrunde liegen (Übernahme des formellen Aufbaus und des Mengengerüsts), ist die tatsächlich aufgestellte Handelsbilanz oder – falls das nicht der Fall ist – eine den handelsrechtlichen Vorschriften entsprechende fiktive („gedachte") Handelsbilanz Grundlage der Steuerbilanz. Die Steuerbilanz (der Gewerbetreibenden) ist demnach die um die steuerlichen Besonderheiten korrigierte Handelsbilanz.[23] Nach § 5 b Abs. 1 EStG ist der Inhalt von Bilanz und GuV-Rechnung nach amtlich vorgeschriebenem Datensatz („Taxo-

15 BFH v. 04.12.2006 – GrS 1/05, BStBl. II 2007, 508; Englisch T/L 5.70 ff.; Weber-Grellet, Steuern im modernen Verfassungsstaat 2001, 207 ff.; Weber-Grellet BB 2018, 2347 zur Entwicklung der RFH- und BFH-Rechtsprechung.

16 BVerfG, Beschl. v. 27.12.1992 – 2 BvR 72/90, BB 1992, 261; BFH v. 07.08.2000 – GrS 2/99, BStBl. II 2000, 632.

17 BFH v. 25.05.2016 – I R 17/15, BB 2016, 2675; Weber-Grellet BB 2017, 43, 46.

18 Vgl. im Einzelnen Weber-Grellet, Die fortschreitende Emanzipation des Steuerrechts StuW 2016, 226, 234; Weber-Grellet, Die Urteilsfindung des BFH, DStR 2023, 1858.

19 Schmidt/Weber-Grellet § 5 Rn. 382; Weber-Grellet BB 2018, 2347, 2351.

20 Vgl. Mathiak/K/S/M § 5 EStG Rn. A 28.

21 Weber-Grellet, 100 Jahre Bilanzrechtsprechung durch RFH und BFH, BB 2018, 2347.

22 Vgl. ferner Hopt § 242 HGB Rn. 4.

23 Vgl. auch § 12 Entwurf EStG 1975, BT-Drs. 7/1470, 20.

nomie") durch Datenfernübertragung zu übermitteln. Diese auf den ersten Blick unscheinbare Regelung wird m. E. auf Dauer zu einer selbstständigen Steuerbilanz führen.[24]

In der Praxis stellen vor allem Kapitalgesellschaften neben der Handelsbilanz eine gesonderte Steuerbilanz auf. Die meisten anderen Unternehmen stellen (wohl nach wie vor) nur eine Bilanz auf, nämlich die Steuerbilanz, die zugleich Handelsbilanz ist („Einheitsbilanz"); [25] nach den Regeln des BilMoG dürfte diese Praxis im Hinblick auf die Abschaffung der umgekehrten Maßgeblichkeit durch Streichung des bisherigen § 5 Abs. 1 S. 2 EStG und der sog. handelsrechtlichen Öffnungsklauseln (§§ 247 Abs. 3, 273 HGB a. F.) überholt sein; [26] so kann etwa der Investitionsabzugsbetrag nach § 7 g Abs. 1 EStG nicht in der Handelsbilanz abgebildet werden.

Das **Verhältnis von Steuer- und Handelsbilanz** kann in unterschiedlicher Weise geregelt werden. Der Gesetzgeber hat sich in § 5 Abs. 1 EStG (vgl. ferner § 60 Abs. 1 EStDV) prinzipiell für die sog. **Maßgeblichkeit der GoB** entschieden; m. E. sprechen zunehmend die besseren Gründe für ein autonomes Steuerbilanzrecht. Von dem Grundsatz der Maßgeblichkeit bestehen zahlreiche Ausnahmen, die sich aus allgemeinen steuerrechtlichen Prinzipien und aus dem Vorbehalt des § 5 Abs. 2–7 EStG ergeben. Der Maßgeblichkeitsgrundsatz ist ein Relikt aus dem 19. Jahrhundert; zurzeit vollzieht sich (in vielen Einzelheiten) ein permanenter „schleichender Ablösungsprozess" von der handelsrechtlichen Rechnungslegung;[27] die logische Konsequenz der neueren Entwicklungen (Verdichtung der §§ 5 ff. EStG) führt (de lege ferenda) zu dessen Aufgabe.[28]

Die **materielle Maßgeblichkeit** fordert die Beachtung der handelsrechtlichen GoB bei Aufstellung der Steuerbilanz. Die sog. **formelle Maßgeblichkeit**[29] bedeutete ursprünglich die Bindung an die tatsächlich erstellte Handelsbilanz und verlangte später (durch § 5 Abs. 1 S. 2 EStG a.F.) die korrespondierende Ausübung korrespondierender Wahlrechte (sog. umgekehrte Maßgeblichkeit; Gefahr einer Deformation der Handelsbilanz durch die Steuerbilanz). Nunmehr können steuerrechtliche Wahlrechte unabhängig vom Handelsbilanzausweis ausgeübt werden (vgl. § 5 Abs. 1 S. 2, 3 EStG; keine konkrete Maßgeblichkeit).[30]

V. „Modernisierung" des HGB im Jahr 2009 durch das BilMoG

1. Wichtige Änderungen nach BilMoG[31]

Von den **zahlreichen Änderungen** der Handelsbilanz sind besonders hervorzuheben: 11

a) Aktivierungspflicht des derivativen Geschäfts- oder Firmenwerts (§ 246 Abs. 1 S. 4 HGB; bisher Aktivierungswahlrecht in § 255 Abs. 4 HGB a. F.);
b) Aktivierungswahlrecht für selbst geschaffene immaterielle Vermögensgegenstände, mit Ausnahmen (§§ 248 Abs. 2, 255 Abs. 2 a HGB); bisher Aktivierungsverbot;
c) zwingende Verrechnung der Altersvorsorgeverpflichtungen mit Planvermögen (§ 246 Abs. 2 S. 2 HGB);

24 Anwendbar für Wirtschaftsjahre, die nach dem 31.12.2011 beginnen (AnwZpvV; BR-Drs. 722/10). Nach BMF ist es nicht zu beanstanden, wenn die Taxonomien (für Bilanz und GuV) erst für Wje., die nach dem 31.12.2012 beginnen, verwendet werden (BMF v. 05.06.2012, BStBl. I 2012, 598).

25 Kahle FR 2019, 337.

26 Bergbauer, Gefahren der Einheitsbilanz, Datev magazin – Bilanzierung v. 15.12.2016.

27 Hüttemann JbFfSt 11/12, 11, 21.

28 Thiel FS Meilicke 2010, 733, 752; Prinz DB 2010, 2069; Lange/Fink, Tax Accounting, StuB 2013, 239; a. A. Wehrheim/Fross DStR 2010, 1348, unter Verkennung der unterschiedlichen Zwecke von Handels- und Steuerbilanz.

29 Eine „Restmaßgeblichkeit" findet sich noch in § 6 Abs. 1 Nr. 1 b S. 2 EStG: Das (den Schwierigkeiten der Kostenermittlung Rechnung tragende) Wahlrecht zur Einbeziehung von Gemeinkosten ist bei der Gewinnermittlung nach § 5 in Übereinstimmung mit der Handelsbilanz auszuüben. Von § 44 Abs. 7 EStG abgesehen wird allein noch an dieser Stelle die „Handelsbilanz" im EStG erwähnt.

30 BMF v. 12.03.2010, BStBl. I 2010, 239; Schmidt/Weber-Grellet § 5 Rn. 60.

31 V. 25.05.2009, BGBl. I, 1102.

d) Abschaffung bislang wahlweise erlaubter sog. Aufwandsrückstellungen (bisher § 249 Abs. 1 S. 3, Abs. 2 HGB a.F.);
e) Fair Value-Bewertung von Finanzierungsinstrumenten des Handelsbestands (§ 340 e Abs. 3 S. 1 HGB für Kredit- und Finanzdienstleistungsinstitute);
f) zwingende Berücksichtigung von Preis- und Kostensteigerungen bei der Bewertung von Rückstellungen (§ 253 Abs. 1 S. 2 HGB);
g) Abschaffung von sog. Ermessensabschreibungen (bisher § 253 Abs. 4 HGB a.F.).

2. Deregulierung und Erhöhung der Aussagekraft des HGB

12 Das BilMoG ist als (deutsche) „Antwort auf die IFRS" konzipiert (mit der Maßgabe steuerlicher Neutralität). An die Stelle der IFRS soll das reformierte HGB als eigenständiges, kostengünstigeres und einfacheres Regelungswerk treten. Der Inhalt des HGB wird letztlich durch die Abschaffung zahlreicher Wahlrechte und durch die Abschaffung der umgekehrten Maßgeblichkeit sowie durch die Anpassung einiger Ansatz- und Bewertungsvorschriften deutlich in Richtung der IFRS[32] verschoben.

3. Ansatzwahlrechte

13 Mit dem BilMoG sind fast alle bestehenden **Ansatzwahlrechte** aufgegeben worden: § 247 Abs. 3 HGB a.F., § 249 Abs. 1 S. 3 HGB a.F., § 249 Abs. 2 HGB a.F., § 250 Abs. 1 S. 2 HGB a.F., § 255 Abs. 4 HGB a.F., § 269 HGB a.F.; geblieben ist § 250 Abs. 3 HGB (Disagio).

Auf der Aktivseite der Bilanz ist ein **Ansatz** von Aufwendungen für Ingangsetzung und Erweiterung des Geschäftsbetriebs (§ 269 HGB a.F.) nicht mehr möglich. Ebenso ist die Abgrenzung von Aufwendungen für Zölle, Verbrauchsteuern und Umsatzsteuer gemäß § 250 Abs. 1 S. 2 HGB a.F. nicht mehr erlaubt. Ansatzpflichtig werden mit dem BilMoG derivative Geschäfts- oder Firmenwerte; hier kommt es zu einer Erweiterung des Vermögensgegenstandsbegriffs, da diese den Vermögensgegenständen gleichgesetzt werden (§ 246 Abs. 1 S. 4 HGB i.d.F. BilMoG).

4. Herstellungskosten

14 Bei der Ermittlung der Herstellungskosten sind nunmehr die (Material- und Fertigungs-) Gemeinkosten einzubeziehen (§ 255 Abs. 2 S. 2 HGB i.d.F. BilMoG). Verwaltungsgemeinkosten und Entwicklungskosten dürfen aktiviert werden (§ 255 Abs. 2 S. 3, Abs. 2 a HGB i.d.F. BilMoG), nicht aber Forschungskosten.[33]

5. Sonstige Rückstellungen

15 Rückstellungen für unterlassene Instandhaltungen (§ 249 Abs. 1 S. 3 HGB a.F.), die im kommenden Geschäftsjahr (nach Ablauf der ersten drei Monate) nachgeholt werden sollen, sowie Aufwandsrückstellungen (§ 249 Abs. 2 HGB a.F.) sind nicht mehr passivierbar. Weiterhin auszuweisen sind nach § 249 Abs. 1 S. 2 HGB Rückstellungen für unterlassene Instandhaltungen, die innerhalb der ersten drei Monate des nächsten Geschäftsjahrs, und für unterlassene Abraumbeseitigung, die im folgenden Geschäftsjahr nachgeholt werden sowie für Gewährleistungen ohne rechtliche Verpflichtung.[34]

32 Unten Rn. 51; Kirsch StuB 2009, 185 zum Verhältnis von BilMoG und IFRS.
33 Küting/Ellmann DStR 2010, 1300.
34 Zu Rückstellungen nach BilMoG Weigl/Weber/Costa BB 2009, 1062.

6. Latente Steuern

Latente Steuern sind nur in der Handelsbilanz auszuweisen (bilanzierte Differenzen zwischen steuerrechtlich und handelsrechtlich ermitteltem [fiktivem] Steueraufwand); bei höherem Steuerbilanzgewinn besteht wirtschaftlich eine Forderung „gegenüber dem Finanzamt", umgekehrt eine Verbindlichkeit. Aktive latente Steuern können, passive latente Steuern müssen nach BilMoG ausgewiesen werden (§ 274 Abs. 1 HGB i. d. F. BilMoG). Der Posten „latente Steuern" erfasst die Besteuerungsunterschiede zwischen Handels- und Steuerbilanz. Die Bilanzierung latenter Steuern dient der periodengerechten Erfolgsermittlung und dem zutreffenden Ausweis der Vermögenslage.[35] 16

7. Auswirkungen auf die Steuerbilanz

Die Abschaffung der umgekehrten Maßgeblichkeit (durch Streichung des § 5 Abs. 1 S. 2 EStG a. F.) führt zu einer Verbesserung der Aussagekraft der Handelsbilanz. Konkret werden der Ausweis des Sonderpostens mit Rücklageanteil (Streichung des § 247 Abs. 3 HGB a. F.) und die Vornahme von steuerlichen (Mehr-)Abschreibungen (Streichung des § 254 HGB a. F.) verboten. Durch das BilMoG haben die Abweichungen zwischen Handelsbilanz und Steuerbilanz deutlich zugenommen; die eigenständige Steuerbilanz dürfte die Regel werden.[36] 17

Die (einfache) Maßgeblichkeit der handelsrechtlichen GoB(!) (nicht der Handelsbilanz oder des Handelsrechts) gemäß § 5 Abs. 1 S. 1 EStG bleibt bestehen, sodass die Änderungen des BilMoG, denen keine speziellen steuerrechtlichen Regelungen gegenüberstehen und die als GoB zu qualifizieren sind, auch für die steuerliche Gewinnermittlung relevant sind.

Die Aufhebung des Aktivierungsverbots von selbst erstellten immateriellen Vermögensgegenständen (§ 248 Abs. 2 HGB) hat keine steuerlichen Auswirkungen, da in § 5 Abs. 2 EStG weiterhin der entgeltliche Erwerb als Voraussetzung für den Ansatz von immateriellen Wirtschaftsgütern vorgesehen ist. Ebenso sind die durch das BilMoG zu streichenden Ansatzwahlrechte bereits jetzt ohne steuerliche Konsequenz. Die Bewertungseinheiten des § 254 HGB i. d. F. BilMoG waren bereits in § 5 Abs. 1 a EStG normiert. Auch die bewertungsrechtlichen Änderungen sollen keine steuerlichen Konsequenzen haben; nach § 253 HGB i. d. F. BilMoG müssen künftig Preis- und Kostensteigerungen bei der Bemessung der Rückstellungen einfließen (so auch § 6 Abs. 1 Nr. 3 a Buchst. f)) EStG i. d. F. BilMoG). Eine Abzinsung der Erfüllungsbeträge war bereits steuerrechtlich geboten, allerdings wird dort ein fester Zinssatz genannt und nicht auf eine Vorgabe der Bundesbank verwiesen.

8. Ausübung steuerlicher Wahlrechte

Die Ausübung steuerlicher Wahlrechte setzt voraus, dass die Wirtschaftsgüter, die nicht mit den handelsrechtlich maßgeblichen Werten in der steuerlichen Gewinnermittlung ausgewiesen werden, in besondere, laufend zu führende Verzeichnisse aufgenommen werden (§ 5 Abs. 1 S. 2 EStG). In den Verzeichnissen sind der Tag der Anschaffung oder Herstellung, die Anschaffungs- oder Herstellungskosten, die Vorschriften des ausgeübten steuerlichen Wahlrechts und die vorgenommenen Abschreibungen nachzuweisen (§ 5 Abs. 1 S. 3 EStG). Die Dokumentation der ausgeübten Wahlrechte bewirkt den Einstieg in eine getrennte „steuerliche Buchführung". 18

35 BeBiKo § 274 HGB Rn. 4.

36 Herzig u. a. DB 2011, 9, s. aber Rn. 10.

9. Verbliebene Unterschiede zwischen Handelsbilanz und Steuerbilanz nach Maßgabe des Maßgeblichkeitsgrundsatzes und steuerrechtlicher Sonderregelungen (Vorbehalte)[37]

19 Die Änderungen durch das BilMoG wirken sich nur zu einem geringen Teil direkt auf die Steuerbilanz aus (z. B. der Ansatz der Wertpapiere des Handelsbestands zum Zeitwert). Der größere Teil ist für die steuerrechtliche Darstellung neutral, da infolge spezieller Regelungen die GoB-Maßgeblichkeit nicht eingreift. Folgende Tabelle zeigt die wesentlichen Unterschiede, die nach wie vor bestehen:

	HGB (nach BilMoG)	Steuerrecht (EStG)
Immaterielles Vermögen und Sachanlagevermögen	Ansatzpflicht (§ 246 Abs. 1 HGB) Planmäßige Abschreibung (§ 253 Abs. 3 S. 1 HGB); außerplanmäßige Abschreibung nur noch auf den beizulegenden Wert bei dauernder Wertminderung (§ 253 Abs. 3 S. 3 HGB) Keine Sonderabschreibungen Zuschreibungsgebot (§ 253 Abs. 5 HGB)	Ansatzpflicht (§ 5 Abs. 1 EStG) Planmäßige Abschreibung linear oder leistungsabhängig (§ 7 EStG); ggf. außerordentliche AfA und Teilwertabschreibung Wahlrechte für steuerliche Sonderabschreibungen und erhöhte Absetzungen (§§ 7 a ff. EStG) und Bewertungsabschläge (§ 6 b EStG, R 6.6 EStR); GWG-Vollabschreibung/Poolbildung (§ 6 Abs. 2 EStG) Zuschreibungsgebot (§ 6 Abs. 1 Nr. 1 S. 4 und Nr. 2 S. 3, § 7 Abs. 1 S. 7 EStG)
Selbst geschaffenes immaterielles Vermögen	Ansatzwahlrecht (§ 248 Abs. 2 HGB), soweit nicht ein Bilanzierungsverbot besteht	Ansatzverbot (§ 5 Abs. 2 EStG)
Erworbener Geschäfts- oder Firmenwert	Ansatzpflicht (§ 246 Abs. 1 HGB), planmäßige Abschreibung; Zuschreibungsverbot (§ 253 Abs. 5 S. 2 HGB)	Ansatzpflicht (§ 5 Abs. 2 EStG; BFH v. 03.02.1969, GrS 2/68, BStBl. II 1969, 291), lineare Abschreibung über 15 Jahre (§ 7 Abs. 1 S. 3 EStG)
Finanzanlagevermögen	Wie Sachanlagen, aber Wahlrecht für außerplanmäßige Abschreibungen bei vorübergehender Wertminderung (§ 253 Abs. 3 S. 4 HGB)	Wie Sachanlagen
Umlaufvermögen (Vorräte)	Anschaffungskosten (Vollkostenansatz); bei Wertminderung Abschreibung auf beizulegenden Wert; Zuschreibungsgebot (§ 253 Abs. 4 S. 2, Abs. 5 HGB); Durchschnitts-, Lifo-, Fifo-Methode (§ 256 HGB)	Anschaffungskosten (§ 6 Abs. 1 Nr. 2 EStG; Vollkosten); bei dauernder Wertminderung Abschreibung auf Teilwert; Zuschreibungsgebot; Durchschnitts- und Lifo-Methode (§ 6 Abs. 1 EStG; R 6.8, R 6.9 EStR)
Forderungen	Wie Umlaufvermögen	Wie Umlaufvermögen
Wertpapiere des Umlaufvermögens	Wie Umlaufvermögen	Wie Umlaufvermögen
Rechnungsabgrenzungsposten	Grundsätzlich Ausweispflicht; Kein Ansatz für Zölle und Verbrauchsteuern auf Vorräte und für Umsatzsteuer auf Anzahlungen Aktivierungswahlrecht für Disagio	Ausweispflicht Aktivierungspflicht für Zölle und Verbrauchsteuern auf Vorräte, Umsatzsteuer auf Anzahlungen, Disagio (§ 5 Abs. 5 EStG)
Abgrenzung von Zöllen pp.	Ansatzverbot (Aufhebung des § 250 Abs. 1 S. 2 HGB a. F.)	Abgrenzungspflicht (§ 5 Abs. 5 Nr. 2 EStG)
Aktive latente Steuern	Ansatzwahlrecht (§ 274 Abs. 1 S. 2 HGB)	Ansatzverbot
Verbindlichkeiten	Erfüllungsbetrag (§ 253 Abs. 1 S. 2 HGB)	(Erst-)Bewertung: Anschaffungskosten/„Wegschaffungskosten“ = Rückzahlungsbetrag = abgezinster Nennwert (Zinssatz 5,5 %) mit Ausnahme der kurzfristigen, verzinslichen oder auf Anzahlungen oder Vorauszahlungen beruhenden Verbindlichkeiten (§ 6 Abs. 1 Nr. 3 EStG) Folgebewertung: Erhöhung des Rückzahlungsbetrags
Abhängige Verbindlichkeiten	§ 5 Abs. 2 a EStG gilt nicht (BeBiKo § 247 HGB Rn. 224).	Passivierungsaufschub (§ 5 Abs. 2 a EStG)

37 Zu den Einschränkungen durch spezielle Vorschriften s. auch unten Rn. 82 ff.

	HGB (nach BilMoG)	Steuerrecht (EStG)
Rückstellungen	Passivierungspflicht für Verbindlichkeitsrückstellungen und bestimmte Aufwandsrückstellungen (§ 253 Abs. 1 S. 2, S. 3 HGB) Passivierungspflicht für Verlustrückstellungen Passivierungsverbot für alle übrigen Fälle Bewertung: nach vernünftiger kaufmännischer Beurteilung = wahrscheinlichster Wert, Wertermittlung zukunftsorientiert zum Erfüllungsbetrag, Abzinsung mit von der Bundesbank vorgegebenen Zinssätzen (§ 253 Abs. 1 und 2 HGB)	Passivierungspflicht für Verbindlichkeitsrückstellungen und bestimmte Aufwandsrückstellungen Passivierungsverbot für Verlustrückstellungen; Sonderregelungen für Dienstjubiläumszuwendungen (§ 5 Abs. 4 EStG) und weitere Rückstellungen (§ 5 Abs. 3 und Abs. 4 b EStG) Bewertung: wahrscheinlichster Wert (unter Beachtung des Realisationsprinzips), Abzinsung (Zinssatz 5,5 %) mit Ausnahme der kurzfristigen verzinslichen oder auf Anzahlungen oder Vorauszahlungen beruhenden Rückstellungen (§ 6 Abs. 1 Nr. 3 a Buchst. e) EStG)
Patentverletzung	Ansatzpflicht	Enge Voraussetzungen (§ 5 Abs. 3 EStG)
Jubiläumsrückstellung	Ansatzpflicht	Enge Voraussetzungen (§ 5 Abs. 4 EStG)
Rückstellungen für drohende Verluste aus schwebenden Geschäften	Ansatzpflicht (§ 249 Abs. 1 HGB)	Ansatzverbot (§ 5 Abs. 4 a EStG)
Rückstellungen für Anschaffungs/ Herstellungskosten	Evtl. Verlustrückstellung	Ansatzverbot (§ 5 Abs. 4 b EStG)
Pensionsrückstellungen	Passivierungspflicht für Pensionsrückstellungen (falls Zusage nach 1987), (Art. 28 EGHGB) Passivierungswahlrecht für Pensionsrückstellungen (falls Zusage vor 1987), (Art. 28 EGHGB) Methodenwahlrecht; zukunftsorientiert unter Einbezug von Trendannahmen, Abzinsung mit einem von der Bundesbank vorgegebenen Kapitalmarktzins (Wahlrecht für den Zinssatz; § 253 Abs. 1 und 2 HGB)	Passivierungspflicht gemäß § 6 a EStG Gleichverteilung des Barwerts der gesamten zukünftigen Pensionsleistung nach der Teilwertmethode (§ 6 a Abs. 3 EStG) ohne Trendannahmen; Abzinsung (§ 6 a Abs. 3 S. 3 EStG)
Passive latente Steuer	Ansatzpflicht (§ 274 Abs. 1 S. 1 HGB)	Ansatzverbot
Bewertung	§ 253 HGB	§§ 6f. EStG (Sonderregelungen; Bewertungsvorbehalt; § 5 Abs. 6 EStG; 241)
Wertminderung und Abschreibungen	Plan- und außerplanmäßige Abschreibungen (§ 253 Abs. 3, 4 HGB)	Teilwertabschreibung (§ 6 Abs. 1 EStG; nach h. M. Wahlrecht): Absetzungen nach §§ 7ff. EStG
Wahlrechte	Handelsrechtliches Aktivierungswahlrecht führt zu steuerrechtlichem Aktivierungszwang (S/WG § 5 Rn. 31). Handelsrechtliches Passivierungswahlrecht führt zu steuerrechtlichem Passvierungsverbot. Handelsrechtliches Bewertungswahlrecht: in der Steuerbilanz auf der Aktivseite höchster Wert, auf der Passivseite niedrigster Wert (S/WG § 5 Rn. 2). Steuerrechtliche Wahlrechte (S/WG § 5 Rn. 60, 64) sind autonom auszuüben (keine formelle oder umgekehrte Maßgeblichkeit).	

VI. Verhältnis der Gewinnermittlung nach § 4 Abs. 1 EStG zu der nach § 5 EStG

20 **Fall 1: Der bilanzierende Rechtsanwalt – Zum Wahlrecht auf Teilwertabschreibung**

Rechtsanwalt A, der Einkünfte aus selbstständiger Arbeit (§ 18 EStG) bezieht, ermittelt seinen Gewinn durch Bestandsvergleich. Sein Büro betreibt er in einem zum Betriebsvermögen gehörenden Gebäude. Der Grundbesitz hat durch den Ausbau der an dem Gebäude vorbeiführenden Straße zu einer autobahnähnlichen Strecke erheblich an Wert verloren. Da der Gewinn des A aber wegen krankheitsbedingten Arbeitsausfalls und noch hoher Abschreibungen (Umstellung des Büros) relativ niedrig ist, möchte er auf eine Teilwertabschreibung verzichten. Ist das möglich?

21 I. Rechtsanwalt A ermittelt seinen Gewinn durch Betriebsvermögensvergleich nach § 4 Abs. 1 EStG. § 4 Abs. 1 EStG und § 5 EStG unterscheiden sich insbesondere im **subjektiven Anwendungsbereich**: § 4 Abs. 1 EStG erfasst die bilanzierenden Steuerpflichtigen mit Einkünften aus Land- und Forstwirtschaft (§ 13 EStG) und aus selbstständiger Arbeit (§ 18 EStG), § 5 EStG die bilanzierenden Steuerpflichtigen mit Einkünften aus Gewerbebetrieb (§ 15 EStG). Die **sachlichen Unterschiede** sind im Laufe der Zeit immer geringer geworden:[38] Geblieben ist die aus tatsächlichen Gründen bei § 4 Abs. 1 EStG beschränkte Möglichkeit, gewillkürtes Betriebsvermögen zu bilden. Das handelsrechtliche Niederstwertprinzip (§ 253 Abs. 3, 4 HGB) gilt mittlerweile auch nicht mehr bei der Gewinnermittlung nach § 5 EStG;[39] bilanzsteuerrechtlich soll es zulässig sein, eine Teilwertabschreibung nach § 6 Abs. 1 Nr. 1, 2 EStG zu unterlassen.[40] Allerdings müssen bei der Gewinnermittlung nach § 5 EStG Abweichungen vom handelsrechtlichen Wert gemäß § 5 Abs. 1 S. 2, 3 EStG in laufend zu führende Verzeichnisse aufgenommen werden.

II. Während § 5 EStG ausdrücklich alle handelsrechtlichen Grundsätze ordnungsmäßiger Buchführung für maßgeblich erklärt, gelten für nach § 4 Abs. 1 EStG bilanzierende Steuerpflichtige, soweit sie **buchführungspflichtig** sind (also in erster Linie Land- und Forstwirte), viele, nicht aber alle Rechnungslegungsvorschriften des HGB entsprechend (§ 141 Abs. 1 S. 2 AO). Darüber hinaus finden die in § 5 Abs. 1 a–5, 7 EStG normierten Vorbehalte bei der Gewinnermittlung nach § 4 Abs. 1 EStG (zumindest unmittelbar) keine Anwendung.
Allerdings neigen Rspr. und Schrifttum zu einer entsprechenden Anwendung der Abs. 1 a–5 des § 5 EStG unter dem Gesichtspunkt der „Befolgung der allgemeinen Regeln der kaufmännischen Buchführung“.[41]

III. Folgt man der Rspr. und h. M., so bleibt praktisch als einziger Unterschied, dass freiwillig nach § 4 Abs. 1 EStG Bilanzierende die in § 6 Abs. 1 Nr. 1, 2 EStG normierten Wahlrechte ausüben können ohne die Verpflichtung, Verzeichnisse zu führen. Darüber hinaus können einzelne Steuervergünstigungen nur bei Gewinnermittlung nach § 5 EStG in Anspruch genommen werden, also nur von Gewerbetreibenden (vgl. z. B. § 82 f EStDV – Bewertungsfreiheit für Handelsschiffe).

Ergebnis:

A, der seinen Gewinn nach § 4 Abs. 1 EStG ermittelt, kann auf die Teilwertabschreibung verzichten, ohne dass er zur Führung von Verzeichnissen i. S. d. § 5 Abs. 1 S. 2, 3 EStG verpflichtet ist.

---

38 Vgl. ESt-Kommission 1964, Heft 7 der BMF-Schriftenreihe, 35, 83 f.

39 R 6.8. Abs. 1 EStR.

40 BMF v. 02.09.2016, BStBl. I 2016, 995.

41 Vgl. BFH v. 22.05.1991 – I R 32/90, BStBl. II 1992, 94: Beachtung der materiellen Grundsätze ordnungsgemäßer Bilanzierung, also Grundsatz der Einzelbewertung, der Realisationsgrundsatz, das Anschaffungskostenprinzip, das Imparitäts- und Niederstwertprinzip, das Stichtagsprinzip.

VII. Mängel des Bilanzsteuerrechts

Problematisch sind nach wie vor die fehlenden Grunddefinitionen (z. B. Wirtschaftsgut, Rückstellung), die Unklarheit über deren Voraussetzungen, die Anknüpfung an die GoB, die Ungewissheit der steuerbilanzrechtlichen Prinzipien und die Unbestimmtheit der einzelnen Tatbestände.[42] Immerhin hat der Große Senat des BFH den objektiven Fehlerbegriff für maßgeblich erklärt.[43] Nach wie vor unzureichend ist die Behandlung der Gebäude auf fremdem Grund und Boden. Nach (kritikwürdiger) Auffassung des BFH[44] soll der Fremdbau kein Wirtschaftsgut, sondern nur ein sog. Aufwandsverteilungsposten sein.[45] Und auch die Frage, ob (ungewisse) Verbindlichkeiten bereits bei rechtlicher Entstehung oder erst bei wirtschaftlicher Verursachung auszuweisen sind, ist nach wie vor nicht abschließend geklärt. Das Regelungsgefüge des gegenwärtigen Bilanzsteuerrechts ist reformbedürftig.[46] 22

VIII. Bilanzsteuerrechtliche Entscheidungen des Großen Senats des BFH

Die (bilanzsteuerrechtlichen) Entscheidungen des Großen Senats enthalten grundlegende Erkenntnisse und Weichenstellungen für die weitere Entwicklung dieses Rechtsgebiets. 23

1. Zinslose Darlehen zwischen Tochtergesellschaften (GrS 2/86)

Der zugrunde liegende Sachverhalt war denkbar einfach: Eine Tochtergesellschaft gewährte einer Schwestergesellschaft ein zinsloses Darlehen. Und die sich anschließende Frage lautete: Wie ist der Nutzungsvorteil im Konzernkreis zu erfassen? Der von einem Gesellschafter einer Kapitalgesellschaft gewährte Vorteil, ein Darlehen zinslos nutzen zu können, ist nach Auffassung des Großen Senats steuerrechtlich kein einlagefähiges Wirtschaftsgut.[47] Gewährt eine Tochterkapitalgesellschaft ihrer Schwestergesellschaft einen Nutzungsvorteil, fließt der gemeinsamen Muttergesellschaft eine verdeckte Gewinnausschüttung zu, der jedoch ein gleich hoher Aufwand gegenübersteht; zu einer verdeckten Einlage bei der Schwestergesellschaft kommt es nicht. Im Ergebnis ist die Gewährung eines zinslosen Darlehens zwischen Tochtergesellschaften daher ergebnisneutral zu behandeln; die Abgabe des Nutzungsvorteils durch T1 ist kein Aufwand und der Erhalt des Nutzungsvorteils durch T2 keine Einlage und auch kein Ertrag. 24

2. Apothekerfall (GrS 2/93)

Der Apothekerfall[48] betraf die Frage, ob bei einem drohenden Verlust aus einem Mietvertrag bestimmte Vorteile gegenzurechnen waren. Hintergrund war die Anerkennung der Verlustrückstellung auch für Dauerschuldverhältnisse, eine Entwicklung, die mit dem Urteil des VIII. Senats vom 19.07.1983[49] begonnen hatte. Der X. Senat 25

42 Weber-Grellet BB 2016, 43.; Weber-Grellet DB 2016, 1279.

43 BFH v. 31.01.2013 – GrS 1/10, BStBl. II 2013, 317. Dazu im Einzelnen Weber-Grellet, Abschied vom subjektiven Fehlerbegriff DStR 2013, 729; Weber-Grellet, Wider den subjektiven Fehlerbegriff – ein Beitrag zur Stärkung des Steuerrechts KSzW 2013, 311.

44 BFH v. 09.03.2016 – X R 46/14, BStBl. II 2016, 976.

45 Ausführlich s. u. Fall 11. – Der XI. BFH-Senat war da schon weiter; vgl. BFH v. 14.02.2007 – XI R 18/06, BStBl. II 2009, 957.

46 Weber-Grellet DB 2016, 1279.

47 BFH v. 26.10.1987 – GrS 2/86, BStBl. II 1988, 348.

48 BFH v. 23.06.1997 – GrS 2/93, BStBl. II 1997, 735.

49 In dem Heizkraftwerk-Urteil v. 19.07.1983 – VIII R 160/79, BStBl. II 1984, 56 wird zum ersten Mal eine Verlustrückstellung bei Dauerschuldverhältnissen auch im Ergebnis anerkannt.

hielt – nach Maßgabe des Vorsichtsprinzips – die Vorteile für zu ungewiss.[50] Der Große Senat entschied hingegen, dass der Vorteil, der sich für den Betrieb einer Apotheke aus der Weitervermietung von angemieteten Praxisräumen an einen Arzt ergebe, grundsätzlich zu berücksichtigen sei.

Das Vorsichtsprinzip sei auch steuerrechtlich verbindlich, obwohl hierdurch das Ziel steuerlicher Bilanzierung (Ermittlung des tatsächlich erwirtschafteten Periodengewinns) beeinträchtigt werden könnte. Die Funktion des Vorsichtsprinzips bestehe in der Zukunftsvorsorge und einer Art Ausschüttungssperre; das Imparitätsprinzip ziele darauf ab, im Interesse der Kapitalerhaltung und des Gläubigerschutzes künftige Rechnungsperioden von vorhersehbaren Risiken und Verlusten, die bereits (z. B. durch Verträge) verursacht sind, freizuhalten. Indes distanzierte sich der Große Senat von einer rein rechtlichen Betrachtungsweise; in den Saldierungsbereich seien auch sonstige Vorteile einzubeziehen, die nicht Wirtschaftsgut-Qualität besäßen.

3. Drittaufwand (GrS 4/92)

26 In diesem Fall war streitig, ob der Herstellungsaufwand für ein in Miteigentum stehendes Wirtschaftsgut in vollem Umfang berücksichtigt werden darf. Nach Auffassung des Großen Senats kann der Steuerpflichtige diese Herstellungskosten als eigenen Aufwand durch Absetzungen für Abnutzung (AfA, ggf. auch durch erhöhte Absetzungen) als Betriebsausgabe abziehen.[51] Die ihm zustehende Nutzungsbefugnis sei aus bilanztechnischen Gründen „wie ein materielles Wirtschaftsgut" zu behandeln. Daran müssten sich auch die Absetzungen orientieren. An der BFH-Rechtsprechung, wonach die AfA nicht nach den für Gebäude geltenden Bestimmungen vorgenommen werden könnten, vielmehr nur eine Abschreibung nach § 7 Abs. 1 EStG entsprechend der Dauer des Nutzungsrechts in Betracht komme, sei nicht weiter festzuhalten.

4. Forderungsverzicht (GrS 1/94)

27 Streitig war die Frage, wie der Verzicht eines Gesellschafters auf eine nicht mehr voll werthaltige Forderung gegen die Gesellschaft bilanzsteuerrechtlich zu erfassen ist. Nach Auffassung des Großen Senats führt ein auf dem Gesellschaftsverhältnis beruhender Verzicht eines Gesellschafters auf seine nicht mehr vollwertige Forderung gegenüber seiner Kapitalgesellschaft bei dieser zu einer Einlage in Höhe des Teilwerts der Forderung und beim Gesellschafter zum Zufluss des noch werthaltigen Teils der Forderung.[52]

5. Dividendenaktivierung (GrS 2/99)

28 In der Entscheidung vom 07.08.2000[53] kam der Große Senat zu dem Ergebnis, dass eine Kapitalgesellschaft, die mehrheitlich an einer anderen Kapitalgesellschaft beteiligt ist, Dividendenansprüche aus einer zum Bilanzstichtag noch nicht beschlossenen Gewinnverwendung der nachgeschalteten Gesellschaft grundsätzlich nicht – phasengleich – aktivieren könne. Der Große Senat betont die Selbstständigkeit des Bilanzsteuerrechts und erkennt eine funktionale Differenz von Handels- und Steuerrecht an: Das Handelsrecht diene dem Gläubigerschutz; das Steuerrecht sei öffentli-

---

50 BFH v. 26.05.1993 – X R 72/90, BStBl. II 1993, 855.

51 BFH v. 30.01.1995 – GrS 4/92, BStBl. II 1995, 281; zur weiteren Entwicklung (insbesondere auch zu Fremdbauten) s. Weber-Grellet BB 2016, 2220; s. auch unten Fall 11.

52 BFH v. 09.06.1997 – GrS 1/94, BStBl. II 1998I, 307; s. auch unten Rn. 270.

53 BFH v. 07.08.2000 – GrS 2/99, BStBl. II 2000, 632.

ches Recht und werde vom Grundsatz der Gleichheit der Besteuerung geprägt. Eine extensive Handhabung des Wertaufholungsgrundsatzes komme im Steuerrecht nicht in Betracht. Das handelsrechtliche Wahlrecht der phasengleichen Dividendenaktivierung sei steuerrechtlich nur eine Bilanzierungshilfe und zwinge daher nicht zur Aktivierung. Weiter erkennt auch der Große Senat die materiell-rechtliche Bedeutung des Grundsatzes des True and Fair View (Grundsatz der Redlichkeit) für das Steuerrecht an; dieser Grundsatz ergänze das Realisations- und das Vorsichtsprinzip.

Mit der Entscheidung vom 07.08.2000 war auch die mit Beschluss vom 09.09.1998 dem Großen Senat vorgelegte Rechtsfrage, ob sich die in § 5 Abs. 1 EStG geregelte Maßgeblichkeit auf die Vorschriften der Vierten Richtlinie des Rates über den Jahresabschluss von Gesellschaften mit bestimmter Rechtsform vom 25.08.1978 (ABlEG L 222 – Bilanzrichtlinie) erstrecke, beantwortet. Angesichts des besonderen Zwecks der steuerrechtlichen Gewinnermittlung sei das Bilanzsteuerrecht weitgehend selbstständig; die Vierte Richtlinie habe daher keine unmittelbare Bedeutung, eine Vorlagepflicht bestehe nicht.

6. Bodenschatzeinlage (GrS 1/05)

Im Fall GrS 1/05[54] ging es um die bilanzsteuerrechtliche Behandlung eines im Privatver- 29
mögen entdeckten Kiesvorkommens. Der III. Senat des BFH hatte durch Beschluss vom 16.12.2004[55] dem Großen Senat die Frage vorgelegt, ob ein Steuerpflichtiger einen Bodenschatz, der sich in seinem Privatvermögen zu einem Wirtschaftsgut konkretisiert habe, mit dem Teilwert in sein Betriebsvermögen einlegen und hiervon Absetzungen für Substanzverringerung (AfS) vornehmen könne. Der VIII. und auch der I. Senat hatten sich der Sicht des III. Senats nicht anschließen wollen. Der Große Senat entschied, dass das Kiesvorkommen bei Zuführung zum Betriebsvermögen zwar gemäß § 6 Abs. 1 Nr. 5 S. 1 Hs. 1 EStG mit dem Teilwert anzusetzen sei, dass aber bei dem Abbau des Kiesvorkommens Absetzungen für Substanzverringerung nicht vorgenommen werden dürften.

Nach Auffassung des Großen Senats sind Absetzungen weder bei einem im Privatvermögen noch bei einem im Betriebsvermögen erschlossenen Bodenschatz zulässig; diese einkommensteuerrechtliche Wertung dürfe durch eine Einlage nicht ausgehebelt werden. Nach Auffassung des Großen Senats dürfe die Auslegung einer Norm nicht an ihrem Wortlaut haltmachen; dabei stützt sich der Große Senat auf die Entscheidung des Bundesverfassungsgerichts vom 19.06.1973.[56] Die Bindung an das Gesetz (Art. 20 Abs. 3, Art. 97 Abs. 1 GG) bedeute nicht Zwang zu wörtlicher Auslegung, sondern Gebundensein an Sinn und Zweck des Gesetzes.

7. Objektiver Fehlerbegriff (GrS 1/10)

Der Fall GrS 1/10[57] betraf die bilanzielle Behandlung von „Handysubventionen"; es war 30
zu entscheiden, ob eine vertretbare Bilanzierung das Finanzamt bindet. Nach Auffassung des Großen Senats ist das Finanzamt im Rahmen der ertragsteuerrechtlichen Gewinnermittlung auch dann nicht an die rechtliche Beurteilung gebunden, die der vom Steuerpflichtigen aufgestellten Bilanz (und deren einzelnen Ansätzen) zugrunde liegt, wenn diese Beurteilung aus der Sicht eines ordentlichen und gewissenhaften Kaufmanns im Zeitpunkt der Bilanzaufstellung vertretbar war.

54 BFH v. 04.12.2006 – GrS 1/05, BStBl. II 2007, 508.
55 BFH v. 16.12.2004 – III R 8/98, BStBl. II 2005, 278.
56 BVerfG v. 19.06.1973 – 1 BvL 39/69, 1 BvL 14/72, BVerfGE 35, 263.
57 BFH v. 31.01.2013 – GrS 1/10, BStBl. II 2013, 317.

Auch diese Entscheidung steht auf dem Boden des Steuerrechts. Der subjektive Fehlerbegriff widerspricht dessen Rechtsnatur; vertretbare Rechtsansichten können die Verwaltung und die Gerichte nicht binden.

8. Ansparabschreibung nach Buchwerteinbringung (GrS 2/12)

31 Der X. Senat des BFH hatte dem Großen Senat die Frage vorgelegt, ob eine Ansparabschreibung nach § 7 g EStG 2002 a. F.[58] auch dann vorgenommen werden könne, wenn im Zeitpunkt ihrer Geltendmachung beim Finanzamt bereits feststehe, dass der Betrieb zu Buchwerten in eine Kapitalgesellschaft eingebracht werde.[59] Der Große Senat folgte der Auffassung des I. Senats und entschied, dass eine Ansparabschreibung nach § 7g EStG a. F. nicht gebildet werden dürfe, wenn die Einbringung des Betriebs bevorstehe.[60] Durch die Einbringung ändere sich – ebenso wie bei einer Veräußerung – der Rechtsträger des Betriebs infolge eines entgeltlichen Vorgangs.

9. Zusammenfassung

32 Fasst man die Kernaussagen dieser Entscheidungen zusammen, so sind vor allem vier Entwicklungslinien deutlich erkennbar:

- Beeinflussung der althergebrachten GoB durch den BiRiLi-Grundsatz des „true-and-fair-view“,
- Beachtung der Eigenwertungen des Bilanzsteuerrechts,
- Notwendigkeit teleologischer Auslegung,
- Prinzip objektiver Richtigkeit.

33 **Übersicht**

System des Bilanzsteuerrechts

1. Das Bilanzsteuerrecht ist – als Teil des Steuerrechts – Eingriffsrecht und Lastenverteilungsrecht.
2. Das Bilanzsteuerrecht besteht aus autonomem Bilanzsteuerrecht (z. B. §§ 4–7 k EStG; §§ 140 ff. AO), das zum Teil mit dem Handelsbilanzrecht deckungsgleich ist (z. B. § 5 Abs. 5 S. 1 EStG und § 250 HGB), und aus inkorporiertem Recht (GoB).
3. Alle Normen des Bilanzsteuerrechts müssen nach Maßgabe ihres Zwecks ausgelegt werden.
4. Die Steuerbilanz ist die den besonderen steuerlichen Vorschriften entsprechende Vermögensübersicht (§ 60 Abs. 2 EStDV).
5. Die materielle Maßgeblichkeit verlangt die Beachtung der handelsrechtlichen GoB. Bei Ausübung subventioneller Wahlrechte ist der Steuerpfl ichtige nicht an eventuell bestehende handelsrechtliche Vorgaben gebunden.
6. Problematisch sind nach wie vor die fehlenden Grunddefi nitionen (z. B. Wirtschaftsgut, Rückstellung), die Unklarheit über deren Voraussetzungen, die unpassende Anknüpfung an die GoB und die Ambivalenz der steuerbilanzrechtlichen Prinzipien.[61]

---

58 In der bis zum Inkrafttreten des Unternehmensteuerreformgesetzes 2008 v. 14.08.2007 (BGBl. I 2007, 1912) geltenden Fassung (EStG 2002 a. F.).

59 Vorgehend BFH v. 22.08.2012 – X R 21/09, BStBl. II 2014, 447.

60 BFH v. 14.04.2015 – GrS 2/12, DStR 2015, 2368; kritisch Weber-Grellet FR 2015, 1085.

61 Im Einzelnen Weber-Grellet DB 2016, 1279; und zur Entwicklung der Rspr. durch RFH und BFH Weber-Grellet BB 2018, 2347

2. Abschnitt Bilanz

A. Begriff der Bilanz

Formal betrachtet ist die Bilanz ein **Rechenwerk**, dessen zwei Seiten sich zahlenmä- 34
ßig ausgleichen.

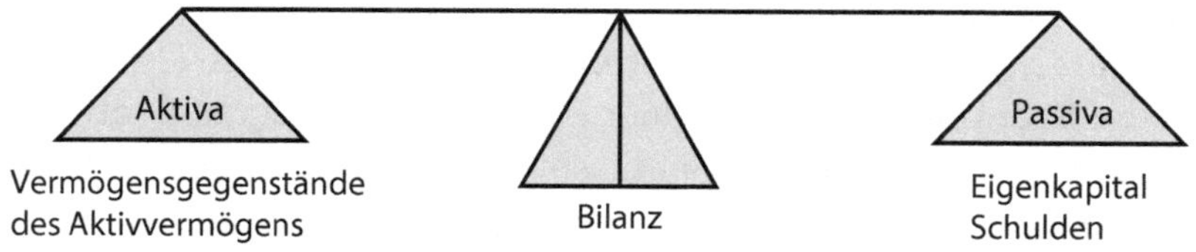

Aktiva		**Passiva**	
I. Anlagevermögen		I. Eigenkapital	14.000 €
1. unbebaute Grundstücke	10.000 €		
2. bebaute Grundstücke	40.000 €		
3. … usw.			
II. Umlaufvermögen		II. Fremdkapital (Schulden)	
1. Waren	5.000 €	1. Verbindlichkeiten	30.000 €
2. Forderungen	2.500 €	2. Rückstellungen	15.000 €
3. Bank	1.000 €	3. usw.	
4. Kasse	500 €		
5. usw.			
Summe der Aktiva (Bilanzsumme)	59.000 €	Summe der Passiva (Bilanzsumme)	59.000 €

Auf der linken Seite (im Soll) sind die **Aktiva** (das Vermögen) aufgeführt, auf der Haben-Seite die **Passiva** (die Schulden). Der Ausgleich von Aktiva und Passiva wird durch den Ansatz des Kapitals herbeigeführt. Überwiegen die Passiva, ist ein – negativer – Kapitalposten auf der Aktivseite auszuweisen. **§ 242 Abs. 1 HGB** definiert die Bilanz als einen Abschluss, der das Vermögen und die Schulden des Kaufmanns darstellt.

Etymologisch lässt sich „Bilanz“ aus dem lateinischen „bis“ (zweifach, doppelt) und „lanx“ (Waagschale, Schüssel) bzw. dem italienischen „bilancia“ (Waage, Gleichgewicht) ableiten. Gelegentlich wird der Begriff auch auf die altfranzösischen Wortstämme „bil“ (Rechnung) und „an“ (Jahr) zurückgeführt.

B. Gewinnermittlung durch Bilanzierung

Bei bilanzierenden Steuerpflichtigen wird der Gewinn (genauer: das Betriebsergebnis, das 35
auch Verluste umfasst) durch Betriebsvermögensvergleich ermittelt.[62] Nach § 4 Abs. 1 EStG ist Gewinn der **Unterschiedsbetrag** zwischen dem Betriebsvermögen am Schluss des Wirtschaftsjahres und dem Betriebsvermögen am Schluss des vorangegangenen Wirtschaftsjahres, vermehrt um den Wert der Entnahmen und vermindert um den Wert der Einlagen.

62 Zu Grundfragen und Zukunft der Gewinnermittlung Weber-Grellet DB 2010, 2298, DB 2016, 1279.

36 Betriebsvermögen i. S. d. Betriebsvermögensvergleichs ist das (korrigierte) (Betriebs-) Kapital, also das **Betriebsreinvermögen** (Aktiva ./. Schulden), das um die nicht betrieblich veranlassten Veränderungen des Betriebsvermögens (also Entnahmen und Einlagen), die auf das Ergebnis keinen Einfluss haben dürfen, zu korrigieren ist.[63] Als Betriebsvermögen (in einem engeren Sinn) werden die Wirtschaftsgüter des Anlage- und Umlaufvermögens bezeichnet (s. u. Rn. 132 ff.); es handelt sich um „aktives" Vermögen, das dem Betrieb als (notwendiges oder gewillkürtes) (betrieblich veranlasstes) Betriebsvermögen zugerechnet wird.

Zu Beginn des Betriebs ist eine Eröffnungsbilanz aufzustellen, für den jeweils laufenden Gewinnermittlungszeitraum – zur Ermittlung des laufenden Gewinns – eine Anfangs- und eine Schlussbilanz. Nach dem Grundsatz der Bilanzidentität (Rn. 61) ist die Anfangsbilanz identisch mit der Schlussbilanz des Vorjahres. Bei Beendigung des Betriebs (etwa durch Veräußerung oder durch Aufgabe) ist – zur Ermittlung des Veräußerungs- bzw. Aufgabegewinns – zusätzlich eine Veräußerungsbilanz bzw. eine Aufgabebilanz zu erstellen (s. u. Rn. 109, 68).[64]

Beispiel

zur bilanziellen Gewinnermittlung

1. Aktiva — Eröffnungsbilanz zum 01.01.2021 — Passiva

Aktiva		Passiva	
Bank	50.000 €	Kapital	50.000 €

2. Aktiva — Bilanz zum 31.12.2021 — Passiva

Aktiva		Passiva	
Geschäftseinrichtung	80.000 €	Verbindlichkeiten	320.000 €
Waren	120.000 €	Kapital	130.000 €
Forderungen	100.000 €		
Bank	100.000 €		
Kasse	50.000 €		

3. Entwicklung des Kapitals in 2021 (besondere Anschreibung)

Reinvermögen per 31.12.2021	130.000 € (= 450.000 € / 320.000 €
/ Reinvermögen per 01.01.2021	50.000 €
= Unterschied	80.000 €
+ Entnahmen	70.000 €
/ Einlagen	30.000 €
= Gewinn	**120.000 €**

37 **Erläuterung:**

Das Unternehmen hat zum 31.12.2021 ein Reinvermögen (Kapital) von 130.000 €. Der Gewinn (120.000 €) errechnet sich aus dem Unterschiedsbetrag zwischen dem Betriebsvermögen am Schluss des Wirtschaftsjahres (130.000 €) und dem Betriebsvermögen am Schluss des vorangegangenen Wirtschaftsjahres (50.000 €), vermehrt um den Wert der Entnahmen (70.000 €) und vermindert um den Wert der Einlagen (30.000 €).

63 Zur sog. zweistufigen Gewinnermittlung s. unten Rn. 112.

64 BFH v. 05.05.2015 – X R 48/13, BFH/NV 2015, 1358.

C. Gewinnermittlung durch GuV-Rechnung

Die **Gewinn- und Verlust**(GuV)-Rechnung vervollständigt den Jahresabschluss (§ 242 Abs. 2 HGB).[65] Die Gewinnermittlung nach § 4 Abs. 1 EStG gibt keinen hinreichenden Einblick in die Einzelheiten der Gewinnermittlung und die Zusammensetzung des Gewinns. Wie groß die Differenz zwischen den Betriebsvermögen zweier Stichtage ist, hängt von der Bilanzierung und Bewertung der Vermögensteile und der Schulden ab. § 4 Abs. 1 S. 10 EStG verweist deshalb auf die Vorschriften über die Betriebsausgaben, über die Bewertung und über die Absetzung für Abnutzung und Substanzverringerung (vgl. auch § 5 Abs. 6 EStG). 38

Bei der allgemein üblichen **doppelten Buchführung** ist neben der Bilanz eine **GuV-Rechnung** zu erstellen (§ 60 Abs. 1 S. 2 EStDV). Die GuV-Rechnung nimmt alle während des Wirtschaftsjahres anfallenden betrieblich veranlassten **erfolgswirksamen Geschäftsvorfälle** (also alle Erträge und den gesamten Aufwand) fortlaufend auf. Die Differenz von Aufwand und Ertrag führt **logisch zwingend systembedingt** zu demselben Ergebnis wie der Betriebsvermögensvergleich, da jede erfolgswirksame Betriebsvermögensvermehrung in der GuV-Rechnung gegengebucht wird.

Beispiel

Die Zahlung von Lohn führt zu einer Verminderung des Geldbestandskontos und zu einer Gegenbuchung auf dem Aufwandskonto. Die entsprechende Buchung lautet: per Lohnaufwand an Geldkonto. Wird dagegen Geld aus der Kasse auf ein Bankkonto eingezahlt, so lautet die Buchung: per Bank an Kasse.

Der letztgenannte Geschäftsvorfall beinhaltet lediglich einen sog. **Aktivtausch**, der das Betriebsvermögen in der Höhe nicht verändert, also keine Auswirkung auf den Gewinn hat und demzufolge auch die GuV-Rechnung nicht berührt.[66]

Bilanz und GuV-Rechnung ergänzen sich: Während die Bilanz die Zusammensetzung des Vermögens zum Stichtag im Einzelnen dokumentiert, lässt die GuV-Rechnung erkennen, durch welche erfolgswirksamen Geschäftsvorfälle das Ergebnis entstanden ist (z. B. durch Anschaffungen, Abschreibungen, Sachkosten, Personalkosten). Die GuV-Rechnung stellt die eigentliche Erfolgsrechnung dar, die Bilanz hat die Aufgabe, alle nicht ausgelösten Einnahmen und Ausgaben und alle nicht eingelösten Aufwendungen und Erträge zu verrechnen und von der alten in die neue Rechnungsperiode zu überführen.[67]

Sind aus der Sicht der Unternehmensleitung Bilanz und GuV-Rechnung als Leitungs- und Kontrollinstrument unverzichtbar, so hat für die Finanzverwaltung die GuV-Rechnung insofern besondere Bedeutung, als sie Problemfelder (z. B. durch Vergleich bestimmter Aufwandsgruppen in Form eines sog. internen Betriebsvergleichs) offenbaren kann. Diesem Kontrollzweck diente übrigens auch die (bis 2007) auf Verlangen des FA vorzulegende **Hauptabschlussübersicht** (Rn. 112).

Die GuV-Rechnung ähnelt der in § 4 Abs. 3 EStG geregelten Überschussrechnung. Der wesentliche Unterschied besteht in der unterschiedlichen zeitlichen Erfassung der erfolgswirksamen Geschäftsvorfälle: Die **Überschussrechnung** erfasst dem Grundsatz nach die Betriebseinnahmen und die Betriebsausgaben nach dem Zahlungsprinzip (Zufluss/Abfluss); die GuV-Rechnung dagegen erfasst alle Aufwendungen und Erträge nach dem Grundsatz der wirtschaftlichen Verursachung (§ 252 Abs. 1 Nr. 5 HGB). Auf Dauer betrachtet – also vom Beginn bis zur Beendigung des Unternehmens – müs- 39

65 Wöhe/Mock, § 18.
66 Birk Rn. 866.
67 Schmalenbach S. 72 f.

sen GuV-Rechnung, Einnahmenüberschussrechnung und natürlich auch die durch Betriebsvermögensvergleich ermittelten Ergebnisse übereinstimmen.[68]

Die Gliederung der GuV-Rechnung ist für Kapitalgesellschaften in § 275 HGB geregelt (s. dort). Danach ist die GuV-Rechnung in Staffelform nach dem Gesamtkosten- oder dem Umsatzkostenverfahren aufzustellen (§ 275 Abs. 1 HGB).

Das **Gesamtkostenverfahren** (§ 275 Abs. 2 HGB) stellt den Umsatzerlösen (Abs. 2 Nr. 1) die Gesamtkosten der Betriebsleistung der Periode gegenüber, muss allerdings die Bestandsveränderungen an Halb- und Fertigfabrikaten sowie andere aktivierte Eigenleistungen (Abs. 2 Nr. 2, 3) bei der Ermittlung des Betriebsergebnisses eigens berücksichtigen. Diese Korrektur ist beim international gebräuchlicheren **Umsatzkostenverfahren** (§ 275 Abs. 3 HGB) nicht erforderlich, da es den Umsatzerlösen (Abs. 3 Nr. 1) die Selbstkosten der abgesetzten Betriebsleistung (Umsatzkosten; Abs. 3 Nr. 2) gegenüberstellt. Das Gesamtkostenverfahren arbeitet mit den Primärkosten, die direkt aus dem Rechnungswesen ersichtlich sind. Das Umsatzkostenverfahren gliedert demgegenüber nach Funktionsbereichen bzw. Produktgruppen.[69]

Für die übrigen Unternehmer folgt eine Mindestgliederung der GuV-Rechnung aus den Grundsätzen ordnungsmäßiger Buchführung (s. auch § 275 Abs. 5 HGB).

40

Übersicht

Hauptarten der Einkünfteermittlung

Einkünfteermittlung nach	Steuerbare Bezüge	Erwerbsaufwendungen
§§ 4 Abs. 1, 5 Abs. 1 EStG	**Erträge** = vom Betrieb erwirtschaftete (betrieblich veranlasste) Vermögenszugänge (erfolgswirksame Betriebsvermögensmehrungen) Der Begriff „Erträge" ist im EStG nicht definiert; er stammt aus dem Bilanzrecht (s. § 242 Abs. 2 HGB), auf das in § 5 Abs. 1 EStG, § 141 AO verwiesen wird. Es gilt § 252 Abs. 1 Nr. 5 HGB (wirtschaftliche Verursachung), nicht das Zuflussprinzip (s. § 11 Abs. 1 S. 5 EStG).	Aufwendungen = betrieblich veranlasste Vermögensabgänge Der Begriff „Aufwendungen" ist im EStG nicht definiert. Er stammt aus dem Bilanzrecht (s. § 242 Abs. 2 HGB), wird im EStG aber auch allgemein verwendet (s. §§ 4 Abs. 4, 9 Abs. 1 S. 1; 10, 33, 33 a; 33 b EStG); § 4 Abs. 1 S. 10 EStG erklärt die Vorschriften über die Betriebsausgaben für anwendbar. Es gilt § 252 Abs. 1 Nr. 5 HGB, nicht das Abflussprinzip (s. § 11 Abs. 2 S. 6 EStG).
§ 4 Abs. 3 EStG	**Betriebseinnahmen** Nicht definiert im EStG; zum Zufluss von Betriebseinnahmen s. § 11 Abs. 1 EStG (analoge Anwendung).	Betriebsausgaben Definiert in § 4 Abs. 4 EStG; zum Abfluss von (Betriebs-)Ausgaben s. § 11 Abs. 2 EStG (analoge Anwendung).
§§ 8–9 a EStG	**Einnahmen** Zugänge im Rahmen der Einkunftsarten des § 2 Abs. 1 S. 1 Nr. 4–7 EStG; definiert in § 8 EStG. Zum Zufluss von Einnahmen s. § 11 Abs. 1 EStG.	Werbungskosten Mit den Zugängen zusammenhängende Abgänge; definiert in § 9 EStG. Zum Abfluss von Werbungskosten s. § 11 Abs. 2 EStG.

D. Bilanzarten

41 Die sich im äußeren Aufbau ähnelnden Bilanzen unterscheiden sich erheblich in ihrem Informationsgehalt, der von dem jeweiligen Bilanzzweck (Dokumentations- und Informationszweck) abhängt.

68 Grundsatz der Totalgewinnidentität, vgl. Schmidt/Loschelder § 4 Rn. 11.

69 Vgl. im Einzelnen Hopt § 275 HGB Rn. 2; Koller § 275 HGB Rn. 5.

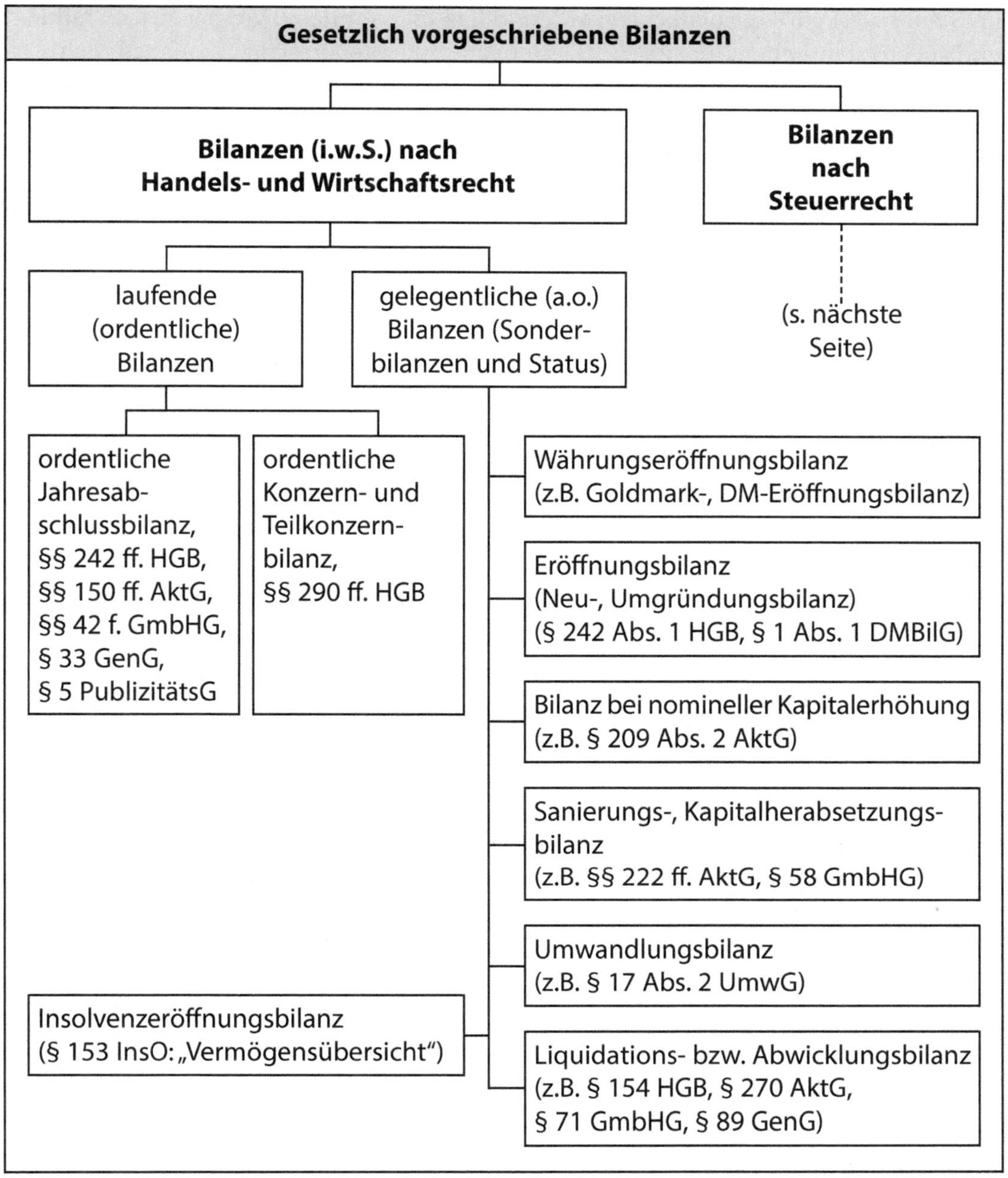

Nach dem Bilanzzweck richtet sich,

- was und wann in die Bilanz aufzunehmen ist und
- wie die einzelnen Posten zu bewerten sind.

Bilanzen nach Handelsrecht können zu ganz verschiedenen Anlässen (regelmäßig oder auch nur gelegentlich) erstellt werden. Laufende (ordentliche) Bilanzen sind dabei die in regelmäßigen Zeitabständen (Geschäftsjahren) zu erstellenden Jahresbilanzen (Einzel- oder auch Konzernbilanzen).

Sonderbilanzen werden dagegen aus besonderen Anlässen aufgestellt, z. B.

- Eröffnungsbilanz, § 242 Abs. 1 HGB,
- Umwandlungsbilanz (Schlussbilanz des übertragenden Rechtsträgers), § 17 Abs. 2 UmwG,
- Liquidationsbilanz, § 154 HGB, § 71 GmbHG, § 270 AktG.[70]

70 Zur Rechnungslegung in der Insolvenz s. Schmittmann StuB 2019, 360.

Im Steuerrecht wird ebenfalls nach ordentlichen (Steuerbilanz; Vermögensaufstellung) und außerordentlichen Bilanzen (z. B. „Umwandlungssteuerbilanz“; Anfangs-/Schlussbilanz bei Eröffnung/Beendigung, bei Wechsel der Gewinnermittlungsart oder bei Änderung der Steuerpflicht; Aufgabebilanz[71]) unterschieden:

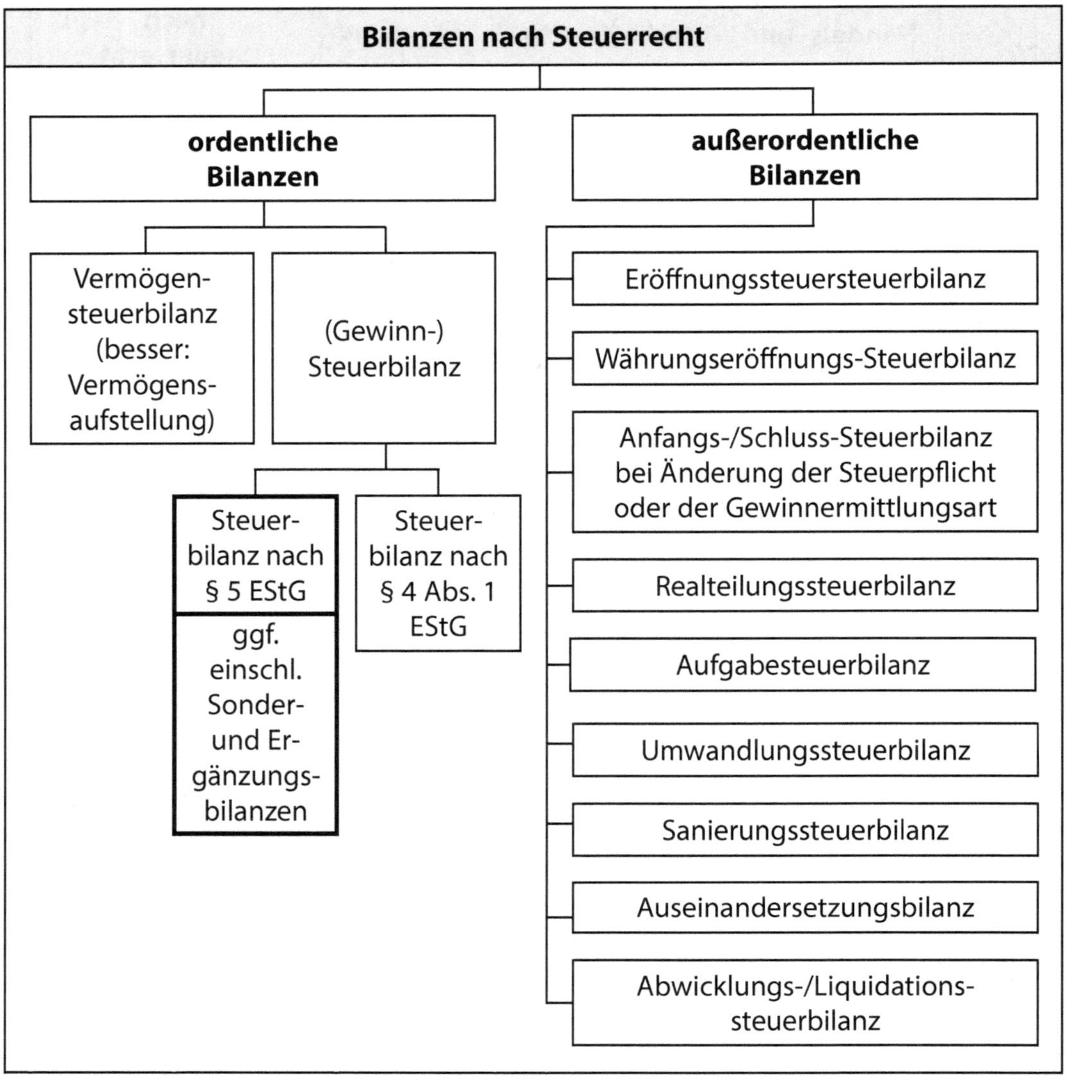

E. Bilanztheorien

42 Die betriebswirtschaftliche Literatur bietet ein breites Spektrum bilanztheoretischer Meinungen, die in erster Linie für innerbetriebliche Funktionen (Betriebssteuerung) bedeutsam sind („interne Bilanzen“).[72] Im Vordergrund stehen heute die Auseinandersetzung mit IFRS und die Internationalisierung der Rechnungslegung. In der Betriebswirtschaftslehre wird vor allem unterschieden zwischen den klassischen (traditionellen) Bilanz-

71 Notwendigkeit einer Schlussbilanz und einer Aufgabebilanz bei Betriebsaufgabe (BFH v. 05.05.2015 – X R 48/13, BFH/NV 2015, 1358). Im Fall der Betriebsaufgabe sind eine letzte Schlussbilanz zur Ermittlung des laufenden Gewinns und eine Aufgabebilanz zur Ermittlung des Aufgabegewinns bzw. -verlusts aufzustellen (BFH, 25.04.2018 – VI R 51/16, DStR 2018, 1959).

72 S. Baetge/Kirsch/Thiele, S. 1 f. – Bedenklich ist der Rückzug der betriebswirtschaftlichen Steuerlehre auf empirische Forschung (Siegel/Bareis u. a. FR 2013, 1128); zu deren Bedeutung ausführlich Förster, StuW 2019, 317.

theorien (Statik, Dynamik, Organik)[73] und den modernen Bilanztheorien. Letztere sind in stärkerem Maße aufgabenorientiert, d. h., den Bilanzierungsnormen geht die Analyse der Bilanzaufgabe voraus.[74]

I. Statische Bilanztheorie

Statische Bilanztheorien sind „vermögensorientiert"; sie zielen ab auf die zutreffende 43
Ermittlung des „Vermögens" im Sinne eines „Schuldendeckungspotenzials". Die statische Bilanztheorie wurde gegen Ende des 19. Jahrhunderts von **Hermann Veit Simon** begründet.[75] Aus statischer Sicht dient die jährliche Bilanzziehung der Vermögensermittlung; der Geschäftsjahresgewinn ergibt sich als Vermögenszuwachs durch Vergleich von Kapitalbeständen. Bilanz und Gewinn- und Verlustrechnung erfüllen nach Ansicht der statischen Bilanztheorie zwei getrennte Aufgaben: Die Bilanz zeigt, wie der Betrieb für die von ihm erwarteten Leistungen ausgestattet ist; die Gewinn- und Verlustrechnung lässt dagegen erkennen, aus welchen Quellen die Erträge resultieren und was das Unternehmen im Interesse dieser Erträge einzusetzen hatte. Die statische Bilanztheorie tritt in zwei Varianten auf. Die **„Zerschlagungsstatik"** ermittelt das Vermögen unter der Fiktion einer Unternehmenszerschlagung (fiktive Konkurslage). Simon selbst setzte sich für die **„Fortführungsstatik"** ein; dieser Gedanke der Unternehmensfortführung („going-concern") hat sich durchgesetzt (vgl. § 252 Abs. 1 Nr. 2 HGB).

II. Dynamische Bilanztheorie

Als „dynamisch" werden die bilanztheoretischen Vorstellungen bezeichnet, die „ge- 44
winnorientiert" sind. Bilanziert wird in „dynamischer" Sicht nicht, um das „Schuldendeckungspotenzial" zu bestimmen; bilanziert wird vielmehr, um den Erfolg wirtschaftlichen Handelns zu ermitteln.[76] Die dynamische Bilanztheorie wurde von Schmalenbach entwickelt. **Schmalenbach** trat erstmals 1908 in dem Aufsatz „Die Abschreibung"[77] der herrschenden statischen Auffassung entgegen.[78] Nach Schmalenbach ist die entscheidende Bilanzaufgabe die Bestimmung der Gewinnentwicklung (der vergleichbare Gewinn, der aperiodische Aufwendungen und Erträge aus der Gewinnermittlung ausschaltet). Im Vordergrund steht die verursachungsgerechte Periodenzurechnung von Einnahmen und Ausgaben; die Bilanz ist danach ein **Hilfsmittel der GuV-Rechnung**. Während die Statiker davon ausgehen, in einer Bilanz Gewinn und Vermögen ermitteln zu können, nehmen die Dynamiker gewisse Vermögensverzerrungen in Kauf, um einen aussagefähigeren Gewinn zu ermitteln.[79] Auch RFH und BFH standen zeitweise auf dem Boden der dynamischen Bilanzauffassung.[80]

---

73 Dazu Baetge/Kirsch/Thiele, S. 14 f.; Federmann/Müller, Bilanzierung nach Handelsrecht, Steuerrecht und IFRS, A. VII.

74 Moxter, Bilanzlehre S. 2; Moxter, Von den überkommenen betriebswirtschaftlichen Bilanztheorien zur modernen Bilanzrechtstheorie FS Ballwieser, 2014, 507; zur Entwicklung, zur Bilanzforschung und zum Gegensatz von „Normativisten" und „Positivisten" ausführlich Bense DStR 2021, 52.

75 Die Bilanzen der Aktiengesellschaften und der Kommanditgesellschaften auf Aktien, 1886.

76 Moxter, Bilanzlehre S. 246.

77 ZfhF 1908/09, 81–88.

78 Vgl. auch sein Hauptwerk „Dynamische Bilanz",13. Aufl. 1962.

79 Moxter, Bilanzlehre 31, 32.

80 Weber-Grellet BB 2018, 2347.

III. Organische Bilanzlehre

45 Die von **Fritz Schmidt** entwickelte „organische" Bilanzlehre,[81] die das Unternehmen als Zelle „im Organismus der Gesamtwirtschaft" sieht, will das richtige Vermögen und den richtigen Gewinn ermitteln (dualistische Zwecksetzung). Bei Gewinn- und Vermögensermittlung sind nach Auffassung von Schmidt nicht die Anschaffungskosten, sondern die Tagesbeschaffungswerte anzusetzen. Ziel der organischen Bilanzlehre ist vor allem die Eliminierung von **Geldwertschwankungen** und die Forderung nach **Substanzerhaltung** (Verhinderung der Ausschüttung sog. Scheingewinne unter teilweiser Vernachlässigung des Gläubigerschutzgedankens). Mit dem geltenden Nominalwertprinzip ist diese Auffassung nicht zu vereinbaren; sie hat sich nicht durchsetzen können.[82]

IV. Moderne Bilanztheorien

46 Die modernen Bilanztheorien stellen den jeweiligen **Zweck** der Bilanzierung in den Vordergrund, der unterschiedliche Bilanzierungsnormen verlangt:[83]

- Dokumentation,
- Schuldendeckungskontrolle,
- Ausschüttungssperre,
- Gewinnverteilung,
- steuerliche Gewinnermittlung,
- Anteilsbewertung,
- Leistungsfähigkeitskontrolle.

F. (Normgeprägte) Bilanz im Rechtssinn

47 Für das Bilanz- und Bilanzsteuer**recht** sind bilanztheoretische Erkenntnisse nur insoweit von Bedeutung, als sie im Gesetz ihren Niederschlag gefunden haben oder als Grundsätze ordnungsmäßiger Buchführung anerkannt sind. Unabhängig von betriebswirtschaftlichen Lehrmeinungen ist maßgeblich die (externe) Bilanz (Handelsbilanz und Steuerbilanz) im Rechtssinn[84] Der Inhalt dieser normgeprägten Bilanz richtet sich aufgrund rechtlicher Betrachtungsweise nach den gesetzlichen Bestimmungen;[85] im Vordergrund steht der Gesetzeszweck.[86]

I. Handelsbilanz

48 Die (ordnungspolitische) Funktion der (gesetzlich normierten) Handelsbilanz liegt zum einen in der Absicherung des als schutzwürdig angesehenen Substanzerhaltungsinteresses der Unternehmensbeteiligten (z. B. Schutz der Anteilseigner durch Kontrolle der Anteilsbewertung und Gewinnermittlung, der Gläubiger durch Kontrolle des Schulden-

81 Die organische Tageswertbilanz, 3. Aufl. 1929.
82 RFH v. 22.10.1931, RStBl. 1932, 22.
83 Moxter, Bilanzlehre, S. 81 ff.; Baetge/Kirsch/Thiele, S. 92 f.
84 Prinz DB 2024, 9.
85 K-K § 1.
86 Die Bilanz im Rechtssinn ist **keine Kostenrechnung** (Döllerer JbFAStR 1979/80, 195 ff.).

deckungspotenzials, der Arbeitnehmer), zum anderen auch in der Bereitstellung von aufgeschlüsselten und gegliederten Informationen, deren Kenntnis für unternehmensbezogene Entscheidungen notwendig ist (Selbstschutz des Unternehmers und Funktionenschutz von Wirtschaft und Allgemeinheit).[87]

Im Laufe der Zeit hat sich die Handelsbilanz von einer „Gewinnverwendungsbilanz" (mit weitgehender Freiheit zur Bildung stiller Reserven) zu einer echten **Gewinnermittlungsbilanz** gewandelt.[88] Durch das BiRiLiG v. 19.12.1985[89] ist die bisherige, eher unter dem Gläubigerschutz und Vorsichtsprinzip stehende Bilanzierungspraxis in Richtung des angloamerikanischen „true-and-fair-view-Prinzips" verschoben worden.[90] Der Jahresabschluss einer Kapitalgesellschaft hat unter Beachtung der Grundsätze ordnungsmäßiger Buchführung ein den **tatsächlichen Verhältnissen** entsprechendes Bild der Vermögens-, Finanz- und Ertragslage zu vermitteln (vgl. § 264 Abs. 2 S. 1 HGB).

Die **handelsrechtliche Bilanzentwicklung** der letzten 125 Jahre hat sich in sieben Phasen vollzogen:[91]

1. die statische Bilanz alter Art mit dem Ausweis nicht realisierter Werte („Zerschlagungsfiktion"),
2. die Einführung des Anschaffungskosten- und Realisationsprinzips durch die Aktienrechtsnovelle von 1884,
3. das Vordringen der dynamischen Bilanzauffassung, die später von der Rspr. aufgegriffen wurde,
4. die durch das AktG 1965 herbeigeführte „statische Wende" (Fortführungsstatik),
5. die Umsetzung der 4. EG-Richtlinie in nationales Recht (1985), insbesondere ihr Niederschlag im HGB;[92] Verstärkung dynamischer Züge,
6. die Internationalisierung der Rechnungslegung durch IAS/IFRS und GAAP,
7. die Reform des HGB durch das BilMoG und BilRUG (Annäherung an IAS/IFRS; Abkoppelung von der Steuerbilanz).

II. Internationalisierung der Rechnungslegung

1. EU-Entwicklungen

Die (auf der Grundlage des Art. 50 AEUV ergangene) Richtlinie 2013/34/EU (EU-Bilanzrichtlinie)[93] bezweckt eine erhöhte Klarheit und EU-weite Vergleichbarkeit von Abschlüssen sowie eine Erleichterung für kleine Unternehmen. Zu diesem Zweck enthält die Richtlinie verschiedene Neuerungen für Jahres- und Konzernabschlüsse, die sich teilweise auch auf das deutsche Handelsbilanzrecht auswirken können. In Deutschland wurden durch das BilMoG sowie das Kleinstkapitalgesellschaften-Bilanzrechtsänderungsgesetz (MicroBilG) bereits in der Vergangenheit zahlreiche Richtlinieninhalte in nationales Recht umgesetzt. Daher hat die Richtlinie keine gravierenden Änderungen des deutschen Rechts zur Folge. Die Richtlinie 2013/34/EU[94] ersetzt die 4. Richtlinie (78/660/EWG – BiRiLi) und die 7. Richtlinie (83/349/EWG – konsolidierter Abschluss).[95] Auf der weiteren Agenda stehen die steuerliche Erfassung multilateral tätiger Konzerne durch eine Digitalsteuer, durch eine Mindestbesteuerung, durch die Ein- 49

87 Vgl. Federmann/Müller, Bilanzierung nach Handelsrecht, Steuerrecht und IFRS, A. III., IV.; Kußmaul DStR 1999, 1579.
88 Beisse StuW 1984, 4.
89 BGBl. I 1985, 2355.
90 Dazu kritisch Beisse DStZ 1998, 310.
91 Zur Entwicklung auch Beisse BB 1980, 637, 644; Ballwieser DB 2018, 1.
92 Vgl. Beisse StVj 1989, 295.
93 RL 2013/34/EU, ABl. 2013, L 182, 19.
94 ABl. 2013, L 182, 19; dazu Velte GmHR 2013, 1125.
95 Zur Umsetzung Zwirner DStR 2014, 439; Ballwieser DB 2018, 1.

führung einer Kapitaltransaktionssteuer und durch die Sicherung des Steueraufkommens durch eine einheitliche Bemessungsgrundlage. Die Umsetzung der DAC[96]-, BEPS[97]- und ATAD[98]-Richtlinien bedeutet für die nationalen Gesetzgeber (und auch für den Rechtsanwender) eine besondere Herausforderung; die betroffenen nationalen Gesetze sind durch die erforderlichen Neuregelungen der EU nicht einfacher und übersichtlicher geworden.[99] Mit dem Gesetz zur Gewährleistung einer globalen Mindestbesteuerung für Unternehmensgruppen[100] hat der Gesetzgeber die Richtlinie (EU) 2022/2523 umgesetzt. Nach § 1 Abs. 1 MinStG unterliegen im Inland belegene Geschäftseinheiten, die zu einer Unternehmensgruppe gehören, welche in den Konzernabschlüssen der obersten Muttergesellschaft in mindestens zwei von vier dem Geschäftsjahr unmittelbar vorhergehenden Geschäftsjahren jährliche Umsatzerlöse von 750 Mio Euro oder mehr ausweist (Umsatzgrenze), ungeachtet der Vorschriften eines DBA der Mindeststeuer.

2. US-GAAP

50 Zunächst schien es, als würden sich die US-GAAP als globaler Rechnungslegungsmodus durchsetzen; etliche Großunternehmen ließen sich an der New Yorker Börse registrieren, die eine Rechnungslegung nach US-GAAP verlangte. Mittlerweile haben aber die IFRS die US-GAAP verdrängt, US-GAAP ist auf dem Rückzug. Die Mehrheit der 500 größten Unternehmen bilanziert nach IFRS.[101] Bis 2007 mussten ausländische Unternehmen in den USA ihre finanziellen Berichte nach den Vorgaben der US-GAAP erstellen. Seitdem können sie zwischen den Vorgaben der US-GAAP und denen der IFRS wählen.

Die Angleichung von US-GAAP und IFRS ist ins Stocken geraten; ursprünglich war der Abschluss des Konvergenzprojekts für 2011 geplant.[102]

Die großen Autohersteller bilanzieren z. B. wie folgt:[103]

BMW Group (IFRS)	Mazda Motor Corporation (Japanese GAAP)
FIAT Chrysler Automobiles NV (IFRS)	Mitsubishi Motors Corporation (IFRS)
Daimler-Konzern (IFRS)	Nissan Motor Company (Japanese GAAP)
Ford Motor Company (US-GAAP)	PSA Peugeot Citroën (IFRS)
General Motors Company (US-GAAP)	Renault SAS (IFRS)
Honda Motor Company (US-GAAP)	Suzuki Motor Corporation (Japanese GAAP)
Hyundai Motor Company (Korean IFRS)	Toyota Motor Corporation (US-GAAP)
Kia Motors Corporation (Korean IFRS)	Volkswagen Konzern (IFRS)

96 Directive on Administrative Cooperation – mittlerweile DAC I – DAC VIII.

97 Base Erosion and Profit Shifting.

98 Anti-Tax Avoidance Directive.

99 Zu den Entwicklungen im EU-Bereich s. Musil, in Musil/Weber-Grellet Europäisches Steuerrecht, 2. Aufl., 2022, Einführung; Weber-Grellet DB 2022, 1344.

100 Mindeststeuergesetz (MinStG) v. 21.12.2023, BGBl. 2023 I Nr. 397.

101 Instruktiv zum Streit: Financial Times Deutschland v. 09.09.2010, S. 15.

102 Die wichtigsten Unterschiede, die sich bei der Umstellung von US-GAAP auf IFRS und umgekehrt auf den Abschluss ergeben, finden sich in einer aktuellen Publikation von Deloitte (https://www.iasplus.com/de/publications/us-amerikanische-publikationen/other/ifrs-gaap-comparison [09.01.2024]).

103 Auswertung der „Annual Reports".

3. IAS/IFRS

Die obligatorische Anwendung der IFRS ist auf Konzernabschlüsse bestimmter Unternehmen beschränkt (§ 315 e HGB).[104] Die IAS/IFRS gehen auf die Aktivitäten britischer Wirtschaftsprüfer zurück, die in den 70er-Jahren begannen, als Alternative zu GAAP globale Regeln aufzustellen. 2001 wurde aus der Initiative der Bilanzrat IASB (15 Experten aus 11 Ländern, zumeist Ex-Partner großer Wirtschaftsprüfungsgesellschaften), der die alten Regeln in IFRS überführte.[105]Gültig sind neben den IFRS nach wie vor auch die IAS; sie unterscheiden sich lediglich hinsichtlich ihres Entstehungszeitpunkts. Der Zweck der IFRS (International Financial Reporting Standards) besteht in der Vermittlung entscheidungsnützlicher Informationen an den Abschlussadressaten. In der EU ist die Bilanzierung nach IFRS seit 2005 für börsennotierte Unternehmen Pflicht (IAS-Verordnung).[106] Damit haben sich die IFRS zu einem globalen „Esperanto der Buchhalter“ entwickelt.[107] Finanziert werden die IFRS überwiegend durch Spenden von „International accounting firms“,[108] was gewisse Zweifel an der Unabhängigkeit der IFRS hervorrufen könnte. 51

Die IFRS enthalten ein Rahmenkonzept mit Basisgrundsätzen und Qualitätsgrundsätzen; daneben bestehen Rechnungslegungsstandards für einzelne Bereiche,[109] z. B. für immaterielle Vermögensgegenstände (IAS 38) oder für Leasing (IAS 17) und für Finanzinstrumente (IFRS 9).[110] Die EU hat bereits etliche Standards übernommen.[111]

- IFRS 1: Erstmalige Anwendung
- IFRS 2: Anteilsbasierte Vergütung
- IFRS 3: Unternehmenszusammenschlüsse
- IFRS 4: Versicherungsverträge
- IFRS 5: Zur Veräußerung gehaltene langfristige Vermögenswerte
- IFRS 6: Exploration und Evaluierung von Bodenschätzen
- IFRS 7: Finanzinstrumente: Angaben
- IFRS 8: Geschäftssegmente
- IFRS 10: Konzernabschlüsse
- IFRS 11: Gemeinsame Vereinbarungen
- IFRS 12: Angaben zu Anteilen an anderen Unternehmen
- IFRS 13: Bemessung des beizulegenden Zeitwerts
- IFRS 15: Erlöse aus Verträgen mit Kunden
- IFRS 16: Leasingverhältnisse
- IFRS 17: Versicherungsverträge
- IFRS 18: Darstellung von Abschlüssen (1. Hj. 2024)
- IFRS 19: Tochtergesellschaften (1. Hj. 2024)

Erklärter Zweck des IFRS-Abschlusses ist die Vermittlung entscheidungsnützlicher Informationen („decision usefullness“) an Investoren, Kreditgeber usw. (§§ 9 ff. des Rahmenkonzepts [Framework]; von der EU-Kommission als „5. Anhang“ zu „Kommentar der EU-Kommission“ im Internet veröffentlicht). Hierbei wird davon ausgegangen, dass ökonomische Entscheidungen vor allem eines voraussetzen, nämlich die nachhaltige Fähigkeit, „Cash zu generieren“. Daher steht nicht die vorsichtige Erfassung und Bewertung von Vermögensgegenständen im Vordergrund; Basisprinzipien sind vielmehr der Going-Concern-Grundsatz (Bewertung zu Fortführungs-, nicht zu Zerschlagungswer-

104 Kahle FS Böcking 2021, 571/3.

105 Bohl/Wiechmann Rn. 64 ff. – Zu den einzelnen IAS (IAS 1 bis IAS 41) s. https://www.iasplus.com/de/standards/ias/ias (25.01.2024).

106 Zur erstmaligen Anwendung der IFRS s. VO (EG) Nr. 1136/2009 v. 25.11.2009, ABl. 2009, L 311, 6, 8.

107 Zu den IFRS-Prinzipien Federmann/Müller, Bilanzierung nach Handelsrecht, Steuerrecht und IFRS, A. IV. 2. b); A. V. 2. c).

108 Bohl/Wiechmann Rn. 82 ff.

109 Zu dem IFRS-Regelwerk im Einzelnen vgl. Bohl/Wiechmann Rn. 392 ff.

110 Zum Stand der IFRS https://www.iasplus.com/de/standards/ifrs (09.01.2024); Brune/Hayn DStR 2022, 224; weitere Informationen unter https://www.ifrs.org (09.01.2024) und www.drsc.de (09.01.2024).

111 Zum gegenwärtigen Stand der Übernahme vgl. die Aufstellung der European Financial Reporting Advisory Group (http://www.efrag.org/Endorsement – 09.01.2024); ferner http://eu-ifrs.de (09.01.2024).

ten; § 23 Rahmenkonzept), das Prinzip „Substance over Form“ und der Grundsatz der periodengerechten Abgrenzung des nachhaltigen Gewinns (§ 22 Rahmenkonzept).[112] Dieser Grundsatz kann es z. B. gebieten, Kursgewinne bei Wertpapieren bereits dann auszuweisen, wenn sie entstehen und nicht erst dann, wenn sie durch Umsatz realisiert sind. In Fällen langfristiger Auftragsfertigung ist der Gewinn schrittweise über die Auftragsperioden zu erfassen.

Aus den Basisannahmen leiten sich qualitative Anforderungen an die Rechnungslegung ab: Damit die Abschlussinformationen über den periodengerechten Gewinn entscheidungsnützlich sind, müssen sie hinreichend zuverlässig (in der Bewertung), relevant, verständlich und (im Interesse der Beurteilung von Trends) vergleichbar sein. Erst eine weitere Stufe tiefer werden diese Anforderungen u. a. durch das Vorsichtsprinzip konkretisiert.

Der IFRS-Abschluss nicht börsennotierter Unternehmen besteht nach IAS 1.10 aus fünf Elementen:[113]

- Bilanz (balance sheet),
- GuV (income statement),
- Kapitalflussrechnung (cash flow statement),
- Eigenkapitalveränderungsrechnung (statement of changes in equity) und
- Anhang (notes).

Anders als das HGB, das beispielsweise den Anhang nur für Kapitalgesellschaften und einen Lagebericht nur für mittlere und große Gesellschaften vorschreibt, sind die IFRS-Vorschriften weder rechtsform- noch größenabhängig. Für die Abschlussbestandteile gilt im Einzelnen Folgendes:

- Bilanz: Es besteht kein verbindliches Gliederungsschema. Untergliederungen von Hauptposten (z. B. Vorräte oder Forderungen) können z. B. wahlweise in der Bilanz selbst vorgenommen oder in die Notes verlagert werden.
- GuV: Abweichend vom HGB sind die Ertragsteuern dem ordentlichen und außerordentlichen Bereich zuzuordnen. Das außerordentliche Ergebnis wird daher auf Nachsteuerbasis gezeigt, damit auf allen Ebenen im Interesse der decision usefulness Nachhaltiges von Außerordentlichem unterschieden wird. Aus dem gleichen Grund gilt: Soweit Geschäftsbereiche veräußert oder aufgegeben werden sollen, sind auch die Ergebnisse aus diesen einzustellenden Tätigkeiten (discontinuing operations) getrennt zu zeigen.
- Kapitalflussrechnung: Sie schlüsselt die Veränderung des Finanzmittelbestandes (liquide Mittel abzüglich Bankkontokorrente) auf nach a) Cashflow aus laufender Geschäftstätigkeit (Jahresüberschuss plus Abschreibungen und weitere Korrekturen), b) Cashflow aus Investitionstätigkeit (z. B. Anschaffung Anlagen) und c) Cashflow aus Finanzierungstätigkeit (z. B. Darlehensaufnahmen und -tilgungen, Kapitalzuführung und -auskehrung).
- Eigenkapitalveränderungsrechnung: Sie zeigt die Entwicklung der einzelnen Positionen des Eigenkapitals. Hierzu zählen auch bestimmte Bewertungserfolge, die z. B. bei der nach IFRS zulässigen Stichtagsneubewertung von Grundstücken usw. nicht über die GuV, sondern erfolgsneutral erfolgen.
- Notes: Sie erläutern Bilanzierungs- und Bewertungsmethoden, schlüsseln Bilanz und GuV auf, enthalten Angaben zum Risikomanagement, benennen Organe der Gesellschaft usw.

Die IFRS dienen in erster Linie der Information; für Ausschüttungs- und Steuerbemessungszwecke sind sie eher ungeeignet.[114] Sie sind vor allem auch deswegen ungeeignet, weil sie als breite Standards angelegt sind, die mit juristischen Normen relativ wenig gemein haben. Es handelt sich um Erläuterungen, aber nicht um Normen. Dem kontinentalen Rechtskreis sind solche Regelungen fremd; man muss nur einmal die §§ 238 ff. HGB oder die §§ 4–7 EStG der Textausgabe der EU-gebilligten Standards gegenüberstellen. – Aufgabe des IFRIC (Nachfolger des Standing Interpretations Committee; 14 Mitglieder) ist es, für IFRS- und IAS- Rechnungslegungsstandards in Zweifelsfällen Klarheit zu schaf-

---

112 Bohl/Wiechmann Rn. 154 ff.

113 Beck'sches IFRS-Handbuch, 6. Aufl., 2020, § 2 Rn. 25.

114 Zu einem Vergleich der Bilanzierung nach HGB, IFRS und Steuerrecht vgl. Stute StuB 2018, 815.

fen.[115] Seit dem 01.07.2005 unterlag die Rechnungslegung der Jahres- und Konzernabschlüsse von Unternehmen, die am regulierten Markt in Deutschland vertreten sind, einer Prüfung durch die „Deutsche Prüfstelle für Rechnungslegung" (DPR e. V.).[116] Seit dem 01.01.2022 ist die Bundesanstalt für Finanzdienstleistungsaufsicht (BaFin) für die Kontrolle von Bilanzen kapitalmarktorientierter Unternehmen verantwortlich.

III. Normgeprägte Steuerbilanz im Rechtssinn

Funktion der (der durch das EStG geregelten) Steuerbilanz ist die Ermittlung des „wirklichen" Gewinns als Indikator der wirtschaftlichen **Leistungsfähigkeit** und **steuerlichen Belastbarkeit** eines Unternehmens zum Zwecke einer gesetzmäßigen, insbesondere gleichmäßigen Besteuerung.[117] Die steuerbilanztheoretische Alternative lautet daher nicht „statisch oder dynamisch"; vielmehr muss die Steuerbilanz in materieller Hinsicht die Gleichmäßigkeit des Steuereingriffs nach Maßgabe der wirtschaftlichen Leistungsfähigkeit gewährleisten und in formeller Hinsicht eine einfache und richtige Abrechnung (Objektivierung[118] und Vereinfachung) sicherstellen; die „betriebswirtschaftliche Richtigkeit" hat nur begrenzten Erkenntniswert.[119] 52

Dagegen will die Handelsbilanz auf der einen Seite die Ausschüttung eines zu hohen Gewinns verhindern (Vorsichtsprinzip), räumt aber auf der anderen Seite den Unternehmen erhebliche Gestaltungsmöglichkeiten (bilanzpolitische Spielräume) und Wahlrechte ein; das BilMoG hat einige Wahlrechte beseitigt, aber auch neue geschaffen.[120] Im Unterschied dazu will die Betriebswirtschaftslehre ebenfalls den „wahren" Gewinn ermitteln (wenn auch nur zum Zwecke der zukunftsorientierten Betriebslenkung – interne Periodenvergleichbarkeit –, nicht der Besteuerung) und steht insoweit dem Steuerbilanzrecht näher als dem Handelsbilanzrecht.

Die richtige steuerliche Bemessungsgrundlage bildete (idealiter bei einem unveränderten Steuerrecht und unveränderten Tarifen) der **Totalgewinn**. Dieser ließe sich anhand von Zahlungsvorgängen zutreffend ermitteln (Veräußerungsgewinn bzw. Liquidationserlös zuzüglich aller Entnahmen abzüglich aller Einlagen). Der Totalgewinn kann aber nicht Bemessungsgrundlage sein, da der Fiskus auf den sukzessiven Eingang von Steuern angewiesen ist und demzufolge das EStG die Ermittlung des **Periodengewinns** verlangt, der innerhalb eines Wirtschaftsjahres erzielt worden ist (§ 4 a EStG). Für diesen gesetzlich vorgegebenen Gewinnermittlungszeitraum kann der darauf entfallende Totalgewinnanteil nur ungenau ermittelt werden, da die weitere Entwicklung des Unternehmens ungewiss ist. Die Gewinnermittlung durch Bilanzierung und Bestandsvergleich hat daher Kompromisscharakter; sie liefert eine praktisch brauchbare Methode zur Ermittlung des in dem einzelnen Wirtschaftsjahr erzielten Gewinns, verzichtet allerdings auf die zutreffende Besteuerung des Totalgewinns.

Diesen Erfordernissen der Objektivierung und Vereinfachung entsprechend sind für die (gesetzlich normierte) Steuerbilanz im Rechtssinn folgende Merkmale charakteristisch: 53

- **Willkürfreier Ansatz** kontrollierbarer und berechenbarer Positionen (Richtigkeitsgewähr, Rechtssicherheit), z. B. Ansatz der Anschaffungs- oder Herstellungskosten, das Erfordernis der selbstständigen Bewertbarkeit bei der Definition des Wirtschaftsgutbe-

115 Zu den einzelnen IFRIC-Interpretationen s. https://www.iasplus.com/de/standards/ifrs und https://www.iasplus.com/de/@@csesearch?q=IFRIC (25.01.2024).

116 Zu Prüfungsschwerpunkten für 2021 s. Haegler/Deike BB 2021, 106.

117 BFH v. 03.02.1969 – GrS 2/68, BStBl. II 1969, 291; Schmidt/Weber-Grellet § 5 Rn. 26 ff.; Kahle Entwicklung der Steuerbilanz DB 2014, Beilage 4, 1.

118 Küting, Der Objektivierungsgrundsatz im HGB- und IFRS-System DB 2011, 1404.

119 Vgl. Weber-Grellet FS Schmidt 1993, 161, 170 f.; dazu auch Schneider FS Moxter1994, 1149; zu den steuerrechtlichen Zwecken der Steuerbilanz auch Jacobs, Das Bilanzierungsproblem in der Ertragsteuerbilanz 1971, 133 f.

120 Ernst/Seidler BB 2009, 766.

griffs; Verbot der Aktivierung selbstgeschaffener immaterieller Wirtschaftsgüter (§ 5 Abs. 2 EStG); Rechnungsabgrenzungsposten nur bei begrenzbarem Zeitraum (§ 5 Abs. 5 EStG); begrenztes Verbot von sog. Aufwandsrückstellungen gegen sich selbst (dagegen unbegrenzte Rückstellungsbildung bei Verbindlichkeiten gegenüber Dritten); Objektivierung des Merkmals der wahrscheinlichen Inanspruchnahme bei Rückstellungsbildung;[121] Zeitpunkt der Aktivierung von Dividendenforderungen nicht vom Willen des Steuerpflichtigen abhängig.[122]

- **Einschränkung handelsbilanzieller Wahlrechte** (Ansatz-, Bewertungs-, Methodenwahlrechte) aus Gründen der Gleichmäßigkeit der Besteuerung (Berechenbarkeit; Verhinderung von Manipulationen): Handelsrechtliche Aktivierungswahlrechte werden zu steuerlichen Aktivierungsgeboten, handelsrechtliche Passivierungswahlrechte werden zu steuerlichen Passivierungsverboten.[123] Handelsrechtliche Bewertungswahlrechte führen in der Steuerbilanz auf der Aktivseite zum Ausweis des höchsten Werts, auf der Passivseite zu dem des niedrigsten Werts, soweit nicht auch nach Steuerrecht ein entsprechendes Bewertungswahlrecht besteht.[124]

Steuerbilanzpolitische Taktiken und Strategien, durch die sich der Kaufmann nach Belieben ärmer oder reicher machen kann, sind mit dem Grundsatz der Gleichmäßigkeit der Besteuerung prinzipiell nicht vereinbar.

- Das **Realisationsprinzip** – gemeinhin als Ausdruck kaufmännischer Vorsicht verstanden – verlangt, dass nur an getätigte Umsätze angeknüpft wird, bei denen das Risiko der Nichterfüllung erheblich reduziert ist.[125] Das Realisationsprinzip ist das Grundprinzip des Bilanzsteuerrechts; im Grunde genommen ist jeder bilanzsteuerrechtliche Sachverhalt im Lichte des Realisationsprinzips zu beurteilen. Maßgeblich sind realisierte Vorgänge, nicht bloße Rechtsverhältnisse. Auf der Aktivseite verlangt das Realisationsprinzip eine hinreichende Sicherheit (z.B. beim Forderungsausweis), auf der Passivseite das Vorliegen einer wirtschaftlichen Belastung.[126]
- Die objektivierungs- und vereinfachungsbedingte **Vernachlässigung positiver und negativer Vermögenskomponenten** führt dazu, dass das Bilanzreinvermögen (Buchvermögen) erheblich vom Effektivvermögen abweichen kann. Dieser Mangel führt zu zeitlichen Verschiebungen; auf Dauer gleicht er sich aus.
- **Prinzipielle Maßgeblichkeit der GoB**, aber Vorrang zwingenden Steuerrechts (§ 5 Abs. 6 EStG).[127]

Trotz dieser Tendenz zur Objektivierung[128] ist die Anwendung des Steuerbilanzrechts mit erheblichen Unsicherheiten (z.B. die Ermittlung der GoB, die Umsetzung des Realisationsprinzips, die Rückstellungs-Dogmatik) verbunden. Unter diesem Aspekt könnte sich etwa (neben der selbstständigen Normierung des Bilanzsteuerrechts) eine Kombination aus Bilanz und Überschussrechnung anbieten; vor dem Hintergrund der nationalen und internationalen Entwicklungen wäre etwa folgende Regelung denkbar:[129]

- für Mikro-Unternehmen (Umsatz kleiner als 500 T): Überschussrechnung,
- für mittelgroße und große Unternehmen: StGEG-Bilanzierung; Einheitsbilanz,
- für kapitalmarktorientierte Unternehmen:[130] IFRS und Steuerbemessung nach StGEG.[131]

---

121 Vgl. BFH v. 01.08.1984 – I R 88/80, BStBl. II 1985, 44.
122 BFH v. 07.08.2000 – GrS 2/99, BStBl. II 2000, 632.
123 BFH v. 03.02.1969 – GrS 2/68, BStBl. II 1969, 291.
124 BFH v. 21.10.1993 – IV R 87/92, BStBl II 94, 176; Weber-Grellet FR 2023, 576.
125 Weber-Grellet BB 2018, 43, 50; s.a. unten Rn. 64 ff.
126 Vgl. BFH v. 19.11.2003 – I R 77/01, BFH/NV 2004, 271; Weber-Grellet FR 2004, 279.
127 Zu Einzelheiten s.u. Rn. 77 ff.
128 Dazu auch Thiel StbJb 1997/98, 309.
129 Weber-Grellet BB 2011, 43, 50.
130 § 264d HGB; § 2 Abs. 11 WpHG.
131 „Gesetz zur Steuerlichen Gewinnermittlung" der Stiftung Marktwirtschaft. – So Esterer FS Herzig 2010, 627, 636.

IV. Elektronische Übermittlung von Bilanzen – § 5 b EStG

Die E-Bilanz ist für alle nach §§ 4 I, 5 bilanzierenden Unternehmen verpflichtend. § 5b i. d. F. StBürokratieabbauG[132] ist ein weiterer Schritt auf dem Weg zu einer selbstständigen Steuerbilanz.[133] Gemäß § 5 b EStG sind Bilanzen und GuV-Rechnungen nach amtlich vorgeschriebenen Datensätzen durch Datenfernübertragung zu übermitteln. Für § 4 Abs. 3 EStG folgt eine entsprechende Verpflichtung aus § 60 Abs. 4 EStDV.[134] Gemäß § 1 AnwZpvV war § 5 b EStG erstmals für Wirtschaftsjahre anzuwenden, die nach dem 31.12.2011 begannen.[135] 54

Durch einen umfassenden Zugriff auf die steuerlich relevanten Daten kann die Finanzverwaltung Auswirkungen von Gesetzen, Gesetzesänderungen und Rspr. sowie die Evaluation steuerlicher Lenkungsnormen präzise beurteilen.

Der Inhalt der Bilanz sowie der GuV ist in Form eines XBRL-Datensatzes auf elektronischem Weg zu übermitteln.[136] XBRL (eXtensible Business Reporting Language) ist ein international verbreiteter Standard.[137] Im Jahr 2017 wurden bundesweit rund 2,5 Millionen Datensätze übermittelt. Die technische Infrastruktur und die Taxonomien haben sich als praxistauglich erwiesen; die Taxonomien werden fortlaufend fortgeschrieben.[138]

G. Grundsätze ordnungsmäßiger Bilanzierung (GoB); R 5.2 EStR

Die GoB sind Teil der Grundsätze ordnungsmäßiger Buchführung im weiteren Sinn. 55

Diese lassen sich gliedern in:[139]

- Grundsätze ordnungsmäßiger Buchführung im engeren Sinn (reine Buchführung),
- Grundsätze ordnungsmäßiger Inventur,
- Grundsätze ordnungsmäßiger Bilanzierung und
- Grundsätze ordnungsmäßiger Erfolgsrechnung.

I. Bedeutung der GoB

An zahlreichen Stellen des Handels- und Steuerrechts wird auf die Grundsätze ordnungsmäßiger Buchführung Bezug genommen (vgl. z.B. §§ 238 Abs. 1 S. 1, 239 Abs. 4 S. 1, 241 Abs. 1–3, 243 Abs. 1, 256, 257 Abs. 3 S. 1 HGB; §§ 4 Abs. 2, 5 Abs. 1 EStG). Die handelsbilanzrechtliche Funktion der GoB besteht nach h.M. in der Ermittlung des dem Unternehmen entziehbaren Gewinns (Zahlungsbemessungsfunktion).[140] Dabei wird der „ent- 56

132 BStBl. I 2009, 124.

133 Weber-Grellet BB 2011, 43, 50; Herzig DB 2011, 1.

134 H/H/H § 5 b EStG Rn. 10.

135 Nach BMF BStBl. I 2011, 855 kann eine E-Bilanz erstmalig für das Wirtschaftsjahr aufgestellt werden, das nach dem 31.12.2012 beginnt, also ab VZ 2013; Übermittlung erstmalig zum 31.05.2014; bei abweichendem Wirtschaftsjahr verschiebt sich die Erstanwendung.

136 Nach Maßgabe der Steuerdaten-ÜbermittlungsVO v. 28.01.2003 (BGBl. I S 139), i. d. F. VO v. 08.01.2009 (BGBl. I S 31), in der jeweils geltenden Fassung; weitere Einzelheiten bei Schmidt/Weber-Grellet § 5 b.

137 BMF BStBl. I 2010, 47 Rz 2; Herzig/Schäperclaus Einheitstaxonomie, DB 2013, 1; Beste/Herrman, Die E-Bilanz – Praxiserfahrungen NWB 2013, 1836; Berger/Voit, E-Bilanz als Chance (zu XBRL) DB 2013, 1677.

138 Die aktualisierten Taxonomien (bis 06.07.) sind unter www.esteuer.de abrufbar.

139 Federmann/Müller, Bilanzierung nach Handelsrecht, Steuerrecht und IFRS, B. I., II.; s.a. Moxter GoB, 2003.

140 Beisse GS Knobbe-Keuk, 1997, 385.

ziehbare Gewinn“ eher „vorsichtig“ definiert. Dieser Ansatz unterscheidet sich von dem Prinzip des true-and-fair-view[141] und den steuerrechtlichen Zielsetzungen.[142]

Zentrale Bezugsnormen sind:

- § 243 Abs. 1 HGB, der vorschreibt, dass Kaufleute den Jahresabschluss nach den GoB aufzustellen haben, und
- § 5 Abs. 1 EStG, der von buchführenden Gewerbetreibenden verlangt, dass das Betriebsvermögen anzusetzen ist, das nach den handelsrechtlichen Grundsätzen ordnungsmäßiger Buchführung auszuweisen ist.

Neben den handelsrechtlichen GoB existieren auch **steuerrechtliche Regelungen zur ordnungsmäßigen Buchführung** (§§ 141–148 AO), die ihrerseits zum Teil wiederum auf das Handelsrecht verweisen (vgl. § 141 Abs. 1 S. 2 AO, der die sinngemäße Anwendung der §§ 238, 240–242 Abs. 1, 243–256 HGB anordnet) und die zum Teil nur für bestimmte Steuerpflichtige gelten (z. B. § 142 AO, der von Land- und Forstwirten ein Anbauverzeichnis verlangt). Für Land- und Forstwirte und für Freiberufler, die ihren Gewinn nach § 4 Abs. 1 EStG durch Betriebsvermögensvergleich ermitteln, gelten diese Grundsätze mit den für diese Berufsgruppen maßgeblichen Modifikationen entsprechend.

II. Rechtsnatur und Ermittlung der GoB

57 Über Rechtsnatur und Ermittlung der GoB[143] ist in der Vergangenheit heftig gestritten worden und besteht auch heute keine Einigkeit.

- Nach einer Auffassung sind die nicht kodifizierten GoB **empirisch-induktiv** zu ermitteln; die Regeln sind maßgeblich, die die Mehrheit der Kaufmannschaft als ordentlich anerkennt und in der Praxis anwendet.[144]
- Nach anderer Auffassung, die in der Finanzrechtsprechung vorherrscht, sind die GoB aus den Erfordernissen sachgerechter Bilanzierung („durch Nachdenken“) **deduktiv** abzuleiten.[145]
- Nach § 342 q,r HGB kann das BMJ ein privates Rechnungslegungsgremium oder einen Rechnungslegungsbeirat einsetzen. Beide Gremien sollen bei der Entwicklung von Konzern- und allgemeinen Rechnungslegungsvorschriften und in internationalen Standardisierungsgremien mitwirken.[146]

Insbesondere nach Inkrafttreten des BiRiLiG und den damit verbundenen Änderungen des HGB gilt heute Folgendes:

1. Die wichtigsten GoB sind **kodifiziert**. Die Regelungsdichte ist unterschiedlich; die Skala reicht vom allgemeinen Prinzip mit hohem Abstraktionsgrad (obere GoB) bis hin zu detaillierten Einzelregelungen (untere GoB).
2. Die GoB haben **normativen Charakter** und sind revisibel.[147] Nicht entscheidend ist die tatsächliche Übung; maßgeblich sind vielmehr die – ggf. im Wege der Auslegung

---

141 Dazu EuGH v. 27.06.1996 – C-234/94, DStR 1996, 1093 – Tomberger; v. 14.09.1999 – C-275/97, DStR 1999, 1645 – Pauschalrückstellung.

142 Zur steuerrechtlichen Bedeutung der GoB vgl. Schmidt/Weber-Grellet § 5 Rn. 29 ff., 58 ff.

143 Nach D. Schneider StuW 1971, 326 ein „schillernder Götze“, auf den wenig Verlass ist; ferner Beisse GS Knobbe-Keuk, 1997, 385.

144 So z. B. Schmalenbach ZfhF 1933, 225, 232; Spitzenverbände der Wirtschaft DB 1979, 1093; so wohl auch die Denkschrift zum Entwurf eines HGB, Berlin, 1897, 48: Wie die Bücher geführt werden müssen, richte sich nach den Gepflogenheiten sorgfältiger Kaufleute.

145 Vgl. Döllerer BB 1959, 1217; Kruse, GoB-Rechtsnatur und Bestimmung, 3. Aufl. 1978; Baetge/Zülch HdJ I/2, Bedeutung und Ermittlung der GoB Rn. 29 f.; ADS § 243 Tz. 18; kritisch Schneider StuW 1983, 143, insbesondere zur Bestimmung des Bilanzzwecks und zur floskelhaften Begründung der Deduktion von GoB; ferner Schmidt/Weber-Grellet § 5 Rn. 58. – Fraglich ist auch, welche Auswirkungen das Bankaufsichtsrecht auf den Inhalt der GoB hat und haben wird (vgl. Klick/Neisen RdF 2015, 234).

146 Zu Recht kritisch Schön DB 1998, Heft 11, I.

147 BFH v. 31.01.2013 – GrS 1/10, BStBl. II 2013, 317 Rn. 59.

und Ergänzung zu gewinnenden – Regeln, nach denen der Kaufmann zu verfahren hat, um zu einer dem gesetzlichen Zweck entsprechenden Bilanz zu gelangen.

3. In Fällen **fehlender gesetzlicher Regelung** sind einzelne GoB unter Berücksichtigung der Prinzipien und Zwecke sachgerechter Rechnungslegung[148] und natürlich auch unter Einbeziehung der tatsächlichen Verhältnisse der Kaufleute, der Anschauung der Fachkreise, des jeweiligen Standes der Technik und notfalls auch empirischer Datensammlungen zu gewinnen.[149] Eine einseitige induktive oder deduktive Vorgehensweise widerspräche den Grundsätzen hermeneutisch-teleologischer Rechtsauslegung.[150]

Das System der GoB ist **„offen"** für neue Erfordernisse und Erkenntnisse. Bei neuen Entwicklungen der betrieblichen Realität, bei besseren fachwissenschaftlichen Erkenntnissen oder bei durch technischen Fortschritt bedingten Änderungen (z. B. durch Digitalisierung) können sich die GoB in Übereinstimmung mit den Gesetzeszwecken fortentwickeln.

III. Einzelne Grundsätze

Die systematische Einteilung der GoB bereitet gewisse Schwierigkeiten: Historische Entwicklung, kasuistische kaufmännische Gepflogenheiten, Divergenz und Überschneidungen der Rechnungslegungszwecke erschweren die Systembildung.[151] **58**

1. Formelle GoB

a) Der Jahresabschluss (die Bilanz) ist klar und übersichtlich aufzustellen, § 243 Abs. 2 HGB **(Grundsatz der Bilanzklarheit)**. Buchführung und Jahresabschluss müssen einem sachverständigen Dritten verständlich sein, § 238 Abs. 1 S. 2 HGB, § 145 AO (Qualität der äußeren Gestaltung). Die einzelnen Bilanzposten sind eindeutig zu bezeichnen und sachgerecht zu gliedern. Zwar existieren nur für Kapitalgesellschaften ausdrückliche Gliederungsvorschriften (§ 266 HGB); aus § 243 Abs. 2 HGB i. V. m. den GoB folgt aber, dass auch der Jahresabschluss von Einzelkaufleuten und Personengesellschaften zumindest in seiner Grundform § 266 HGB entsprechen muss.[152] Die Form der Darstellung, insbesondere die Gliederung der aufeinander folgenden Bilanzen und GuV-Rechnungen ist grundsätzlich beizubehalten (§ 265 Abs. 1 HGB). Ausdrückliche Angaben der Bilanzierungs- und Bewertungsmethoden und der Abweichungen gehören ebenfalls zum Grundsatz der Bilanzklarheit, sind aber gesetzlich nur für Kapitalgesellschaften vorgeschrieben (im sog. Anhang, § 284 Abs. 2 Nr. 1, 3 HGB). Der Grundsatz der Klarheit verlangt m. E. auch, dass alle Geschäftsvorfälle in der Bilanz erfasst werden; Sonderrechnungen außerhalb der Bilanz (wie sie etwa von der Rspr. bei der verdeckten Gewinnausschüttung vorgenommen werden) sind nicht vorgesehen, widersprechen der bilanzsteuerrechtlichen Systematik und führen zu unklaren Verhältnissen. **59**

b) Posten der Aktivseite dürfen nicht mit Posten der Passivseite, Aufwendungen nicht mit Erträgen, Grundstücksrechte nicht mit Grundstückslasten verrechnet werden, § 246 Abs. 2 S. 1 HGB (**Verrechnungsverbot**; sog. Bruttoprinzip); Ausnahme bei Altersversorgungsverpflichtungen (§ 246 Abs. 2 S. 2 HGB).

---

148 Zu den Rechnungslegungszwecken Kahle/Kopp, Grundzüge, S. 21 ff.

149 Kruse a. a. O., Fn. 150; Baetge/Zülch a. a. O., Fn. 150; Beisse BFuP 1990, 499, 502.

150 Baetge/Kirsch/Thiele, S. 105 f.

151 Kahle/Kopp, Grundzüge, S. 65 ff.

152 Hopt § 243 HGB Rn. 4.

c) Die im Jahresabschluss ausgewiesenen Wirtschaftsgüter sind **einzeln zu bewerten** (§ 252 Abs. 1 Nr. 3 HGB). Ausnahmen sind zulässig bei der Gruppen- und Festbewertung sowie bei der Pauschalierung von Risiken (z. B. Pauschalwertberichtigungen zu Forderungen, § 252 Abs. 2 HGB).

d) Zu den formellen GoB gehört auch, dass die Bilanz innerhalb der einem **ordnungsmäßigen Geschäftsgang entsprechenden Zeit** (§ 243 Abs. 3 HGB) aufgestellt wird.[153] Kapitalgesellschaften (mit Ausnahme der kleinen i. S. d. § 267 Abs. 1 HGB) haben Jahresabschluss und Lagebericht in den ersten drei Monaten des Geschäftsjahres für das vergangene Geschäftsjahr aufzustellen (§ 264 Abs. 1 S. 3 HGB).

2. Materielle GoB

a) Grundsatz der Bilanzwahrheit

60 Materielles Hauptprinzip einer ordnungsgemäßen Bilanzierung ist das **Prinzip der Bilanzwahrheit und -vollständigkeit**. Der Jahresabschluss hat unter Beachtung der Grundsätze ordnungsmäßiger Buchführung ein den tatsächlichen Verhältnissen entsprechendes Bild der Vermögens-, Finanz- und Ertragslage zu vermitteln (§§ 242 Abs. 1, 246 Abs. 1, 264 Abs. 2 HGB: „true-and-fair-view“; Generalnorm des Jahresabschlusses).[154] Er muss sämtliche Vermögensgegenstände (Wirtschaftsgüter), Schulden, Rechnungsabgrenzungsposten, Aufwendungen und Erträge enthalten, soweit gesetzlich nichts anderes bestimmt ist (§ 246 Abs. 1 HGB). Der Grundsatz des true-and-fair-view ist die Generalnorm; er hat Erläuterungs-, Interpretations- und ggf. auch Korrekturfunktion.[155]

Der Gedanke des true-and-fair-view steht dem Steuerbilanzrecht näher als dem überkommenen Handelsbilanzrecht; er trägt der Forderung der Besteuerung nach der Leistungsfähigkeit stärker Rechnung, als Vorsichtsprinzip, Gläubigerschutz und Wahlrechte dies ermöglichen. Der „true-and-fair-view“-Grundsatz bedeutet keine Aufgabe des Realisationsgrundsatzes und des Vorsichtsprinzips; er ergänzt beide Grundsätze, macht sie jedoch weder überflüssig noch verkehrt er sie in ihr Gegenteil.[156]

Die Interpretation der Bilanzwahrheit bestimmt das Bilanzrechtsverständnis. Die eine Seite verlangt möglichst richtige Ansätze, die andere Seite bestimmt die Bilanzwahrheit unter dem Aspekt der Vorsicht und des „entziehbaren Gewinns“ und will sie in den Anhang verbannen.[157] Das EU-Recht[158] und das internationale Recht beeinflussen zunehmend auch das nationale Bilanzrecht. Bilanzsteuerrechtlich ist diese Entwicklung nur zu begrüßen, da es dem Steuerrecht schon immer um den richtig, nicht aber um den vorsichtig ermittelten Gewinn geht.

Hinsichtlich der **Bewertung** der einzelnen Wirtschaftsgüter bedeutet das Postulat der Bilanzwahrheit, dass diese innerhalb des Rahmens der Bewertungsvorschriften und -grundsätze vorgenommen werden muss.

Der Grundsatz der **Wesentlichkeit** modifiziert den Grundsatz der Bilanzklarheit und Bilanzwahrheit und erlaubt, unwesentliche Elemente bei der Bilanzierung und Bewertung außer Betracht zu lassen. Aus Gründen der Wirtschaftlichkeit der Rechnungslegung dürfen (!) unwesentliche Faktoren unberücksichtigt bleiben.[159] Dem Grundsatz der Wesentlichkeit ist ein Wahlrecht immanent; er erlaubt, Unwesentliches nicht zu berücksichtigen, verbietet es aber nicht.[160]

---

153 BFH v. 28.03.2000 – VIII R 77/96, DStR 2000, 1176: äußerstenfalls innerhalb eines Jahres nach dem Bilanzstichtag.

154 EuGH v. 23.04.2020 – C-640/18 – Wagram Invest, FR 2020, 832 (mit kritischer Anmerkung).

155 I. E. Weber-Grellet, in Herzig Europäisierung des Bilanzrechts 1997, 95/8.

156 BFH v. 07.08.2000 – GrS 2/99, BStBl. II 2000, 632.

157 Z. B. Beisse GS Knobbe-Keuk, 1997, 385/404.

158 Vgl. bereits EuGH v. 27.06.1996 – C-234/94, DStR 1996, 1093 – Tomberger.

159 Schmidt/Weber-Grellet § 5 Rn. 84.

160 Weber-Grellet BB 2022, 43 m. w. N. (gegen BFH v. 16.03.2021 – X R 34/19, DStR 2021, 2126); so jetzt auch § 5 Abs. 5 S. 2 EStG.

b) Grundsatz der Bilanzkontinuität

Der **Grundsatz der Bilanzkontinuität** kommt in folgenden Unterprinzipien zum Ausdruck: 61

- Das Prinzip der **Bilanzidentität** erfordert die Übereinstimmung der (realen) Anfangsbilanz mit der (realen) Schlussbilanz des vorhergehenden Geschäftsjahres (§ 252 Abs. 1 Nr. 1 HGB). Daraus ergibt sich die sog. **Zweischneidigkeit der Bilanz**: Vor- und Nachteile, die sich aus Bilanzierungsfehlern oder aus „bilanzpolitischen Maßnahmen" im abgelaufenen Wirtschaftsjahr ergeben, wirken sich in dem (oder den) nachfolgenden Wirtschaftsjahr(en) entgegengesetzt aus, sodass auf Dauer betrachtet das richtige Ergebnis ausgewiesen wird. Aus dem Prinzip der Bilanzidentität folgt auch der **Grundsatz des formellen Bilanzenzusammenhangs (s. 7. Abschnitt Rn. 445)**, der das Verfahrensrecht der AO außer Kraft setzt und einen automatischen Fehlerausgleich bewirkt. Legitimiert ist dieser Fehlerausgleich durch die Eigenart des Bilanzsteuerrechts,[161] das (mangels besserer Erkenntnismöglichkeiten zum Bilanzstichtag) mit unsicheren Parametern (wie etwa einer hinreichenden Sicherheit beim Forderungsausweis oder Wahrscheinlichkeit beim Rückstellungsausweis) operieren muss; daher ist die Möglichkeit einer Korrektur zwingend geboten.
- Das Prinzip der **formellen Bilanzstetigkeit** (§ 265 Abs. 1 HGB) betrifft die Form der Darstellung, insbesondere die Gliederung aufeinander folgender Bilanzen und GuV-Rechnungen. Der äußere Aufbau ist beizubehalten, um einen Vergleich mit den Vorjahresangaben zu erleichtern.
- Das Prinzip der **materiellen Bilanzstetigkeit** beinhaltet das Festhalten an der einmal gewählten Ansatz- und Bewertungsmethode (§ 246 Abs. 3 HGB, § 252 Abs. 1 Nr. 6 HGB).[162] Die vom Gesetz eingeräumten Wahlrechte müssen kontinuierlich wahrgenommen werden. Änderungen sind nur bei Vorliegen sachlicher Gründe erlaubt (Willkürverbot), z. B. bei Änderung der tatsächlichen Umstände oder beim Bestreben, die Vermögens- und Ertragslage zutreffender als bisher darzustellen. Die Änderungen sind im Anhang anzugeben und zu erläutern, § 284 Abs. 2 Nr. 3 HGB. Für die Steuerbilanz wird ein Stetigkeitsgebot abgelehnt.[163] Ganz ohne Stetigkeit kommt aber die Steuerbilanz auch nicht aus, vgl. z. B. § 7 Abs. 3 EStG, ein „willkürliches Hin und Her" ist auch bilanzsteuerrechtlich nicht zulässig.

c) Fortführungsprinzip (§ 252 Abs. 1 Nr. 2 HGB)

Gemäß § 252 Abs. 1 Nr. 2 HGB ist bei der Bewertung von der Fortführung der Unternehmenstätigkeit auszugehen, sofern dem nicht tatsächliche oder rechtliche Gegebenheiten entgegenstehen.[164] Die allgemeinen Bewertungsvorschriften (insbesondere §§ 252–256 a HGB) sind anzuwenden, wenn von der Fortführung der Unternehmenstätigkeit ausgegangen werden kann.[165] Kann nach der mithilfe objektiver Maßstäbe getroffenen Prognose nicht mehr von der Fortführung des Unternehmens ausgegangen werden, ist die Einstellung des Geschäftsbetriebs zu erwarten. Die Auswirkungen dieser Erwartung auf die Bewertungsregeln sind nicht gesetzlich geregelt; letztlich kann nur versucht werden, unter Berücksichtigung der Umstände des Einzelfalls eine sachgerechte Bewertung vorzunehmen.[166] 62

161 BFH v. 31.01.2013 – GrS 1/10, BStBl. II 2013, 317; unten 7. Abschnitt: Bilanzberichtigung und -änderung.
162 Scheffler/Binder StuB 2012, 891; zur Entwicklung Velte StuW 2014, 240.
163 Zwirner DStR 2021, 202, 2331 m. w. N.
164 Dazu Hennrichs/Schulze-Osterloh DStR 2018, 1731; Mader/Seitz DStR 2018, 1933.
165 BeBiKo § 252 HGB Rn. 17.
166 BeBiKo § 252 HGB Rn. 18 f.

d) Verursachungsprinzip/Belastungsprinzip

63 **Fall 2: Bergschäden**

Die A-GmbH betreibt ein Bergbauunternehmen. Sie betreibt Stollen unterhalb der Gemeinde B. Im Hinblick auf befürchtete Gebäudeabsenkungen bildet die A-GmbH aufgrund früherer Erfahrungen eine Schadensrückstellung, obwohl noch keine Schäden angezeigt worden sind. Können bereits jetzt Rückstellungen in angemessener Höhe gebildet werden?

64 I. Verbindlichkeitsrückstellungen sind unter den Voraussetzungen des § 5 Abs. 1 EStG – unter Berücksichtigung des § 249 Abs. 1 S. 1 HGB als GoB – auch in der Steuerbilanz auszuweisen. Neben weiteren Merkmalen setzt eine Verbindlichkeitsrückstellung (s. u. Rn. 205) eine Belastung voraus.[167] Aufwand ist gegeben, wenn sich die rechtliche Verpflichtung zu einer konkreten Leistungspflicht verdichtet hat; der Aufwand muss bereits im abgelaufenen Jahr zu einer Belastung des Betriebs geführt haben.[168] Die Verbindlichkeit muss (noch) nicht rechtlich entstanden sein. Umgekehrt muss eine rechtlich entstandene Verbindlichkeit, wie das Beispiel des schwebenden Vertrags eindeutig zeigt, nicht zwangsläufig eine Bilanzierung nach sich ziehen (s. u. 69 ff.). Der Ansicht, dass eine rechtlich entstandene (öffentlich-rechtliche) Verpflichtung auch immer wirtschaftlich verursacht sei, ist daher nicht zu folgen.[169]

II. Das Realisationsprinzip ist in erster Linie Maßstab für den (zeitgerechten) Ausweis von Erträgen (s. u. Rn. 65), auf der Passivseite in Gestalt des **Belastungsprinzips** für den (zeitgerechten) Ausweis von Aufwendungen. Nach § 252 Abs. 1 Nr. 5 HGB sind Aufwendungen und Erträge des Geschäftsjahrs unabhängig von den Zeitpunkten der entsprechenden Zahlungen im Jahresabschluss zu berücksichtigen. Danach ist „realisierter" Aufwand stets auszuweisen und künftiger Aufwand nur, wenn er mit realisierten Erträgen in Zusammenhang steht.[170] Der Zu- und Abfluss, der bei der Einnahmenüberschussrechnung maßgeblich ist, hat keine Bedeutung. Das Prinzip der wirtschaftlichen Verursachung ist eine Ausprägung der wirtschaftlichen (bilanziellen) Betrachtungsweise. Bilanziert werden nicht Rechtstitel, sondern Wirtschaftsgüter und (ungewisse) Verbindlichkeiten; entscheidend sind nicht die rechtliche Entstehung, sondern die wirtschaftliche Verursachung, die Realisierung und die Belastung.

III. Im Streitfall ist zwar – zivilrechtlich gesehen – noch keine Verpflichtung entstanden; gleichwohl kann der voraussichtliche künftige Aufwand schon in Form einer Rückstellung erfasst werden. Die Bergschadensrückstellung ist eine klassische Verbindlichkeitsrückstellung. Die „künftigen" Aufwendungen stehen mit bereits „realisierten" Erträgen in Zusammenhang.

Ergebnis:

Die A-GmbH kann – sofern auch die übrigen Voraussetzungen gegeben sind – für den künftigen Aufwand bereits jetzt eine Rückstellung ausweisen.

e) Vorsichtsprinzip

65 Das Vorsichtsprinzip (GoB) verlangt, dass **vorhersehbare Risiken und Wertverluste** bei der Bilanzerstellung sowohl im Rahmen der Bilanzierung als auch der Bewertung erfasst werden (§ 252 Abs. 1 Nr. 4 HGB).[171] Danach sind Aktiva eher niedriger, Passiva (insbesondere Verbindlichkeiten und Rückstellungen) eher höher auszuweisen.

---

167 BFH v. 19.11.2003 – I R 77/01, DStR 2004, 134; Weber-Grellet, Realisationsprinzip und Belastungsprinzip DB 2002, 2180.

168 Altenburger, in Kölner Kommentar zum Rechnungslegungsrecht, 2010, § 249 HGB Rn. 36. – So sind an Mitarbeiter ausgegebene Aktienoption noch nicht als (realisierter) Aufwand abziehbar (BFH v. 25.08.2010 – I R 103/09, BStBl. II 2011, 215).

169 So aber BFH v. 17.10.2013 – IV R 7/11, DStR 2013, 2745.

170 Grundlegend Weber-Grellet DStR 1996, 896, 903; DB 2002, 2180.

171 Dazu Kessler DB 1997, 1; Kahle/Kopp, Grundzüge, S. 66.

Das Vorsichtsprinzip wird im Allgemeinen mit dem Gesichtspunkt des **Gläubigerschutzes** und der Forderung nach **kritischer Selbstinformation** des Unternehmens begründet.[172] In jüngerer Zeit (insbesondere auch bei Berücksichtigung des § 264 Abs. 2 HGB) hat sich eine engere Auslegung des Vorsichtsprinzips durchgesetzt, die die bewusste und willkürliche Bildung stiller Reserven ablehnt.

Das Vorsichtsprinzip ist auch steuerlich verbindlich, obwohl hierdurch das Ziel steuerlicher Bilanzierung (Ermittlung des tatsächlich erwirtschafteten Periodengewinns) beeinträchtigt werden kann. Andererseits darf auch eine Besteuerung nach dem Grundsatz der wirtschaftlichen Leistungsfähigkeit unter Berücksichtigung des (auch) eingriffsrechtlichen Charakters des Steuerrechts nicht an ungewisse Erträge anknüpfen und wahrscheinlich bestehende Verbindlichkeiten vernachlässigen.

Das allgemeine Vorsichtsprinzip konkretisiert sich im Realisationsprinzip und im Imparitätsprinzip: Vermögenszuwächse dürfen erst bei Realisation ausgewiesen werden; demgegenüber sind „Risiken und Verluste, die bis zum Abschlussstichtag entstanden sind", bereits bei Vorhersehbarkeit zu berücksichtigen (§ 252 Abs. 1 Nr. 4 Hs. 1 HGB), und zwar über § 252 Abs. 1 Nr. 4 HGB hinaus auch beim Ansatz dem Grunde nach, sofern nicht Bewertungseinheiten bestehen oder eine „zweckadäquate" Kompensation von Aktiv- und Passivposten geboten ist.

f) Realisationsprinzip

Fall 3: Bayerische Spezialitäten oder der 6:1-Clou 66

Die Bayerische Vereinsbank hat den Hypo-Bank-Aktionären eine Allianz-Aktie gegen sechs Hypo-Bank-Aktien zum Tausch angeboten. Die Bayerische Vereinsbank möchte auf diese Weise 8,5 % ihrer 10 %-Beteiligung an der Allianz nutzen, um weitere 40 % bis 45 % der Hypo-Bank zu erwerben und so eine Fusion der beiden Banken herbeiführen zu können. Die Fusionspläne basieren auf der Steuerneutralität des Aktientausches nach Maßgabe des sog. Tauschgutachtens des BFH. Zu Recht?

I. Die in den Allianz-Aktien enthaltenen stillen Reserven (Differenz zwischen Anschaffungskosten und heutigem Veräußerungswert) sind aufzudecken, wenn der Tausch als entgeltliches und zur Gewinnrealisierung führendes Veräußerungsgeschäft einzustufen ist. 67

II. Der Ausweis von Forderungen und anderen Wirtschaftsgütern wird in zeitlicher Hinsicht durch das Realisationsprinzip bestimmt; das (imparitätische) Realisationsprinzip ist nach h. M. Maßstab für den (zeitgerechten) Ausweis von Erträgen und Aufwendungen und damit „grundlegendes Aktivierungs- und Passivierungsprinzip".[173] Ein Gewinn darf grundsätzlich erst ausgewiesen werden, wenn er am Abschlussstichtag realisiert ist (§ 252 Abs. 1 Nr. 4 Hs. 2 HGB), wenn er also durch **Umsatz** (Veräußerung oder sonstigen Leistungsaustausch) verwirklicht ist;[174] die **bloße** (nicht auf dem Markt bestätigte) **Wertsteigerung** im Betrieb befindlicher Wirtschaftsgüter genügt nicht. Nach Maßgabe des Realisationsprinzips werden also im Unternehmen befindliche Wirtschaftsgüter bis zur Realisation zu den historischen Anschaffungs-/Herstellungskosten – ggf. unter Berücksichtigung von Abschreibungen – bewertet (sog. **Anschaffungskostenprinzip**; vgl. § 253 Abs. 1 HGB); grundsätzlich darf kein höherer Wert als die Anschaffungs- oder Herstel-

172 Strobl FS Clemm 1996, 389, 393; kritisch Federmann/Müller, Bilanzierung nach Handelsrecht, Steuerrecht und -IFRS, B II 9; Budde/Steuber AG 1996, 542/4; Weber-Grellet DB 1997, 385, 391.

173 Kahle in: Schulze-Osterloh/Hennrichs/Wüstemann, Handbuch des Jahresabschlusses, 84. Lieferung, 10/2023, 2. Realisationsprinzip, Rn. 93.

174 BFH v. 28.03.2000 – VIII R 77/96, BStBl. II 2002, 227; Weber-Grellet DStR 1996, 896, BB 2018, 2347, 2350; Schmidt/Weber-Grellet § 5 Rn. 77 f.

lungskosten angesetzt werden.[175] Vermögensmehrungen dürfen also nur erfasst werden, wenn sie **disponibel** sind.[176] Gewinnrealisierung tritt dann ein, wenn der Leistungsverpflichtete die von ihm geschuldeten Erfüllungshandlungen in der Weise erbracht hat, dass ihm die Forderung auf die Gegenleistung (in der Regel Zahlung) – von den mit jeder Forderung verbundenen Risiken abgesehen – **so gut wie sicher** ist.[177] Damit ist der Schwebezustand des zugrunde liegenden Geschäfts beendet und der Gewinn aus dieser Leistungsbeziehung gemäß § 252 Abs. 1 Nr. 4 HGB realisiert. Den Zeitpunkt der Gewinnrealisierung sehen Rspr. und h. M. im Allgemeinen als gegeben an, wenn der Leistungsverpflichtete die von ihm geschuldete Erfüllungshandlung erbracht, d. h. seine Verpflichtung „wirtschaftlich erfüllt" hat,[178] sodass dem Leistenden der Anspruch auf die Gegenleistung (die Zahlung) so gut wie sicher zusteht und sich sein Risiko darauf reduziert hat, dass der Empfänger im Einzelfall Gegenansprüche (Gewährleistungs- oder Schadensersatzansprüche) geltend macht oder sich als zahlungsunfähig erweist.[179] Aufschiebend bedingte Forderungen sind nicht zu aktivieren.[180]
Der für die **Realisierung** maßgebliche Zeitpunkt ist der, in dem der Sachleistungsverpflichtete die vereinbarte Lieferung oder Leistung erbracht hat,[181] weil er sich – von den üblichen Gewährleistungs- und Forderungsrisiken abgesehen – seines Vergütungsanspruchs aufgrund des Übergangs der Preisgefahr sicher sein kann („Vermögensmehrung in disponibler Form").
Zur Beurteilung dieser Frage soll auch das Schuldrecht heranzuziehen sein (z. B. §§ 446, 447, 640, 644, 646 BGB); es liefere das normative Fundament, nach dem sich der Grad der Sicherheit der Forderung auf die Gegenleistung bemesse.[182] Nach der Rspr. sind aber weniger rechtliche als wirtschaftliche Gesichtspunkte von Bedeutung.[183] Die Realisation sollte (de lege ferenda) steuerrechtlich geregelt werden, z. B. durch folgenden (in § 5 EStG aufzunehmenden) Tatbestand:
„Ertrag ist auszuweisen, wenn die jeweilige Leistung erbracht ist und der Anspruch auf die Gegenleistung zumindest hinreichend sicher scheint. Aufwand ist auszuweisen, wenn und soweit er den abgelaufenen Zeitraum wirtschaftlich belastet hat."

Bei **Kauf- und Werkverträgen** endet der Schwebezustand, wenn der Lieferungs- und Sachleistungsverpflichtete seine Leistung erbracht und der Leistungsempfänger sie angenommen hat, sodass mit der Zahlung (Gegenleistung) gerechnet werden kann. Von diesem Zeitpunkt an hat der Leistende eine Forderung, der Leistungsempfänger eine Verbindlichkeit auszuweisen. Je nach Art der Leistung und Inhalt der Vereinbarungen kann bereits der Ausgang (Versendung) des Sachguts, erst der Übergang der Verfügungsmacht auf den Erwerber, die förmliche Abnahme, der Übergang der Gefahr oder gar der Übergang des Eigentums die Realisation bewirken.

Beim Verkauf **beweglicher Sachen** wird in der Regel als Realisationszeitpunkt der Übergang der Gefahr des zufälligen Untergangs und der zufälligen Verschlechterung auf den Käufer, d. h. in der Regel mit der Übergabe, bei Versendungskauf an den Spediteur, gesehen, vgl. §§ 446, 447 BGB; der Verkäufer erwirbt die Kaufpreisforderung, der Käufer, der zumeist mit der Übergabe das wirtschaftliche Eigentum erhält, ist zur Zahlung verpflichtet. Beim Verkauf eines **Grund-**

175 EuGH v. 03.10.2013 – C-322/12, IStR 2014, 24 – Gimle.
176 BFH v. 27.05.2020 – XI R 8/18, BStBl. II 20, 772; Weber-Grellet DStR 1996, 896 m. w. N.
177 BFH v. 26.04.1989 – I R 147/84, BStBl. II 1991, 213; v. 10.09.1998 – IV R 80/96, BStBl. II 1999, 21; Schmidt/Weber--Grellet § 5 Rn. 77 f., 601 ff.
178 BFH v. 20.03.2013 – X R 15/11, BFH/NV 2013, 1548.
179 BFH v. 20.03.2013 – X R 15/11, BFH/NV 2013, 1548.
180 BFH v. 13.06.2013 – X B 27/12 BFH/NV 2013, 1566; Schmidt/Weber-Grellet § 5 Rn. 270 ‚Forderungen'.
181 Vgl. BFH v. 08.11.2000 – I R 10/98, BStBl. II 2001, 349.
182 So Woerner BB 1988, 769, 773 f.
183 Vgl. Weber-Grellet DStR 1996, 896, 897 m. w. N.

stücks ist der Gewinn regelmäßig realisiert und deshalb die Kaufpreisforderung in voller Höhe zu aktivieren, wenn Besitz, Nutzungen und Lasten auf den Erwerber übergegangen sind.[184]

Bei **Werk- und Werklieferungsverträgen** ist in der Regel die Abnahme des fertigen Werks durch den Abnehmer maßgeblich, es sei denn, dass diese nicht vorgesehen ist oder einvernehmlich entfällt oder es sich um vertretbare Sachen handelt, die nach Kaufrecht zu beurteilen sind. Werkzeugkostenzuschüsse des Auftraggebers sind realisiert (kein passiver Rechnungsabgrenzungsposten), wenn die Werkzeuge dem Auftraggeber zuzuordnen sind.[185]

Bei **Dauerschuldverhältnissen** geht die herrschende Ansicht von einer fortlaufenden Teilrealisierung „pro rata temporis" aus.[186] Jeweils anteilig für das abgelaufene Wirtschaftsjahr entstehen Aufwand und Ertrag (**Beispiele:** Arbeitsverhältnisse, Miet- und Pachtverhältnisse, Erbbaurechte, Lizenzverträge, Leasingverträge mit wirtschaftlichem Eigentum des Leasinggebers, Ausbeuteverträge). Das Entgelt für eine zeitraumbezogene Leistung (Filmvertrieb) ist pro rata temporis als Ertrag auszuweisen.[187]

Bei **Planungsleistungen** eines Ingenieurs soll die Realisation bereits dann eintreten, wenn der Anspruch auf Abschlagszahlung nach § 8 Abs. 2 HOAI entstanden ist.[188] M.E. brauchen die allgemeinen Grundsätze nicht aufgegeben zu werden, sofern die Abschlagszahlungen als selbstständige Teilleistungen eingeordnet werden.[189]

Ein **Instandhaltungsanspruch** soll nicht zu aktivieren sein, da er mangels entgeltlichen Erwerbs mit Null zu bewerten sei.[190] Diese Ansicht ist abzulehnen.[191] Der Umstand, dass für den Instandhaltungsanspruch keine Anschaffungskosten angefallen sind, steht einer Aktivierung nicht entgegen. Wird eine Forderung entgeltlich erworben, so ist sie buchungstechnisch etwa „per Forderung an Geld" zu erfassen; entsteht eine Forderung (z.B. ein Schadenersatzanspruch oder ein Erneuerungsanspruch) ohne Anschaffungsvorgang, so ist „per Forderung an Ertrag" zu buchen. Ein Instandhaltungsanspruch bemisst sich nicht nach den Erwerbskosten, sondern nach den Kosten, die für die Erneuerung bzw. Instandhaltung aufzuwenden sind. Er ist Ausfluss des bestehenden Pachtvertrags und erfordert keine separaten Anschaffungskosten. – Für rückständige **Pachtzahlungen** und für einen Instandhaltungsrückstand sind Rückstellungen zu passivieren.[192] Entsprechend ist der (korrespondierende) **Pachtinstandhaltungsanspruch** (Pachterneuerungsanspruch) (erst) auszuweisen, wenn der Pachtinstandsetzungsfall während der Pachtzeit eingetreten und damit der Anspruch realisiert ist.[193]

Ein besonderes Problem bildet die Realisation bei langfristiger Fertigung von **Großprojekten.** Dabei wird es für vertretbar gehalten, unter gewissen Voraussetzungen bereits vor Abschluss Teilerträge auszuweisen, da der Jahresabschluss ein den tatsächlichen Verhältnissen entsprechendes Bild der wirtschaftlichen Lage des Unternehmens vermitteln soll. Es wird für erforderlich gehalten, dass **Teilabrechnungen** erstellt werden oder dass

- der Wert der Teilleistung und der auf sie entfallende Erlösanteil zuverlässig festgestellt werden können,
- der Jahresabschluss ohne die Gewinnverwirklichung ein völlig falsches Bild von der Lage des Unternehmens vermitteln würde,
- die Risiken aus den Teilleistungen übersehbar und berücksichtigt sind,
- aus späteren Fertigungsabschnitten keine Verluste mehr drohen.

Ob ein **Vorschuss** bereits zur Realisation führt, hängt von dessen Art ab; ein Vergütungsvorschuss nach § 9 InsVV (mit Zustimmung des Gerichts) soll nicht zur (realisierenden) Vorwegbefriedigung führen.[194]

184 BFH v. 28.03.2000 – VIII R 77/96, DStR 2000, 1176.
185 BFH v. 28.05.2015 – IV R 3/13, BeckRS 2015, 95520.
186 BFH v. 20.05.1992 – X R 49/89, BStBl. II 1992, 904; Mathiak DStR 1992, 1607.
187 BFH v. 07.12.2017 – IV R 23/14, BStBl. II 2018, 444.
188 BFH v. 14.05.2014 – VIII R 25/11, BStBl. II 2014, 968; dazu BMF v. 15.03.2016, BB 2016, 745.
189 Schmidt/Weber-Grellet § 5 Rn. 270 ‚Langfristige Fertigung', Rn. 611, 618.
190 BFH v. 12.02.2015 – IV R 29/12, DStR 2015, 811.
191 Ebenso Tiedchen, StuW 2015, 281.
192 BFH v. 17.02.1998 – VIII R 28/95, BStBl. II 1998, 505; Schmidt/Weber-Grellet § 5 Rn. 550 ‚Pachterneuerung'.
193 Vgl. BFH v. 17.02.1998 – VIII R 28/95, BStBl. II 1998, 505; zur Aktivierung eines Substanzerhaltungsanspruchs vgl. auch BFH v. 03.12.1991 – VIII R 88/87, BStBl. II 1993, 89.
194 BFH v. 07.11.2018 – IV R 20/16, BStBl. II 2019, 224; kritisch Kolbe StuB 2019, 263.

68 III. Gewinn wird allerdings auch **ohne Umsatzakt** bei Vorliegen sog. steuerlicher **Ersatztatbestände** realisiert.[195] Solche Ersatztatbestände sind vor allem die

- Entnahme (§ 6 Abs. 1 Nr. 4 S. 1 EStG),
- Betriebsaufgabe (§ 16 Abs. 3 EStG),
- Liquidation einer Kapitalgesellschaft (§ 11 KStG); Verlust oder Beschränkung des Besteuerungsrechts der Bundesrepublik Deutschland (§ 12 KStG); Beginn und Erlöschen einer Steuerbefreiung (§ 13 Abs. 1, 3 KStG),
- Vorgänge, die unter § 6 Abs. 1, 3 AStG fallen,
- Umwandlungs- und Verschmelzungssachverhalte.

Obwohl aus Gründen der Systematik und der Gleichbehandlung die stillen Reserven zu erfassen sind, sobald Wirtschaftsgüter in den steuerfreien Bereich überführt werden (sog. Entstrickung), existiert **kein allgemeines Entstrickungsprinzip**, sodass bei Entstrickung nur in den gesetzlich normierten Fällen Gewinn realisiert wird.[196]

Eine **Betriebsaufgabe** führt zur Realisation; anders ist dies in den Fällen der Betriebsverpachtung oder der Verpachtung einzelner Wirtschaftsgüter.[197] In der Betriebsaufgabebilanz ist jede einzelne Bilanzposition nicht mehr mit dem Steuerwert, sondern mit dem gemeinen Wert anzusetzen, was zur Aufdeckung aller stillen Reserven und aller stillen Lasten führt. Sind beide Werte identisch, bleibt es beim Steuerwert; es entsteht kein Aufgabegewinn. Entgegen der Auffassung des VI. Senats[198] ist ein passiver Rechnungsabgrenzungsposten auch in der Betriebsaufgabebilanz auszuweisen.[199] Ein nicht aufgezehrter passiver Rechnungsabgrenzungsposten ist bei Betriebsaufgabe gewinnerhöhend (als Teil des Aufgabegewinns) aufzulösen. Sinn und Zweck der Bildung eines passiven Rechnungsabgrenzungspostens ist die periodengerechte Gewinnermittlung; ist diese wegen Betriebsaufgabe nicht mehr möglich, ist der stornierte Gewinn als Betriebsaufgabegewinn zu erfassen; für eine weitere Stornierung besteht kein Anlass. Durch Betriebsverpachtung[200] (oder Betriebsunterbrechung) kann eine (gewinnrealisierende) Betriebsaufgabe vermieden werden; der Verpächter kann die Fortführung wählen (sog. Verpächterwahlrecht).[201] Welche Alternative bei Übertragung des Geschäftswerts oder Kundenstamms auf eine GmbH vorliegt, ist eine Frage des Einzelfalls.[202]

69 IV. Trotz Umsatzakt wird in folgenden Fällen ausnahmsweise kein Gewinn realisiert:

- § 6 b EStG (Übertragung stiller Reserven bei der Veräußerung bestimmter Anlagegüter),
- § 6 Abs. 3 EStG (unentgeltliche Betriebsübertragung),
- R 6.6 EStR (Rücklage für Ersatzbeschaffung)[203] und nach früherer Auffassung beim Tausch identischer Anteile an einer Kapitalgesellschaft.[204] Nunmehr ordnet § 6 Abs. 6 S. 1 EStG die Gewinnrealisierung ausdrücklich an, auch für den Tausch von Kapitalgesellschaftsanteilen.[205]

195 Vgl. Knobbe-Keuk DStR 1985, 494.

196 BFH v. 13.11.1990 – VIII R 152/86, BStBl. II 1991, 94; vgl. auch Lang DStJG 1981, 67: Besteuerung des nicht realisierten – nicht erwirtschafteten – Reinvermögenszugangs als Ausnahme; Aufschub der Gewinnrealisierung, solange die tatbestandsmäßige Erfassung von Veräußerungseinkünften gesichert ist.

197 Vgl. Schmidt/Weber-Grellet § 5 Rn. 701.

198 BFH, 25.4.2018 – VI R 51/16, DStR 2018, 1959, BB 2018, 2416.

199 Weber-Grellet BB 2019, 43; so auch Dötsch jurisPR-StR 42/2018, Anm. 2.

200 BFH v. 11.10.2007 – X R 39/04, BStBl. II 2008, 220.

201 BFH v. 14.03.2006 – VIII R 80/03, BStBl. II 2006, 591.

202 BFH v. 26.11.2009 – III R 40/07, BStBl. II 2010, 609.

203 BFH v. 22.01.2004 – IV R 65/02, BFH/NV 2004, 711.

204 BFH v. 16.12.1958 – I D 1/57 S, BStBl. III 1959, 30 – sog. Tauschgutachten; dazu BMF v. 09.02.1998, BStBl. I 1998, 163; anders bereits zum Tausch von Mitunternehmeranteilen BFH v. 08.07.1992 – XI R 51/89, BStBl. II 1992, 946.

205 BT-Drs. 14/23, 173.

V. Im Ausgangsfall hatte sich die Bank auf das sog. Tauschgutachten[206] und die Art-, Wert- und Funktionsgleichheit der getauschten Wirtschaftsgüter berufen. Die Berechtigung dazu war fraglich. Während im Hinblick auf die geplante Fusion der Beteiligung an der Hypo-Bank strategische Bedeutung zukam, hatte die Beteiligung der Vereinsbank an der Allianz eher Kapitalanlagecharakter.[207] Im Übrigen ist mit der Einführung des § 6 Abs. 6 S. 1 EStG das Tauschgutachten nicht mehr anzuwenden.[208]

Ergebnis:

Die in den Allianz-Aktien enthaltenen stillen Reserven sind aufzudecken, da der Tausch als entgeltliches und zur Gewinnrealisierung führendes Veräußerungsgeschäft einzustufen ist.

g) Imparitätsprinzip

Risiken und Verluste sind bereits dann zu berücksichtigen, wenn sie vorhersehbar sind (§ 252 Abs. 1 Nr. 4 HGB). Die **unterschiedliche Behandlung nicht realisierter Gewinne und Verluste** wird als Imparitätsprinzip bezeichnet: Erträge sind erst zu erfassen, wenn sie so gut wie sicher sind, Aufwendungen schon, wenn sie drohen. Ausprägungen des Vorsichtsprinzips finden sich im sog. **Niederstwertprinzip** (§ 253 Abs. 2, 3 HGB), bei der Bildung von Rückstellungen (§ 249 HGB), im Verbot der Aktivierung nicht entgeltlich erworbener immaterieller Anlagewerte (§ 5 Abs. 2 EStG), in den Beschränkungen, die für den Ansatz von Rechnungsabgrenzungsposten bestehen (§ 250 HGB, § 5 Abs. 5 S. 1 EStG) und schließlich auch in der Nichterfassung schwebender Verträge. 70

h) Nichtbilanzierung schwebender Geschäfte

aa) „Schwebende Geschäfte"

Schwebende Geschäfte sind gegenseitig verpflichtende Verträge (z. B. Kauf-, Werkvertrag), die auf Leistungsaustausch gerichtet sind und von demjenigen, der zu liefern oder leisten hat, noch nicht erfüllt sind. 71

Ansprüche und Verbindlichkeiten aus einem schwebenden Geschäft dürfen grundsätzlich **nicht** bilanziert werden, weil während des Schwebezustands die (widerlegbare) Vermutung bestehen soll, dass sich die wechselseitigen Rechte und Pflichten aus dem Vertrag wertmäßig ausgleichen.[209] M. E. ist nichts zu bilanzieren, weil noch nichts realisiert ist; allein der Abschluss eines Vertrags hat (trotz rechtlicher Entstehung) noch keine bilanziellen Wirkungen.[210]

bb) Anwendung des Grundsatzes

- **Vorleistungen** („Vor-Realisation") sind zu neutralisieren. 72

Beispiel

Der Zahlungsverpflichtete zahlt bereits im Jahr 01, obwohl die Sachleistung erst im Jahr 02 erbracht werden soll. Beim Zahlenden ist der Vorgang „per Zahlung an Geld" (also noch kein Aufwand), beim Zahlungsempfänger „per Geld an Zahlung" (also noch kein Ertrag) zu buchen.

- **Erfüllungsrückstände** („Nach-Realisation") sind (ungewisse) Verbindlichkeiten des Zahlungsverpflichteten aus einem insoweit bereits abgewickelten – also nicht

206 BFH v. 16.12.1958 – I D 1/57 S, BStBl. III 1959, 30.

207 Zur Problematik vgl. i. E. Donath/Zugmaier BB 1997, 2401; Kupka DB 1998, 229.

208 OFD Frankfurt StEK UmwStG 1995 § 20 Nr. 9; OFD Düsseldorf StEK EStG § 17 Nr. 66. Weiterhin möglich ist der Anteilstausch in Form einer Einbringung nach § 21 UmwStG (sog. „unechte Fusion" oder „qualifizierter Anteilstausch"; dazu Birk Rn. 1445).

209 RFH v. 07.05.1920, RFHE 3, 22; BFH v. 23.06.1997 – GrS 2/93, BStBl. II 1997, 735/7; v. 17.02.1998 – VIII R 28/95, BStBl. II 1998, 505; R 5.7. Abs. 7 EStR: Verpflichtungen aus schwebenden Geschäften werden nicht passiviert, es sei denn, das Gleichgewicht von Leistung und Gegenleistung ist durch Erfüllungsrückstände gestört; Schmidt/Weber-Grellet § 5 Rn. 76.

210 A. A. – ohne Problematisierung – BFH v. 18.09.2018 – XI R 30/16, BB 2018, 3058.

mehr schwebenden, sondern teilrealisierten – (Dauer-)Schuldverhältnis.[211] Der Erfüllungsrückstand ist strikt von der Verlustrückstellung abzugrenzen, mit der ihn nichts verbindet. Die Unterscheidung nach Haupt- oder Nebenpflicht und nach „selbstständig/unselbstständig“ ist ohne Bedeutung;[212] entscheidend ist der Rückstand.[213]

Beispiel 1

Ein Pächter hat auch für die noch nicht fällige Verpflichtung zur Erneuerung von Pachtgegenständen eine Pachterneuerungsrückstellung zu bilden.[214] Ähnliches gilt für Rekultivierungs-, Auffüllungs-, Abbruch- und Entfernungsverpflichtungen.

Beispiel 2

Ein Arbeitgeber sagt seinen Arbeitnehmern für im abgelaufenen Jahr erbrachte Dienste eine Gratifikation zu, die allerdings erst später fällig wird (Buchung: per Aufwand an Rückstellung). – Der Arbeitgeber schuldet noch nicht genommenen Urlaub.[215]

Beispiel 3

Eine Mieterin brauchte bei einem auf zehn Jahre befristeten Mietvertrag für die ersten elf Monate keinen Mietzins zu entrichten, wollte aber gleichwohl Aufwand ausweisen (Mietfreistellung im ersten Jahr). – Ob in diesem Fall Aufwand auszuweisen ist, hängt davon ab, ob die temporäre Mietfreistellung nur als Berechnungsmodus anzusehen oder ob die Nutzung im ersten Jahr tatsächlich unentgeltlich ist. Der BFH entschied sich für die zweite Variante; ein Erfüllungsrückstand liege nicht vor.[216]

Beispiel 4

Bei am Ende des Wirtschaftsjahres vereinnahmten, aber nicht verbrauchten Werbegeldern handelt es sich um zweckbestimmte Geldzuflüsse, die der Kläger zum Bilanzstichtag noch nicht für Werbezwecke eingesetzt hatte und die daher nach Maßgabe der Grundsätze ordnungsmäßiger Buchführung gemäß § 5 Abs. 1 S. 1 EStG – durch Ausweis einer Verbindlichkeit – im Ergebnis erfolgsneutral zu erfassen sind.[217]

- **Drohende Verluste** aus schwebenden Geschäften sind handelsrechtlich auszuweisen (§ 249 Abs. 1 S. 1 HGB); steuerrechtlich ist eine Verlustrückstellung unzulässig (§ 5 Abs. 4 a EStG);[218] in Betracht kommt aber ggf. eine Teilwertabschreibung.[219]

Beispiel

Bauunternehmer G errichtet über mehrere Jahre ein Großprojekt. Nach zwei Jahren stellt sich heraus, dass das Projekt zu einem Verlust führt. Eine Verlustrückstellung kommt nicht in Betracht, wohl aber eine Teilwertabschreibung auf das halbfertige Projekt, deren Berechnung umstritten ist.[220]

211 BFH v. 15.07.1998 – I R 24/96, BStBl. II 1998, 728.
212 Offen in BFH v. 03.12.1991 – VIII R 88/87, BStBl. II 1993, 89.
213 I. E. Weber-Grellet FS Doralt 2007, 501.
214 BFH v. 03.12.1991 – VIII R 88/87, BStBl. II 1993, 89.
215 BFH v. 06.12.1995 – I R 14/95, BStBl. II 1996, 406.
216 BFH v. 05.04.2006 – I R 43/05, BStBl. II 2006, 593.
217 BFH v. 22.08.2007 – X R 59/04, BB 2008, 326.
218 Wegen Einzelheiten vgl. BFH v. 23.06.1997 – GrS 2/93, BStBl. II 1997, 735; 4. Abschnitt Rn. 204 m. w. N.
219 Schmidt/Weber-Grellet § 5 Rn. 76.
220 Vgl. BFH v. 06.03.2004 – VIII B 79/03, DStR 2004, 1249 (kritisch Weber-Grellet FR 2004, 996); BFH v. 25.11.2009 – X R 27/05, BFH/NV 2010, 1090.

§ **Fall 4: Mutter und Tochter – zur phasengleichen Bilanzierung von Dividendenansprüchen** 73

Die M-GmbH hält als Muttergesellschaft 100 % der Anteile an der T-GmbH. Mutter und Tochter haben gleichlaufende Wirtschaftsjahre (Wje.). Im Juni 2023 stellte die T-GmbH ihren Jahresabschluss für das Wirtschaftsjahr 2022 fest und fasste einen Beschluss über die Gewinnverwendung. Die entsprechenden Beschlüsse der M-GmbH wurden im Oktober 2023 gefasst. Der Gesellschafter G der M-GmbH ist der Auffassung, dass dieser Gewinn (zum Zwecke der Verlustverrechnung) „phasengleich" in die Gewinnermittlung des Wj. 2022 einzubeziehen sei.

Die M-GmbH müsste ihre gegen die T-GmbH gerichteten Gewinnansprüche bereits in 74
ihrer Bilanz zum 31.12.2022 ausweisen, wenn diese Ansprüche realisiert sind.

I. Über die bilanzrechtliche Zuordnung und somit auch über die Verpflichtung zur Aktivierung entscheidet die **wirtschaftliche Betrachtungsweise**. Maßgebend ist daher nicht, ob eine Forderung rechtlich bereits wirksam entstanden ist, sondern ob sie sich schon so weit konkretisieren lässt, dass sie wirtschaftlich als Vermögensgegenstand (Wirtschaftsgut) qualifiziert werden kann. Diese Voraussetzung ist erfüllt, wenn die für die Entstehung einer Forderung wesentlichen wirtschaftlichen Ursachen bereits im abgelaufenen Wj. gesetzt worden sind und der Eintritt der übrigen rechtlichen Voraussetzungen mit Sicherheit erwartet werden kann.

II. Der Gewinnanspruch des Gesellschafters aus der Beteiligung an einer Kapitalgesellschaft wird seinem Vermögen grundsätzlich erst für den Zeitpunkt zugeordnet, in dem die Gesellschafterversammlung den **Gewinnverwendungsbeschluss** gefasst hat.[221] Erst in diesem Zeitpunkt ist der Gewinnanspruch als Gläubigeranspruch entstanden.

III. Besonderheiten könnten für die sog. **phasengleiche Bilanzierung von Gewinnansprüchen** gelten. Nach einer Auffassung[222] kann ein Gewinnanspruch, der einem Unternehmen gegenüber einer Kapitalgesellschaft zusteht, an der es allein oder mit Mehrheit beteiligt ist, als hinreichend konkretisiert angesehen werden, wenn die Geschäftsjahre beider Unternehmen deckungsgleich sind und die Gesellschafterversammlung der abhängigen Gesellschaft über die Feststellung des Jahresabschlusses und die Gewinnverwendung beschließt, bevor die Prüfung des beteiligten Unternehmens abgeschlossen ist. Andere[223] sind der Meinung, dass auf die rechtliche Entstehung abzustellen sei.

IV. Der Große Senat folgte der letztgenannten Auffassung.[224] Zum Stichtag der M-GmbH habe noch nicht festgestanden, ob und in welcher Höhe der Gewinn der T-GmbH an sie ausgeschüttet werde. Der Gewinnverwendungsbeschluss sei keine werterhellende Tatsache.

V. Nach Einführung des sog. **Halb-Teileinkünfteverfahrens** ist das Problem steuerrechtlich eher bedeutungslos, da nach § 8 b KStG Gewinnausschüttungen der Tochter an die Mutter weitgehend steuerfrei sind.[225]

VI. Nach der Entscheidung des BFH vom 07.02.2007[226] kommt eine „phasengleiche" Aktivierung von Dividendenansprüchen nur bei unwiderruflichem Entschluss zur Ausschüttung eines bestimmten Betrags in Betracht. In der Sache folgt der BFH – trotz der guten Gründe des FG – der formalen Sicht des Großen Senats. Nach den (überaus) engen Voraussetzungen dieser Entscheidung ist eine phasengleiche Aktivierung so gut wie ausgeschlossen.

---

221 BFH v. 04.12.2014 – IV R 28/11, BFH/NV 2015, 495: U. U. auch bereits vor Feststellung des Jahresabschlusses.

222 A/D/S § 252 Rn. 82.

223 K-K § 5 VII a bb, S. 221 f. sowie BeBiKo § 266 HGB Rn. 120.

224 BFH v. 07.08.2000 – GrS 2/99, BStBl. II 2000, 632; gegen EuGH v. 27.06.1996, DStR 1996, 1093; gegen BGH v. 12.01.1998 – II ZR 82/93, DStR 1998, 383; gegen BFH v. 08.03.1989 – X R 9/86, BStBl. II 1989, 714; m. E. unter Vernachlässigung der wirtschaftlichen Identität von Mutter und Tochter.

225 Streck/Binnewies KStG, ABC – Phasengleiche Aktivierung.

226 BFH v. 07.02.2007 – I R 15/06, DStR 2007, 1342.

Ergebnis:

Der Auffassung des G ist nicht zu folgen. Die M-GmbH durfte den phasengleichen Gewinn der T-GmbH nicht zum 31.12.2022 als Gewinnanspruch aktivieren, da er noch nicht entstanden und damit auch noch nicht realisiert war.

i) Stichtagsprinzip

75 Die Bilanzaufstellung (Ansatz und Bewertung der einzelnen Wirtschaftsgüter) ist auf der Grundlage der tatsächlichen Verhältnisse, wie sie am **Bilanzstichtag** bestehen, vorzunehmen (Stichtagsprinzip). Für die laufende Bilanzierung ist Stichtag der Schluss des Geschäftsjahres (vgl. § 242 Abs. 1 HGB). Maßgeblich sind die am Bilanzstichtag vorliegenden Verhältnisse nach dem subjektiven Erkenntnisstand des sorgfältigen Kaufmanns bei (fristgerechter) Bilanzaufstellung[227] (vgl. § 252 Abs. 1 Nr. 3 bzw. 4 HGB „... zum Abschlussstichtag ..."); der objektive Fehlerbegriff[228] steht dem nicht entgegen.

Dies gilt nach § 252 Abs. 1 HGB für die Bewertung und auch für den Ansatz dem Grunde nach.[229] (Neue) Tatsachen, die erst nach dem Bilanzstichtag eintreten, bleiben unberücksichtigt. Berücksichtigt werden hingegen sog. **aufhellende** Umstände, die nachträglich (zwischen Stichtag und Aufstellung) bekannt geworden sind;[230] die (fristgerechte) Bilanzaufstellung (Feststellung) begrenzt den Zeitraum, in dem noch nachträglich bekannt gewordene Tatsachen aufhellend wirken können.[231]

Vergleichsabschluss, Vertragsänderung oder rechtskräftige Urteile sind keine (nur) aufhellenden, sondern rechtsgestaltende Tatsachen; sie bleiben in der Regel unberücksichtigt.[232]

---

227 BFH v. 05.04.2006 – I R 46/04, BStBl. II 2006, 688; zu den Wirkungen der Bilanzfeststellung BGH v. 02.03.2009 – II ZR 264/07, BB 2009, 1235.

228 Dazu BFH v. 31.01.2013 – GrS 1/10, BStBl. II 2013, 317.

229 Vgl. BFH v. 26.04.1989 – I R 147/84, BStBl. II 1991, 213.

230 Z.B. BFH v. 07.04.1994 – IV R 56/92, BStBl. II 1994, 740; EuGH v. 07.01.2003 – C-306/99, DStRE 2003, 69 – BIAO; dazu Weber-Grellet DStR 2003, 67; noch weiter Weber-Grellet FS Reiß, 2008 483/93: Über die bisherige Rspr. hinaus sind nicht nur die bis zur Bilanzaufstellung, sondern die bis zur Veranlagung bekannt gewordenen Tatsachen und Erkenntnisse, soweit sie zur Beurteilung der am Bilanzstichtag gegebenen tatsächlichen objektiven Verhältnisse geeignet sind, zu berücksichtigen. – Im Hinblick auf die unterschiedliche Systematik und die abweichenden Zwecke ist zwischen der handels- und der steuerrechtlichen Wertaufhellungskonzeption zu differenzieren, wie auch in ähnlicher Weise im Steuerrecht der objektive Fehlerbegriff gilt (BFH v. 31.01.2013 – GrS 1/10, BStBl. II 2013, 317; Weber-Grellet DStR 2013, 729; Schulze-Osterloh BB 2013, 1131).

231 BFH v. 08.03.1989 – X R 9/86, BStBl. II 1989, 714; a.A. Schmidt/Weber-Grellet § 5 Rn. 81.

232 Z.B. BFH v. 28.03.2000 – VIII R 77/96, DStR 2000, 1176.

Übersicht 76

Grundsätze ordnungsmäßiger Bilanzierung (i.e.S.)

Rechtsnatur: revisible Normen;
offenes System
zum überw. Teil kodifiziert:
- §§ 238 ff. HGB
- §§ 134–148 AO;

nicht kodifizierte Regeln aus Zwecken der Rechnungslegung i.V.m. kaufmännischer Übung abzuleiten (hermeneutische Methode)

Grundsätze
- ordnungsmäßiger Buchführung
- ordnungsmäßiger Inventur
- ordnungsmäßiger Bilanzierung
- ordnungsmäßiger Erfolgsrechnung

formelle GoB
- Bilanzklarheit (§§ 243 Abs. 2, 246 HGB)
- Verrechnungsverbot (§ 246 Abs. 2 HGB)
- Einzelbewertung (§ 252 Abs. 1 Nr. 3 HGB)
- zeitgerechte Erstellung (§ 243 Abs. 3 HGB)

materielle GoB
- Bilanzwahrheit, -vollständigkeit (§§ 242 Abs. 1, 246 Abs. 1, 264 Abs. 2 HGB; „true-and-fair-view")
- Bilanzkontinuität
  - Identität (§ 252 Abs. 1 Nr. 1 HGB)
  - formelle Stetigkeit (§ 265 Abs. 1 HGB)
  - materielle Stetigkeit (§ 252 Abs. 1 Nr. 6 HGB)
- Stichtagsprinzip (§ 252 Abs. 1 Nr. 4 HGB)
- Verursachungs- und Belastungsprinzip (Ausweis von Aufwendun gen und Erträgen dem Grunde und der Zeit nach entspr. dem Prinzip der wirtschaftlichen Verursachung, § 252 Abs. 1 Nr. 5 HGB)
- **Vorsichtsprinzip**

Realisationsprinzip | Imparitätsprinzip | Grundsatz der Nichtbilanzierung schwebender Verträge

Realisationsprinzip → **Gewinnausweis** (Realisation) erst bei Umsatzakt; bloße Wertsteigerung nicht ausreichend

Imparitätsprinzip → Berücksichtigung von Risiken und Verlusten (§ 252 Abs. 1 Nr. 4 HGB),
- Niederstwertprinzip
- Rückstellungen
- § 5 Abs. 2, Abs. 5 S. 1 EStG

Ausnahmen:

Erweiterung (Realisation auch **ohne** Umsatzakt), z.B.
- Entnahme (§ 6 Abs. 1 Nr. 4 EStG)
- Betriebsaufgabe
- §§ 11–13 KStG

Einschränkung (keine Realisation trotz Umsatzakt), z.B.
- § 6 b EStG
- § 6 Abs. 3 EStG
- R 6.6 EStR

H. Der Maßgeblichkeitsgrundsatz (§ 5 Abs. 1 EStG)

77 Unter den Voraussetzungen des § 5 Abs. 1 EStG ist das Betriebsvermögen anzusetzen, das nach den handelsrechtlichen Grundsätzen ordnungsmäßiger Buchführung auszuweisen ist. Diese Bezugnahme auf die handelsrechtlichen Grundsätze ordnungsmäßiger Buchführung wird als Maßgeblichkeitsgrundsatz bezeichnet.[233]

I. Entwicklung

78 Durch das bremische EStG vom 17.12.1874 und durch das EStG für das Königreich Sachsen vom 22.12.1874 wurden erstmalig die Ergebnisse der handelsrechtlichen kaufmännischen Buchführung als für die steuerliche Gewinnermittlung maßgeblich erklärt. Die entsprechende Bestimmung des bremischen Gesetzes (§ 5 Anl. B, Ziff. 7) hat folgenden Wortlaut:

> „Zum reinen Einkommen sind zu rechnen:
> ...
> 7. *Der Gewinn aus Handelsgeschäften, so wie sich derselbe aus dem nach den Bestimmungen des Handelsgesetzbuchs aufgestellten Jahresabschluss ergibt ...*"

Durch § 33 Abs. 2 EStG vom 29.03.1920 erlangte der Maßgeblichkeitsgrundsatz im gesamten Reichsgebiet Geltung. Der Grundsatz wurde in § 13 EStG 1925 und § 5 EStG 1934 beibehalten.

Die gesetzgeberischen Motive waren vor allem:[234]

- Vereinfachung der steuerrechtlichen Gewinnermittlung durch Bezugnahme auf die handelsrechtliche Gewinnermittlung,
- Anwendung gesicherter handelsrechtlicher Regelungen bei der steuerrechtlichen Gewinnermittlung,
- Ausübung von Gestaltungsrechten durch den bilanzierenden Kaufmann („Schätzung der variablen Elemente"),
- Vorrang steuerrechtlicher Regelungen bei grundsätzlicher Geltung des Maßgeblichkeitsprinzips.

79 Die Entwicklung von Handels- und Steuerbilanz und deren Verhältnis sind stark durch die politischen Verhältnisse und den Finanzbedarf des Staats bestimmt. Während der Epoche des Liberalismus, die mit dem Ende des ersten Weltkrieges zu Ende ging, hatte der Staat lediglich die Funktion, Missbräuche zu verhindern. Allgemein gehaltene Bilanzvorschriften (AHGB von 1861; HGB von 1896; AktG von 1870; Aktienrechtsnovelle von 1884) griffen nur in geringem Umfang in die Freiheit der Gestaltung der Bilanz ein. Angesichts der geringen Steuersätze (z. B. 1891 für ESt und KSt zwischen 0,6 und 4 %) konnten die bilanziellen Gestaltungsmöglichkeiten aus fiskalischer Sicht vernachlässigt werden.[235] Erst die **steigende Steuerlast**, die nach den beiden Weltkriegen zu Spitzenbelastungen von 60–95 % (!) führte, bewirkte eine zunehmende Bindung. Die Grundsätze der Steuergleichheit und Steuergerechtigkeit gewannen an Bedeutung; der Fiskus musste zur Sicherung des Steueraufkommens Gestaltungsräume beschränken und den Maßgeblichkeitsgrundsatz durch eine Vielzahl von Gesetzesvorbehalten einschränken.

---

233 Zum Maßgeblichkeitsgrundsatz nach der HGB-Modernisierung vgl. Weber-Grellet, Die Abschaffung des Maßgeblichkeitsgrundsatzes – Zur (weiteren) Emanzipation des Steuerrechts, ZRP 2008, 146; Prinz, Entwicklungen und aktuelle Tendenzen bei der Maßgeblichkeit, StuB 2019, 1; Kahle/Kopp, Grundzüge, S. 353 ff.

234 Vgl. Alsheimer ZfB 1974, 841, 846.

235 Zur Entwicklung der Einkommensteuer im 19. Jahrhundert vgl. Weber-Grellet, StuW 2012, 375 (zu den Untersuchungen von W. Mathiak).

Zur Beseitigung der Mängel des geltenden Rechts schlug die ESt-Reformkommission 1971 vor, die steuerliche Gewinnermittlung zu verselbstständigen und den Grundsatz der Maßgeblichkeit aufzugeben (Gutachten V, 1. Abschnitt, Rn. 1715 ff.: „autonome Steuerbilanz"), vor allem wegen der Rechtsunsicherheit in der Frage der Bilanzierungswahlrechte. Der Referentenentwurf eines EStG 1975 vom 10.12.1971 folgte dieser Konzeption. Der Vorschlag der Kommission stieß auf heftige Kritik und konnte sich nicht durchsetzen.[236] Gegen die Trennung von Handels- und Steuerbilanz wurde vor allem eingewandt, dass die Einheit der Rechtsordnung gefährdet werde und sie die Gefahr in sich berge, die Steuerbilanz zu fiskalischen Zwecken zu missbrauchen. Mittlerweile befindet sich unter dem Einfluss des internationalen Rechts (EU-Recht, IFRS) die Auffassung von der notwendigen Anbindung der Steuerbilanz an die Handelsbilanz im Wandel.[237]

II. Inhalt

Der Maßgeblichkeitsgrundsatz ist ein rein steuerrechtliches Prinzip; er zählt nicht zu den GoB. 80

Nach § 5 Abs. 1 EStG i. d. F. BilMoG ist für den Schluss des Wirtschaftsjahres das Betriebsvermögen anzusetzen, das nach den handelsrechtlichen Grundsätzen ordnungsmäßiger Buchführung auszuweisen ist, es sei denn, im Rahmen der Ausübung eines steuerlichen Wahlrechts wird oder wurde ein anderer Ansatz gewählt; nach S. 2 ist Voraussetzung für die Ausübung steuerlicher Wahlrechte, dass die Wirtschaftsgüter, die nicht mit dem handelsrechtlich maßgeblichen Wert in der steuerlichen Gewinnermittlung ausgewiesen werden, in besondere, laufend zu führende Verzeichnisse aufgenommen werden. Kurzgefasst: § 5 Abs. 1 EStG verlangt den Ansatz des Betriebsvermögens nach Maßgabe der handelsrechtlichen GoB und erlaubt eine Abweichung bei Ausübung eines steuerlichen Wahlrechts.

Im Einzelnen:

- Der (materielle) Maßgeblichkeitsgrundsatz ist wörtlich zu interpretieren; er erklärt nur die Grundsätze (!) ordnungsgemäßer Buchführung (im Sinne von Prinzipien) für verbindlich;[238] nur diese werden für maßgeblich erklärt – nicht jede einzelne handelsrechtliche Regelung und auch nicht die Vorschriften des HGB in ihrer Gesamtheit.
- Die sog. **formelle Maßgeblichkeit** bedeutete früher die Bindung an die tatsächlich erstellte Handelsbilanz und ist (spätestens) durch § 5 Abs. 1 S. 1 Hs. 2 EStG beseitigt.[239]
- Auch die in § 5 Abs. 1 S. 2 EStG a. F. normierte sog. umgekehrte Maßgeblichkeit hat der Gesetzgeber aufgegeben.
- Seinem Wortlaut nach bezieht sich der in § 5 Abs. 1 S. 1 EStG normierte Maßgeblichkeitsgrundsatz lediglich auf den Ansatz des Betriebsvermögens (dem Grunde und der Höhe nach), nicht aber auf die formellen GoB. Der Zwang, auch die formellen Grundsätze zu beachten, ergibt sich indes aus den Vorschriften der AO, §§ 140 ff., insbesondere §§ 145 ff.
- Sofern die GoB nicht eingreifen oder nicht entgegenstehen und sofern das Einkommensteuerrecht selbst keine Lösung bereithält, ist die Übernahme weiterer handelsrechtlicher Regelungen eine Frage der Zulässigkeit analoger Rechtsanwendung.[240] Ertragsteuerrechtliche Lücken können ggf. durch handelsrechtliche Regelungen geschlossen werden, sofern die jeweilige Regelung dem Plan des Steuergesetzes entspricht. Diese Auffassung entspricht der Regelung des § 141 Abs. 1 S. 2 AO, die hinsichtlich der Buchführungspflicht bestimmter Steuerpflichtiger die sinngemäße Geltung der §§ 238, 240–242 Abs. 1 und der §§ 243 bis 256 HGB anordnet, sofern sich nicht aus den Steuergesetzen etwas anderes ergibt.

---

236 Vgl. Döllerer BB 1971, 1333; Gail WPg 1971, 320; D. Schneider StuW 1971, 326.

237 Vgl. Hennrichs T/L 9.40 ff.

238 Schulze-Osterloh StuW 1991, 284, 285.

239 Schmidt/Weber-Grellet § 5 Rn. 26.

240 Zu den Voraussetzungen analoger Rechtsanwendung vgl. BVerfG v. 28.11.2023 2 BvL 8/13, DStR 2024, 155 (zu § 6 Abs. 5 EStG).

III. Einschränkungen des Maßgeblichkeitsgrundsatzes

1. Einschränkung durch spezielle Vorschriften

81 Unstreitig ist, dass die handelsrechtlichen GoB zurücktreten, wenn das Steuerbilanzrecht spezielle Regelungen trifft.

Das gilt

82 a) für **den Ansatz dem Grunde nach** in folgenden Fällen:

- Aktivierungsgebot für entgeltlich erworbene immaterielle Anlagewerte (§ 5 Abs. 2 EStG),
- Passivierungsverbot für Verpflichtungen, die nur zu erfüllen sind, soweit künftig Einnahmen oder Gewinne anfallen, sofern die Einnahmen oder Gewinne noch nicht angefallen sind (§ 5 Abs. 2 a EStG),
- begrenztes Passivierungsverbot für Rückstellungen wegen Schutzrechtsverletzung (§ 5 Abs. 3 EStG) und wegen der Verpflichtung zu einer Jubiläumszuwendung (§ 5 Abs. 4 EStG),
- Passivierungsverbot für Verlustrückstellungen (§ 5 Abs. 4 a EStG),
- Passivierungsverbot für künftige Anschaffungs- u. Herstellungskosten (§ 5 Abs. 4 b EStG),
- Aktivierung und Passivierung von Rechnungsabgrenzungsposten (§ 5 Abs. 5 S. 1 Nr. 1, Nr. 2 EStG),
- Aktivierungsgebot für aufwandsberücksichtigte Zölle und Verbrauchsteuern auf Vorratsvermögen (§ 5 Abs. 5 S. 3 Nr. 1 EStG),
- Aktivierungsgebot für aufwandsberücksichtigte Umsatzsteuer auf Anzahlungen (§ 5 Abs. 5 S. 3 Nr. 2 EStG),
- Bilanzierungsge- und -verbote von Einlagen, soweit sie nicht den GoB entsprechen (§ 5 Abs. 6 i. V. m. § 4 Abs. 1, 4; § 6 Abs. 1 Nr. 4, 5 EStG),
- Abzugsverbot von nicht abziehbaren Betriebsausgaben (§ 4 Abs. 5 EStG),
- Bilanzkorrektur (§ 4 Abs. 2 EStG),
- Passivierungswahlrecht für Pensionsrückstellungen (§ 6 a EStG),[241]
- Passivierungswahlrechte für steuerfreie Rücklagen (§§ 6 b, 6 d EStG),
- unentgeltlich erworbene materielle Wirtschaftsgüter (§ 6 Abs. 4 EStG),
- Gewinnermittlung bei Personengesellschaften, insbesondere Sonderbilanzen der Gesellschafter,[242]
- Passivierungsverbot für Schulden, deren Gläubiger auf Verlangen der Finanzbehörde nicht benannt wird (§ 160 Abs. 1 AO);

83 b) für **den Ansatz der Höhe nach** in folgenden Fällen:
§ 5 Abs. 6 EStG normiert den sog. Bewertungsvorbehalt;[243] §§ 6, 7 EStG enthalten das selbstständige bilanzsteuerrechtliche Bewertungsrecht (vgl. im Einzelnen Rn. 252 ff.). Nach bisheriger Auffassung gingen steuerrechtlichen Bewertungswahlrechten zwingende handelsrechtliche Bewertungsvorschriften vor; daher wurde aus dem steuerlichen „Kann“ in § 6 Abs. 1 Nr. 1 S. 2 und Nr. 2 S. 2 EStG (Ansatz des niedrigeren Teilwerts) ein „Muss“, wenn das Handelsrecht den Ansatz des niedrigeren Teilwerts ver-

---

241 BFH v. 13.02.2008 – I R 44/07, BB 2008, 1388: Passivierungspflicht. Dieser Zwang gilt m. E. auch nach BilMoG (Prinz SR 2009, 126, 127; a. A. Herzig/Briesemeister DB 2009, 976, 977), und zwar deshalb, weil § 6 a Abs. 1 EStG kein echtes Wahlrecht konstituiert, sondern die Bildung der Rückstellung von einschränkenden Voraussetzungen abhängig macht.

242 BFH v. 18.07.1979 – I R 199/75, BStBl. II 1979, 750, 754.

243 BFH GrS v. 12.06.1978 – GrS 1/77, BStBl. II 1978, 620; BFH v. 21.10.1993 – IV R 87/92, BStBl. II 1994, 176; m. E. – zu Unrecht – nicht berücksichtigt in BFH v. 07.09.2016 – I R 23/15, BStBl. II 2017, 472 (Atomanlagenrückstellung).

langte.[244] Nach Abschaffung der umgekehrten (formellen) Maßgeblichkeit könnte diese Bindung hinfällig geworden sein.[245]

- Regelungen über die Absetzung für Abnutzung und Substanzverringerung (§ 5 Abs. 6 i. V. m. §§ 7 ff. EStG),
- Verpflichtungsübernahmen (§§ 4 f, 5 Abs. 7 EStG).

Mit diesen Regelungen soll – für den Fall der Verpflichtungsübernahme und ähnlicher Fälle – die (Fort-)Wirkung steuerlicher Passivierungsverbote und -beschränkungen sichergestellt werden.

2. Einschränkungen aus Sinn und Zweck der steuerlichen Gewinnermittlung

Nach dem Beschluss des Großen Senats vom 03.02.1969[246] folgt aus dem Sinn und Zweck der steuerlichen Gewinnermittlung – nämlich den „vollen Gewinn" zu erfassen –, aus den Grundgedanken, die das Verhältnis von § 5 und § 6 EStG beherrschen, und schließlich aus dem verfassungsrechtlichen Grundsatz der Gleichheit der Besteuerung, dass die Verweisung des § 5 Abs. 1 EStG auf die GoB allenfalls eine Bindung des Steuerrechts an handelsrechtliche Aktivierungsverbote und Passivierungsgebote bewirkt;[247] handelsrechtliche Wahlrechte entfalten keine Bindung für das Einkommensteuerrecht.[248] 84

Das Bilanzsteuerrecht wird beherrscht von dem spezifischen Zweck der steuerrechtlichen Gewinnermittlung.[249] Diesem Zweck entsprechend sind auch für das Bilanzsteuerrecht der Grundsatz der Tatbestandsmäßigkeit und der Grundsatz der Besteuerung nach der wirtschaftlichen Leistungsfähigkeit grundlegend (einschließlich des Grundsatzes der Gleichmäßigkeit der Besteuerung). Die Grundsätze der Besteuerung nach der wirtschaftlichen Leistungsfähigkeit und der Belastungsgleichheit erfordern die Erfassung des vollen Gewinns. Es darf nicht dem Steuerpflichtigen überlassen sein, sich nach Belieben arm oder reich zu rechnen. Der Grundsatz der Gleichmäßigkeit der Besteuerung verlangt den willkürfreien Ansatz objektiv feststellbarer und auf einfache Art berechenbarer Positionen. Im Interesse der Vereinfachung und Praktikabilität sind gewisse Ungenauigkeiten, die sich in einem bestimmten Rahmen halten und letztlich durch die Zweischneidigkeit des Ansatzes ausgeglichen werden, hinzunehmen.[250]

Die freie Ausübung steuerlicher Wahlrechte sollte daher auf sog. subventionelle Wahlrechte beschränkt bleiben. Teilwertabschreibungen und die Bildung von Rückstellungen (Pensionsrückstellungen) – soweit insoweit überhaupt Wahlrechte existieren – stehen nicht im Belieben des Steuerpflichtigen.

---

244 BFH v. 17.09.1969 – I 189/65, BStBl. II 1970, 107; BFH v. 05.05.2004 – XI R 43/03, BFH/NV 2005, 22.

245 So R 6.8 Abs. 1 S. 2, 3 EStR; BMF v. 11.03.2010, BStBl. I 2010, 239; kritisch Schulze-Osterloh DStR 2011, 534; kritisch auch Schmidt/Weber-Grellet § 5 Rn. 26.

246 GrS 2/68, BStBl. II 1969, 291, 293.

247 Weber-Grellet FS Schmidt 1993, 161/170 f.

248 So aber z. B. K-K, § 5 IV 2 b.

249 BFH v. 07.08.2000 – GrS 2/99, BStBl. II 2000, 632.

250 Zu den verfassungsrechtlichen Anforderungen an gesetzliche Begrenzungen der Maßgeblichkeit der handelsrechtlichen Grundsätze ordnungsmäßiger Buchführung für die steuerrechtliche Gewinnermittlung BVerfG v. 12.05.2009 – 2 BvL 1/00, BB 2009, 1408: Eine steuergesetzliche Abweichung der vorliegenden Art von der Maßgeblichkeit des handelsrechtlichen Vorsichtsprinzips auch für die steuerrechtliche Gewinnermittlung verletzt nur dann das aus Art. 3 Abs. 1 GG folgende Gebot folgerichtiger Ausgestaltung steuergesetzlicher Belastungsentscheidungen, wenn sich kein sachlicher Grund für diese Abweichung finden lässt, die einfachgesetzliche „Ausnahmevorschrift" also als willkürlich zu bewerten ist. Dies folgt jedenfalls bei Rückstellungen für ungewisse Verbindlichkeiten aus der grundsätzlichen steuergesetzlichen Disponibilität des einfachgesetzlichen Maßgeblichkeitsgrundsatzes und insbesondere aus der speziell handelsrechtlichen Zielsetzung des Vorsichtsprinzips. Dessen steuergesetzliche Geltungsbeschränkung lässt das Gebot, die Einkommensteuer an der finanziellen Leistungsfähigkeit auszurichten, unberührt und widerspricht auch nicht den Anforderungen an eine folgerichtige Ausgestaltung des Maßstabs der einkommensteuerrechtlichen Nettobesteuerung.

Das BMF[251] hielt Verwaltungsgemeinkosten und freiwilligen sozialen Aufwand für aktivierungspflichtig; diese Auffassung wurde im Schrifttum zu Recht kritisiert.[252] Nunmehr brauchen nach § 6 Abs. 1 Nr. 1b EStG[253] bei der Berechnung der Herstellungskosten angemessene Teile der Kosten der allgemeinen Verwaltung sowie angemessene Aufwendungen für soziale Einrichtungen des Betriebs, für freiwillige soziale Leistungen und für die betriebliche Altersversorgung i. S. d. § 255 Abs. 2 S. 3 HGB nicht einbezogen zu werden, soweit diese auf den Zeitraum der Herstellung entfallen. Das Wahlrecht ist bei Gewinnermittlung nach § 5 EStG in Übereinstimmung mit der Handelsbilanz auszuüben.

IV. Abschaffung der umgekehrten Maßgeblichkeit

85 **Fall 5: Subventionen ohne Reue**

Die A-AG hat aus der Veräußerung von Grund und Boden Gewinne erzielt, die sie in eine Rücklage nach § 6 b EStG einstellt. In den Folgejahren 2018 und 2019 zog die A-AG die in der Rücklage ausgewiesenen Beträge von den Anschaffungskosten von Gebäuden ab. Die Abzüge nahm die A-AG in gleicher Weise in ihrer Steuer- und in ihrer Handelsbilanz vor. In der Handelsbilanz zum 31.12.2023 reaktivierte sie durch Zuschreibung alle zuvor abgezogenen Beträge (abzüglich der für die Zwischenzeit zu verrechnenden Abschreibungen). Das FA ist der Auffassung, dass damit auch die Steuervergünstigung nach § 6 b EStG rückwirkend entfalle. Zu Recht?

86 Die Rücklage ist aufzulösen, soweit ihre Bildung und Beibehaltung von einem **korrespondierenden Handelsbilanzansatz** abhängig ist.

I. § 6 b EStG gestattet unter bestimmten Voraussetzungen, die bei der Veräußerung von Wirtschaftsgütern aufgedeckten stillen Reserven (Veräußerungserlös abzgl. Buchwert und Veräußerungskosten) auf Reinvestitionen zu übertragen. Wird noch nicht im Jahr der Veräußerung reinvestiert, kann nach § 6 b Abs. 3 EStG eine entsprechende steuerfreie (unversteuerte) **Rücklage** gebildet werden.[254] Das Bilanzierungswahlrecht kann nur durch Ausweis der Rücklage in der Bilanz ausgeübt werden.[255]

II. Nach § 5 Abs. 1 S. 2 EStG a. F. waren steuerrechtliche Wahlrechte bei der Gewinnermittlung in Übereinstimmung mit der handelsrechtlichen Jahresbilanz auszuüben (sog. Grundsatz der umgekehrten [formellen] Maßgeblichkeit).[256] Das BilMoG[257] hat die sog. formelle („umgekehrte") Maßgeblichkeit (§ 5 Abs. 1 S. 2 EStG a. F.) abgeschafft; steuerliche Wahlrechte (wie etwa § 6 Abs. 2 EStG) können nun (für nach 2010 beginnende Wirtschaftsjahre[258]) abweichend von den handelsrechtlichen GoB ausgeübt werden. Steuerliche Wahlrechte unterliegen nicht dem Stetigkeitsgrundsatz.[259] Nach § 5 Abs. 1 S. 2 EStG n. F. müssen Abweichungen (terminologisch inkorrekt ist der Bezug auf den handelsrechtlich maßgeblichen Wert, richtiger: GoB-Wert) in besondere, laufend zu führende **Verzeichnisse** aufgenommen werden. In dem Verzeichnis sind nachzuweisen:
(a) der Tag der Anschaffung/Herstellung,
(b) die Anschaffungskosten/Herstellungskosten,

251 R 6.3. Abs. 1 EStR 2012; die Altfassung der EStR 2008 ist vorläufig weiter anwendbar (BMF v. 25.03.2013, BStBl. I 2013, 296).

252 Günkel/Teschke Ubg 2010, 401; Scheffler StuB 2010, 295.

253 I. d. F. Gesetz zur Modernisierung des Besteuerungsverfahrens v. 18.07.2016, BGBl. I 2016, 1679.

254 Das Einkommensteuerrecht kennt noch weitere steuerfreie (unversteuerte) Rücklagen, z. B. die Rücklage nach § 2 EntwLStG, die Rücklage nach § 6 Abs. 1 UmwStG, die Zuschussrücklage nach R 6.5 Abs. 4 EStR, die Rücklage für Ersatzbeschaffung nach R 6.6 EStR, z. B. bei Umlegung.

255 BFH v. 24.01.1990 – I R 152-153/85, BStBl. II 1990, 426.

256 Schmidt/Weber-Grellet § 5 Rn. 40 f.

257 V. 25.05.2009, BGBl. I 2009, 1102, 1120.

258 § 52 Abs. 12 e EStG a. F.

259 Zwirner DStR 2021, 202.

(c) die Wahlrechtsnorm und
(d) die vorgenommenen Abschreibungen.

Die Aufnahme des Wirtschaftsguts in das Verzeichnis ist nur geboten, wenn sein Wert aufgrund der Ausübung eines steuerlichen Wahlrechts von dem handelsrechtlich maßgeblichen Wert abweicht. Bei Nichtaufnahme in das Verzeichnis trotz Abweichung ist der wahlrechtsbestimmte Wert nicht anzusetzen.

III. Bei Zugrundelegung der Auffassung des BMF stellt sich die Rechtslage nunmehr wie folgt dar:[260]

1. Handelsrechtliche Aktivierungsgebote und -wahlrechte führen zu **steuerlichem Aktivierungszwang**; steuerrechtliche Regelungen sind vorrangig.[261] Auf der Passivseite kommt ein (steuerlicher) Ausweis nur bei handelsrechtlichem Passivierungsgebot in Betracht.[262]
2. Bei rein steuerlichen Wahlrechten ist ein abweichender Ansatz zulässig.[263] Handelsrechtliche Bewertungswahlrechte wirken bei fehlender steuerlicher Regelung auch für die Steuerbilanz;[264] die handelsrechtlichen Wahlrechte des § 255 HGB werden durch § 6 Abs. 1 Nr. 2 EStG verdrängt;[265] Teilwertabschreibungen (nach § 6 Abs. 1 Nr. 1, Nr. 2 EStG) können (m.E. müssen) unabhängig vom Handelsbilanzansatz vorgenommen werden.[266] Für Pensionsrückstellungen besteht trotz des Wortlauts des § 6 a Abs. 1 EStG („darf") Passivierungspflicht.[267]

IV. Die A-AG darf demnach die Steuervergünstigung des § 6 b EStG (unter den Voraussetzungen des § 5 Abs. 1 S. 2 EStG i.d.F. BilMoG) weiterhin in Anspruch nehmen.

Ergebnis:

Das FA darf die Minderung der Anschaffungskosten nicht rückgängig machen.

V. Kritik

Die vorstehende Darstellung zeigt, dass der in § 5 Abs. 1 EStG normierte Maßgeblichkeitsgrundsatz in seinen verschiedenen Erscheinungsformen, mit seinen zahlreichen Durchbrechungen und seiner Bezugnahme auf den unbestimmten Gesetzesbegriff der GoB nach wie vor zu den komplizierteren Regelungen des Bilanzsteuerrechts gehört. **87**

Der historisch gewachsene Maßgeblichkeitsgrundsatz ist m.E. überholt. Sein Zweck ist ambivalent;[268] er birgt die Gefahr, die unterschiedliche Zwecksetzung der handelsrechtlichen und einkommensteuerrechtlichen Gewinnermittlung zu vernachlässigen. Handelsrecht ist Zivilrecht, das Einkommensteuerrecht ist öffentliches Lastenverteilungs- und Eingriffsrecht.[269] Die Handelsbilanz ist nach bisherigem Verständnis Ausschüttungsbilanz.[270] Hingegen intendiert das EStG die Ermittlung des „wirklichen" Gewinns als Indikator der wirtschaftlichen Leistungsfähigkeit; der Maßgeblichkeitsgrundsatz ist daher im Zweifel eng auszulegen.[271]

260 BMF v. 12.03.2010, BStBl. I 2010, 239.
261 BMF v. 12.03.2010, BStBl. I 2010, 239 Rn. 3.
262 BMF v. 12.03.2010, BStBl. I 2010, 239 Rn. 4.
263 BMF v. 12.03.2010, BStBl. I 2010, 239 Rn. 12–18: § 6 b; TWAfA; Wahlrechte nach Handelsrecht und Steuerrecht: § 256 HGB/§ 6 Abs. Nr. 2 a; AfA (§ 253 HGB/§ 7 Abs. 2 EStG).
264 BMF v. 12.03.2010, BStBl. I 2010, 239 Rn. 5 f., z.B. bei §§ 240, 255 HGB.
265 BMF v. 12.03.2010, BStBl. I 2010, 239 Rn. 8.
266 R 6.8 Abs. 1 S. 3 EStR 2012.
267 R 6 a Abs. 1 EStR 2012; R 6.11 Abs. 3 EStR 2012; BMF v. 12.03.2010, BStBl. I 2010, 239 Rn. 9; Schmidt/Weber-Grellet § 6a EStG Rn. 2.
268 Weber-Grellet DB 1997, 385.
269 Weber-Grellet DB 1997, 385, 389.
270 Zur Entwicklung vgl. Weber-Grellet DB 1997, 385; Schön ZHR, 161 (1997), 133, 158.
271 BFH v. 23.11.1983 – I R 216/78, BStBl. II 1984, 277; Weber-Grellet DB 1994, 288, 2405: Vorrang steuerrechtlicher Prinzipien; Schmidt/Weber-Grellet § 5 Rn. 26 m.w.N. – Zur Abschaffung des Maßgeblichkeitsgrundsatzes im Zuge der HGB-Modernisierung Weber-Grellet ZRP 2008, 146.

Der Maßgeblichkeitsgrundsatz ist in seiner jetzigen Gestalt (mit seiner Bezugnahme auf die GoB) für die steuerrechtliche Rechtsanwendung eher ungeeignet. Die GoB sind zu allgemein, als dass aus ihnen konkrete Antworten rechtssicher abgeleitet werden könnten. Notwendig ist die Normierung der bilanzrechtlichen Grundbegriffe und Grundtatbestände (z. B. Wirtschaftsgut, Rückstellung, Realisation), sodass deren Inhalt klar, eindeutig und rechtssicher bestimmt werden kann. Diese rechtsstaatlich notwendige Ergänzung kann im Steuerrecht, aber auch im Handelsrecht vorgenommen werden.[272] Angesichts der Entwicklungen des Handelsrechts ist eine „neue Maßgeblichkeit" steuerrechtlich nicht von vornherein ausgeschlossen, sofern die bilanzrechtlichen Grundbegriffe und Grundtatbestände normiert werden. Selbst eine Einheitsbilanz wäre nach Maßgabe dieser Prämissen steuerrechtlich nicht undenkbar.[273]

Hingegen ist der Ruf nach Vereinfachung,[274] nach Stärkung des Maßgeblichkeitsgrundsatzes durch Rückführung der steuerlichen Sonderregelungen[275] oder nach einer vereinfachten Vermögensrechnung[276] nicht besonders hilfreich.

272 Eher unkritisch Krumm FS RFH-BFH 2018, 1457, 1472 f.

273 Im Einzelnen vgl. Weber-Grellet DB 2016, 1279.

274 Kahle HdJ VII/1 (2/19) Rz 367.

275 Kahle FR 2024, 1.

276 Kahle FS Böcking 2021, 571.

Übersicht

88

Grundsatz der Maßgeblichkeit

Maßgeblichkeitsgrundsatz (§ 5 I 1 EStG): Bei Gewerbetreibenden, die auf Grund gesetzlicher Vorschriften verpflichtet sind, Bücher zu führen und regelmäßig Abschlüsse zu machen, oder die ohne eine solche Verpflichtung Bücher führen und regelmäßig Abschlüsse machen, ist für den Schluss des Wirtschafts-jahres das Betriebsvermögen anzusetzen (§ 4 I 1 EStG), das nach den handelsrechtlichen Grundsätzen ordnungsmäßiger Buchführung auszuweisen ist, es sei denn, im Rahmen der Ausübung eines steuerlichen Wahlrechts wird oder wurde ein anderer Ansatz gewählt.

I. Materielle M.: Diese verlangt die Beachtung der handelsrechtlichen GoB (Rn. 78) bei Aufstellung der Steuerbilanz.
- grundlegend BFH IV R 87/92
- Weitergeltung von GrS 2/68: hr. Wahlrechte (z.B. § 255 II 3 HGB) gelten nicht im StR
- Ausnahmen aus besonderen Gründen möglich

II. Maßgeblichkeit nur der hr. GoB (materielle, abstrakte M.):
- keine M. des Handelsrechts
- keine M. der Handelsbilanz
- keine formelle M.
- keine M. der EU-RL
- keine M. der IFRS

III. Durchbrechungen des Grundsatzes der M. durch (= Vorrang von):
- § 5 VI EStG
- § 5 I a – VII EStG
- Steuerrechtliche Grundsätze (BFH GrS 1/10 – obj. Fehlerbegriff)

IV. Formelle Maßgeblichkeit: Diese bedeutete ursprünglich (begrifflich) die Bindung an die tatsächlich erstellte Handelsbilanz (BFH IV R 87/92) und verlangte später die korrespondierende Ausübung korrespondierender Wahlrechte. Seit BilMoG können steuerrechtliche Wahlrechte unabhängig vom Handelsbilanzausweis ausgeübt werden (vgl. § 5 I 2, 3 EStG).

V. Konkrete Maßgeblichkeit (nur § 5 Ia 2 EStG; systemwidrige Ausnahme): Die Ergebnisse der in der handelsrechtlichen Rechnungslegung zur Absicherung finanzwirtschaftlicher Risiken gebildeten Bewertungs ein-heiten sind auch für die steuerliche Gewinnermittlung maßgeblich.

VI. Herkunft/Entwicklung:
- 1874 Sächs. u Brem. EStG (StSätze 0,6–4 %)
- EStG 1920/1934
- 1971 StRefKomm.

VII. Verfassungsrechtliche Relevanz: Der einfachgesetzliche Maßgeblichkeitsgrundsatz ist steuergesetzlich disponibel (BVerfG 2 BvL1/99 v. 12.05.2009).

VIII. Perspektiven/Zukunft: permanente Einschränkung durch
- Erweiterung der §§ 5, 6 EStG
- Abschaffung der formellen M.
- E-Bilanz (§ 5b EStG)
- EU-RI/IFRS
- GKKB (Rn. 52)
- BEPS (Rn. 51)

Insbesondere im Hinblick auf die Selbstständigkeit des StR's sollte der Grundsatz der M. reformiert werden.

I. Wirtschaftsjahr und Gewinnermittlungszeitraum

89 **Fall 6: Der ausscheidende Mitunternehmer**

Der Kläger war persönlich haftender Gesellschafter der H-OHG. Die H-OHG hatte ein abweichendes Wirtschaftsjahr vom 01.03. bis zum 28./29.02. des darauffolgenden Jahres. Mit Vertrag vom 15.12.2022 brachte der Kläger mit Wirkung zum 02.12.2022 seine Beteiligung an der OHG in die J-Stiftung ein. Gleichzeitig schied er als Gesellschafter bei der OHG aus. Seine Beteiligungseinkünfte seien im Veranlagungszeitraum 2021 zu versteuern; die OHG bestehe weiterhin fort und habe weiterhin das abweichende Wirtschaftsjahr bis zum 28.02.2021. Die Berücksichtigung der Einkünfte durch das Finanzamt im Veranlagungszeitraum 2022 verstoße gegen den eindeutigen Gesetzeswortlaut des § 4 a Abs. 2 Nr. 2 EStG. Der BFH folgte dem Finanzamt.

90 Der bis zum Ausscheiden des Klägers entstandene Gewinn ist im Veranlagungszeitraum 2022 zu erfassen.[277]

I. Die Grundlagen für die Festsetzung der Einkommensteuer sind nach § 2 Abs. 7 EStG grundsätzlich für das Kalenderjahr zu ermitteln **(Veranlagungszeitraum).**

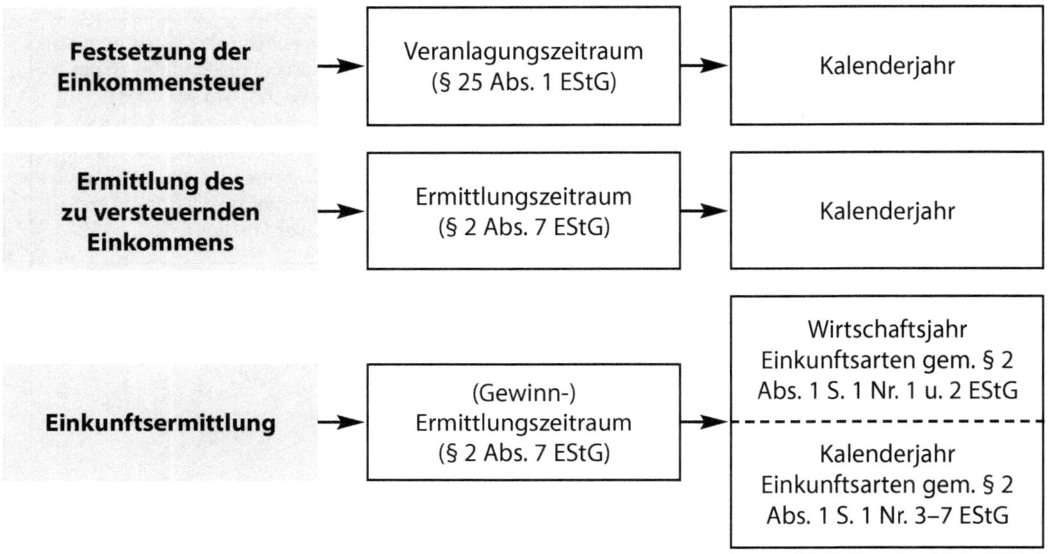

91 II. Im Handelsregister eingetragene Gewerbetreibende können als Wirtschaftsjahr einen anderen Zeitraum als das Kalenderjahr wählen. Der Zeitraum kann in bestimmten Fällen kürzer sein (sog. Rumpfwirtschaftsjahr; vgl. § 8 b S. 2 EStDV), er darf aber in keinem Fall mehr als 12 Monate umfassen. Weicht das Wirtschaftsjahr vom Kalenderjahr ab, so gilt gemäß § 4 a Abs. 2 Nr. 2 EStG der Gewinn des Wirtschaftsjahres als in dem Kalenderjahr bezogen, in dem das Wirtschaftsjahr endet.

III. Bei der **erstmaligen Festlegung** des Wirtschaftsjahres ist der Steuerpflichtige grundsätzlich frei;[278] hingegen ist die **Umstellung** des Wirtschaftsjahres auf ein vom Kalenderjahr abweichendes Wirtschaftsjahr an die Zustimmung des FA gebunden („Einvernehmen“, vgl.§ 4 a Abs. 1 S. 2 Nr. 2 S. 2 EStG, § 8 b S. 2 Nr. 2 S. 2 EStDV).[279] Ein abweichendes Wirtschaftsjahr der Obergesellschaft verlangt einen plausiblen Grund.[280]

277 Vgl. BFH v. 18.08.2010 – X R 8/07, BStBl. II 2010, 1043.

278 Zum Fall einer missglückten Steuerpause s. BFH v. 18.12.1991 – XI R 40/89, BStBl. II 1992, 486.

279 BFH v. 07.11.2013 – IV R 13/10, BFH/NV 2014, 199.

280 BFH v. 09.11.2006 – IV R 21/05, BStBl. II 2010, 230.

IV. Feststellungszeitraum ist für die gesonderte Feststellung von gewerblichen Einkünften das abweichende Wirtschaftsjahr, für Einkünfte aus Land- und Forstwirtschaft trotz abweichenden Wirtschaftsjahres das Kalenderjahr.[281]

V. § 4 a Abs. 2 Nr. 2 EStG ist auf den ausscheidenden Mitunternehmer nicht anzuwenden.

1. Gemäß § 4 a Abs. 1 S. 1 EStG ist bei Gewerbetreibenden der Gewinn nach dem Wirtschaftsjahr zu ermitteln; gemäß § 4 a Abs. 1 S. 2 Nr. 2 EStG ist bei Gewerbetreibenden, deren Firma im Handelsregister eingetragen ist, Wirtschaftsjahr der Zeitraum, für den sie regelmäßig Abschlüsse machen. Gemäß § 4 a Abs. 2 Nr. 2 EStG gilt bei Gewerbetreibenden der Gewinn des Wirtschaftsjahres als in dem Kalenderjahr bezogen, in dem das Wirtschaftsjahr endet.
2. Im Fall von Mitunternehmerschaften gelten Besonderheiten, die sich aus der Rechtsnatur der Mitunternehmerschaft ergeben. § 4 a Abs. 2 Nr. 2 EStG trifft keine Zuweisungsentscheidung für Gewinne von Mitunternehmern, die während des abweichenden Wirtschaftsjahres aus der Mitunternehmerschaft ausscheiden; deren Gewinne sind daher im Jahr des Ausscheidens zu erfassen. Für die Mitunternehmerschaft als solche gelten die allgemeinen Regeln. Bei Ausscheiden eines Mitunternehmers aus einer mehrgliedrigen Mitunternehmerschaft bleibt deren Wirtschaftsjahr unberührt. Der „Gewinnermittlungszeitraum" für den einzelnen Mitunternehmer wird hingegen durch den „Einkunftserzielungszeitraum" bestimmt, der durch die Dauer der Beteiligung begrenzt ist und der für den im Lauf des Wirtschaftsjahres ausscheidenden Mitunternehmer mit dessen Ausscheiden endet. In ähnlicher Weise kann die Veranlagung sofort durchgeführt werden, wenn der Steuerpflichtige vor Ablauf des Kalenderjahres stirbt. Vergleichbar entsteht bei Betriebsveräußerung ein Rumpfwirtschaftsjahr.[282]

Ergebnis:

Das FA hat die Beteiligungseinkünfte des ausscheidenden Mitunternehmers zu Recht im Veranlagungszeitraum seines Ausscheidens (2022) erfasst.

281 BFH v. 19.07.1984 – IV R 87/82, BStBl. II 1985, 148.
282 BFH v. 18.08.2010 – X R 8/07, BStBl. II 2010, 1043.

3. Abschnitt Buchführung

A. Funktion und Stellung der Buchführung im betrieblichen Rechnungswesen

92 Die Buchführung ist Teil des betrieblichen Rechnungswesens. Das **betriebliche Rechnungswesen** erfasst alle Vorgänge und Prozesse, die sich wert- und mengenmäßig ausdrücken lassen. Es hat folgende Hauptaufgaben zu erfüllen:

- **Dokumentation:** Systematische und vollständige Registrierung betrieblich relevanter Daten,
- **Kontrolle:** Überprüfung abgeschlossener und Kontrolle fortlaufender Prozesse,
- **Information:** Bereitstellung von Daten für innerbetriebliche Dispositionen (z. B. im Bereich der Finanzierung, Investition, Preisgestaltung) sowie für die Entscheidungen Außenstehender (Gesellschafter, Gläubiger, Banken).

Diesen Aufgaben entsprechend umfasst das betriebliche Rechnungswesen üblicherweise:

- **Geschäfts-(Finanz-)Buchhaltung** einschließlich Jahresabschluss (Bilanz und GuV-Rechnung),
- **Kosten- und Leistungsrechnung** (Betriebsbuchhaltung oder Betriebsabrechnung und Stückkostenrechnung in Gestalt der Vor- und/oder Nachkalkulation),
- **Betriebswirtschaftliche Statistik** (Betriebs- und Marktstatistik),
- **Investitions- und Planungsrechnung** (Vorschaurechnung).

Die pagatorische (auf Zahlungsvorgängen beruhende)[283] **Geschäftsbuchhaltung** bildet das Zentrum des Rechnungswesens: Sie dokumentiert den Verlauf der wirtschaftlichen Tätigkeit durch Aufzeichnung der Vermögens- und Kapitalbestände sowie der Aufwendungen und Erträge zum Zwecke der Ermittlung des Unternehmenserfolges (Gewinn oder Verlust). Dies geschieht in Form einer Zeitrechnung, wobei die jährliche Rechnungslegung im Vordergrund steht. Zur Erfassung und Bearbeitung des anfallenden Zahlenmaterials bedient sich die Geschäftsbuchhaltung eines **differenzierten Kontensystems**. Moderne EDV-Anlagen ermöglichen eine nahezu unbegrenzte Ausweitung des betrieblichen Rechnungswesens.

B. Formelle und materielle Anforderungen an eine ordnungsmäßige Buchführung

93 Die GoB im engeren Sinne regeln Inhalt und Form der laufenden Buchführung; sie sind überwiegend im HGB und auch in der AO kodifiziert (vgl. §§ 238, 239 Abs. 4, 243 Abs. 1 HGB; §§ 141–148 AO).

Eine ordnungsmäßige Buchführung verlangt:

- die Führung der erforderlichen Bücher,
- die Einhaltung der Form,
- die sachliche/inhaltliche Richtigkeit.

283 Zur Pagatorik Baetge/Kirsch/Thiele, S. 124 f.

Im Einzelnen:

- Ein bestimmtes Buchführungssystem ist nicht vorgeschrieben (R 5.2 Abs. 1 EStR; H 5.2 EStH mit Anhang 10).
- Ein sachverständiger Dritter muss sich innerhalb angemessener Zeit einen Überblick über die Geschäftsvorfälle und die Vermögenslage des Unternehmens verschaffen können (§ 238 Abs. 1 S. 2 HGB; § 145 Abs. 1 AO); Grundsatz der Übersichtlichkeit, z. B. durch Verwendung eines Kontenplans (s. u.).
- Die Geschäftsvorfälle müssen in ihrer Entstehung und Abwicklung nachvollziehbar sein (§ 238 Abs. 1 HGB; § 145 Abs. 1 AO); **Belegzwang**.
- Die Buchungen und Aufzeichnungen müssen vollständig, richtig, zeitgerecht und geordnet vorgenommen werden (§ 239 Abs. 2 HGB; § 146 Abs. 1 AO).[284]
- Führung einer **Geschäftskasse** und eines **Kassenbuchs**; die Kasseneinnahmen und -ausgaben sollen täglich festgehalten werden (§ 146 Abs. 1 AO).[285]
- Geordnete **Aufbewahrung** (§ 257 Abs. 1 HGB; § 147 Abs. 1 AO).

Bei der Beurteilung der Ordnungsmäßigkeit der Buchführung ist nicht die formelle Bedeutung eines Mangels maßgeblich; vielmehr entscheidet dessen **sachliches Gewicht** im Rahmen des gesamten Buchführungsergebnisses[286] die sachliche Unrichtigkeit.[287] Ist die Buchführung formell ordnungswidrig, genügen bereits ernsthafte Zweifel an der sachlichen Richtigkeit des Buchführungsergebnisses, um eine Schätzung vorzunehmen.[288]

Für elektronische Bücher gelten im Prinzip dieselben Anforderungen;[289] im Vordergrund steht der Grundsatz der Nachvollziehbarkeit. Die vom BMF aufgestellten GoBD sind nicht ‚per se' GoB.[290]

Der Kontenrahmen ist ein systematisches Verzeichnis aller Konten für die Buchführung in einem Wirtschaftszweig. Er dient als Richtlinie und Empfehlung für die Aufstellung eines konkreten Kontenplans in einem Unternehmen und ermöglicht einheitliche Buchungen von gleichen Geschäftsvorfällen und zwischenbetriebliche Vergleiche. Der vom BDI herausgegebene Industriekontenrahmen (IKR) besteht aus zehn Kontenklassen (0–9) und ist nach dem Abschlussgliederungsprinzip (Bilanz und GuV) – im Unterschied zum Prozessgliederungsprinzip, das auch die Kosten- und Leistungsrechnung umfasst – strukturiert.

---

284 Drüen in Tipke/Kruse § 146 AO Rn. 1 ff.

285 Pflicht zur Einzelaufzeichnung auch der bar vereinnahmten Umsätze bei Einzelhändlern, wie z. B. Apotheker (BFH v. 16.12.2014 – X R 42/13, BStBl. II 2015, 519).

286 BFH v. 07.07.1977 – IV R 205/72, BStBl. II 1978, 307; BFH v. 12.10.2006 – X B 134/05, BeckRS 2006, 25010705.

287 Wegen Einzelheiten vgl. R/H 5.2 EStR; zur EDV-Buchführung s. Beck'sches Handbuch der Rechnungslegung, A 121.

288 BFH v. 14.01.2021– X B 25/20, BFH/NV 2021, 680.

289 BMF v. 28.11.2019, BStBl. I 2019, 1269 – GoBD 2019 (GoBD 2.0).

290 Zutr. Goldshteyn/Thelen DStR 2015, 326.

94 Kontenplan (nach dem Industriekontenrahmen – IKR)

Kontenplan (nach dem Industriekontenrahmen - IKR)

AKTIVA	AKTIVA	AKTIVA	PASSIVA	PASSIVA
Kontenklasse 0 (AV)	Kontenklasse 1 (AV)	Kontenklasse 2 (UV)	Kontenklasse 3	Kontenklasse 4
0 Immaterielle Vermögensgegenstände und Sachanlagen	**1 Finanzanlagen**	**2 Umlaufvermögen und aktive Rechnungsabgrenzung**	**3 Eigenkapital und Rückstellungen**	**4 Verbindlichkeiten u. passive Rechnungsabgrenzung**
Immaterielle Vermögensgegenstände 02 Konzessionen, gewerbl. Schutzrechte und ähnliche Rechte u. Werte sowie Lizenzen an solchen Rechten u. Werten 0200 Konzessionen, gewerbliche Schutzrechte u. ähnliche Rechte u. Werte sowie Lizenzen an solchen Rechten u. Werten Sachanlagen 05 Grundstücke, grundstücksgleiche Rechte u. Bauten einschließlich der Bauten auf fremden Grundstücken 0500 Unbebaute Grundstücke 0510 Bebaute Grundstücke 0530 Betriebsgebäude 0540 Verwaltungsgebäude 0550 Andere Bauten 0590 Wohngebäude 07 Technische Anlagen und Maschinen 0710 Anlagen der Materiallagerung 0720 Fertigungsmaschinen 0750 Transportanlagen 08 Andere Anlagen, Betriebs- und Geschäftsausstattung 0810 Werkstätteneinrichtung 0820 Werkzeuge, Werksgeräte u. Modelle, Prüf- und Messmittel 0830 Lager- u. Transporteinrichtungen 0840 Fuhrpark 0860 Büromaschinen, Organisationsmittel und Kommunikationsanl. 0870 Büromöbel und sonstige Geschäftsausstattung 0890 Sammelposten geringwertige Wirtschaftsgüter 0891 Geringwertige Wirtschaftsgüter 09 Geleistete Anzahlungen und Anlagen im Bau 0900 Geleistete Anzahlungen auf Sachanlagen 0950 Anlagen im Bau	13 Beteiligungen 1300 Beteiligungen 15 Wertpapiere des Anlagevermögens 1500 Wertpapiere des Anlagevermögens 16 Sonstige Finanzanlagen 1600 Sonstige Finanzanlagen	Vorräte 20 Roh-, Hilfs- und Betriebsstoffe 2000 Rohstoffe / Fertigungsmaterial 2010 Fremdbauteile 2020 Hilfsstoffe 2030 Betriebsstoffe 21 Unfertige Erzeugnisse, unfertige Leistungen 2100 Unfertige Erzeugnisse 2190 Unfertige Leistungen 22 Fertige Erzeugnisse und Waren 2200 Fertige Erzeugnisse 23 Geleistete Anzahlungen auf Vorräte 2300 Geleistete Anzahlungen auf Vorräte Forderungen und sonstige Vermögensgegenstände (24-26) 24 Forderungen aus Lieferungen und Leistungen 2400 Forderungen aus L. u. L. 2450 Wechselforderungen aus Lieferungen und Leistungen (Besitzwechsel) 26 Sonstige Vermögensgegenstände 2600 Vorsteuer 2640 SV-Vorauszahlung 2650 Forderungen an Mitarbeiter 2690 Übrige sonstige Forderungen 27 Wertpapiere des Umlaufvermögens 2700 Wertpapiere des Umlaufvermögens 28 Flüssige Mittel 2800 Guthaben bei Kreditinstituten (Bank) 2880 Kasse 29 Aktive Rechnungsabgrenzung (und Bilanzfehlbetrag) 2900 Aktive Rechnungsabgrenzung 2910 Disagio 2920 Umsatzsteuer auf erhaltene Anzahlungen	Eigenkapital 30 Eigenkapital / Gezeichnetes Kapital Bei Personengesellschaften 3000 Kapital Gesellschafter A 3001 Privatkonto A Bei Kapitalgesellschaften 3000 Gezeichnetes Kapital (Grundkapital/Stammkapital) 31 Kapitalrücklage 3100 Kapitalrücklage 32 Gewinnrücklagen 3210 Gesetzliche Rücklage 3230 Satzungsmäßige Rücklagen 3240 Andere Gewinnrücklagen 36 Wertberichtigungen 3670 Einzelwertberichtigung zu Forderungen 3680 Pauschalwertberichtigung zu Forderungen Rückstellungen 37 Rückstellungen für Pensionen und ähnliche Verpflichtungen 3700 Rückstellungen für Pensionen und ähnliche Verpflichtungen 38 Steuerrückstellungen 3800 Steuerrückstellungen 39 Sonstige Rückstellungen 3910 - für Gewährleistung 3930 - für andere ungewisse Verbindlichkeiten 3970 - für drohende Verluste aus schwebenden Geschäften	41 Anleihen 4100 Anleihen 42 Verbindlichkeiten gegenüber Kreditinstituten 4200 Kurzfristige Bankverbindlichkeiten 4250 Langfristige Bankverbindlichkeiten 43 Erhaltene Anzahlungen auf Bestellungen 4300 Erhaltene Anzahlungen auf Bestellungen 44 Verbindlichkeiten aus Lieferungen u. Leistungen 4400 Verbindlichkeiten aus Lieferungen u. Leistungen 45 Wechselverbindlichkeiten 4500 Schuldwechsel 48 Sonstige Verbindlichkeiten 4800 Umsatzsteuer 4830 Sonstige Verbindlichkeiten gegenüber dem Finanzamt 4840 Verbindlichkeiten gegenüber Sozialversicherungsträgern 4860 Verbindlichkeiten aus vermögenswirksamen Leistungen 4890 Übrige sonstige Verbindlichkeiten 49 Passive Rechnungsabgrenzung 4900 Passive Rechnungsabgrenzung 4920 Vorsteuer auf geleistete Anzahlungen

ERTRÄGE	AUFWENDUNGEN	AUFWENDUNGEN	AUFWENDUNGEN
Kontenklasse 5	Kontenklasse 6	Kontenklasse 6	Kontenklasse 7
5 Erträge	**6 Betriebliche Aufwendungen**	**6 Betriebliche Aufwendungen**	**7 Betriebliche und weitere Aufwendungen**
50 Umsatzerlöse für eigene Erzeugnisse und andere eigene Leistungen 5000 Umsatzerlöse f. eigene Erzeugnisse 5001 Erlösberichtigungen 51 Sonstige Umsatzerlöse 5190 Sonstige Umsatzerlöse 5191 Erlösberichtigungen 52 Erhöhung o. Verminderung des Bestandes an unfertigen u. fertigen Erzeugnissen 5200 Bestandsveränderungen 53 Andere aktivierte Eigenleistungen 5300 Aktivierte Eigenleistungen 54 Sonstige betriebliche Erträge 5401 Nebenerlöse aus Vermietung und Verpachtung 5410 Sonstige Erlöse (z. B. aus Provisionen oder Lizenzen oder aus dem Abgang von Gegenständen d. Anlagevermögens) 5420 Eigenverbrauch 5430 Andere sonst. betriebl. Erträge (z. B. Schadenersatzleistungen) 5440 Erträge aus Werterhöhungen von Gegenst. d. AV (Zuschreibungen) 5450 Erträge aus der Auflösung oder Herabsetzung von Wertberichtigungen auf Forderungen 5454 Erträge aus Währungsumrechnung 5460 Erträge aus dem Abgang von Vermögensgegenständen 5480 Erträge aus der Herabsetzung von Rückstellungen 5495 Zahlungseingänge aus abgeschriebenen Forderungen 57 Zinsen und ähnliche Erträge 5710 Zinserträge und Dividenden 58 Außerordentliche Erträge 5800 Außerordentliche Erträge	Materialaufwand 60 Aufwendungen für Roh-, Hilfs- und Betriebsstoffe und für bezogene Waren 6000 Aufw. f. Rohstoffe / Fertigungsmaterial 6001 Bezugskosten 6002 Nachlässe 6010 Aufwendungen für Fremdbauteile 6011 Bezugskosten 6012 Nachlässe 6020 Aufwendungen für Hilfsstoffe 6021 Bezugskosten 6022 Nachlässe 6030 Betriebsstoffe / Verbrauchswerkzeuge 6031 Bezugskosten 6032 Nachlässe 6040 Aufwendungen f. Verpackungsmaterial 6050 Aufwendungen für Energie 61 Aufwendungen für bezogene Leistungen 6100 Fremdleistungen für Erzeugnisse und andere Umsatzleistungen 6140 Ausgangsfrachten und Fremdlager (incl. Versicherung und anderer Nebenkosten) 6150 Vertriebsprovisionen 6160 Fremdinstandhaltung 6170 Sonstige Aufwendungen für bezogene Leistungen Personalaufwand 62 Löhne 6200 Löhne für geleistete Arbeitszeit einschl. tariflicher, vertraglicher oder arbeitsbedingter Zulagen 6210 Löhne für andere Zeiten (Urlaub, Feiertag, Krankheit) 6220 Sonstige tarifliche oder vertragliche Aufw. für Lohnempfänger 6230 Freiwillige Zuwendungen 63 Gehälter 6300 Gehälter einschl. tarifl., vertragl. oder arbeitsbedingter Zulagen 6320 Sonstige tarifliche und vertragliche Aufwendungen 6330 Freiwillige Zuwendungen 64 Soz. Abgaben u. Aufw. f. Altersversorgung 6400 Arbeitgeberanteil zur Sozialversicherung (Lohnbereich) 6410 Arbeitgeberanteil zur Sozialversicherung (Gehaltsbereich) 6420 Beiträge zur Berufsgenossenschaft 6440 Aufwend. für Altersversorgung	65 Abschreibungen auf Anlagevermögen 6510 Abschreibung auf immaterielle Vermögensgegenstände des AV 6520 Abschreibungen auf Sachanlagen 6540 Abschreibung auf Sammelposten geringwertige Wirtschaftsgüter 6541 Abschreibung auf geringwertige Wirtschaftsgüter 6550 Außerplanmäßige Abschreibungen Sonstige betriebl. Aufwendungen (66-70) 67 Aufwendungen für die Inanspruchnahme von Rechten und Diensten 6700 Mieten, Pachten 6710 Leasing 6720 Lizenzen und Konzessionen 6730 Gebühren 6750 Kosten des Geldverkehrs 6760 Provisionsaufwendungen (außer Vertriebsprovisionen) 6770 Rechts- und Beratungskosten 68 Aufwendungen für Kommunikation (Dokumentation, Info, Reisen, Werbung) 6800 Büromaterial 6810 Zeitungen und Fachliteratur 6820 Post- und Kommunikationsgebühren 6850 Reisekosten 6860 Bewirtung und Repräsentation 6870 Werbung 6880 Spenden (nur Kapitalgesellschaften) 69 Aufwendungen für Beiträge und Sonstiges sowie Wertkorrekturen und periodenfremde Aufwendungen 6900 Versicherungsbeiträge 6920 Beiträge zu Wirtschaftsverbänden und Berufsvertretungen 6930 Verluste aus Schadensfällen 6950 Abschreibungen auf Forderungen 6951 Abschreibung auf Forderungen wegen Uneinbringlichkeit 6952 Einstellung in Einzelwertberichtigungen 6953 Einstellung in Pauschalwertberichtigungen 6954 Aufwendungen aus Währungsumrechnung 6960 Verluste aus dem Abgang von Vermögensgegenständen (einschl. Kassenfehlbetrag) 6980 Zuführung zu Rückstellungen für Gewährleistungen	70 Betriebliche Steuern 7010 Vermögenssteuer (nur bei Kapitalgesellschaften) 7020 Grundsteuer 7030 Kraftfahrzeugsteuer 7090 Sonstige betriebl. Steuern 74 Abschreibungen auf Finanzanlagen und auf Wertpapiere des Umlaufvermögens und Verluste aus entsprechenden Abgängen 7400 Abschreibungen auf Finanzanlagen 75 Zinsen und ähnliche Aufwendungen 7510 Zinsaufwendungen 7590 Sonstige zinsähnliche Aufwendungen (z. B. Abschreibung auf aktiviertes Disagio) 76 Außerordentliche Aufwendungen 7600 Außerordentliche Aufwendungen 77 Steuern vom Einkommen und Ertrag 7700 Gewerbeertragsteuer 7710 Körperschaftsteuer (bei Kapitalgesellschaften) 7720 Kapitalertragssteuer (bei Kapitalgesellschaften) Kontenklasse 8 **8 Ergebnisrechnungen** 80 Eröffnung / Abschluss 8000 Eröffnungsbilanzkonto 8010 Schlussbilanzkonto 8020 GuV-Konto

C. Buchführungssysteme

I. Allgemeines – Grundvoraussetzungen

Weder Handels- noch Steuerrecht schreiben ein bestimmtes Buchführungssystem vor (vgl. auch R 5.2 Abs. 1 EStR; H 5.2 EStH). Bei Kaufleuten, die nicht (Minder-)Kaufleute i. S. d. § 1 Abs. 2 HGB sind, muss die Buchführung allerdings den Grundsätzen der doppelten Buchführung entsprechen (§ 242 Abs. 3 HGB). Die Bücher können in gebundener Form, als sog. „Lose-Blatt-Buchführung“ oder als sog. „Offene-Posten-Buchführung“ geführt werden, handschriftlich, maschinell oder mithilfe von EDV-Anlagen. Das Programm „Rechnungswesen“ von Datev ermöglicht z. B. die Abwicklung der Finanzbuchführung inklusive der kompletten Offene-Posten-Buchführung; das „digitale Belegbuchen“ sowie die Erfassung des Zahlungsverkehrs sind integriert. 95

Im Unterschied zu einfachen Aufzeichnungen erfordert die Buchführung (auch im Zeitalter der elektronischen Datenverarbeitung) jedoch folgende Mindestvoraussetzungen:

- **Fortlaufende** und der Zeitfolge entsprechende Erfassung sämtlicher Geschäftsvorfälle in einem oder mehreren **Grundbüchern**;
- zusätzliche Erfassung der Forderungen und Schulden (aufgegliedert nach Geschäftsfreunden) in einem Kontokorrentbuch **(Geschäftsfreundebuch)**;
- Aufstellung eines **Inventars** und einer **Bilanz** für den Schluss eines jeden Geschäftsjahres.

II. Bestandteile einer Buchführung

1. Buchungsbeleg

Jede Buchung erfordert zum Zwecke des Nachweises einen **Beleg** (z. B. Rechnungen, Kassenstreifen, Quittungen, Bankauszüge; ggf. genügen auch sog. Eigenbelege). 96

2. Grundbücher

In chronologischer Reihenfolge erfassen die Grundbücher die Geschäftsvorfälle anhand der Buchungsbelege; sie werden als Tagebuch (Journal), Memorial o. a. Primanota bezeichnet. 97

Üblicherweise werden folgende Grundbücher geführt:

- **Kassenbuch**, das den baren Zahlungsverkehr in zeitlicher Reihenfolge aufnimmt,
- **Wareneingangsbuch** (Waren- und Materialeinkäufe),
- **Warenausgangsbuch** (Erlöse aus Warenverkäufen),
- **Tagebuch** (alle übrigen Geschäftsvorfälle).

Für den unbaren Zahlungsverkehr können auch Bank- und Postscheckauszüge als Grundbücher verwendet werden. Auch eine geordnete und übersichtliche Belegablage kann die Aufgabe von Grundbuchaufzeichnungen erfüllen (H 5.2 EStH).

3. Hauptbuch

Im Hauptbuch, in dem für alle Bilanzposten und alle Erfolgsposten **dem Kontenplan des Betriebs entsprechend** besondere Sachkonten eingerichtet werden, werden alle Geschäftsvorfälle, die in die Grundbücher aufgenommen sind, nach **sachlichen Gesichtspunkten** geordnet. Der Abschluss des Hauptbuchs führt zur Bilanz und GuV-Rechnung. 98

4. Neben- und Hilfsbücher

99 Außerhalb des eigentlichen Kontensystems des Hauptbuchs ist die Führung verschiedener Neben- und Hilfsbücher erforderlich; diesen sind – naturgemäß – Buchungen mit Gegenbuchungen fremd.

Das wichtigste Nebenbuch ist das Geschäftsfreundebuch **(Kontokorrentbuch)**. Für jeden Kunden und für jeden Lieferanten wird ein gesondertes Konto **(Personenkonto)** geführt, auf dem der Rechnungs- und Zahlungsverkehr mit dem einzelnen Geschäftspartner festgehalten wird.

Weitere Nebenbücher sind z. B. die Wechselbücher, besondere Inventar- und Bilanzbücher, Abschreibungslisten, Lagerbücher, Lohn- und Gehaltslisten (Lohnbuchführung). Daneben werden üblicherweise auch sog. Hilfsbücher geführt, vor allem Auftragsbücher (Bestellbücher), Mahnbücher, Terminbücher, Kalkulationsbücher. Art und Umfang können den jeweiligen Bedürfnissen des einzelnen Betriebs angepasst werden.

III. Buchführungssysteme im Einzelnen

1. Einfache Buchführung

100 Die einfache Buchführung erfordert lediglich

- ein **Grundbuch**, das alle Geschäftsvorfälle in zeitlicher Reihenfolge erfasst und das ggf. in ein Kassenbuch für Bargeschäfte und ein Tagebuch (Journal) für Kreditgeschäfte aufgegliedert sein kann,
- ein **Geschäftsfreundebuch** und
- ein **Inventar- oder Bilanzbuch**, in dem zum Bilanzstichtag der Stand des betrieblichen Vermögens und der Schulden festgehalten wird.

Bei der einfachen Buchführung fehlt ein dem Hauptbuch der doppelten Buchführung vergleichbares Buch mit Sachkonten;[291] dementsprechend werden alle Geschäftsvorfälle nur in zeitlicher Reihenfolge dargestellt. Konten – insbesondere Erfolgskonten – werden nicht geführt. Die Bilanz wird im Wesentlichen aus dem Inventar abgeleitet.

Die einfache Buchführung hat kaum noch praktische Bedeutung; für Kaufleute ist sie nicht mehr zulässig (§§ 238 Abs. 1, 242 Abs. 2, 3 HGB; § 140 AO – Verpflichtung zur GuV-Rechnung), für Gewerbetreibende, die ihr Ergebnis nach § 5 EStG ermitteln, dürfte die einfache Buchführung – über den Maßgeblichkeitsgrundsatz – ebenfalls ausgeschlossen sein.[292]

101 **Schematische Darstellung der einfachen Buchführung**

Geschäftsvorfälle		
Datum	02.11.	Kunde A bezahlt 6.000 € durch Banküberweisung
„	03.11.	Lieferant B erhält 8.000 € durch Banküberweisung
„	04.11.	Betriebliche Miete von 1.000 € wird bar bezahlt
„	05.11.	Bareinnahme aus Warenverkauf 1.200 €
„	06.11.	Wareneinkauf bei Lieferant B mit 7.500 € auf Ziel
„	07.11.	Privatentnahme von 500 € in bar

291 So Falterbaum 1.5.2.

292 HHSp/Görke § 145 AO Rz. 12.

Darstellung dieser Geschäftsvorfälle im Kassenbuch, Tagebuch und Geschäftsfreundebuch

1. Kassenbuch (Grundbuch)

Datum	Text	Eingang	Ausgang
04.11.	Mietzahlungen für Geschäftsräume		1.000 €
05.11.	Einnahmen aus Warenverkauf	1.200 €	
07.11.	Privatentnahme		500 €

2. Tagebuch oder Journal (Grundbuch)

Datum	Text	Betrag
02.11.	Kunde A überweist	6.000 €
03.11.	Wir überweisen an Lieferant B	8.000 €
06.11.	Wareneinkauf bei Lieferant B auf Ziel	7.500 €

3. Geschäftsfreundebuch (Kontokorrentbuch; offene-Posten-Buchhaltung)

Datum	Text	Soll	Haben
Teil I	Kunden:		
02.11.	A überweist		6.000 €
Teil II	Lieferanten:		
03.11.	Wir überweisen an B	8.000 €	
06.11.	Einkaufsrechnung von B		7.500 €

2. Doppelte Buchführung

Im Unterschied zu der einfachen Buchführung werden bei der doppelten Buchführung 102
alle Geschäftsvorfälle zweifach erfasst, entweder – bei nicht erfolgswirksamen Geschäften – auf zwei Bestandskonten (z.B. per Grundstück an Kasse; jeder Zugang bewirkt einen Abgang) oder auf einem Bestandskonto und einem Erfolgskonto (GuV-Konto), z.B. per Geld an Ertrag (etwa bei Barverkauf). Die doppelte Buchführung bietet ein **geschlossenes Kontensystem**, das eine **interne Kontrolle** gewährleistet. Die Bilanz lässt sich unter Berücksichtigung der Inventurergebnisse organisch aus den Büchern durch Abschluss der Konten des Hauptbuchs ableiten. Daneben besteht die sog. GuV-Rechnung, durch die der Gewinn ebenfalls ermittelt wird.

Systembedingt muss der Erfolg laut Bilanz mit dem laut GuV-Rechnung übereinstimmen. Insbesondere aus dieser **doppelten Erfolgsrechnung** hat sich der Begriff der doppelten Buchführung entwickelt.

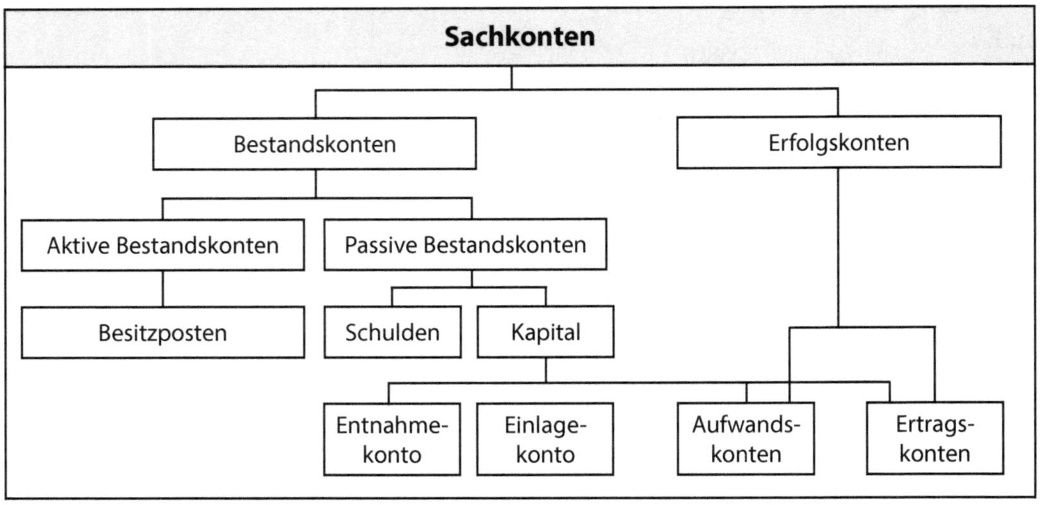

3. Kameralistische Buchführung

103 Die kameralistische Buchführung fand Anwendung in öffentlichen Verwaltungen **(Verwaltungskameralistik)**.[293] Öffentliche (Eigen-)Betriebe benutzen dagegen ganz überwiegend die kaufmännische Buchführung.[294]

Dem Prinzip nach ist die Kameralistik eine „Soll-Ist-Rechnung". Neben dem Einnahmen-Soll und dem Ausgaben-Soll erscheinen in Kontenform die tatsächlichen Zahlungen („Abstattungen"). Am Periodenende wird das Rest-Soll ermittelt. Eine Inventur und eine Bewertung des Vermögens werden im Allgemeinen nicht vorgenommen.[295] Jedoch existieren auch erweiterte Formen der kameralistischen Buchführung (sog. gehobene Kameralistik), die Vermögenskonten und Bilanzen zulassen.[296]

4. Grundlagen der EDV-Buchhaltung

104 Mithilfe der EDV können eingegebene Daten in kürzester Zeit erfasst, sortiert, durch logische Beziehungen verknüpft und nach bestimmten Gesichtspunkten ausgewertet werden. Zu den Vorteilen der EDV-Buchhaltung zählen in erster Linie der hohe Automatisierungsgrad und die einfachen Auswertungsmöglichkeiten, insbesondere

- Automatische Buchung von **Umsatzsteuer** und **Vorsteuer** bei der Erfassung von
- Geschäftsvorfällen
- Automatische Protokollierung aller Geschäftsvorfälle
- Automatische Erstellung von Fälligkeitslisten
- Kontenausdruck mit aktuellem Kontenstand zu jeder Zeit
- Automatische Erstellung der **Gewinn- und Verlustrechnung**
- Automatische Erstellung der **Umsatzsteuervoranmeldung**
- Vielfältige statistische Auswertungsmöglichkeiten

Die EDV-Buchhaltung besteht aus den Stammdaten und den Bewegungsdaten.

293 Vgl. Schmalenbach S. 234 ff.

294 Zur staatlichen Doppik nach §§ 1 a, 7 a HGrG Beck'sches Handbuch der Rechnungslegung, B 991 (7/23).

295 Vgl. RFH v. 12.01.1938, StuW 1938 II, 178.

296 Vgl. RFH v. 18.02.1931, RStBl. 1931, 459.

Stammdaten

Die Stammdaten der EDV-Buchhaltung bleiben über einen längeren Zeitraum unverändert. Sie enthalten wichtige Grundinformationen über betrieblich relevante Posten; Stammdaten werden meist von mehreren Unternehmensbereichen genutzt, z. B. Einkauf, Vertrieb. Zu den Stammdaten in der EDV-Buchhaltung zählen unter anderem folgende Posten:

- Kontenplan
- Kontenbezeichnungen
- Gliederung der Bilanz
- Kundendaten
- Lieferantendaten
- Unternehmensdaten

Bewegungsdaten

Die Bewegungsdaten ändern sich mit jedem Geschäftsvorfall. Zu den Bewegungsdaten in der EDV-Buchhaltung zählen folgende Posten:

- Buchungsdaten
- Soll- und Haben-Konten
- Belegnummern
- Belegdatum
- Buchungsbelege
- Buchungstexte

D. Wirkungsweise der doppelten Buchführung

Die Buchführung führt zur Bilanz. Jeder Geschäftsvorfall ändert die Bilanz. Da es aus praktischen Gründen unmöglich ist, bei jedem Geschäftsvorfall eine neue Bilanz aufzustellen, werden die einzelnen Bilanzpositionen der Anfangsbilanz (z. B. am Jahresbeginn oder bei Geschäftseröffnung) in Konten aufgelöst. Die in „T"-Form angelegten Konten nehmen die während des Abrechnungszeitraums eintretenden Änderungen (Zu- und Abgänge) wertmäßig (nicht mengenmäßig) auf. Nach Abschluss werden die Konten zusammengeführt, ggf. durch die Ergebnisse der Inventur (die „Anpassung an die Wirklichkeit") und andere Korrekturbuchungen (z. B. durch Abschreibung dubioser Forderungen) berichtigt und sodann in die Schlussbilanz eingestellt. 105

Die doppelte Buchführung führt zu Bilanz und GuV-Rechnung (s. o. Rn. 38). Dementsprechend sind Bilanzkonten (aktive und passive Bestandskonten) und GuV-Konten (Erfolgskonten) zu bilden. Jeder Geschäftsvorfall wird doppelt gebucht (keine Buchung ohne Gegenbuchung).

Die Doppelbuchung muss stets eine Soll- und eine Habenseite berühren. Dazu werden sog. Buchungssätze gebildet:

per Soll	an	Haben
(Linke Seite)		(Rechte Seite)
z. B. Barkauf eines Pkw:		
per Pkw (Zugang)	an	Geld (Abgang) 10.000 €

Nach der Gewinnauswirkung sind folgende Buchungen zu unterscheiden:

I. Geschäftsvorfälle ohne Gewinnauswirkung

106 Ist ein Geschäftsvorfall zu erfassen, der sich (noch) nicht auf den Gewinn der Periode auswirkt (z. B. Kauf eines unbebauten Grundstücks), so ist der Bilanzposten „Grundstücke" zu erhöhen und diese Erhöhung durch die Wertminderung des Bilanzpostens „Geld" zu **neutralisieren** (per Grundstück an Geld; sog. **Aktivtausch**).

Grundstücke	
30.000 €	

Geld	
	30.000 €

Wird der Kauf durch Kredit finanziert, wird der Ausgleich durch entsprechende Erhöhung der Passiven herbeigeführt (per Grundstück an Verbindlichkeit; sog. **Bilanzverlängerung**).

Grundstücke	
30.000 €	

Verbindlichkeiten	
	30.000 €

Ebenfalls keine Gewinnauswirkung haben Zahlungsein- und -ausgänge, die erst das kommende Geschäftsjahr betreffen (z. B. im Voraus empfangene Mietzahlung). In diesem Fall ist der bestandserhöhende Geldeingang bzw. der bestandsmindernde Geldausgang durch die Bildung eines Rechnungsabgrenzungspostens (RAP) zu **neutralisieren**. Grund dafür ist, dass die kaufmännische Buchführung nicht auf Zahlungsvorgänge abstellt, sondern die Realisation von Gewinnen und Verlusten (Erträgen und Aufwendungen) nach dem Prinzip der **wirtschaftlichen Verursachung** erfasst (s. o. Rn. 64).

Buchung bei im Voraus empfangener Mietzahlung:

Geld	
3.000 €	

RAP	
	3.000 €

Im folgenden Jahr ist der RAP aufzulösen:

RAP	
3.000 €	

Ertrag	
	3.000 €

II. Geschäftsvorfälle mit Gewinnauswirkung

107 Ist dagegen ein Geschäftsvorfall zu buchen, der sich auf das Ergebnis der Periode auswirkt (z. B. Mieteingang), so ist einerseits das Bilanzkonto „Geld" oder „Forderung" zu erhöhen. Wegen der sofortigen Gewinnauswirkung ist in diesem Fall aber kein anderes diesen Vorfall neutralisierendes Bilanzkonto anzusprechen, die Gegenbuchung **muss** auf dem GuV-Konto „Ertrag" vorgenommen werden. Diese Buchung be-

wirkt demnach die **Erhöhung des Bilanzvermögens und den Ausweis eines entsprechenden Ertrags in der GuV-Rechnung,**[297] z. B. wenn eine Forderung auszuweisen ist.

Forderung	
5.000 €	

Ertrag	
	5.000 €

III. Außerbetrieblich veranlasste Geschäftsvorfälle

Wird das Betriebsvermögen durch außerbetrieblich veranlasste Umstände verändert, dürfen diese Änderungen keinen Einfluss auf das Betriebsergebnis haben (vgl. § 4 Abs. 1 S. 1 EStG); derartige Veränderungen im Betriebsvermögen werden durch sog. Privatkonten (Entnahme-/Einlagekonten) korrigiert. 108

- **Bei Einlage:** per Betriebsvermögen (z. B. Grundstück) an Einlage
  Die Erhöhung des Betriebsvermögens wird durch die Einlage, um die das betriebliche Ergebnis zu mindern ist, ausgeglichen; im Ergebnis keine Gewinnauswirkung.
- **Bei Entnahme:** per Entnahme an Betriebsvermögen
  Die Minderung des Betriebsvermögens wird durch die Entnahmebuchung ausgeglichen. Ist der Entnahmewert (Teilwert) höher als der Buchwert, kann sich eine Gewinnerhöhung ergeben:

per Entnahme 100 €	an Betriebsvermögen 20 €
	an Ertrag 80 €

Wird ein **privater** Pkw zu betrieblichen Zwecken genutzt, so ist zu buchen: per Aufwand an Einlage, wird der **betriebliche** Pkw dagegen privat genutzt, lautet die Buchung: per Entnahme an „Ertrag" (= Rückgängigmachung betrieblichen Aufwands).

Aus diesen Überlegungen ergibt sich folgende weitere (Grund-)Regel:

Jede Doppelbuchung spricht in jedem Fall ein Bestands- oder Privatkonto an. Die Gegenbuchung (Bestands-, Privatkonto oder GuV-Konto) ist abhängig von der Gewinnrelevanz des Geschäftsvorfalls.

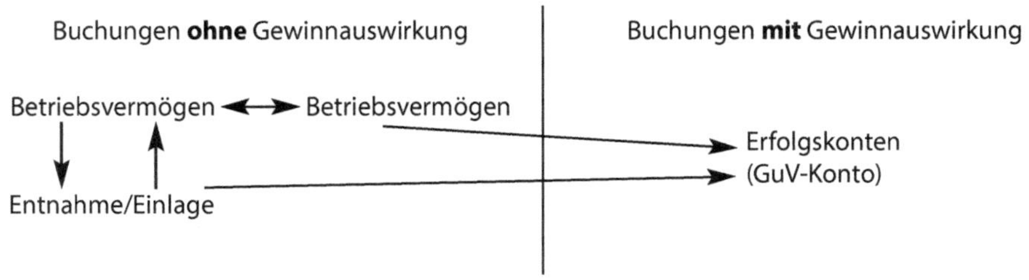

Nur Buchungen, die ein GuV-Konto berühren, wirken sich auf den Gewinn aus.

Nach Schluss des Geschäftsjahres werden die Soll- und Habenseiten der jeweiligen Konten im Rahmen der Abschlussbuchungen – (bis 2007) unter Aufstellung einer Hauptabschlussübersicht (§ 60 Abs. 1 EStDV) – addiert und verrechnet. Der Saldo der Bestandskonten wird durch entsprechende Buchungen den aufgrund der Inventur ermittelten tatsächlichen Werten angepasst.

297 So ebenfalls – wenn auch verklausuliert und umständlich – BFH v. 09.03.1988 – I R 262/83, BStBl. II 1988, 592, 593.

Ist z.B. durch Schwund, Diebstahl, Verderb ein Mengenverlust eingetreten, so ist die jeweilige Bilanzposition entsprechend niedriger auszuweisen; gleichzeitig ist ein entsprechender Aufwand zu berücksichtigen, also: per a.o. Aufwand an Bestandskonto.

Die so ermittelten Salden der Bestandskonten werden in die Bilanz eingestellt; aus der Verrechnung der Aktiv- und Passivkonten ergibt sich das am Schluss der Periode vorhandene Betriebsvermögen. Durch Vergleich mit dem am Anfang vorhandenen Vermögen lässt sich das Jahresergebnis errechnen. Dasselbe Ergebnis folgt (logisch zwingend) aus dem Abschluss der GuV-Rechnung. Aus **Vereinfachungsgründen** (nämlich um nicht die Gewinnauswirkung jedes einzelnen Vorgangs sofort und im Einzelnen errechnen zu müssen) ist es zulässig, einzelne Konten als reine Bestandskonten zu führen und die Gewinnauswirkung, die z.B. durch unterschiedliche Ein- und Verkaufspreise entsteht, erst bei Jahresabschluss durch Inventur (Wareneinsatz, Materialeinsatz) zu ermitteln. Solche Konten (wie z.B. das Warenkonto oder das Wertpapierkonto) werden als **gemischte Konten** (Bestandsteil und Erfolgsteil) bezeichnet.

Hinsichtlich der vielfältigen Einzelheiten (z.B. Verbuchung von Skonti, Umsatzsteuer, Delcredere, Warenkonten, AfA-Konten) wird auf die speziellen Erläuterungsbücher zur Buchführung verwiesen.[298]

IV. Verbuchung einer Betriebsveräußerung (Betriebsveräußerungsbilanz)

109 Auch eine Geschäftsveräußerung i.S.d. § 16 EStG (Betriebsveräußerung; Betriebsübergang i.S.d. § 613 a BGB) lässt sich bilanziell (durch eine Veräußerungsbilanz; s.o. bisher Rn. 41) und auch GuV-mäßig darstellen:

- **Schlussbilanz**

Anlagevermögen	100	Verbindlichkeiten	50
		Eigenkapital	50

- Veräußerung für 200
- **Bilanzielle Gewinnermittlung**: Veräußerungspreis 200 – EK 50 (als Differenz von Aktiva und Passiva) = **Gewinn 150**
- **Gewinnermittlung durch GuV** (Buchungssätze):

-per Bank an Ertrag	200
-per Aufwand an Anlagevermögen	-100
-per (übernommene) Verbindlichkeiten an Ertrag	+50
	Gewinn 150

Entsprechendes gilt bei „negativem Eigenkapital" (Überschuldung; negatives Kapitalkonto; die Verbindlichkeiten betragen anstelle von 50 „150");[299] Besonderheiten können sich ergeben, wenn der Veräußerungspreis in wiederkehrenden Bezügen besteht.[300]

298 Z.B. Falterbaum, Abschn. 1–11.

299 Vgl. Schmidt/Wacker § 16 Rn. 59.

300 Schmidt/Wacker § 16 Rn. 263.

V. Das (rechtswidrige) Instrument der außerbilanziellen Hinzurechnung

Die bilanzielle Gewinnermittlung (durch Bilanz und GuV) ist umfassend und ein geschlossenes System. Alle relevanten Vorgänge sind in der Bilanz und der GuV abzubilden. Für eine außerbilanzielle Korrektur (im Rahmen einer sog. zweistufigen Gewinnermittlung) ist grundsätzlich kein Raum;[301] §§ 4, 5 EStG sind insoweit eindeutig und erlauben keine Ausnahmen. Die bilanzielle Gewinnermittlung erfolgt durch Betriebsvermögensvergleich (und durch GuV), aber nicht durch eine außerbilanzielle Hinzurechnung. Dafür fehlt jede Rechtsgrundlage.[302] Dementsprechend findet sich auch in keinem Gesetz der Begriff „außerbilanzielle Hinzurechnung" oder der Begriff „außerhalb der Bilanz".[303] 110

Beispiele

Die erstmalige Aufstockung des Teilwerts im Aktivvermögen nach § 6 Abs. 1 Nr. 1 und 2 EStG 1997 (vgl. § 52 Abs. 16 EStG a. F.) führte im Einzelfall zu hohem Ertrag, der über eine Rücklagenbildung auf fünf Jahre geglättet werden konnte (innerhalb der Steuerbilanz und wegen der umgekehrten Maßgeblichkeit auch innerhalb der Handelsbilanz).
Die Aufstockung der Pensionsrückstellungen 1998 aufgrund neuer biometrischer Daten wurde per Gesetz (§ 52 Abs. 17 EStG a. F.) auf drei Jahre verteilt (innerhalb der Steuerbilanz und wegen der umgekehrten Maßgeblichkeit auch innerhalb der Handelsbilanz).

In der Praxis wird gelegentlich anders verfahren. Das dürfte seinen Grund in erster Linie in praktischen Erwägungen haben; steuerliche Abweichungen brauchen dann nicht in die Bilanz eingearbeitet zu werden. Allerdings kommt bei außerbilanzieller Korrektur z. B. der Grundsatz des formellen Bilanzenzusammenhangs nicht zur Anwendung, sodass nur eine begrenzte Fehlerkorrektur (in beide Richtungen) möglich ist. Auch führt die außerbilanzielle Korrektur zu einem falschen Eigenkapitalausweis. Wird ein Aufwand (wie etwa in § 4 f EStG-Fällen) bereits in der Bilanz berücksichtigt (und außerhalb der Bilanz korrigiert), ist das Eigenkapital zu niedrig ausgewiesen.

Besonders verbreitet ist die außerbilanzielle Hinzurechnung im Rahmen der **verdeckten Gewinnausschüttung.**[304] Die vermeintlich betriebliche Veranlassung gesellschaftlich veranlasster Vorgänge (z. B. überhöhtes Geschäftsführergehalt) soll außerbilanziell korrigiert werden. Insbesondere nach Aufgabe des subjektiven Fehlerbegriffs dürfte diese Auffassung nicht mehr zu halten sein.[305]

Außerbilanziell werden wohl auch die Fälle des **§ 4 Abs. 5 EStG** abgewickelt.[306] Die dort geregelten Fälle sollen in der Bilanz als Betriebsausgabe berücksichtigt werden; ihre Nichtabziehbarkeit wird dann erst durch eine außerbilanzielle Korrektur wieder ausgeglichen. M. E. ist der Aufwand bereits in der Steuerbilanz nicht auszuweisen, eine außerbilanzielle Korrektur daher nicht notwendig.[307] Auch der sich aus § 4 f EStG ergebende Stornoposten soll außerbilanziell geführt werden; m. E. lässt sich der Fall des „Verpflichtungsverkaufs" auch ohne Weiteres in der Bilanz darstellen.[308] Bei § 7 g EStG sollen der Investitionsabzugsbetrag und der Hinzurechnungsbetrag außer-

301 A. A. etwa Prinz DB 2021, 9, 10 – unter Hinweis auf BFH v. 27.05.2020 – XI R 8/18, BStBl. II 2020, 772 (dazu kritisch Weber-Grellet, BB 2021, 43).
302 Briese Ubg 2019, 26; a. A. wohl Krumm FS RFH-BFH 2018, 1457/61.
303 Die einzige Ausnahme enthielt § 21 Abs. 4 UmwStG 2001.
304 Vgl. Schallmoser H/H/R § 8 KStG Anm. 204.
305 Vgl. im Einzelnen Weber-Grellet BB 2014, 2263.
306 Z. B. Bierenstiel StBp 2014, 311 betr. Rückstellungen für nicht abziehbare Steuern.
307 Kritisch auch Niederberger Die Systeme der ein- und zweistufigen Gewinnermittlung, 2019, 535 („System der einstufigen Gewinnermittlung" zu bevorzugen).
308 Vgl. Schmidt/Weber-Grellet § 4 f Rn. 2; Briese DStR 2016, 2126/31.

bilanziell berücksichtigt werden,[309] der bei Investition absetzbare Herabsetzungsbetrag wird dann aber (zutreffend) innerhalb der Bilanz berücksichtigt; Gründe für diese unterschiedliche Behandlung sind nicht erkennbar. Problematisch ist eine außerbilanzielle Hinzurechnung ferner im Hinblick auf § 15 a EStG (Maßgeblichkeit des Kapitalkontos) und auf die Thesaurierungsbesteuerung nach § 34 a EStG (keine Begünstigung bei außerbilanziellen Gewinnerhöhungen).[310]

E. Inventur, Hauptabschlussübersicht

I. Inventur

111 Die Inventur (vgl. §§ 240, 241 HGB) besteht in der mengen- und wertmäßigen Erfassung der **Bestände.**[311] Jeder Kaufmann ist verpflichtet, für den Schluss eines jeden Geschäftsjahres ein **Inventar** (§ 240 Abs. 2 HGB) aufzustellen. Im Unterschied zu der rechnerischen Ermittlung der Bestände durch Kontensaldierung werden mithilfe der Inventur die **tatsächlich vorhandenen Bestände** aufgenommen; das rechnerische Ergebnis wird – ggf. – **korrigiert (Maßgeblichkeit der Inventur und des Inventars gegenüber der Buchhaltung).**

Die Inventur umfasst die Aufnahme sämtlicher Vermögensgegenstände und Schulden, also nicht nur die Aufnahme des Vorratsvermögens, sondern auch die Aufnahme der halbfertigen Arbeiten, des beweglichen Anlagevermögens, des unbeweglichen Anlagevermögens, der Forderungen und Rechnungsabgrenzungsposten und – auf der Passivseite – der Verbindlichkeiten.[312]

Körperliche Wirtschaftsgüter werden grundsätzlich durch körperliche Bestandsaufnahme (Messen, Zählen, Wiegen) inventarisiert; **unkörperliche Wirtschaftsgüter** (Rechte, Forderungen, Schulden), aber auch unbewegliches Anlagevermögen werden aus dem vorhandenen Buchführungswerk ermittelt **(Buchinventur)**. Hinsichtlich der Bestandsaufnahme des Vorratsvermögens und des beweglichen Anlagevermögens bestehen gewisse **Erleichterungen** (wie z.B. die „permanente" Inventur beim Vorratsvermögen, die zeitlich verlegte Inventur, Aufnahme geringwertiger Wirtschaftsgüter, Stichprobenverfahren, Bildung von Festwerten), die sich im Einzelnen aus R 5.3 und 5.4 EStR ergeben.

II. Hauptabschlussübersicht

112 Vor 2008 hatte der Steuerpflichtige gemäß § 60 Abs. 1 EStDV a.F. auf Verlangen des Finanzamts auch eine Hauptabschlussübersicht (auch Betriebsübersicht, Abschlusstabelle oder Bilanztabelle genannt) vorzulegen; diese diente der Vorbereitung der endgültigen Bilanz, der (rechnerischen) Kontrolle und der Vornahme notwendiger Korrekturen durch Umbuchungen **(„Probebilanz")**. Angesichts der technischen Entwicklungen ist die Hauptabschlussübersicht obsolet geworden.

309 BFH v. 15.11.2017 – VI R 44/16, BStBl. II 2019, 466. – Streitig ist, ob für die Gewinngrenze ausschließlich der bilanzielle Gewinn zugrunde zu legen ist (so FG BaWü, 2.5.2023 – 10 K 1873/22, Rev X R 14/23).

310 Dazu BFH v. 09.05.2019 – IV R 13/17, BStBl. II 2019, 754.

311 Hachmeister/Zeyer, Inventur und Inventar, HdJ I/14 (9/21).

312 A/D/S § 240 Rn. 26 ff.

F. Buchführungspflicht

I. Buchführungspflicht nach Handelsrecht

Nach § 238 HGB ist jeder Kaufmann, dessen Unternehmen nach Art und Umfang einen in kaufmännischer Weise eingerichteten Geschäftsbetrieb erfordert (§ 1 Abs. 2 HGB) verpflichtet, Bücher zu führen und in diesen seine **Handelsgeschäfte** und die **Lage des Vermögens** nach den Grundsätzen ordnungsmäßiger[313] Buchführung ersichtlich zu machen. Außerdem ist er zu Beginn seines Handelsgewerbes und am Schluss eines jeden Geschäftsjahres verpflichtet, ein Inventar und eine Bilanz aufzustellen (§ 239 HGB). Kleine Einzelkaufleute sind gemäß §§ 241 a, 242 Abs. 4 HGB von der Buchführungspflicht befreit. 113

Die Buchführungspflicht beginnt

- bei Ist-Kaufleuten nach § 1 HGB mit Beginn der Tätigkeit,
- bei Kann-Kaufleuten (Kleingewerbetreibende; Land- und Forstwirte) nach §§ 2, 3 HGB mit der Eintragung in das Handelsregister und
- bei Form-Kaufleuten nach § 6 HGB (z.B. OHG, KG, GmbH, AG, KGaA) mit der Entstehung der Gesellschaft.

Neben den Bestimmungen des HGB finden sich auch im AktG, im GmbHG und im GenG (u.U. analogiefähige) Vorschriften zur Buchführung; auch eine ausländische Rechtsnorm kann eine Buchführungspflicht begründen.

II. Buchführungspflicht nach Steuerrecht

1. Abgeleitete Buchführungspflicht nach § 140 AO

Gemäß § 140 AO sind die Verpflichtungen zur Führung von Büchern und Aufzeichnungen, die sich aus anderen Gesetzen (s.o.) ergeben, auch für die Besteuerung zu erfüllen. 114

2. Originäre Buchführungspflicht nach § 141 AO

Fall 7: Kein Freund von Büchern 115

Der Minderkaufmann M ermittelt seinen Gewinn durch Überschussrechnung nach § 4 Abs. 3 EStG. Mit Schreiben vom 01.10.2023 teilt ihm das Finanzamt mit, dass er vom 01.01.2023 an buchführungspflichtig sei. M ist empört: Das Finanzamt verlange Unmögliches; zudem habe das Finanzamt überhaupt keine Feststellungen, die eine Buchführungspflicht begründen könnten, getroffen. M erhebt Einspruch.

I. Das Verlangen des Finanzamts ist berechtigt, sofern es M nach § 141 AO zur Buchführung verpflichten konnte. Diese Vorschrift **erweitert** den Kreis der Buchführungspflichtigen auf (weitere) Gewerbetreibende (die z.B. nach § 1 Abs. 2 HGB handelsrechtlich nicht zur Buchführung verpflichtet sind, z.B. auch Handwerker) und Land- und Forstwirte, die nach den Feststellungen der Finanzbehörde 116
   - Umsätze einschließlich der steuerfreien Umsätze, ausgenommen die Umsätze nach § 4 Nr. 8–10 UStG, von mehr als 600.000 € im Kalenderjahr[314] (§ 141 Abs. 1 Nr. 1 AO) oder
   - selbstbewirtschaftete land- und forstwirtschaftliche Flächen mit einem Wirtschaftswert (§ 46 BewG) von mehr als 25.000 € (§ 141 Abs. 1 Nr. 3 AO) oder

313 R 4.1 Abs. 4 S. 2 EStR.

314 BFH v. 04.05.1999 – VIII B 111/98, BFH/NV 1999, 1444; BFH v. 07.10.2009 – II R 23/08, BStBl. II 2010, 219.

- einen Gewinn aus Gewerbebetrieb von mehr als 60.000 € (§ 141 Abs. 1 Nr. 4 AO) im Wirtschaftsjahr oder
- einen Gewinn aus Land- und Forstwirtschaft von mehr als 60.000 € (§ 141 Abs. 1 Nr. 5 AO) im Kalenderjahr gehabt haben.

  In diesen Fällen beginnt die Buchführungspflicht mit Beginn des auf die **Aufforderung des Finanzamts** folgenden Wirtschaftsjahres (§ 141 Abs. 2 S. 1 AO).

Beispiel

In der Anlage zum ESt-Bescheid für 2022 hat das FA den Handwerker A wegen Überschreitens der Gewinngrenze von 60.000 € aufgefordert, künftig Bücher zu führen. Der Bescheid wurde am 24.10.2023 zugestellt. Das Wirtschaftsjahr entspricht dem Kalenderjahr. A muss ab 01.01.2024 eine Buchführung einrichten.

Nach § 7 a Abs. 6 EStG sind erhöhte AfA oder Sonder-AfA bei der Prüfung, ob die in § 141 Abs. 1 Nr. 4 und 5 AO bezeichneten Buchführungsgrenzen überschritten sind, nicht zu berücksichtigen.

Aus dem Wortlaut des § 141 Abs. 1 S. 1 AO folgt, dass es für die Frage, ob die Buchführungsgrenzen überschritten sind, auf die Verhältnisse des einzelnen Betriebs ankommt.[315] Diese **Objektbezogenheit der Buchführungsverpflichtung** führt dazu, dass bei mehreren Betrieben in der Hand eines Steuerpflichtigen das Bestehen der Buchführungspflicht für jeden Betrieb gesondert zu untersuchen ist. Dementsprechend geht bei Übernahme dieses Betriebs im Ganzen die Buchführungs- und Bilanzierungspflicht folgerichtig auf denjenigen über, der den Betrieb im Ganzen übernimmt (§ 141 Abs. 3 AO).

Freiberufler und **andere selbstständig Tätige** sind nicht zur Buchführung verpflichtet. Sie haben ein uneingeschränktes Wahlrecht zwischen der Gewinnermittlung durch Betriebsvermögensvergleich nach § 4 Abs. 1 EStG und der Gewinnermittlung durch Einnahme-Überschussrechnung nach § 4 Abs. 3 EStG.

II. Gemäß § 141 Abs. 2 S. 1 AO ist die Verpflichtung zur Buchführung nach Abs. 1 vom Beginn des Wirtschaftsjahres an zu erfüllen, das auf die Bekanntgabe der Mitteilung folgt, durch die die Finanzbehörde auf den Beginn dieser Verpflichtung hingewiesen hat.

Das Schreiben des Finanzamts vom 01.10.2023 steht dieser Regelung nicht entgegen. Es ist vielmehr in der Weise auszulegen, dass von M nichts Unmögliches verlangt werden soll und dass dementsprechend die Mitteilung für die Vergangenheit keine Wirkung entfaltet.[316]

III. Allerdings müssen die für die Begründung der Buchführungspflicht erforderlichen Feststellungen der Finanzbehörde, dass eine der dort genannten Buchführungsgrenzen überschritten ist, durch Verwaltungsakt getroffen werden. Diese Regelung kann in einem Steuer- oder Feststellungsbescheid enthalten sein, sie kann aber auch in einem feststellenden Verwaltungsakt eigener Art getroffen oder mit der Buchführungsmitteilung nach § 141 Abs. 2 AO verbunden werden. Diese Feststellungen können ggf. bis zum Beginn der Buchführungspflicht nachgeholt werden.[317]

Ergebnis:

Der gegen die Mitteilung der Buchführungspflicht gerichtete Einspruch des M ist nicht begründet. Das Finanzamt muss aber die Feststellungen, die die Buchführungspflicht begründen, noch in Gestalt eines – anfechtbaren – Verwaltungsakts bis zum Beginn der Buchführungspflicht (01.01.2024; vgl. § 4 a Abs. 1 Nr. 3 EStG) nachholen.

315 Vgl. BFH v. 24.02.1994 – IV R 4/93, BStBl. II 1994, 677.

316 So auch BFH v. 17.10.1985 – IV R 187/83, BStBl. II 1986, 39.

317 BFH v. 23.06.1983 – IV R 3/82, BStBl. II 1983, 768.

III. Aufbewahrungspflichten

Nach § 147 Abs. 3 AO i. V. m. § 257 HGB sind die Bücher und Aufzeichnungen sowie Inventare, Bilanzen und Buchungsbelege jeweils **zehn Jahre**, Geschäftsbriefe **grundsätzlich sechs Jahre** aufzubewahren. Mit Ausnahme der Bilanz können die Buchführungsunterlagen nach § 147 Abs. 2 AO auch auf Datenträgern aufbewahrt werden.[318] Die Frist beginnt mit dem Schluss des Kalenderjahres, in dem die letzte Eintragung gemacht bzw. die Bilanz aufgestellt worden ist. 117

Beispiel

Die Bilanz zum 31.12.2022 wird am 21.07.2023 aufgestellt. Die Frist beginnt am 31.12.2023, 24.00 h und endet am 31.12.2033, 24.00 h.

IV. Aufzeichnungen

Während die Buchführung alle Geschäftsvorfälle erfasst, beschränken sich die **Aufzeichnungen** auf **bestimmte Arten** von Geschäftsvorfällen. Vorschriften für Aufzeichnungen finden sich auch außerhalb des Steuerrechts (z. B. Giftbuch des Apothekers, Fremdenbücher im Hotelgewerbe, Kellerbuch bei Weinbaubetrieben). **Steuerrechtlich** werden Aufzeichnungen z. B. nach § 143 AO für den Wareneingang, nach § 144 für den Warenausgang oder nach § 4 Abs. 7 EStG für bestimmte Betriebsausgaben verlangt.[319] 118

V. Verstoß gegen Buchführungs- und Aufzeichnungspflichten

Die Erfüllung dieser Pflichten kann das Finanzamt grundsätzlich nach § 328 AO **erzwingen**. Es kann aber auch die **Besteuerungsgrundlagen** nach § 162 AO **schätzen**, z. B. mithilfe von Richtsätzen;[320] diese Möglichkeit wird in der Praxis vorrangig eingesetzt. Darüber hinaus kann auch ein Bußgeldverfahren nach § 379 AO eingeleitet werden. Dagegen sind **Steuervergünstigungen** nicht mehr von der Ordnungsmäßigkeit der Buchführung abhängig. 119

---

318 Vgl. BMF v. 01.02.1984, BStBl. I 1984, 155; vgl. auch die Grundsätze ordnungsgemäßer DV-gestützter Buchführungssysteme – GoBS – v. 07.11.1995, BStBl. I 1995, 738.

319 BFH v. 12.07.2017 – X B 16/17, DStRE 2017, 1316 zu den Anforderungen an die Aufzeichnungen bei Gewinnermittlung nach § 4 Abs. 3 EStG (und Verwendung einer offenen Ladenkasse).

320 Vgl. die sog. Richtsatzsammlung 2020 des BMF v. 20.12.2021 (BMF BStBl. I 2022, 4); mithilfe der Richtsätze können Umsätze und Gewinne verprobt werden (Kritisch BFH v. 14.12.2022 – X R 19/21, BB 2023, 606 [BMF-Beitrittsaufforderung]; dazu Weber-Grellet BB 2024, 43 [47]).

120

Übersicht

Buchführungspflicht

nach HGB	**nach Steuerrecht**
• (§§ 238-241 HGB, insbes. § 238 Abs. 1): alle Kaufleute i.S.d. §§ 1-6 HGB	• **abgeleitete** Buchführungspflicht (§ 140 AO) • **originäre** Buchführungspflicht (§ 141 AO) ▪ Umsätze von mehr als 600.000 € ▪ LuF-Flächen mit Wirtschaftswert (§ 46 BewG) von mehr als 25.000 € ▪ Gewinn aus Gewerbebetrieb von mehr als 60.000 €
• Aufzeichnungspflicht nach Sonderbestimmungen für einzelne Gewerbetreibende (z.B. Altwarenhändler, Apotheker, Pfandleiher, Spediteure; vgl. i.E. Komm z. § 140 AO) • Fristen zur Bilanzaufstellung: ▪ für große u. mittelgroße Kapitalgesellschaften: drei Monate nach Bilanzstichtag (§ 264 Abs. 1 HGB; Drüen in Tipke/Kruse, AO/FGO, § 146 AO Rn. 17 f.) ▪ für kleine Kapitalgesellschaften: sechs Monate nach Bilanzstichtag (§ 264 Abs. 1 HGB) ▪ für Einzel- u. Personenunternehmen: äußerste Grenze 12 Monate nach Bilanzstichtag (vgl. Schmidt/Weber-Grellet § 5 Rn. 81) • Inventarfrist: § 240 Abs. 2 S. 3 HGB	• ergänzende Vorschriften für LuF (§ 142 AO) • Aufzeichnung des Wareneingangs (§ 143 AO); **alle** gewerblichen Unternehmer • Warenausgang bei Großhändlern (§ 144 AO) • weitere Ordnungsvorschriften (§§ 145-147 AO); insbes. § 146 Abs. 1 AO: tägliche Aufzeichnung der Kasseneinnahmen und -ausgaben (Kassenbuch)

4. Abschnitt Die Positionen der Bilanz

A. Überblick

Welche Positionen dem Grunde nach in die Steuerbilanz aufzunehmen sind, richtet sich gemäß § 5 Abs. 1 EStG nach den handelsrechtlichen Grundsätzen ordnungsmäßiger Buchführung (Bilanzierung), soweit nicht steuerrechtliche Sonderregelungen eingreifen. 121

Nach § 247 Abs. 1 HGB sind in der Bilanz das Anlage- und Umlaufvermögen, das Eigenkapital, die Schulden sowie die Rechnungsabgrenzungsposten gesondert auszuweisen und hinreichend aufzugliedern. Für Kapitalgesellschaften enthält § 266 HGB eine detaillierte Regelung über die anzusetzenden Posten.

Neben den Wirtschaftsgütern des Anlage- und Umlaufvermögens werden auf der **Aktivseite** folgende Posten ausgewiesen, die keine Wirtschaftsgüter verkörpern:

- Bilanzierungshilfen,
- Rechnungsabgrenzungsposten und
- ggf. das „negative Eigenkapital“ (der Betrag der „Überschuldung“) zum Ausgleich der Differenz von Aktiv- und Passivseite.

Auf der **Passivseite** sind anzusetzen

- das Eigenkapital (einschließlich Rücklagen; das „Vermögen“),
- die Verbindlichkeiten,
- die Rückstellungen,
- die Rechnungsabgrenzungsposten und
- ggf. der Bilanzgewinn.

Kapital, Rücklagen und Bilanzgewinn ergeben das **Reinvermögen**; sie sind reine Rechnungsposten, die sich aus der Gleichung „Aktiva ./. Schulden = Reinvermögen“ ergeben.

B. Aktivposten

I. Aktivierung

§ **Fall 8: Des Prüfers liebstes Kind – Aktivierung halbfertiger Arbeiten** 122

Bei einer Betriebsprüfung stößt der Prüfer auf unfertige Erzeugnisse (Maschinen im Rohzustand). Der Prüfer kündigt an, diese unfertigen Erzeugnisse gewinnerhöhend zu aktivieren. Der Unternehmer ist empört; die Produkte seien noch nicht fertig gestellt, einen Käufer habe er auch noch nicht.
Ist die Rechtsauffassung des Prüfers zutreffend?

I. Die unfertigen Erzeugnisse könnten gemäß § 5 Abs. 1 EStG zu aktivieren sein. 123
Die Aktivierung bedeutet die Aufnahme eines Postens auf der Aktivseite der Bilanz und richtet sich gemäß § 5 Abs. 1 EStG nach den Grundsätzen ordnungsmäßiger Buchführung; § 5 Abs. 2, 5, 6 EStG enthalten konstitutive wie auch deklaratorische Sonderregelungen.
Zu aktivieren sind

- **Wirtschaftsgüter**, die einen über den jeweiligen Bilanzstichtag hinausgehenden Nutzen haben,

- Rechnungsabgrenzungsposten (§ 5 Abs. 5 EStG).
  Die Art des Erwerbs ist für die Aktivierung unerheblich. Zu aktivieren sind demnach angeschaffte, selbst hergestellte, eingelegte und auch unentgeltlich erworbene Wirtschaftsgüter; eine Einschränkung besteht für immaterielle Wirtschaftsgüter des Anlagevermögens (vgl. § 5 Abs. 2 EStG). Nicht zu aktivieren sind Forderungen aus schwebenden Geschäften (2. Abschnitt, Rn. 71 ff.).
  Aktiviert werden können nur solche Posten, die mit dem Betrieb in einem sachlichen Zusammenhang stehen (Betriebsvermögen). Erfüllt ein Posten die Voraussetzungen eines Aktivums, muss er in der Steuerbilanz angesetzt werden, sofern nicht ein **Aktivierungsverbot** eingreift.
  Wie oben bei der Darstellung der Grundzüge der doppelten Buchführung dargelegt, trifft die Aktivierung als solche noch keine Aussage über die Erfolgsauswirkung; entscheidend ist die **Gegenbuchung**:[321]

per Aktivposten (z.B. bei Forderungseingang):	an	Aktivposten (Aktivtausch)
per Geld	an	Forderungen
per Aktivposten (z.B. bei Kauf eines Lkw auf Kredit):	an	Passivposten (Bilanzverlängerung)
per Fahrzeuge	an	Verbindlichkeiten
per Aktivposten (z.B. Warenverkauf gegen Barzahlung):	an	GuV (erfolgswirksamer Vorgang)
per Geld	an	Warenkoto

II. Gemäß § 5 Abs. 1 EStG i. V. m. § 266 Abs. 2 B. I. 2. HGB sind unter den Posten des **Umlaufvermögens** auch unfertige Erzeugnisse („Halbfabrikate") anzusetzen. Die Gegenbuchung ist auf dem Erfolgskonto vorzunehmen, aber (und das ist der entscheidende Punkt) nicht als Ertrag, sondern als **Minderung von Aufwand** (Buchung: per halbfertige Arbeiten an Aufwand). Diese Buchung bewirkt, dass bereits als Aufwand gebuchte Betriebsausgaben (wie Arbeitslohn, Rohstoffe, Maschineneinsatz usw.), die in die Halbfabrikate eingegangen sind, **neutralisiert** werden (RAP-ähnlich).[322] Unter diesem Aspekt hat die Aktivseite der Bilanz die Funktion eines **„Aufwandspeichers"**. Die für die Herstellung geleisteten Ausgaben sind noch nicht als Aufwand wirksam geworden. Spiegelbildlich erfasst die Aktivseite der Bilanz auch Posten, die bereits zu Erträgen, aber noch nicht zu Einnahmen geführt haben (wie z. B. Forderungen).

Ergebnis:

Der Prüfer hat die halbfertigen Arbeiten zu Recht gewinnerhöhend erfasst; die Gewinnauswirkung ergibt sich aber nicht durch die Realisierung von Gewinn, sondern durch die Neutralisierung von Aufwand.

II. Zeitpunkt der Aktivierung

124 Erwirbt ein Steuerpflichtiger ein Wirtschaftsgut, so hat er es in dem Zeitpunkt zu aktivieren, in dem das wirtschaftliche Eigentum, d. h. die Nutzungen und Lasten und die Gefahr des zufälligen Untergangs auf ihn übergegangen sind.[323] Stellt ein Steuerpflichtiger Wirtschaftsgüter her, so muss er die Aufwendungen im Zeitpunkt ihres Entste-

321 Vgl. BFH v. 29.07.2015 – X R 37/13, BFH/NV 2016, 536.

322 Schmidt/Weber-Grellet § 5 Rn. 270 „Unfertige Erzeugnisse"; zur „Bewertung" vgl. BFH v. 10.07.2002 – I R 79/01, -BStBl. II 2002, 784; v. 07.09.2005 – VIII R 1/03, BStBl. II 2006, 298; verlustfreie Bewertung; BFH v. 25.11.2009 – X R 27/05, BFH/NV 2010, 1090.

323 BFH v. 19.06.1997 – III R 111/95, BStBl. II 1998, 72.

hens als Herstellungskosten oder Teilherstellungskosten aktivieren. Geleistete Anzahlungen sind gesondert zu aktivieren (vgl. § 266 Abs. 2 B. I. 4. HGB).

Beispiel

Ein Gewerbetreibender erteilt einem Bauunternehmer den Auftrag, ein Gebäude zu errichten. Er leistet eine Anzahlung von 100.000 €, von denen bis zum Bilanzstichtag 20.000 € „verbaut" sind. I.H.v. 20.000 € liegen Herstellungskosten vor, i. H. v. 80.000 € Anzahlungen auf Herstellungskosten (Buchung: per unfertige Arbeiten 20.000 € und per Anzahlungen 80.000 € an Geld 100.000 €).

Forderungen aus Lieferungen oder Leistungen sind ohne Rücksicht auf die Rechnungserteilung und auf die Fälligkeit zu aktivieren, wenn die vertragliche Lieferung oder Leistung oder wenn selbstständig abgrenzbare Teillieferungen oder -leistungen erbracht worden sind.[324]

III. Wirtschaftsgüter

1. Wirtschaftsgut

Fall 9: „Die brasilianische Perle" – ein immaterielles Wirtschaftsgut? 125

Der Fußballverein FV, der dem DFB angeschlossen ist und eine Lizenzspielermannschaft in der 1. Fußballbundesliga spielen lässt, hat anlässlich der Anstellung des Fußballers M, der zuvor für einen anderen Verein gespielt hat, eine Ablösesumme an diesen Verein gezahlt. Das FA hat die Ablösesumme als Anschaffungskosten für ein entgeltlich erworbenes immaterielles Wirtschaftsgut angesehen; der Verein möchte dagegen die Ablösesumme sofort als Betriebsausgabe absetzen. Zu Recht?

I. Der Verein ist mit den Einkünften aus dem Einsatz der Mannschaft im Rahmen eines wirtschaftlichen Geschäftsbetriebs körperschaft- und gewerbesteuerpflichtig (§ 1 Abs. 1 Nr. 4, § 5 Abs. 1 Nr. 9 KStG; § 14 AO; § 2 Abs. 3, § 3 Nr. 6 GewStG).[325] 126

II. Die Einkünfte sind gemäß § 8 Abs. 1 KStG i. V. m. § 5 Abs. 1 EStG durch Betriebsvermögensvergleich zu ermitteln. Zu den in die Gewinnermittlung einzubeziehenden Aufwendungen gehören auch die Ablösezahlungen für Lizenzfußballspieler. Die Zahlungen können allerdings gemäß § 4 Abs. 4 EStG nur dann sofort als Betriebsausgabe abgezogen werden, sofern sie nicht als Anschaffungskosten eines immateriellen Wirtschaftsguts zu aktivieren sind.

Der Begriff des Wirtschaftsguts enthält nach Auffassung der Rspr.[326] folgende Elemente:

- **Sachen, Rechte, tatsächliche Zustände, konkrete Möglichkeiten, wirtschaftliche Vorteile,**
  z. B. also auch immaterielle Werte mit und ohne Rechtscharakter, wie das Recht auf die Firma, der Geschäftswert, Lizenzen, Markenrechte,[327] ungeschützte Erfindungen, Fertigungsverfahren, Wettbewerbsabsprachen, auch Kryptowährungen,[328]

  Der Begriff des Wirtschaftsguts ist nicht mit den zivilrechtlichen Begriffen (z. B. Sache, Recht, Grundstück) identisch. So können mehrere Grundstücke i. S. d. Zivilrechts (abgegrenzter Teil der Erdoberfläche, der im Bestandsverzeichnis eines Grundbuchblatts unter einer besonderen Nummer oder nach § 3 Abs. 3 GBO gebucht ist) ein Wirtschaftsgut bilden (und umgekehrt).[329] Für den Begriff des Wirtschaftsguts ist die „funktionale" Einheit entscheidend (vgl. § 6 Abs. 2 EStG: selbstständige Nutzbarkeit).

---

324 BFH v. 12.05.1993 – XI R 1/93, BStBl. II 1993, 786; Schmidt/Weber-Grellet § 5 Rn. 270.

325 Zum Betrieb eines Fußballvereins in der Rechtsform einer GmbH & Co KGaA vgl. Weber GmbHR 2013, 631.

326 BFH v. 07.08.2000 – GrS 2/99, BStBl. II 2000, 632; v. 04.12.2006 – GrS 1/05, BStBl. II 2007, 508; H/H/R § 5 EStG Anm. 350 f.

327 Auch der kommerzialisierbare Teil eines Namensrechts (BFH v. 12.06.2019 – X R 20/17, DStR 2019, 2240; Weber-Grellet BB 2020, 43/4).

328 BFH v. 14.02.2023 – IX R 3/22, BStBl. II 2023, 571; Weber-Grellet BB 2024, 43.

329 Vgl. BFH v. 11.03.1992 – XI R 17/90, BStBl. II 1992, 1007.

- **deren Erlangung der Kaufmann sich etwas kosten lässt,**
  Maßgebend ist, ob ein Erwerber des ganzen Unternehmens in diesem Vorteil einen Wert sehen würde, für den er im Rahmen des Gesamtkaufpreises ein besonderes Entgelt ansetzen würde.
- **die nach der Verkehrsauffassung einer besonderen Bewertung zugänglich sind**[330]

  Die selbstständige Bewertbarkeit bewirkt eine gewisse **Objektivierung** des Wirtschaftsgut-Begriffs im Unterschied zu einer übertrieben dynamisch und vor allem betriebswirtschaftlich verstandenen Interpretation; die Bilanz ist keine Kostenrechnung (Döllerer). Überholt sind daher z. B. BFH v. 26.02.1957 – I 196/56 U, BStBl. III 1957, 160 zur Aktivierung eines an einen Arbeitnehmer gezahlten Wohnungsbauzuschusses und BFH v. 09.10.1962 – I 167/62 U, BStBl. III 1963, 7 zur Aktivierung von Ausgaben für einen einmaligen Werbefeldzug („dynamische Überspannung"). Sie bestimmt sich nach dem (einheitlichen) Nutzungs- und Funktionszusammenhang, nach dem Grad der Festigkeit einer evtl. vorgenommenen Verbindung, nach dem Zeitraum, auf den die Verbindung und gemeinsame Nutzung angelegt sind, sowie nach dem äußeren Erscheinungsbild. [331] Von Bedeutung ist, ob das Objekt vollständig erscheint und ihm ein „negatives Gepräge" fehlt. Ein vom Grund und Boden verselbstständigtes Wirtschaftsgut ist ein „Auffüllrecht" bei unterbliebener Abspaltung.[332]

  Die Aufwendungen dürfen im Rahmen der sonstigen Aufwendungen nicht unbedeutend sein und müssen sich klar und eindeutig von den übrigen Aufwendungen abgrenzen lassen.[333]
- **und einzeln oder im Zusammenhang mit dem Betrieb übertragbar sind,**
  Die Einzelveräußerbarkeit ist nicht erforderlich.[334] Auch nach bürgerlichem Recht nicht übertragbare Rechtspositionen können im Vermögen des Betriebsinhabers zu bilanzieren sein (vgl. z. B. §§ 399, 413, 473, 1059 BGB).[335] Dementsprechend sind z. B. auch ein Firmenrecht, der Geschäftswert, ein Belieferungsrecht oder – andere – nur mit dem Unternehmen als Ganzes übertragbare Rechte Wirtschaftsgüter.[336] Eine Sendelizenz soll mangels Übertragbarkeit kein Wirtschaftsgut sein.[337] M. E. kommt es steuerrechtlich auf die Verkehrsfähigkeit und Übertragbarkeit nicht an.[338]
- **sofern die Aufwendungen einen über die Dauer des jeweiligen Steuerabschnitts hinausreichenden Nutzen für das Unternehmen haben.**

  Dieses Merkmal ist m. E. nicht notwendige Voraussetzung des Wirtschaftsguts-Begriffs.[339] Auch Güter, deren Nutzen für das Unternehmen sich bis zum Ablauf des jeweiligen Steuerabschnitts erschöpft hat (z. B. durch Verbrauch, Verlust, Veräußerung), sind Wirtschaftsgüter. Sie sind aber nicht mehr zu aktivieren, weil sie wegen Verbrauchs oder anderer Tatbestände kein Vermögen mehr repräsentieren. Die gegenteilige Auffassung ist von einer dynamischen Bilanzvorstellung geprägt; sie berücksichtigt nicht die wirtschaftlichen Gegebenheiten im Sinne einer gegenstandsbezogenen Betrachtungsweise (z. B. ist eine ein halbes Jahr nutzbare Maschine von erheblichem Wert sicherlich ein Wirtschaftsgut, gleichwohl nicht zu aktivieren).

Keine Wirtschaftsgüter sind u. a.
- das Eigenkapital,
- Wertberichtigungen,
- die eigene Arbeitskraft des Unternehmers,[340]

330 BFH v. 10.08.1989 – X R 176/87, BStBl. II 1990, 15; v. 16.02.1990 – III B 90/88, BStBl. II 1990, 794.
331 BFH v. 20.03.2003 – IV R 27/01, BStBl II. 2003, 878; Weber-Grellet StBilR § 8 Rn. 6.
332 BFH v. 20.03.2002 – IV R 27/01, BStBl II. 2003, 878.
333 BFH v. 20.02.1975 – IV R 79/74, BStBl. II 1975, 510; vgl. ferner Weber-Grellet Steuerbilanzrecht § 8 Rn. 6.
334 BFH v. 17.02.1998 – VIII R 28/95, BStBl. II 1998, 505.
335 Dazu BFH v. 22.07.1988 – III R 175/85, BStBl. II 1988, 995.
336 Vgl. BFH v. 24.06.1999 – IV R 33/98, DStR 1999, 1350.
337 BFH v. 22.03.2022, BStBl. II 2022, 656.
338 Weber-Grellet BB 2023, 43.
339 So auch BFH v. 26.11.2014 – X R 20/12, DStR 2015, 340; H/H/R § 5 EStG Anm. 353.
340 BFH v. 04.08.1959 – I 69/58 U, BStBl. III 1959, 421.

- Rechnungsabgrenzungsposten,[341]
- eigene Anteile.[342]

Eigene Anteile einer Kapitalgesellschaft wurden bisher, sofern sie nicht zur Einziehung bestimmt waren, nach h. M. als Wirtschaftsgüter angesehen und waren als solche zu aktivieren;[343] nunmehr führen eigene Anteile steuerrechtlich zu einer Kapitalherabsetzung.[344]

- **Materielle Wirtschaftsgüter** sind körperliche Gegenstände, wie z. B. Sachanlagen, Grundstücke, Gebäude, Maschinen, maschinelle Anlagen, Kraftfahrzeuge, Betriebsvorrichtungen, Geschäftsausstattungen, Roh-, Hilfs- und Betriebsstoffe,[345] m. E. auch Strom und Wärme.[346] Ohne Bedeutung ist, ob es sich dabei um Sachen i. S. d. § 90 BGB, Bestandteile von Sachen gemäß § 93 BGB oder Zubehör nach § 97 BGB handelt. Demgemäß werden auch die sog. Finanzwerte (vgl. § 266 Abs. 2 A. III. HGB) als Wirtschaftsgüter materieller Art behandelt, weil sich ihr Gegenstand auf konkrete materielle Werte richtet.
- **Immaterielle Wirtschaftsgüter** unterscheiden sich von den materiellen Wirtschaftsgütern durch ihre „Unkörperlichkeit"; es handelt sich zumeist um „geistige Werte" (z. B. Ideen) und Rechte (Berechtigungen). Immaterielle Wirtschaftsgüter sind z. B. Konzessionen, gewerbliche Schutzrechte, Urheberrechte, Lizenzrechte, aber auch ungeschützte Erfindungen, Know-how, Software, Rechte aus vertraglichen Wettbewerbsverboten, Belieferungsrechte, Kauf- und Verkaufsoptionen sowie der Geschäftswert (vgl. § 266 Abs. 2 A. I. HGB).

Nach dieser Definition kann der Wert des Spielers selbst nicht als Wirtschaftsgut in die Bilanz aufgenommen werden; der Spieler selbst ist weder Sache, Recht noch sonstiger Vorteil.

III. Zu prüfen bleibt aber, ob das Recht, den Spieler im Rahmen des Spielbetriebs nach Abschluss eines Arbeitsvertrags einsetzen zu können, zu aktivieren ist.

- Nach früherer Auffassung des BFH[347] sollte das nicht der Fall sein, da sich die Zahlung der Ablösesumme in der Abwehr von Nachteilen erschöpfe.
- Mittlerweile ist auch der BFH[348] der Ansicht, dass Transferentschädigungen, die nach den Vorschriften des Deutschen Fußballbundes bei dem Wechsel eines Spielers von einem Verein der Fußballbundesliga zu einem anderen Verein gezahlt werden, Anschaffungskosten der Spielerlaubnis sind.

Dieser Auffassung ist zu folgen. Die Spielerlaubnis erfüllt alle Voraussetzungen eines Wirtschaftsguts. Sie ist entgeltlich erworben worden, und sie ist als immaterieller Vermögensgegenstand ein abnutzbares Wirtschaftsgut.[349]

Ihre betriebsgewöhnliche Nutzungsdauer bemisst sich nach der Dauer des Arbeitsvertrags. Bei einer Optionsklausel ist nach allgemeinen Wahrscheinlichkeitsgesichtspunkten zu bestimmen, ob von der Option Gebrauch gemacht wird.

Ergebnis:

Die für die Ablösesumme erhaltene Gegenleistung (nämlich das Recht, den Fußballspieler einzusetzen) ist als abnutzbares immaterielles Wirtschaftsgut des Anlagevermögens zu aktivieren.

341 BFH v. 25.10.1994 – VIII R 65/91, BStBl. II 1995, 312.

342 Schmidt/Weber-Grellet § 5 Rn. 270 ‚Eigene Anteile'.

343 BFH v. 23.02.2005 – I R 44/04, BStBl. II 2005, 522; Ludwig DStR 2003, 1646.

344 BMF v. 27.11.2013, BStBl. I 2013, 1615 (wegen § 272 Abs. 1 a HGB); Schmidtmann StuW 2010, 286/92; Knobloch StuW 2013, 343.

345 BFH v. 04.12.2006 – GrS 1/05, BStBl. II 2007, 508.

346 BFH v. 12.03.2020 – IV R 9/17, BStBl. II 2021, 226; Weber-Grellet BB 2021, 43.

347 Beschl. v. 13.05.1987 – I B 179/86, BStBl. II 1987, 777; so i. E. auch Ströfer BB 1982, 1087.

348 BFH v. 14.12.2011 – I R 108/10, BStBl. II 2012, 238.

349 So auch OFD Frankfurt v. 06.05.2008 StEK, EStG § 5 Akt. Nr. 195 – Zur Aktivierung von Fußballnachwuchsspielern s. Busch DStR 2022, 112.

2. Abgrenzung von Wirtschaftsgut und wertbildenden Faktoren

127 **Fall 10: Veräußerung der Option zur Errichtung einer Windkraftanlage**

Im Februar 2019 schloss der Kläger mit der Windpark X GmbH & Co. KG (KG) einen Nutzungsvertrag. Vertragszweck war die Überlassung von Flächen durch den Kläger an die KG zur Errichtung und zum Betrieb einer Windenergieanlage. Der Kläger verpflichtete sich, bei einem Eigentümerwechsel der belasteten Fläche in den zugrunde liegenden Übertragungsvertrag eine Klausel aufzunehmen, wonach der Erwerber in alle Verpflichtungen eintrete. Im Dezember 2020 veräußerte der Kläger einen Teil der mit dem Nutzungsrecht belasteten Grundstücksflächen; alle in dem Nutzungsvertrag vereinbarten Verpflichtungen wurden von dem Käufer übernommen. Für den Fall der Errichtung der Windenergieanlagen sollte der Käufer eine einmalige Entschädigungsprovision in Höhe des mit dem Faktor Elf multiplizierten Jahrespachtpreises als Gesamtentschädigungsbetrag an den Kläger zahlen. Im Jahr 2023 zahlte der Käufer eine „Entschädigungsprovision"; der Kläger bildete insoweit eine Rücklage nach § 6 c EStG. Das Finanzamt beurteilte die „Entschädigungsprovision" nicht als nachträglichen Veräußerungserlös für den Grund und Boden, sondern als Entschädigung für die Übertragung der Rechte aus dem Nutzungsvertrag und lehnte die Bildung einer Rücklage ab. Einspruch und Klage hatten keinen Erfolg. Zu Recht?

128 **I. Grundlagen**

Nach der Rspr. gehören zum Begriff des Wirtschaftsguts Sachen, Rechte oder tatsächliche Zustände, konkrete Möglichkeiten oder Vorteile für den Betrieb, deren Erlangung der Kaufmann sich etwas kosten lässt, die einer selbstständigen Bewertung zugänglich sind, in der Regel eine Nutzung für mehrere Wirtschaftsjahre erbringen und zumindest mit dem Betrieb übertragen werden können. Von den selbstständigen Wirtschaftsgütern abzugrenzen sind die unselbstständigen Teile, die wertbildenden Faktoren, wie z. B. geschäftswertbildende Rechtsreflexe oder Nutzungsvorteile eines Wirtschaftsguts.

II. Möglichkeit, eine Windenergieanlage zu betreiben, nur wertbildender Faktor

Die Möglichkeit, auf einer Landwirtschaftsfläche eine Windenergieanlage zu betreiben, ist nicht als selbstständiges immaterielles Wirtschaftsgut, sondern als wertbildender Faktor anzusehen; ihr kann keine andere Bedeutung beigemessen werden als der Bebauungsmöglichkeit einer Landwirtschaftsfläche.[350]

III. Besonderheit

Prinzipiell ist der BFH-Auffassung zu folgen. Im konkreten Fall bestand allerdings die Besonderheit, dass bereits der Verkäufer den Nutzungsvertrag abgeschlossen hatte. Er veräußerte daher nicht nur den Grund und Boden, sondern auch die durch den Nutzungsvertrag geschaffene Aussicht auf Errichtung einer Windkraftanlage. Es spricht m. E. daher mehr dafür, die Entschädigungsprovision als Realisation der in dem Nutzungsvertrag begründeten Chancen zu sehen. Im konkreten Fall wurde nicht nur das „möglicherweise mit einer Windkraftanlage bebaubare" Grundstück veräußert, sondern auch die durch den Nutzungsvertrag bereits konkret begründete Aussicht. Diesen Unterschied hat der IV. Senat m. E. nicht ausreichend berücksichtigt.

Ergebnis:

Nach Auffassung des BFH ist die Möglichkeit, auf einer Landwirtschaftsfläche eine Windenergieanlage zu betreiben, kein selbstständiges immaterielles Wirtschaftsgut, sondern Teil der Veräußerung des Grund und Bodens, sodass bei „Veräußerung" dieser Möglichkeit eine Rücklage nach § 6 c EStG hätte gebildet werden können; die Beurteilung hängt wesentlich von den Umständen des Einzelfalls ab.

350 BFH v. 10.03.2016 – IV R 41/13, DStR 2016, 1659.

3. Fremdbauten

Fall 11: Fremdbauten – ein bilanzsteuerrechtliches Trauerspiel 129

K übernahm das Einzelunternehmen seines Vaters (V), daneben auch zwei Grundstücke, die im Miteigentum von Vater und Mutter (M) standen. Auf dem Grundstück A hatte V mit eigenen Mitteln Betriebsgebäude errichtet, auf dem Grundstück B mehrere Mehrfamilienhäuser. K legte den Grundstücksanteil der M zum Teilwert in sein Betriebsvermögen ein. Das Finanzamt hielt V für den wirtschaftlichen Eigentümer des Gebäudes und nahm eine Buchwertfortführung (nach § 7 Abs. 1 EStDV a. F.) an. Zu Recht?

I. Grundstück und Gebäude im Bilanzsteuerrecht 130

Bilanzsteuerrechtlich sind Grundstück und Gebäude verschiedene (selbstständige) Wirtschaftsgüter; das Grundstück ist nicht abnutzbar (§ 6 Abs. 1 Nr. 2 EStG), das Gebäude hingegen schon (§§ 6 Abs. 1 Nr. 1, 7 Abs. 4, 5 EStG). Wird ein Gebäude teils eigenbetrieblich, teils fremdbetrieblich, teils zu eigenen und teils zu fremden Wohnzwecken genutzt, ist jeder der vier unterschiedlich genutzten Gebäudeteile ein besonderes Wirtschaftsgut, weil das Gebäude in verschiedenen Nutzungs- und Funktionszusammenhängen steht (EStR 4.2 [4] S. 1; s. u. Rn. 139). Allerdings kann ein einheitlich genutztes (unbebautes) Grundstück grundsätzlich nur einheitlich dem Betriebs- oder Privatvermögen zugeordnet werden (sog. Einheitlichkeitsgrundsatz); eine Ausnahme kann im Umlegungsverfahren bestehen.[351] Wird ein Grundstück, das in Miteigentum steht, nur von einem Miteigentümer betrieblich genutzt, so wird nur dieser Anteil Betriebsvermögen. Gehört ein Grundstück nur teilweise dem Betriebsinhaber, kann es nur insoweit Betriebsvermögen sein, als es dem Betriebsinhaber gehört; das gilt auch dann, wenn ein Grundstück Ehegatten gemeinsam gehört.[352]

II. Errichtung von sog. Fremdbauten

Nach Auffassung der Rspr.[353] und der Verwaltung[354] wird der Nichtunternehmer-Ehegatte zivilrechtlicher und auch wirtschaftlicher Eigentümer des auf seinen Miteigentumsanteil entfallenden Gebäudeteils (Privatvermögen). Die vom Betriebsinhaber getragenen Aufwendungen für die Anschaffung oder Herstellung des Gebäudes, die auf den Miteigentumsanteil des Nichtunternehmer-Ehegatten entfallen, seien als eigener Aufwand nach den allgemeinen ertragsteuerrechtlichen Regelungen als Betriebsausgaben abzuziehen. Sie seien – bei Gewinnermittlung nach § 4 Abs. 1, § 5 EStG – in einem Aufwandsverteilungsposten in der Bilanz abzubilden; der Aufwandsverteilungsposten sei kein Wirtschaftsgut und könne nicht Träger stiller Reserven sein. Der Aufwand könne daher nur nach den Vorschriften, die für Privatvermögen gälten, abgezogen werden.

III. Stellungnahme

M. E. ist diese Auffassung strikt abzulehnen.[355] Der X. Senat argumentiert allein mit der „typisierten Aufwandsverteilung", ohne die einschlägigen bilanzrechtlichen und bilanzsteuerrechtlichen Normen zu berücksichtigen. Auf der Grundlage des (durchaus ausdifferenzierten) bilanzsteuerrechtlichen Normengefüges muss der Fremdbau als ganz gewöhnliches Wirtschaftsgut des Fremdbauers behandelt werden; alle anderen Lösungsansätze sind ohne Rechtsgrundlage und führen zu bilanzsteuerrechtlichen Friktionen. Im Unterschied zu der Beurteilung von Leasingfällen hat sich die Rspr. bei Fremdbauten immer noch nicht von den zivil-

351 BFH v. 12.04.2022 – VI R 22/20, BFH/NV 2022, 985.BFH v. 23.11.1995 – IV R 50/94, BStBl. II1996,193; EStH 4.2 (7) „Miteigentum".

352 BFH v. 23.11.1995 – IV R 50/94, BStBl. II1996,193; EStH 4.2 (7) „Miteigentum".

353 BFH v. 09.03.2016 – X R 46/14, BStBl. II 2016, 976.

354 BMF v. 16.12.2016, BStBl. I 2016, 1431.

355 Im Einzelnen Weber-Grellet BB 2016, 2220.

rechtlichen Grundlagen gelöst und lässt die bilanzsteuerrechtlichen Vorgaben immer noch „links“ liegen.

- Das Bilanzsteuerrecht kennt keinen Aufwandsverteilungsposten als „Wirtschaftsgut zweiter Klasse“.
- Der Fremdbau erfüllt alle Voraussetzungen eines Wirtschaftsguts.
- Es ist überhaupt nicht einsichtig, warum betrieblicher Aufwand nach den „Regeln, die für Privatvermögen gelten“, abgezogen werden soll.
- Es ist kaum zu begründen, wie bei Beendigung der betrieblichen Nutzung der Aufwand auf den Nichtunternehmer-Ehegatten „überspringen“ soll, da auch unter Ehegatten nur der eigene Aufwand abgezogen werden kann.
- Richtig wäre es m. E., den Fremdbau – einem Mietereinbau vergleichbar (H 4.2 [3] ‚Mietereinbauten‘) – wie ein ganz gewöhnliches Wirtschaftsgut zu behandeln. Die Auffassung von BFH und BMF steht im Widerspruch zu den Grundlagen des Bilanzsteuerrechts. Die neue Auffassung bedeutet einen Rückfall in längst überholt geglaubte Vorstellungen.[356]

Ergebnis

Entgegen der Auffassung von BFH und BMF waren die Gebäude Wirtschaftsgüter des V, die im Wege vorweggenommener Erbfolge zu Buchwerten auf den Sohn übergangen sind. Die Grundstücke waren bereits anteilig Betriebsvermögen; hingegen sind die Anteile der Mutter nach deren Tod (zu Teilwerten) Betriebsvermögen des K geworden.

356 Im Einzelnen Weber-Grellet BB 2016, 2220, BB 2017, 43, 176. – Kritisch auch Kanzler FR 2016, 907 und Fischer jurisPR-SteuerR 4/2017 Anm. 2.

IV. Einteilung der Wirtschaftsgüter

131

Wirtschaftsgüter (Überblick)

Aktivierung: (= Aufwandsstornierung) →
- Aufnahme in die Bilanz
- generell Aktivierungspflicht, es sei denn, gesetzliches Aktivierungsverbot (z.B. § 5 Abs. 2 EStG)

Posten der Bilanz:
- Wirtschaftsgüter
- Rechnungsabgrenzungsposten
- Bilanzierungshilfen
- Verbindlichkeiten
- Rückstellungen
- Rücklagen
- Kapital

Definition:
- Sachen, Rechte, wirtschaftliche Vorteile,
- deren Erlangung der Kaufmann sich etwas kosten lässt,
- die nach der Verkehrsauffassung einer besonderen Bewertung zugänglich sind,
- die einzeln oder mit dem Betrieb übertragbar sind
- und die einen über den Steuerabschnitt hinausgehenden Nutzen haben;
- ggf. auch abgeleitete Nutzungsbefugnisse

Arten:
- Anlage-/Umlaufvermögen
- bewegliche/unbewegliche Wirtschaftsgüter
- abnutzbare/nicht abnutzbare Wirtschaftsgüter
- materielle/immaterielle Wirtschaftsgüter
  § 5 Abs. 2 EStG: Aktivierungsverbot für selbst hergestellte oder unentgeltlich erworbene immaterielle Wirtschaftsgüter des Anlagevermögens; zu aktivieren sind also:
  - entgeltlich erworbenes immat. AV
  - immat. Umlaufvermögen
  - eingelegtes immat. AV

- (selbst.) Wirtschaftsgüter
- (selbst.) Anteile
- (unselbst.) Bestandteile/Gebäudebestandteile:

Ausnahmen (bei separatem Nutzungs- und Funktionszusammenhang = selbstständig):
- Ladenein-, -umbauten; Schaufensteranlagen
- Scheinbestandteile
- Betriebsvorrichtungen
- Mieterein-, -umbauten
- sonstige selbstständige Gebäudeteile

- Herstellungsaufwand (zu aktivieren)
- Erhaltungsaufwand (sofort absetzbar)
- anschaffungsnahe Aufwendungen

1. Wirtschaftsgüter des Anlage- und des Umlaufvermögens

Fall 12: Vorführwagen – Anlagevermögen von kurzer Dauer 132

In seiner Bilanz zum 31.12.2022 aktiviert der Autohändler A unter dem Anlagevermögen sechs Vorführwagen, von denen er Absetzungen i. H. v. 6.000 € vornimmt. Alle im Jahr 2022 angeschafften Pkw werden 2023 verkauft. Sie gehörten zwischen drei und 20 Monaten zum Betriebsvermögen. Das Finanzamt ist der Auffassung, dass es sich bei den Vorführwagen um Wirtschaftsgüter des Umlaufvermögens handele, auf die Absetzungen für Abnutzung (AfA) nicht zulässig seien; es erhöht den Gewinn des A entsprechend.
Wie ist die Rechtslage?

I. A kann AfA gemäß § 6 Abs. 1 Nr. 1 i. V. m. § 7 EStG auf die Vorführwagen vornehmen, sofern es sich bei diesen um abnutzbare Wirtschaftsgüter des Anlagevermögens handelt. 133

II. Zum **Anlagevermögen** (vgl. § 266 Abs. 2 A HGB) gehören die Wirtschaftsgüter, die zum dauernden (kein Zeitbegriff i. S. v. „immer“ und „für alle Zeit“) Einsatz im Betrieb bestimmt sind **(Gebrauch)**; dagegen umfasst das Umlaufvermögen die Wirtschaftsgüter, die zum **Verbrauch** (z. B. Verkauf) bestimmt sind (vgl. § 266 Abs. 2 B HGB: insbesondere Vorräte, Forderungen, Wertpapiere, Zahlungsmittel). Die Zuordnung hängt ab von der Widmung, die anhand objektiver Merkmale, z. B.

- Art des Wirtschaftsguts,
- Art und Dauer der Verwendung,
- Art des Unternehmens oder
- u. U. Art der Bilanzierung

erkennbar sein muss.[357]

Bedeutung hat diese Abgrenzung

- in Bezug auf Anlagevermögen insbesondere für die Anwendung der §§ 6 Abs. 1 Nr. 1, Abs. 2, 6 b, 7 EStG (einschl. der Vorschriften über erhöhte AfA und Sonder-AfA), für die Gewährung von Investitionszulagen;
- in Bezug auf Umlaufvermögen z. B. für die Anwendung des § 6 Abs. 1 Nr. 2, 2 a EStG.

III. Im Streitfall haben die Vorführwagen die Funktion, das Verkaufsprogramm zu präsentieren. Sie sind damit zum Gebrauch im Betrieb bestimmtes Anlagevermögen. Dient ein Wirtschaftsgut Ausstellungs- oder Vorführzwecken, kann die Zweckerfüllung von verhältnismäßig kurzer Dauer sein, da für diese Zwecke in der Regel nur neue Gegenstände verwendet werden können.[358] In ähnlicher Weise gehören Musterhäuser bis zu ihrer Umwidmung zum Verkauf zum Anlagevermögen.[359]

Ergebnis:

Das Finanzamt hat den Gewinn zu Unrecht erhöht; A war vielmehr berechtigt, die Absetzungen vorzunehmen.

2. Materielle und immaterielle Wirtschaftsgüter

134 **§ Fall 13: Das chamäleongleiche Erbbaurecht**

E ist Einzelgewerbetreibender und ermittelt seinen Gewinn nach § 5 EStG. Zur Errichtung eines Warenhauses erwarb er ein Erbbaurecht. Als Laufzeit des Erbbaurechts wurden 40 Jahre ab Grundbucheintragung vereinbart. Durch die Erbbaurechtsbestellung entstanden E folgende Nebenkosten:

• Grunderwerbsteuer	400.086 €
• Maklerprovision	50.000 €
• Notar und Gerichtskosten	24.064 €
	474.150 €

Aus den Nebenkosten zusammen mit dem Barwert des Erbbauzinses errechnete E die Anschaffungskosten für den in der Bilanz ausgewiesenen Aktivposten „Erbbaurecht", den er linear abschrieb. Den Passivposten „Erbbaulast" ermittelte er jeweils zum Bilanzstichtag neu.
Das FA hielt nur die einmaligen Aufwendungen für aktivierbar. Im Übrigen stünden sich Rechte und Pflichten aus dem Erbbaurechtsvertrag gleichwertig gegenüber und dürften nicht bilanziert werden.
Wie ist die Rechtslage?

135 I. Entsprechend der in § 266 Abs. 2 A. HGB getroffenen Gliederung ist zwischen materiellen Wirtschaftsgütern, immateriellen (= gegenständlich nicht greifbaren) Wirtschaftsgütern und den sog. Finanzwerten (z. B. Forderungen, Beteiligungen, Geld und Geldwerten) zu unterscheiden.[360]

357 Vgl. im Einzelnen BFH v. 31.05.2001 – IV R 73/00, BFH/NV 2001, 1485; BFH v. 10.10.2017 – X R 1/16, BStBl. II 2018, 181; R 6.1 EStR.

358 BFH v. 07.11.2000 – III R 7/97, BStBl. II 2001, 200.

359 BFH v. 23.09.2008 – I R 47/07, BFH/NV 2009, 443.

360 Schmidt/Weber-Grellet § 5 Rn. 111.

Materielle Wirtschaftsgüter sind körperliche Gegenstände, wie z. B. Grundstücke, Gebäude, Bodenschätze,[361] Maschinen, maschinelle Anlagen, Kraftfahrzeuge, Betriebsvorrichtungen, Geschäftsausstattungen, Roh-, Hilfs- und Betriebsstoffe. Ohne Bedeutung ist, ob es sich bei dem Wirtschaftsgut um Sachen i. S. d. § 90 BGB, Bestandteile von Sachen gemäß § 93 BGB oder Zubehör nach § 97 BGB handelt.
Immaterielle Wirtschaftsgüter sind nach § 266 Abs. 2 A. I. HGB u. a. Konzessionen, gewerbliche Schutzrechte, Lizenzen, Geschäfts- oder Firmenwert, geleistete Anzahlungen, Geopunkte,[362] auch eine Vertragsarztzulassung.[363]
Ist ein immaterieller Wert an ein materielles Gut geknüpft (Tonträger, Film, Software), so ist maßgebend – sofern eine Trennung nicht möglich ist –, welches Element – der geistige Gehalt oder die körperliche Substanz – in seiner wirtschaftlichen Bedeutung überwiegt.

Besondere Bedeutung hat die Abgrenzung von materiellen und immateriellen Wirtschaftsgütern im Hinblick auf § 5 Abs. 2 EStG, demzufolge – als Ausdruck des Vorsichtsprinzips – immaterielle Wirtschaftsgüter des Anlagevermögens nur als Aktivposten angesetzt werden dürfen, wenn sie entgeltlich erworben worden sind. Daneben kommen in vielen Fällen erhöhte Absetzungen, Sonderabschreibungen und Investitionszulagen nur für materielle Wirtschaftsgüter in Betracht.

Die sog. **Finanzwerte** (vgl. § 266 Abs. 2 A. III. HGB) werden als Wirtschaftsgüter materieller Art behandelt, weil sich ihr Gegenstand auf konkrete materielle Werte richtet.[364]

II. Die Einordnung des Erbbaurechts bereitet Schwierigkeiten,[365] teils eher mietähnliches Nutzungsverhältnis,[366] teils gemischt:[367]
- Stellt man auf seinen grundstücksähnlichen Charakter ab (vgl. § 266 Abs. 2 A. II. 1. HGB), so ist es wie ein **Grundstück** zu bilanzieren.
- Stellt man den dinglichen **Nutzungsrechtscharakter** in den Vordergrund, so ist das Erbbaurecht bilanzrechtlich als immaterielles Wirtschaftsgut zu behandeln und auf der Basis der Anschaffungskosten nach Maßgabe der Nutzungsdauer abzuschreiben, da Nutzungsrechte Wirtschaftsgüter sein können.
- Schließlich kann es als mietähnliches **Dauerrechtsverhältnis** beurteilt werden und unterliegt dann den Regeln des schwebenden Vertrags.

III. Die erste Alternative scheidet aus. Im Unterschied zu Grund und Boden ist das Erbbaurecht zeitlich begrenzt. Wenn überhaupt, handelt es sich um ein abnutzbares Wirtschaftsgut, dessen Anschaffungskosten auf die Nutzungsdauer zu verteilen sind, was bei einem Grundstück nicht möglich ist.
Die 2. und 3. Alternative scheinen sich gegenseitig auszuschließen – nicht so die Lösung des X. Senats.[368] Danach bilden die einmaligen Aufwendungen (die Nebenkosten) Anschaffungskosten des Wirtschaftsguts „Erbbaurecht"; die laufenden Zahlungen des Erbbauzinses sind dagegen Leistungen im Rahmen eines schwebenden Vertrags und dürfen nicht bilanziert werden. Werden die Erbbauzinsen (wie auch Erschließungsbeiträge) in einem Einmalbetrag gezahlt, ist ein aktiver Rechnungsabgrenzungsposten zu bilden.[369]

361 BFH v. 25.07.2012 – I R 101/10, DB 2012, 2551.
362 BFH v. 30.10.2008 – III R 82/06, BStBl. II 2009, 421; s. auch R/H 5.5 EStR.
363 BFH v. 21.02.2017 – VIII R 7/14, BStBl. II 2017, 689.
364 H/H/R § 5 EStG Anm. 586; K-K § 4 IV 3 a.
365 BFH v. 28.10.1987 – I R 126/83, BStBl. II 1988, 70: dingl. Recht; v. 23.11.1993 – IX R 142/89, BFH/NV 1994, 314: AK.
366 BFH v. 04.09.1997 – IV R 40/96, BFH/NV 1998, 569; v. 22.04.1998 – XI R 28/97, BStBl. II 1998, 665.
367 BFH v. 04.06.1991 – X R 136/87, BStBl. II 1992, 70; v. 27.07.1994 – X R 97/92, BStBl. II 1994, 934: Aktivierung der einmaligen Erwerbskosten wie Notar- und Gerichtskosten, GrESt, Maklerprovision als Anschaffungskosten.
368 BFH v. 04.06.1991 – X R 136/87, BStBl. II 1992, 70.
369 BFH v. 19.10.1993 – VIII R 87/91, BFHE 172, 376. Nach Auffassung des IX. Senats handelt es sich – im Bereich von VuV und beim Erwerb des Erbbaurechts von einem Dritten – um Anschaffungskosten (BFH v. 23.11.1993 – IX R 84/92,

IV. Diese Auffassung ist praktikabel, auch wenn die Aufteilung in ein Anschaffungsgeschäft und ein laufendes Nutzungsverhältnis inkonsequent ist; dogmatisch zutreffend ist die Einordnung als Anschaffungsgeschäft. Das Erbbaurecht kann – je nach Ausgestaltung – entweder Nutzungsverhältnis oder (alternativ) Wirtschaftsgut sein.[370]

V. Der Verzicht eines Erbbauberechtigten auf seinen bei Heimfall entstehenden Ersatzanspruch ist als zusätzliches Nutzungsentgelt des Erbbaurechtsverpflichteten pro rata temporis zu erfassen. Bilanziell ist der Vorgang wohl am besten „per Heimfallanspruch an Rechnungsabgrenzungsposten" in Höhe des gemeinen Werts des Gebäudes zu behandeln und über die Jahre „per RAP an Ertrag" aufzulösen. Bei Heimfall ist dann eine entsprechende Umbuchung vorzunehmen: „per Gebäude an Heimfallanspruch". Eine Bilanzierung des Gebäudes kann vor dem Heimfall noch nicht vorgenommen werden; denn es steht dem Erbbaurechtsverpflichteten zur Zeit des Bestehens des Erbbaurechts weder als rechtlichem noch als wirtschaftlichem Eigentümer zu. Diese Beurteilung kommt auch in der vorgeschlagenen bilanziellen Abbildung zutreffend zum Ausdruck.[371]

Ergebnis:

Neben den laufenden Erbbauzinsen kann E die Nebenkosten zeitanteilig absetzen.

3. Bewegliche und unbewegliche Wirtschaftsgüter

136 **§ Fall 14: Das bewegliche Rohrleitungsnetz**

Das Wasserversorgungsunternehmen W investiert in jedem Jahr erhebliche Beträge in die Erweiterung, Verstärkung und Erneuerung des vorhandenen Wasserversorgungs-Rohrnetzes und behandelt jede Neuverlegung und Erneuerung der Rohre als selbstständiges Wirtschaftsgut. Das FA ist hingegen der Meinung, dass es sich um eine Verbindung der neuen Rohre mit dem nicht neuen Wirtschaftsgut des vorhandenen Rohrleitungsnetzes handele und versagt die beantragte Investitionszulage.
Zu Recht?

137 I. W kann die Investitionszulage gemäß § 2 Abs. 1 InvZulG 2010 nur beanspruchen, wenn die Investitionen zu neuen abnutzbaren und beweglichen Wirtschaftsgütern führen.[372]

II. Die Unterscheidung „beweglich/unbeweglich" ist nur bei körperlichen Gegenständen zu treffen, nicht dagegen bei den sog. Finanzwerten und den immateriellen Wirtschaftsgütern.[373] Bedeutung hat die Unterscheidung für § 6 Abs. 2 EStG, andere Abschreibungsregelungen und auch für die Gewährung von Investitionszulagen. Die Unterscheidung wird vorgenommen unter Rückgriff auf die Regelungen des bürgerlichen Rechts über die wesentlichen Gebäudebestandteile und Scheinbestandteile in §§ 93 ff. BGB.[374]

Unbewegliche Wirtschaftsgüter sind insbesondere Grund und Boden, Gebäude, Gebäudeteile, Eigentumswohnungen, Bodenschätze und sonstige unbewegliche Wirtschaftsgüter, wie Hofbefestigungen, Einfriedungen, Ladeneinbauten, Trennwände oder eine Tankstellenüberdachung.[375]

BStBl. II 1994, 292; BMF v. 10.12.1996, BStBl. I 1996, 1440); s. auch Schmidt/Weber-Grellet § 5 EStG Rn. 270 ‚Erbbaurecht'.

370 Weber-Grellet FR 2018, 612; zu BFH v. 09.11.2017 – IX R 25/15, BStBl. II 2018, 518.

371 BFH v. 11.12.2003 – IV R 42/02, DStR 2004, 447.

372 Zum begrenzten Investitionszeitraum s. § 4 Abs. 1 InvZulG 2010 (spätester Beginn vor dem 01.01.2014).

373 BFH v. 03.07.1987 – III R 7/86, BStBl. II 1987, 728 und v. 24.08.1989 – IV R 38/88, BStBl. II 1989, 1016.

374 BFH v. 31.07.1997 – III R 247/94, BFH/NV 1998, 215.

375 BFH v. 28.09.2000 – III R 26/99, BStBl. II 2001, 137.

Bewegliche Wirtschaftsgüter sind transportable Sachen, Scheinbestandteile (§ 95 BGB), Betriebsvorrichtungen (§ 68 Abs. 2 Nr. 2 BewG),[376] abgebaute Bodenschätze,[377] Schiffe, Feldinventar und stehende Ernte;[378] vgl. auch R 7.1 Abs. 2–4 EStR.

III. Das Rohrleitungsnetz des W zählt zu den (beweglichen) Betriebsvorrichtungen, da durch sie das Unternehmen des W unmittelbar betrieben wird. Jedoch ist das Rohrnetz als **einheitliches Wirtschaftsgut** zu beurteilen, sodass die Erweiterung dieses Netzes nicht als die Herstellung eines selbstständigen Wirtschaftsguts angesehen werden kann.[379]

Ergebnis:

Das FA hat den Antrag auf Investitionszulage zu Recht zurückgewiesen.

4. Abnutzbare und nicht abnutzbare Wirtschaftsgüter

Abnutzbar sind gemäß § 7 Abs. 1 EStG Wirtschaftsgüter, wenn sich ihre Verwendung oder Nutzung zur Erzielung von Einnahmen erfahrungsgemäß auf einen begrenzten Zeitraum erstreckt[380] (Wertverzehr durch Nutzung oder Zeitablauf); abnutzbar sind in der Regel alle beweglichen Sachen, aber auch unbewegliche Wirtschaftsgüter (§ 6 Abs. 1 Nr. 1 EStG); auch immaterielle Wirtschaftsgüter (z. B. GAP-Zahlungsansprüche) können abnutzbar sein.[381] **138**

Nicht abnutzbare Wirtschaftsgüter sind der Grund und Boden, die sog. Finanzwerte und zeitlich unbefristete Rechte, z. B. Verkehrskonzessionen;[382] auch Sammlungs- und Anschauungsgegenstände, z. B. Gemälde alter Meister.[383]

Die Unterscheidung ist von Bedeutung für die Anwendung der §§ 6 Abs. 1 Nr. 1, Abs. 2, 7 EStG und für weitere Vorschriften über Sonderabschreibungen, erhöhte Absetzungen und Investitionszulagen.

5. Selbstständige Wirtschaftsgüter, Bestandteile, Anteile

Ein Wirtschaftsgut ist bilanzsteuerrechtlich eine „Ansatz- und Bewertungseinheit". **139** Was einzubeziehen ist, bestimmt sich nach dem (einheitlichen) **Nutzungs- und Funktionszusammenhang**, dem Grundsatz der Einzelbewertung (§ 252 Abs. 1 Nr. 3 HGB) und der Verkehrsanschauung. Grundsätzlich ist **jede Sache i. S. d. § 90 BGB** auch ein selbstständiges Wirtschaftsgut.[384] Abweichend vom BGB (§§ 93, 94) können auch **wesentliche Bestandteile** einer Sache (z. B. ein Gebäude) ein selbstständiges Wirtschaftsgut bilden. Ein Gebäude wiederum besteht aus mehreren Wirtschaftsgütern, wenn die einzelnen Teile in verschiedenen Funktions- und Nutzungszusammenhängen stehen; ebenso reale Teile des Grund und Bodens[385] (R 4.2 Abs. 4 EStR) oder die Gegenstände einer Verkaufsausstellung.[386]

---

376 BFH v. 11.04.2019 – IV R 3/17, BFH/NV 2019, 1076 (für eine Zuwegung).
377 BFH v. 20.04.2001 – IV B 53/00, BFH/NV 2001, 1256.
378 BFH v. 16.11.1978 – IV R 160/74, BStBl. II 1979, 138.
379 BFH v. 11.01.1991– III R 60/89, BStBl. II 1992, 5.
380 BFH v. 26.01.2001 – VI R 26/98, BStBl. II 2001, 194.
381 BFH v. 21.10.2015 – IV R 6/12, BB 2016, 1136 (dazu Weber-Grellet BB 2017, 43, 45); BMF v. 13.12.2016, DokNr 2016/1127824.
382 BFH v. 10.08.1989 – X R 176, 177/87, BStBl. II 1990, 15; BFH v. 28.05.1998 – IV R 48/97, BStBl. II 1998, 775.
383 So BFH v. 09.08.1989 – X R 133/87, BStBl. II 1990, 50.
384 BFH v. 28.11.2002– III R 4/00, BStBl. II 2003, 365.
385 Vgl. BFH v. 26.11.1973 – GrS 5/71, BStBl. II 1974, 132; BFH v. 11.06.1997 – XI R 77/96, BStBl. II 1997, 774.
386 BFH v. 09.08.2001 – III R 30/00, BStBl. II 2001, 842.

Auf demselben Grundstück freistehende Gebäude bilden in der Regel mehrere Wirtschaftsgüter; bei miteinander verbundenen Gebäuden ist der Nutzungs- und Funktionszusammenhang entscheidend.[387] Hof- und Platzbefestigungen, Straßenzufahrten, Befestigungen für Stellplätze und Umzäunungen von Betriebsgrundstücken sind keine Gebäudeteile, sondern selbstständige unbewegliche Wirtschaftsgüter.[388]

Gebäudebestandteile, die üblicherweise der Nutzung des Gebäudes dienen, wie z. B. Heizungs-, Belüftungs- und Sprinkleranlagen sowie sonstige Installationen, Fahrstühle, Rolltreppen, sind keine selbstständigen Wirtschaftsgüter[389] (vgl. auch R 4.2 Abs. 3 EStR).

Ausnahmsweise können wesentliche Gebäudebestandteile, die besonderen Zwecken dienen, **wegen ihres separaten Nutzungs- und Funktionszusammenhangs** selbstständige Wirtschaftsgüter sein, z. B.:

- **Ladeneinbauten, -umbauten, Schaufensteranlagen**[390] (R 4.2 Abs. 3 Nr. 3 EStR);
- **Betriebsvorrichtungen**, wie Kraftstromanlagen, Lastenaufzüge, Kühlvorrichtungen, die einer unmittelbaren gewerblichen Nutzung dienen[391] (R 7.1 Abs. 3 EStR);
- **Mietereinbauten und -umbauten** (vgl. R 4.2 Abs. 3 Nr. 4 EStR; H 4.2. Abs. 3 EStH);[392]
- **Scheinbestandteile** (Einbau zu einem vorübergehenden Zweck, § 95 Abs. 2 BGB), R 7.1 Abs. 4 EStR;
- **sonstige selbstständige Gebäudeteile** (bei unterschiedlichen Funktions- und Nutzungszusammenhängen), R 4.2 Abs. 3 Nr. 5, Abs. 4 EStR.

Bodenschätze, die unter dem Grundstück ruhen, sind bis zu ihrer Erschließung grundsätzlich nur unselbstständige Bestandteile des Wirtschaftsguts „Grund und Boden".[393] Feldinventar und stehende Ernte sind in der Regel selbstständige Wirtschaftsgüter des Umlaufvermögens.[394]

Bei **Bruchteilseigentum** (Miteigentum) sind (mindestens) so viele Wirtschaftsgüter gegeben, wie Eigentümer vorhanden sind;[395] Entsprechendes gilt grundsätzlich für Wirtschaftsgüter, die im Gesamthandseigentum stehen (vgl. § 39 Abs. 2 Nr. 2 AO).[396]

---

387 BFH v. 28.02.2003 – IV B 19/01, BFH/NV 2003, 1159. Wegen der Selbstständigkeit von Anbauten und Erweiterungen vgl. BFH v. 20.02.1975 – IV R 79/74, BStBl. II 1975, 510.

388 BFH v. 04.03.1998 – X R 151/94, BFH/NV 1998, 1086.

389 BFH v. 07.10.1983– III R 138/80, BStBl. II 1984, 262.

390 Vgl. BFH v. 26.11.1973 – GrS 5/71, BStBl. II 1974, 132.

391 Vgl. BFH v. 05.09.2002 – III R 8/99, BStBl. II 2002, 877.

392 BFH v. 19.08.1998 – XI R 8/96, BStBl. II 1999, 18; BFH v. 14.02.2007 – XI R 18/06, DStR 2007, 855.

393 BFH v. 04.09.1997 – IV R 88/96, BStBl. II 1998, 657; BFH v. 04.12.2006 – GrS 1/05, BStBl. II 2007, 508.

394 BFH v. 23.04.1998 – IV R 25/97, BFH/NV 1998, 1470.

395 BFH v. 30.01.1995 – GrS 4/92, BStBl. II 1995, 281.

396 Auch nach der Neuregelung durch das MoPeG (vgl. § 39 Abs. 2 Nr. 2 AO i. d. F. KreditzweitmarktförderungsG, BGBl. I 2023 Nr. 411, 59).

Grundstücksbestandteile 140

Grund und Boden
Selbstständiges und nicht abnutzbares Wirtschaftsgut unabhängig davon, ob bebaut oder unbebaut

Gebäude
Selbstständiges und abnutzbares Wirtschaftsgut; ggf. auch mehrere Wirtschaftsgüter bei verschiedenen Funktions- und Nutzungszusammenhängen (R 4.2 Abs. 4 EStR)

Außenanlagen
Selbstständige und abnutzbare unbewegliche Wirtschaftsgüter,
z.B.: Wegebefestigungen, Hofbefestigungen, Umzäunung

Zubehör
Selbstständige, bewegliche und abnutzbare Wirtschaftsgüter
z.B.: Mülltonnen, Rasenmäher, Brennstoffe, Treppenläufer, Flurbeleuchtungskörper, Klimagerät

Gebäudebestandteile 141

Unselbstständige Gebäudebestandteile
Heizungsanlage, Personenfahrstuhl, Rolltreppen, sanitäre Anlagen
(R 4.2 Abs. 5 EStR)

↓

Stl. Behandlung:
Bilanzierung und Abschreibung einheitlich mit dem Gebäude

Selbstständige Gebäudeteile
Gebäudeteile, die nicht in einem einheitl. Nutzungs- und Funktionszusammenhang mit dem Gebäude stehen, sondern besonderen Zwecken dienen, mithin in einem von der eigentlichen Gebäudenutzung verschiedenen Nutzungs- und Funktionszusammenhang stehen

Betriebsvorrichtungen
(R 7.1 Abs. 3 EStR)

↓

Stl. Behandlung:
Selbstständige, bewegl. Wirtschaftsgüter des Anlagevermögens

Scheinbestandteile (Einbauten für vorübergehende Zwecke;
R 7.1 Abs. 4 EStR)

- Vom Stpfl. für seine eigenen Zwecke vorübergehend eingefügte Anlagen
- Vom Gebäudeeigentümer zur Erfüllung besonderer Bedürfnisse des Mieters oder Pächters eingefügte Anlagen, deren Nutzungsdauer nicht länger als die Laufzeit des Vertragsverhältnisses ist

↓

Stl. Behandlung:
Selbstständige, bewegliche Wirtschaftsgüter des Anlagevermögens

Ladeneinbauten,
Schaufensteranlagen, Gaststätteneinbauten sowie ähnliche Einbauten (R 4.2 Abs. 3 S. 3 Nr. 3 EStR)

↓

Stl. Behandlung:
Selbstständige, unbewegl. Wirtschaftsgüter des Anlagevermögens; Nutzungsdauer ca. 5–10 Jahre, AfA gem. § 7 Abs. 5a EStG

Sonstige selbstständige Gebäudeteile
(R 4.2 Abs. 4 EStR)
Hierbei können sich je nach Nutzung vier selbstständige Wirtschaftsgüter ergeben:
1. eigenbetrieblich genutzter Teil
2. fremdbetrieblich genutzter Teil
3. zu fremden Wohnzwecken genutzter Teil
4. eigenen Wohnzwecken dienender Teil

↓

Stl. Behandlung:
Unbewegl. Wirtschaftsgüter (§ 7 Abs. 5a EStG); unterschiedl. AfA-Methoden (§ 7 Abs. 4 oder 5 EStG sind zulässig; R 7.4 Abs. 5 EStR)

142 **Eigenbetrieblich genutzte Gebäude und -teile auf fremdem Grund und Boden**

Gebäudehersteller und -benutzer ist wirtschaftlicher (und/oder rechtlicher) Eigentümer des Gebäudes oder Gebäudeteils (§ 39 AO)

- **Rechtliches (und wirtschaftliches) Eigentum beim Bauherrn**
  Gebäude ist Scheinbestandteil **(§ 95 BGB)**
- **Wirtschaftliches (ohne rechtliches) Eigentum beim Bauherrn**
  Es gelten die Kriterien wie bei **Mietereinund -umbauten** (4.2 Abs. 3 EStR)

In beiden Fällen Aktivierung des Gebäudes oder Gebäudeteils beim Bauherrn mit den Herstellungskosten. AfA gemäß § 7 Abs. 4, 5 und 5a EStG

Gebäudehersteller und -benutzer ist weder wirtschaftlicher noch rechtlicher Eigentümer des Gebäudes oder Gebäudesteils

- **Kein Verzicht auf die Anwendung des § 951 BGB**
  Das Nutzungsrecht ist nach h. M. wie ein materielles, unbewegliches, abnutzbares Wirtschaftsgut zu aktivieren. AfA nach den für Gebäude geltenden Grundsätzen. Bei Betriebsbeendigung tritt Gewinnrealisierung ein in Höhe der Differenz zwischen Buchwert und Ausgleichsforderung (BFH v. 11.02. 1987 – III R 188/81, BStBl. 1988 II, 493; a. A. wohl BFH v. 19.12.2012 – IV R 29/09, BStBl. 2013 II, 387). Bei einem vorzeitigen Wegfall des Nutzungsrechts infolge Betriebsverlegung kann der Restbuchwert (wegen des weiter bestehenden Ausgleichsanspruchs) nicht gewinnmindernd abgeschrieben werden (BFH v. 17.03.1989 – III R 58/87, BStBl. 1990 II, 6).
- **Verzicht auf die Anwendung des § 951 BGB**
  - **zugunsten einer entgeltlichen Nutzungsvereinbarung**
    Die Baukosten sind als RAP zu aktivieren und auf die voraussichtliche Nutzungsdauer zu verteilen. Bei Beendigung der Nutzung ist ein eventuell vorhandener Restbuchwert erfolgswirksam aufzulösen (BFH v. 20.05. 1988 – III R 151/86, BStBl. 1989 II, 269).
  - **aus privaten Gründen**
    Kein einlegbares Wirtschaftsgut; es entstehen weder Werbungskosten (BFH v. 31.10. 1978 – VIII R 196/77, BStBl. 1979 II, 401) noch Betriebsausgaben; bezüglich der Gebäude-AfA vgl. BFH v. 20.05. 1988 – III R 151/86, BStBl. 1989 II, 269.

6. Herstellungsaufwand – Erhaltungsaufwand – anschaffungsnahe Aufwendungen

143 Zu den zu aktivierenden Aufwendungen gehören nicht nur Herstellungskosten, die zur Schaffung eines neuen Wirtschaftsguts führen, sondern entsprechend § 255 Abs. 2 HGB auch solche **Aufwendungen an einem bestehenden Wirtschaftsgut**, die dazu führen, dass das Wirtschaftsgut erweitert oder über den ursprünglichen Zustand hinaus wesentlich verbessert wird („zusätzliches Nutzungspotenzial";[397] R 21.1 Abs. 2 EStR).

144 a) **Herstellungskosten durch „Erweiterung":** Bei einem Gebäude ist eine Erweiterung u. a. gegeben, wenn seine Substanz vermehrt, seine nutzbare Fläche vergrößert wird oder wenn Bestandteile eingebaut werden, die bisher nicht vorhanden waren, z. B. wenn neuer Wohnraum durch einen Anbau, den Ausbau eines Dachgeschosses oder den Ausbau eines Lichthofes geschaffen wird. Eine „Erweiterung" muss eine Erweiterung der Nutzungsmöglichkeit des Gebäudes zur Folge haben. Trotz des Einbaus

397 Vgl. BFH v. 29.07.2003 – X B 135/02, BFH/NV 2003, 1574; v. 24.04.2007 – X B 161/06, BeckRS 2007, 25011619; Neufang StB 2011, 392.

neuer Bestandteile liegen daher keine nachträglichen Herstellungskosten vor, wenn die Funktion des eingebauten Gegenstands im Wesentlichen derjenigen entspricht, die der ausgetauschte oder erweiterte Gegenstand hatte.

b) **Herstellungskosten aufgrund einer „wesentlichen Verbesserung“:** Dazu muss durch die Baumaßnahmen nach objektiven Maßstäben der Gebrauchswert des Hauses als Ganzes deutlich erhöht werden.[398] Das ist noch nicht allein deshalb der Fall, weil hohe Aufwendungen getätigt oder eine werterhöhende Modernisierung durchgeführt wurde, die z. B. einem Wohnhaus den modernen Wohnkomfort wiedergibt, der dem ursprünglichen entspricht, mit anderen Worten, wenn es den Zeitumständen angepasst wird. Die Baumaßnahmen müssen darüber hinausgehen. Der vorhandene Raum muss dadurch einer maßgebend höherwertigen Nutzung zugeführt werden. Allein das Zumauern einiger Fenster und Türen und die Erweiterung anderer sowie die Entfernung oder das Versetzen von Zwischenwänden erhöht nicht den objektiven Gebrauchswert des Hauses. 145

Führt die Generalüberholung eines Gebäudes teils zu Erhaltungsaufwendungen, teils zu Herstellungskosten, so müssen Kosten einzelner Baumaßnahmen, die für sich gesehen Erhaltungsmaßnahmen sind, den Herstellungskosten insoweit zugeordnet werden, als sie durch die Herstellungsmaßnahmen bautechnisch bedingt sind.

c) Vom Herstellungsaufwand zu unterscheiden ist der sofort abziehbare **Erhaltungsaufwand**, der regelmäßig dann vorliegt, wenn Aufwendungen gemacht werden, die dazu dienen, die Substanz oder die Verwendungs- und Nutzungsmöglichkeit eines Wirtschaftsguts zu erhalten.[399] Die Asphaltierung einer beschädigten Hoffläche soll hingegen zu Herstellungsaufwand führen.[400] 146

d) **Nachträglicher Herstellungsaufwand** ist dem Wirtschaftsgut zuzuschreiben und im Wege der AfA auf die Restnutzungsdauer zu verteilen. Dabei ist zu prüfen, ob sich die Restnutzungsdauer durch den nachträglichen Herstellungsaufwand verlängert. Werden dabei bisherige Teile des Wirtschaftsguts entfernt, so ist der Betrag, mit dem das entfernte Teil im Buchwert enthalten war, im Wege der Absetzung für außergewöhnliche Abnutzung auszubuchen.[401] Ausgebaute Teile, die noch verwertbar sind, sind aber als selbstständige Wirtschaftsgüter mit dem Betrag zu aktivieren, mit dem sie im Restbuchwert enthalten waren. 147

e) § 6 Abs. 1 Nr. 1 a EStG erfasst unter dem Begriff der **anschaffungsnahen Herstellungskosten** eines Gebäudes auch Aufwendungen für Instandsetzungs- und Modernisierungsmaßnahmen, die innerhalb von drei Jahren nach der Anschaffung des Gebäudes durchgeführt werden, wenn die Aufwendungen (ohne Umsatzsteuer) 15 Prozent der Anschaffungskosten des Gebäudes übersteigen.[402] Zu diesen Aufwendungen gehören nicht die Aufwendungen für Erweiterungen i. S. d. § 255 Abs. 2 S. 1 HGB sowie Aufwendungen für Erhaltungsarbeiten, die jährlich üblicherweise anfallen, auch nicht die Kosten für die Beseitigung von durch Dritte veranlasste Schäden.[403] Der BFH hat den in § 6 Abs. 1 Nr. 1 a EStG normierten Begriff der anschaffungsnahen Aufwendungen weiter präzisiert; auch Schönheitsreparaturen[404] und Kosten für die Herstellung der Betriebsbereitschaft[405] gehören zu den anschaffungsnahen Herstel- 148

398 BFH v. 15.05.2013 – IX R 36/12, BStBl. II 2013, 732.
399 BFH v. 09.05.1995 – IX R 88/90, BStBl. II 1996, 628; v. 17.06.1997 – IX R 30/95, BStBl. II 1997, 802; BMF v. 16.12.1996, BStBl. I 1996, 1442.
400 FG Münster, Urt. v. 22.01.2020 – 13 K 3039/16 E, rkr., DStRE 2020, 462; dazu kritisch Steck DStR 2020, 2766.
401 BFH v. 23.06.1961 – VI 161/60 U, BStBl. III 1961, 401.
402 BFH v. 13.03.2018 – IX R 41/17, BStBl. II 2018, 533; Frantzmann FR 2018, 784 (Geklärte und ungeklärte Fragen).
403 BFH v. 09.05.2017 – IX R 6/16, BStBl. II 2018, 9; Weber-Grellet BB 2018, 43/7.
404 BFH v. 14.06.2016 – IX R 25/14, BStBl. II 2016, 992; dazu Schießl StuB 2016, 719; BMF v. 20.10.2017, BStBl. I 2017, 1447.
405 BFH v. 14.06.2016 – IX R 15/15, BStBl. II 2016, 996.

lungskosten. Nicht zu den anschaffungsnahen Herstellungskosten gehören Erhaltungsaufwendungen, die üblicherweise jährlich anfallen.[406] Der IX. Senat lässt sich in seinen Entscheidungen insbesondere vom Zweck des § 6 Abs. 1 Nr. 1 a EStG leiten.

149 **§ Fall 15: Ein aufwendiger Umbau**

Im Februar 2023 schließt A als Mieter mit B als Vermieter einen Mietvertrag über ein zum Privatvermögen des B gehörendes Grundstück einschließlich des darauf befindlichen Geschäftsgebäudes (Mietdauer: 20 Jahre), um dort zum 01.07.2023 einen Kfz-Handel zu eröffnen. Zu diesem Zweck lässt A mit Zustimmung des B von März 2023 an folgende Baumaßnahmen durchführen:

1. Das bisher als Büro genutzte Erdgeschoss des Geschäftsgebäudes wird zu einer Verkaufshalle für Pkw umgestaltet.

Dabei entstehen folgende Aufwendungen:

■ Einbau größerer Fenster	20.000 €,
■ Entfernen nichttragender Zwischenwände	8.000 €,
■ Verlegung neuartiger bruchfester Fußbodenplatten	30.000 €,
■ Montage neuer Heizkörper	15.000 €,
■ Einbau von Blumen-Pflanzschalen	3.000 €,
■ Decken- und Wandverkleidung	9.000 €,
■ Malerarbeiten	25.000 €.

Nach dem Mietvertrag entsteht für A bei Beendigung des Mietverhältnisses ein Ersatzanspruch in Höhe des auf den Beendigungszeitpunkt zu ermittelnden gemeinen Werts der genannten Einbauten.

2. Ende 2023 müssen die angeblich bruchfesten Fußbodenplatten durch tatsächlich bruchfeste Platten ersetzt werden (Kosten 32.000 €).
3. Um das zweite Stockwerk als Büro nutzen zu können, werden zwei Räume durch einen Mauerdurchbruch miteinander verbunden (Kosten 1.000 €).
4. A errichtet darüber hinaus neben dem Geschäftsgebäude auf dem Grundstück des B eine Gebrauchtwagenhalle (Kosten 480.000 €; betriebsgewöhnliche Nutzungsdauer 40 Jahre).

Alle ursprünglichen Baumaßnahmen werden Ende Juni 2023 abgeschlossen. Vereinbarungsgemäß führt A sämtliche Arbeiten auf eigene Rechnung durch. Die Aufwendungen für die Gebrauchtwagenhalle werden in der Weise angerechnet, dass B auf die monatlich zu entrichtende Miete i.H.v.10.000 € acht Jahre lang – erstmals am 01.07.2021 – einen Nachlass i. H. v. 5.000 € gewährt.
Wie sind die Baumaßnahmen in der Steuerbilanz des A zum 31.12.2023 zu erfassen?

150 I. Umgestaltung des Verkaufsraums

Die gesamten Aufwendungen sind als Herstellungskosten des Wirtschaftsguts **„Ladeneinbau“** zu behandeln (R 4.2 Abs. 3 Nr. 3 EStR); dies gilt auch insoweit, als die einzelnen Aufwendungen für sich betrachtet Erhaltungsaufwand wären (wie z. B. die Malerarbeiten). Zugleich liegt insoweit ein Mietereinbau vor (vgl. R 4.2 Abs. 3 Nr. 4 EStR). Der Ladeneinbau ist daher als materielles unbewegliches Wirtschaftsgut zu aktivieren (§ 5 Abs. 1 EStG).

Der Höhe nach ist der Verkaufsraum gemäß § 6 Abs. 1 Nr. 1 S. 1 EStG mit den Herstellungskosten abzüglich AfA anzusetzen. Da es sich um unbewegliche selbstständige Gebäudeteile handelt (R 4.2 Abs. 3 Nr. 3 EStR), richtet sich die Abschreibung gemäß § 7 Abs. 5 a EStG grundsätzlich nach § 7 Abs. 4 oder 5 EStG. Aufgrund der kurzen Nutzungsdauer des Ladeneinbaues (fünf bis zehn Jahre) und des Gebots der Vollabschreibung eines Wirtschaftsguts während der Nutzungsdauer (§ 253 Abs. 3 S. 1 HGB, R 7.4 Abs. 3 EStR), kommt die eine Nutzungsdauer von 25 bzw. 50 Jahren unterstellende degressive AfA nach § 7 Abs. 5 EStG nicht in Betracht. Der Ladeneinbau ist vielmehr **linear nach Maßgabe der voraussichtlichen Nutzungsdauer abzuschreiben** (§ 7 Abs. 4 S. 2 EStG). Da diese Abschreibung nur zeitanteilig angesetzt werden kann (R 7.4 Abs. 2 S. 1 EStR), kann für 2021 nur die Hälfte des Jahres-AfA-

406 BFH v. 14.06.2016 – IX R 22/15, BStBl. II 2016, 999.

Betrags berücksichtigt werden. Daraus ergibt sich bei Annahme einer betriebsgewöhnlichen Nutzungsdauer von fünf Jahren der Bilanzansatz für den Ladeneinbau wie folgt:

gesamte Herstellungskosten	110.000 €
./. AfA (1/2 von 1/5)	11.000 €
Buchwert zum 31.12.2023	99.000 €

Bei den Aufwendungen für die Erneuerung des Fußbodens handelt es sich um **Erhaltungsaufwendungen** auf das Wirtschaftsgut „Ladeneinbau", die sofort abziehbar sind (§ 4 Abs. 4 EStG; R 21.1 Abs. 1 EStR) und den Buchwert des Ladeneinbaus nicht berühren.

II. Mauerdurchbruch

Obwohl insoweit ein materielles Wirtschaftsgut eigentlich nicht entstanden ist, sind die Aufwendungen für den Durchbruch nach der im o.a. Schreiben des BMF wiedergegebenen Auffassung der Rspr. und der Finanzverwaltung als ein materielles Wirtschaftsgut **„sonstiger Mietereinbau"** und damit als selbstständiger Gebäudeteil zu behandeln (vgl. auch R 4.2 Abs. 3 Nr. 4 EStR). Der BFH hat in seiner neueren Rspr. jedoch klargestellt, dass es sich der Sache nach eigentlich nicht um selbstständige Gebäudeteile, sondern um sog. „verbesserte Nutzungsvorteile" handelt, die nur dem Grunde nach wie materielle Wirtschaftsgüter zu aktivieren sind, mit der Folge, dass sich die AfA nicht nach § 7 Abs. 4, 5 EStG, sondern nach § 7 Abs. 1 EStG bemisst.

Bei zeitanteiliger Berechnung der AfA (R 7.4 Abs. 2 S. 1 EStR) ergibt sich folgender Bilanzansatz:

Herstellungskosten	1.000 €
./. AfA (für 6 Monate; 1/2 von 1/20)	25 €
Buchwert zum 31.12.2023	975 €

III. Errichtung der Gebrauchtwagenhalle

Von Mietern errichtete Bauten auf fremdem Grund und Boden werden grundsätzlich nach den für Mietereinbauten geltenden Regeln behandelt (R 4.2 Abs. 3 Nr. 4, R 7.1 Abs. 6 EStR):

Mietereinbau per 30.06.2023	480.000 €
Nachlass in 2023 (6 x 5.000)	./. 30.000 €
Anteilige AfA (450.000 : 40 : 1/2)	./. 5.625 €
Buchwert per 31.12.2023	444.375 €

Ergebnis:

Die Aufwendungen für die Umgestaltung des Verkaufsraumes sind als selbstständiges Wirtschaftsgut „Ladeneinbau" zu erfassen. Der Mauerdurchbruch bildet ein „para-materielles" Wirtschaftsgut. Die Zahlungen für die Gebrauchtwagenhalle sind als Mietereinbau zu aktivieren und der Nutzungsdauer entsprechend abzuschreiben.

7. Immaterielle Wirtschaftsgüter (§ 5 Abs. 2 EStG)

a) Begriff des immateriellen Wirtschaftsguts

Zu den immateriellen Wirtschaftsgütern gehören – mit Ausnahme der sog. Finanzanlagen – alle unkörperlichen Gegenstände (vgl. R 5.5 Abs. 1 EStR). 151

Das sind:[407]

- **Rechte** (z. B. Patente, Gebrauchsmuster, Warenzeichen, Urheberrechte, Leistungsschutzrechte),
- **Rechtspositionen** (z. B. Nutzungsberechtigungen an Sachen und Rechten aufgrund schuldrechtlicher Verträge, Belieferungsrechte, Vertriebsrechte, abgesicherte Geschäftsbeziehungen, Wettbewerbsverbote, Gewerbeberechtigungen, Konzessionen, Kontingente, Quoten) und
- **rein wirtschaftliche Werte**, wie ungeschützte Erfindungen, Rezepte, Know-how, Film- und Tonaufzeichnungen, Konzepte.[408]

EDV-Software[409] ist in der Regel ein immaterielles (unkörperliches) WG, und zwar nicht nur System- und Anwender-Individualsoftware,[410] sondern auch Anwender-Standardsoftware;[411] ausgenommen sind Datenträger, die nur Datenbestände und keine Befehle enthalten, und Trivialprogramme (R 5.5 Abs. 1 S. 2, 3 EStR, H 5.5. EStH: Programme, deren AK nicht mehr als 800 € betragen, stets materielle bewegliche WG). Technische Geräte, in deren Gehäuse ein EDV-Programm zur Steuerung fest eingebaut ist (z. B. Produktionsroboter), sind insgesamt (einschließlich verdrahteter Software) ein einheitliches materielles (körperliches) Wirtschaftsgut.[412]

Sind materielle und immaterielle Werte miteinander verknüpft (z. B. Kosten einer Baugenehmigung als Anschaffungsnebenkosten des Gebäudes oder eine Abonnentenkartei als Zubehör zum immateriellen Wirtschaftsgut „Abonnentenstamm"), ist der Wert mit der Hauptfunktion maßgebend.[413]

Bei den immateriellen Anlagegütern ist zu unterscheiden zwischen den sog.

- **Einzelwirtschaftsgütern** (z. B. Patente) und den sog.
- **Gesamtwirtschaftsgütern**, insbesondere dem Geschäfts- oder Firmenwert (= der über den Substanzwert hinausgehende Mehrwert eines Unternehmens).

Auch nach Änderung des § 6 Abs. 1 Nr. 2 EStG und Einführung des § 7 Abs. 1 S. 3 EStG gibt es nach wie vor neben abnutzbaren[414] auch nicht abnutzbare immaterielle Wirtschaftsgüter (z. B. Brennrechte, Verkehrsgenehmigungen; „ewige" Rechte).[415]

b) Nutzungsrechte

152 **Fall 16: Unentgeltliche (Pkw-)Nutzung**

Ehefrau A überlässt ihren privat angeschafften Pkw ihrem Ehemann B zur unentgeltlichen Nutzung in dessen Gewerbebetrieb. Ehemann B macht die auf den Pkw entfallende Absetzung für Abnutzung (AfA) geltend. Das Finanzamt erkennt die AfA nicht an. Zu Recht?

153 I. Auf den Pkw kann B keine Absetzungen gemäß § 7 EStG vornehmen, da der Pkw durch die Gebrauchsüberlassung nicht Betriebsvermögen (§ 4 Abs. 1 EStG) geworden ist, vgl. unten II. 2.

407 Vgl. Weber-Grellet Steuerbilanzrecht § 8 Rn. 23; BeBiKo § 247 HGB Rn. 270 ff.

408 BFH v. 10.12.1992 – XI R 45/88, BStBl. II 1993, 538/42.

409 Vgl. Kuhner HdJ II/1 Rn. 51 f.; Falterbaum, 13.3. – Zur Begriffsbestimmung von (Computer-)„Hardware" und „Software" und zur Nutzungsdauer vgl. BMF v. 26.02.2021, BStBl. I 2021, 298; Korn ködsi 2022, 22616; kritisch Althoff BB 2021, 1066.

410 BFH v. 08.02.1996 – III R 76/90, BFH/NV 1996, 643.

411 BFH v. 28.07.1994 – III R 47/92, BStBl. II 1994, 873; v. 13.03.1997 – V R 13/96, BStBl. II 1997, 372.

412 BFH v. 03.07.1987 – III R 7/86, BStBl. II 1987, 728; BMF v. 18.11.2005, BStBl. I 2005, 1025.

413 BFH v. 28.05.1979 – I R 1/76, BStBl. II 1979, 734; Weber-Grellet Steuerbilanzrecht § 8 Rn. 23.

414 Z. B. Zuckerrübenlieferrecht (BFH v. 17.03.2010 – IV R 3/08, BStBl. II 2014, 512).

415 Vgl. BMF v. 20.11.1986, BStBl. I 1986, 532; BFH v. 18.02.1993 – IV R 40/92, BStBl. II 1994, 224; s. Rn. 158.

II. B könnte aber von A ein abnutzbares obligatorisches Nutzungsrecht unentgeltlich erworben und in seinen Betrieb eingelegt haben.

1. **Nutzungsrechte** dinglicher Art (z. B. Nießbrauch, Dienstbarkeit) oder schuldrechtlicher Art (z. B. Miet-, Pacht- oder Leihverträge), die **eine gesicherte Rechtsposition** gewähren, können Wirtschaftsgüter sein.[416]

> **Beispiel**
>
> Aktivierung des Mietrechts bei Eintritt in einen bestehenden Mietvertrag gegen Zahlung eines einmaligen Entgelts.

Nutzungsrechte sind zu aktivieren bei entgeltlichem Erwerb (bzw. bei Einlage oder bei gesellschaftlich veranlasster Übertragung vom Gesellschafter auf die Kapitalgesellschaft), sofern nicht die Grundsätze ordnungsmäßiger Buchführung bzgl. der Behandlung schwebender Geschäfte entgegenstehen.[417] Nutzungsrechte (und Nutzungen) sind nach allgemeinen bilanzsteuerrechtlichen Regeln zu behandeln. Im Fall unentgeltlich bezogener Nutzungen und unentgeltlich erworbener Nutzungsrechte sind der Subjektsteuercharakter der Einkommensteuer und das Drittaufwandsabzugsverbot zu beachten.[418]

2. **Grundfall (mit Abwandlungen):** A schließt mit B einen Mietvertrag ab: schwebendes Geschäft; Dauerschuldverhältnis; A erzielt Einkünfte aus § 21 EStG. – **1. Abwandlung:** Der Fall spielt im gewerblichen Bereich: Einkünfte nach § 15 EStG; keine Bilanzierung; erfasst werden nur die laufenden Leistungen; nur Aufwand (bei B) und Ertrag (bei A). – **2. Abwandlung:** A verkauft ein „Mietrecht“ für 10 Jahre; (= B erwirbt die Nutzung gegen Einmalzahlung): bei A RAP (per Geld an RAP); bei B: (1) Mietrecht an Geld; (2) per Aufwand an Mietrecht pro rata temporis. – **3. Abwandlung:** A legt privat erworbenes Mietrecht in seinen Betrieb ein: (1) bei unentgeltlichem Erwerb: keine Teilwert-Einlage; kein Aufwand; (2) bei entgeltlichem Erwerb: (a) Aktivierung mit Rest-AK; (b) AfA pro rata temporis (Übertragung von „Nutzungspotenzial“). – **4. Abwandlung:** B nutzt betrieblich ein Nutzungsrecht des A: kein Abzug, da Drittaufwand. Der Nutzende kann Aufwendungen des Eigentümers, insbesondere die AfA, grundsätzlich nicht als **Drittaufwand** abziehen[419] (Ausnahme bei Miteigentum und Mitfinanzierung; keine Sonderbehandlung für Eheleute).[420] Weitgehend geklärt schien die dogmatische Behandlung der **Fremdbauten als WG.**[421] Abgekürzter Zahlungsweg und auch abgekürzter Vertragsweg werden anerkannt.[422]
3. Die Rspr. hatte in der Vergangenheit angenommen, der das Miteigentum seines Ehegatten am Praxisanteil nutzende Steuerpflichtige könne ein unentgeltlich erlangtes Nutzungsrecht in seinen Betrieb einlegen und gewinnmindernd abschreiben.[423] Diese Möglichkeit besteht nach der Entscheidung des Großen Senats vom 26.10.1987[424] nicht mehr, weil auch mittels Einlage und Abschreibung eines Nutzungsrechts Erträge nicht der Besteuerung entzogen und Ausgaben eines Dritten nicht gewinnmindernd geltend gemacht werden dürfen.[425]

---

416 BFH v. 14.03.2006 – I R 109/04 BFH/NV 2006, 1812; im Einzelnen Weber-Grellet BB 2023, 1963; Ebber, Die Abbildung von Nutzungsrechten in Handels- und Steuerbilanz, 193 f.
417 BFH v. 12.08.1982 – IV R 184/79, BStBl. II 1982, 696, 700; BFH v. 19.06.1997 – IV R 16/95, BStBl. II1997, 808.
418 Weber-Grellet BB 2023, 1963.
419 Z. B. BFH v. 17.12.2007 – GrS 2/04, DStR 2008, 545, unter D III 2 zum nicht übertragbaren Erblasseraufwand.
420 BFH v. 23.08.1999 – GrS 1/97 f, BStBl. II 1999, 774 ff.
421 BFH v. 14.02.2007 – XI R 18/06, BStBl. II 2009, 957; s. aber BFH v.19.12.2012 – IV R 29/09, BStBl. II 2013, 387; Rn. 126.
422 BFH v. 15.01.2008 – IX R 45/07, DStR 2008, 495.
423 BFH v. 22.01.1980 – III R 38/76, BStBl. II 1980, 244; v. 20.11.1980 – IV R 117/79, BStBl. II 1981, 68.
424 BFH v. 26.10.1987 – GrS 2/86, BStBl. II 1988, 348, 353, 354 (bestätigt durch BFH v. 04.12.2006 – GrS 1/05, BStBl. II 2007, 508).
425 BFH v. 20.09.1990 – IV R 300/84, BStBl. II 1991, 82.

M. E. ist die bisherige Rspr. durch den Beschluss des Großen Senats vom 04.12.2006 GrS 1/05[426] überholt; die dort entwickelten Grundsätze sind auf Nutzungsrechte zu übertragen.[427] Auf der Grundlage dieses Beschlusses ist der entscheidende Grund für die Versagung von Absetzungen für Abnutzung auf ein unentgeltlich erlangtes Nutzungsrecht nicht der drohende „Besteuerungsentzug" der Nutzungserträge als solcher, sondern der vom Gesetz nicht vorgesehene Umstand, dass dieser Besteuerungsentzug ohne eigene Aufwendungen des Nutzungsberechtigten geschehen würde.[428]

Unentgeltlich erworbene und eingelegte Nutzungsrechte sind danach gemäß § 6 Abs. 1 Nr. 5 S. 1 Hs. 1 EStG mit dem Teilwert zu bewerten; allerdings sind mangels Anschaffungskosten erfolgswirksame Absetzungen für Abnutzung auf den Teilwert nach § 7 EStG unzulässig. Der Teilwert ist erfolgsneutral um Absetzungen für Abnutzung zu mindern, um im Fall der Entnahme oder Veräußerung des Nutzungsrechts die Wertveränderung des entnommenen bzw. veräußerten Nutzungspotenzials ermitteln zu können. Bei einer Entnahme ist das verbliebene und entnommene Nutzungspotenzial mit dem zu diesem Zeitpunkt vorhandenen Teilwert zu bewerten. Der fortgeführte ursprüngliche (anteilige) Teilwert ist gegenzurechnen. In Höhe der Differenz ist die Entnahme erfolgswirksam. Entsprechend ist im Fall der Veräußerung zu verfahren.

Ergebnis:

Da keine erfolgswirksamen Absetzungen auf das Nutzungsrecht vorgenommen werden dürfen, hat das Finanzamt die AfA zu Recht versagt. Auch die übrigen Aufwendungen der A (etwa Benzin) können – da Drittaufwand – nicht abgesetzt werden.

c) Aktivierung immaterieller Wirtschaftsgüter

154 Nach § 5 Abs. 2 EStG ist für immaterielle Wirtschaftsgüter des Anlagevermögens ein Aktivposten nur anzusetzen, wenn sie entgeltlich erworben wurden.[429] Daraus folgt:

155 **aa)** Bei entgeltlichem Erwerb **müssen** immaterielle Anlagegüter bilanziert werden.

Entgeltlicher Erwerb ist der von einem Dritten abgeleitete Erwerb, im Allgemeinen durch Rechtsgeschäft, aber auch durch Hoheitsakt.[430] Die Aufwendungen müssen als Gegenleistung dafür erbracht werden, dass der immaterielle Anlagewert aus dem Vermögen des Vertragspartners in das Vermögen des Erwerbers übergeht. Ein entgeltlicher Erwerb ist auch gegeben, wenn das Wirtschaftsgut durch den Abschluss eines Rechtsgeschäfts erst entsteht.

Beispiel

Eine Brauerei zahlt einem Gastwirt einen Einrichtungszuschuss i. H. v. 20.000 €. Der Gastwirt verpflichtet sich, mehrere Jahre sein Bier nur von der zuschussgewährenden Brauerei zu beziehen. Obgleich das Belieferungsrecht erst durch den Vertrag zustande kommt, liegt ein entgeltlicher Erwerb vor.

Für die Annahme eines entgeltlichen Erwerbs ist es nicht erforderlich, dass ein bestimmter Geldbetrag gezahlt wird; es genügt die Zuwendung eines sonstigen Vorteils, der zu einer Gewinnminderung beim Erwerber führen würde.[431]

---

426 BFH v. 04.12.2006 – GrS 1/05, BStBl. II 2007, 508 zur Vornahme von AfS bei Einlage eines Kiesvorkommens.

427 Weber-Grellet BB 2023, 1963; so auch Ebber, Die Abbildung von Nutzungsrechten in Handels- und Steuerbilanz, 2011, S. 244.

428 Ebber a. a. O., 245. – So im Ergebnis auch BFH v. 21.02.2017 – VIII R 7/14, BStBl. II 2017, 689.

429 § 248 Abs. 2 HGB i. d. F. BilMoG normiert ein Aktivierungswahlrecht für selbst geschaffene Vermögensgegenstände des Anlagevermögens.

430 Vgl. BFH v. 13.12.1984 – VIII R 249/80, BStBl. II 1985, 289.

431 BFH v. 26.02.1975 – I R 72/73, BStBl. II 1976, 13.

Ein entgeltlicher Erwerb eines immateriellen Wirtschaftsguts liegt auch bei der Hingabe eines verlorenen Zuschusses vor, sofern der Zuschussgeber von dem Zuschussempfänger eine bestimmte Gegenleistung erhält oder einen besonderen Vorteil erlangt, der nur für ihn wirksam ist; der Zuschuss kann auf einem Hoheitsakt beruhen.

Beispiel

Eine Gemeinde erhebt von einem Gewerbebetrieb einen Zuschuss für den Ausbau einer Straße. Dem Betrieb werden Sondernutzungsrechte an der Straße eingeräumt. Es liegt ein entgeltlicher Erwerb eines immateriellen Wirtschaftsguts (Sondernutzungsrecht) vor.

Die entgeltliche Ablösung eines immateriellen Wirtschaftsguts führt nicht zum Rückerwerb eben dieses Wirtschaftsguts, sondern zu dessen Beseitigung; die Aufwendungen zur Beseitigung können sofort abgezogen werden.[432]

bb) Bei **unentgeltlichem** Erwerb **dürfen** immaterielle Anlagegüter **nicht** bilanziert werden. Erwirbt ein Steuerpflichtiger ein Wirtschaftsgut unentgeltlich im Wege der **Erbschaft** oder **Schenkung**, hat aber der Rechtsvorgänger das Wirtschaftsgut entgeltlich erworben, so gilt das Aktivierungsverbot nicht. Der Steuerpflichtige kann in diesem Fall das immaterielle Wirtschaftsgut vielmehr mit dem Betrag in der Bilanz ausweisen, mit dem es beim Rechtsvorgänger aktiviert war (R 5.5 Abs. 3 S. 1, 2 EStR). 156

Auch bei einer **Einlage** immaterieller Wirtschaftsgüter des Anlagevermögens greift das Aktivierungsverbot nicht ein.[433]

Beispiel

Ein Privatmann macht eine Erfindung, die patentiert wird. Ihm entstehen Aufwendungen i. H. v. 10.000 €. Der Teilwert beträgt 100.000 €. Der Erfinder will das Patent selbst verwerten und gründet unmittelbar nach Patenterteilung einen Betrieb, in den er das Patent einlegt. Er kann das Patent mit 10.000 € aktivieren (§ 6 Abs. 1 Nr. 5 S. 1 EStG). Das wäre nicht möglich gewesen, wenn das Patent in dem Betrieb entwickelt worden wäre; in diesem Fall wären allerdings die Aufwendungen sofort abziehbare Betriebsausgaben gewesen.

Ebenso können selbst geschaffene Anlagegüter entnommen werden (R 4.3 Abs. 4 EStR).[434]

cc) Selbstgeschaffene (originäre) **immaterielle Anlagegüter** dürfen nicht aktiviert werden. Unter das Aktivierungsverbot fallen z. B.: 157

- Forschungskosten; Entwicklungskosten sind nach § 255 Abs. 2, Abs. 2 a HGB i. d. F. BilMoG zu aktivieren,[435]
- im Betrieb anfallende Aufwendungen für Erfindungen (z. B. Patente),
- Aufwendungen für einen einmaligen Werbefeldzug mit über den Bilanzstichtag hinausgehenden Wirkungen,[436]
- Treueprämien an Arbeitnehmer,[437]
- durch einen Beitrag zu den Aufwendungen eines Elektrizitätswerks für den Bau eines Transformators anlässlich der Verstärkung der Stromversorgung wird kein immaterielles Wirtschaftsgut des Anlagevermögens entgeltlich erworben,[438]

432 BFH v. 06.09.2018 – IV R 26/16, BB 2019, 43.

433 Vgl. BFH v. 26.10.1987 – GrS 2/86, BStBl. II 1988, 348; v. 30.03.1994 – I R 52/93, BStBl. II 1994, 903; R 5.5 Abs. 3 S. 3 EStR; Schmidt/Weber-Grellet § 5 Rn. 164.

434 BFH v. 23.03.1995 – X R 80/91, BStBl. II 1995, 637.

435 Im Einzelnen Küting/Ellmann DStR 2010, 1300, zu den Herstellungskosten bei selbst geschaffenen immateriellen Vermögensgegenständen des Anlagevermögens.

436 BFH v. 26.06.1969 – VI R 239/65, BStBl. II 1970, 35.

437 BFH v. 05.02.1987 – IV R 81/84, BStBl. II 1987, 845.

438 BFH v. 22.10.1987 – IV R 4/85, BFH/NV 1988, 229.

- ein Apotheker, der eine Wohnung anmietet, umbaut und an einen Arzt zur Verwendung als Praxis untervermietet, erwirbt mit dem Abschluss des Untermietvertrags kein zu aktivierendes immaterielles Wirtschaftsgut „Forderung auf den Betrieb einer Arztpraxis“.[439]

158 **dd)** Für **immaterielle Wirtschaftsgüter des Umlaufvermögens** hingegen besteht (handels- und steuerrechtlich) eine Bilanzierungspflicht, unabhängig, ob sie entgeltlich erworben oder selbst geschaffen wurden.[440] § 5 Abs. 2 EStG ist nicht entsprechend anwendbar.

Beispiel

Zum Verkauf bestimmte Spezialprogramme für EDV-Anlagen, Entwicklungen, Entwürfe, Planungen, die zur Veräußerung bestimmt sind oder bei Auftragsforschung anfallen.

Die Ungleichbehandlung immaterieller Wirtschaftsgüter des Anlagevermögens und des Umlaufvermögens beruht darauf, dass Wirtschaftsgüter des Umlaufvermögens regelmäßig nur kurze Zeit – bis zum Umsatzakt – in der Bilanz erscheinen; das Vorsichtsprinzip ist kaum berührt.[441]

159 § **Fall 17: Düfte und Emulsionen**

Die A-GmbH (A) ist ein Unternehmen der kosmetischen Industrie.

1. Am 01.04.2023 erwarb A ein Patent für 1.200.000 €, das voraussichtlich noch fünf Jahre zu nutzen ist.
2. Mit Wirkung vom 03.03.2023 wurde A ein Patent erteilt, das auf der Diensterfindung eines Mitarbeiters beruht. Aus der Betriebsbuchhaltung lässt sich entnehmen, dass die Entwicklungskosten für das Patent 120.000 €, die Kosten für die Patentanmeldung 8.000 € betragen haben. Der Erfinder-Mitarbeiter erhält eine umsatzabhängige Erfindervergütung i. H. v. 2 % des patentbezogenen Umsatzes; für 2023 belief sich die Vergütung auf 4.000 €.
3. Zur Markteinführung eines neuen Parfüms wendet A im Herbst 2023 für Fernsehspots, Anzeigen und Wurfsendungen insgesamt 1.500.000 € auf. Aufgrund der Einschätzung des Leiters der Werbeabteilung wird eine erhebliche Umsatzerhöhung erwartet, die mindestens vier Jahre anhalten soll.
4. Zum 01.04.2023 kaufte A den Betrieb des Einzelunternehmers B. B hatte sich auf die Produktion einer Hautemulsion spezialisiert und damit einem vergleichbaren Produkt von A Konkurrenz gemacht. A zahlte B 1.800.000 € und übernahm Geschäftsverbindlichkeiten i. H. v. 280.000 €. Der Wert der Aktiva des B belief sich am 01.04.2023 auf 1.200.000 €. Im Kaufvertrag wurde vereinbart, dass A das Unternehmen des B umgehend liquidiert und dass der 65-jährige B bis zu seinem Lebensende weder direkt noch indirekt die Produktion von Körperpflegemitteln betreibt oder bei deren Produktion beratend tätig wird. Am 31.12.2023 ist die Liquidation bereits durchgeführt. Die übernommenen Aktiva sind in der Steuerbilanz erfasst, alle übernommenen Verbindlichkeiten bereits beglichen.

Wie wirken sich die aufgeführten Sachverhalte in der Steuerbilanz zum 31.12.2023 aus? A möchte möglichst wenig Steuern zahlen.

160 **I. Patent**

Das Patent ist ein entgeltlich erworbenes immaterielles Wirtschaftsgut des Anlagevermögens; es ist in der Steuerbilanz anzusetzen (§ 5 Abs. 2 EStG; R 5.5 Abs. 2 EStR). Als abnutzbares Wirtschaftsgut ist es nach § 6 Abs. 1 Nr. 1 EStG mit den fortgeführten Anschaffungskosten zu bewerten; ggf. kann (muss) der niedrigere Teilwert angesetzt werden.

Die AfA ist linear und zeitanteilig vorzunehmen (R 7.4 Abs. 2, 3 EStR). Die wirtschaftliche Restnutzungsdauer beläuft sich nach dem Sachverhalt auf fünf Jahre:

Zugang (01.04.2023)	1.200.000 €
AfA (240.000 x 9/12)	180.000 €
Buchwert 31.12.2023	1.020.000 €

Anhaltspunkte für eine Teilwertabschreibung liegen nicht vor.

439 BFH v. 23.06.1997 – GrS 2/93, BStBl. II 1997, 735.

440 Vgl. Weber-Grellet Steuerbilanzrecht § 8 Rn. 25.

441 Vgl. z. B. BFH v. 20.09.1995 – X R 225/93, BStBl. II 1997, 320 – Filmproduktion.

II. Diensterfindung

Ein Ansatz des Patents setzt voraus, dass A die Erfindung von dem Mitarbeiter entgeltlich erworben hat. Es liegt eine Diensterfindung vor, die während der Dauer des Arbeitsverhältnisses gemacht wurde und die aus der dem Arbeitnehmer obliegenden Tätigkeit entstanden ist oder auf Erfahrungen oder Arbeiten des Betriebs beruht (§ 4 Abs. 2 ArbNErfG).

Da die Diensterfindung dem Arbeitgeber zusteht, fehlt ein entgeltlicher Erwerb. Eine Aktivierung kommt dann nicht in Betracht. Die Erfindervergütung für den Mitarbeiter ebenso wie die Entwicklungs- und Patentanmeldungskosten sind laufende Betriebsausgaben.

III. Werbemaßnahmen

Die Aufwendungen für die Werbemaßnahmen sind nur dann in der Steuerbilanz anzusetzen, wenn durch sie ein immaterielles Wirtschaftsgut entgeltlich erworben worden wäre (§ 5 Abs. 2 EStG). Das ist nicht der Fall. Für die Annahme eines Wirtschaftsguts fehlt ein greifbarer Ausgabengegenwert (vgl. oben Rn. 125 ff., 154 ff.). Der Ansatz eines Rechnungsabgrenzungspostens scheitert am Fehlen des Merkmals „Aufwendungen für eine bestimmte Zeit" (§ 5 Abs. 5 S. 1 Nr. 1 EStG).

IV. Übernahme des Unternehmens des B

A erwarb das Unternehmen für ein Entgelt von insgesamt 2.080.000 € (Barzahlung 1.800.000 €; Übernahme der Verbindlichkeiten 280.000 €). Das Gesamtentgelt übersteigt den Wert der übernommenen Aktiva (1.200.000 €) um 880.000 €. Diese Aufwendungen könnten für den Geschäftswert des Unternehmens oder für ein Wettbewerbsverbot gezahlt worden sein.

Ein Geschäftswert wurde nicht erworben, da A beabsichtigte, das erworbene Unternehmen sofort stillzulegen. Die Aufwendungen stehen daher in Zusammenhang mit dem vertraglich vereinbarten Wettbewerbsverbot des B. Das vereinbarte Wettbewerbsverbot ist zwar unbefristet; es erlischt jedoch mit dem Tod des B und ist demnach abnutzbar. Die Nutzungsdauer bestimmt sich nach der voraussichtlichen Lebenserwartung des B (nach amtlicher Sterbetafel 12 Jahre). Da es sich um ein immaterielles Wirtschaftsgut handelt, ist die AfA linear und zeitanteilig vorzunehmen (R 7.4 Abs. 2, 3 EStR):

Anschaffungskosten	880.000 €
AfA (880.000 x 1/12 x 9/12)	55.000 €
Buchwert zum 31.12.2023	825.000 €

Hinweise auf einen niedrigeren Teilwert sind nicht gegeben.

Ergebnis:

Die Aufwendungen für das Patent und das Wettbewerbsverbot sind linear zeitanteilig abzuschreiben. Die Aufwendungen für die Diensterfindung und die Werbemaßnahmen können als laufende Betriebsausgaben sofort in voller Höhe abgesetzt werden.

8. Geschäftswert

Der Geschäftswert (auch Firmenwert, good-will) ist ein immaterielles (Gesamt-)Wirtschaftsgut, nicht nur eine Bilanzierungshilfe. Er ist der Mehrwert, der einem gewerblichen Unternehmen über den Substanzwert der einzelnen materiellen und immateriellen Wirtschaftsgüter abzüglich Schulden hinaus innewohnt[442] (s. a. § 246 Abs. 1 S. 4 HGB n. F.). Der Geschäftswert ist Ausdruck für die durch den Ruf des Unterneh- 161

442 Vgl. z. B. BFH v. 27.03.1996 – I R 60/95, BStBl. II 1996, 576.

mens, den Kundenkreis und die Organisation bestimmten Gewinnchancen eines Unternehmens, soweit sie nicht in den einzelnen Wirtschaftsgütern verkörpert sind; er ist an den Betrieb gebunden und kann nicht selbstständig veräußert oder entnommen werden (H 4.3 Abs. 2–4 EStH).[443]

Eine Aktivierung ist demnach – unter den Voraussetzungen des § 5 Abs. 2 EStG – nur geboten, soweit Aufwendungen nicht nachweisbar als Entgelt für bestimmte materielle oder immaterielle Einzelwirtschaftsgüter (einschl. stiller Reserven) bezahlt worden sind.[444]

Nach der durch das BiRiLiG bewirkten Änderung des § 6 Abs. 1 Nr. 2 EStG (Streichung des Klammerzusatzes „Geschäfts- oder Firmenwert") und Aufnahme des § 7 Abs. 1 S. 3 EStG (zur betriebsgewöhnlichen Nutzungsdauer des Geschäfts- oder Firmenwerts) ist – wie bereits der Praxiswert – auch der Geschäftswert ein **abnutzbares Wirtschaftsgut**.

Die von der Rspr. vertretene sog. **Einheitstheorie** – Substitution des sich abnutzenden vorhandenen Geschäftswerts durch neue Faktoren[445] – hat noch Bedeutung bei der Abschreibung eines Geschäftswerts auf den niedrigeren Teilwert.[446] § 253 Abs. 5 S. 2 HGB i. d. F. BilMoG bedeutet eine Absage an die Einheitstheorie.

Soweit die bisherige Rspr. Zahlungen des Erwerbers eines Handelsvertreterbetriebs regelmäßig nicht als Anschaffungskosten eines Geschäftswerts, sondern eines Wirtschaftsguts „Geschäftsbeziehungen des Handelsvertreters" angesehen hat,[447] hält es der IV. Senat für zweifelhaft, ob diese Grundsätze auch nach Inkrafttreten des § 7 Abs. 1 S. 3 EStG weiter anzuwenden und auf andere Arten von Gewerbebetrieben übertragbar sind.[448]

Ein **negativer Geschäftswert** (Ertragswert niedriger als Substanzwert) kann nicht in der Bilanz ausgewiesen werden.[449] Er kann aber eine Teilwert-Abschreibung bzw. eine Abstockung (nicht bei Bar- und Buchgeld) rechtfertigen[450] oder als „passiver Ausgleichsposten" in Erscheinung treten,[451] der gewinnerhöhend aufzulösen ist (evtl. entsprechend § 7 Abs. 1 S. 3 EStG). – Zur Zuzahlung des Veräußerers BFH v. 26.04.2006 – I R 49, 50/04 BStBl. II 2006, 656 (dazu Weber-Grellet BB 2007, 35, 38): Ob mit der an die Klägerin erfolgten Zuzahlung ein negativer Geschäftswert realisiert worden und als solcher bei der Klägerin als Erwerberin der Anteile zu passivieren wäre, könne im Streitfall unbeantwortet bleiben. Der negative Kaufpreis wäre „per Geld an passiver Ausgleichsposten" erfolgsneutral zu verbuchen. Die Möglichkeit des Ansatzes eines derartigen Postens habe die bisherige Rspr. bejaht, um den Anschaffungsvorgang erfolgsneutral zu halten („Schließung eines buchhalterischen Lochs auf der Passivseite"). Nicht entschieden ist also, wann und nach welchen Regeln der Passivposten aufzulösen ist. Wenn man die aktivischen Regeln (Nichtabsetzbarkeit der Beteiligung) überträgt und eine korrespondierende Behandlung auf der Passivseite für angezeigt hält, dürfte auf der Passivseite zunächst keine Auflösung vorgenommen werden. Erst bei Veräußerung der Beteiligung (oder Entnahme) käme es zu einer ertragserhöhenden Auflösung. Für eine (entsprechende) Anwendung des § 7 Abs. 1 S. 3 EStG (Abschreibung des Geschäftswerts auf 15 Jahre) ist eigentlich kein Raum.

Bei Fortsetzung des Betriebs eines Einzelunternehmens durch eine GmbH kommt es für einen **Übergang des Geschäftswerts** im Wege der verdeckten Einlage darauf an, ob dem nutzenden Unternehmen die materiellen und immateriellen Wirtschaftsgüter sowie die sonstigen Faktoren, welche sich im Geschäftswert niederschlagen, auf einer vertraglichen Grundlage überlassen werden, die Nutzung auf Dauer angelegt ist und gegen den

443 BFH v. 18.02.1993 – IV R 40/92, BStBl. II 1994, 224.
444 BFH v. 16.05.2002 – III R 45/98, BStBl. II 2003, 10.
445 Vgl. z. B. BFH v. 15.12.1993 – X R 102/92, BFH/NV 1994, 543/4.
446 So BMF v. 20.11.1986, BStBl. I 1986, 532; Schmidt/Kulosa § 6 Rn. 313 f.; a. A. K-K § 5 XI; Moxter FS Sieben 1998, 473, 479; offen in BFH v. 16.05.2002 – III R 45/98, BStBl. II 2003, 10.
447 BFH v. 29.07.1982 – IV R 49/78, BStBl. II 1982, 650, m. w. N.
448 BFH v. 28.09.1993 – VIII R 67/92, BStBl. II 1994, 449.
449 BFH v. 12.12.1996 – IV R 77/93, BFHE 183, 379; Schmidt/Weber-Grellet § 5 Rn. 226; a. A. z. B. Clemm FS Claussen 1997, 605; Flies DStZ 1997, 660.
450 BFH v. 19.07.1983 – VIII R 160/79, BStBl. II 1984, 56 m. w. N.; Strahl DStR 1998, 515.
451 BFH v. 12.12.1996 – IV R 77/93, BFHE 183, 379; dazu A/D/S § 255 HGB Rn. 294; Siegel StuW 1995, 390, 397.

Rechtsträger des nutzenden Unternehmens kein Rechtsanspruch auf Rückgabe dieser Wirtschaftsgüter besteht.[452]

9. Firmenwertähnliche Güter

Vom Geschäftswert zu unterscheiden sind die sog. firmenwertähnlichen Güter (wie z. B. Kundenstamm, Verlagswert, Güterfernverkehrsgenehmigung, Einzugs-, Absatzgebiete), die selbstständig und einzeln bilanzierbar und bewertbar sind.[453] Firmenwertähnliche Wirtschaftsgüter sind Rechtspositionen oder faktische Verhältnisse, die, ähnlich wie der Geschäftswert, mit dem Unternehmen als solchem und seinen Gewinnchancen unmittelbar verknüpft sind. Es muss eine als Vermögensgegenstand anzusehende besondere vermögenswerte Position gegeben sein, die für das Unternehmen eine ähnliche wirtschaftliche Bedeutung wie ein Geschäftswert hat. Die Bezeichnung „firmenwertähnlich" sollte bisher den Umstand der nicht laufenden Abnutzung zum Ausdruck bringen. Nachdem auch der Geschäftswert zu den abnutzbaren Wirtschaftsgütern gehört, ist nur noch zwischen dem Geschäfts- oder Firmenwert und den immateriellen Einzelwirtschaftsgütern zu unterscheiden.[454] Die bisherige Bezeichnung hat allenfalls noch insofern ihre Berechtigung, als bei vergleichbarer Interessenlage („Verflüchtigung" durch Zeitablauf) die für den Geschäftswert geltenden Regelungen (§ 7 Abs. 1 S. 3 EStG) entsprechend Anwendung finden können; für eine Güterfernverkehrskonzession[455] oder Linienkonzession[456] ist das nicht der Fall. **162**

10. Praxiswert

Der derivativ erworbene Praxiswert eines freiberuflichen Unternehmens wurde schon bisher – wegen seiner Personenbezogenheit – als abnutzbares Wirtschaftsgut anerkannt.[457] Entsprechendes gilt für das Wirtschaftsgut **„Vertreterrecht"**.[458] An dieser Rechtslage hat sich durch die Gesetzesänderungen zum Geschäftswert nichts geändert.[459] Der Praxiswert ist in § 7 Abs. 1 S. 3 EStG nicht erwähnt. Aufgrund individueller Schätzung ist er seiner Nutzungsdauer entsprechend abzuschreiben (§ 7 Abs. 1 S. 1, 2 EStG). **163**

Nach allgemeiner Erfahrung beträgt die Nutzungsdauer im freiberuflichen Bereich ca. **drei bis fünf Jahre.**[460] Bei **weiterer Mitarbeit des Veräußerers** kann sich die Nutzungsdauer verlängern.

Im Gegensatz zum Praxis- oder Geschäftswert muss der **Mandantenstamm** nicht notwendigerweise das Rechtsschicksal der im Übrigen übertragenen Gegenstände des Betriebsvermögens teilen. Er kann Gegenstand eines selbstständigen Übertragungsgeschäfts sein.[461] So kann beispielsweise ein Steuerberater seine Praxisräume, die Praxiseinrichtung u. a. auf eine Steuerberater-GmbH übertragen und seinen Mandantenstamm ganz oder teilweise einem freiberuflichen Steuerberater überlassen. Der Mandantenstamm kann auch Gegenstand eines selbstständigen Pachtvertrags sein.

Bei Erwerb einer Arztpraxis wird grundsätzlich ein abschreibungsfähiger Praxiswert erworben; die kassenärztliche Zulassung ist regelmäßig – auch im Fall der Sitzverlegung nach Erwerb – ein unselbstständiger Bestandteil des Praxiswertes.[462]

---

452 BFH v. 02.09.2008 – X R 32/05, DStR 2009, 641.
453 BFH v. 18.02.1993 – IV R 40/92, BStBl. II 1994, 224.
454 BFH v. 28.05.1998 – IV R 48/97, BStBl. II 1998, 775.
455 BFH v. 22.01.1992 – I R 43/91, BStBl. II 1992, 529; kritisch Dziadkowski/Richter DB 1992, 1789.
456 BFH v. 15.12.1993 – X R 102/92, BFH/NV 1994, 543.
457 BFH v. 13.03.1991 – I R 83/89, BStBl. II 1991, 595.
458 BFH v. 18.01.1989 – X R 10/86, BStBl. II 1989, 549; v. 12.07.2007 – X R 5/05, DStR 2007, 1809.
459 Vgl. auch BMF v. 20.11.1986, BStBl. I 1986, 532.
460 BFH v. 22.04.1998 – X R 17/96, BFH/NV 1998, 1467.
461 BFH v. 18.12.1996 – I R 128, 129/95, BStBl. II 1997I, 546; Schmidt/Weber-Grellet § 5 Rn. 270 „Mandantenstamm".
462 FG Düsseldorf v. 27.05.2014 – 11 K 2364/13 F, EFG 2015, 1428, rkr.

V. Subjektive Zurechnung

164 **Fall 18: Ein lukratives Tauschgeschäft**

Die K-Bank übernimmt von der subjektiv steuerbefreiten Bundesagentur für Arbeit (BA) Papiere, deren Zinsen nach § 3 EStG steuerfrei sind, im Nennwert von 1.000.000 € (Zinssatz 5 %) zu einem Kurs von 100 %. Als Gegenleistung überlässt die K-Bank der BA Anleihepapiere im Nennwert von ebenfalls 1.000.000 € (Zinssatz 5,5 %) zu einem Kurs von 98,5 %. Nach zwei Jahren sollen die jeweiligen Wertpapiere zu einem Kurs von 100 % zurückgegeben werden.
Nach Auffassung des FA können die als sog. Pensionsgeschäfte anzusehenden Vereinbarungen die Zurechnung nicht ändern, sodass die Zinsen, die die K-Bank erhalten hat, nicht steuerfrei seien. Die K-Bank ist anderer Ansicht. Zu Recht?

165 I. Die K-Bank hat die Zinsen aus den Anleihepapieren zu versteuern, wenn ihr diese nach wie vor zuzurechnen sind.

II. Für die subjektive Zurechnung von Wirtschaftsgütern sind nach den GoB (i. V. m. §§ 242 Abs. 1, 246 Abs. 1 S. 2 HGB)[463] letztlich nicht bürgerlich-rechtliche Merkmale, sondern **wirtschaftliche Kriterien** entscheidend (s. u. III.), wobei allerdings im Regelfall die rechtliche und die wirtschaftliche Vermögenszugehörigkeit zusammenfallen dürften. Die Ausnahmen betreffen vor allem die Fälle, in denen die äußere Rechtsmacht im Innenverhältnis gebunden ist. Nicht abschließend geklärt ist das Verhältnis dieses Grundsatzes zu § 39 AO.

1. Gemäß § 39 Abs. 1 AO sind Wirtschaftsgüter dem (rechtlichen) Eigentümer zuzurechnen.
2. Als wirtschaftlichem Eigentümer ist nach § 39 Abs. 2 Nr. 1 AO dem das Wirtschaftsgut zuzurechnen, der die tatsächliche Herrschaft über das Wirtschaftsgut in der Weise ausübt, dass er den Eigentümer im Regelfall für die gewöhnliche Nutzungsdauer von der Einwirkung auf das Wirtschaftsgut wirtschaftlich ausschließen kann (wirtschaftliches Eigentum).[464] Bei Treuhandverhältnissen sind die Wirtschaftsgüter dem Treugeber, beim Sicherungseigentum dem Sicherungsgeber und beim Eigenbesitz dem Eigenbesitzer zuzurechnen.
3. Fraglich ist, ob § 39 AO und der entsprechende GoB deckungsgleich sind und – falls nicht – welche Regelung vorgeht; fraglich ist ferner, ob § 39 AO bilanzsteuerrechtliches Gewohnheitsrecht enthält oder zumindest analog auch im Bilanzsteuerrecht angewendet werden kann.

Da § 5 Abs. 1 EStG allein auf die handelsrechtlichen GoB Bezug nimmt und § 5 Abs. 6 EStG keinen entsprechenden Vorbehalt enthält, dürften letzten Endes – im eher theoretischen Konfliktfall – für die subjektive Zurechnung die GoB entscheidend sein.[465]

Wirtschaftsgüter, die **nicht** einmal **im wirtschaftlichen Eigentum** des Unternehmers stehen, dürfen auch dann nicht im Betriebsvermögen ausgewiesen werden, wenn sie dem Betrieb notwendig dienen. Das gilt auch dann, wenn das wirtschaftliche Eigentum an dem Wirtschaftsgut einem nahen Angehörigen (z. B. der Ehefrau oder den Kindern) zusteht.

463 § 246 Abs. 1 S. 2 HGB: Vermögensgegenstände sind in der Bilanz des Eigentümers aufzunehmen; ist ein Vermögensgegenstand nicht dem Eigentümer, sondern einem anderen wirtschaftlich zuzurechnen, hat dieser ihn in seiner Bilanz auszuweisen.

464 BFH v. 16.04.2014 – I R 2/12, DStR 2014, 2012; BFH v. 02.02.2022 – I R 22/20, BStBl. II 2022, 324 zu cum/ex-Geschäften (wirtschaftliches Eigentum in einer Gesamtvertragskonzeption).

465 Vgl. BFH v. 15.10.1996 – VIII R 44/94, BStBl. II 1997, 533; vgl. auch Schmidt/Weber-Grellet § 5 Rn. 150; K-K § 4 III 2 c.

Beispiel

Ein Steuerpflichtiger nutzt ein Gebäude, das seiner nicht am Betrieb beteiligten Ehefrau gehört, für eigenbetriebliche Zwecke. Das Gebäude ist kein Betriebsvermögen des Steuerpflichtigen. Ein Steuerpflichtiger überträgt durch bürgerlich-rechtlich wirksame Schenkung das bürgerlich-rechtliche und wirtschaftliche Eigentum an einem ihm gehörenden, dem Betrieb dienenden Grundstück auf seine Ehefrau. Mit dem Übergang des wirtschaftlichen Eigentums auf die Ehefrau hört das Grundstück auf, Betriebsvermögen zu sein.

III. Wirtschaftlicher Eigentümer ist nach § 39 Abs. 2 Nr. 1 S. 1 AO derjenige, der die tatsächliche Herrschaft über ein Wirtschaftsgut in der Weise ausübt, dass er den zivilrechtlichen Eigentümer auf Dauer von der Einwirkung auf das Wirtschaftsgut wirtschaftlich ausschließen kann. Einen wirtschaftlichen Ausschluss in diesem Sinn nimmt die Rspr. an, wenn nach dem Gesamtbild der Verhältnisse kein Herausgabeanspruch besteht oder der Herausgabeanspruch des zivilrechtlichen Eigentümers keine wirtschaftliche Bedeutung mehr hat.[466] Im Rahmen von sog. **Pensionsgeschäften** überlassene Wirtschaftsgüter sind grundsätzlich dem Pensionsnehmer als bürgerlich-rechtlichem Eigentümer des in Pension gegebenen Wirtschaftsguts zuzurechnen und nur ausnahmsweise dem Pensionsgeber (z. B., wenn das Pensionsgeschäft ausschließlich der Sicherung eines Kredits dient).[467]
Wirtschaftlicher Eigentümer ist auch der, der mit eigenem Aufwand auf **fremdem Grund und Boden** ein Gebäude errichtet hat, ohne dem rechtlichen Eigentümer eine Zuwendung zu machen.[468] Für die Frage nach der „wirtschaftlichen Inhaberschaft" einer Forderung kommt es insbesondere darauf an, wer das wirtschaftliche Risiko des Forderungsausfalls zu tragen hat.[469]

IV. Im Streitfall sind die im Wege des echten Pensionsgeschäfts übereigneten Wertpapiere der K-Bank auch steuerrechtlich zuzurechnen. Die K-Bank ist zivilrechtlich Inhaberin der Papiere geworden. Für eine abweichende Zuordnung nach wirtschaftlichen Gesichtspunkten besteht kein Anlass, da – von der schuldrechtlichen Verpflichtung zur Rückübertragung abgesehen – im Innenverhältnis keine die Verfügungsmacht einschränkenden Modalitäten (wie z. B. bei einem Treuhandverhältnis oder einer Sicherungsabtretung) gegeben sind.

Ergebnis:

Der BFH-Auffassung ist zu folgen; die K-Bank braucht die erhaltenen Zinserträge nicht zu versteuern.

Nach den vorstehend dargestellten Grundsätzen sind ferner zuzurechnen: 166

- **Sicherungshalber** übereignete Gegenstände: (weiterhin) dem Sicherungsgeber.[470]

Entscheidend für die bilanzsteuerrechtliche Zurechnung von **Pfandgeldern**, die im Ausgangspunkt nach allgemeinen Grundsätzen vorzunehmen ist, ist die Ausgestaltung des jeweiligen Pfandsystems: Die Flaschen können Gegenstand eines Veräußerungsgeschäfts sein (Anschaffung und Veräußerung); dabei kann Gewinn – oder natürlich auch Verlust – realisiert werden. Die Flaschen können aber auch „pfandweise" nur zur Nutzung überlassen sein; das Pfandgeld ist dann nur eine

466 BFH v. 18.07.2001 – X R 15/01, BFH/NV 2002, 92.

467 Vgl. im Einzelnen BFH v. 29.11.1982 – GrS 1/81, BStBl. II 1983, 272; v. 23.11.1983 – I R 147/78, BStBl. II 1984, 217; ähnlich BFH v. 18.08.2015 – I R 88/13, DStR 2016, 168 zur sog. Wertpapierleihe: Bei einer Wertpapierleihe werde der Entleiher zivilrechtlicher Eigentümer der Wertpapiere; nur ausnahmsweise – so im Streitfall – bleibe das wirtschaftliche Eigentum beim Verleiher (dazu Weber-Grellet BB 2017, 43/44).

468 BFH v. 14.05.2002 – VIII R 30/98, BStBl. II 2002, 741; v. 04.05.2004 – XI R 43/01, BFH/NV 2004, 1397 bzgl. eines Dachausbaus für eigene betriebliche Zwecke.

469 BFH v. 26.08.2010 – I R 17/09, DStR 2010, 2455; zum „Tod" des ABS-Modells.

470 BFH v. 23.11.1983 – I R 147/78, BStBl. II 1984, 217.

Sicherheitsleistung (Kaution), die bei Rückgabe des Leerguts zur Rückzahlung fällig wird; die Sicherheitsleistung ist dem Grunde nach (von Schwund pp. abgesehen) erfolgsneutral.[471]

Bei Individualleergut (und nun nach BMF auch bei Einheitsleergut) sind Pfandgelder gewinnneutral zu bilanzieren.[472]

- **Treuhänderisch** übereignete Gegenstände: dem Treugeber.[473]
- Unter **Eigentumsvorbehalt** veräußerte Gegenstände: bereits dem anwartschaftsberechtigten Erwerber.[474]
- Bei **Kommissionsgeschäften:** Kommissionsware ist in jedem Fall nicht dem Kommissionär zuzurechnen.[475]
- Bei **(Grundstücks-)Veräußerungen:** dem Erwerber, unabhängig von der Eintragung in das Grundbuch, sobald Besitz, Gefahr, Nutzen und Lasten übergegangen sind;[476] bei Gebäudeveräußerung mit Abbruchverpflichtung bleibt der Veräußerer wirtschaftlicher Eigentümer.[477]

Beispiel

Ein Gewerbetreibender erwirbt mit Vertrag vom 15.03.2020 ein bebautes Grundstück für betriebliche Zwecke. Die Nutzungen und Lasten sollen vertraglich ab 01.07.2020 auf den Gewerbetreibenden übergehen. Die Auflassung im Grundbuch erfolgt erst am 10.06.2021. Das Grundstück ist ab 01.07.2020 (Übergang von Nutzungen und Lasten) wirtschaftliches Eigentum des Gewerbetreibenden und somit seit diesem Zeitpunkt Betriebsvermögen.

- **Eigenbesitz** (§ 872 BGB): dem Eigenbesitzer.
- Bei **Erbbaurechten:** Wirtschaftlicher Eigentümer des belasteten Grundstücks ist im Regelfall nicht der Erbbauberechtigte, sondern der zivilrechtliche Eigentümer.[478] Ist der Erbbauberechtigte ausnahmsweise wirtschaftlicher Eigentümer des Grundstücks (nämlich, wenn Besitz, Gefahr, Nutzen und Lasten auf ihn übergegangen sind und die Eigentumsübertragung nachfolgen soll), so muss er das Grundstück aktivieren (und die Erbbauzinsverpflichtung mit ihrem Barwert passivieren).[479]
- Bei **Nutzungsüberlassungsverhältnissen** (wie Leihe, Miete, Pacht, Nießbrauch): Allein das Recht zur Nutzung etc. begründet kein wirtschaftliches Eigentum.
- Ein **Vorbehaltsnießbraucher** ist nur dann wirtschaftlicher Eigentümer, wenn sich seine rechtliche und tatsächliche Stellung gegenüber dem zivilrechtlichen Eigentümer des Grundstücks von der normalen Position eines Nießbrauchers so deutlich unterscheidet, dass er die tatsächliche Herrschaft über das nießbrauchsbelastete Grundstück ausübt.[480] Vergleichbar begründet ein WEG-Sondernutzungsrecht kein wirtschaftliches Eigentum.[481]
- **Factoring** kann Forderungsverkauf sein (echtes Factoring; Übergang des Ausfallwagnisses; Bilanzierung beim Factor, also beim Erwerber) oder Kredit mit Sicherungsabtretung (unechtes Factoring).
- **Übergang des (wirtschaftlichen) Eigentums bei Veräußerung von GmbH-Anteilen:** Schließen einander nicht nahe stehende Personen einen formunwirksamen Kauf-

471 BFH v. 09.01.2013 – I R 33/11, DStR 2013, 957.
472 BFH v. 09.01.2013 – I R 33/11, DStR 2013, 957.
473 BFH v. 15.07.1997 – VIII R 56/93, BStBl. II 1998, 152; BeBiKo § 246 HGB Rn. 27.
474 Crezelius DB 1983, 2019, 2021.
475 Vgl. BeBiKo § 246 HGB Rn. 35 f.
476 BFH v. 24.04.1997, BStBl. II 1997, 682; v. 15.12.1999 – I R 29/97, BStBl. II 2000, 527; v. 27.07.2008 – IX R 74/06, BB 2008, 2288.
477 BFH v. 22.08.1984 – I R 198/80, BStBl. II 1985, 126.
478 BFH v. 07.04.1994 – IV R 11/92, BStBl. II 1994, 796.
479 Vgl. BFH v. 02.05.1984 – VIII R 276/81, BStBl. II 1984, 820.
480 BFH v. 28.07.1999 – X R 38/98, BStBl. II 2000, 653.
481 BFH v. 05.07.2018 – VI R 67/15, BStBl. II 2018, 798.

vertrag über den Geschäftsanteil an einer GmbH, geht das wirtschaftliche Eigentum über, wenn dem Erwerber das Gewinnbezugsrecht und das Stimmrecht eingeräumt werden oder der zivilrechtliche Gesellschafter verpflichtet ist, bei der Ausübung des Stimmrechts die Interessen des Erwerbers wahrzunehmen, vorausgesetzt, die getroffenen Vereinbarungen und die formwirksame Abtretung werden in der Folgezeit tatsächlich vollzogen.[482]

- Beim **Versendungskauf (§ 447 BGB):** die Sache ist dem Verkäufer nicht mehr und dem Käufer noch nicht zuzurechnen (Buchung beim Verkäufer: per Forderung an Ware; beim Käufer: keine Buchung, da noch schwebendes Geschäft).[483]
- Der **Erwerber von (girosammelverwahrten) Aktien** soll bei börsenüblicher Abwicklung grundsätzlich mit Abschluss des schuldrechtlichen Erwerbsgeschäfts an der Börse wirtschaftlicher Eigentümer werden und zwar ungeachtet dessen, dass die Umbuchung, die den zivilrechtlichen Eigentumserwerb vollzieht, in der Regel erst zwei Tage später erfolgt.[484] In den Fällen des sog. **Leerverkaufs** um den Dividendenstichtag (Verkauf der Aktien durch eine Person vor dem Dividendenstichtag, die sich die Aktien selbst erst nach dem Dividendenstichtag beschafft) sind drei Personen involviert: der zivilrechtliche Inhaber, der Leerverkäufer und der Käufer. Anders als beim Inhaberverkaufsfall hat der zivilrechtliche Inhaber gegenüber dem Erwerber noch keine Rechtsposition aufgegeben, die es rechtfertigen könnte, ihm das (rechtliche oder wirtschaftliche) Eigentum bis zu seinem Verkauf an den Leerverkäufer abzusprechen; abzulehnen ist die Auffassung, dass in dieser Leerverkaufskonstellation (wie auch in den sog. Cum-Ex-Fällen)[485] doppeltes wirtschaftliches Eigentum entstehe und zwar neben dem Stichtags-Inhaber zugleich auch noch beim Erwerber.[486] Es ist daher im Inhaber- und im Leerverkaufsfall auf die zivilrechtlich maßgebliche Umbuchung abzustellen; der schuldrechtliche Vertrag allein begründet noch kein wirtschaftliches Eigentum.
- Sog. **schwimmende Ware:** dem Käufer, sobald er die Verfügungsmacht in Gestalt des unmittel- oder mittelbaren Besitzes (z. B. durch Übergabe des Konnossements) erlangt hat.[487]

VI. Leasing

- **Leasing** ist eine Sonderform der Vermietung (entgeltliche Nutzung auf Zeit),[488] die auf die Nutzung von 167
- Immobilien, wie Fabrikgebäuden, Lagerhallen u. Ä. (Immobilien-Leasing)[489] oder
- beweglichen Anlagegütern, wie Maschinen, Pkw, Fernsehgeräten, Schreibmaschinen etc. (Mobilien-Leasing), gerichtet sein kann. Die am häufigsten verbreitete Form ist – im Unterschied zum sog. **Operate-Leasing**, das steuerlich wie ein Mietvertrag behandelt wird – das **Finanzierungsleasing**, bei dem der Vertrag für eine feste Zeit (Grundmietzeit) abgeschlossen wird, während er weder vom Leasinggeber noch vom Leasingnehmer gekündigt werden kann.[490] Für die Zeit nach Ablauf der Grundmietzeit sind

482 BFH v. 17.02.2004 – VIII R 26/01, BStBl. II 2004, 651.
483 BFH v. 03.08.1988 – I R 157/84, BStBl. II 1989, 21.
484 Kritisch Blümich/Krumm § 5 EStG Rn. 515.
485 Dazu BGH v. 28.07.2021 – 1 StR 519/20, NJW 2022, 90; BFH v. 02.02.2022 – I R 22/20, BStBl. II 2022, 324.
486 So auch B/H/Krumm § 5 EStG Rn. 515 m. w. N.
487 BFH v. 03.08.1988 – I R 157/84, BStBl. II 1989, 21.
488 Grüneberg vor § 535 BGB Rn. 37 ff.
489 Zum Teilamortisationsleasing BFH v. 02.06.2016 – IV R 23/13, BFH/NV 2016, 1433 (dazu Fischer juris-PR-StR 51/2016 Anm. 1; Weber-Grellet BB 2017, 43).
490 Pierson Jus 2021, 8.

verschiedene Vertragsgestaltungen denkbar: Optionsrechte sind nicht vorgesehen, es wird eine Kaufoption eingeräumt, oder es wird eine Verlängerungsoption vereinbart. Die wirtschaftliche Bedeutung des Leasings liegt vor allem in dem Vorteil leichterer Finanzierung („pay as you earn"). Bei einem Finanzierungsleasing kommt eine Zurechnung des Leasinggegenstands beim Leasingnehmer z.B. nicht in Betracht, wenn diesem kein Optionsrecht zusteht und es sich um ein Leasingobjekt handelt, das seiner Art nach für einen Verkauf nach Ablauf der Mietzeit geeignet ist.[491]
- Im Rahmen eines „Sale-and-lease-back" ist wirtschaftliches Eigentum des Leasingnehmers gegeben, wenn der Herausgabeanspruch des Leasinggebers keine wirtschaftliche Bedeutung mehr hat, d.h. wenn dem Leasingnehmer Substanz und Ertrag des Wirtschaftsguts für die voraussichtliche Nutzungsdauer zustehen.[492]

Eine Sonderform des Finanzierungsleasings ist das sog. **Spezialleasing**, bei dem die Leasinggegenstände so speziell auf die Verhältnisse des Leasingnehmers zugeschnitten sind, dass sie nach Ablauf der Grundmietzeit für eine andere Person kaum verwertbar sind.[493]

168 Obgleich der Leasingvertrag eine besondere Form eines Mietvertrags ist, kann der Leasinggegenstand, der bürgerlich-rechtlich Eigentum des Leasinggebers ist, dem Leasingnehmer als wirtschaftliches Eigentum zugerechnet werden. Entscheidend ist, ob der Leasinggegenstand nach den für **Mietverträge** (schwebende Geschäfte) oder nach den für **Ratenkaufverträge** geltenden Grundsätzen zu behandeln ist.[494] Die Bilanzierung hängt wesentlich davon ab, ob der Leasinggegenstand wirtschaftlich betrachtet dem Vermögen des Leasinggebers oder dem des Leasingnehmers zuzurechnen ist.[495]

Danach ist dem **Leasingnehmer** der Leasinggegenstand zuzurechnen,
1. wenn der Leasingvertrag für eine feste Zeit (Grundmietzeit) **unkündbar** geschlossen ist und
2. wenn die in der Grundmietzeit zu zahlenden Leasingraten mindestens die **Anschaffungs- und Herstellungskosten** sowie alle **Nebenkosten** des Leasinggebers decken und
3. wenn eine der weiteren Voraussetzungen erfüllt ist:
   a) Die Grundmietzeit muss mehr als 90 % oder weniger als 40 % der betriebsgewöhnlichen Nutzungsdauer betragen.[496] Im ersten Fall wird das WG während der Grundmietzeit praktisch verbraucht, im zweiten Fall wird eine Grundmietzeit von weniger als 40 % bei voller Bezahlung aller Kosten des Leasinggebers nur der vereinbaren, der in dieser Zeit das Wirtschaftsgut verschleißt.[497]
   b) Beträgt die Grundmietzeit zwischen 40 % und 90 % der betriebsgewöhnlichen Nutzungsdauer, muss zusätzlich eine Kauf- oder Verlängerungsoption eingeräumt werden, bei deren Ausübung der Leasingnehmer nur einen einer Anerkennungsgebühr ähnlichen Kaufpreis oder Mietzins zu entrichten hat,
   Beispiel: Der Kaufoptionspreis ist niedriger als der Buchwert des Leasinggegenstands nach Vornahme linearer Absetzungen.
   oder
   c) der Leasinggegenstand muss so speziell auf die Verhältnisse des Leasingnehmers zugeschnitten sein, dass er nach Ablauf der Grundmietzeit nur noch bei diesem eine sinnvolle wirtschaftliche Verwendung finden kann (Spezialleasing).[498]

491 BFH v. 30.11.1989 – IV R 97/86, BFH/NV 1991, 432.
492 BFH v. 13.10.2016 – IV R 33/13, DStR 2017, 300; BFH v. 21.12.2017 – IV R 56/16, BFH/NV 2018, 597.
493 BFH v. 15.02.2001 – III R 130/95, BFH/NV 2001, 1041: Entgeltliche Überlassung einer auf die Dauer von mindestens zehn Jahren nach den individuellen Anforderungen der jeweiligen Nutzer installierter Telefonanlagen.
494 BFH v. 12.09.1991– III R 233/90, BStBl. II 1992, 182; Schmidt/Weber-Grellet § 5 Rn. 721 f.
495 BFH v. 30.05.1984 – IR 146/81, BStBl. II 1984, 825 u. v. 30.11.1989 – IV R 97/86, BFH/NV 1991, 432. Einzelheiten hierzu ergeben sich – nach wie vor – für die Fälle des Mobilienleasing aus den Entscheidungen des BFH v. 26.01.1970 – IV R 144/66, BStBl. II 1970, 264 und v. 18.11.1970 – I 133/64, BStBl. II 1971, 133 sowie aus dem Schreiben des BMF v. 19.04.1971, BStBl. I 1971, 264.
496 Vgl. H/H/R § 5 EStG Anm. 1138 f.
497 Wilhelm/Hennig S. 149 f.
498 Daher ist das Wirtschaftsgut nicht dem Leasingnehmer zuzurechnen, wenn die Nutzungsdauer länger als die Grundmietzeit ist und der Leasinggeber ein Andienungsrecht hat (BFH v. 13.10.2016 – IV R 33/13, DStR 2017, 300; Wendt FR 2017, 5).

Ist der Leasinggegenstand hiernach wirtschaftliches Eigentum des Leasingnehmers, so ist er bei ihm zu aktivieren, und zwar mit den Anschaffungs- oder Herstellungskosten des Leasinggebers, die bei diesem zu erfragen, ggf. aber zu schätzen sind.[499] Die AfA stehen dem Leasingnehmer zu. In Höhe des aktivierten Betrags ist eine Kaufpreisschuld zu passivieren. Die Leasingraten sind aufzuteilen in einen Tilgungsanteil, der erfolgsneutral mit der Kaufpreisschuld verrechnet wird, und in einen Zins- und Kostenanteil, der Aufwand ist. **169**

§ Fall 19: Immobilien-Leasing und degressive Leasingraten **170**

Die Leasing-GmbH (L) vermietete der Eisenwaren-KG (E) ein Lager- und Verwaltungsgebäude, das die L nach den Wünschen der E errichten sollte. Das Investitionsvolumen betrug 6.000.000 €, die Nutzungsdauer 40 Jahre. Im Anlagenmietvertrag war u. a. vereinbart:

- Die Mietzeit beträgt 30 Jahre; der Vermieter kann nur aus wichtigem Grund kündigen.
- Bei Abschluss des Mietvertrags leistet E eine Sonderzahlung von 300.000 €.
- Die Jahresmiete beträgt in den ersten 20 Mietjahren (sog. Grundmietzeit) jährlich 650.000 €. In diesem Betrag sind vom 5. Mietjahr an Mietvorauszahlungen für das 21.–30. Mietjahr enthalten, deren Anteil ständig steigt (5. Mietjahr 12.000 €; 20. Mietjahr 420.000 €).
- Die Jahresmiete für das 21.–30. Mietjahr wird nach 19 1/2 Jahren neu festgesetzt; die geleisteten Mietvorauszahlungen werden verrechnet oder ggf. erstattet.

E aktivierte die Sonderzahlung und nahm darauf Absetzungen nach Maßgabe der Grundmietzeit von 20 Jahren vor; die Jahresmiete zog E sofort ab. Das FA ist dagegen der Auffassung, dass die für die Grundmietzeit zu zahlende Miete – ungeachtet der fallenden Raten – gleichmäßig zu verteilen und dass die in der Miete enthaltene Mietvorauszahlung zu aktivieren sei.

I. Die bilanzielle Behandlung des Vertrags als Mietvertrag setzt voraus, dass das Gebäude L zuzurechnen ist. **171**
Das ist der Fall, da das Gebäude nicht allein für Zwecke der E brauchbar ist (kein Spezialleasing) und über die Mietzeit hinaus, die 75 % der Nutzungsdauer (40 Jahre) beträgt, der E keine Option gewährt wurde.

II. Die für die Grundmietzeit insgesamt zu zahlenden Jahresmieten sind gleichmäßig zu verteilen.[500] Die Leistungen der L sind grundsätzlich in jedem Jahr der 20-jährigen Grundmietzeit von gleicher Art und gleichem Umfang und damit auch rechtlich und wirtschaftlich gleichwertig.[501]

III. Die Mietvorauszahlungen sind gemäß § 5 Abs. 5 Nr. 1 EStG aktiv abzugrenzen, da sie auf das 21.–30. Mietjahr entfallen sollen.

Ergebnis:

Folgt man der Auffassung des BFH, sind die Mietzahlungen gleichmäßig zu verteilen und die Mietvorauszahlungen aktiv abzugrenzen.

499 Schmidt/Weber-Grellet § 5 Rn. 741.

500 Keine gleichmäßige Verteilung bei Mietänderungsklausel (BMF v. 28.06.2002, St 2170, n. v.).

501 So BFH v. 12.08.1982 – IV R 184/79, BStBl. II 1982, 696; Meyer-Scharenberg DStR 91, 754, 758; a. A. K/S/M, § 5 EStG Rn. F 307; Forster FS Döllerer 1988, 147: bilanzrechtliche Maßgeblichkeit degressiver Leasingraten, soweit sie nicht willkürlich sind, insbesondere dem degressiven Kostenverlauf beim Leasingnehmer entsprechen; a. A. auch BFH v. 28.02.2001 – I R 51/00, BStBl. II 2001, 645 für bewegliche Wirtschaftsgüter.

172

Zurechnung beim Leasing (1)

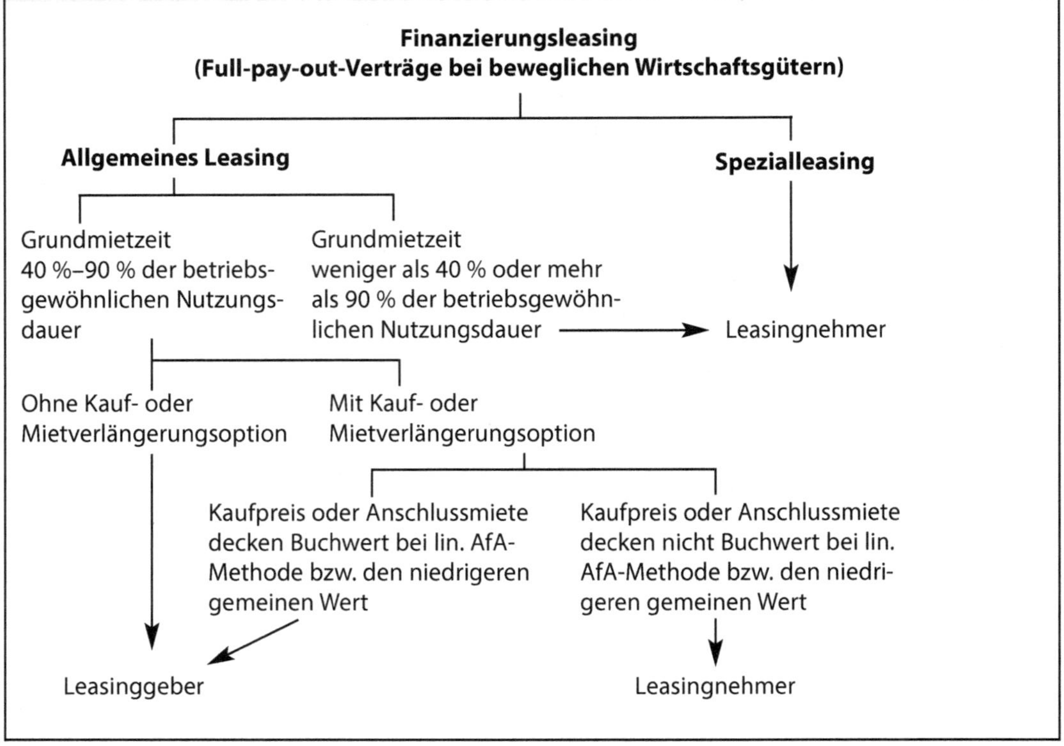

Zurechnung beim Leasing (2)

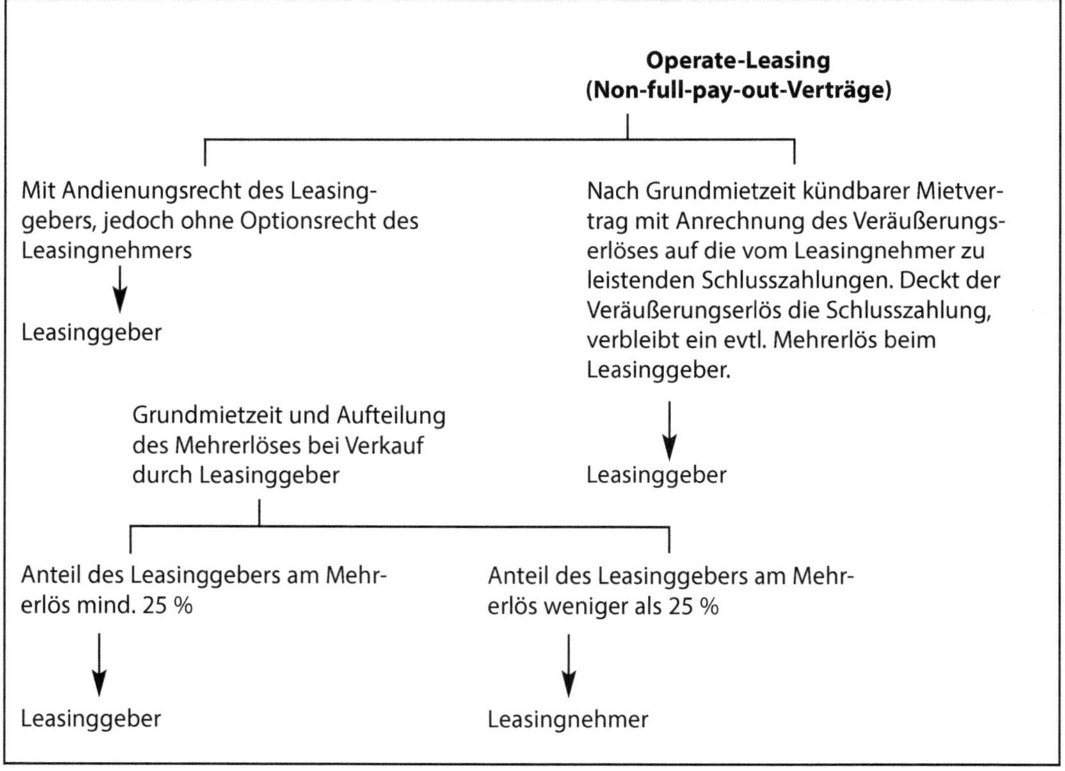

VII. Betriebliche Zugehörigkeit

1. Betriebsvermögen

a) Notwendiges Betriebsvermögen

Fall 20: Freie Genossen 173

Der Apotheker A ist Mitglied der Apotheker-Genossenschaft G, der die wirtschaftliche Förderung und Betreuung ihrer Mitglieder obliegen und von der A seine Handelsware überwiegend bezog. Jeder Genosse hatte mindestens vier Pflichtanteile zu zeichnen. A zeichnete daneben weitere Anteile, die mit einem um 20 % höheren Dividendensatz bedient wurden. Das FA rechnete auch die freiwilligen Anteile zum Betriebsvermögen des A. Zu Recht?

Da A selbst die freiwilligen Anteile nicht dem Betrieb gewidmet hat, können die Anteile nur dann im Betriebsvermögen ausgewiesen werden, wenn sie dem notwendigen Betriebsvermögen zuzuordnen sind. 174

I. Als Betriebsvermögen dürfen nur solche Wirtschaftsgüter ausgewiesen werden, deren Erwerb durch den Betrieb veranlasst ist, die also mit dem Betrieb, d.h. mit seinen Haupt-, Hilfs- und Nebenzwecken, in einem sachlichen Zusammenhang stehen, sei es, dass sie unmittelbar für betriebliche Zwecke genutzt werden **(notwendiges Betriebsvermögen)**, sei es, dass sie dazu bestimmt sind, den Betrieb mittelbar (z.B. durch Einnahmen in Form von Vermögenserträgen) zu fördern **(gewillkürtes Betriebsvermögen)**.[502]

II. Der Begriff **„betriebliche Veranlassung"** (vgl. § 4 Abs. 4 EStG: Betriebsausgaben sind die Aufwendungen, die durch den Betrieb veranlasst sind) ist der zentrale Begriff der betrieblichen Einkunftsarten.[503] Seine Funktion besteht in der für die Gewinnermittlung notwendigen Trennung der betrieblichen von der außerbetrieblichen (der privaten) Sphäre.[504] Die Frage der betrieblichen Veranlassung ist von Bedeutung bei dem Zu- und Abgang von Vermögen sowie bei den mit diesen Vorgängen in Zusammenhang stehenden Leistungen (Betriebsausgaben, Aufwand) und Gegenleistungen (Betriebseinnahmen, Ertrag). Die betriebliche Veranlassung von Aufwand, der zu Abgang von Betriebsvermögen führt, und von Ertrag, der zu Zugang zum Betriebsvermögen führt, kann logisch zwingend nur einheitlich beurteilt werden. Die zwangsläufig einheitliche Beurteilung wird auch durch das System der doppelten Buchführung (Betriebsvermögensvergleich und GuV-Rechnung) deutlich: Der Zugang von Betriebsvermögen führt zu Ertrag (Betriebseinnahmen), der erfolgswirksame Abgang von Betriebsvermögen führt zu Aufwand (Betriebsausgaben). 175

Beispiel

Per Geld an Ertrag (bei Barverkauf)
Per Aufwand (AfA) an Maschine

Zum Diebstahl während einer Umwegfahrt: Ein Arzt hatte den zu seinem Betriebsvermögen gehörenden Pkw zu einem Besuch eines Weihnachtsmarkts genutzt. Nach seinen Angaben hatte er aus beruflichen Gründen einen Kollegen besuchen wollen und wegen zu früher Ankunft noch einen Abstecher zum Weihnachtsmarkt gemacht. Der Pkw wurde dort vom Park-

502 BFH v. 24.02.2000 – IV R 6/99, BStBl. II 2000, 297; v. 10.10.2017 – X R 1/16, BStBl. II 2018, 181.

503 BFH v. 14.03.2006 – VIII R 60/03, BStBl. II 2006, 650 zur Erbschaft eines Altenheims.

504 Nach Auffassung des I. Senats soll eine Körperschaft keine außerbetriebliche Sphäre haben (BFH v. 30.01.2013 – I R 54/11, DStR 2013, 1022 – zur außerbilanziellen Neutralisierung einer Körperschaftsteuererstattungsforderung); diese Auffassung verstößt m.E. gegen das grundlegende einkommensteuerrechtliche Prinzip der Trennung von betrieblicher und außerbetrieblicher Sphäre.

platz gestohlen. Eine Entschädigung von der Kaskoversicherung erhielt der Arzt wegen einer Obliegenheitsverletzung nicht. Den Buchwert des Pkw behandelte er als Betriebsausgabe. Finanzamt, Finanzgericht und BFH folgten dem nicht.[505]

M. E. besteht nur ein „zufälliger" Zusammenhang zwischen Nutzung und Diebstahl. In Fällen dieser Art ist die Aufwandsverteilung nach der allgemeinen Nutzungsquote vorzunehmen, also nach dem Verhältnis der betrieblichen/beruflichen einerseits und der privaten Nutzung andererseits.[506] Ein Wertungswiderspruch zu dem Fall der Entwendung eines privaten Pkw während einer Dienstreise ist nicht gegeben. Auch wird der Wagen durch den Diebstahl nicht entnommen. Im Übrigen führen umgekehrt durch den Diebstahl veranlasste Ersatzleistungen zu (ggf. anteiligem) Ertrag.[507]

176 III. **Notwendiges** und **gewillkürtes** Betriebsvermögen unterscheiden sich in der Intensität ihrer sachlichen Beziehung zum Betrieb; zu differenzieren ist zwischen dem **unmittelbaren** und dem **mittelbaren** Förderungszusammenhang. Wirtschaftsgüter, deren Anschaffung, Herstellung oder Verbleib nicht betrieblich veranlasst sind, gehören nicht zum Betriebsvermögen.

Die betriebliche Veranlassung fehlt, wenn beim Erwerb eines Wirtschaftsguts bereits erkennbar ist, dass es dem Betrieb keinen Nutzen, sondern nur **Verluste** bringt.[508]

Wird bei **Verpachtung** der Betrieb fortgeführt[509] (Verpächterwahlrecht), so ist bei der Qualifizierung des Vermögens zu beachten, dass der Unternehmenszweck ein doppelter ist; die gegenwärtige Verpachtung **wesentlicher Betriebsgrundlagen**[510] und die künftige Wiederaufnahme und Fortführung des Betriebs. Zum Betriebsvermögen gehören daher sowohl verpachtete als auch nicht verpachtete Wirtschaftsgüter.

Bei der **Betriebsaufspaltung** wird die Tätigkeit des Besitzunternehmens, die dem Grunde nach als Vermietung und Verpachtung zu qualifizieren ist, als gewerblich beurteilt, weil sie von der Beherrschung des Betriebsunternehmens begleitet ist:[511] Betriebszweck des Besitzunternehmens ist die Beherrschung des Betriebsunternehmens unter Verpachtung der für den Betrieb des Betriebsunternehmens wesentlichen Betriebsgrundlagen. An diesem Betriebszweck ist die Beurteilung des Vermögens des Besitzunternehmens auszurichten.

177 IV. Dem **notwendigen Betriebsvermögen** ist ein Wirtschaftsgut zuzuordnen, wenn es für den **Betrieb eine konkrete und unmittelbare Funktion besitzt**, wenn es ausschließlich und unmittelbar für eigenbetriebliche Zwecke genutzt wird.[512] Das Wirtschaftsgut muss geeignet und bestimmt sein, dem Betrieb auf Dauer zu dienen.[513]

Der unmittelbare Einsatz im Betrieb verlangt nicht, dass das Wirtschaftsgut tatsächlich genutzt wird; es genügt auch, dass dem Wirtschaftsgut eine anderweitige betriebliche Funktion (z. B. als Vorratsvermögen) zugewiesen ist. Voraussetzung notwendigen Betriebsvermögens ist ferner nicht, dass es für den Betrieb notwendig im Sinne von „erforderlich", „wesentlich" oder „unentbehrlich" ist.

Zum notwendigen Betriebsvermögen können Wirtschaftsgüter gehören, die in einem außerbetrieblichen Nutzungszusammenhang undenkbar sind (**notwendiges Betriebsvermögen im engeren Sinn**, z. B. Produktionsmaschinen), und auch Wirtschaftsgüter, die in einem außerbetrieblichen Nutzungszusammenhang stehen könnten, durch ihre Zweckbestimmung aber notwendiges Betriebsvermögen werden (**notwendiges Betriebsvermögen im weiteren Sinn**,

505 BFH v. 18.04.2007 – XI R 60/04, BStBl. II 2007 II, 762; Weber-Grellet NWB 2007, 4167 = NWB Fach 3, 14869.

506 Vgl. BFH v. 14.10.1954 – IV 352/53 U, BStBl. III 1954, 358.

507 BFH v. 20.11.2003 – IV R 31/02, BStBl. II 2006, 7.

508 BFH v. 19.02.1997 – XI R 1/96, BStBl. II 1997, 399.

509 Vgl. BFH v. 28.09.1995 – IV R 39/94, BStBl. II 1996, 276.

510 Dazu i. E. BFH v. 11.10.2007 – X R 39/04, BB 2008, 270: funktionale Betrachtung i. Z. m. gewerblicher Betriebsverpachtung und Fortsetzung gewerblicher Betätigung; keine Gewinnrealisation; bei Autohaus, Grundstück und Gebäude, nicht aber Umlaufvermögen.

511 BFH v. 23.01.2001 – VIII R 71/98, BFH/NV 2001, 894; v. 19.10.2006 – IV R 22/02 BFH/NV, BFH/NV 2007, 149.

512 BFH v. 06.03.2003 – XI R 52/01, BStBl. II 2003, 658.

513 BFH v. 19.12.2019 – VI R 53/16, BB 2020, 1007.

z. B. betrieblich genutztes Verwaltungsgebäude, betrieblich genutzter Pkw). Nicht dazu gehört (wegen „Fehlens der inneren Verknüpfung") der Bodenschatz eines Landwirts.[514]

Der Umstand, dass ein Wirtschaftsgut mit betrieblichen Mitteln erworben wird oder der Sicherung betrieblicher Kredite dient oder für betriebliche Kredite verpfändet wird, reicht für sich allein nicht aus, um das Wirtschaftsgut zum notwendigen Betriebsvermögen zu ziehen.[515] Ebenso ist eine Schuld nicht schon deshalb betrieblich veranlasst, weil ein Wirtschaftsgut des Betriebsvermögens ihrer Sicherung dient.[516]

Ein Wirtschaftsgut, das notwendiges Betriebsvermögen ist, muss in der Bilanz angesetzt werden. Eine Entnahme ist solange nicht möglich, wie sich seine Beziehung zum Betrieb und zum Betriebsinhaber nicht ändert.[517] Ändert sich seine Beziehung zum Betrieb infolge einer Nutzungsänderung, sodass es nicht mehr notwendiges Betriebsvermögen bildet, kann es durch Entnahme aus dem Betrieb herausgelöst werden.[518] Ändert sich seine Beziehung zum Betriebsinhaber dadurch, dass dieser das Eigentum auf eine andere Person überträgt, muss das Wirtschaftsgut entnommen werden.

Zum notwendigen Betriebsvermögen gehören **typischerweise** Fabrikationsgebäude, Maschinen, sonstige Fabrikationsanlagen, Verwaltungsgebäude, Einrichtungsgegenstände des Betriebs, Waren, Vorräte, Abbaurechte, im Betrieb genutzte Patente etc.

Notwendiges Betriebsvermögen können auch sein:

- **Forderungen und Darlehen,**

die im laufenden Geschäftsverkehr oder aus sonstiger betrieblicher Veranlassung entstanden sind,[519] nicht dagegen Darlehen, die vorwiegend aus verwandtschaftlichen Gründen gegeben werden.[520] Ebenso gehört eine Darlehensforderung zum notwendigen Betriebsvermögen, wenn das Darlehen gewährt wurde, um eine Honorarforderung zu retten.[521]

- **Beteiligungen und Wertpapiere,**

wenn sie unmittelbar für eigenbetriebliche Zwecke genutzt werden,[522] z. B. auch bei intensiver Geschäftsbeziehung.[523] Als notwendiges Betriebsvermögen hat der BFH z. B. die Beteiligung eines Malermeisters an einer Wohnbau-GmbH[524] qualifiziert, Genossenschaftsanteile eines Landwirts an einem Elektrizitätswerk,[525] die Beteiligung eines Steuerberaters, die dieser als Honorar erhalten hat,[526] die Beteiligung an einer Kapitalgesellschaft, in der ein Mediziner selbst entwickelte Präparate vermarktet,[527] auch Aktien eines Landwirts an einer Zuckerfabrik,[528] Anteile an einer Vermarktungs-GmbH eines Freiberuflers[529] oder zur Erfüllung einer Courtageforderung erhaltene Aktien.[530] Kein notwendiges Betriebsvermögen sieht der BFH dagegen in der Beteiligung eines Steuerberaters

514 BFH v. 24.01.2008 – IV R 45/05, BB 2008, 1222.
515 BFH v. 08.12.1993 – XI R 18/93, BStBl. II 1994, 296; v. 24.02.2000 – IV R 6/99, BStBl. II 2000, 297.
516 BFH v. 08.12.1993 – XI R 16/93, BFH/NV 1994, 631.
517 BFH v. 20.06.1985 – IV R 36/83, BStBl. II 1985, 654.
518 BFH v. 20.09.1995 – X R 46/94, BFH/NV 1996, 393.
519 BFH v. 15.01.2019 – X R 34/17, BFH/NV 2019, 530.
520 BFH v. 22.12.1955 – IV 537/54 U, BStBl. III 1956, 65; vgl. aber auch BFH v. 26.02.1975 – I R 50/73, BStBl. II 1975, 573.
521 BFH v. 05.07.2000 – XI B 152/99, BFH/NV 2000, 1491.
522 BFH v. 15.10.2003 – XI R 39/01, BFH/NV 2004, 622; BFH v. 15.01.2019 – X R 34/17, BFH/NV 2019, 530; BFH v. 10.04.2019 – X R 28/16 BStBl. II 2019, 474 (Absatzförderung, auch Absatz von Dienstleistungen).
523 BFH v. 12.06.2019 – X R 38/17, BStBl. II 2019, 518.
524 BFH v. 08.12.1993 – XI R 18/93, BStBl. II 1994, 296; BFH v. 15.01.2019 – X R 34/17, BFH/NV 2019, 530 (Bauträger-GmbH).
525 BFH v. 23.09.2009 – IV R 14/07, BStBl. II 2010, 227.
526 BFH v. 01.02.2001 – IV R 57/99, BStBl. II 2001, 546.
527 BFH v. 26.04.2001 – IV R 14/00, DStR 2001, 1428.
528 BFH v. 11.12.2003 – IV R 19/02, BStBl. II 2004, 280.
529 FG BaWü v. 12.12.2007, EFG 2008, 784, rkr. – Geldgeschäfte gehören nicht zum Betriebsvermögen eines Freiberuflers (BFH v. 01.12.2021 – VIII R 21/17, BStBl. II 2021, 609).
530 BFH v. 29.09.2016 – III R 42/13, BStBl. II 2017, 339.

an einer Autowaschstraßen-GmbH[531] und in dem freiwillig gezeichneten Genossenschaftsanteil eines Apothekers.[532] Wertpapiere, die kein notwendiges Betriebsvermögen sind,[533] werden nicht allein aus dem Grund notwendiges Betriebsvermögen, weil sie für Betriebskredite verpfändet werden; sie können aber als gewillkürtes Betriebsvermögen ausgewiesen werden.[534] Die Zuordnung der Beteiligung an einer Komplementär-GmbH zum notwendigen Betriebsvermögen eines Betriebsaufspaltungs-Besitzunternehmens wird nicht schon dadurch ausgeschlossen, dass die Komplementär-GmbH weder zum Besitzunternehmen noch zur Betriebs-Kapitalgesellschaft unmittelbare Geschäftsbeziehungen unterhält. In derartigen Fällen setzt eine Zuordnung zum notwendigen Betriebsvermögen voraus, dass die Komplementär-GmbH entscheidenden Einfluss auf den Geschäftsbetrieb der Gesellschaft (GmbH & Co. KG) besitzt, die aufgrund ihrer intensiven und dauerhaften Geschäftsbeziehungen zum Betriebsunternehmen die gewerbliche Betätigung des Steuerpflichtigen entscheidend fördert. Weiterhin ist erforderlich, dass der Steuerpflichtige seinerseits durch das Halten der Beteiligung an der Komplementär-GmbH in der Lage ist, deren Einfluss auf das geschäftliche Verhalten der GmbH & Co. KG maßgeblich zu fördern.[535]

V. Im Streitfall hatten die Anteile keine konkrete und unmittelbare Funktion für den Betrieb des A. Sie vermittelten keine besonderen Vorteile, da die G Nichtgenossen zu denselben Konditionen belieferte wie die Genossen. Alle Vorteile, insbesondere die Möglichkeit, auf die Geschäfte der G Einfluss zu nehmen, wurden bereits durch die Pflichtanteile vermittelt. Bei dem Erwerb der weiteren Anteile stand der Gedanke der Kapitalanlage im Vordergrund.

Ergebnis:

Die freiwillig gezeichneten Anteile durften nicht dem notwendigen Betriebsvermögen zugeordnet werden.

178 Bei Personengesellschaften gehören zum notwendigen Betriebsvermögen nicht nur die Wirtschaftsgüter, die im Gesamthandseigentum stehen, sondern auch solche Wirtschaftsgüter, die nur einem oder einzelnen Gesellschaftern gehören **(Sonderbetriebsvermögen)** und die geeignet und bestimmt sind, dem Betrieb der Personengesellschaft (Sonderbetriebsvermögen I) oder der Beteiligung des Mitunternehmers (Sonderbetriebsvermögen II) zu dienen,[536] also der Gesellschaft oder dem Gesellschafter selbst. Ob ein Wirtschaftsgut zum Betriebsvermögen der Personengesellschaft gehört, ist nach allgemeinen Grundsätzen zu entscheiden. Das Gesamthandsvermögen ist grundsätzlich notwendiges Betriebsvermögen einer Personengesellschaft.[537]

Die als Sondervermögen bezeichneten Vermögensgegenstände werden in der Handelsbilanz regelmäßig nicht ausgewiesen; für steuerliche Zwecke wird eine Sonderbilanz des oder der Gesellschafter geführt.[538]

Notwendiges Sonderbetriebsvermögen ist gegeben, wenn das fragliche Wirtschaftsgut entweder dem Betrieb der Personengesellschaft oder der Beteiligung des Gesellschafters dient. Das ist der Fall, wenn ein dem Mitunternehmer gehörendes Wirtschaftsgut unmittelbar dem Betrieb der Personengesellschaft zu dienen bestimmt ist, insbesondere weil es der Personengesellschaft zur Nutzung überlassen ist und von ihr tatsächlich auch für betriebliche Zwecke genutzt wird oder wenn das Wirtschaftsgut unmittelbar zur Begründung oder Verstärkung der Beteiligung des Mitunternehmers eingesetzt wird.[539]

---

531 BFH v. 23.05.1985 – IV R 198/83, BStBl. II 1985, 517.

532 BFH v. 04.02.1998 – XI R 45/97, BStBl. II 1998, 301.

533 Vgl. BFH v. 01.02.1977 – VIII R 213/73, BStBl. II 1977, 287.

534 BFH v. 04.04.1973 – I R 159/71, BStBl. II 1973, 628.

535 BFH v. 12.06.2013 – X R 2/10, BFH/NV 2013, 1850.

536 BFH v. 28.08.2003 – IV R 46/02, BStBl. II 2004, 216.

537 BFH v. 13.10.1998 – VIII R 61/96, BFH/NV 1999, 463.

538 Vgl. Tz 13, 14 des sog. Mitunternehmererlasses v. 20.11.1977, BStBl. I 1978, 8; BFH v. 12.12.1996 – IV R 77/93, BStBl. II 1998, 180.

539 BFH v. 28.08.2003 – IV R 46/02, BStBl. II 2004, 216; zu einer GmbH-Beteiligung als notwendiges Sonderbetriebsvermögen s. BFH v. 19.12.2019 – IV R 53/16, BStBl. II 2020, 534.

b) Gewillkürtes Betriebsvermögen

Fall 21: Goldbarren 179

Die Gärtnerin G betrieb ein Unternehmen für Garten- und Landschaftsbau. Sie ermittelte ihren Gewinn nach § 4 Abs. 1 EStG. Im Oktober 2023 erwarb sie 5.000 g Barrengold. Das Gold sollte ein halbes Jahr später zu betrieblichen Investitionen verwendet werden. In der Bilanz zum 31.12.2023 wies G das Barrengold als gewillkürtes Betriebsvermögen aus und schrieb das Wirtschaftsgut aufgrund der gefallenen Goldpreise auf den niedrigeren Teilwert ab. Das FA hielt die Anschaffung für ein Risikogeschäft mit spekulativem Charakter. Gegen die betriebliche Veranlassung des Golderwerbs spreche die Entwicklung des Goldpreises, außerdem der Umstand, dass letztlich keine betrieblichen Investitionen getätigt worden seien, das Gold vielmehr privat verwendet worden sei. Zu Recht?

I. Nach § 6 Abs. 1 Nr. 2 S. 2 EStG kann bei Wirtschaftsgütern des Umlaufvermögens anstelle der Anschaffungskosten der niedrigere Teilwert angesetzt werden; nach § 141 Abs. 1 S. 2 AO i.V.m. § 253 Abs. 4 HGB n.F. sind bei Vermögensgegenständen des Umlaufvermögens Abschreibungen vorzunehmen, um diese mit einem niedrigeren Wert anzusetzen, der sich aus einem Börsen- oder Marktpreis am Abschlussstichtag ergibt. 180

II. Die Goldbarren waren nicht in das notwendige Betriebsvermögen gelangt. Sie waren – unstreitig – nicht zum unmittelbaren Einsatz im Betrieb bestimmt. Dem steht nicht entgegen, dass das Gold mit betrieblichen Geldmitteln erworben wurde.[540] Der Grundsatz, wonach die für notwendiges Betriebsvermögen eingetauschten Wirtschaftsgüter zunächst (notwendiges) Betriebsvermögen bleiben, bis sie entnommen werden,[541] gilt nicht für den entgeltlichen Erwerb von Wirtschaftsgütern mit betrieblichen Geldmitteln.

III. Die Goldbarren könnten aber gewillkürtes Betriebsvermögen geworden sein. 181

1. Zum gewillkürten Betriebsvermögen gehören Wirtschaftsgüter, die dazu bestimmt sind, den Betrieb **mittelbar** (z.B. durch Einnahmen in Gestalt von Vermögenserträgen) zu fördern.[542] Das gewillkürte Betriebsvermögen umfasst Wirtschaftsgüter, deren Art nicht eindeutig in den betrieblichen oder privaten Bereich weist, deren Zuweisung zum betrieblichen oder privaten Bereich aber auch ihrer Natur nicht widerspricht.[543] Förderungsmöglichkeiten in diesem Sinne bieten Wirtschaftsgüter insbesondere dann, wenn sie als Kreditgrundlage oder Liquiditätsreserve geeignet sind oder z.B. höhere Erträge bringen. Wie Geldmittel – Bargeld oder Bankguthaben – können daher z.B. auch risikofreie und leicht liquidierbare Wertpapiere gewillkürtes Betriebsvermögen bilden.[544] Die Zuordnung zum gewillkürten Betriebsvermögen erfordert, dass der notwendige Widmungsakt zeitnah in den Büchern oder in Aufzeichnungen dokumentiert wird.[545]

   Die vielfach anzutreffende Definition, nach der solche Wirtschaftsgüter zum gewillkürten Betriebsvermögen gehören, die objektiv geeignet und bestimmt sind, den Betrieb zu fördern,[546] ist ungeeignet, da sie auch Wirtschaftsgüter des notwendigen Betriebsvermögens umfasst.

2. Die Möglichkeit, **gewillkürtes Betriebsvermögen zu bilden**, hängt von der Art des Betriebs ab. Können Kaufleute den Umfang ihres Geschäftsbereichs grundsätzlich frei bestimmen, so ist der betriebliche Bereich bei Land- und Forstwirten und Frei-

540 Vgl. BFH v. 22.09.1993 – X R 37/91, BStBl. II 1994, 172.
541 BFH v. 09.08.1989 – X R 20/86, BStBl. II 1990, 128.
542 BFH v. 31.01.1985 – IV R 130/82, BStBl. II 1985, 395.
543 BFH v. 31.05.2001 – IV R 49/00, BStBl. II 2001, 828.
544 BFH v. 18.12.1996 – XI R 52/95, BStBl. II 1997, 351.
545 BFH v. 27.06.2006 – VIII R 31/04, BStBl. II 2006, 874.
546 BFH v. 18.12.1996 – XI R 52/95, BStBl. II 1997, 351.

beruflern, der durch das jeweilige Berufsbild geprägt wird, enger zu ziehen.[547] Während bei Wirtschaftsgütern des notwendigen Betriebsvermögens die Zugehörigkeit zum Betriebsvermögen häufig durch die Art des entsprechenden Wirtschaftsguts deutlich hervortritt, kommt es bei den Wirtschaftsgütern des gewillkürten Betriebsvermögens neben der – mittelbaren – betrieblichen Funktion zusätzlich entscheidend auf den äußerlich erkennbaren Willen des Steuerpflichtigen an, das Wirtschaftsgut als Betriebs- oder Privatvermögen zu behandeln (Widmung). Dieser Wille wird – neben der tatsächlichen Nutzung – insbesondere auch durch die **buchmäßige Behandlung** bekundet: Der Steuerpflichtige führt das Wirtschaftsgut dem Betriebsvermögen zu, indem er es in die Bilanz aufnimmt.[548]

3. Der Begriff „gewillkürtes Betriebsvermögen" bedeutet nicht, dass der Steuerpflichtige willkürlich jedes Wirtschaftsgut, das nicht notwendiges Privatvermögen ist, als Betriebsvermögen behandeln kann. Es ist vielmehr erforderlich, dass das Wirtschaftsgut in einem gewissen objektiven Zusammenhang mit dem Betrieb steht und diesen mittelbar fördert.[549]

Beispiel 1

Ein Arzt ist Eigentümer eines Vierfamilienhauses. Eine Wohnung nutzt er als Praxis, eine Wohnung vermietet er an seine Angestellte, zwei Wohnungen werden fremdvermietet. Die als Praxis genutzte Wohnung ist notwendiges Betriebsvermögen, die an die Angestellte vermietete Wohnung kann als gewillkürtes Betriebsvermögen behandelt werden, weil ein mittelbarer Zusammenhang mit dem Betrieb besteht (vgl. aber R 4.2 Abs. 9 EStR).

Beispiel 2

Wertpapiere können gewillkürtes Betriebsvermögen eines Gewerbebetriebs sein, wenn nicht bereits bei ihrem Erwerb erkennbar ist, dass sie dem Betrieb keinen Nutzen, sondern nur Verluste bringen (Fortführung der bisherigen Rspr.). Branchenuntypische Termin- und Optionsgeschäfte sind dem betrieblichen Bereich regelmäßig auch dann nicht zuzuordnen, wenn generell die Möglichkeit besteht, damit Gewinne zu erzielen.[550]

Beispiel 3

Wirtschaftsgüter, die als Sicherheit für betriebliche Kredite eingesetzt werden, oder solche Wirtschaftsgüter, die als betriebliches Tauschobjekt geeignet sind, können zum gewillkürten Betriebsvermögen gezogen werden.[551]

182 4. Die Eignung als Liquiditätsreserve ist objektiv und vor dem Hintergrund der jeweiligen betrieblichen Zielsetzung zu beurteilen. Der Grundsatz, dass der Steuerpflichtige über Art und Umfang seines Betriebsvermögens und damit seine Betriebsausgaben selbst bestimmen kann, gilt nur unter der Voraussetzung der betrieblichen Veranlassung. Auch wenn der Annahme gewillkürten Betriebsvermögens der spekulative Charakter von Transaktionen nicht grundsätzlich entgegensteht, ist nicht erkennbar, inwieweit die Investition in Gold die geplante Anschaffung im Streitfall fördern sollte. Im Gegenteil war die Beschaffung der Goldbestände für die genannte Zielsetzung objektiv ungeeignet. Anders als Wertpapiere lässt Gold im Vergleich zur reinen (Fest-)Geldanlage nämlich allgemein keine kalkulierbare Ertragsverbesserung und damit Förderung des Betriebszwecks erwarten. Barrengold ist vielmehr wegen starker Goldpreisschwankungen eine mit Risiken behaftete Kapitalanlage.

547 BFH v. 01.12.2020 – VII R 21/17, BStBl. II 2021, 609.
548 BFH v. 22.09.1993 – X R 37/91, BStBl. II 1994, 172; v. 10.10.2017 – X R 1/16, BStBl. II 2018, 181.
549 BFH v. 27.08.1999 – IV R 77/97, BStBl. II 1999, 279.
550 BFH v. 11.07.1996 – IV R 67/95, BFH/NV 1997, 114; v. 19.02.1997 – XI R 1/96, BStBl. II 1997, 399.
551 BFH v. 30.04.1975 – I R 111/73, BStBl. II 1975, 582.

Damit kommen Goldbestände als gewillkürtes Betriebsvermögen jedenfalls für solche gewerblichen Betriebe nicht in Betracht, die nach ihrer Art oder ihrer Kapitalausstattung eher kurzfristig auf Liquidität zur Vornahme von geplanten Investitionen und auf relativ überschaubare Vermögensverhältnisse angewiesen sind.[552]

Ergebnis:

G konnte zum 31.12.2023 keine Teilwertabschreibung nach § 6 Abs. 1 Nr. 2 EStG auf die Goldbestände vornehmen.

2. Privatvermögen

Wirtschaftsgüter, die nach ihren Eigenschaften und nach ihrer tatsächlichen Nutzung ungeeignet sind, in irgendeiner Weise dem Betrieb zu dienen oder ihn zu fördern, insbesondere solche, die dem persönlichen Bereich des Steuerpflichtigen zuzurechnen sind, sind **notwendiges Privatvermögen**. 183

Notwendiges Privatvermögen sind z. B.:
- Kleidung, Hausrat, Schmuck;[553]
- die eigenen Wohnzwecken dienende Eigentumswohnung;[554]
- ein vorwiegend aus verwandtschaftlichen Gründen gegebenes Darlehen, eine auf verwandtschaftlichen Gründen beruhende Forderung;[555]
- Ansprüche auf Erstattung von Einkommensteuer oder anderen Personensteuern;[556]
- privat verursachte Schulden, auch wenn sie durch Verpfändung von Wirtschaftsgütern des Betriebsvermögens gesichert werden;
- Wirtschaftsgüter nach Betriebsaufgabe;[557]
- ein Versicherungsanspruch, soweit das versicherte Risiko privater Natur ist;[558]
- Wirtschaftsgüter, die keinen Nutzen bringen können.[559]

Die Existenz von gewillkürtem Betriebsvermögen bedingt zwangsläufig das Vorhandensein von **gewillkürtem Privatvermögen**, das dem Betriebsvermögen hätte zugeordnet werden können, tatsächlich aber nicht dem Betrieb dient.

3. Gemischt genutzte Wirtschaftsgüter

§ Fall 22: Vorsicht, Falle: Zur Bilanzierung teilweise betrieblich genutzter Wirtschaftsgüter 184

Unternehmer A, der seinen Gewinn nach § 5 EStG ermittelt, erwirbt am 02.01.2019 einen Pkw für 30.000 € + 5.700 € USt. Der Wagen wird zu 35 % betrieblich und zu 65 % privat genutzt (Ermittlung mithilfe eines ordnungsgemäßen Fahrtenbuchs). A behandelt den Wagen als gewillkürtes Betriebsvermögen. Die Absetzung für Abnutzung (AfA) verteilt er der Nutzungsdauer entsprechend gleichmäßig auf vier Jahre. AfA und laufende Kosten, die auf die private Nutzung entfallen, bucht er als Privatentnahme. Am 02.01.2023 veräußert er den Wagen für 10.000 €. Als Erlös aus der Veräußerung setzt er dem betrieblichen Nutzungsanteil entsprechend einen Betrag von 3.500 € an. Der Prüfer des FA ist demgegenüber der Auffassung, dass der gesamte Veräußerungspreis als Betriebseinnahme anzusetzen sei. Wie ist die Rechtslage?

I. A war berechtigt, den zu 65 % privat genutzten Pkw in sein Betriebsvermögen aufzunehmen. Dient ein nicht in Grundbesitz bestehendes Wirtschaftsgut teilweise betrieb- 185

---

552 BFH v. 19.01.2017 – IV R 5/16, BFH/NV 2017, 755 zu Goldbarren als Umlaufvermögen bei einem Goldhändler.
553 BFH v. 22.07.1966 – VI 12/65, BStBl. III 1966, 542.
554 BFH v. 18.03.1994 – III R 6/92, BFH/NV 1994, 780.
555 BFH v. 10.12.1964 – IV 167/64 U, BStBl. III 1965, 377.
556 BFH v. 22.07.1966 – VI 12/65, BStBl. III 1966, 542.
557 BFH v. 22.10.1992 – III R 7/91, BFH/NV 1993, 358; zu Ausnahmen H 4.2 (15) EStH.
558 BFH v. 14.03.1996 – III R 53/95, BStBl. II 1997, 343.
559 BFH v. 20.02.2001 – IV B 75/00, StuB 2001, 710.

lichen und teilweise privaten Zwecken, ist es in vollem Umfang notwendiges Betriebsvermögen, wenn die **betriebliche Nutzung überwiegt**, d.h. mehr als 50 % beträgt (vgl. R 4.2 Abs. 1 S. 4 EStR). Überwiegt die betriebliche Nutzung nicht, ist sie aber auch **nicht von untergeordneter Bedeutung**, kann das Wirtschaftsgut bei Gewinnermittlung nach § 4 Abs. 1 oder § 5 EStG als gewillkürtes Betriebsvermögen ausgewiesen werden.[560] Anderenfalls ist es Privatvermögen. Eine Aufteilung in Betriebs- und Privatvermögen kommt nach herrschender Ansicht nicht in Betracht.[561]

Die vorstehenden Grundsätze gelten auch für Wirtschaftsgüter der gehobenen Lebensführung, bei denen der Grad der betrieblichen Nutzung leicht und objektiv nachprüfbar ist.[562] Lässt sich der Anteil der betrieblichen und der privaten Nutzung nicht leicht und einwandfrei ermitteln, gehört das Wirtschaftsgut ganz zum – notwendigen – Privatvermögen, es sei denn, die Nutzung zu privaten Zwecken ist von ganz untergeordneter Bedeutung.

II. Der bei der Veräußerung des Pkw erzielte Erlös könnte in voller Höhe Betriebseinnahme sein.

1. Nach wohl h.M.[563] (R 4.2 Abs. 1 S. 4 EStR) ist ein bilanziertes Wirtschaftsgut auch bei nur teilweiser betrieblicher Nutzung in vollem Umfang (zu 100 %) notwendiges Betriebsvermögen. Die wegen der privaten Nutzung erforderlichen Korrekturen werden mithilfe des Instituts der Nutzungsentnahme vorgenommen. Nach dieser Auffassung besteht rechtlich keine Möglichkeit, die anteilige Privatnutzung bei der Ermittlung des Veräußerungserlöses zu berücksichtigen; die Verwertung ist ein ausschließlich betrieblicher Vorgang.
   So ist bei Wirtschaftsgütern, die von § 4 Abs. 5 EStG erfasst werden, zwar der Abzug als Betriebsausgabe beschränkt, bei der Veräußerung wird dieser Umstand aber nicht berücksichtigt; der Buchwert ist nicht um die § 4 Abs. 5 EStG-Kürzungen zu erhöhen.[564]
2. Nach anderer Meinung[565] werde der auf die Privatnutzung entfallende Anteil des Wirtschaftsguts entnommen, da das jeweilige Wirtschaftsgut nur im Umfang seiner betrieblichen Nutzung zum Betriebsvermögen gehöre.

186 3. Die besseren Gründe sprechen wohl noch für die **h.M.** Danach werden Wirtschaftsgüter bilanziert und nicht lediglich Nutzungsanteile von Wirtschaftsgütern.[566] Was für Grundstücke und Gebäude bei räumlich getrennter Nutzung gilt (s.u. Fall 23, Rn. 190f.), kann nicht auf die gemischte Nutzung anderer Wirtschaftsgüter übertragen werden. Andererseits müsste es eigentlich möglich sein, die für die Nutzungskorrektur geltenden Grundsätze auch bei der Veräußerung anzuwenden; auch insoweit könnte das „Aufteilungsverbot" überwunden werden.

Ergebnis:

Der gesamte Veräußerungserlös ist als Betriebseinnahme anzusetzen. Bei betrieblichen Nutzungsanteilen zwischen 10 und 50 % ist dem Unternehmer daher in der Regel zu raten, das Wirtschaftsgut im Privatvermögen zu halten, da über entsprechende Entnahme- bzw. Einlagebuchungen während der Nutzung des Pkw stets dasselbe Betriebsergebnis erzielt wird, der Ertrag aus der Veräußerung des Pkw bei Behandlung als Privatvermögen aber nicht versteuert werden muss.

---

560 BFH v. 12.05.1955 – IV 19/55 U, BStBl. III 1955, 205; v. 22.11.1960 – I 103/60 S, BStBl. III 1961, 97.

561 BFH v. 27.01.2016 – X R 2/14, DStR 2016, 1082.

562 BFH v. 13.03.1964 – IV 158/61 S, BStBl. III 1964, 455.

563 BFH v. 26.01.1994 – X R 1/92, BStBl. II 1994, 353; BFH v. 25.03.2015 – X R 14/12, BFH/NV 2015, 973 (kritisch Weber-Grellet FR 2015, 944), BFH v. 27.01.2016 – X R 2/14, DStR 2016, 1082; BFH v. 16.06.2020 – VIII R 9/18, BStBl. II 2020, 845; BFH v. 16.06.2020 – VIII R 15/17, BStBl. II 2020, 841.

564 BFH v. 16.06.2020 – VIII R 15/17, BStBl. II 2020, 841.

565 Wassermeyer DStJG 1980, 313.

566 Vgl. den Wortlaut des § 6 Abs. 1 S. 1 EStG; Hennrichs T/L 9.214.

Dient ein Wirtschaftsgut **mehreren Betrieben** desselben Steuerpflichtigen, so ist es in vollem Umfang Betriebsvermögen des Betriebs, dem es überwiegend dient.[567] Bei der Berechnung des betrieblichen Nutzungsanteils ist die gesamte eigenbetriebliche Nutzung maßgebend (R 4.2 Abs. 1 S. 7 EStR). 187

4. Grundstücke und Grundstücksteile als Betriebsvermögen

a) Notwendiges Betriebsvermögen

Grundstücke, die ausschließlich und unmittelbar eigenbetrieblich genutzt werden (z.B. Fabrikgrundstück, Verwaltungsgebäude), sind in vollem Umfang notwendiges Betriebsvermögen.[568] Notwendiges Betriebsvermögen ist m.E. aber auch gegeben, wenn ein Unternehmer eine Eigentumswohnung in vollem Umfang im Rahmen einer betrieblich veranlassten doppelten Haushaltsführung nutzt. 188

Wird ein Grundstück teilweise für eigenbetriebliche, teilweise für andere Zwecke genutzt, so ist nur der **eigenbetrieblich genutzte Teil** notwendiges Betriebsvermögen (vgl. R 4.2 Abs. 1 S. 4 EStR). Im Unterschied zu beweglichen Wirtschaftsgütern können gemischt genutzte Grundstücke und Gebäude in mehrere Wirtschaftsgüter aufgeteilt werden.[569] Der eigenbetrieblich genutzte Grundstücksteil gehört jedoch nicht zum notwendigen Betriebsvermögen, wenn sein Wert im Verhältnis zum Wert des ganzen Grundstücks gemessen an der Nutzfläche weder mehr als ein Fünftel noch mehr als 20.500 € beträgt (§ 8 EStDV; R 4.2 Abs. 8 EStR).[570] Bei der Ermittlung der maßgebenden Werte ist auf den Wert dieses Gebäudeteils zzgl. des Werts des dazugehörigen Grund und Bodens abzustellen.[571]

Beispiel 1

Gemeiner Wert eines Grundstücks 200.000 €, Wert des eigenbetrieblich genutzten Grundstücksteils 30.000 €. Der eigenbetrieblich genutzte Grundstücksteil ist notwendiges Betriebsvermögen, weil sein Wert 20.500 € übersteigt.

Beispiel 2

Gemeiner Wert eines Grundstücks 50.000 €, Wert des eigenbetrieblich genutzten Teils 18.000 €. Dieser Teil ist notwendiges Betriebsvermögen, weil sein Wert mehr als ein Fünftel des Werts des ganzen Grundstücks beträgt.

Beispiel 3

Gemeiner Wert 100.000 €; eigenbetrieblich genutzt im Wert von 18.000 €. Der eigenbetrieblich genutzte Teil ist kein notwendiges Betriebsvermögen, weil sein Wert weder mehr als ein Fünftel noch mehr als 20.500 € beträgt.

Gehört ein Grundstücksteil zu der Zeit seiner erstmaligen betrieblichen Nutzung nicht zum Betriebsvermögen, so ist damit nicht für alle Zeit über seine Zugehörigkeit zum Betriebs- oder Privatvermögen entschieden. Für jeden Bilanzstichtag ist vielmehr erneut zu prüfen, ob der eigenbetrieblich genutzte Grundstücksteil noch von untergeordneter Bedeutung ist (vgl. R 4.2 Abs. 8 EStR).

---

567 BFH v. 11.09.1969 – IV R 160/67, BStBl. II 1970, 317; zur Behandlung des Aufwands bei gemischt genutzten Wirtschaftsgütern vgl. Neu SteuerStud 1990, 175.

568 BFH v. 27.08.1998 – III R 96/96, BFH/NV 1999, 758.

569 Vgl. R 4.2 Abs. 4 EStR.

570 Kritisch Schmidt/Loschelder § 4 Rn. 126.

571 BFH v. 12.07.1979 – IV R 55/74, BStBl. II 1980, 5.

Beispiel 4

In dem vorangehenden Beispiel 3 steigt der gemeine Wert des Grundstücks auf 120.000 €. Der betrieblich genutzte Teil hat jetzt einen Wert von 21.600 €. Da dieser Betrag die Bagatellgrenze von 20.500 € übersteigt, muss der Grundstücksteil in das Betriebsvermögen eingelegt und im Betriebsvermögen ausgewiesen werden.[572]

b) Gewillkürtes Betriebsvermögen

189 Grundstücke oder Grundstücksteile, die nicht notwendiges Betriebs- oder Privatvermögen sind, können unter den allgemeinen Voraussetzungen als gewillkürtes Betriebsvermögen ausgewiesen werden (vgl. auch R 4.2 Abs. 9 EStR).

Beispiel 1

Von einem Bauunternehmer zum Zwecke der Vermietung bebaute Grundstücke können gewillkürtes Betriebsvermögen sein, sofern sie Ertrag bringen und den Charakter seiner Betätigung als Gewerbebetrieb nicht entscheidend verändern.[573]

Beispiel 2

Ein von einem freiberuflich tätigen Ingenieur zur künftigen Betriebserweiterung erworbenes Grundstück kann gewillkürtes – sogar notwendiges – Betriebsvermögen sein,[574] ebenso Wertpapiere für Anwaltssozietät.[575]

Beispiel 3

Erwirbt ein Landwirt landwirtschaftliche Nutzflächen eines benachbarten Betriebs einschließlich der Hofstelle, so kann er das dortige Wohnhaus als gewillkürtes Betriebsvermögen behandeln, wenn nach den konkreten Verhältnissen des Betriebs eine Überlassung an Arbeitnehmer nicht ausgeschlossen ist.[576]

Beispiel 4

Die Verpachtung einer landwirtschaftlich genutzten Fläche mit anschließender Unterlassung einer aktiven Bewirtschaftung bewirkt eine Nutzungsänderung, die aus notwendigem Betriebsvermögen gewillkürtes, d. h. auch privat nutzbares, Vermögen macht.[577]

190 **§ Fall 23: Gemischte Nutzung von Grundstücken**

A, der seinen Gewinn nach § 5 EStG ermittelt, erwirbt im Wirtschaftsjahr 02 ein Grundstück mit aufstehendem Gebäude. In einem Teil des Gebäudes betreibt er sein Textilgroßhandelsgeschäft. Einen weiteren Teil vermietet er an einen Textileinzelhändler. Den übrigen Teil des Gebäudes nutzt er teilweise zu eigenen, teilweise zu fremden Wohnzwecken. Hinsichtlich der Vermietung zu fremden Wohnzwecken besteht keinerlei Zusammenhang mit dem Betrieb. Der gemeine Wert des ganzen Grundstücks beträgt 150.000 €, der Wert des eigenen und des fremdbetrieblich genutzten Grundstücksteils beträgt je 50.000 €; der Wert des eigenen Wohnzwecken dienenden Gebäudeteils beträgt 29.500 €, der des zu fremden Wohnzwecken vermieteten Teils beläuft sich auf 20.500 €.
Welche Bilanzierungsmöglichkeiten hat A?

191 I. A könnte den nur für das eigene Großhandelsgeschäft genutzten Grundstücksteil als notwendiges Betriebsvermögen ansetzen.

II. A könnte darüber hinaus den an den Einzelhändler vermieteten Grundstücksteil als gewillkürtes Betriebsvermögen ausweisen.

---

572 BFH v. 21.07.1967 – VI 140/65, BStBl. III 1967, 762.
573 BFH v. 07.11.1995 – III B 66/93, BFH/NV 1996, 327; BFH v. 14.08.2014 – IV R 56/11, BFH/NV 2015, 371.
574 BFH v. 15.04.1981 – IV R 129/78, BStBl. II 1981, 618.
575 FG Hamburg v. 25.04.2007 – 2 K 239/05, DStRE 2008, 329.
576 BFH v. 23.09.1999 – IV R 12/98, BFH/NV 2000, 317.
577 BFH v. 17.11.2002 – IV R 74/99, BStBl. II 2002, 356.

III. Eine Behandlung des zu eigenen Wohnzwecken genutzten Gebäudeteils als Betriebsvermögen ist nicht mehr möglich[578] (R 4.2 Abs. 10 S. 2 EStR).

IV. Die Behandlung des zu fremden Wohnzwecken genutzten Grundstücksteils wird unterschiedlich beurteilt.

1. Nach Auffassung der Verwaltung (R 4.2 Abs. 9 S. 1 EStR), die für die frühere Rechtslage durch den BFH gebilligt wurde,[579] kann der zu fremden Wohnzwecken genutzte Grundstücksteil zum Betriebsvermögen gezogen werden, sofern er in einem gewissen objektiven Zusammenhang mit dem Betrieb steht.
2. Dagegen wurde in der Lit. die Auffassung vertreten, dass der fremden Wohnzwecken dienende Grundstücksteil nicht in das Betriebsvermögen aufgenommen werden kann.[580]
3. Der Literaturauffassung ist zu folgen. Sie entspricht dem Beschluss des Großen Senats des BFH,[581] demzufolge der jeweilige Nutzungs- und Funktionszusammenhang über die Zugehörigkeit zum Betriebs- oder Privatvermögen entscheidet. Die Auffassung der Verwaltung ist noch ein Relikt aus der Zeit, als auch gemischt genutzte Grundstücke und Gebäude als ein Wirtschaftsgut angesehen wurden.

Ergebnis:

A muss den eigenbetrieblich genutzten Teil, er kann den fremdbetrieblich genutzten Teil in das Betriebsvermögen aufnehmen. Die zu Wohnzwecken genutzten Teile können dagegen nicht zum Betriebsvermögen gezogen werden.

c) Grundstücke und Grundstücksteile als Betriebsvermögen von Personengesellschaften

Gehört ein Grundstück zum **Gesamthandsvermögen** der Mitunternehmer einer Personengesellschaft, so ist es grundsätzlich dem notwendigen Betriebsvermögen zuzuordnen,[582] es sei denn, dass das Grundstück (fast) ausschließlich der privaten Lebensführung eines, mehrerer oder aller Mitunternehmer dient[583] (R 4.2 Abs. 11, 12 EStR). 192

Steht ein Grundstück, das ausschließlich den eigenbetrieblichen Zwecken der Personengesellschaft dient, im **Eigentum eines Gesellschafters** oder einzelner Gesellschafter, so ist es notwendiges (Sonder-)Betriebsvermögen der Gesellschaft. Entsprechendes gilt bei nur teilweiser betrieblicher Nutzung für die den betrieblichen Zwecken dienenden Grundstücksteile.

Im Übrigen kann der Gesellschafter einer Personengesellschaft nicht zum notwendigen Betriebsvermögen gehörende Grundstücke oder Grundstücksteile unter denselben Voraussetzungen zum gewillkürten Betriebsvermögen ziehen wie ein Einzelunternehmer.[584] Hierzu genügt im Allgemeinen der Ausweis des Grundstücks oder Grundstücksteils in der Steuerbilanz.[585] Bringt der Gesellschafter einer OHG sein Einzelunternehmen in die Gesellschaft ein und behält er dabei ein Mietwohngrundstück zurück, das zum Betriebsvermögen des Einzelunternehmens gehörte, so kann er das Grundstück zumindest dann als Sonderbetriebsvermögen behandeln, wenn es mit Grundpfandrechten zur Sicherung von Krediten der OHG belastet ist.[586]

---

578 BFH v. 21.09.1995 – IV R 50/93, BFH/NV 1996, 460.
579 Vgl. BFH v. 01.12.1976 – I R 73/74, BStBl. II 1977, 315; v. 21.07.1982 – I R 97/78, BStBl. II 1983, 288.
580 Vgl. Plückebaum in K/S/M § 4 EStG Rn. B 163 (bis 2011); jetzt wie EStR Seiler in K/S/M § 4 EStG Rn. B 257.
581 BFH v. 26.11.1973 – GrS 5/71, BStBl. II 1974, 132, 136; ferner BFH v. 09.07.1992 – IV R 115/90, BStBl. II 1992, 948.
582 BFH v. 27.08.1998 – IV R 77/97, BStBl. II 1999, 279.
583 Z. B. bei Nutzung für eigene Wohnzwecke; BFH v. 21.09.1995 – IV R 50/93, BFH/NV 1996, 460.
584 BFH v. 17.05.1990 – IV R 27/89, BStBl. II 1991, 216.
585 Vgl. BFH v. 23.10.1990 – VIII R 142/85, BStBl. II 1991, 40; Rn. 15, 16 des sog. Mitunternehmererlasses, BStBl. I 1978, 8.
586 BFH v. 17.05.1990 – IV R 27/89, BStBl. II 1991, 216.

193 **Übersicht**

Betriebsvermögen / Privatvermögen

(Bew.) Wirtschaftsgüter, die unmittelbar dem Betrieb dienen,

↓

müssen in das Betriebsvermögen aufgenommen werden

↓

notwendiges Betriebsvermögen

(Bew.) Wirtschaftsgüter,
- die mittelbar dem Betrieb dienen oder
- deren betriebl. Nutzungsanteil zwischen 10 u. 50% beträgt,

↓

können in das Betriebsvermögen aufgenommen werden. (Die Entscheidung ist objektiv erkennbar vorzunehmen, z.B. durch Aufnahme in die Buchführung)

↓

gewillkürtes Betriebsvermögen/ gewillkürtes Privatvermögen

(Bew.) Wirtschaftsgüter, die unmittelbar dem Privatbereich dienen,

↓

dürfen nicht in das Betriebsvermögen aufgenommen werden

↓

notwendiges Privatvermögen

Betriebsvermögen | **Privatvermögen**

Gemischt genutzte (bew.) Wirtschaftsgüter

↓

1. Grundregel:
- bei betrieblicher Nutzung von mehr als 50 %: BV
- bei betrieblicher Nutzung von mindestens 10 %: BV (gew)
- bei betrieblicher Nutzung unter 10 %: PV

2. Wirtschaftsgüter, die auch die Lebensführung betreffen:
- wenn Grad der betrieblichen Nutzung leicht und objektiv nachprüfbar: wie 1.
- wenn nicht: kein BV, es sei denn, der private Anteil ist von untergeordneter Bedeutung (unter 10 %.)
- bei betrieblicher Nutzung unter 10 %: PV

3. **Grundstücke:**
Zuordnung nach Nutzungsund Funktionszusammenhang (BFH v. 26.11.1973 – GrS 5/71, BStBl. II 1974, 132, 136; R 4.2 Abs. 3-12 EStR)

Betrieb:
- buchführende Gewerbetreibende sind generell frei, die Grenzen ihrer gewerblichen Tätigkeit zu bestimmen
- selbstständig Tätige und Land- und Forstwirte: Grenzen durch das jeweilige Berufsbild
- Besonderheiten bei Betriebsverpachtung und Betriebsaufspaltung

Personengesellschaft:
- Wirtschaftsgüter, die nicht im Gesamthandseigentum stehen, können Sonderbetriebsvermögen sein
- gewillkürtes SBV
- notwendiges SBV

Rechtsfolgen, wenn Betriebsvermögen:
- Veränderungen/Veräußerungen sind betriebliche Vorgänge
- Aufwendungen und Erträge, die mit Betriebsvermögen in Zusammenhang stehen, führen zu Betriebsausgaben und Betriebseinnahmen.

C. Bilanzierung von Abgrenzungsposten

I. Rechnungsabgrenzungsposten

Fall 24: Der werbewirksame Freiluftballon 194

Die Landhandel GmbH L beabsichtigt, ein neues Düngemittel einzuführen und zu vertreiben. Sie startet einen Werbefeldzug mit Zeitungsannoncen, Postwurfsendungen und Fernsehwerbung, der insgesamt 10.000 € netto kostet. Darüber hinaus erwirbt sie einen Freiluftballon für 5.000 € netto, den sie mit dem Namen des Düngemittels beschriften und zu Werbezwecken aufsteigen lässt. Die Kosten für die Beschriftung betragen 500 € netto, für die einzelnen Fahrten insgesamt 4.000 €. Alle Aufwendungen setzt L sofort ab.
Das FA ist anderer Auffassung und meint, dass ein entsprechendes Wirtschaftsgut anzusetzen, zumindest aber die Aufwendungen aktiv abzugrenzen seien. Zu Recht?

I. Die Aufwendungen sind eindeutig betrieblich veranlasst. Sie können sofort als Betriebsausgaben abgezogen werden, es sei denn, dass sie zu aktivieren sind. 195

II. Infrage kommen könnte – mit der Folge der Aktivierung des Aufwands – die Bildung eines immateriellen Wirtschaftsguts „Kundenbeziehungen“ (vgl. H 5.5 EStH).

In älteren Entscheidungen[587] wurde darauf abgestellt, ob es sich um **einmalige Aufwendungen** handelte, die sich aus dem Kreis der laufenden Aufwendungen heraushoben.[588] Nach neuerer Auffassung ist die Einmaligkeit von Aufwendungen allein kein die Aktivierung rechtfertigender Grund; der Objektivierungsgrad ist noch zu gering, der Vorteil noch nicht greifbar.[589]

Für den Bereich immaterieller Anlagewerte ist das „Einmaligkeitskriterium“ durch den 1969 eingeführten § 5 Abs. 2 EStG gegenstandslos geworden. Danach dürfen immaterielle Wirtschaftsgüter nur aktiviert werden, wenn sie entgeltlich erworben wurden. Da die durch den Werbefeldzug geschaffenen Kundenbeziehungen (immaterielle Wirtschaftsgüter) selbst geschaffen werden, steht somit bereits § 5 Abs. 2 EStG einer Aktivierung dieser Aufwendungen als Wirtschaftsgut entgegen.

III. Die Aufwendungen könnten aber als **Rechnungsabgrenzungsposten** aktiviert werden. Rechnungsabgrenzungsposten (§ 5 Abs. 5 EStG) sind Verrechnungsposten zur periodengerechten Gewinnermittlung;[590] sie dienen dazu, Einnahmen und Ausgaben als Ertrag oder Aufwand dem Wirtschaftsjahr zuzuordnen, zu dem sie wirtschaftlich gehören (§ 252 Abs. 1 Nr. 5 HGB).
Nach BFH-Auffassung ist auch der Ertrag für eine immerwährende Unterlassungsverpflichtung durch einen passiven Rechnungsabgrenzungsposten zu neutralisieren.[591] M. E. kann entgegen der Auffassung des VI. Senats Ertrag aus einer Forderung nicht abgegrenzt werden; der passive Rechnungsabgrenzungsposten dient nicht der Ertragskorrektur. Das die Gewinnermittlung nach §§ 4 Abs. 1, 5 EStG beherrschende Realisationsprinzip knüpft die Gewinnwirksamkeit von Geschäftsvorfällen generell an den Tatbestand der wirtschaftlichen Verursachung; die Funktion von Rechnungsabgrenzungsposten besteht darin, Zahlungen in dieses System der wirtschaftlichen Verursachung „einzupassen“.[592]

---

587 Z. B. RFH v. 26.09.1939, RStBl. 1940, 34; BFH v. 09.10.1962 – I 167/62 U, BStBl. III 1963, 7.

588 Dazu und zu dem Grundsatz „ordnungswidriger“ Bilanzierung der „Gegenwertigkeit von Aufwendungen“ vgl. Döllerer BB 1982, 777.

589 BFH v. 26.11.2009 – III R 40/07, BStBl. II 2010, 609; BFH v. 24.03.1976 – I R 139/73, BStBl. II 1976, 450; s. o. Rn. 133.

590 Schmidt/Weber-Grellet § 5 Rn. 241; Weber-Grellet RdF 2014, 56. – Bei verbilligter Handyabgabe (Handyverkauf und gleichzeitiger Abschluss eines MFD-Vertrags) ist der insoweit gewährte Zuschuss aktiv abzugrenzen (BFH v. 15.05.2013 – I R 77/08, BStBl. II 2013, 730), sodass im Ergebnis der Veräußerungsverlust auf die Dauer des MFD-Vertrags verteilt wird.

591 BFH v. 15.02.2017 – VI R 96/13, BStBl. II 2017, 884.

592 Weber-Grellet BB 2018, 43, 49.

Die Funktion des Bilanzrechts und auch des Bilanzsteuerrechts ist die zeitliche Zuordnung von allen betrieblichen Vorgängen (Zahlungs- und Nicht-Zahlungsvorgängen) zu Aufwand und Ertrag. Bei der bilanziellen Gewinnermittlung durch Betriebsvermögensvergleich haben Zahlungsvorgänge keine Auswirkung auf den Gewinn. Zahlungsvorgänge sind daher in die Systematik der bilanziellen Gewinnermittlung „umzuwandeln" und dem jeweiligen Zeitraum zuzuordnen. Diese Einpassung wird mithilfe der Rechnungsabgrenzungsposten vorgenommen. Rechnungsabgrenzungsposten ermöglichen, Zahlungsvorgänge aufwands- und ertragsmäßig dem passenden Zeitraum zuzuordnen. – Aktivierungen führen zu einer Gewinnerhöhung, Passivierungen zu einer Gewinnminderung. Auf der Aktivseite werden „Schon-Ertrag" (Forderung) und „Noch-kein-Aufwand" (Wirtschaftsgut, Rechnungsabgrenzungsposten) erfasst, auf der Passivseite „Schon-Aufwand" (Verbindlichkeit, Rückstellung)[593] und „Noch-Kein-Ertrag" (Rechnungsabgrenzungsposten). Rechnungsabgrenzungsposten sind auch aus der Sicht der statischen Bilanzauffassung notwendig; sie sind nicht zwingend mit einer dynamischen Bilanzauffassung verbunden. Rechnungsabgrenzungsposten sind weder Wirtschaftsgüter noch (ungewisse) Verbindlichkeiten, sondern **Zahlungszuordnungsposten.**[594] § 248 HGB und – parallel § 5 Abs. 2 EStG – sind eher deklaratorischer Natur, enthalten aber bestimmte Tatbestandsmerkmale, die einer uferlosen Abgrenzung entgegenwirken sollen.

Beispiel

Im Dezember werden bereits Miete, Löhne etc. für das folgende Jahr bezahlt. Diese Ausgaben vor dem Bilanzstichtag sind Aufwand für die Zeit nach dem Bilanzstichtag. Durch Aktivierung eines entsprechenden Postens wird die Ausgabe **„neutralisiert"**. Erhält umgekehrt der Unternehmer bereits Mietzahlungen für das folgende Jahr, so ist die Einnahme noch kein Ertrag und durch Ansatz eines passiven Rechnungsabgrenzungspostens zu neutralisieren.

196 1. Nach § 5 Abs. 5 S. 1 EStG besteht ein Ansatzgebot für „vorverausgabten Aufwand" und für „vorvereinnahmten Ertrag" (sog. **transitorische** Rechnungsabgrenzungsposten). Diese Posten ähneln den Bilanzpositionen „Geleistete/Erhaltene Anzahlungen". Dagegen sind **antizipative** Rechnungsabgrenzungsposten bei nachfolgenden Zahlungsvorgängen (also „Ertrag/Aufwand jetzt, Zahlung später") nicht zulässig; diese Tatbestände sind ggf. als Forderung oder Rückstellung/Verbindlichkeit zu erfassen (vgl. R 5.6 Abs. 3 EStR).
Nach der Rspr. wird der Tatbestand eines Rechnungsabgrenzungspostens in erster Linie bei Vorleistungen im Rahmen eines Dauerschuldverhältnisses erfüllt;[595] maßgeblich ist das einzelne Vertragsverhältnis;[596] keine Vorleistung ist die Abschlussgebühr bei einem Bausparvertrag.[597]

Beispiel

A zahlt am 30.09.2020 6.000 € Miete für drei Jahre im Voraus. Bilanzstichtag ist der 31.12.2020.
500 € sind Aufwand des Jahres 2020, i. H. v.
5.500 € ist ein Rechnungsabgrenzungsposten zu bilden, der gleichmäßig über die Jahre mithilfe folgender Buchungssätze aufzulösen ist:

- 31.12.2020: per aRAP an Miete 5.500 €
- 31.12.2021: per Miete an aRAP 2.000 €
- 31.12.2022: per Miete an aRAP 2.000 €
- 31.12.2023: per Miete an aRAP 1.500 €

(Passive) Rechnungsabgrenzungsposten sind auch für (erhaltene) Provisionsvorauszahlungen zu bilden. Entgegen der Auffassung des BFH[598] sind die entsprechenden Aufwendungen als unfertige Leistungen zu aktivieren. Der Posten ‚unfertige Leistungen' ist kein Wirtschaftsgut, er ist auch keine Bilanzierungs-

593 Z. B. ist die gutscheinbasierte Verpflichtung zum Haareschneiden im kommenden Jahr noch kein realisierter Aufwand, also keine Rückstellung (BFH v. 19.09.2012 – IV R 45/09, BStBl. II 2013, 123 – Frisörgutscheine).

594 Bauer, in Kirchhof/Söhn/Mellinghoff § 5 EStG Rn. F 13.

595 Vgl. BFH v. 06.04.1993 – VIII R 86/91, BStBl. II 1993, 709; BFH v. 07.04.2021 – XI B 53/20, BFH/NV 2021, 1062 (zu Grabpflegeverträgen).

596 BFH v. 07.03.1973 – I R 48/69, BStBl. II 1973, 565.

597 BFH v. 11.02.1998 – I R 23/96, BStBl. II 1998, 381.

598 BFH v. 26.04.2018 – III R 5/16, BStBl. II 2018, 536.

hilfe; er ist aus steuerrechtlicher Sicht ein Abgrenzungsposten eigener Art. Mithilfe des Postens ‚unfertige Leistungen' werden Aufwendungen aus der GuV-Rechnung eliminiert, die noch nicht „realisiert" sind.[599] Die Verpflichtung kann auch im öffentlichen Recht begründet sein.[600] Leistungen an einen Dritten (z. B. eine Vermittlungsprovision) rechtfertigen keine aktive Rechnungsabgrenzung.[601]
Auf die Bildung eines Rechnungsabgrenzungspostens darf gem. § 5 Abs. 5 S. 2 EStG n. F. (wahlweise) verzichtet werden, wenn wegen der Geringfügigkeit der Beträge (nach Maßgabe des § 6 Abs. 2 S. 1 EStG) das Ergebnis der Erfolgsrechnung nur unwesentlich beeinflusst wird (z. B. Zahlung der Kfz-Steuer i. H. v. 400 € am 01.06. für ein Jahr).[602]

2. Das gesetzliche **Bestimmtheitsgebot** („für eine bestimmte Zeit") setzt in der Regel voraus, dass eine bestimmte Zeit kalendermäßig festgelegt oder berechenbar ist; eine nur mehr oder minder vage Schätzung genügt nicht.[603] Ist der Zeitraum der Abgrenzung nicht bestimmbar, wäre eine Abgrenzung willkürlich und steuerlich nicht zu rechtfertigen. 197

Beispiel 1

A macht eine Erfindung. Ihm entstehen Aufwendungen von 10.000 €. Als immaterielles Wirtschaftsgut darf er die Erfindung nicht aktivieren, weil sie nicht entgeltlich erworben wurde. Aber auch unter dem Gesichtspunkt der Rechnungsabgrenzung kommt eine Aktivierung nicht in Betracht, weil der über den Bilanzstichtag hinausreichende Nutzen zeitlich nicht bestimmbar ist.

Beispiel 2

Ein Steuerpflichtiger nimmt eine Hypothek auf, die mit 8 % p. a. zu verzinsen und mit 1 % p. a. zzgl. der ersparten Zinsen zu tilgen ist. Aus diesen Bedingungen lässt sich errechnen, dass das Darlehen eine Laufzeit von rund 29 Jahren hat. Ein evtl. geleistetes Disagio ist zu aktivieren und auf diese Zeit zu verteilen.

Beispiel 3

Für degressive Raten beim Leasing beweglicher Wirtschaftsgüter des Anlagevermögens ist regelmäßig kein aktiver Rechnungsabgrenzungsposten zu bilden.[604]

3. Allerdings ist dem Vorsichts- und Realisationsprinzip entsprechend das Merkmal der bestimmten Zeit **„imparitätisch"** auszulegen,[605] also eher eng auf der Aktivseite und eher weit auf der **Passivseite**. Das führt tendenziell zu einem Sofortabzug von Aufwendungen und zur Noch-Nichterfassung von Erträgen. Der BFH vertritt dementsprechend bei der Bildung passiver RAP eine relativ weite Auslegung; z. B. kein aktiver Rechnungsabgrenzungsposten hinsichtlich der gezahlten Provision für den Abschluss eines Mietvertrags;[606] hingegen passiver Rechnungsabgrenzungsposten für im Voraus empfangene Unterrichtsgebühren[607] oder für Provisionen eines Assekuradeurs.[608] Andererseits tendiert die Rspr. im Hinblick auf den Grundsatz zeitraumgerechter Periodenabgrenzung zu einer extensiveren Auslegung.[609] 198

599 Weber-Grellet BB 2019, 43, 48.
600 BFH v. 05.04.1984 – IV R 96/82, BStBl. II 1984, 552.
601 BFH v. 26.06.1979 – VIII R 145/78, BStBl. II 1979, 625.
602 So bereits BFH v. 18.03.2010 – X R 20/09, BFH/NV 2010, 1796; a. A. BFH v. 16.03.2021 – X R 34/19, DStR 2021, 2126 (kritisch Weber-Grellet BB 2022, 43; dazu s. auch 20. Aufl., Fall 61 – Der aktuelle Fall).
603 BFH v. 22.01.1992 – X R 23/89, BStBl. II 1992, 488; vgl. dazu Weber-Grellet Steuerbilanzrecht § 9 Rn. 3.
604 BFH v. 28.02.2001 – I R 51/00, BStBl. II 2001, 645.
605 Schmidt/Weber-Grellet § 5 Rn. 250; Weber-Grellet RdF 2014, 56.
606 BFH v. 19.06.1997 – IV R 16/95, BStBl. II 1997, 808.
607 BFH v. 10.09.1998 – IV R 80/96, BStBl. II 1999, 21.
608 BFH v. 14.10.1999 – IV R 12/99, BStBl. II 2000, 25.
609 BFH v. 25.10.1994 – VIII R 65/91, BStBl. II 1995, 312: Bestimmung des bestimmten Zeitraums durch eine Abbaumenge; BFH v. 09.12.1993 – IV R 130/91, DStR 1994, 744: Mindestzeitraum genügt; Schmidt/Weber-Grellet § 5 Rn. 252 m. w. N.

4. Rechnungsabgrenzungsposten sind Vorzahlungen. Nachzahlungen (z. B. für die Ablösung einer Zinsfestschreibung) sind daher nicht abzugrenzen.[610] Auf nicht verbrauchte Werbebeiträge können die Regeln für passive Rechnungsabgrenzungsposten (§ 5 Abs. 5 S. 1 Nr. 2 EStG) nicht angewendet werden, da es nicht um die zeitliche Zuordnung von Ertrag geht, sondern um die bilanzsteuerrechtliche Erfassung noch nicht verbrauchter „Aufwandsbeiträge".[611]

IV. Im Streitfall steht der zeitliche Nutzen der Werbemaßnahme nicht fest. Selbst wenn man der weiteren Auffassung folgt und eine Schätzung aufgrund statistischer Berechnungen oder betriebsgewöhnlicher Umstände für ausreichend hält, lässt sich die zeitliche Wirksamkeit des Werbefeldzuges nicht auch nur annähernd genau festlegen.

Etwas anderes gilt allerdings für die Anschaffungskosten des Freiluftballons (5.500 €, Anschaffung und Beschriftung); dieser ist ungeachtet seines Einsatzes im Werbefeldzug als materielles abnutzbares Wirtschaftsgut des Anlagevermögens zu qualifizieren. Er ist mit den Anschaffungskosten zu aktivieren und nach § 7 EStG auf die voraussichtliche Nutzungsdauer abzuschreiben.[612]

Ergebnis:

Die Aufwendungen für den Werbefeldzug können mit Ausnahme der Kosten für die Anschaffung des Freiluftballons sofort als Betriebsausgaben abgesetzt werden.

II. Disagio

199 Einen Sonderfall der aktiven Rechnungsabgrenzung (Aufwandsverteilung) bildet das sog. Disagio/Damnum (Differenz zwischen Ausgabebetrag und Rückzahlungsbetrag). Das Disagio ist eine Vorleistung aus einem schwebenden Geschäft für eine zeitbezogene, in der Kapitalnutzung bestehende Gegenleistung; das gilt auch für ein Emissionsdisagio bei der Ausgabe festverzinslicher Inhaberschuldverschreibungen.[613] Handelsrechtlich besteht ein Wahlrecht (vgl. § 250 Abs. 3 HGB), steuerrechtlich – aufgrund des Maßgeblichkeitsgrundsatzes, vgl. 2. Abschnitt, Rn. 77 ff. – Aktivierungspflicht. Der Posten ist auf die Laufzeit des Darlehens verteilt aufzulösen[614] (Buchung: per Disagio an Geld; in den folgenden Jahren: per Aufwand an Disagio), bei Zinsfestschreibung über den Zinsfestschreibungszeitraum.[615] Bei **vorzeitiger Rückzahlung** des Darlehens ist das verbliebene Disagio gewinnmindernd auszubuchen.[616]

III. Zuordnung von Zöllen und Verbrauchsteuern zu dem mit der Abgabe belasteten Produkt

200 § 5 Abs. 5 S. 3 Nr. 1 EStG enthält ein Aktivierungsgebot für als Aufwand berücksichtigte (d. h. gezahlte oder passivierte) Zölle (Abgaben, die nach Maßgabe des Zolltarifs von der Warenbewegung über die Zollgrenze erhoben werden) oder Verbrauchsteuern (z. B. Bier-, Mineralöl-, Tabaksteuer; nicht für Verbrauchsteuern, die bereits als Anschaffungs- oder Herstellungskosten zu aktivieren sind, wie z. B. die Branntweinsteuer),[617] soweit sie auf Wirtschaftsgüter des Vorratsvermögens (Roh-,

610 BFH v. 07.03.2007 – I R 18/06, BStBl. II 2007, 697; wohl aber der Aufwand für Zinsbegrenzung („caps"; Lüdenbach StuB 2011, 26).
611 BFH v. 22.08.2007 – X R 59/04, DB 2008, 324.
612 Vgl. BFH v. 20.10.1976 – I R 112/75, BStBl. II 1977, 278.
613 BFH v. 29.11.2006 – I R 46/05, BFH/NV 2007, 1009.
614 BFH v. 19.01.1978 – IV R 153/72, BStBl. II 1978, 262.
615 BFH v. 21.04.1988 – IV R 47/85, BStBl. II 1989, 722, 726.
616 BFH v. 12.07.1984 – IV R 76/82, BStBl. II 1984, 713.
617 Vgl. BFH v. 05.05.1983 – IV R 18/80, BStBl. II 1983, 559; H/H/R § 5 EStG Anm. 1983.

Hilfs-, Betriebsstoffe; unfertige und fertige Erzeugnisse, Waren) entfallen. Diese Regelung, die einen **Aktivposten eigener Art** schafft, bezweckt, dass sich die Abgaben in dem Jahr auswirken, in dem das mit der Abgabe belastete Produkt veräußert oder entnommen wird; zu diesem Zeitpunkt ist der Posten aufzulösen.

§ 5 Abs. 5 S. 3 Nr. 1 EStG wurde als Reaktion auf das Urteil des BFH v. 26.02.1975[618] in das Gesetz aufgenommen. Nach Auffassung des BFH konnte Biersteuer weder als Herstellungskosten des Bieres noch als Rechnungsabgrenzungsposten oder forderungsähnliches Wirtschaftsgut aktiviert werden.

IV. Erfolgsneutralität der Umsatzsteuer auf Anzahlungen (§ 5 Abs. 5 S. 3 Nr. 2 EStG)

Der Posten soll sicherstellen, dass die USt auf empfangene Anzahlungen **erfolgsneutral** behandelt wird, also nicht als Betriebsausgabe abgezogen werden kann. Der Aktivposten teilt das Schicksal der passivierten Anzahlung; er ist bei der Erfüllung des Geschäfts mit dieser gemeinsam aufzulösen.[619] 201

Mit dieser Regelung reagierte der Gesetzgeber auf das BFH-Urteil v. 26.06.1979;[620] danach durfte die USt auf Anzahlungen nicht aktiviert werden.

Beispiel

U verkauft am 15.12. eine noch zu erstellende Maschine für 30.000 € zzgl. 19 % USt (= 35.700 €). Er erhält noch vor Ablauf des Jahres eine Anzahlung i. H. v. 17.850 €, in der gemäß § 13 Abs. 1 Nr. 1 Buchst. a) UStG USt i. H. v. 2.850 € enthalten ist.

Es bestehen zwei Buchungsmöglichkeiten:

(1) Folgt man der BFH-Auffassung, nach der die erhaltene Anzahlung mit dem vollen Betrag ohne Abzug der USt auf die Anzahlung zu passivieren ist **(Bruttomethode)**, so sind folgende Buchungssätze erforderlich:
- Per Kasse an Anzahlung 17.850 €
- Per USt-Aufwand an Verbindlichkeit 2.850 €
- Per RAP (USt auf Anz.) an Aufwand 2.850 €

(2) Nach der sog. **Nettomethode** lautet der Buchungssatz:

per Kasse	17.850 €	an	Anzahlung	15.000 €
		an	USt-Verbindlichkeit	2.850 €

In diesem Fall ist das Aktivierungsgebot des § 5 Abs. 5 S. 3 Nr. 2 EStG ohne Bedeutung, da kein Aufwand abzugrenzen ist.

(3) Die Nettomethode ist zu bevorzugen. Sie bringt die steuerlichen Sachverhalte buchungstechnisch zutreffend zum Ausdruck, sie ist einfach und garantiert die Erfolgsneutralität von Anzahlung und darauf entfallender Umsatzsteuer.[621]

V. (Handelsbilanzielle) Bilanzierungshilfen

Bilanzierungshilfen dienen handelsrechtlich der Aktivierung einmaliger Aufwendungen, die nicht als Wirtschaftsgüter oder Rechnungsabgrenzungsposten erfasst werden können. Sie sollen eine bilanzielle Überschuldung bzw. einen zu hohen Verlustausweis („Aufwandsglättung") verhindern.[622] 202

618 BFH v. 26.02.1975 – I R 72/73, BStBl. II 1976, 13.
619 H/H/R § 5 EStG Anm. 1997.
620 BFH v. 26.06.1979 – VIII R 145/78, BStBl. II 1979, 625.
621 Vgl. Endert/Sepetauz/Zwirner BC 2012, 10.
622 Vgl. Veit DB 1995, 2129.

Bisher (vor BilMoG) konnten Aufwendungen für die Ingangsetzung und Erweiterung des Geschäftsbetriebs (§ 269 HGB a. F.) und der Steuerabgrenzungsposten nach § 274 Abs. 2 HGB a. F. als Bilanzierungshilfe zum Zwecke der „Gewinnkorrektur" in der Handelsbilanz (!) aktiviert werden.

Der derivative Geschäftswert ist dagegen nicht Bilanzierungshilfe, sondern Wirtschaftsgut (§ 246 Abs. 1 S. 4 HGB n. F.). Aufwendungen für die Gründung des Unternehmens und die Beschaffung von Eigenkapital dürfen bereits (auch) nach Handelsrecht (§ 248 Abs. 1 HGB) nicht aktiviert werden. In der Steuerbilanz durften und dürfen Bilanzierungshilfen ohnehin **nicht** angesetzt werden.[623]

D. Passivposten

203

Passivposten		

1. **Eigenkapital**
▪ bei **Einzelunternehmen:** Differenz von Aktiva und übrigen Passivposten (Komplementärfunktion)
▪ bei **Personengesellschaften:**
  ▪ festes Kapitalkonto (Einlage)
  ▪ variables Kapitalkonto (nach Zu-/Abschreibungen)
▪ bei **Kapitalgesellschaften:** gezeichnetes Kapital
	2. **Rücklagen**
	▪ **Kapitalrücklage** (§ 272 Abs. 2 HGB); z. B. Ausgabeaufgeld und sonstige Zuzahlungen
	▪ **Gewinnrücklage** (§ 272 Abs. 3 HGB); aus dem Geschäftsergebnis gebildete – versteuerte (!) – Rücklage
	▪ **steuerfreie Rücklage** s. bes. Spalte
		3. **Steuerfreie Rücklagen**
		z. B.
		▪ § 6 b EStG (Reinvestitionsrücklage)
		▪ R 6.6 EStR (Rücklage für Ersatzbeschaffung)
		▪ § 1 EntwLStG
		Hinausschieben der Besteuerung aus subventionspolitischen Gründen ganz unterschiedlicher Zielsetzung

4. **Verbindlichkeiten** Ansatz bei wirtschaftlicher Verursachung; Fälligkeit ohne Bedeutung **Ausnahme:** Kein Ausweis von schwebenden Geschäften, die auf Leistungsaustausch gerichtet sind und von demjenigen, der zu liefern oder leisten hat, noch nicht erfüllt sind. Für Verpflichtungen, die nur zu erfüllen sind, soweit künftig Einnahmen oder Gewinne anfallen, sind Verbindlichkeiten oder Rückstellungen erst anzusetzen, wenn die Einnahmen oder Gewinne angefallen sind (§ 5 Abs. 2 a EStG).	5. **Rückstellungen** ▪ für ungewisse Verbindlichkeiten (bei wirtschaftlicher Verursachung und „wahrscheinlicher Inanspruchnahme"); Vorsichtsprinzip ▪ nicht mehr für drohende Verluste aus schwebenden Geschäften (§ 5 Abs. 4 a EStG) ▪ für unterlassene Instandsetzung und Abraumbeseitigung, soweit innerhalb von drei Monaten bzw. im nachfolgenden Geschäftsjahr nachgeholt (sog. Aufwandsrückstellung); Gesichtspunkt der periodengerechten Zuordnung ▪ Einschränkung der Rückstellungsbildung bei Schutzrechtsverletzung durch § 5 Abs. 3 EStG, bei Jubiläumszuwendungen durch § 5 Abs. 4 EStG ▪ Pensionsrückstellung (§ 6 a EStG)	6. **Rechnungsabgrenzungsposten** (§ 5 Abs. 5 S. 1 Nr. 2 EStG); vorvereinnahmte Erträge; dient der periodengerechten Zuordnung (Ertragsneutralisierung)

I. Allgemeine Grundsätze

204 Auf der Passivseite der Bilanz werden das **Eigenkapital** (einschließlich Rücklagen), das **Fremdkapital** (Verbindlichkeiten und Rückstellungen) und die **passiven Rechnungsabgrenzungsposten** ausgewiesen.

623 BFH v. 07.08.2000 – GrS 2/99, BStBl. II 2000, 632; Schmidt/Weber-Grellet § 5 Rn. 101.

Das Handelsrecht enthält keine umfassenden und detaillierten Passivierungsnormen; in erster Linie sind §§ 243 Abs. 1 und 2, 247 Abs. 1, 249, 250 Abs. 2, 253 Abs. 1 S. 2, 266 Abs. 3 HGB zu beachten. Diese Regelungen sind über § 5 Abs. 1 EStG, soweit es sich um GoB handelt, grundsätzlich auch steuerrechtlich verbindlich. Das Steuerrecht selbst enthält mittlerweile etliche Sonderregelungen, für den Ansatz (§ 5 Abs. 2 a, 3, 4, 4 a und 4 b EStG) und für die Bewertung (§ 6 Abs. 1 Nr. 3 und Nr. 3 a EStG).

Im Bereich der Passivierung besagt der Maßgeblichkeitsgrundsatz, dass Passivposten in der Steuerbilanz anzusetzen sind (Passivierungspflicht), (nur) wenn sie in der Handelsbilanz passiviert werden müssen, es sei denn, dass einkommensteuerrechtliche Sonderregelungen eingreifen. Handelsrechtliche Passivierungswahlrechte führen steuerrechtlich zu Passivierungsverboten.[624]

II. Eigenkapital

- Bei **Einzelunternehmen** ergibt sich das Eigenkapital aus der Differenz der Aktiva und der übrigen Passiva. Die Eigenkapitalveränderungen zwischen Beginn und Ende des Wirtschaftsjahres bilden das Jahresergebnis.[625] 205
- Bei **Personengesellschaften** werden vielfach für jeden Gesellschafter zwei Kapitalpositionen geführt: ein **festes Kapitalkonto**, auf dem die Einlage gebucht wird und das für die Gewinn- und Verlustverteilung und ggf. auch für den Stimmrechtsumfang maßgeblich ist, und ein **variables Kapitalkonto**, auf dem Gewinn- und Verlustanteile gutgeschrieben und auf dem Privatentnahmen und -einlagen vermerkt werden.
- Bei **Kapitalgesellschaften** wird das Eigenkapital durch die Position „gezeichnetes Kapital" ausgewiesen (§ 266 Abs. 3 A. I. HGB); es handelt sich um das Haftungskapital, das mit dem Nennbetrag anzusetzen ist (§ 272 Abs. 1 HGB). Weiteres Eigenkapital wird in den Rücklagepositionen ausgewiesen, die in Kapitalrücklagen (§ 272 Abs. 2 HGB) und Gewinnrücklagen (§ 272 Abs. 3 HGB) aufzugliedern sind. Daneben existieren sog. steuerfreie Rücklagen. Während die offene (handelsrechtliche) Rücklage aus Beträgen gebildet wird, die bereits der Steuer unterworfen sind und deren Zuführung in die Rücklage nur eine Verwendung des steuerpflichtigen Gewinns durch Thesaurierung darstellt, wird durch die Bildung einer steuerfreien Rücklage der Gewinn vorübergehend gemindert („Steuerstundung").

III. Verbindlichkeiten

Fall 25: Unbewegte Sparkonten 206

Die Sparkasse S passivierte zum 31.12.2023 u. a. Spareinlagen ihrer Kunden, die seit mindestens 30 Jahren nicht mehr bewegt worden waren. Das FA vertrat die Auffassung, dass die unbewegten Konten mangels wirtschaftlicher Belastung nicht mehr passiviert werden dürften. Die Sparkasse beruft sich demgegenüber auf das Vorsichtsprinzip. Zu Recht?

I. Eine Verbindlichkeit ist auszuweisen, wenn am Bilanzstichtag eine (in der Vergangenheit wirtschaftlich verursachte) Verpflichtung zu einer auch der Höhe nach bestimmten Leistung gegenüber einem Dritten besteht.[626] Dazu gehören 207

624 BFH v. 03.02.1969 – GrS 2/68, BStBl. II 1969, 291; BFH v. 19.10.1993 – VIII R 14/92, BStBl. II 1993, 891.
625 Zur bilanzsteuerrechtlichen Bedeutung des Eigenkapitals und der Kapitalkonten Weber-Grellet BB 2024, 1450.
626 Weber-Grellet Steuerbilanzrecht § 10 Rn. 2; Moxter DStR 2004, 1057, 1098; Drüen Verbindlichkeiten in der HB und StB HdJ III/4 (9/19) Rn. 71 ff.

Schulden, die im laufenden Geschäftsverkehr oder aus sonstiger betrieblicher Veranlassung entstanden sind, die aufgenommen worden sind, um dem Betrieb Mittel zuzuführen[627] oder für die Entrichtung betrieblicher Steuerschulden.[628]

Auf der Passivseite wird nicht zwischen notwendigem und gewillkürtem Betriebsvermögen unterschieden; entscheidend ist allein, inwieweit die Entstehung der Schuld durch den Betrieb veranlasst ist – zum Erwerb von Betriebsvermögen oder zur Bestreitung von Betriebsausgaben.[629] Bei gemischten Kontokorrentkonten ist (nach Maßgabe des § 4 Abs. 4 a EStG) nur der betrieblich genutzte Teil des Kredits Betriebsvermögen und nur der entsprechende Zinsanteil Betriebsausgabe. Wird eine Schuld durch eine Hypothek auf einem Privatgrundstück gesichert, ändert dies nichts an ihrem Charakter als Betriebsvermögen.

Die handelsrechtliche und steuerliche Passivierungspflicht besteht für alle Verbindlichkeiten, die wirtschaftlich – nicht formalrechtlich – verursacht sind („realisiert" sind; zeitliche Komponente) und die dem Grunde und der Höhe nach gewiss sind;[630] zu prüfen ist also der Ausweis einer Verbindlichkeit der Zeit (zeitliche Zuordnung), dem Grund (Bestehen einer Verpflichtung) und der Höhe (Bewertung) nach. Verbindlichkeiten aus schwebenden Geschäften sind, solange und soweit die gegenseitigen Verpflichtungen noch beiderseits nicht erfüllt sind (vgl. 2. Abschnitt, Rn. 66 ff.), mangels „Realisation" nicht auszuweisen.

Ist ein gewährtes Filmförderdarlehen nur aus zukünftigen Verwertungserlösen zu bedienen, erstrecken sich die Rückzahlungsverpflichtungen aus diesem Darlehen (dem Grunde und der Höhe nach) nur auf künftiges Vermögen. Das Darlehen unterfällt dann dem Anwendungsbereich des § 5 Abs. 2 a EStG (und ist daher zunächst als Ertrag auszuweisen).[631]

Nicht (erfolgswirksam) auszuweisen sind m. E. auch noch nicht realisierte Sicherheiten, wie etwa eine Bürgschaft oder eine Kaution, solange der Eintritt des Sicherungsfalles noch nicht wahrscheinlich ist, sondern erst, wenn eine Inanspruchnahme droht; entsprechende Zahlungen sind ggf. zu neutralisieren.[632]

208 II. Für die Passivierung einer Verbindlichkeit kommt es nicht darauf an, dass sie am Bilanzstichtag fällig war[633] oder dass mit ihrer Geltendmachung zu rechnen ist. Passivierungspflichtig sind hiernach u. a. Verbindlichkeiten gegenüber Lieferanten, Handwerkern, Darlehensgebern und Kreditinstituten, empfangene Anzahlungen, rückständige oder entstandene, aber noch nicht fällige Löhne, Sozialabgaben, Betriebssteuern, Zinsen u.v.a.m. Die Voraussetzungen für eine Passivierung sind dem Grunde nach immer erfüllt, wenn gegen den Kaufmann ein im Klageweg durchsetzbarer Anspruch besteht. Es genügt aber auch, dass der Kaufmann das Bestehen einer Verbindlichkeit aus anderen Gründen bejaht. Die Leistungsfähigkeit des Kaufmanns (das wirtschaftliche Unvermögen) ist ohne Bedeutung.[634]

Eine unter einer auflösenden Bedingung vereinbarte Verbindlichkeit erlischt erst mit dem Eintreten der Bedingung, die ihren Fortfall herbeiführt; sie ist bis zu diesem Zeitpunkt zu passivieren.

Eine nach Grund und/oder Höhe ungewisse Verbindlichkeit des Betriebsvermögens bleibt nach Veräußerung oder Aufgabe des Betriebs grundsätzlich mindestens bis zu dem Zeitpunkt notwendiges Betriebsvermögen, in dem sie nach Grund und Höhe zu einer gewissen Verbindlichkeit

627 BFH v. 11.02.1955 – III 8/55 U, BStBl. III 1955, 119; § 246 Abs. 1 S. 3 HGB: Schulden sind in der Bilanz des Schuldners aufzunehmen.

628 BFH v. 12.09.1985 – VIII R 336/82, BStBl. II 1986, 255.

629 BFH v. 04.07.1990 – GrS 2-3/88, BStBl. II 1990, 817, unter C II; ferner BFH v. 07.11.1991 – IV R 57/90, BStBl. II 1992, 141.

630 BFH v. 06.03.2003 – XI R 52/01, BStBl. II 2003, 658; Schmidt/Weber-Grellet § 5 Rn. 311.

631 BFH v. 10.07.2019 – XI R 53/17, BStBl. II 2019, 803.

632 Schmidt/Weber-Grellet § 5 Rn. 550 Bürgschaft.

633 BFH v. 24.01.2001 – I R 39/00, BFH/NV 2001, 1063.

634 BFH v. 09.02.1993 – VIII R 29/91, BStBl. II 1993, 747; BFH v. 13.09.2020 – XI R 32/18 DStR 2020, 2716.

wird;[635] danach kann die Verminderung einer in früheren Jahren gebildeten Rückstellung zu (nachträglichem) Ertrag führen (!). Eine unter einer auflösenden Bedingung erlassene Verbindlichkeit lebt wieder auf (z. B. bei einer Sanierung mit Besserungsscheinen); die im Zeitpunkt des Erlasses ausgebuchte Verbindlichkeit ist im Zeitpunkt des Eintretens der Bedingung insoweit wieder einzubuchen, als sie wieder auflebt.[636]

Für die von einem Kraftfahrzeug-Händler übernommene Verpflichtung, an Leasinggesellschaften oder Autovermietungen verkaufte Fahrzeuge nach Ablauf der Leasingzeit bzw. nach einer Mindestvertragslaufzeit zu einem verbindlich festgelegten Preis zurückzukaufen (Buy-Back-Verpflichtung), ist eine Verbindlichkeit in Höhe des dafür vereinnahmten Entgelts auszuweisen. Diese Verbindlichkeit ist erst bei Ausübung oder Verfall der Rückverkaufsoption auszubuchen.[637] M. E. geht es im Hinblick auf die Rückkaufverpflichtung um die „Stornierung von Ertrag" (per Geld an Verbindlichkeit); erst bei Ausübung bzw. Verfall der Rückverkaufsoption kommt es insoweit zur Realisation.

III. Eine Verbindlichkeit, die nach einer im Zeitpunkt der Überschuldung getroffenen Rangrücktrittsvereinbarung nur aus einem zukünftigen Bilanzgewinn und aus einem etwaigen Liquidationsüberschuss zu tilgen ist, unterliegt dem Passivierungsverbot des § 5 Abs. 2 a EStG.[638] Diese Regelung, die als Reaktion auf die entgegenstehende Rspr. des IV. Senats aufgenommen wurde, ist Ausdruck des Prinzips der wirtschaftlichen Verursachung.[639] Beim Rangrücktritt ist zwischen verschiedenen Erscheinungsformen zu unterscheiden.[640] 209

- Der „wirklich" **einfache** Rangrücktritt, bei dem einem oder mehreren Gläubigern lediglich ein Anspruch auf Vorwegbefriedigung eingeräumt wird, ändert nicht den Inhalt der Verpflichtung; bilanzsteuerrechtlich bleibt es bei dem Ausweis der Verbindlichkeit.
- Beim **qualifizierten Rangrücktritt** wird die Darlehensforderung wie ein Einlagerückgewähranspruch behandelt.[641]
- Beim **spezifizierten Rangrücktritt**[642] soll die Forderung nur aus künftigen Jahresüberschüssen und/oder Liquidationsüberschüssen erfüllt werden.[643]

Soll die Erfüllung (nur oder auch) aus dem vorhandenen **freien Vermögen** erfolgen, ist die wirtschaftliche Belastung weiterhin gegeben.[644] Das soll auch gelten, wenn freies Vermögen tatsächlich nicht vorhanden ist; [645] m.E. fehlt in diesem Fall eine wirtschaftliche Verursachung in der Vergangenheit.[646] Der spezifizierte und auch der qualifizierte Rangrücktritt führen in der Regel zur Ausbuchung der Verbindlichkeit. Die Gewinnwirksamkeit hängt von der Art der vorangegangenen Einbuchung ab; ein Darlehen wird also erfolgsneutral ausgebucht.[647] Um einerseits die insolvenzrechtliche Überschuldung zu vermeiden, andererseits aber auch weiterhin die Verbindlichkeit ausweisen zu können, könnte ein aufschiebend bedingter Rang-

635 BFH v. 28.02.1990 – I R 205/85, BStBl. II 1990, 537.

636 RFH v. 10.04.1940, RStBl. 1940, 609; BFH v. 30.05.1990 – VIII R 226/84, BStBl. II 1991, 588.

637 BFH v. 11.10.2007 – IV R 52/04, DStR 2008, 237; BFH v. 17.11.2010 – I R 83/09 BStBl. II 2011, 812.

638 BFH v. 15.04.2015 – I R 44/14, DStR 2015, 1551.

639 Vgl. Schmidt/Weber-Grellet § 5 Rn. 315.

640 BMF v. 08.09.2006, BStBl. I 2006, 497; BGH v. 05.03.2015 – IX ZR 133/14, DStR 2015, 767; im Einzelnen Weber-Grellet BB 2015, 2667.

641 BGH v. 05.03.2015 – IX ZR 133/14, DStR 2015, 767; Kahlert DStR 2015, 734.

642 Nach BFH v. 15.04.2015 – I R 44/14, DStR 2015, 1551 Rn. 10.

643 Gosch BFH/PR 2015, 287.

644 Weber-Grellet BB 2015, 2667.

645 BFH v. 13.09.2020 – XI R 32/18 DStR 2020, 2716.

646 Weber-Grellet BB 2021, 43.

647 BFH v. 15.04.2015 – I R 44/14 DStR 2015, 1551 in Abkehr von BFH v. 30.11.2011 – I R 100/10 BStBl. II 2012, 332.

rücktritt angezeigt sein.[648] Noch einfacher wäre es, den Rangrücktritt in der Regel als einfachen (unspezifizierten) – und damit steuerunschädlichen – Rangrücktritt auszulegen;[649] erst die Qualifizierung verursacht die Schädlichkeit.
Im Fall BFH I R 25/15[650] war ein Gesellschafterdarlehen im Hinblick auf die konkret getroffene Rangrücktrittsvereinbarung auszubuchen. Fraglich war, wie diese Ausbuchung vorzunehmen ist. Eingebucht worden ist die Darlehensverbindlichkeit mit dem (erfolgsneutralen) Buchungssatz „per Geld an Darlehensverbindlichkeit." Das Finanzamt hat die Verbindlichkeit gewinnerhöhend mit dem Buchungssatz „per Darlehensverbindlichkeit an Ertrag" ausgebucht. **Das kann nicht richtig sein.** Der Gesellschafter gibt entweder (erfolgsneutral) ein Darlehen oder macht (erfolgsneutral) eine Einlage, die auch verdeckt sein kann;[651] auch ein Ertragszuschuss ist nach der eigenen Rspr. des I. Senats eine verdeckte Einlage.[652] Scheidet ein Darlehen aus und wird das zugeführte Geld nicht zurückgewährt (also per Darlehen an Geld), so lautet die (erfolgsneutrale) Korrekturbuchung „per Darlehensverbindlichkeit an Einlage". Der Umstand, dass sich der Wert der Einlage (und des Betriebsvermögens) mittlerweile gemindert hat, führt nicht dazu, dass ein Teil der Einlage als Ertrag zu erfassen ist.

Dem vom I. Senat insoweit herangezogenen Fall des Verzichts auf eine wertgeminderte Forderung liegt eine andere Konstellation zugrunde. Hier war ursprünglich eine betrieblich veranlasste Gesellschaftsverbindlichkeit mit dem Buchungssatz „per Aufwand an Verbindlichkeit" erfasst worden. Verzichtet der Gesellschafter nun auf seine (im Hinblick auf die Vermögensverhältnisse seiner GmbH im Wert geminderte) Forderung, so ist in Höhe der eingetretenen Wertminderung eine Aufwandskorrektur und (nur) in Höhe des verbliebenen Forderungswerts (in Höhe des aktuellen Teilwerts) eine Einlage vorzunehmen; die Korrekturbuchung lautet in diesem Fall „per Verbindlichkeit an Ertrag [= Aufwandskorrektur] und an Einlage (in Höhe des Forderungsteilwerts)." Bei einer Darlehensverbindlichkeit ist aber wegen derer anfänglichen Erfolgsneutralität eine solche „Aufwandskorrektur" nicht vorzunehmen. Im Ergebnis hätte der BFH daher die Entscheidung des Finanzgerichts bestätigen müssen.

210 IV. Schulden, die erloschen sind (z.B. durch Tilgung, durch erfolgreiche Verjährungseinrede, durch unbedingten oder auflösend bedingten Erlass) oder die mit an Sicherheit grenzender Wahrscheinlichkeit nicht erfüllt werden müssen, dürfen nicht mehr passiviert werden **(Ausbuchung)**;[653] verjährte Schulden dürfen nicht mehr ausgewiesen werden, wenn sich der Schuldner entschlossen hat, die Einrede der Verjährung zu erheben oder wenn anzunehmen ist, dass er sich auf die Verjährung berufen wird.[654] Die Verbindlichkeit ist (ggf. gewinnerhöhend, als „actus contrarius" zur Einbuchung) auszubuchen, wenn mit ihr keine wirtschaftliche Belastung (mehr) verbunden ist.[655] M.E. sind auch in der Liquidationsschlussbilanz Verbindlichkeiten nach allgemeinen Regeln auszuweisen; allein die (bevorstehende) Liquidation oder ein Rangrücktritt sind (noch) kein Anlass zur Ausbuchung; Verbindlichkeiten sind in der Liquidation „bis zuletzt" zu passivieren.[656] Bei Liquidation ist der Liquidationsgewinn zu ermitteln (Versilberung der Wirtschaftsgüter, Begleichung der Verbindlichkeiten); Nichtbefriedigung kann zu ‚Aufwandstornierung' führen.[657]

648 Weber-Grellet BB 2015, 2667 m.w.N.
649 So K. Schmidt BB 2016, 2.
650 BFH v. 10.08.2016 – I R 25/15, BStBl. II 2017, 670.
651 Weber-Grellet BB 2018, 43.
652 So BFH v. 15.03.2017 – I R 67/15, BB 2017, 2159.
653 Weber-Grellet BB 2015, 43, 45.
654 BFH v. 15.02.2000 – X B 121/99, BFH/NV 2000, 1450.
655 BFH v. 05.02.2014 – I R 34/12, BFH/NV 2014, 1014.
656 Mayer/Betzinger DStR 2014, 1573; Hierstetter FS Haarmann 2015, 653.
657 Kahlert DStR 2016, 2262 m.w.N.

Handelt es sich – wie hier – bei dem passivierten Betrag um einen Gesamtbetrag gleichartiger oder annähernd gleichwertiger Verpflichtungen, so ist eine Herausschätzung des Teils der mit an Sicherheit grenzender Wahrscheinlichkeit nicht mehr geltend gemachten Verbindlichkeiten geboten.[658] Die Höhe dieser Verbindlichkeiten ist unter Beachtung des Vorsichtsprinzips zu schätzen.

Ergebnis:

Die mit an Sicherheit grenzender Wahrscheinlichkeit nicht mehr geltend gemacht werdenden Spareinlagen sind nicht mehr zu passivieren. Wie hoch der Umfang der nicht mehr geltend gemacht werdenden Spareinlagen im Einzelfall ist, ist auf der Grundlage individueller Schätzungen (für alle Spareinlagen) zu bestimmen.

IV. Rückstellungen

1. Allgemeines

Rückstellungen sind Passivposten des Jahresabschlusses, die dem Grunde und/oder der Höhe nach **ungewisse**, aber **bereits verursachte** Verbindlichkeiten ausweisen (R 5.7 EStR). 211

Nach den handelsrechtlichen Grundsätzen ordnungsmäßiger Buchführung sind Rückstellungen zu bilden für

- ungewisse Verbindlichkeiten und für drohende Verluste aus schwebenden Geschäften (§ 249 Abs. 1 S. 1 HGB),
- im Geschäftsjahr unterlassene Aufwendungen für Instandhaltung, die im folgenden Geschäftsjahr innerhalb von drei Monaten oder für Abraumbeseitigung, die im folgenden Geschäftsjahr nachgeholt werden (§ 249 Abs. 1 S. 2 Nr. 1 HGB), und
- Gewährleistungen, die (mit Bezug auf den vorangegangenen Vertrag)[659] ohne rechtliche Verpflichtung erbracht werden (§ 249 Abs. 1 S. 2 Nr. 2 HGB),

soweit steuerrechtliche Sonderregelungen, wie etwa §§ 4 f, 5 Abs. 2 a, 3, 4, 4 a, 4 b, 6 und 7, 6 Abs. 1 Nr. 3 a, 6 a EStG, dem nicht (dem Grunde und/oder der Höhe nach) entgegenstehen.[660]

Handelsrechtliche Wahlrechte (vgl. z. B. § 249 Abs. 1 S. 3, Abs. 2 HGB a. F.) führten bzw. führen zu einem steuerlichen Rückstellungsverbot.

2. Rückstellungen für ungewisse Verbindlichkeiten

§ Fall 26: Pflegebedürftige Hubschrauber 212

Die Flug GmbH & Co. KG (F) betreibt ein Lufttransportunternehmen mit betriebseigenen Hubschraubern. Nach der Betriebsordnung für Luftgerät ist F verpflichtet, nach einer bestimmten Anzahl von Flugstunden die Antriebsmotoren und Fahrgastzellen zu warten und zu überholen. Für diese Verpflichtung bildet F eine Rückstellung, die sie nach dem Verhältnis der im Wirtschaftsjahr tatsächlich zurückgelegten zu den jeweils zulässigen Flugstunden für Antriebsaggregate und Fahrgastzellen berechnet.
Das Finanzamt erkennt die Rückstellung nicht an. Zu Recht?

658 BFH v. 27.03.1996 – I R 3/95, BStBl. II 1996, 470.

659 Vgl. Hopt § 249 HGB Rn. 34.

660 BFH v. 03.02.1969 – GrS 2/68, BStBl. II 1969, 291; v. 20.01.1983 – IV R 168/81, BStBl. II 1983, 375; v. 23.11.1983 – I R 216/78 BStBl. II 1984, 277. – Weiterführend Mayr, Rückstellungen, 2004 (grundlegend); Schmidt/Weber-Grellet § 5 Rn. 350 ff., Schmidt/Kulosa § 6 Rn. 441 ff.

213 I. Die Pflicht zur Bildung von Rückstellungen für ungewisse Verbindlichkeiten setzt voraus,

(1) dass das Bestehen oder künftige Entstehen einer betrieblichen (privat- oder öffentlich-rechtlichen) Verbindlichkeit (gegenüber einem Dritten)[661] dem Grunde und/oder der Höhe nach sowie die Inanspruchnahme des Steuerpflichtigen wahrscheinlich sind,[662]

(2) dass die ungewisse Verbindlichkeit zumindest wirtschaftlich dem Grunde und der Zeit nach bereits im abgelaufenen Wirtschaftsjahr (oder in vorausgegangenen Wirtschaftsjahren) verursacht worden ist,

(3) dass die Aufwendungen in künftigen Wirtschaftsjahren nicht zu Anschaffungs- oder Herstellungskosten für ein Wirtschaftsgut führen (§ 5 Abs. 4 b S. 1 EStG).[663]

II. Grundsätzlich muss die Verbindlichkeit **einem Dritten gegenüber** bestehen.[664]
Die rechtliche Verpflichtung muss nicht einklagbar sein. Eine tatsächliche Verpflichtung gegenüber einem anderen, der sich der Kaufmann nicht entziehen kann oder will, z. B. Gewährleistung ohne Rechtspflicht (§ 249 Abs. 1 S. 2 Nr. 2 HGB), steht einer rechtlichen Verpflichtung gleich.[665]
Verbindlichkeiten des Kaufmanns gegen sich selbst (Verbindlichkeiten „betriebswirtschaftlicher Art", z. B. die Verpflichtung zur Substanzerhaltung) reichen nicht; die Verpflichtung ist noch nicht hinreichend „konkretisiert". Eine Ausnahme von diesem Grundsatz enthält § 249 Abs. 1 S. 2 Nr. 1 HGB, der bei unterlassenen Instandhaltungs- und Abraumbeseitigungsaufwendungen in bestimmten Grenzen zur Rückstellungsbildung zwingt („bilanzrechtlicher Rückschritt").[666]

Rückstellbar sind zivilrechtliche und auch öffentlich-rechtliche, unmittelbar auf dem Gesetz oder einem besonderen Verwaltungsakt beruhende[667] Verbindlichkeiten (z. B. Steuerschulden; Verpflichtung zur Aufstellung des Jahresabschlusses; Verpflichtung zur Rekultivierung). Letztere müssen allerdings ein inhaltlich genau bestimmtes Handeln innerhalb eines bestimmten Zeitraums vorschreiben und Sanktionen für den Fall der Nichterfüllung vorsehen.[668] Eine allgemeine gesetzliche Entsorgungspflicht genügt nicht.[669] Nach der Rechtsprechung darf eine Rückstellung nicht gebildet werden, wenn für die Verpflichtung ein sog. eigenbetriebliches Interesse als wirtschaftlich auslösendes Moment der Belastung zu werten ist.[670] M. E. ist der Entscheidung zu widersprechen; eine Rechtsgrundlage für diese Passvierungsbegrenzung ist nicht erkennbar.[671]

III. **Ungewiss** ist eine Verbindlichkeit, wenn ihr Bestehen oder Entstehen dem Grunde und/oder der Höhe nach nicht endgültig beurteilt werden kann, jedoch wahrscheinlich ist.[672] Das ist der Fall, wenn mehr Gründe für als gegen das Be- oder Entstehen der Verbindlichkeit und eine bestimmte Höhe sprechen.[673] Diese Voraussetzung ist nicht nach den subjektiven Erwartungen des Steuerpflichtigen,

661 BFH v. 22.05.2019 – XI R 40/17, BStBl. II 2019, 683 hebt zutreffend hervor, dass im Hinblick auf die betriebliche Veranlassung Betriebsausgaben und Rückstellungen denselben Maßstäben unterliegen.

662 Vgl. BFH v. 16.12.2014 – VIII R 45/12, BStBl. II 2015, 759; BFH v. 28.08.2018 – X B 48/18, BFH/NV 2019, 113. Dogmatisch eher verwirrend (Unterscheidung von Tatbestand 1 und Tatbestand 2) BFH v. 24.10.2018 – I R 78/16, BStBl. II 2019, 570 (kritisch Weber-Grellet BB 2020, 43/7).

663 Vgl. BFH v. 08.09.2011 – IV R 5/09, BStBl. II 2012, 122; BFH v. 17.10.2013 – IV R 7/11, BStBl. II 2014, 302; BFH v. 08.11.2016 – I R 35/15, BStBl. II 2017, 768; R 5.7 EStR.

664 BFH v. 13.02.2019 – XI R 42/17, DStR 2019, 1679 (zu Aufbewahrungskosten).

665 Schmidt/Weber-Grellet § 5 Rn. 362; R 5.7 Abs. 12 EStR.

666 Döllerer BB, Beilage 12/1987, 16.

667 Vgl. BFH v. 25.03.2004 – IV R 35/02, DStR 2004, 1247; Herzig DB 1990, 1341 zu Umweltschutzrückstellungen.

668 Vgl. BFH v. 19.10.1993 – VIII R 14/92, BStBl. II 1993, 891; v. 06.02.2013 I R 8/12, BStBl. II 2013, 686; v. 17.10.2013 – IV R 7/11, DStR 2013, 2745.

669 BFH v. 25.01.2017 – I R 70/15, BStBl. II 2017, 780, zur Entsorgung von Energiesparlampen.

670 BFH v. 22.01.2020 – XI R 2/19, BB 2020, 1520.

671 Im Einzelnen Weber-Grellet, BB 2021, 43.

672 BFH v. 28.08.2018 – X B 48/18, BFH/NV 2019, 113.

673 Vgl. BFH v. 01.08.1984 – I R 88/80, BStBl. II 1985, 44; v. 06.12.1995 – I R 14/95, BStBl. II 1996, 406.

sondern auf der Grundlage objektiver, am Bilanzstichtag vorliegender und spätestens bei Aufstellung der Bilanz erkennbarer Tatsachen aus der Sicht eines sorgfältigen und gewissenhaften Kaufmanns zu beurteilen.[674]

Ist eine Verbindlichkeit dem Grunde nach gewiss oder zumindest wahrscheinlich, besteht im Allgemeinen auch die Gefahr der Inanspruchnahme. Dies ist ausnahmsweise dann anders, wenn eine Inanspruchnahme nicht mehr zu erwarten ist, z.B. wenn angenommen werden kann, dass sich der Schuldner auf Verjährung berufen wird.[675]

IV. Die rechtlich bereits entstandene oder rechtlich erst künftig entstehende Verbindlichkeit **muss im abgelaufenen Wirtschaftsjahr wirtschaftlich verursacht** sein;[676] es muss bereits eine **wirtschaftliche Belastung** eingetreten sein.[677] Das Merkmal der wirtschaftlichen Verursachung/Belastung (als Ausfluss des Realisationsprinzips)[678] dient der periodengerechten Erfassung ungewisser Verbindlichkeiten.[679] **214**

1. Dass die „wirtschaftliche Verursachung in der Vergangenheit" Tatbestandsmerkmal ist, entspricht der ständigen RFH- und BFH-Rechtsprechung,[680] der BGH-Rechtsprechung[681] und der herrschenden Lehre.[682] Die Rspr. orientiert sich seit alters her in erster Linie am Realisationsprinzip, am Vorsichtsprinzip und am Prinzip der wirtschaftlichen Betrachtungsweise; sie ist weder statisch noch dynamisch. Zu unterscheiden sind realisierte Aufwendungen und künftige Aufwendungen und ihr Bezug zu realisierten Erträgen und künftigen Erträgen.[683] Realisierte Aufwendungen sind – von Sonderfällen abgesehen – stets wirtschaftlich verursacht, künftige Aufwendungen hingegen nur, sofern sie mit realisierten Erträgen in Zusammenhang stehen.

2. **Realisierter Aufwand**, bei dem sich die Verpflichtung zu einer wirtschaftlichen Belastung verdichtet hat,[684] ist gegeben, wenn sich die rechtliche Verpflichtung zu einer konkreten Leistungspflicht verdichtet hat (also der Aufwand, der bereits im abgelaufenen Jahr geleistet werden musste und damit zu einer Belastung des Betriebs im abgelaufenen Jahr geführt hat; z.B. Kaufpreisverpflichtung nach Erhalt der Sache; Schadensersatzverpflichtung). Realisierter Aufwand ist grundsätzlich im abgelaufenen Geschäftsjahr absetzbar; das gilt auch, wenn der realisierte Aufwand (erst) künftige Erträge alimentiert (z.B. Forschungskosten). Realisierter Aufwand ist im abgelaufenen Geschäftsjahr abzusetzen, ohne dass es eines Rückgriffs auf dessen rechtliche Entstehung bedarf und ohne dass es darauf ankommt, ob er realisierten oder künftigen Ertrag alimentiert. Nur ausnahmsweise ist realisierter Aufwand zu stornieren (neutralisieren), soweit das gesetzlich vorgeschrieben ist, z.B. in Gestalt der Aktivierung von Wirtschaftsgütern (§ 7 EStG) und in Gestalt der Aktivierung von Herstellungskosten, etwa bei fertigen Erzeugnissen (§ 266 HGB).

674 Vgl. BFH v. 02.10.1992 – III R 54/91, BStBl. II 1993, 153.
675 BFH v. 09.02.1993 – VIII R 21/92, BStBl. II 1993, 543.
676 BFH v. 19.08.1998 – X R 8/96, BStBl. II 1999, 18; Kahle/Kopp, Grundzüge, S. 125 f.
677 I.E. Weber-Grellet DB 2002, 2180; Osterloh-Konrad DStR 2003, 1631, 1635.
678 Vgl. Schmidt/Weber-Grellet § 5 Rn. 381.
679 Vgl. BFH v. 12.12.1991– IV R 28/91, BStBl. II 1992, 600, 604.
680 Vgl. dazu im Einzelnen Schmidt/Weber-Grellet § 5 Rn. 350 ff.
681 BGH v. 28.01.1991 – II ZR 20/90, NJW 1991, 1890 (neuere Entscheidungen sind nicht vorhanden).
682 Z.B. H/H/R § 5 EStG Anm. 504.
683 Ähnlich BFH v. 23.09.1969 – I R 22/66, BStBl. II 1970, 104.
684 Weber-Grellet DB 2002, 2180, 2182.

3. **Hinsichtlich künftigen Aufwands** ist zu differenzieren: Künftiger Aufwand ist nicht zu erfassen, soweit er künftigen Erträgen zuzuordnen ist (rückstellungsbegrenzende Wirkung des Realisationsprinzips).[685] Künftiger Aufwand ist hingegen zu erfassen, sofern er mit bereits realisierten Erträgen (oder dem betrieblichen Geschehen der Vergangenheit) in Zusammenhang steht (rückstellungserweiternde Wirkung des Realisationsprinzips – Gedanke der Nettorealisation). Gewinne, die mit künftigen Aufwendungen belastet sind, sollen nicht brutto ausgewiesen werden.[686]

215 4. Die **rechtliche Entstehung** einer Verbindlichkeit ist prinzipiell unerheblich.[687] Erst wenn die Verpflichtung erfüllt werden muss (z. B. wenn die Gegenleistung erbracht ist, die Einrede des § 320 BGB entfallen ist und sich die Zahlungspflicht realisiert hat), ist die Verbindlichkeit auszuweisen (z. B. bei einer Schadensersatzverpflichtung mit Erfüllung des schadenverursachenden Ereignisses). Rechtlich entstandene Verbindlichkeiten sind nicht auszuweisen, sofern sie im Rahmen eines noch nicht erfüllten, also schwebenden Geschäfts entstanden sind. Die rechtliche Entstehung (z. B. eine Kaufpreisverbindlichkeit) wird erst dann relevant, wenn die Gegenleistung erbracht wird, z. B. wenn der Käufer geliefert hat. Ebenso sind rechtlich bereits entstandene Verbindlichkeiten (wie die zur Entsorgung eines Reaktors oder Rekultivierungsverpflichtungen) trotz ihrer rechtlichen Entstehung erst im Laufe der Zeit zu passivieren (Erfüllung erst in der Zukunft).[688]

Der I. Senat ließ bisher – in Abweichung vom VIII. und XI. Senat – die rechtliche Verpflichtung genügen; seiner Auffassung nach bestand zwischen rechtlicher Entstehung und wirtschaftlicher Verursachung ein alternatives Verhältnis („oder").[689] Dass diese Auffassung nicht haltbar ist, zeigt sich in der Nichtbilanzierung schwebender Verträge (trotz rechtlicher Entstehung), in der Aktivierung von AK (trotz rechtlicher Entstehung) und in den Regelungen des § 5 Abs. 2 a, 4 a und 4 b EStG.

In neueren Entscheidungen stellt nun auch der I. Senat auf die wirtschaftliche Belastung ab;[690] noch weitergehend hat er in der Entscheidung I R 8/12 eine Rückstellung für eine öffentlich-rechtliche Anpassungsverpflichtung nach der TA Luft 2002 mit der Begründung abgelehnt, dass die rechtliche Entstehung unerheblich sei, da sie noch nicht rechtlich wirksam geworden sei. [691] Im Ergebnis hat sich der I. Senat damit der bilanzsteuerrechtlichen Beurteilung der anderen Ertragsteuersenate angeschlossen.

Nach **BFH IV R 85/05**[692] ist eine öffentlich-rechtliche Verpflichtung noch nicht rechtlich entstanden, wenn die Rechtsnorm, in der sie enthalten ist, eine Frist für ihre Erfüllung enthält, die am maßgeblichen Bilanzstichtag noch nicht abgelaufen ist. – Nach **BFH I R 8/12**[693] ist für das (rechtliche) Entstehen einer VA-Verpflichtung auf die sog. innere Wirksamkeit abzustellen, d. h. darauf, zu welchem Zeitpunkt die in der konkreten Regelung enthaltenen materiellen Rechtsfolgen ausgelöst werden. Offenbar in dem Bemühen, dem I. Senat entgegenzukommen, bringt **BFH IV R 7/11**[694] neue Unsicherheit; danach soll eine Verpflichtung spätestens

685 Herzig FS Schmidt 1993, 209.

686 A. A. z. B. Siegel FS Forster 1992, 585, 605; Christiansen FS Haas 1996, 57, 59.

687 Schmidt/Weber-Grellet § 5 Rn. 384 m. w. N.; BFH v. 19.10.1993 – VIII R 14/92, BStBl. II 1993, 891; BFH v. 19.08.1998 – XI R 8/96, BStBl. II 1999, 18; a. A. BFH v. 27.06.2001 – I R 45/97, DStR 2001, 1384 für Umrüstungsverpflichtung; dazu kritisch Weber-Grellet FR 2001, 900; BB 2002, 35, 38; Euler BB 2001, 1897.

688 BeBiKo § 249 HGB Rn. 25.

689 BFH v. 27.06.2001 – I R 45/97, BStBl. II 2003, 121.

690 BFH v. 19.11.2003 – I R 77/01, BFH/NV 2004, 271 für eine öffentlich-rechtliche Sanierungs- und Sicherungsverpflichtung.

691 BFH v. 06.02.2013 – I R 8/12, BStBl. II 2013, 686, BB 2013, 1264.

692 BFH v. 13.12.2007 – IV R 85/05, BStBl. II 2008, 516.

693 BFH v. 06.02.2013 – I R 8/12, BStBl. II 2013, 686.

694 BFH v. 17.10.2013 – IV R 7/11, DStR 2013, 2745.

im Zeitpunkt ihrer rechtlichen Entstehung auch wirtschaftlich verursacht sein. Dieser Satz ist (in seiner Allgemeinheit) schlicht falsch;[695] der IV. Senat selbst hat in der Entscheidung zu den Frisörgutscheinen eine Rückstellung trotz rechtlicher Entstehung abgelehnt.[696] Die rechtliche Entstehung kann vor (z. B. bei Frisörgutscheinen), kann aber auch nach der wirtschaftlichen Verursachung (z. B. bei Bergschäden) liegen.

Unmaßgeblich ist, ob sich der Kaufmann der Verbindlichkeit entziehen kann.[697] Die unentziehbare Bindung des Schuldners widerspricht dem Vorsichtsprinzip; auch „faktische Verpflichtungen" (nicht einklagbare Verpflichtungen; z. B. aus nichtigen Verträgen, aus Kulanz) sind rückstellbar.[698] Entgegen einer verbreiteten Meinung kann auch das Vollständigkeitsprinzip die Frage der wirtschaftlichen Verursachung nicht lösen.[699]

5. Die verschiedenen von der Rspr. entwickelten Kriterien haben alle dieselbe Funktion; sie sollen die Zuordnung von künftigen Aufwendungen zu realisierten Erträgen (oder – hilfsweise – zum vergangenen betrieblichen Geschehen) bestimmen. Diese Kriterien sind:[700]
   a) Verwirklichung des wesentlichen Tatbestands der Verbindlichkeit;
   b) Verknüpfung mit dem betrieblichen Geschehen des abgelaufenen Geschäftsjahrs;
   c) Zusammenhang von Verbindlichkeit und Anspruch, Aufwand und Ertrag;
   d) Bezugspunkt der Verbindlichkeit in der Vergangenheit, Abgeltung von Vergangenem;
   e) zukunftsorientierte Verpflichtungen; Verbindung mit künftigen Gewinnchancen;
   f) öffentlich-rechtliche Verpflichtungen;
   g) Beurteilung der Verbindlichkeit bei Veräußerung.

6. Bestimmte Sachverhalte lassen sich auch typischen Fallgruppen zuordnen:[701]
   a) **Wiederherstellung:** z. B. nach Kohleausbeute; Rekultivierung; Abbruchverpflichtung;
   b) **Rückzahlung**: z. B. bei Verpflichtungen wegen (von vornherein) überhöhter Leasingraten; beruht die Rückzahlungsverpflichtung hingegen auf einem neuen Ereignis (z. B. Austritt, Verzicht; Erreichen bestimmter Absatzzahlen), so ist daran anzuknüpfen;[702]
   c) **Abrechnung, Jahresabschluss:** z. B. Abrechnungsverpflichtung; Jahresabrechnung;
   d) **Zusammenhang mit erbrachten Leistungen:** Umzugskosten; Gratifikationsverpflichtung;
   e) **Provisionsverpflichtungen**: Provisionsverpflichtung nach § 87 HGB; Ausgleichsverpflichtung nach § 89 HGB;
   f) **Steuerschulden:** in dem Jahr, auf das die Steuerschuld entfällt; hinterzogene LSt, wenn mit der Inanspruchnahme zu rechnen ist;
   g) **Zukunftspflichten:** z. B. Arzneimittelanalyse; Beiträge an den Pensionssicherungsverein; Hubschrauberinspektion; Uferschlamm; Nachbetreuung; Rückzahlung von Druckbeihilfen; Leistungen nach dem MutterschutzG; Einbau eines Fettabscheiders.

---

695 Z. B. Hey T/L (20. Aufl. 2010) § 17 Rz 109; § 268 Abs. 5 S. 3 HGB.
696 BFH v. 19.09.2012 – IV R 45/09 BStBl. II 2013, 12.3.
697 A. A. Woerner StVj 1993, 193, 205; Schön BB Beilage 9/1994, 7.
698 BeBiKo § 249 HGB Rn. 59.
699 Vgl. Weber-Grellet DStR 1996, 896, 904.
700 Im Einzelnen Weber-Grellet DStR 1996, 896, 900; Schmidt/Weber-Grellet § 5 Rn. 386.
701 Im Einzelnen Weber-Grellet DStR 1996, 896, 901; Schmidt/Weber-Grellet § 5 Rn. 387.
702 A. A. BFH v. 03.07.1997 – IV R 49/96, BStBl. II 1998, 244 für Druckkostenzuschuss.

V. Im Streitfall ist die Verpflichtung zur Wartung und Überholung eine einem Dritten gegenüber bestehende Verbindlichkeit, die dem Grunde nach sicher, der Höhe nach aber ungewiss ist. Zweifelhaft ist, ob die Verpflichtung zum Bilanzstichtag bereits wirtschaftlich verursacht war:

1. Nach Auffassung des BFH war die Verpflichtung noch nicht wirtschaftlich verursacht. Die Verpflichtung zur Überholung entstehe erst mit dem Erreichen der zulässigen Betriebszeit.[703]
2. Demgegenüber wurde in der Lit. teilweise die Auffassung vertreten, dass die Inspektionsverpflichtung zeitanteilig mit jedem Flugkilometer entstehe und insoweit eine Rückstellung zu bilden sei.[704]
3. Zu folgen ist der BFH-Auffassung. Der Verpflichtungstatbestand entsteht nicht pro rata temporis und abschnittsweise, sondern erst mit der Erreichung der zulässigen Betriebszeiten. Mit der Verpflichtung wird nicht „Vergangenes" abgegolten. Die Wartung ist zukunftsgerichtet und soll die künftige Nutzung sichern. Insofern unterscheidet sich die Pflicht zur Wartung und Überholung von einer Rekultivierungs- oder auch von einer Garantieverpflichtung.[705]

Ergebnis:

F war nicht berechtigt, eine Rückstellung für Wartung und Überholung auszuweisen.

3. Rückstellungen für drohende Verluste aus schwebenden Geschäften

216 Handelsrechtlich sind nach § 249 Abs. 1 S. 1 HGB auch Rückstellungen für drohende Verluste aus schwebenden Geschäften zu bilden. Nach § 5 Abs. 4 a EStG[706] dürfen Rückstellungen für drohende Verluste aus schwebenden Geschäften (in Abweichung vom Maßgeblichkeitsgrundsatz des § 5 Abs. 1 EStG) nicht mehr gebildet werden.[707] Die Regelung bezieht sich auf Einzelrückstellungen und auf Rückstellungen aus Dauerschuldverhältnissen; sie wird als fiskalischer Beutezug[708] und als Verstoß gegen elementare Grundsätze[709] heftig kritisiert; m. E. ist die Streichung der Verlustrückstellung steuerrechtlich systemgerecht.[710]

§ 5 Abs. 4 a EStG ist gemäß § 52 Abs. 4 a EStG a. F. erstmals für das Wirtschaftsjahr anzuwenden, das nach dem 31.12.1996 endet. Zuvor zulässigerweise gebildete Rückstellungen sind gewinnerhöhend aufzulösen, im 1. nach dem 31.12.1996 endenden Wirtschaftsjahr mit mindestens 25 % und mit jeweils mindestens 15 % im 2.–6. Wirtschaftsjahr.[711] Die Regelung ist verfassungsrechtlich unbedenklich (keine Rückwirkung, sondern vorzeitige Auflösung).[712]

Mit einer Rückstellung für drohende Verluste aus schwebenden Geschäften („Verlustrückstellung"), die abweichend vom Realisationsprinzip aus Gründen der Vorsicht Verluste antizipiert, wird als Ausnahme vom Grundsatz der Nichtbilanzierung schwebender Verträge der (negative) Saldo zwischen dem Wert des eigenen Anspruchs und dem Wert der eigenen Verpflichtung (den eigenen Kosten) passiviert (Verpflichtungsüberschuss).[713] Die Verlustrückstellung erfasst künftige Verluste, die Verbindlichkeitsrückstellung hin-

---

703 BFH v. 19.05.1987 – VIII R 327/83, BStBl. II 1987I, 848; zust. BFH v. 09.11.2016 – I R 43/15, BStBl. II 2017, 379.
704 Esser StbJb 1984/85, 151, 156 f.
705 Zur Abgrenzung vgl. BFH v. 10.12.1992 – XI R 34/91, BStBl. II 1994, 158.
706 I. d. F. UntRefG 97 v. 29.10.1997, BGBl. I 1997, 2590, BStBl. I 1997, 928.
707 BT-Drs. 13/8325.
708 Moxter DB 1997, 1477, 1478.
709 IDW WPg 1997, 292, 293.
710 Weber-Grellet DB 1997, 2233, 2235.
711 Im Einzelnen BMF v. 23.12.1997, BStBl. I 1997, 1021.
712 Kritisch Goutier/Müller BB 1997, 2242, 2244.
713 BFH v. 23.06.1997 – GrS 2/93, BStBl. II 1997 II, 735; BFH v. 25.07.2000 – VIII R 35/97, BStBl. II 2001, 566.

gegen „wirtschaftlich verursachte“ Aufwendungen; beide sind daher allenfalls „entfernt“ verwandt.

Ein (von der Verlustrückstellung zu unterscheidender und von § 5 Abs. 4 a EStG nicht betroffener) Erfüllungsrückstand[714] ist die Nichterfüllung einer Schuld, die „im abgelaufenen Wirtschaftsjahr (oder früher) hätte erfüllt werden müssen“.[715]

Ein Verlust „droht“, wenn konkrete Anzeichen dafür vorliegen, dass der Wert der eigenen Verpflichtungen aus dem Geschäft den Wert des Anspruchs auf die Gegenleistung übersteigt (sog. Verpflichtungs- oder Aufwendungsüberschuss). Entscheidend hierfür sind die objektiven Wertverhältnisse am Bilanzstichtag.[716]

Rückstellungen wegen drohender Verluste aus schwebenden **Dauerschuldverhältnissen** (z. B. Mietverhältnis) waren nach Ansicht des VIII. und des IV. Senats zu bilden, wenn aus dem einzelnen Dauerschuldverhältnis insgesamt – nicht nur in einzelnen Jahren –, ein Verlust drohte.[717] Dagegen sah der I. Senat einen Verlust aus einem schwebenden Geschäft dann als gegeben an, wenn der Wert der künftigen Verpflichtungen den Wert der künftigen Leistungen übersteigt (sog. Restwertbetrachtung).[718]

Nach der sog. Apotheker-Entscheidung waren in den Kompensationsbereich der Verlustrückstellung in Zusammenhang mit dem Dauerschuldverhältnis stehende Vorteile unabhängig davon einzubeziehen, ob sie zu einem aktivierbaren Wirtschaftsgut führten.[719]

Bei „Übernahme“ eines (Verlust-)Mietvertrags ist – da wegen der Übernahme der Kaufpreis entsprechend niedriger ist und insoweit kein Aufwand entsteht – eine Freistellungsverpflichtung erfolgsneutral zu bilanzieren (per Kapital an Verbindlichkeit); ein Fall des § 5 Abs. 4 a EStG liegt nicht vor.[720] Im Fall BFH I R 102/08 bestand die Besonderheit, dass die Klägerin die Rückstellung erfolgsneutral gebildet hatte; eine gewinnerhöhende Auflösung kam daher in keinem Fall in Betracht.[721]

Fall 27: Optionsprämien 217

Die Bank A verpflichtete sich als Veräußerin einer Option (Stillhalterin) gegenüber den Käufern einer Option, bestimmte Wirtschaftsgüter (Aktien, Obligationen, sonstige Wertpapiere) während eines bestimmten Zeitraums (amerikanischer Typ) oder zu einem bestimmten Zeitpunkt (europäischer Typ) zu im Voraus festgelegten Konditionen zu verkaufen (Call) bzw. zu kaufen (Put). Dafür erhielt die Bank beim Abschluss des Optionsgeschäfts eine Optionsprämie. Die Prämie wurde (auch der Höhe nach) unabhängig davon gewährt, ob die Option ausgeübt wird; sie verblieb der Bank in jedem Falle. Das Optionsrecht des Käufers erlosch mit Erfüllung oder Verfall nach Ablauf der Optionszeit oder des vorgesehenen Zeitpunkts. Die Erfüllung erfolgte in aller Regel im Wege einer sog. „Glattstellung“ durch Abschluss eines entsprechenden Gegengeschäfts zu inhaltsgleichen Konditionen. Die Bank hatte dann eine bestehende Differenz zwischen Basispreis und Kurs auszugleichen. Wurde die Option ausgeübt, wurde die Prämie bei einem „Call“ als zusätzlicher Verkaufserlös des Optionsgegenstands erfasst oder bei einem „Put“ als Minderung der Anschaffungskosten behandelt.
Soweit die Optionen am jeweiligen Bilanzstichtag weder ausgeübt noch verfallen waren, erfasste die Bank die Optionsprämien durch Passivierung einer (ungewissen) Verbindlichkeit in Höhe der jeweils vereinnahmten Beträge erfolgsneutral. Zu Recht?

714 Schmidt/Weber-Grellet § 5 Rn. 317 m. w. N.
715 Z. B. BFH v. 06.12.1995 – I R 14/95, BStBl. II 1996, 406 für Urlaubsverpflichtung.
716 BFH v. 23.06.1997 – GrS 2/93, BStBl. II 1997, 735.
717 Vgl. BFH v. 19.07.1983 – VIII R 160/79, BStBl. II 1984, 56; einschr. Mathiak StuW 1984, 274; BFH v. 08.10.1987 – IV R 18/86, BStBl. II 1988, 57.
718 BFH v. 25.01.1984 – I R 7/80, BStBl. II 1984, 344.
719 BFH v. 23.06.1997 – GrS 2/93, BStBl. II 1997, 735 – Apotheker-Fall.
720 BFH v. 16.12.2009 – I R 102/08, DStR 2010, 265; Buciek/Prinz FR 2010, 426.
721 Zu §§ 4 f, 5 Abs. 7 EStG s. Rn. 212.

218 I. **Optionsgeschäfte** bestehen aus zwei Teilen, dem Erwerb des Optionsrechts und der Ausübung der Option mit Abschluss des Hauptvertrags (sog. **Zweivertragstheorie**).[722]

II. Der I. Senat[723] ist der Auffassung, dass insoweit eine Rückstellung zu bilden sei. Danach müsste gebucht werden: per Prämie an Ertrag; per Ertrag an Rückstellung.

III. M.E. ist das Optionsrecht Teil eines (noch) schwebenden Geschäfts; ebenso wenig wie der Anspruch aus einem Kaufvertrag zu bilanzieren ist, ist die Option auf den Abschluss eines Kaufvertrags bilanziell zu erfassen. Im Rahmen dieses schwebenden Geschäfts gezahlte Beträge sind (wie z.B. Anzahlungen) zu neutralisieren.[724] Die Optionsprämie ist daher weder Aufwand noch Ertrag. Die Bank hat die erhaltene Prämie „per Geld an Anzahlung/Rechnungsabgrenzung" zu neutralisieren.[725]

IV. Bei Nichtausübung der Option wird die Prämie zum endgültigen Ertrag. Zu buchen ist dann „per Anzahlung/RAP an Ertrag"; folgt man dem I. Senat, wäre „per Rückstellung an Ertrag" zu buchen.

V. Wird die Call-Option (Verkaufsverpflichtung) ausgeübt, ist die Prämie auf das Verkaufsgeschäft umzubuchen („per Forderung an WG und per RAP an Ertrag"); die Prämie ist dann Teil des Verkaufserlöses. Wird eine Put-Option (Kaufverpflichtung) ausgeübt, ist zu buchen „per WG an Verbindlichkeit und per RAP an Ertrag" (Aufwandskorrektur); im Ergebnis hat die Prämie die Anschaffungskosten gemindert.

VI. Es sind Fälle denkbar, in denen aus dem Optionsgeschäft über die Prämie hinaus ein Verlust drohen kann, der über das durch die Prämie abgedeckte Risiko hinausgeht. Gemäß § 5 Abs. 4 a EStG darf keine Verlustrückstellung gebildet werden.

Ergebnis:

Für die Verpflichtung des Veräußerers einer Option (Stillhalter), auf Verlangen des Optionsberechtigten innerhalb der Optionsfrist den Optionsgegenstand zu verkaufen oder zu kaufen (Call/Put-Option), ist – so der BFH – eine Verbindlichkeit bzw. ein passiver Rechnungsabgrenzungsposten in Höhe der dafür vereinnahmten Prämie auszuweisen; bei Ausübung oder Verfall der Option ist der Posten aus- bzw. umzubuchen.

4. Rückstellungen für unterlassene Instandhaltungs- und Abraumbeseitigungsaufwendungen

219 Rückstellungen für im Geschäftsjahr unterlassene Aufwendungen für Instandhaltung dürfen nur gebildet werden, wenn sie im folgenden Jahr innerhalb von drei Monaten nachgeholt werden (Passivierungsgebot; § 249 Abs. 1 S. 2 Nr. 1 HGB); nach Ablauf von drei Monaten dürfen sie nicht mehr nachgeholt werden. Dem Maßgeblichkeitsgrundsatz (§ 5 Abs. 1 EStG) entsprechend gilt dies auch für die Steuerbilanz.

Unterlassene Instandhaltungsaufwendungen sind Aufwendungen für Erhaltungsarbeiten, deren Erledigung bereits bis zum Bilanzstichtag erforderlich gewesen wäre. Erhaltungsarbeiten, die erfahrungsgemäß ungefähr in gleichem Umfang und in gleichem Zeitabstand anfallen, gehören nicht dazu. Nachholung bedeutet Abschluss der Arbeiten innerhalb der Frist.

---

722 BFH v. 28.11.1990 – X R 197/87 BStBl. II 1991, 300; FinVerw DB 1997, 753; Rau BB 2002, 928.

723 BFH v. 18.12.2002 – I R 17/02, BStBl. II 2004, 126.

724 Vgl. Schmidt/Weber-Grellet § 5 Rn. 76.

725 Z.B. Dreyer/Broer DStR 2002, 1590; Günkel StbJb 2002/03, 275, 287.

Beispiel

Wegen dringender Termine zur Erledigung eines Großauftrags kann Bauunternehmer A, dessen Wirtschaftsjahr sich mit dem Kalenderjahr deckt, erst in den Monaten Januar–Mai des Folgejahres die an seinen Maschinen erforderlichen Reparatur- und Wartungsarbeiten durchführen. Nur für die voraussichtlich bis Ende März abgeschlossenen Arbeiten ist in der Steuerbilanz eine Rückstellung zu bilden.

Aufwendungen für die Beseitigung von Abraum, der z.B. in Steinbrüchen anfällt, sind durch eine Rückstellung zu erfassen, soweit sie auf die Produktion des abgelaufenen Jahres entfallen und im folgenden Jahr nachgeholt werden (§ 249 Abs. 1 S. 2 Nr. 1 HGB i.V.m. § 5 Abs. 1 EStG).

5. Rückstellungen für Jubiläumszuwendungen

Nach § 5 Abs. 4 EStG dürfen Rückstellungen für die Verpflichtung zu einer Zuwendung anlässlich eines Dienstjubiläums nur gebildet werden, wenn 220

- das Dienstverhältnis mindestens zehn Jahre bestanden hat,
- das Dienstjubiläum das Bestehen eines Dienstverhältnisses von mindestens 15 Jahren voraussetzt,
- die Zusage schriftlich erteilt ist und
- soweit der Zuwendungsberechtigte seine Anwartschaft nach dem 31.12.1992 erwirbt.

Mit dieser Regelung, die durch ein Urteil des BFH,[726] das Jubiläumsrückstellungen grundsätzlich anerkannte, ausgelöst wurde und die den Maßgeblichkeitsgrundsatz ein weiteres Mal einschränkt, wird die steuerliche Anerkennung von Jubiläumsrückstellungen auf die Belohnung langjähriger Betriebstreue beschränkt. Der Ansatz eines Fluktuationsabschlags (Nichteintritt der Verpflichtung wegen vorzeitigen Ausscheidens einzelner Arbeitnehmer) erübrigt sich.[727]

Bereits gebildete Rückstellungen waren in den Bilanzen des nach dem 30.(!)12.1988 endenden Wirtschaftsjahres und der beiden folgenden Wirtschaftsjahre mit mindestens je einem Drittel gewinnerhöhend aufzulösen. Mit Beschluss vom 10.11.1999 – X R 60/95, BStBl. II 2000, 131, hatte der BFH dem BVerfG die Frage vorgelegt, ob die Übergangsregelung für die Jahre 1988 bis 1992 (Ansatzverbot; Auflösungsgebot) mit Art. 3 GG vereinbar ist. Das BVerfG hat die Verfassungsmäßigkeit (zu Recht) bejaht.[728]

Die Beschränkung gilt nicht für aus Anlass von Firmenjubiläen zugesagte Zuwendungen.

6. Rückstellungen wegen Verletzung von Schutzrechten

Der Anwendungsbereich des § 5 Abs. 3 EStG erstreckt sich auf die Verletzung fremder Patent-, Urheber- und ähnlicher Schutzrechte.[729] 221

Die Rückstellung setzt zumindest voraus, dass mit einer Inanspruchnahme ernsthaft zu rechnen ist (vgl. § 5 Abs. 3 S. 1 Nr. 2 EStG). Ist mit einer Inanspruchnahme nicht mehr ernsthaft zu rechnen, so ist die Rückstellung nach den Grundsätzen ordnungsmäßiger Buchführung aufzulösen. Ist dagegen weiterhin mit einer Inanspruchnahme zu rechnen, so ist nach S. 2 die nach S. 1 Nr. 2 gebildete Rückstellung gleichwohl in der Bilanz des dritten auf ihre erstmalige Bildung folgenden Wirtschaftsjahres ge-

726 BFH v. 05.02.1987 – IV R 81/84, BStBl. II 1987, 845.
727 Vgl. i.E. Schmidt/Weber-Grellet § 5 Rn. 406f.
728 BVerfG v. 12.05.2009 – 2 BvL 1/00, BStBl. II 2009, 685.
729 Dazu vgl. Engels Patent-, Marken- und Urheberrecht, 11. Aufl. 2020.

winnerhöhend aufzulösen, wenn keine Ansprüche geltend gemacht worden sind (Auflösungsgebot).

Sinn dieser Regelung ist es, die Fortführungsmöglichkeit für die Rückstellung zeitlich zu begrenzen. Der Gesetzgeber ließ sich von der Annahme leiten, dass innerhalb dieses Zeitraumes (mindestens drei Jahre) in der ganz überwiegenden Zahl der Fälle die Ansprüche gegen den Verletzer geltend gemacht worden sind.

Beispiel

Ist also die Rückstellung erstmals in der Bilanz 01 gebildet worden, so ist sie in der Bilanz 04 aufzulösen.

Daneben kann eine **Rückstellung ohne zeitliche Begrenzung** gebildet werden, wenn der Rechtsinhaber wegen der Rechtsverletzung Ansprüche geltend gemacht hat (§ 5 Abs. 3 S. 1 Nr. 1 EStG). Gerichtliche Geltendmachung – z. B. durch Klage – ist nicht erforderlich. Es genügt jede konkrete, zumeist schriftliche Anmeldung von Schadensersatzansprüchen.

Die nach dieser Fallgruppe gebildeten Rückstellungen sind, da eine einkommensteuerrechtliche Regelung fehlt, nach den allgemeinen handelsrechtlichen Grundsätzen ordnungsmäßiger Buchführung aufzulösen, also bei Beseitigung der Unsicherheit über das Bestehen des Anspruchs.

Für die Bildung einer entsprechenden Rückstellung in der Handelsbilanz ist weiterhin § 249 Abs. 1 HGB maßgeblich; die handelsrechtlich zulässigerweise gebildete Rückstellung wird aber steuerrechtlich nur unter den Voraussetzungen des § 5 Abs. 3 EStG anerkannt.

§ 5 Abs. 3 EStG wurde durch Art. 1 des Haushaltsbegleitgesetzes 1983 vom 20.12.1982[730] in das EStG aufgenommen. Veranlasst wurde diese Regelung durch das Urteil des BFH vom 11.11.1981,[731] in welchem der BFH – abweichend von der Verwaltungspraxis – davon ausging, dass bereits das objektive Vorliegen einer Patentverletzung die Bildung einer Rückstellung rechtfertige. Nach der Gesetzesbegründung hat die Neuregelung den Zweck, die Beibehaltung der bisherigen Praxis sicherzustellen und eine Ausweitung der Rückstellungsbildung in diesem Bereich, die möglicherweise zu erheblichen Steuerausfällen führen würde, zu verhindern.[732]

7. Keine Rückstellung für Anschaffungs- oder Herstellungskosten

222 **§ Fall 28: Rückstellung für Haftungsinanspruchnahme**

A war beherrschender Gesellschafter und alleiniger Geschäftsführer einer Bau-GmbH. Diese wurde insolvent. Daneben betrieb A ein Einzelunternehmen, das für die GmbH die Planung und Bauaufsicht gegen eine Provision i. H. v. 4,5 % der Nettoherstellungskosten übernahm. Auf Klage eines Handwerkers, der mit seiner Forderung gegen die GmbH ausgefallen war, wurde A u. a. nach § 826 BGB zur Zahlung von 150.000 € verurteilt. A bildete für diese Verbindlichkeiten gegenüber den ehemaligen Auftragnehmern der GmbH Rückstellungen. Das FA lehnte es ab, die Rückstellungen für Haftungsinanspruchnahme zu berücksichtigen. Zu Recht?

223 I. Nach § 5 Abs. 1 S. 1 EStG i. V. m. § 249 Abs. 1 S. 1 HGB sind Rückstellungen für ungewisse Verbindlichkeiten zu bilden. Die zum Schadensersatz verpflichtenden Handlungen des Klägers standen objektiv mit dem Betrieb des Einzelunternehmens zusammen. Einzelunternehmen und GmbH-Beteiligung bilden eine Art „Holding-Unterneh-

730 BGBl. I 1982, 1857.

731 BFH v. 11.11.1981 – I R 157/79, BStBl. II 1982, 748.

732 Vgl. BT-Drs. 9/1956, 38.

men";[733] die Zuordnung der Verbindlichkeit zum Einzelunternehmen beruht auf dem **Zusammenwirken von GmbH und Einzelunternehmen.** Der Kläger hat mit seinen zum Ersatz verpflichtenden Handlungen bezweckt, seine Einnahmen als Einzelunternehmer zu vermehren und zu sichern.

II. Nach § 5 Abs. 4 b S. 1 EStG dürfen Rückstellungen für Aufwendungen, die in künftigen Jahren als Anschaffungs- oder Herstellungskosten eines Wirtschaftsguts zu aktivieren sind, nicht gebildet werden. [734]

Eine **Rückstellungs-Verpflichtung** muss Ausgaben zum Inhalt haben, die in der Vergangenheit wirtschaftlich verursacht sind. Realisierte Aufwendungen sind – von Sonderfällen abgesehen – stets wirtschaftlich verursacht, künftige Aufwendungen hingegen nur, wenn sie mit realisierten Erträgen in Zusammenhang stehen.[735] Aufwendungen, die in künftigen Wirtschaftsjahren als Anschaffungskosten oder Herstellungskosten zu aktivieren sind, sind bereits nach allgemeinen Regeln nicht rückstellbar. Die Neuregelung des § 5 Abs. 4 b S. 1 EStG dient daher der Klarstellung.[736] Dementsprechend hatte der BFH[737] für die Verpflichtung zum Einbau eines Fettabscheiders den Ansatz einer Rückstellung abgelehnt.

Satz 2 stellt klar, dass keine Rückstellungen für Aufwendungen gebildet werden dürfen, die der Wiederaufbereitung von Kernbrennstoffen dienen. Versteht man die Regel als Klarstellung, dürften Bedenken im Hinblick auf ein „Sonderrecht für Kernkraftwerke" entfallen.[738] Bei der Wiederaufbereitung abgebrannter Brennelemente wird das in den Brennelementen enthaltene Plutonium durch den Einsatz in MOX-Brennelementen verwertet. Die Kernkraftwerkbetreiber bildeten bisher für die atomrechtliche Verpflichtung zur schadlosen Verwertung radioaktiver Reststoffe eine Rückstellung, in der alle anfallenden Kosten der Wiederaufbereitung einschließlich der (erheblichen) Mehrkosten (ca. 1.250 € pro kg MOX-Brennelement) der Fertigung der MOX-Brennelemente (im Vergleich zu Brennelementen aus angereichertem Natururan) einbezogen wurden.

III. Im Streitfall sind die für die GmbH übernommenen Aufwendungen zwar prinzipiell der Beteiligung zuzuschreiben und damit auf dem Beteiligungskonto zu aktivieren; hier scheidet eine Aktivierung allerdings aus, da die Beteiligung an der GmbH wegen deren Insolvenz nichts mehr wert ist und entsprechender Aufwand sofort abzuschreiben ist.[739]

Ergebnis:

Entgegen der Auffassung des FA ist daher die Haftungsverbindlichkeit als Rückstellung auszuweisen; der Aufwand kann sofort geltend gemacht werden.

8. Pensionsrückstellungen (§ 6 a EStG)

Vielfach sagen Betriebe ihren Arbeitnehmern bzw. deren Hinterbliebenen Pensionen (Alters-, Invaliden- oder Hinterbliebenenrente) als freiwillige soziale Leistung zu. Diese freiwillige Leistung (sie enthält eine Entgeltkomponente) ergänzt die Versorgung aus der gesetzlichen Rentenversicherung.[740] **224**

733 Vgl. K. Schmidt Gesellschaftsrecht, 4. Aufl. 2002, § 3 II 2.
734 BFH v. 08.11.2016 – I R 35/15, BStBl. II 2017, 768.
735 Zum System vgl. Schmidt/Weber-Grellet § 5 Rn. 381 ff.
736 So auch Entwurf eines StEntlG 99 ff. v. 13.01.1999, BT-Drs. 14/265, 171.
737 Im Urt. v. 19.08.1998 – XI R 8/96, BStBl. II 1999, 18.
738 Kritisch Hoffmann GmbHR 1999, 380, 381.
739 BFH v. 06.03.2003 – XI R 52/01, BStBl. II 2003, 658.
740 Dazu Gesetz zur Verbesserung der betrieblichen Altersversorgung v. 19.12.1974, BGBl. I 1974, 3610.

Nach § 6 a Abs. 1 EStG ist eine Rückstellung – neben den allgemeinen Voraussetzungen – nur zu bilden, wenn

- der Pensionsberechtigte einen Anspruch auf einmalige oder laufende Pensionsleistungen hat,
- die Pensionszusage keinen Minderungs- oder Entzugsvorbehalt enthält und
- die Pensionszusage schriftlich erteilt ist.[741]

Handelsrechtlich – und auch steuerrechtlich – bestand für bis Ende 1986 begründete Pensionszusagen (einschließlich der eintretenden Erhöhungen) ein Passivierungswahlrecht (Art. 28 Abs. 1 S. 1 EGHGB), das als idealer „Verschiebebahnhof" für Gewinne genutzt werden konnte, das aber mit den Prinzipien der Handels- und Steuerbilanz nicht zu vereinbaren war.

Für ab 1987 begründete Pensionsverpflichtungen (Neuzusagen) besteht (handels- und steuerrechtlich) Passivierungspflicht (§ 249 Abs. 1 S. 1 HGB, Art. 23 Abs. 1 S. 1 EGHGB).[742]

Soweit die Zusage angemessen ist, kommt auch eine Rückstellung für die Arbeitnehmer-Ehefrau in Betracht.[743] Eine Rückstellung zugunsten des **Mitunternehmers einer Personengesellschaft** wird nicht anerkannt.[744] Für **Gesellschafter-Geschäftsführer** einer **Kapitalgesellschaft** können hingegen unter bestimmten weiteren Voraussetzungen Rückstellungen gebildet werden.[745] Eine Überversorgung kann zu einer verdeckten Gewinnausschüttung führen.[746]

Wegen der Voraussetzungen im Einzelnen und der Höhe der Rückstellungen vgl. den Wortlaut des § 6 a EStG und die einschlägigen Kommentierungen.

9. Nachholung und Auflösung der Rückstellung

225 a) Hätte eine Rückstellung bereits in einem früheren Jahresabschluss gebildet bzw. mit einem höheren Wert angesetzt werden müssen und kann dieser Abschluss nicht mehr berichtigt werden, so muss die Rückstellung zulasten des anschließenden Wirtschaftsjahres gebildet werden, das noch nicht endgültig veranlagt ist.

Eine an sich gebotene Rückstellung kann jedoch nicht nachgeholt werden, wenn sie ursprünglich willkürlich (bewusst) oder in einer gegen Treu und Glauben verstoßenden Weise unterlassen oder zu niedrig ausgewiesen wurde.[747]

b) Rückstellungen – auch solche, die in einer Eröffnungsbilanz gewinnneutral gebildet wurden – sind in der Regel gewinnerhöhend aufzulösen, sobald und soweit die Voraussetzungen zu ihrer Bildung an späteren Bilanzstichtagen entfallen, vgl. § 249 Abs. 2 S. 2 HGB.[748] Gleiches gilt, wenn die Rückstellung von Anfang an nicht hätte gebildet werden dürfen und dieser Fehler nicht zu einem früheren Zeitpunkt korrigiert werden kann. Fallen dagegen die Ausgaben, deretwegen die Rückstellung gebildet wurde, tatsächlich an, so sind diese mit der Rückstellung erfolgsneutral zu verrechnen.

741 Im Einzelnen Weber-Grellet DB 2024, 19.
742 Schmidt/Weber-Grellet § 6 a Rn. 2.
743 Vgl. BFH v. 22.11.1995 – I R 37/95, BFH/NV 1996, 596.
744 Vgl. BFH v. 02.12.1997 – VIII R 15/96, DStR 1998, 482.
745 BFH v. 07.03.2018 – I R 89/15, BB 2018, 1826.
746 BFH v. 20.12.2016 – I R 4/15, BStBl. II 2017, 678.
747 BFH v. 07.04.1994 – IV R 56/92, BStBl. II 1994, 740.
748 BFH v. 15.03.2000 – VIII R 34/96, BFH/NV 2001, 297.

Buchung z. B.:
per Rückstellung an Verbindlichkeit
oder bei sofortiger Bezahlung: per Rückstellung an Geld/Bank

Rückstellungen sind ausnahmsweise erfolgsneutral aufzulösen, wenn der Wegfall der Voraussetzungen für ihre Bildung und Beibehaltung auf Umständen beruht, die als Einlage i. S. d. § 4 Abs. 1 S. 8 EStG zu beurteilen sind.[749]

10. Übernahme von Verpflichtungen

§ 4 f EStG und § 5 Abs. 7 EStG sind durch das AIFM-StAnpG v. 23.12.2013 BGBl. I 13, 4318 eingefügt worden.[750] Nach der BFH-Rechtsprechung konnten Passivierungsbegrenzungen (z. B. Ansatzverbote gemäß § 5 Abs. 4 a EStG, Ansatzbeschränkungen gemäß § 5 Abs. 3, 4 EStG oder Bewertungsvorbehalte gemäß § 6 a EStG) überwunden werden, indem Dritte die Verbindlichkeiten übernahmen,[751] die dann die Passivierungsbegrenzungen nicht zu beachten brauchten;[752] insbesondere verbundene Unternehmen konnten Verpflichtungen steuergünstig „verschieben". Diese Praxis soll die Neuregelung begrenzen; die Neuregelung dient damit der Fortsetzung von Passivierungsbegrenzungen bei Verpflichtungsübernahme. 226

§ 4 f EStG und § 5 Abs. 7 EStG sind komplementäre Regelungen, die (dem Sinn und der Regelung nach; vgl. § 52 Abs. 8 und Abs. 9 EStG) nebeneinander anwendbar sind, § 4 f EStG beim Veräußerer (Aufwandsverteilung), § 5 Abs. 7 EStG beim Übernehmer (Ertragsverteilung); die Begründung in BR-Drs. 740/13 (B), 117 („bis zur erstmaligen Anwendung des § 4 f") ist m. E. irreführend. – Die Regelungen sind m. E. nicht verfassungswidrig, da sie lediglich bezwecken, die Passivierungsbeschränkungen (auch) für den Fall der Übertragung beim Veräußerer und beim Erwerber aufrechtzuerhalten (s. Beispiel).

§ 4 f Abs. 1 und 2 EStG ordnet an, dass die durch die Übertragung der Verpflichtung, die beim Übertragenden Ansatz- und Bewertungsvorbehalten unterlegen hat, entstehenden Betriebsausgaben sich nicht sofort, sondern verteilt über einen Zeitraum von 15 Jahren verteilt steuerlich auswirken. Die Übertragung einer Verpflichtung kann insbesondere im Wege der Einzelrechtsnachfolge nach § 414 BGB oder im Wege der Sonder- oder Gesamtrechtsnachfolge nach dem Umwandlungsgesetz erfolgen. § 5 Abs. 7 EStG „perpetuiert" – korrespondierend zu § 4 f EStG – die Passivierungsbeschränkungen beim Übernehmer, erlaubt aber eine Streckung des dadurch entstehenden Ertrags durch Bildung einer steuerfreien Rücklage.

Beispiel

Die A-GmbH hat in ihrer Handelsbilanz für eine Kaufpreisverpflichtung eine Verlustrückstellung von 500 gebildet; die B-GmbH übernimmt die Verpflichtung für 500:
Buchung bei A-GmbH: per Aufwand an Geld 500; per § 4f-Ausgleichsposten an Aufwand 500.
Buchung bei B-GmbH: per Geld an Ertrag (nicht: an Rückstellung) 500; ggf. per Ertrag an Rücklage.[753]

749 BFH v. 12.04.1989 – I R 41/85, BStBl. II 1989, 612.

750 Zur Gesetzesbegründung BR-Drs. 740/13 (B), 114 f.; BT-Drs. 18/68, 73; Riedel FR 2014, 6; Fuhrmann DB 2014, 9; Weber-Grellet DB 2018, 661 (zu BMF v. 30.11.2017 BStBl. I 2017, 1619).

751 BFH v. 17.10.2007 – I R 61/06, BStBl. II 2008, 555; v. 26.04.2012 – IV R 43/09, DStR 2012, 1128.

752 BFH v. 16.12.2009 – I R 102/08, BStBl. II 2011, 566; v. 14.12.2011 – I R 72/10, DStR 2012, 452.

753 OFD Magdeburg v. 02.06.2014 DStR 2014, 1546 mit weiteren Beispielen.

11. Einzelfälle

a) Ausbildungskosten

227 Wegen zu erwartender Ausbildungskosten im Rahmen eines Berufsausbildungsverhältnisses können grundsätzlich keine Rückstellungen (wegen drohender Verluste aus schwebenden Geschäften) gebildet werden, da sich bei zu üblichen Bedingungen abgeschlossenen Ausbildungsverträgen Leistung und Gegenleistung (u. a. der Vorteil, aus einem Bestand ausgebildeter Fachkräfte auswählen zu können) die Waage halten, also kein „Belastungsüberhang" besteht.[754]

b) Leistungen nach dem Mutter- und dem Kündigungsschutzgesetz

228 Für die künftige Verpflichtung des Arbeitgebers zur Zahlung von Leistungen nach dem MuSchG kann eine Rückstellung wegen drohender Verluste oder für ungewisse Verbindlichkeiten selbst dann nicht gebildet werden, wenn eine Mitteilung über den Eintritt der Schwangerschaft vorliegt.[755] Auch für Verpflichtungen aus dem Kündigungsschutzgesetz sind keine Rückstellungen zu bilden.[756]

c) Jahresabschlusskosten

229 Im Jahresabschluss sind Rückstellungen für die gesetzliche Verpflichtung zu dessen Aufstellung – und auch für die Verpflichtung zur Erstellung der die Betriebssteuern des abgelaufenen Jahres betreffenden Steuererklärungen – zu bilden,[757] da diese Verpflichtung in dem Jahr wirtschaftlich verursacht ist, für das der Jahresabschluss aufgestellt werden muss;[758] ebenso die Verpflichtung zur Buchung laufender Geschäftsvorfälle des Vorjahres.[759]

Keine Rückstellung ist hingegen für die ausschließlich gesellschaftsvertraglich begründete Pflicht zur Prüfung des Jahresabschlusses auszuweisen.[760]

d) Lohnfortzahlung

230 Für künftige Verpflichtungen zur Lohnfortzahlung im Fall der Arbeitsunfähigkeit wegen Krankheit (§§ 1 und 2 LFZG) sind regelmäßig keine Rückstellungen wegen drohender Verluste aus schwebenden Geschäften zu bilden. Dem vereinbarten Lohn einschließlich sämtlicher Nebenleistungen stehen regelmäßig gleichwertige Ansprüche des Arbeitgebers gegenüber.[761]

e) Nachbetreuung

231 Wegen der Verpflichtung zur Nachbetreuung von Versicherungsverträgen ist eine Rückstellung zu bilden.[762] Das BMF hat sich der BFH-Rechtsprechung angeschlossen.[763] Ausgangspunkt der Rspr. ist die BFH-Entscheidung vom 28.07.2004;[764] danach ist künftiger Aufwand für Bestandspflege/Nachbetreuung grundsätzlich als Erfüllungsrückstand[765] rückstellbar. Der X. Senat hat sich dieser Auffassung angeschlossen und die Vorausset-

754 BFH v. 03.02.1993 – I R 37/91, BStBl. II 1993, 441.
755 BFH v. 02.10.1997 – IV R 82/96, BStBl. II 1998, 205.
756 BFH v. 09.05.1995 – IV B 97/94, BFH/NV 1995, 970; Schmidt/Weber-Grellet § 5 Rn. 550 „Soziallasten".
757 BFH v. 20.03.1980 – IV R 89/79, BStBl. II 1980, 297.
758 Vgl. auch BFH v. 23.07.1980 – I R 28/77, BStBl. II 1981, 62, 63.
759 BFH v. 25.03.1992 – I R 69/91, BStBl. II 1992, 1010.
760 BFH v. 05.06.2014 – IV R 26/11, BStBl. II 2014, 886.
761 BFH v. 07.06.1988 – VIII R 296/82, BStBl. II 1988, 886.
762 BFH v. 12.12.2013 – X R 25/11, BStBl. II 2014, 517; Weber-Grellet BB 2015, 43.
763 BMF v. 20.11.2012 – IV C 6 – S 2137/09/10002, BStBl. I 2012, 1100; EStH 2012 5.7 (8).
764 BFH v. 28.07.2004 – XI R 63/03, BStBl. II 2006I, 866, BB 2004, 2743.
765 Schmidt/Weber-Grellet § 5 Rn. 317.

zungen der Rückstellungsbildung präzisiert.[766] Bei der Abzinsung ist m.E. nach der Art der Erfüllungsleistung zu differenzieren. Erfüllungsleistung ist nicht die „Bestandspflegepflicht" als solche, sondern sind die einzelnen Bestandspflegemaßnahmen. Die Begründung zu § 6 Abs. 1 Nr. 3 a Buchst. e) EStG steht dieser Differenzierung nicht entgegen.[767] M.E. ist es daher zweifelhaft, die Abzinsung stets auf den Zeitpunkt der ersten Bestandspflegemaßnahme vorzunehmen.

f) Umweltpflichten

Für die (nach allg. Kriterien zu beurteilende) bilanzielle Behandlung öffentlich-rechtlicher und zivilrechtlicher Umweltpflichten ist in etwa zu unterscheiden zwischen 232

- Anpassungspflichten,
- Inspektionsverpflichtungen,
- Pflichten zur Beseitigung sog. Altlasten und zur Abwehr hieraus drohender Gefahren,
- Pflichten zur Rekultivierung und Entsorgung nach dem AbfG[768] oder nach entsprechenden Spezialgesetzen, z.B. AtomG, und
- Schadensersatzpflichten.[769]

Für Anpassungspflichten ist ebenso wie für Inspektionspflichten in der Regel keine Rückstellung zulässig, da sie auf Vorsorgemaßnahmen gerichtet sind und daher wirtschaftlich nicht in der Vergangenheit verursacht sind.[770] Bei schadstoffbelasteten Wirtschaftsgütern, insbesondere Altlasten, müssen nach der BFH-Auffassung[771] (zumindest) die verpflichtungsbegründenden Tatsachen der Fachbehörde bekannt geworden sein oder unmittelbar bevorstehen; ansonsten ist eine Inanspruchnahme nicht wahrscheinlich.

Der Zustands- oder Handlungsstörer muss im Regelfall ernsthaft mit seiner Inanspruchnahme aus der ihn treffenden Sanierungsverpflichtung rechnen, wenn die zuständige Behörde von einer Schadstoffbelastung und einer dadurch bedingten Sicherungs- und Sanierungsbedürftigkeit eines Grundstücks Kenntnis erlangt hat. Eine wegen der Schadstoffbelastung erfolgte Teilwertberichtigung eines Grundstücks soll die Bewertung einer bestehenden Sanierungsverpflichtung mit dem Erfüllungsbetrag nicht beeinflussen;[772] m.E. darf das nicht zu einer unzulässigen Doppelberücksichtigung desselben Aufwands führen.

g) Urlaubsrückstellung

Nach BFH-Auffassung[773] sind rückständige Urlaubsverpflichtungen nach Maßgabe des Urlaubsentgelts zu bemessen. Einzubeziehen sind das Bruttoarbeitsentgelt, die Arbeitgeberanteile zur Sozialversicherung, das Urlaubsgeld sowie weitere lohnabhängige Nebenkosten. Nicht einzubeziehen sind dagegen jährlich vereinbarte Sondervergütungen – wie Weihnachtsgeld, Tantiemezahlungen, Zuführungen zu Pensions- und Jubiläumsrückstellungen – oder Zahlungen, die – wie z.B. vermögenswirksame Leistungen – nicht Bestandteil von Lohn und Gehalt sind. Ebenfalls nicht in die Berechnung einzubeziehen sind allgemeine Verwaltungskosten; Änderungen des Entgelts, die erst im Folgejahr wirksam werden, sind außer Betracht zu lassen. Ebenso können die Kosten für Urlaubstage, die anteilig auf die Zeit des nachzuholenden 233

---

766 BFH v. 19.07.2011 – X R 26/10, BStBl. II 2012, 856; BFH v. 27.08.2013 – X B 191/13, BFH/NV 2014, 695; BFH v. 27.02.2014 – III R 14/11, BStBl. II 2014, 675, BFH v. 13.07.2017 – IV R 34/14, BFH/NV 2017, 1426; Weber-Grellet FR 2014, 606.

767 Vgl. Bericht des Finanzausschusses v. 03.03.1999, BT-Drs. 14/443, S. 24.

768 BFH v. 25.01.2017 – I R 70/15, BStBl. II 2017, 780, zur Entsorgung von Energiesparlampen.

769 Vgl. z.B. Bartels BB 1992, 1095; Kupsch BB 1992, 2320.

770 BFH v. 19.08.1998 – XI R 8/96, BStBl. II 1999, 18; a.A. BFH v. 27.06.2001 – I R 45/97, DStR 2001, 1384.

771 BFH v. 19.10.1993 – VIII R 14/92, BStBl. II 1993, 891.

772 BFH v. 19.11.2003 – I R 77/01, BFH/NV 2004, 271.

773 BFH v. 06.12.1995 – I R 14/95, BStBl. II 1996, 406.

Urlaubs entfallen, nicht in die Berechnung einbezogen werden. Das im Folgejahr neu anfallende Urlaubsentgelt ist Aufwand des Folgejahres. Die künftigen Ausgaben können individuell für jeden Urlaubsberechtigten nach Maßgabe des geschuldeten Urlaubsentgelts oder auch im Wege einer Durchschnittsberechnung für die Belegschaft ermittelt werden. In diesem Fall sind die Kosten durch die Zahl der regulären Arbeitstage zu dividieren und mit der Zahl der offenen Urlaubstage zu multiplizieren. Die Zahl der tatsächlichen Arbeitstage ist irrelevant.

h) Altersteilzeit (Blockmodell)

234 Die Klägerin bildete nach Maßgabe des AltTZG[774] eine Rückstellung, bestehend aus rückständigem Lohn und sog. Aufstockungszahlungen (Abfindungen für den Verzicht der Arbeitnehmer auf eine Fortführung des Vollzeit-Arbeitsverhältnisses) in voller Höhe. Dazu entschied der BFH: Verpflichte sich ein Arbeitgeber in einer Vereinbarung über Altersteilzeit, dem jeweiligen Arbeitnehmer in der Freistellungsphase einen bestimmten Prozentsatz des bisherigen Arbeitsentgelts zu zahlen, so sei für diese Verpflichtung bereits während der vorangehenden Beschäftigungsphase eine ratierlich aufzubauende Rückstellung zu bilden. Denn Verbindlichkeiten, die nach Beendigung eines schwebenden Geschäfts zu erfüllen seien, seien bereits während dessen Laufzeit zu passivieren.[775] Demgegenüber soll nach BFH-Auffassung für den Nachteilsausgleich nach § 5 Abs. 7 TV AltZ keine Rückstellung zu bilden sein.[776] Dieser Auffassung ist zu widersprechen: Alles, was (im Blockmodell) in der Freistellungsphase ausgezahlt wird, wird während der Beschäftigungsphase verdient und ist entsprechend (ratierlich) zurückzustellen.[777]

i) Aufbewahrung von Geschäftsunterlagen

235 Für die zukünftigen Kosten der Aufbewahrung von Geschäftsunterlagen, zu der das Unternehmen gemäß § 257 HGB und § 147 AO 1977 verpflichtet ist, ist im Jahresabschluss eine Rückstellung zu bilden.[778] Eine Rückstellung für die Verpflichtung zur Aufbewahrung von Geschäftsunterlagen kann auch Finanzierungskosten (Zinsen) für die zur Aufbewahrung genutzten Räume enthalten.[779]

j) Inspektionsverpflichtung – Rückstellung wegen angeordneter flugverkehrstechnischer Maßnahmen

236 Soweit die vorgeschriebenen Fristen für die Verpflichtung zur Inspektion von Flugzeugen am Bilanzstichtag bereits abgelaufen waren, war die Verpflichtung auch wirtschaftlich verursacht und eine Rückstellung geboten. Hingegen durfte der Aufwand für die luftverkehrsrechtlichen Maßnahmen, für deren Durchführung die Umsetzungsfristen am Bilanzstichtag des Streitjahrs noch nicht abgelaufen waren, wegen fehlender wirtschaftlicher Verursachung noch nicht als Rückstellung geltend gemacht werden.[780]

Das BFH-Urteil v. 09.11.2016[781] differenziert zwischen der öffentlich–rechtlichen Inspektionsverpflichtung und den Zahlungen in die Wartungsrücklage des Leasinggebers. Auch für die Verpflichtung zur Zahlung von sog. Wartungsrücklagen-Garantiebeträgen ist m.E. – entgegen der Auffassung des I. Senats – keine Rückstellung zu bilden. Die War-

774 BGBl. I 1996, 1078.
775 BFH v. 30.11.2005 – I R 110/04, BFH/NV 2006, 866.
776 BFH v. 27.09.2017 – I R 53/15, BFHE 260, 45.
777 Weber-Grellet BB 2019, 43.
778 BFH v. 19.08.2002 – VIII R 30/01, BStBl. II 2003, 131.
779 BFH v. 11.10.2012 – I R 66/11, BStBl. II 2013, 676.
780 BFH v. 17.10.2013 – IV R 7/11, BStBl. II 2014, 302.
781 BFH v. 09.11.2016 – I R 43/15, BStBl. II 2017, 379.

tungsrücklage hatte – so das FG – lediglich Sicherungsfunktion **(Kaution)**; die Beträge waren zu leisten, damit im Fall einer Zahlungsunfähigkeit der Klägerin die Kosten der künftigen Wartung bestritten werden konnten. Die Zahlungen in die Wartungsrücklage wurden erst in dem Zeitpunkt zu Aufwand, in dem die Klägerin ihren Wartungsverpflichtungen nicht nachkam (bzw. nicht nachzukommen drohte) und die Leasinggesellschaft die Wartung selbst vornehmen ließ. Erst in diesem Zeitpunkt hatte die Klägerin die bisherige (erfolgsneutrale) Buchung „Kaution/Bürgschaft an Geld" durch die (erfolgswirksame) Buchung „per Aufwand an Kaution/Bürgschaft" anzupassen.

k) Nachrüstungsverpflichtung

237 Die Klägerin betrieb Tankstellen. Aufgrund gesetzlicher Vorgaben (20. und 21. Bundes-Immissionsschutz-Verordnung – BImSchV – i. d. F. vom 7. Oktober 1992,[782] und Anlagenverordnung – VawS – Bayern bzw. Baden-Württemberg) war sie verpflichtet, verschiedene Tankstellen nach dem Stand der Technik mit einem Gasrückführungssystem (Gaspendelung) nachzurüsten. Im Streitfall könne der (IV.) Senat dahinstehen lassen, ob er sich der vom I. Senat vertretenen Auffassung anschließen könnte. Im Streitfall sei die Verpflichtung – wenn man die Feststellungen des FG zugrunde lege – rechtlich nicht vor dem 31.12.1996 entstanden. Sie sei auch nicht vor dem Bilanzstichtag 31.12.1996 wirtschaftlich verursacht gewesen. Bei noch nicht abgelaufener Erfüllungsfrist sei noch keine öffentlich-rechtliche Verpflichtung entstanden.[783] Mit dieser Argumentation weicht der IV. Senat einer klaren Äußerung zur wirtschaftlichen Verursachung, insbesondere auch der Auseinandersetzung mit der Rspr. des I. Senats, aus. Mittlerweile hält auch der I. Senat die „rechtliche Wirksamkeit" (nicht nur die rechtliche Entstehung) für geboten[784] und hat sich damit der bilanzsteuerrechtlichen Beurteilung der anderen Ertragsteuersenate angeschlossen.

l) Keine Rückstellung für ausgegebene Frisörgutscheine, aber Rückstellung für die Verpflichtung aus einem Kundenkartenprogramm

238 Wegen der Ausgabe von Gutscheinen, die einen Anspruch auf Preisermäßigung von Frisör-Dienstleistungen im Folgejahr gewähren, sind im Ausgabejahr weder Verbindlichkeiten noch Rückstellungen zu bilanzieren.[785] Die mit den Gutscheinen versprochene Preisminderung für künftige, im Begünstigungszeitraum in Anspruch zu nehmende Dienstleistungen wurde nicht bereits durch das Versprechen im Ausgabejahr, sondern erst durch die Dienstleistung im Folgejahr, für die die Preisminderung gewährt wurde, wirtschaftlich verursacht. Denn sie bezog sich (nur) auf das Entgelt für die künftige Dienstleistung. Hingegen sollten im Fall des Kundenkartenprogramms bereits die Umsätze des laufenden Jahres rabattiert werde, sodass die Verpflichtung bereits im abgelaufenen Wirtschaftsjahr wirtschaftlich verursacht war.[786]

m) Rückstellungen für Kostenüberdeckungen eines kommunalen Zweckverbandes

239 Für sog. Kostenüberdeckungen, die im Rahmen der öffentlichen Wasserversorgung innerhalb einer Preiskalkulationsperiode (Streitjahre: 2003 bis 2006) beim Wasserversorger entstanden und in der nächsten Kalkulationsperiode preismindernd zu berücksichtigen sind, sind einkommensmindernd Rückstellungen auszuweisen.[787] Die Verpflichtung zur Rückzahlung überhöhter Gebühren ist „realisierter Aufwand". Die

782 BGBl. I 1992, 1727, 1730.
783 BFH v. 13.12.2007 – IV R 85/05, BStBl. II 2008, 516.
784 BFH v. 06.02.2013 – I R 8/12, BStBl. II 2013, 686, BB 2013, 1264.
785 BFH v. 19.09.2012 – IV R 45/09, BStBl. II 2013, 123.
786 BFH v. 29.0.9.2022 –IV R 20/19, DStR 2022, 2537; Weber-Grellet FR 2023, 121.
787 BFH v. 06.02.2013 – I R 62/11, BFH/NV 2013, 1155.

Entscheidung lässt sich in ihre Systematik gut mit BFH I R 8/12 (s. o. Rn. 215) vereinbaren. In der Sache I R 8/12 war entscheidend, dass die Verpflichtung künftiger, rechtlich noch nicht wirksamer Aufwand war, im Fall der Überdeckung handelt es sich um realisierten Aufwand, der zur Rückstellungsbildung verpflichtet.

n) Rückstellung für Kammerbeiträge

240 Eine Rückstellung für die Verpflichtung zur Entrichtung von künftigen Kammerzusatzbeiträgen ist nicht zu bilden; die Beitragspflicht ist unmittelbar und zwingend an die Kammerzugehörigkeit im Beitragsjahr geknüpft. Der Zusatzbeitrag knüpft lediglich der Höhe nach an den vergangenen Gewerbeertrag an, während er dem Grunde nach wie der Grundbeitrag zeitraumbezogen an das Beitragsjahr gebunden ist und dieses abgilt.[788]

o) Rückstellungen für ein Aktienoptionsprogramm

241 Für künftige Zahlungsverpflichtungen aus einem Aktienoptionsprogramm sind keine Rückstellungen zu bilden. Die rechtliche Entstehung der Verpflichtung war an den Eintritt eines „Exit-Ereignisses“ geknüpft. Auch das Optionsrecht sollte nicht in der Vergangenheit erbrachte Arbeitnehmerleistungen abgelten, sondern eine zusätzliche besondere Erfolgsmotivation für die Zukunft verschaffen.[789]

---

788 BFH v. 05.04.2017 – X R 30/15, BStBl. II 2017, 900.

789 BFH v. 15.03.2017 – I R 11/15, BStBl. II 2017, 1043.

242

Übersicht

Rückstellungen

(§ 249 HGB i.V.m. § 5 EStG; soweit handelsrechtlich ein Wahlrecht besteht, ist steuerrechtlich die Passivierung verboten)

1. für **ungewisse Verbindlichkeiten**
Voraussetzungen:
- betriebliche Verpflichtung gegenüber einem Dritten (privat- u.a. öffentlich-rechtlich)
- Schuld und In anspruchnahme müssen wahrscheinlich sein
- wirtschaftliche Verursachung im abgelaufenen Wirtschaftsjahr

Unerheblich ist die rechtliche Ent - stehung (umstr.; vgl. Schmidt/ Weber-Grellet § 5 Rn. 384)

Verpflichtungen aus öffentlichem Recht müssen hinreichend konkretisiert und auf ein bestimmtes Handeln innerhalb eines bestimmten Zeitraums gerichtet sein

- wegen **Schutzrechtsverletzung** (§ 5 Abs. 3 EStG) → Auflösungsgebot, wenn nach mindes tens drei Jahren keine Inanspruchnahme
- für **Jubiläumszuwendungen** (§ 5 Abs. 4 EStG) → fiskalisch begründete Einzelfallregelung
- für **Pensionsrückstellung** (§ 6 a EStG) → handelsrechtlich Passivierungspflicht, nach dem Maßgeblichkeits grundsatz auch steuerrechtlicher Ansatzzwang

2. wegen **unterlassener Aufwendungen**
- für Instandhaltung bei Nachholung innerhalb von drei Monaten
- für Abraumbeseitigung bei Nachholung im folgenden Geschäftsjahr

sog. Aufwandsrückstellungen; steuerrechtl. Ansatzzwang (über § 249 Abs. 1 S. 2 Nr. 1 HGB i.V.m. § 5 EStG; bilanzrechtlicher Rückschritt)

3. keine **Rückstellung** wegen der Verluste aus einem schwebenden Geschäft (§ 5 Abs. 4 a EStG) und für Anschaffungs- oder Herstellungskosten (§ 5 Abs. 4 b EStG)

4. Für Verpflichtungen, die nur zu erfüllen sind, soweit künftig Einnahmen oder Gewinne anfallen, sind Verbindlichkeiten oder Rückstellungen erst anzusetzen, wenn die Einnahmen oder Gewinne angefallen sind (§ 5 Abs. 2 a EStG).

5. Mit §§ 4 f, 5 Abs. 7 EStG sollen – für den Fall der Verpflichtungsübernahme und ähnlicher Fälle – die (Fort-)Wirkung steuerlicher Passivierungsverbote und -be - schränkungen sichergestellt werden.

V. Rücklagen

1. Allgemeines

243 Während die unter Rn. 206 ff., 211 ff. behandelten Passivposten Schuldcharakter haben, d. h. aus der Sicht des Betriebs Fremdkapital sind, sind Rücklagen stets **Eigenkapital**. Unter dem Gesichtspunkt des Bilanzausweises sind dabei sog. stille Rücklagen und offene Rücklagen zu unterscheiden.

a) Stille Rücklagen (Stille Reserven)

244 Stille Rücklagen werden in der Bilanz nicht als Rücklagen ausgewiesen (daher der Name). Sie entstehen regelmäßig durch eine steuerlich zulässige, u. U. sogar zwingende Unterbewertung von aktiven Wirtschaftsgütern. Sie können aber auch durch eine Überbewertung von Schulden entstehen, und zwar insbesondere dann, wenn sich bei einer in Fremdwährung zu erbringenden Verpflichtung der Wert der Verbindlichkeit durch Aufwertung des Euros oder Abwertung der Fremdwährung verringert, in der Bilanz aber weiterhin der ursprünglich höhere Wert der Verbindlichkeit ausgewiesen werden muss.

Steuerlich zulässige stille Reserven stammen also nie **aus versteuerten Gewinnen**; stille Reserven bilden nicht realisierte Wertsteigerungen ab. Ein steuerpflichtiger Ertrag entsteht erst, wenn die stille Rücklage aufgedeckt wird, d. h., wenn das unterbewertete Wirtschaftsgut veräußert oder entnommen wird, die überbewertete Verbindlichkeit erlischt oder der Betrieb veräußert oder eingestellt wird.

Die Besteuerung aufgedeckter stiller Reserven kann in Sonderfällen unterbleiben, und zwar in den Fällen der **Rücklage für Ersatzbeschaffung** (R 6.6 EStR) und in den Fällen der **Reinvestitionsrücklage gemäß § 6 b EStG** (R 6 b EStR).

b) Offene Rücklagen

245 Offene Rücklagen werden stets in der Bilanz ausgewiesen. Der Ausweis offener Rücklagen ist Teil der Gewinnverwendung.

Es sind die unterschiedlichsten Formen denkbar, z. B.

- gesetzliche Rücklagen,
- freie Rücklagen,
- satzungsmäßige Rücklagen,
- zweckgebundene Rücklagen,
- Rücklagen zur Verlagerung oder Erweiterung des Betriebs.

Im Gegensatz zu den stillen Reserven stammen die offenen Rücklagen grundsätzlich **aus versteuerten Gewinnen**. In einigen speziellen Fällen lässt das Steuerrecht die Bildung sog. steuerfreier Rücklagen zu, die erst später zu versteuern sind (Steuerstundungseffekt).[790]

Wichtige **steuerfreie Rücklagen** sind die Rücklagen

- für Ersatzbeschaffung (R 6.6 EStR),
- für die Veräußerung bestimmter Anlagegüter (§ 6 b EStG),
- die Akkumulationsrücklage (§ 58 Abs. 2 EStG),
- die Ansparrücklage („Investitionsabzugsbetrag"; § 7 g EStG).

790 Buchung: per Aufwand (als Ertragskorrektur) an steuerfreie Rücklage. Damit wird der Gewinn (vorübergehend; bis zur Auflösung der Rücklage) entsprechend gemindert.

2. Rücklage für Ersatzbeschaffung (R 6.6 EStR)

Fall 29: Folgen eines Kurzschlusses 246

In der Maschinenfabrik des A, der seinen Gewinn nach § 5 EStG ermittelt und einheitlich nach Handels- und Steuerrecht bilanziert, wird Anfang Januar 2023 infolge eines unverschuldeten Kurzschlusses eine Maschine vollständig zerstört. Die Maschine war am 01.04.2021 für 18.367 € angeschafft worden, ihre betriebsgewöhnliche Nutzungsdauer betrug fünf Jahre.
In der Versicherungsentschädigung i. H. v. 22.000 € sind 2.000 € als Vergütung für den eingetretenen Produktionsausfall enthalten. Im März 2023 kann die zerstörte Maschine durch ein modernes Aggregat gleicher Art ersetzt werden. Die Anschaffungskosten einschließlich Nebenkosten hierfür betragen nur 15.000 €, die betriebsgewöhnliche Nutzungsdauer beträgt fünf Jahre.
A möchte seine Steuerschuld minimieren. Was ist zu tun?

I. Scheidet ein Wirtschaftsgut gegen Entgelt oder Entschädigung aus dem Betriebsvermögen aus, so wird nach dem System der einkommensteuerrechtlichen Gewinnermittlung Gewinn realisiert, soweit das Entgelt oder die Entschädigung höher ist als der Buchwert des Wirtschaftsguts im Zeitpunkt seines Ausscheidens. 247
Nach diesen Grundsätzen ist neben der Entschädigung für Produktionsausfall (2.000 €) auch die Entschädigung für die Maschine i. H. v. 20.000 € Erlös. Diesem Erlös ist der Buchwert der Maschine (= noch nicht abgesetzte Anschaffungskosten) als Aufwand gegenüberzustellen.

Der Buchwert der Maschine betrug zum 31.12.2022:

Anschaffungskosten 01.04.2021	18.367 €
abzüglich AfA (2021; § 7 Abs. 1 S. 4 EStG; 9/12)	2.755 €
abzüglich AfA (2022)	**3.673 €**
	11.939 €

Als Ertrag wäre demnach ein Betrag von (22.000 €–11.939 €) 10.061 € auszuweisen.

II. Die Gewinnrealisierung könnte durch Übertragung der aufgedeckten stillen Reserven auf das Ersatzwirtschaftsgut neutralisiert werden.

1. Scheidet ein Wirtschaftsgut infolge **höherer Gewalt** (Elementarereignisse, wie z. B. Brand, Überschwemmung, Sturm sowie auch Straftaten, wie z. B. Raub; nicht aber sonstige zufällige Schäden) oder durch Veräußerung zur **Vermeidung eines behördlichen Eingriffs** (z. B. drohende Enteignung, Inanspruchnahme für Verteidigungszwecke, mehrjähriges Bauverbot) aus dem Betriebsvermögen aus, so werden ungewollt stille Reserven aufgedeckt.
In diesem Fall kann ein bilanzierender Steuerpflichtiger **kraft Gewohnheitsrechts**[791] die aufgedeckten stillen Reserven auf die Anschaffungs- oder Herstellungskosten eines im Jahr des Ausscheidens angeschafften oder hergestellten funktionsgleichen oder funktionsähnlichen Wirtschaftsguts übertragen (= Minderung der Anschaffungs- oder Herstellungskosten) oder – wenn der Ersatz nicht in demselben Wirtschaftsjahr beschafft wird – eine Rücklage für Ersatzbeschaffung bilden.[792] Voraussetzung ist jedoch, dass am Bilanzstichtag subjektiv die **ernste Absicht zur Ersatzbeschaffung** besteht[793] (R 6.6 Abs. 4 S. 1 EStR). Die aufgedeckten stillen Reserven können auch auf ein Ersatzwirtschaftsgut übertragen

791 Schmidt/Weber-Grellet § 5 Rn. 501; Schmidt/Kulosa § 6 Rn. 101 ff.
792 BFH v. 05.12.1995 – VIII R 10/91, BStBl. II 1996, 281; v. 28.10.1998 – X R 96/96, BStBl. II 1999, 217.
793 BFH v. 22.01.2004 – IV R 65/02, DStR 2004, 547; FG Sachsen-Anhalt v. 02.10.2014 – 5 K 1727/10, EFG 2015, 193, rkr.

werden, wenn dieses vor der Veräußerung erworben wurde, sofern zwischen beiden Vorgängen ein ursächlicher Zusammenhang besteht.[794]

In den Fällen der Veräußerung zur Vermeidung eines drohenden behördlichen Eingriffs kann der Steuerpflichtige statt der Rücklage für Ersatzbeschaffung auch eine Rücklage gemäß § 6 b EStG bilden, was insofern günstiger sein kann, als die Übertragung im Rahmen des § 6 b EStG auch möglich ist, wenn das Ersatzwirtschaftsgut nicht funktionsgleich oder -ähnlich ist; zudem sind die Übertragungsfristen länger.

Nach R 6.6 Abs. 1 Nr. 3 EStR war in dem handelsrechtlichen Jahresabschluss ebenso zu verfahren (m. E. durch § 5 EStG i. d. F. BilMoG überholt; so auch R 6.6 Abs. 1 Nr. 3 Fn. 1 EStR).

Wird ein Wirtschaftsgut nicht innerhalb einer bestimmten Frist

- bei beweglichen Anlagegütern, wenn die Ersatzbeschaffung nicht in dem der Bildung der Rücklage folgenden ersten Wirtschaftsjahr,
- bei unbeweglichen Anlagegütern, wenn die Ersatzbeschaffung nicht in dem der Bildung der Rücklage folgenden zweiten Wirtschaftsjahr erfolgt,

nach Bildung der Rücklage angeschafft oder hergestellt, so ist die Rücklage in der Regel gewinnerhöhend aufzulösen (wegen Ausnahmen vgl. R 6.6 Abs. 4 S. 5 EStR).[795]

2. Im vorliegenden Fall ist die Maschine durch höhere Gewalt zerstört worden. Die dadurch aufgedeckten stillen Reserven können grundsätzlich auf das Ersatzwirtschaftsgut übertragen werden.
3. Für das neubeschaffte Wirtschaftsgut ist jedoch nur ein **Teil der Entschädigung** verwendet worden (15.000 von 20.000 € = 75 %). Die aufgedeckten stillen Reserven können daher nur anteilig auf das Ersatzwirtschaftsgut übertragen werden (R 6.6 Abs. 3 EStR):

aufgedeckte stille Reserven (20.000 ./.11.939)	8.061 €
davon 75 %	6.045 €
Anschaffungskosten des Ersatzwirtschaftsguts	15.000 €
abzüglich übertragbare stille Reserven	**6.045 €**
Bilanzansatz des Ersatzwirtschaftsguts nach Übertragung (zugleich AfA-Bemessungsgrundlage)	8.955 €

Der nicht übertragbare Teil der stillen Reserven (2.016 €) muss zusammen mit der Entschädigung für Produktionsausfall im Jahr 2023 dem steuerpflichtigen Gewinn hinzugerechnet werden.

Ergebnis:

A ist zu raten, die aufgedeckten stillen Reserven gemäß R 6.6 EStR so weit wie möglich auf das Ersatzwirtschaftsgut zu übertragen.

794 BFH v. 12.06.2001 – XI R 5/00, BStBl. II 2001, 830.

795 Zur Corona-bedingten Fristverlängerung s. BMF v. 15.12,2021, BStBl. I 2021, 2475.

3. Rücklage nach § 6 b EStG (Reinvestitionsrücklage)

§ 6 b EStG gestattet, den Gewinn aus der Veräußerung bestimmter Wirtschaftsgüter des Anlagevermögens (Veräußerungserlös abzgl. Buchwert und Veräußerungskosten) auf Reinvestitionen zu übertragen,[796] 248

- nach § 6 b Abs. 1 EStG durch Abzug eines Betrags in Höhe des Veräußerungsgewinns von den Anschaffungs- oder Herstellungskosten
- nach § 6 b Abs. 3 EStG durch Bildung einer entsprechenden – steuerfreien – Rücklage für den Fall, dass die Reinvestition erst – in zeitlich begrenztem Umfang – in der Folgezeit vorgenommen wird.

Durch den Verzicht auf die sofortige Versteuerung der realisierten stillen Reserven soll der Wirtschaft die ökonomisch sinnvolle Anpassung an strukturelle Veränderungen erleichtert werden. Werden realisierte stille Reserven nicht zur Reinvestition verwendet, wird der durch die Bildung der Rücklage eingetretene Zinsvorteil dem Steuerpflichtigen genommen, indem der Rücklagebetrag gemäß § 6 b Abs. 7 EStG erhöht wird.[797]

Die Rücklage kann freiwillig aufgelöst werden;[798] bei Wegfall der Voraussetzungen ist sie von Gesetzes wegen aufzulösen.

§ Fall 30: Eine schöne Rechnerei – Anwendung des § 6 b EStG 249

Die A-GmbH (A) hat am 25.01.2022 ein seit mehr als 20 Jahren in ihrem Betriebsvermögen befindliches bebautes Grundstück zum Preis von 550.000 € veräußert, von dem 150.000 € auf den Grund und Boden entfallen. Veräußerungskosten sind für A nicht angefallen. Nach dem Kaufvertrag gehen die Nutzungen und Lasten des Grundstücks am 01.07.2022 auf den Käufer über. In der Bilanz von A zum 31.12.2021 betrugen die Buchwerte für das Gebäude 275.000 €, für den Grund und Boden 70.000 €. Das Gebäude wird linear mit jährlich 50.000 € abgeschrieben.
In ihrer Bilanz zum 31.12.2022 hat A eine zulässige steuerfreie Rücklage in Höhe des Veräußerungsgewinns gebildet. Zum 01.04.2023 hat A ein an ihr Betriebsgelände angrenzendes unbebautes Grundstück erworben, dessen Anschaffungskosten 100.000 € betrugen. Bis zum Jahresende ist darauf eine zehn Jahre nutzbare Geräte- und Reparaturhalle errichtet worden; die Herstellungskosten belaufen sich auf 200.000 €. Für den Erwerb einer Drehbank (betriebsgewöhnliche Nutzungsdauer sechs Jahre) am 28.12.2023 wendet A 10.000 € auf.
A möchte die 01 gebildete steuerfreie Rücklage in voller Höhe auf die im Jahr 2023 angeschafften bzw. hergestellten Wirtschaftsgüter übertragen.
Mit welchem Wert sind Grundstück, Halle und Drehbank in der Bilanz zum 31.12.2023 anzusetzen, wenn A eine langfristige Steuerstundung anstrebt? Wie sind diese Wirtschaftsgüter zu bewerten, wenn A möglichst niedrige Abschreibungen wünscht?

I. A begehrt die Anwendung des § 6 b EStG, der die sofortige Besteuerung der realisierten stillen Reserven verhindert. 250

II. **Berechnung der steuerfreien Rücklagen**
Die Rücklagen mindern in Höhe des nach § 6 b Abs. 2 EStG errechneten Gewinns aus der Veräußerung des bebauten Gebäudes den steuerlichen Gewinn der A im Wirtschaftsjahr 2022.[799]
Maßgeblicher Veräußerungszeitpunkt ist der 01.07.2022, da zu diesem Zeitpunkt wirtschaftlich betrachtet das bebaute Grundstück auf den Käufer überging.[800] Die steuerfreie Rücklage ist für die beiden Wirtschaftsgüter Grund und Boden und

796 Vgl. BFH v. 29.06.1995 – VIII R 2/94, BStBl. II 1996, 60; allgemein Schmidt/Loschelder § 6 b Rn. 1; eine Flurbereinigung führt nicht zur Anschaffung (BFH v. 01.07.2010 – IV R 7/08, BFH/NV 2010, 2250).

797 Zur Verfassungsmäßigkeit BFH v. 09.07.2019 – X R 7/17, DStR 2019, 2400.

798 BFH v. 10.07.2017 – X B 38/17, BFH/NV 2017, 1607.

799 Zu buchen ist: „per Geld an steuerfreie Rücklage" (statt „an Ertrag"); bei Übertragung auf ein Ersatzwirtschaftsgut: „per Rücklage an Wirtschaftsgut". Damit werden die Anschaffungskosten gemindert, was z. B. bei späterer Veräußerung zu einem höheren (bisher gestundeten) Gewinn führt. Zu § 6 b Abs. 4 S. 2 EStG vgl. BFH v. 30.8.2012 IV R 28/09, BStBl. II 2012, 877.

800 Vgl. H 6 b.1 a. E. EStH.

Gebäude getrennt zu berechnen, da die Übertragungsmöglichkeiten unterschiedlich sind (§ 6 b Abs. 1 EStG; R 6b.2 Abs. 3 EStR).

Grund und Boden	
Veräußerungspreis	**150.000 €**
Buchwert zum 01.07.2022	
Veräußerungsgewinn, § 6 b Abs. 2 EStG	70.000 €
(Rücklage 1)	80.000 €
Gebäude	
Veräußerungspreis	400.000 €
Buchwert 01.01.2022	275.000 €
./. AfA 01.01.–30.06.	
50.000 x 1/2	25.000 €
Buchwert zum 01.07.2022	250.000 €
Veräußerungsgewinn, § 6 b Abs. 2 EStG	150.000 €
(Rücklage 2)	

III. **Übertragung der steuerfreien Rücklagen**

Das im Jahr 2023 von A angeschaffte Grundstück und die neu errichtete Halle sind Reinvestitionsgüter i. S. d. § 6 b Abs. 1 EStG; nicht mehr zu den Reinvestitionsgütern gehören abnutzbare bewegliche Wirtschaftsgüter, Anteile an Kapitalgesellschaften und lebendes Inventar. Mithin können die Rücklagen nicht auf die Drehbank übertragen werden (§ 6 b Abs. 3 S. 2 EStG).

Da mehrere Übertragungsmöglichkeiten bestehen, ist die Übertragung der Rücklagen unter Beachtung der jeweiligen Zielsetzung vorzunehmen. Die Übertragungsmöglichkeiten sind mittlerweile ziemlich beschränkt. Im Fallbeispiel kann die Rücklage 1 (aus der Grundstücksveräußerung) teilweise auf die Herstellungskosten des Gebäudes übertragen werden.

1. **Bei Interesse an Steuerstundung (hohes AfA-Volumen)**

In diesem Fall wird A die Rücklage zweckmäßigerweise auf solche Wirtschaftsgüter übertragen, die dazu bestimmt sind, möglichst lange dem Betrieb zu dienen und nach Möglichkeit keiner oder nur einer geringen jährlichen Abnutzung unterliegen; dementsprechend wäre die Rücklage auf Grundstück und Halle zu übertragen:

Herstellungskosten **Halle**	200.000 €
./. Rücklage 2	**150.000 €**
Wert	50.000 €
Anschaffungskosten **Grundstück**	100.000 €
./. Rücklage 1	**80.000 €**
Anschaffungskosten nach Übertragung	20.000 €

2. **Kein Interesse an Steuerstundung (geringes AfA-Volumen)**

Wünscht A in ihrer Steuerbilanz zum 31.12.2023 möglichst geringe Abschreibungen (= weniger Aufwand und höhere Gewinne; z. B. wegen noch vorhandener verrechenbarer Verluste aus den Vorjahren), wird sie versuchen, die Rücklagen soweit wie möglich auf die abschreibbaren Wirtschaftsgüter zu übertragen, um die Abschreibungsbasis zu minimieren.

Herstellungskosten **Halle**	200.000 €
./. Übertragung Rücklage 2 (§ 6 b Abs. 1 Nr. 3 EStG)	150.000 €
./. Übertragung Rücklage 1 (50 T von 80 T)	**50.000 €**
Herstellungskosten nach Übertragung (Erinnerungswert)	1 €
Anschaffungskosten **Grundstück**	100.000 €
./. Übertragung Rücklage 1 (30 T v. 80 T)	**30.000 €**
Anschaffungskosten nach Übertragung	70.000 €

251 **Übersicht**

§ 6 b EStG

I. Zweck
Erleichterung unternehmerischer Strukturanpassungen durch Verzicht auf sofortige Besteuerung stiller Reserven.

II. Voraussetzungen:
- Gewinnermittlung durch Betriebsvermögensvergleich (§ 6 b Abs. 4 Nr. 1 EStG)
- 6-jährige Mindestzugehörigkeit der veräußerten WG zum inländischen An lagevermögen (§ 6 b Abs. 4 Nr. 2 EStG); Inlandsbezug europarechtlich be denklich (Entschärfung durch § 6 b Abs. 2 a EStG)
- Zugehörigkeit der ersatzbeschafften WG zum inländischen Anlagevermögen (§ 6 b Abs. 4 Nr. 3 EStG); Inlandsbezug europarechtlich bedenklich (Entschärfung durch § 6 b Abs. 2 a EStG)
- Steuerpflicht des Veräußerungsgewinns (§ 6 b Abs. 4 Nr. 4 EStG)
- Buchhalterische Verfolgbarkeit des Abzugs bzw. der steuerfreien Rücklage (§ 6 b Abs. 4 Nr. 5 EStG)

III. Übertragungsmöglichkeiten (§ 6 b Abs. 1 S. 2 EStG)
1. auf Grundstücksanschaffung (GruBo), soweit der Gewinn aus einer Grundstücks veräußerung entstanden ist,
2. auf Aufwuchs, soweit der Gewinn aus der Veräußerung von GruBo und Aufwuchs resultiert
3. auf Gebäude, soweit der Gewinn aus Veräußerung von GruBo, Aufwuchs, Gebäuden entstanden ist
4. auf Binnenschiffe, soweit der Gewinn aus der Veräußerung von Binnen schiffen entstanden ist

IV. Übertragungsmöglichkeiten nach § 6 b Abs. 10 EStG
Übertragung von Gewinnen aus der Veräußerung von Anteilen an Kapital gesellschaften (unter Berücksichtigung des Teileinkünfteverfahrens)

V. Berechnung (§ 6 b Abs. 2 EStG)

Veräußerungserlös
./. Veräußerungskosten
./. Buchwert z.Z. des Ausscheidens
= übertragbarer Gewinn (stille Reserve)

Direktübertragung bei Anschaffung/Herstellung des Ersatz objekts im Wj. der Veräußerung oder im vorangegangenen Wj.: Abzug von den Anschaffungs-/Herstellungskosten (§ 6 b Abs. 1 EStG)

Rücklagenbildung statt Sofortabzug und später

Verwendung in den vier bzw. sechs Folge-Wirt schafts jahren durch Übertragung auf Ersatzobjekt (§ 6 b Abs. 3, Abs. 10 S. 5 EStG)	**Zwangsauflösung** bei Nicht - verwendung nach vier bzw. sechs Folge-Wj. mit pauschalem **Stundungszins** von 6% der Rücklage je Wj. (§ 6 b Abs. 3, 7 EStG)

5. Abschnitt Bewertung der Bilanzpositionen

A. Grundsätze

I. Das Bewertungsproblem

252 Die Bilanz ist ein Zahlenwerk, das gemäß § 244 HGB in Euro aufzustellen ist. Es genügt nicht, die einzelnen Positionen als solche zu bezeichnen und die Geschäftslage als gut, weniger gut oder schlecht zu charakterisieren; vielmehr muss jeder Position ein **Geldwert** (eine bestimmte Euro-Größe) zugeordnet werden (Bewertung), damit ein in Euro und Cent bezifferbares Geschäftsergebnis ermittelt und der Besteuerung unterworfen werden kann.[801]

Ein absolut richtiger „wirklicher“ Wert existiert nicht;[802] jede Bewertung ist funktionsabhängig.[803]

Beispiel

Der Verkaufswert gibt den bei Veräußerung erzielbaren Wert wieder; der Ertragswert beziffert den Wert, der durch Nutzung des Wirtschaftsguts erzielt werden kann (vgl. § 78 BewG), der Sachwert ist aus den durchschnittlichen Herstellungskosten abzuleiten (§ 83 BewG).

Unter dem Aspekt der Belastungsgleichheit verlangt das Steuerrecht eine möglichst objektive Bewertung. Handelsrechtliche Spielräume sind im Steuerrecht möglichst zu vermeiden; es existiert auch kein „Günstigergrundsatz“ zugunsten des Steuerpflichtigen.[804] Der Große Senat hat entschieden, dass eine Bindung des Finanzamts an eine objektiv unzutreffende, aber im Zeitpunkt der Bilanzaufstellung aus der Sicht eines ordentlichen und gewissenhaften Kaufmanns vertretbare rechtliche Beurteilung, die der vom Steuerpflichtigen aufgestellten Handels- oder Steuerbilanz oder deren einzelnen Ansätzen zugrunde liege, sich weder aus § 5 Abs. 1 S. 1 EStG noch aus § 4 Abs. 2 EStG ableiten lasse.[805]

II. Bilanzsteuerrechtliche Bewertungskonzeption[806]

253 Da sich die Bewertung unmittelbar auf die Höhe des Geschäftsergebnisses auswirkt, muss die ertragsteuerliche Bewertung an objektive Kriterien und an feste Maßstäbe anknüpfen, die eine einfache und nachvollziehbare, nach Möglichkeit durch einen Umsatzakt bestätigte, dem Realisationsprinzip, aber auch dem Vorsichtsprinzip Rechnung tragende Wertbestimmung ermöglicht. Die Bewertung der einzelnen Wirtschaftsgüter ist (vorrangig) in den §§ 6 ff. EStG geregelt (§ 5 Abs. 6 EStG); der Maßgeblichkeitsgrund-

801 Grundlegend Krumm, Steuerliche Bewertung als Rechtsproblem, Habil.-Schrift, 2014.

802 BFH v. 18.12.1972 – I R 87-89/70, BStBl. II 1973, 329.

803 So bereits Hensel, Steuerrecht, 3. Aufl. 1933, 82; Krumm, Steuerliche Bewertung als Rechtsproblem Habil.-Schrift 2014, § 2; zur Entwicklung der handelsrechtlichen Bewertungsbestimmungen vgl. K-K § 5 I.

804 Steuerrecht ist Lastenverteilungsrecht; was der eine Steuerzahler weniger zahlt, müssen – idealtypisch und bei vorgegebenem Finanzbedarf – alle anderen mehr zahlen.

805 BFH v. 30.01.2013 – GrS 1/10, BStBl. II 2013, 317; im Einzelnen unten Rn. 401 f.

806 Krumm, Steuerliche Bewertung als Rechtsproblem Habil.-Schrift 2014, 527 f.; Hiller Teilwert, gemeiner Wert, beizulegender Wert und Fremdvergleichswert Ubg 2016, 341.

satz (§ 5 Abs. 1 S. 1 EStG) tritt insoweit zurück. § 6 EStG soll vor allem verhindern, dass die handelsrechtliche Unterbewertung auf die Steuerbilanz durchschlägt.[807]

Diesen Erfordernissen trägt die bewertungsrechtliche Konzeption des EStG prinzipiell Rechnung. Die in § 6 EStG normierte Regelung ist von der Anlage her einfach. § 6 EStG kennt lediglich drei Wertkategorien:

- Anschaffungskosten,
- Herstellungskosten,
- Teilwert.

1. Die **Anschaffungs- und Herstellungskosten** bilden den **Regelmaßstab**;[808] sie sind vom Prinzip her relativ einfach zu ermitteln, da sie den tatsächlich angefallenen Aufwand verkörpern. Von Sonderfällen abgesehen (wie z. B. Entnahmen, Einlagen, unentgeltlicher Erwerb) sind sie Ausgangspunkt für den Wertansatz. Sie bilden für die Bewertung grundsätzlich die Obergrenze, die nicht überschritten werden darf. Die Anschaffungs- oder Herstellungskosten abnutzbarer Wirtschaftsgüter sind um die Absetzungen für Abnutzung zu mindern. Ausgangspunkt sind aber auch hier zunächst die Anschaffungs- oder Herstellungskosten. 254
2. Der **Teilwert** berücksichtigt die konkreten (betrieblichen) Verhältnisse. Spezifikum des (unvollkommen definierten) Teilwerts ist seine konkrete Betriebsbezogenheit (vgl. auch § 10 BewG). Die Definition lässt nicht erkennen, ob es sich um einen Sachwert oder einen Ertragswert handelt. Im Hinblick auf die steuerlich notwendige Gewinnerzielung sind Wirtschaftsgüter ertragsteuerrechtlich grundsätzlich unter dem Aspekt der möglichen Ertragserzielung zu bewerten. Im Rahmen anderer Steuerarten (z. B. im Rahmen der Erbschaftsteuer, die auf die Besteuerung der Substanz angelegt ist), kann sich das ganz anders verhalten;[809] hier müssen die Steuerwerte dem gemeinen Wert angenähert sein. 255

   Der (konkrete) ertragsteuerrechtliche **Teilwert** (vgl. unten Rn. 292 ff.) hat Korrektur- und Hilfsfunktion. Er ist einerseits in Gestalt des niedrigeren Teilwerts Ausdruck des Vorsichtsprinzips, andererseits definiert er im Allgemeinen auch die Wertuntergrenze und verhindert so den Ansatz des niedrigeren Einzelveräußerungswerts oder des niedrigeren Liquidationswerts.

   Der Teilwert existiert in verschiedenen Sachzusammenhängen:

   - Der Teilwert hat besondere Bedeutung als „niedrigerer Teilwert", und zwar in allen Fällen, in denen die Wiederbeschaffungskosten eines Wirtschaftsguts am Bilanzstichtag niedriger sind als die Anschaffungs- oder Herstellungskosten, ggf. nach Abzug der AfA. Der Ansatz des niedrigeren Teilwerts (vgl. § 6 Abs. 1 EStG) ist bei bilanzierenden Gewerbetreibenden zwingend, wenn eine Wertminderung bei einem Wirtschaftsgut des Umlaufvermögens oder eine voraussichtlich dauernde Wertminderung bei einem Wirtschaftsgut des Anlagevermögens eingetreten ist.[810]
   - Der Teilwert ist für die Bewertung von Entnahmen und Einlagen maßgeblich.
3. Subsidiär ist der (all-)**gemeine Wert** (Einzelveräußerungspreis) anzusetzen.[811] 256

   Der gemeine Wert wird durch den Preis bestimmt, der im gewöhnlichen Geschäftsverkehr nach der Beschaffenheit des Wirtschaftsguts bei einer Veräußerung zu er-

---

807 BFH v. 03.02.1969 – GrS 2/68, BStBl. II 1969, 291 unter II.3.a; Schmidt/Kulosa § 6 Rn. 5.

808 Krumm, Steuerliche Bewertung als Rechtsproblem, Habil.-Schrift 2014., 210 f.

809 Vgl. BVerfG v. 07.11.2006 – 2 BvL 10/02, BStBl. II 2007, 192, unter C. I.

810 Dazu BFH v. 26.09.2007 – I R 58/06, BB 2008, 550 (für Finanzanlagen); Schlotter BB 2008, 546; Weber-Grellet NJW 2008, 1104; BMF v. 26.03.2009, DB 2009, 707: prinzipielle Anwendung von I R 58/06, ggf. auch bei Aktienfonds (BMF v. 05.07.2011, BStBl. I 2011, 735). Zu den Schwierigkeiten, die „voraussichtlich dauernde Wertminderung" zu bestimmen, auch Hoffmann StuB 2011, 1.

811 BFH v. 18.12.2001 – VIII R 10/01, DB 2002, 614.

zielen wäre. Dabei sind alle Umstände, die den Preis beeinflussen, zu berücksichtigen. Ungewöhnliche oder persönliche Verhältnisse sind irrelevant (§ 9 Abs. 2 BewG).[812]
Dieser Wert ist maßgeblich, wenn ein Steuerpflichtiger aus betrieblichem Anlass unentgeltlich Wirtschaftsgüter aus dem Betriebsvermögen eines anderen Steuerpflichtigen erhält. Er muss die Wirtschaftsgüter mit den Wiederbeschaffungskosten bewerten (§ 6 Abs. 4 EStG). Diese entsprechen dem gemeinen Wert.
Auch die anlässlich einer Betriebsaufgabe in das Privatvermögen überführten Wirtschaftsgüter sind (im Hinblick auf die Lösung des betrieblichen Zusammenhangs) mit dem gemeinen Wert zu bewerten (§ 16 Abs. 3 S. 3, 7 EStG).[813] In den Fällen des Tausches wird der Wert der Anschaffungskosten des empfangenen Wirtschaftsguts nach dem gemeinen Wert des hingegebenen Wirtschaftsguts bemessen (§ 6 Abs. 6 S. 1 EStG).

257 4. Diese einfache, die Erfordernisse des Steuerrechts berücksichtigende Grundkonzeption hat sich bewusst von der Wertevielfalt des Handelsrechts gelöst. In der Begründung zu § 6 EStG (v. 16.10.1934)[814] heißt es dazu:

> „In § 6 sind diese (im Ergebnis die bisherigen) Bewertungsvorschriften völlig umgestaltet worden mit dem Ziel, sie, soweit mit den fiskalischen Belangen vereinbar, an die kaufmännische Übung anzupassen. Deshalb sind an die Stelle des gemeinen Werts als grundsätzlicher Maßstab für die Bewertung die Anschaffungs- oder Herstellungskosten getreten ... Der Steuerpflichtige kann aber auch den Teilwert ansetzen, wenn dieser niedriger ist ..."

Dementsprechend sind gemäß § 5 Abs. 6 EStG („... Die Vorschriften ... über die Bewertung ... sind zu befolgen") für die steuerliche Bewertung in erster Linie die speziellen steuerrechtlichen Vorschriften maßgebend; auf handelsrechtliche Wertmaßstäbe wird nur hilfsweise zurückgegriffen. Die speziellen steuerrechtlichen Vorschriften sind vorrangig und verdrängen den allgemeinen Maßgeblichkeitsgrundsatz.
§§ 6 und 7 EStG enthalten das selbstständige bilanzsteuerrechtliche Bewertungsrecht; ein Rückgriff auf die GoB ist grundsätzlich obsolet;[815] der Maßgeblichkeitsgrundsatz hat im Bereich der Bewertung nur (noch) ganz untergeordnete Bedeutung; die Neuregelung des § 6 EStG durch das StEntlG 99 ff. bezweckte gezielt eine weitere Abkoppelung des bilanzsteuerrechtlichen Bewertungsrechts.[816]
Daraus folgt:

- Enthält das Steuerrecht ein bestimmtes Bewertungsgebot, so ist der Maßgeblichkeitsgrundsatz außer Kraft gesetzt (§ 5 Abs. 6 EStG).
- Nach der Neuregelung des § 5 Abs. 1 EStG durch das BilMoG können **alle steuerlichen Wahlrechte** (korrespondierende und nichtkorrespondierende) ohne jede Bindung an die GoB und an die konkrete Handelsbilanz ausgeübt und so der Steuerbilanz zugrunde gelegt werden.[817]
- Enthält das Steuerrecht keine eigene Regelung, so führt über § 5 Abs. 1 S. 1 EStG ein handelsrechtliches Wahlrecht auf der Aktivseite zu dem Ansatz des höchsten Werts, auf der Passivseite zum Ansatz des niedrigsten Werts.[818]
- Enthalten weder das Steuer- noch das Handelsrecht eine Regelung, ist ggf. die analoge Anwendung von Vorschriften anderer Gesetze, z. B. des BewG, in Betracht zu ziehen.

---

812 BFH v. 15.02.2001 – III R 20/99, BStBl. II 2003, 635.

813 BFH v. 22.02.2021 – IX R 13/19, BB 2021, 2095.

814 RStBl. 1935, 33, 38.

815 A. A. – unter Außerachtlassung des „Regelungsgefüges" (vgl. nur § 5 Abs. 1 u. § 6 Abs. 1 EStG) – BFH v. 11.10.2012 – I R 66/11, BStBl. II 2013, 676, betr. § 6 Abs. 1 Nr. 3 a EStG; R 6.11 Abs. 3 EStR; wie hier Hoffmann StuB 2015, 649.

816 Begründung des Finanzausschusses BT-Drs. 14/443, 17 f.

817 Weber-Grellet DB 2009, 2402.

818 Vgl. BFH v. 21.10.1993 – IV R 87/92, BStBl. II 1994, 176.

III. Anwendungsbereich des § 6 EStG

Die in § 6 EStG enthaltenen Regelungen gelten uneingeschränkt für die Gewinnermittlung durch Vermögensvergleich. Für die Gewinnermittlung nach § 4 Abs. 3 EStG gilt § 6 EStG nur eingeschränkt. Teilwertabschreibungen sind z. B. im Rahmen der Gewinnermittlung nach § 4 Abs. 3 EStG nicht zulässig;[819] Einlagen und Entnahmen sind dagegen auch bei § 4 Abs. 3 EStG nach § 6 EStG zu bewerten.[820] § 6 Abs. 7 EStG verlangt ausdrücklich die (entsprechende) Anwendung des § 6 Abs. 3 bis 6 EStG (bei Übertragungen), die Anwendung des § 6 Abs. 1 Nr. 1 a EStG (anschaffungsnahe Aufwendungen) und des § 6 Abs. 1 Nr. 4 bis 7 EStG (Entnahme/Einlagen etc.). 258

Posten der Rechnungsabgrenzung sind keine Wirtschaftsgüter, sie dienen allein der periodengerechten Zuordnung von Einnahmen und Ausgaben; sie sind zu beziffern, aber nicht zu bewerten.[821]

Innerhalb des Einkommensteuerrechts gibt es gegenüber § 6 EStG spezielle Vorschriften, die die Anwendung des § 6 EStG verdrängen (z. B. §§ 6 a Abs. 3–5; 6 b; 16 Abs. 3; 17 Abs. 2; 55 EStG; § 5 InvZulG 2010).

IV. Verhältnis des § 6 EStG zu handelsrechtlichen Bewertungsvorschriften

Die durch das Bilanzrichtlinien-Gesetz (BiRiLiG) kodifizierten Bewertungsvorschriften (§§ 252–256 a HGB; im Konzern: §§ 308, 309 HGB) sehen ebenfalls die Bewertung auf der Grundlage der Anschaffungs- oder Herstellungskosten vor. Die allgemeinen Grundsätze sind in § 252 HGB festgelegt: 259

- Grundsatz des Bilanzenzusammenhangs,
- Going-Concern-Prinzip,
- Vorsichts-, Realisations-, Imparitätsprinzip,
- Grundsatz der Bewertungsstetigkeit.

Der weitergehenden Bewertungsfreiheit, die der Kaufmann nach Handelsrecht hat, kann das Steuerrecht nicht folgen. Es muss für die steuerliche Gewinnermittlung enge Grenzen ziehen, wenn es nicht auf eine zeitgerechte, gleichmäßige und vollständige Erfassung des Betriebsvermögens verzichten will. Die steuerlichen Bewertungsvorschriften sind deshalb im Allgemeinen zwingend.

Allerdings soll nach der Rechtsprechung die Höhe des steuerrechtlichen Rückstellungsbetrags durch den niedrigeren handelsrechtlichen Rückstellungsbetrag gedeckelt sein.[822] Die im Einleitungssatz des § 6 Abs. 1 Nr. 3a EStG enthaltene Regelung, dass Rückstellungen „höchstens insbesondere" mit den Beträgen nach den folgenden Grundsätzen in Buchst. a) bis f) anzusetzen seien, führe dazu, dass die sich aus § 6 Abs. 1 Nr. 3a Buchst. a) bis f) EStG ergebenden Rückstellungsbeträge den zulässigen Ansatz nach der Handelsbilanz nicht überschreiten dürften („Deckelung"). M. E. widerspricht die Entscheidung XI R 46/17 dem Bewertungsvorbehalt des § 5 Abs. 6 EStG. Und maßgeblich nach § 5 Abs. 1 S. 1 EStG sind nicht das Handelsrecht, nicht einzelne handelsrechtliche Vorschriften, nicht die Handelsbilanz, auch nicht der konkrete Handelsbilanzansatz, sondern allein die handelsrechtlichen GoB.[823]

---

819 BFH v. 08.10.1987 – IV R 56/85, BStBl. II 1988, 440.
820 BFH v. 09.11.2000 – IV R 45/99, BStBl. II 2001, 190.
821 BFH v. 20.11.1969 – IV R 3/69, BStBl. II 1970, 209; Schmidt/Weber-Grellet § 5 Rn. 241.
822 BFH v. 20.11.2019 – XI R 46/17, BStBl. II 2020, 195.
823 Im Einzelnen Weber-Grellet, BB 2021, 43, FR 2023, 576.

V. Verhältnis des § 6 EStG zum Realisationsprinzip

1. Ausweis von Gewinnen

260 Es dürfen nur realisierte Gewinne ausgewiesen werden (Realisationsprinzip; vgl. 2. Abschnitt, Rn. 66 ff.). Ein Ausweis nicht realisierter Gewinne ist unzulässig. Dieser Gedanke findet bewertungsrechtlich seinen Ausdruck darin, dass der Wertansatz für ein Wirtschaftsgut die Anschaffungs- oder Herstellungskosten nicht überschreiten darf.

2. Ausweis von Verlusten

261 Nicht realisierte Verluste können (m. E. müssen) ausgewiesen werden (Vorsichts- oder Verlustantizipationsprinzip). Dieser Gedanke findet bewertungsrechtlich seinen Ausdruck darin, dass statt der Anschaffungs- oder Herstellungskosten – ggf. vermindert um die AfA – der niedrigere Teilwert anzusetzen ist. Nach dem bisherigen Zusammenspiel von steuerrechtlichem Wahlrecht und handelsrechtlichem Gebot[824] war bei Gewinnermittlung nach § 5 EStG der Ansatz des niedrigeren Teilwerts zwingend; nach Abschaffung der formellen Maßgeblichkeit durch das Gesetz zur Modernisierung des Bilanzrechts (BilMoG) soll das nicht mehr geboten sein.[825]

M. E. verstößt diese Beurteilung gegen das System des Bilanzsteuerrechts (s. o. Fall 5);[826] das (vermeintliche) Wahlrecht des § 6 Abs. 1 Nr. 1 S. 3 EStG ist – wie etwa auch das Wahlrecht des § 6 a Abs. 1 EStG („darf") – systemgerecht zu interpretieren. Die Verwaltung hat aus (falsch verstandener) fiskalischer Sicht kein besonderes Interesse an „zwingenden Verlusten" und gibt sich großzügig. M. E. ist eine gesetzliche Klarstellung angezeigt.

Die Verlustantizipation (verlustfreie Bewertung) ist m. E. nach Abschaffung der Verlustrückstellung (durch § 5 Abs. 4 EStG) zeitlich begrenzt; nur wirtschaftlich in der Vergangenheit verursachte Verluste sind bereits zu berücksichtigen (z. B. bei den sog. Verbindlichkeitsrückstellungen, m. E. auch bei einer Teilwertabschreibung auf halbfertige Erzeugnisse).

3. Rückgängigmachung nicht realisierter Verluste

262 Gemäß § 6 Abs. 1 Nr. 1 S. 4, Nr. 2 S. 3 EStG muss der Steuerpflichtige in den Folgejahren den Fortbestand des niedrigeren Teilwerts nachweisen; gelingt ihm das nicht, ist der Wert nach Abs. 1 Nr. 1 S. 1 anzusetzen **(Wertaufholungsgebot)**.[827] Obere Wertgrenze bilden daher die – ggf. um die Absetzungen für Abnutzung gekürzten – Anschaffungs- oder Herstellungskosten, weil deren Überschreitung zum nicht zulässigen Ausweis eines nicht realisierten Gewinns führen würde.

Beispiel

Hotelier A erwirbt für 700.000 € ein Grundstück, auf dem er eine Dependance errichten will. Kurze Zeit später beschließt der Rat der Stadt, eine an dem Grundstück vorbeiführende Straße als Schnellstraße auszubauen. Der Teilwert des Grundstücks sinkt auf 400.000 €. A bewertet das Grundstück entsprechend. Ein Jahr später ändert der Stadtrat seine Ausbaupläne. Verbunden mit der allgemeinen Bodenwertsteigerung hat das Grundstück nunmehr einen Teilwert von 800.000 €. A muss das Grundstück mit den Anschaffungskosten von 700.000 € in seiner Bilanz ansetzen.

824 Vgl. BFH v. 19.10.1993 – VIII R 14/92, BStBl. II 1993, 891.

825 So auch R 6.8 Abs. 1 S. 3 EStR; Schmidt/Kulosa § 6 Rn. 361.

826 Weber-Grellet, FR 2024, 233 (zu BFH v. 23.08.2023 – XI R 36/20, DStR 2023, 2843); Meinert RdF 2024, 196.

827 BMF v. 02.09.2016, BStBl. I 2016, 995, Rn. 27 f.; BFH v. 21.05.2015 – IV R 15/12, BFH/NV 2015, 1561: verfassungsgemäß.

4. Teilwert

Bei Wertveränderungen (z.B. Wertminderungen, Realisation) kann nicht (mehr) auf die Ursprungswerte (Anschaffungs- oder Herstellungskosten) abgestellt werden; in diesen Fällen ist der (konkrete) Teilwert anzusetzen (dazu im Einzelnen s. Rn. 292 ff.). 263

264

Übersicht

Grundlagen der Bewertung

- **Bewertung:** Einordnung eines Wirtschaftsguts nach seinem Geldwert nach Maßgabe wertbestimmender Faktoren
- Bilanzsteuerrechtliche Regelung (§ 5 Abs. 1 S. 1, Abs. 6 EStG)
  - § 6 EStG: Bewertung der einzelnen Wirtschaftsgüter
  - §§ 7 ff. EStG: Absetzungen für Abnutzung
  - Sonderregelungen
- **Der Maßgeblichkeitsgrundsatz** hat bei der Bewertung nur **untergeordnete Bedeutung** (z. B. bei der Definition von Anschaffungs-/Herstellungskosten); die handelsrechtlichen Vorschriften **(§§ 252–256 HGB)** gelten über **§ 5 Abs. 1 S. 1 EStG** nur subsidiär (§ 5 Abs. 6 EStG – Bewertungsvorbehalt).
- **Bewertungsgegenstand:** Wirtschaftsgüter
- **Bilanzsteuerrechtliche Bewertungskonzeption:**
  - Ansatz von Mindestwerten (anders HGB: Vermeidung von Überbewertungen)
  - Gleichmäßigkeit, Berechenbarkeit
  - Vorsichtsprinzip
  - Wertkategorien:
    - Anschaffungskosten
    - Herstellungskosten
    - (ertragsteuerrechtlicher) Teilwert (konkreter „Korrektur"-Wert)
    - hilfsweise: gemeiner Wert
- **Bewertungsgrundsätze:**
  - Bilanzenzusammenhang, -identität
  - Fortführung der Unternehmenstätigkeit
  - Einzelbewertung
  - Vorsichtsprinzip
  - periodengerechte Erfolgsabgrenzung
  - Bewertungsstetigkeit
  - Stichtagsprinzip; Berücksichtigung wertaufhellender Tatsachen
  - bei Anschaffung gegen Rente oder Raten ist der Barwert anzusetzen (R 6.2 EStR)
- **Zeit- und Zinsfaktor:** Abzinsung (formal) unverzinslicher oder unterverzinslicher langfristiger Forderungen und Verbindlichkeiten
- **Fremdvaluta:** Umrechnung in Euro nach dem (Devisenkassa-)Kurs des Abschlussstichtags (§ 256 a HGB; allgemein zur Behandlung von Währungsschwankungen Neufang/Schäfer StB 2016, 128).

  Die Vorschrift schreibt vor, dass die auf fremde Währung lautenden Vermögensgegenstände und Verbindlichkeiten mit dem Devisenkassakurs des Abschlussstichtags umzurechnen sind. Die handelsbilanzielle Berücksichtigung von aus der Währungsumrechnung resultierenden Wertänderungen ist – abgesehen von den zu Handelszwecken erworbenen Finanzinstrumenten – unter Berücksichtigung des Realisations- und des Imparitätsprinzips (§ 252 Abs. 1 Nr. 4 HGB) sowie des Anschaffungskostenprinzips (§ 253 Abs. 1 HGB) zu beurteilen.
- **Rechtsprechung:** BVerfG v. 07.11.2006 – 1 BvL 10/02, BStBl. II 2007, 192 zu den Wertmaßstäben bei der Erbschaftsteuer (ferner BVerfG v. 17.12.2014 – 1 BvL 21/12, NJW 2015, 303).

B. Ausgangswerte

I. Anschaffungskosten

1. Allgemeine Grundsätze

265 Anschaffungskosten sind nach § 255 Abs. 1 HGB die Aufwendungen, die geleistet werden, um einen Vermögensgegenstand zu erwerben und ihn in einen betriebsbereiten Zustand zu versetzen, soweit sie dem Vermögensgegenstand einzeln zugeordnet werden können. Dieser sog. **finale** Anschaffungskostenbegriff entspricht der bisherigen Praxis,[828] geht auf den Beschluss des BFH v. 22.08.1966[829] zurück und wird auch heute noch so verstanden (R 6.1 EStR).[830] Anschaffungskosten sind (nicht sofort abziehbare) Betriebsausgaben, die als Wirtschaftsgut zu aktivieren sind;[831] ein Abzug kommt nur nach den Regeln der AfA bzw. bei Veräußerung in Betracht.

Der Begriff der Anschaffungskosten ist wegen der Einbeziehung von Nebenkosten und nachträglichen Anschaffungskosten grundsätzlich umfassend. Er enthält – unter Ausschluss der Gemeinkosten – alle mit dem Anschaffungsvorgang verbundenen Kosten, somit neben der Entrichtung des Kaufpreises alle sonstigen Aufwendungen des Erwerbers, die in einem unmittelbaren wirtschaftlichen Zusammenhang mit der Anschaffung stehen, insbesondere zwangsläufig im Gefolge der Anschaffung anfallen. Nicht entscheidend ist, ob diese Kosten bereits im Zeitpunkt des Erwerbs oder erst im Anschluss hieran als Folgekosten des Erwerbsvorgangs entstehen.[832]

Die Einbringung eines Grundstücks in eine vermögensverwaltende Personengesellschaft ist ein entgeltlicher Vorgang und führt zu Anschaffungskosten;[833] die (parallele) Übernahme von Darlehen („Einbringung“) ist wie eine Erstfinanzierung zu behandeln. Die Entnahme einer Wohnung ist keine Anschaffung i. S. d. § 6 Abs. 1 Nr. 1a S. 1 EStG.[834]

In die Anschaffungskosten fließen nur **tatsächliche Aufwendungen** (sog. pagatorische Kosten) ein; **kalkulatorische Kosten**, denen nicht eine Ausgabe oder ein Wertverzehr in Form von tatsächlich im Geschäftsjahr ausgewiesenen Abschreibungen zugrunde liegt (z. B. kalkulatorischer Unternehmerlohn, kalkulatorische Zinsen, kalkulatorische Abschreibungen), bleiben außer Betracht.

Die Anschaffungskosten müssen dem **einzelnen** Wirtschaftsgut **zugeordnet** werden können, also Ansatz der Einzel-, nicht der Gemeinkosten.[835] Bei Anschaffung gegen Rente oder Raten ist der Barwert anzusetzen (R 6.2 EStR).

Die Anschaffung beginnt mit den ersten vorbereitenden Maßnahmen, die der Erwerber zur Erlangung der Verfügungsmacht trifft; sie endet, wenn der erworbene Gegenstand nutzungs- und verwendungsbereit ist.[836]

Übernimmt der Steuerpflichtige unter Anrechnung auf den Kaufpreis Schulden, die in Zusammenhang mit dem angeschafften Wirtschaftsgut stehen, so gehört zu den Anschaffungskosten der Wert der übernommenen Verbindlichkeiten.[837] Anschaffungskosten kön-

828 BT-Drs. 10/4268, 101; Wohlgemuth/Radde HdR B 162 (03/20).
829 BFH v. 22.08.1966 – GrS 2/66, BStBl. III 1966, 672.
830 Vgl. BFH v. 17.10.2001 – I R 32/00, BStBl. II 2002, 349.
831 Vgl. BFH v. 14.04.2011– IV R 8/10, DStRE 2011, 864, zur Errichtung eines Schiffsfonds.
832 Vgl. BFH v. 20.04.2011 – I R 2/10, BStBl. II 2011, 761.
833 BFH v. 18.10.2011 – IX R 15/11, FR 2012, 164.
834 BFH v. 03.05.2022 – IX R 7/21, DStR 2022, 2142.
835 Vgl. BFH v. 17.10.2001 – I R 32/00, BStBl. II 2002, 349; Schmidt/Kulosa § 6 Rn. 48.
836 BFH v. 12.02.1985 – IX R 114/83, BStBl. II 1985, 690.
837 BFH v. 12.12.1991 – IV R 28/91, BStBl. II 1992, 600.

nen auch entstehen bei der entgeltlichen Ablösung eines Vorbehaltsnießbrauchs.[838] Ein für den Erwerb neuer Anteile gezahltes Aufgeld kann nicht den Anschaffungskosten der Altanteile zugeordnet werden.[839] Beim Unternehmenskauf kann ein negativer Kaufpreis (bei Zahlung durch den Verkäufer) zu negativen Anschaffungskosten führen, die m. E. spiegelbildlich zu behandeln sind.[840] Eine sog. **Buchwertabspaltung** bedeutet die Verteilung und Zuordnung von Anschaffungskosten auf neu entstandene Wirtschaftsgüter,[841] z. B. im Verhältnis von Kuh und Kalb oder beim Einschlag einzelner hiebsreifer Bäume.[842]

Erwirbt ein Steuerpflichtiger ein Grundstück in der Zwangsversteigerung, umfassen die Anschaffungskosten nicht nur das Meistgebot und die Kosten, sondern auch etwaige ausgefallene Hypothekenforderungen des Erwerbers, soweit sie durch den wahren Wert des Grundstücks gedeckt waren.[843]

Nicht zu den Anschaffungskosten gehören dagegen Zinsen, Finanzierungskosten oder Kosten der Kreditbeschaffung für Kredite, die der Steuerpflichtige aufnimmt, um den Kaufgegenstand zu erwerben;[844] Anschaffung und Finanzierung sind verschiedene Vorgänge.

2. Anschaffungsnebenkosten

Zu den Anschaffungskosten gehören neben dem eigentlichen Kaufpreis auch alle Nebenkosten, die im ursächlichen Zusammenhang mit der Anschaffung stehen (§ 255 Abs. 1 S. 2 HGB). Voraussetzung für die Aktivierung von Anschaffungsnebenkosten ist jedoch, dass es sich um **Einzelkosten**, d. h. um solche Kosten handelt, deren Maßeinheiten (Zeit und Menge) direkt bewertet werden können.[845] Gemeinkosten – allgemeine Betriebskosten; Kosten, deren Maßeinheiten nur indirekt bewertet werden können – sind keine aktivierungspflichtigen Anschaffungsnebenkosten (§ 255 Abs. 1 S. 1 HGB).[846] 266

Beispiel 1

Ein Kaufmann lässt von ihm gekaufte Wirtschaftsgüter durch einen fremden Beförderungsunternehmer an sein Lager transportieren. Die Kosten des Transports sind Einzelkosten und als Anschaffungsnebenkosten zu aktivieren.

Beispiel 2

Ein Kaufmann lässt Vorräte mit einem eigenen Lkw an sein Lager befördern. Er lagert sie unter Zuhilfenahme eigener Kräne mit eigenem Personal ein. Die anteilige AfA auf den Lkw und den Kran sind Gemeinkosten und daher nicht zu aktivieren. Die anteiligen Treibstoffkosten sind aktivierungspflichtige Einzelkosten, wenn die Beförderungsstrecke feststeht und der anteilige Aufwand durch eine exakte Verhältnisrechnung ermittelt werden kann. Die Löhne für die Einlagerung sind aktivierungspflichtige Einzelkosten, wenn die Arbeitnehmer während der Einlagerung keine anderen Arbeiten verrichtet haben und die Zahl der Lohnstunden für die Einlagerung genau feststellbar ist. Die anschließenden Lagerkosten sind in keinem Fall Anschaffungskosten, weil der Vorgang der Anschaffung mit der Einlagerung abgeschlossen ist. Sie können aber Herstellungskosten sein, wenn die eingelagerten Vorräte weiter verarbeitet werden.

838 BayLfSt v. 28.01.2011, DB 2011, 328; kritisch Meyer/Ball DStR 2011, 1211.
839 BFH v. 27.05.2009 – I R 53/08, BB 2010, 304.
840 Scheunemann/von Mandelsloh/Preuß DB 2011, 201.
841 Zur Abspaltung von Anschaffungs-/Herstellungskosten vgl. i. E. Weber-Grellet FR 2007, 515, 518.
842 BFH v. 18.02.2015 – IV R 35/11, BStBl. II 2015, 763.
843 BFH v. 18.05.1995 – IV R 43/93, BFH/NV 1996, 26.
844 Vgl. BFH v. 17.04.1996 – I R 78/95, BStBl. II 1996, 571; Weber-Grellet, Steuerbilanzrecht § 17 Rn. 2.
845 BFH v. 21.10.1993 – IV R 87/92, BB 1994, 113.
846 Vgl. BFH v. 13.10.1983 – IV R 160/78, BStBl. II 1984, 101; v. 14.11.1985 – IV R 170/83, BStBl. II 1986, 60.

Beispiel 3

In Zusammenhang mit der Ablösung eines Lizenzspielers der Fußball-Bundesliga zahlt der Verein Provisionen an einen Spielervermittler; diese Zahlungen sind zu den Anschaffungsnebenkosten zu rechnen.[847]

Aktivierungspflichtige Anschaffungsnebenkosten können bereits im Vorfeld der Anschaffung anfallen. Solche Aufwendungen sind Vermittlungsgebühren (z. B. Maklergebühr bei Grundstückserwerb), Kosten der Begutachtung und Besichtigung des Kaufgegenstands, Gebühren für die Beurkundung des Kaufes oder eine Optionsprämie i. Z. m. dem Erwerb von Aktien. [848]

Die Anschaffungsnebenkosten können unmittelbar mit dem Anschaffungsgeschäft zusammenhängen oder sich als Folgewirkung der Anschaffung ergeben. Zu diesen Kosten gehören Kosten des Transports, soweit es sich um Einzelkosten handelt, Kosten von Registereintragungen und Steuern, die der Veräußerer auf den Erwerber abwälzt (z. B. Verbrauchsteuern) und Steuern, die durch die Anschaffung ausgelöst werden (z. B. Grunderwerbsteuer),[849] auch Kosten für die Implementierung angeschaffter Software,[850] nicht hingegen (Zwangs-)Beiträge an Handwerks- und Handelskammern oder an den Erdölbevorratungsverband.[851] Die dem Unternehmer in Rechnung gestellte Umsatzsteuer gehört nur dann zu den Anschaffungskosten, wenn der Unternehmer nicht zum Vorsteuerabzug berechtigt ist und wenn die in § 9 b Abs. 1 EStG genannten Bagatellgrenzen überschritten werden. Umstritten ist, ob Due Dilligence-Kosten Anschaffungsnebenkosten sein können.[852]

Anschaffungskosten sind auch die Aufwendungen, die erforderlich sind, um das erworbene Wirtschaftsgut in den Zustand zu versetzen, dass es den ihm zugedachten Zweck erfüllen kann. Zu diesen Aufwendungen gehören etwa die Kosten der Aufstellung und Montage, aber auch Kosten des Niederreißens und der Wiedererrichtung von Mauern beim Aufbau von Anlagen.[853]

Anschaffungsnebenkosten können auch bei einem im Übrigen unentgeltlichen Erwerb anfallen.[854]

267 **§ Fall 31: Anschaffungskosten für ein Grundstück**

Unternehmer A erwirbt zum 01.07.2023 ein Grundstück. Es fallen folgende Aufwendungen an:

1.	Barpreis	100.000 €
2.	Übernahme einer Hypothekenschuld	30.000 €
3.	Grunderwerbsteuer	4.735 €
4.	Grundbuchkosten	200 €
5.	Notariatsgebühren	300 €
6.	Maklerkosten	4.000 €
7.	Kosten für Prüfung der Bodenbeschaffenheit	1.200 €
8.	Übernahme vom Verkäufer noch geschuldeter Grundsteuer	800 €
9.	Hypothekenzinsen für die Zeit vom 01.01.2020–31.12.2021	6.000 €
10.	Kreditkosten infolge einer notwendigen Darlehensaufnahme	200 €
11.	Zinsen für dieses Darlehen vom 01.07.2021–31.12.2021	1.800 €

Wie hoch sind die Anschaffungskosten?

847 BFH v. 14.12.2011 – I R 108/10, BStBl. II 2012, 238.

848 BFH v. 22.05.2019 – XI R 44/17, DStR 2019, 1905 (kritisch Weber-Grellet BB 2020, 43, 48).

849 Vgl. BFH v. 20.04.2011 – I R 2/10, BStBl. II 2011, 761, anders für Gesellschafterwechsel BFH v. 02.09.2014 – IX R 50/13, DStR 2015, 291: Sofortabzug.

850 FG München v. 04.02.2021 – 10 K 1620/20, EFG 2021, 931, rkr.

851 BFH v. 17.10.2001 – I R 32/00, BStBl. II 2002, 349.

852 Hoffmann StuB 2011, 81.

853 RFH v. 14.04.1931, RStBl. 1931, 504.

854 BFH v. 09.07.2013 – IX R 43/11, BStBl. II 2014, 878.

I. Unmittelbar durch den Anschaffungsvorgang sind die folgenden Kosten entstanden: 268

Barpreis	100.000 €
Grunderwerbsteuer	4.735 €
Grundbuchkosten	200 €
Notarkosten	300 €
Maklerkosten	4.000 €
Kosten für Prüfung der Bodenbeschaffenheit	1.200 €

II. Daneben gehören auch die übernommenen Verbindlichkeiten, die vor dem Erwerb angefallen sind und die – hätte sie der Verkäufer gezahlt – den Kaufpreis erhöht hätten, zu den Anschaffungskosten, also

Hypothekenschuld	30.000 €
Hypothekenzinsen 01.01.2022–30.06.2023 (6.000 x 3/4)	4.500 €
übernommene Grundsteuer	**800 €**
	145.735 €

III. Keine Anschaffungskosten sind die Kosten für den selbst aufgenommenen Kredit und den übernommenen Kredit ab Übernahme; diese Aufwendungen gehören zum Bereich der Finanzierung.

Ergebnis:

Die Anschaffungskosten betragen insgesamt 145.735 €.

3. Änderung der Anschaffungskosten, insbesondere auch nachträgliche Anschaffungskosten

Die Anschaffungskosten vermindern sich – für die Zukunft – bei einer Erstattung infolge der Herabsetzung des Kaufpreises oder bei Umsatzvergütungen, Umsatzprämien, Boni, Rabatten und Skonti,[855] die dem Steuerpflichtigen von seinem Lieferanten gewährt werden (Anschaffungspreisminderungen, § 255 Abs. 1 S. 3 HGB). Der Abzug eines Bonus und Rabatts von den Anschaffungskosten ist jedoch erst in dem Zeitpunkt möglich, in dem der Steuerpflichtige eine Zahlung oder Gutschrift erhalten hat oder mit einiger Sicherheit mit der Gewährung rechnen kann. Ein Abzug des Skontos ist erst in dem Zeitpunkt möglich, in dem der Steuerpflichtige den Skonto beansprucht, d. h. die Rechnung beglichen hat.[856] 269

Soweit die Waren oder Wirtschaftsgüter, für die der Preisnachlass gewährt wird, bereits veräußert worden sind oder aus anderen Gründen nicht mehr zum Betriebsvermögen des Steuerpflichtigen gehören, kommt eine Minderung der Anschaffungskosten nicht in Betracht; die Preisnachlässe sind als Ertrag zu vereinnahmen, es sei denn, die Ermäßigung wurde aus persönlichen Gründen gewährt.[857]

Wird eine Minderung der Anschaffungskosten vergeblich geltend gemacht, sind die entsprechenden Aufwendungen – Abwehrkosten vergleichbar – sofort absetzbar.

Eine **nachträgliche Erhöhung** ist möglich, wenn Nachzahlungen auf den ursprünglichen Kaufpreis geleistet werden, weil dieser irrtümlich zu niedrig bemessen war oder

855 BFH v. 03.12.1970 – IV R 216/67, BStBl. II 1971, 323; FG Düsseldorf v. 17.04.2003 – 16 K 5643/02, EFG 2003, 1296.
856 BFH v. 27.02.1991 – I R 176/84, BStBl. II 1991, 456.
857 RFH v. 08.01.1936 – VI A 908/35, RStBl. 1936, 416.

aufgrund eines Schiedsspruchs erhöht wird.[858] Nachträgliche Anschaffungskosten auf den Grund und Boden liegen u. a. dann vor, wenn ein Steuerpflichtiger zunächst ein mit einem dinglichen Nutzungsrecht belastetes Grundstück erwirbt, dieses Nutzungsrecht später jedoch ablöst und damit die Beschränkung seines Eigentums beseitigt.[859] In der früheren Rspr. des BFH wurden anschaffungsnahe Aufwendungen bei Gebäuden als nachträgliche Anschaffungskosten angesehen; die neuere Rspr. sieht in ihnen Herstellungskosten (R 6.4 Abs. 1 EStR).[860]

Ist ein Wirtschaftsgut auf Basis einer **Rente mit Wertsicherungsklausel** erworben worden, so erhöht die aufgrund der Klausel eintretende Erhöhung der Rente die Anschaffungskosten nicht, wie andererseits ein vorzeitiger Wegfall der Rentenverpflichtung nicht zu einer Minderung der Anschaffungskosten führt.

Für den Bereich des § 17 EStG hat der Gesetzgeber den Begriff der nachträglichen Anschaffungskosten in § 17 Abs. 2 a S. 2, 3 EStG definiert.[861]

270 Umstritten war die Behandlung des Verzichts auf eine nicht mehr voll werthaltige Forderung des Gesellschafters gegenüber seiner Gesellschaft. Der Große Senat hat durch Beschluss vom 09.06.1997 – GrS 1/94, BStBl. II 1998, 307, entschieden, dass ein auf dem Gesellschaftsverhältnis beruhender Verzicht eines Gesellschafters auf seine nicht mehr vollwertige Forderung gegenüber seiner Kapitalgesellschaft bei dieser zu einer Einlage in Höhe des Teilwerts der Forderung (per Verbindlichkeit an Einlage) und bei dem Gesellschafter selbst (z. B. bei einem Pensionsanspruch) zum Zufluss des noch werthaltigen Teils der Forderung (des „nicht ausgezahlten Lohns") führe.[862] Gleichzeitig leistet der Gesellschafter zugunsten der Gesellschaft eine sog. verdeckte Einlage, die eine Erhöhung der Beteiligungs-Anschaffungskosten bewirkt.

Zu unterscheiden sind der betrieblich veranlasste und der gesellschaftlich veranlasste Verzicht:[863]

(1) **gesellschaftlich veranlasster Verzicht:** Beim schlichten Gesellschafter-Pensionsverzicht verfügt der Gesellschafter aus gesellschaftlicher Veranlassung über seinen Pensionsanspruch:
   - bei der Gesellschaft: per Verbindlichkeit an Einlage (= neutrale Auflösung der Verbindlichkeit)
   - beim Gesellschafter: per Beteiligung an Ertrag (Verfügung über den Pensionsanspruch; Zufluss)

(2) **betrieblich veranlasster Verzicht:**
   - bei der Gesellschaft: per Verbindlichkeit an Ertrag (Aufwandsstornierung)
   - beim Gesellschafter: kein Lohnzufluss, keine Anschaffungskosten

4. Behandlung von Zuschüssen

271 Erhält der Steuerpflichtige für die Anschaffung eines Wirtschaftsguts des Anlagevermögens Zuschüsse aus öffentlichen Mitteln, so sind die empfangenen Zuschüsse erfolgsneutral von den Anschaffungskosten des bezuschussten Wirtschaftsguts zu kürzen. Damit werden nur die Aufwendungen aktiviert, die der Steuerpflichtige selbst getragen hat.[864]

858 BFH v. 17.02.1965 – I 400/62 U, BStBl. III 1965, 354.

859 BFH v. 07.06.2018 – IV R 37/15, BFH/NV 2018, 1082.

860 BMF v. 18.07.2003, BStBl. I 2003, 386.

861 Kritisch Weber-Grellet DB 2021, 81.

862 In Bilanzierungsfällen kann die Forderung bereits zuvor als Ertrag gebucht worden sein.

863 Schmidt/Weber-Grellet § 5 Rn. 671, § 6 a Rn. 71; zum Verzicht eines Personengesellschafters s. BFH v. 16.11.2023 – IV R 28/20, DStR 24, 171; Geltung der allg. Grundsätze; so auch Schmidt/Wacker § 15 Rz. 550; s. a. Kahle/Kopp DB 2024, 19.

864 BFH v. 14.07.1988 – IV R 78/85, BStBl. II 1989, 189; v. 26.03.1991 – IX R 104/86, BStBl. II 1992, 999; v. 19.07.1995 – I R 56/94, BStBl. II 1996, 28: keine Verrechnung; a. A. BFH v. 22.01.1992 – X R 23/89, BStBl. II 1992, 488; H/H/R § 5 EStG Anm. 1620; Mathiak DStR 1992, 1603; R 6.5 Abs. 2 EStR: Wahlrecht zur Vereinnahmung des Zuschusses als Ertrag und Aktivierung der vollen Anschaffungskosten; offen BFH v. 26.11.1996 – VIII R 58/93, BStBl. II 1997, 390.

Werden Zuschüsse erst nach der Anschaffung oder Herstellung von Anlagegütern gewährt, so sind die Anschaffungs- oder Herstellungskosten nachträglich zu kürzen, und zwar auch dann, wenn vor Gewährung des Zuschusses bereits AfA unter Zugrundelegung der ungekürzten Anschaffungs- oder Herstellungskosten vorgenommen worden sind (R 6.5 Abs. 3 EStR).

Investitionszulagen mindern nicht die steuerlichen Anschaffungs- oder Herstellungskosten (§ 13 InvZulG 2010).

5. Anschaffungskosten beim Tausch

§ Fall 32: Steuerliche Flurbereinigung 272

Von den Grundstücken des Unternehmers U werden 3.793 qm (Buchwert 37.930 €; gemeiner Wert 113.790 €) in ein Flurbereinigungsverfahren einbezogen. U erhält eine Fläche in der Größe von 3.323 qm mit einem gemeinen Wert von 40 €/qm = 132.920 €. Mit welchem Betrag sind die Anschaffungskosten für das im Flurbereinigungsverfahren erhaltene Grundstück anzusetzen? Ist wegen der Aufgabe des eingebrachten Grundstücks ein Gewinn auszuweisen?

I. Das erworbene Grundstück ist ein **Wirtschaftsgut des Anlagevermögens**, das gemäß § 6 Abs. 1 Nr. 2 EStG mit den Anschaffungskosten zu bewerten ist. 273

II. Bei einem **entgeltlichen Anschaffungsgeschäft** werden die Anschaffungskosten grundsätzlich durch den in Geldeinheiten bezifferten Kaufpreis bestimmt. Tritt an die Stelle des Geldbetrags dagegen ein anderes Wirtschaftsgut (Tausch), bestimmen sich die Anschaffungskosten des erworbenen Wirtschaftsguts nach dem gemeinen Wert (d.h. der unternehmensunabhängige Einzelveräußerungspreis, nicht der Teilwert) des hingegebenen Wirtschaftsguts; § 6 Abs. 6 S. 1 EStG.[865]

III. Ist wie im Streitfall der gemeine Wert (113.790 €) höher als der Buchwert (37.930 €), so wird Gewinn realisiert.

IV. Im **Flurbereinigungsverfahren** (Umlegungsverfahren) gelten m.E. auch nach Einfügung des § 6 Abs. 6 S. 1 EStG StEntlG 99 ff. nach wie vor Besonderheiten: Einkommensteuerrechtlich sind die eingebrachten und die im Zuteilungswege erlangten Grundstücke als wirtschaftlich identisch zu werten; eine Gewinnrealisierung tritt nicht ein, die Buchwerte sind fortzuführen.[866] Diese Lösung beruht auf derselben Überlegung, die bei Gewinnrealisierung infolge höherer Gewalt zu einer steuerfreien Rücklage für Ersatzbeschaffung berechtigt: Planwidrige Gewinnrealisierungen, die gegen den Willen des Steuerpflichtigen eintreten, dürfen aus Gründen der Gleichbehandlung nicht besteuert werden; der BFH verzichtet sogar bei einem freiwilligen (allerdings behördlich geleiteten) Landtausch auf die Realisierung.[867] Im Übrigen könnte U dasselbe Ergebnis durch Inanspruchnahme des § 6 b EStG erreichen.

Ergebnis:

Der Buchwert ist fortzuführen; Gewinn wird nicht realisiert.

Der Tausch von Anteilen an Kapitalgesellschaften führt grundsätzlich zur Verwirklichung der im Buchwert der hingegebenen Anteile entstandenen stillen Reserven. Nach dem sog. **Tauschgutachten** des BFH[868] konnte jedoch in Fällen des Aktientausches ausnahmsweise auf die Aufdeckung der stillen Reserven verzichtet werden. Diese Ausnahme galt aber nur für die Fälle, in denen bei wirtschaftlicher Betrachtung wegen Wert-, Art- und Funktionsgleichheit der getausch- 274

865 St.Rspr.; vgl. BFH v. 29.06.1995 – VIII R 2/94, BStBl. II 1996, 60 betr. Tausch von Grundstücken.

866 Vgl. BFH v. 27.08.1992 – IV R 89/90, BStBl. II 1993, 225.

867 BFH v. 23.10.2019 – VI R 25/17, BStBl. II 2021, 425.

868 BFH v. 16.12.1958 – I D 1/57 S, BStBl. III 1959, 30.

ten Anteile die Nämlichkeit der hingegebenen und der erhaltenen Anteile bejaht werden konnte;[869] jetzt § 6 Abs. 6 S. 1 EStG StEntlG 99 ff.[870]

In den Fällen des **tauschähnlichen Geschäfts**[871] stellt der eine Tauschpartner ein Wirtschaftsgut, während der andere eine sonstige Leistung erbringt. In diesem Fall müssten die Anschaffungskosten für das empfangene Wirtschaftsgut bei dem Unternehmer, der die sonstige Leistung erbringt, grundsätzlich nach dem Wert der Leistung (angemessenes Entgelt unter gewöhnlichen Umständen) bemessen werden. Da es schwierig ist, eine Leistung zu bewerten, und da bei einem tauschähnlichen Geschäft regelmäßig Leistung und Gegenleistung ausgewogen sein dürften, bestimmen sich in diesem Fall die Anschaffungskosten des empfangenen Wirtschaftsguts nach seinem eigenen gemeinen Wert.

6. Erwerb mehrerer Wirtschaftsgüter in einem Vertrag

275 Erwirbt ein Steuerpflichtiger in einem einheitlichen Vertrag mehrere Wirtschaftsgüter zu einem für jeden von ihnen einzeln vereinbarten Kaufpreis, so sind die gezahlten und die gebuchten Anschaffungskosten maßgeblich, sofern sie nach den Umständen, die der Kaufmann im Zeitpunkt des Vertragsabschlusses kannte oder kennen musste, sachlich gerechtfertigt waren.[872] Werden mehrere Wirtschaftsgüter zu einem Gesamtkaufpreis erworben, so sind die Kosten im betrieblichen Bereich nach dem Verhältnis der Teilwerte und im privaten Bereich nach dem Verhältnis der Verkehrswerte aufzuteilen.[873]

Die Aufteilung nach den vorstehenden Grundsätzen ist von besonderer Bedeutung für die Aufteilung eines auf Grund und Boden und Gebäude entfallenden Gesamtkaufpreises.[874] Ob bei der Aufteilung des Gesamtkaufpreises einer Immobilie der Bodenwert und Gebäudewert mithilfe des Vergleichswert-, des Ertragswert- oder des Sachwertverfahrens zu ermitteln ist, ist nach den tatsächlichen Gegebenheiten des jeweiligen Einzelfalls zu entscheiden; die Wahl des Wertermittlungsverfahrens ist vom FG zu begründen.[875] Die vom RFH entwickelte Restwertmethode, nach der ein bei Erwerb eines bebauten Grundstücks gezahlter Gesamtkaufpreis in erster Linie einen Anschaffungspreis für den Grund und Boden und in zweiter Linie einen Anschaffungspreis für das Gebäude darstellt, ist damit überholt.

Beispiel

Ein Steuerpflichtiger erwirbt ein bebautes Grundstück mit einem Verkehrswert (zugleich Teilwert) von 500.000 € zum Preis von 400.000 €. Der Verkehrswert des Grund und Bodens beträgt 200.000 €, der des Gebäudes 300.000 €. Nach der Restwertmethode wären Grund und Boden und Gebäude jeweils mit 200.000 € anzusetzen gewesen.
Nach der Aufteilungsmethode des BFH entfallen dagegen

auf Grund und Boden	160.000 €
auf das Gebäude	240.000 €.

869 Dazu im Einzelnen und eher restriktiv BMF v. 09.02.1998, BStBl. I 1998, 163; vgl. auch Fall 3.

870 Zum (gewinnrealisierenden) Tausch von Anteilen an personenidentischen Mitunternehmerschaften vgl. BFH v. 08.07.1992 – XI R 51/89, BStBl. II 1992, 946.

871 Vgl. auch H/H/R § 6 EStG Anm. 1711.

872 BFH v. 31.01.1973 – I R 197/70, BStBl. II 1973, 391.

873 Vgl. BFH v. 16.09.2015 – IX R 12/14, DB 2016, 207.

874 Vgl. BFH v. 15.11.2016 – IX B 98/16, BFH/NV 2017, 292.

875 BFH v. 27.11.2017 – IX B 144/16 BFH/NV 2018, 218; das FG darf die vertragliche Kaufpreisaufteilung nicht durch die mittels der Arbeitshilfe des BMF ermittelte Aufteilung ersetzen (BFH v. 21.07.2020 – IX R 26/19, FR 2021, 115).

Bei Erwerb eines Betriebs sind grundsätzlich die Teilwerte der einzelnen Wirtschaftsgüter einschließlich bisher nicht aktivierter immaterieller Wirtschaftsgüter zu ermitteln. Übersteigt der Kaufpreis die Summe der Teilwerte, ist der übersteigende Betrag grundsätzlich als Geschäftswert zu aktivieren.[876]

Übersicht 276

Anschaffungskosten

- **Definition:** § 5 Abs. 1 S. 1 EStG; § 255 Abs. 1 HGB:
  - Anschaffungspreis (i. R. = Kaufpreis; + Schuldübernahme; bei langfristiger zinsfreier Stundung: Barwert; ebenso bei Kauf auf Rentenbasis)
  - Nur **tatsächliche** Kosten
  - Nur **Einzelkosten** (z. B. Montage und Fundamentierung)
  - Nebenkosten (z. B. Maklergebühren, Gutachten)
  - Abzüglich Preisminderungen (Skonto, Rabatt, Bonus)
  - Nachträgliche Anschaffungskosten (§ 255 Abs. 1 S. 2 HGB): Nachträgliche Preiserhöhungen und nachträgliche Verwendungen (z. B. Anliegerbeiträge; verdeckte Einlagen)
  - **Nicht:** Geldbeschaffungs- und Finanzierungskosten
- **Erwerb**: Erlangung der **wirtschaftlichen Verfügungsmacht**; der Anschaffungsvorgang erstreckt sich von den ersten vorbereitenden Maßnahmen bis zur Herstellung der Betriebsbereitschaft
- (BFH v. 23.06.2015 – III R 26/12, BFH/NV 2016, 65: Für Investitionszulage sollen „Bestellungs-Impulswirkungen" ausreichen)
- Abgrenzung zu **Erhaltungsaufwand und Herstellungskosten** (auch zu sog. anschaffungsnahen Aufwendungen)
- Sonderfälle:
  - **Zuschüsse**; bei wirtschaftsgutbezogenen Zuschüssen: AK-Kürzung (str.)
  - **Tausch** (§ 6 Abs. 6 S. 1 EStG)
  - Teilentgeltlicher Erwerb
  - **Gesellschaftlich** bedingter Erwerb
  - **Verdeckte Einlagen** (§ 6 Abs. 6 S. 2 EStG)
  - Verdeckte Gewinnausschüttungen
  - Übernahme dinglicher Lasten
  - Anschaffung von **Leasingobjekten**
  - Erwerb mehrerer Wirtschaftsgüter; Aufteilung des Kaufpreises
  - Vorsteuer

II. Herstellungskosten

1. Allgemeines

a) Begriff

Gemäß § 255 Abs. 2 S. 1 HGB sind Herstellungskosten die Aufwendungen, die durch den Verbrauch von Gütern und die Inanspruchnahme von Diensten für die Herstellung eines Wirtschaftsguts, seine Erweiterung oder für eine über seinen ursprünglichen Zustand hinausgehende wesentliche Verbesserung entstehen.[877] Der handelsrechtliche 277

876 Vgl. BFH v. 27.03.1996 – I R 60/95, BStBl. II 1996, 576.
877 Im Einzelnen Wohlgemuth/Radde HdJ I/5 (7/2020).

Herstellungskostenbegriff soll auch im Steuerrecht maßgeblich sein.[878] Die Herstellung als solche ist – wie die Anschaffung – ein erfolgsneutraler Vorgang (sog. Erfolgsneutralitätsprinzip).[879] Herstellungskosten – als eine besondere Form von Betriebsausgaben – sind nur wirkliche (pagatorische) Kosten, nicht aber fiktive Ausgaben (kalkulatorische Kosten).[880] Herstellungskosten entstehen erst mit der Erbringung von Herstellungsleistungen und nicht bereits durch Voraus- oder Anzahlungen.[881] Auch überhöhte Kosten, die sich z. B. durch unrationelle Betriebsorganisation oder überteuerte Materialbeschaffung ergeben, bilden Herstellungskosten.[882]

Die Herstellung **beginnt** mit den ersten vorbereitenden Maßnahmen (z. B. Planung, Materialbeschaffung) und **endet** mit der Fertigstellung des Wirtschaftsguts (vgl. § 9 a EStDV), sodass es zweckentsprechend genutzt werden kann.[883]

Der Herstellung sind die Erweiterung oder die wesentliche Verbesserung eines Vermögensgegenstandes gleichgestellt (§ 255 Abs. 2 S. 1 HGB). Als **Erweiterung** ist jede Substanzvermehrung anzusehen (z. B. Gebäudeanbau). Eine **wesentliche Verbesserung** erfordert eine deutliche Erhöhung des Gebrauchswerts, also Maßnahmen, die über eine zeitgemäße Modernisierung hinausgehen.[884] Herstellung ist auch die wirtschaftliche Neuherstellung, z. B. durch Umbau oder Generalüberholung.

Unter dem Gesichtspunkt der Erweiterung können Herstellungskosten auch nachträglich entstehen; daher ist z. B. die Ersetzung eines (auch undichten) Flachdachs durch ein Satteldach kein Erhaltungsaufwand.[885]

Kuppelerzeugnisse (z. B. Erzeugung von Strom und Wärmeenergie in einer Biogasanlage) sind das Ergebnis eines Produktionsgangs (sog. Kuppelproduktion).[886] Kuppelerzeugnisse sind für steuerliche Zwecke einzeln mit ihren Herstellungskosten zu bewerten.[887]

b) Abgrenzung „Anschaffungskosten – Herstellungskosten"

278 **Herstellung** liegt vor, wenn der Steuerpflichtige Wirtschaftsgüter mit eigenen Arbeitskräften im eigenen Betrieb herstellt. Die Vergabe von Teilarbeiten an andere Unternehmer steht dem nicht entgegen. Vergibt der Steuerpflichtige aber alle Herstellungsarbeiten an andere Unternehmer, so liegt Herstellung nur dann vor, wenn der Steuerpflichtige das wesentliche Material für die Herstellung beistellt, sodass sich die Leistung des beauftragten Unternehmers als Werkleistung darstellt.

Beschafft der beauftragte Unternehmer wesentliche Teile des Fertigungsmaterials selbst, liegt eine Werklieferung und damit ein Anschaffungsvorgang vor. Bei der **Anschaffung** überträgt der beauftragte Unternehmer die Verfügungsmacht an dem Wirtschaftsgut auf den Steuerpflichtigen.

Lässt ein Steuerpflichtiger auf einem **ihm gehörenden Grundstück** als Bauherr von fremden Unternehmern ein **Gebäude** errichten, liegt dagegen immer Herstellung vor, und zwar auch dann, wenn der Steuerpflichtige keine Materialien für das Gebäude beistellt.

c) Ermittlung der Herstellungskosten

279 Ausgangsgröße sind die Einzelkosten, und zwar die unmittelbar in das Erzeugnis eingehenden Aufwendungen für das Fertigungsmaterial (Stoffkosten) und die Fertigungslöh-

878 BFH v. 17.10.2001 – I R 32/00, BStBl. II 2002, 349; FG Nds v. 17.03.2023, EFG 2023, 1606.
879 Moxter, Bilanzrechtsprechung, S. 208.
880 BFH v. 08.02.1996 – III R 35/93, BStBl. II 1996, 427.
881 BFH v. 04.07.1990 – GrS 1/89, BStBl. II 1990, 830, 833; BFH v. 31.03.1992 – IX R 164/87, BStBl. II 1992, 805.
882 BFH v. 04.07.1990 – GrS 1/89, BStBl. II 1990, 830.
883 BFH v. 17.10.2001 – I R 32/00, BStBl. II 2002, 349; Schmidt/Kulosa § 6 Rn. 156.
884 Vgl. i. E. Schmidt/Kulosa § 6 Rn. 181 ff.
885 BFH v. 15.05.2013 – IX R 36/12, BStBl. II 2013, 732.
886 BFH v. 01.10.1975 – I R 207/73, BStBl. II 1976, 202, unter 2. a).
887 BFH v. 12.03.2020 – IV R 9/17, BStBl. II 2021, 226.

ne (§ 255 Abs. 2 S. 2 HGB). Daneben sind aber auch angemessene Teile der **Gemeinkosten** zu berücksichtigen (§ 255 Abs. 2 S. 2 HGB n.F.) und zwar die Materialgemeinkosten und die Fertigungsgemeinkosten (einschließlich des Wertverzehrs des Anlagevermögens; R 6.3 Abs. 4 EStR) sowie auch die Sonderkosten der Fertigung.[888] Einzelkosten sind einem Erzeugnis direkt zurechenbare Kosten; sie sind stets leistungsabhängig **(variabel)**. Die Gemeinkosten sind nur mithilfe von Verrechnungsschlüsseln zurechenbar; sie bestehen im Wesentlichen aus **fixen** (gleichbleibenden) Kosten, umfassen aber auch variable Kosten, deren Höhe vom Umfang der Produktion abhängt. Nicht zu den Herstellungskosten gehören dagegen die Vertriebskosten (§ 255 Abs. 2 S. 4 HGB).

Die Herstellungskosten sind danach in folgender Weise zu ermitteln:

Materialeinzelkosten + Materialgemeinkosten	⟶	Materialkosten
Fertigungseinzelkosten, insb. Fertigungslöhne + Fertigungsgemeinkosten + Sonderkosten	⟶	+ Fertigungskosten
		Herstellungskosten

2. Materialkosten

Die Materialkosten im engeren Sinn (Stoffkosten) umfassen die Einzelkosten für das Material, also die Anschaffungskosten, einschließlich der Anschaffungsnebenkosten (z.B. 280
Zoll, Eingangsfracht, Rollgeld) abzüglich Skonti, Rabatte, Preisnachlässe und anderer Zahlungsabzüge. Das Material umfasst neben den Stoffen, die Bestandteile des Erzeugnisses werden (Roh-, Hilfs- und Betriebsstoffe, erworbene und selbst gefertigte Halb-, Teil- und Fertigerzeugnisse, nochmals verwendete Abfälle), auch Hilfsstoffe, die bei der Herstellung unmittelbar verwendet und verbraucht werden, ohne Bestandteil des Erzeugnisses zu werden (z.B. Säuren, Laugen, Gerbstoffe, Katalysatoren).

3. Fertigungslöhne und -gehälter

Zu den aktivierungspflichtigen Fertigungslöhnen gehören alle unmittelbar für die 281
Fertigung des hergestellten Gegenstands aufgewendeten Bruttoarbeitsentgelte, die gesetzlichen Arbeitgeberanteile zur Sozialversicherung und sonstige gesetzliche und tarifliche Sozialaufwendungen (z.B. Abgaben nach dem SchwerbehindertenG (SGB IX), tarifliche Urlaubs- und Weihnachtsgelder) sowie Sonderzulagen, Leistungs- und Abschlussprämien.

4. Materialgemeinkosten

Das sind die Kosten, die mit der Lagerung und Wartung des Materials in Zusammenhang 282
stehen. Aktivierungspflichtige Materialgemeinkosten sind insbesondere die Aufwendungen für die Lagerung, die Erhaltung, Bewachung, Versicherung, Werkstoffprüfung und Werkstoffabnahme (R 6.3 Abs. 2 EStR).

888 BFH v. 21.10.1993 – IV R 87/92, BStBl. II 1994, 176; H/H/R/Stobbe § 6 EStG, Rn. 235 ff.

5. Fertigungsgemeinkosten

283 Fertigungsgemeinkosten sind – in Abgrenzung zu den Verwaltungsgemeinkosten – die im Fertigungsbereich anfallenden Gemeinkosten.[889] Zu den aktivierungspflichtigen Material- und Fertigungsgemeinkosten gehören insbesondere die Aufwendungen für folgende Kostenstellen (R 6.3 Abs. 2 EStR):

- Lagerhaltung, Transport und Prüfung des Fertigungsmaterials;
- Vorbereitung und Kontrolle der Fertigung;
- Werkzeuglager;
- Betriebsleitung, Raumkosten, Sachversicherungen;
- Unfallstationen und Unfallverhütungseinrichtungen der Fertigungsstätten;
- Lohnbüro, soweit in ihm die Löhne und Gehälter der in der Fertigung eingesetzten Arbeitnehmer abgerechnet werden.

Im Einzelnen:

- Gehälter auf den Einkauf, Lagerverwaltung, Materialabnahme, Werkstätten, Büro, Betriebsbuchhaltung, Arbeitsvorbereitung, Materialprüfung, Konstruktion, technischer Vorstand, Meisterlohn, Betriebsingenieur;
- Hilfslöhne für Lagerbetrieb, Abnahme, Transport, Kraftanlagen, Reinigung der Anlagen, Überwachung der Produktion, Pförtner, Wach- und Sicherheitsdienst, Löhne für Anfuhr und Abfallbeseitigung, Botenlöhne, Arbeitertransportkosten, Auslösungen;
- Soziale Aufwendungen für die vorstehend genannten Löhne und Gehälter, Beiträge zur Berufsgenossenschaft, Berufsschulung, freiwillige soziale Aufwendungen, soweit sie auf den Fertigungsbereich entfallen;
- Brennstoffe, Energiekosten (Dampf, Wasser, Strom, Gas, Pressluft, soweit auf die Herstellung entfallend), Hilfsstoffe zur Fertigung, z. B. Säuren, Laugen;
- Betriebsstoffe der Fertigung wie Schmieröl, Reinigungsmittel, Kühl- und Erhitzungsstoffe, Treibriemen, Kleinwerkzeuge;
- Instandhaltungskosten für vorgenannte Fertigungsanlagen einschließlich der Werkzeuge;
- Kosten der Arbeitsvorbereitung, Modelle, Schablonen, Formen, Versicherungskosten;
- Kommunikationsgebühren;
- Absetzung für Abnutzung;
- Abschreibungen auf sonstiges Anlagevermögen, wie befristete Quoten, Patente, Herstellungslizenzen;
- Forschungs- und Entwicklungskosten, soweit direkt fertigungsbezogen;
- Gewerbesteuer (mittlerweile Abzugsverbot; § 4 Abs. 5 b EStG).

6. Sonderkosten

284 Sonderkosten, z. B. Entwurfskosten, Lizenzgebühren, gehören zu den Herstellungskosten, soweit sie zur Fertigstellung der Erzeugnisse aufgewendet werden und nicht zu den allgemeinen Verwaltungs- und Vertriebskosten zu rechnen sind.

7. Abschreibungen

285 Der (durch die Fertigung veranlasste) Wertverzehr des Anlagevermögens gehört zu den aktivierungspflichtigen Fertigungsgemeinkosten, soweit er Produktionsmittel betrifft[890] (vgl. auch § 255 Abs. 2 S. 2 HGB). Dabei ist grundsätzlich der Betrag anzusetzen, der bei der Bilanzierung des Anlagevermögens als AfA berücksichtigt ist (R 6.3 Abs. 4 EStR). Teilwertabschreibungen auf Produktionsmittel sind bei der Ermittlung der Herstellungskosten der Produkte nach R 6.3 Abs. 4 S. 6 EStR nicht zu berücksichtigen.

---

889 H/H/R/Stobbe § 6 EStG, Rn. 240.
890 BFH v. 21.10.1993 – IV R 87/92, BStBl. II 1994, 176.

8. Umfang der Aktivierung

Bei der Ermittlung der Herstellungskosten ist zu unterscheiden zwischen Kosten, die aktiviert werden müssen, Kosten, die aktiviert werden dürfen, aber nicht aktiviert werden müssen, und Kosten, die nicht aktiviert werden dürfen. Nach dem Maßgeblichkeitsgrundsatz (vgl. 2. Abschnitt, Rn. 78) müssten alle nach § 255 Abs. 2 HGB aktivierbaren Aufwendungen steuerlich angesetzt werden. Verwaltung (vgl. R 6.3 Abs. 5 EStR) und Rspr.[891] haben jedoch in der Vergangenheit ausnahmsweise – letztlich wohl wegen der Zweifelhaftigkeit der Zurechnung und der Vereinfachung der Berechnung – steuerrechtlich Bewertungswahlrechte zugelassen.[892] 286

Sind Bauzeitzinsen während der Herstellungsphase nicht als (vorab entstandene) Werbungskosten gemäß § 9 Abs. 1 S. 3 Nr. 1 EStG abziehbar, können sie nach § 255 Abs. 3 S. 2 HGB in die Herstellungskosten des Gebäudes einbezogen werden, wenn das fertiggestellte Gebäude durch Vermietung genutzt wird.[893]

- **Aktivierungspflicht** besteht für
  - Materialkosten
  - Materialgemeinkosten
  - Fertigungskosten, insbesondere Fertigungslöhne
  - Fertigungsgemeinkosten
  - Sonderkosten
  - AfA auf Produktionsmittel
- **Aktivierungswahlrecht** besteht für
  - Kosten der allgemeinen Verwaltung (§ 255 Abs. 2 S. 3 HGB; § 6 Abs. 1 Nr. 1 b EStG n. F.)[894]
  - Aufwendungen für betriebliche Altersversorgung (§ 255 Abs. 2 S. 3 HGB; § 6 Abs. 1 Nr. 1 b EStG n. F.)
  - freiwillige soziale Aufwendungen (§ 255 Abs. 2 S. 3 HGB; § 6 Abs. 1 Nr. 1 b EStG n. F.)
  - Sonderabsetzungen nach Steuergesetzen
  - Zinsen für Fremdkapital in engen Grenzen (vgl. § 255 Abs. 3 HGB)
  - Entwicklungskosten (255 Abs. 2, 2 a HGB)
- **Aktivierungsverbot** besteht für
  - Vertriebskosten (Ausnahme: sog. Innenverpackung)[895]
  - Teilwertabschreibungen (R 6.3 Abs. 4 S. 6 EStR)
  - kalkulatorische Zinsen für Eigenkapital (H 6.3 EStH)
  - erhöhte Kosten wegen Unterbeschäftigung (sog. Leerkosten)[896]
  - Steuern vom Einkommen und Gewerbesteuer (R 6.3 Abs. 6 S. 1, 2 EStR)
  - Umsatzsteuer auf das fertige Produkt (R 6.3 Abs. 6 S. 3 EStR: Vertriebskosten)
  - allgemeine Forschungskosten (§ 255 Abs. 2 S. 4 HGB)

891 BFH v. 05.08.1958 – I 70/57 U, BStBl. III 1958, 392.

892 Dazu i. E. Weber-Grellet StbJb 1994/95, 97, 118 ff.

893 BFH v. 23.05.2012 – IX R 2/12, BStBl. II 2012, 674.

894 Nach R 6.3 Abs. 1 EStR (2012) und BMF BStBl. I 2010, 239, 597 soll für die Aufwendungen nach § 255 Abs. 2 S. 3 HGB Aktivierungspflicht bestehen (vgl. Geberth/Blasius FR 2010, 408); für frühere Wirtschaftsjahre kann weiterhin nach R 6.3. Abs. 4 EStR 2008 verfahren werden (EStR 6.3. Abs. 9 EStR). – Jetzt aber § 6 Abs. 1 Nr. 1 b EStG n. F.

895 Vgl. BFH v. 03.03.1978 – III R 46/76, BStBl. II 1978I, 413.

896 Vgl. RFH v. 05.03.1940, RStBl. 1940, 683; R 6.3 Abs. 6 EStR; zur Eliminierung von Leerkosten Köhler DB 2015, 763.

287 **§ Fall 33: Aufwendige Kunststoffpressen**

Die Z-GmbH (Z) betreibt eine Maschinenfabrik und stellt Kunststoffpressen her. Zum Bilanzstichtag 31.12.2021 hat sie noch 30 nicht verkaufte Pressen auf Lager stehen. Aufgrund der Inventur betragen für jede einzelne Presse die Anschaffungskosten für das Fertigungsmaterial 350 € und die Fertigungslöhne 450 €.

Aus der Buchhaltung und dem Betriebsabrechnungsbogen ergeben sich u. a. folgende Zahlen (ohne USt):

Verbrauch von Fertigungsmaterial	2.400.000 €
Gehälter der Geschäftsleitung	400.000 €
Gehälter der Meister im Betriebsbereich	90.000 €
Gehälter der Verwaltung	250.000 €
Löhne der Arbeiter im Betriebsbereich	1.800.000 €
Aufwendungen für Strom und Wasser im Betriebsbereich	7.000 €
Aufwendungen für das Werkzeuglager	10.000 €
Sonstige Aufwendungen für Lagerhaltung, Transport und Prüfung des Fertigungsmaterials	25.000 €
Aufwendungen für sonstige Betriebskosten	10.000 €
Aufwendungen für die Unfallstation der Fertigungsstätten	8.000 €
Aufwendungen für die Verkaufsvertreter (einschl. Reisekosten)	120.000 €
Sonstige Vertriebskosten	30.000 €
Abschreibungen auf die Betriebseinrichtungen	90.000 €
Abschreibungen auf die Geschäftseinrichtungen der Verwaltungsgebäude	50.000 €

Nach dem Betriebsabrechnungsbogen sind von den gesamten Gemeinkosten 2/5 materialabhängig und 3/5 lohnabhängig.

1. Wie hoch sind die im Jahr 2021 insgesamt angefallenen Einzelkosten?
2. Wie hoch sind die im Jahr 2021 insgesamt angefallenen materialabhängigen und lohnabhängigen Gemeinkosten?
3. Wie hoch sind die Zuschläge der Gemeinkosten auf das Material und auf die Fertigungslöhne?
4. Wie hoch sind die Herstellungskosten für jede einzelne Presse, und welchen Betrag hat Z in ihrer Bilanz zum 31.12.2021 unter der Position „Fertigprodukte" auszuweisen?

288 **I.** Die **Einzelkosten** setzen sich zusammen aus dem Material und den Fertigungslöhnen

Material	2.400.000 €
Fertigungslöhne	**1.800.000 €**
	4.200.000 €

289 II. **Gemeinkosten** sind alle Kosten des Materials und der Fertigung, die für mehrere Leistungen gemeinsam anfallen und daher nicht direkt und unmittelbar dem einzelnen Produkt zugerechnet werden können.

Entsprechend R 6.3 Abs. 2 EStR gehören dazu:

Gehälter der Meister im Betriebsbereich	90.000 €
Aufwendungen für Strom und Wasser	7.000 €
Aufwendungen für das Werkzeuglager	10.000 €
Sonstige Aufwendungen für Lagerhaltung, Transport und Prüfung des Fertigungsmaterials	25.000 €
Aufwendungen für sonstige Betriebskosten	10.000 €
Aufwendungen für die Unfallstationen der Fertigungsstätten	8.000 €
Abschreibungen auf die Betriebseinrichtungen	**90.000 €**
Gemeinkosten insgesamt	240.000 €

Entsprechend R 6.3 Abs. 2 EStR gehören dazu:

davon (lt. Sachverhalt) 2/5 materialabhängig	96.000 €
3/5 lohnabhängig	144.000 €

Die Gehälter der Geschäftsleitung, die Gehälter der Verwaltung und die Abschreibungen auf die Geschäftseinrichtungen der Verwaltungsgebäude gehören zu den allgemeinen Verwaltungskosten; sie brauchen nicht den Herstellungskosten zugerechnet zu werden.[897]
Die Aufwendungen für die Verkaufsvertreter einschließlich deren Reisekosten sowie die sonstigen Vertriebskosten haben mit der Herstellung nichts zu tun; sie dürfen nicht hinzugerechnet werden.

III. Da keine **Sonderkosten** angefallen sind, ergeben sich für alle im Jahr 2021 hergestellten halb fertigen und fertigen Pressen folgende Herstellungskosten: 290

▪ Einzelkosten	4.200.000 €
▪ Gemeinkosten	**240.000 €**
▪ Herstellungskosten	4.440.000 €

IV. Da nicht bekannt ist, wie hoch der Wert der unfertigen Pressen am 31.12.2021 ist und wie viel im Jahr 2021 hergestellte Pressen in diesem Jahr verkauft wurden, lassen sich die Einzelherstellungskosten nur durch zu errechnende **Gemeinkostenzuschläge** ermitteln.

$$\frac{\text{Materialgemeinkosten x 100}}{\text{Materialeinzelkosten}} = \text{x \%} \quad \frac{96.000 \text{ x } 100}{2.400.000} = 4\ \%$$

$$\frac{\text{Fertigungsgemeinkosten x 100}}{\text{Fertigungseinzelkosten}} = \text{y \%} \quad \frac{144.000 \text{ x } 100}{1.800.000} = 8\ \%$$

Die Herstellungskosten für die einzelne Presse lassen sich danach wie folgt errechnen:

▪ Materialeinzelkosten	350 €
▪ Gemeinkostenzuschlag	14 €
▪ Fertigungseinzelkosten	450 €
▪ Gemeinkostenzuschlag	36 €
▪ Herstellungskosten je Presse	850 €

Der Bilanzansatz zum 31.12.2021 für die noch vorhandenen 30 Pressen beträgt demnach (850 x 30 =) 25.500 €.

Ergebnis:

Die einzelnen Kosten ergeben sich aus den vorstehenden Berechnungen. Die Herstellungskosten für die einzelne Presse betragen 850 €. Die noch vorhandenen 30 Pressen sind in der Steuerbilanz zum 31.12.2021 mit 25.500 € unter der Position „Fertige Erzeugnisse“ anzusetzen.

---

897 BMF 12.03.2010, BStBl. I 2010, 239, verlangt die zwingende Aktivierung aller Aufwendungen, die ihrer Art nach Herstellungskosten sind, also auch Aufwendungen i. S. v. § 255 Abs. 2 S. 3 HGB (so nun auch EStÄR 2012 6 III 1; kritisch Korn KÖSDI 2013, 18263). Nach dem Schreiben v. 22.06.2010, BStBl. I 2010, 597, ist nicht zu beanstanden, wenn weiterhin nach R. 6.3 Abs. 4 EStR verfahren wird, jetzt aber gemäß § 6 Abs. 1 Nr. 1 b EStG n.F (Einbeziehungswahlrecht für angemessene Teile der Kosten der allgemeinen Verwaltung sowie angemessene Aufwendungen für soziale Einrichtungen des Betriebs, für freiwillige soziale Leistungen und für die betriebliche Altersversorgung i. S. v. § 255 Abs. 2 S. 3 HGB).

291

Übersicht

Herstellungskosten

- Definition gemäß § 255 Abs. 2 HGB, § 5 Abs. 1 S. 1 EStG:
- Aufwendungen (Verbrauch von Gütern, Inanspruchnahme von Diensten) zur
  - Herstellung eines Vermögensgegenstands,
  - dessen Erweiterung oder
  - dessen wesentliche Verbesserung
- Nur tatsächliche (auch überhöhte) Aufwendungen
- Von den ersten vorbereitenden Maßnahmen bis zur Fertigstellung
- Abgrenzung zu Erhaltungs- und Modernisierungsaufwand
- Ermittlung:

  Materialkosten
  + Fertigungskosten
  = Herstellungskosten
  + Verwaltungskosten
  + Vertriebskosten
  = Selbstkosten
  + Gewinnaufschlag
  = Verkaufspreis
- **Aktivierungspflicht** besteht für
  - Materialkosten
  - Materialgemeinkosten
  - Fertigungskosten, insbesondere Fertigungslöhne
  - Fertigungsgemeinkosten
  - Sonderkosten
  - AfA (auf Produktionsmittel)
- **Aktivierungswahlrecht** besteht für
  - Kosten der allgemeinen Verwaltung (§ 6 Abs. 1 Nr. 1 b EStG n. F.)
  - Aufwendungen für betriebliche Altersversorgung (§ 6 Abs. 1 Nr. 1 b EStG n. F.)
  - freiwillige soziale Aufwendungen (§ 6 Abs. 1 Nr. 1 b EStG n. F.)
  - Sonderabsetzungen nach Steuergesetzen
  - Zinsen für Fremdkapital in engen Grenzen (vgl. R 6.3 Abs. 5 EStR; § 255 Abs. 3 HGB)
- **Aktivierungsverbot** besteht für
  - Vertriebskosten (Ausnahme: sog. Innenverpackung)
  - Teilwertabschreibungen (R 6.3 Abs. 4 S. 6 EStR)
  - kalkulatorische Zinsen für Eigenkapital (H 6.3 EStR)
  - erhöhte Kosten wegen Unterbeschäftigung (sog. Leerkosten; H 6.3 EStH)
  - Steuer vom Einkommen und Gewerbesteuer (R 6.3 Abs. 6 EStR)
  - Umsatzsteuer (R 6.3 Abs. 6 S. 3 EStR)
  - Forschungskosten

III. Teilwert

1. Allgemeines – betriebsbezogene Wiederbeschaffungskosten

292 Gemäß § 6 Abs. 1 Nr. 1 S. 3 EStG ist der Teilwert der (Geld-)Betrag, den der Erwerber des ganzen Betriebs im Rahmen des Gesamtkaufpreises für das einzelne Wirtschaftsgut ansetzen würde; dabei ist davon auszugehen, dass der Erwerber den Betrieb fortführt (so auch § 10 BewG).[898] Der Teilwert ist ein unternehmensspezifischer Wert.[899] Dabei ist auf die jeweilige betriebliche Funktion des einzelnen Wirtschaftsguts abzustellen; bei einem betriebsnotwendigen Wirtschaftsgut ist auf die Wiederherstellungs- bzw. Wiederanschaffungskosten abzustellen, bei einem zur Veräußerung bestimmten Wirtschaftsgut

898 Fortführungsprinzip (§ 252 Abs. 1 Nr. 2 HGB); dazu Hennrichs/Schulze-Osterloh DStR 2018, 1731.

899 Moxter, Bilanzlehre I – Einführung in die Bilanztheorie, 3. Aufl. 1984, § 8 B I. 4 (S. 115); zur historischen Entwicklung des Teilwertbegriffs s. H/H/R § 6 EStG Anm. 420 ff.

auf den Veräußerungspreis (gemeiner Wert; § 9 BewG).[900] Der niedrigere Teilwert zeigt, dass die aufgewendeten Kosten nicht (mehr) erreicht werden; der höhere Teilwert indiziert stille Reserven, die über die aufgewendeten Kosten hinausgehen. Der Teilwert berücksichtigt die besonderen Verhältnisse des einzelnen Wirtschaftsguts. Im Zeitpunkt der Anschaffung sind Anschaffungskosten und Teilwert regelmäßig identisch (Ausnahme: Fehlmaßnahme).

Der Teilwert ist Bewertungsmaßstab für **Einlagen** und **Entnahmen** (§ 6 Abs. 1 Nr. 4 und 5 EStG) und für den Ansatz der Wirtschaftsgüter bei **Betriebseröffnung** und Betriebserwerb (§ 6 Abs. 1 Nr. 6 und 7 EStG); zum anderen ist er von Bedeutung zur Erfassung von **Wertminderungen** (Wertuntergrenze) gegenüber den Ausgangswerten. Der Begriff des Teilwerts ist durch die Rspr. des RFH entwickelt worden und wird erstmals im EStG 1934 verwendet.[901]

Nach der gesetzlichen Definition beruht der Teilwert auf mehreren **Fiktionen:**

- der Fiktion eines Erwerbs des ganzen Betriebs,
- der Fiktion des Gesamtkaufpreises und dessen Aufteilung auf die einzelnen Wirtschaftsgüter,
- der Fiktion der Betriebsfortführung.

Die (wörtliche) Umsetzung dieser Fiktionen führt zu erheblichen Schwierigkeiten; die Methode sei weder theoretisch noch praktisch anwendbar, der Ertragswert eines einzelnen Wirtschaftsguts sei nicht zu ermitteln. Im Interesse der Rechtssicherheit, der Wahrung der Kontinuität und mangels besserer Wertmaßstäbe hat sich die Steuerreform-Kommission gleichwohl für die Beibehaltung der Teilwert-Definition ausgesprochen.[902] In der Praxis („Teilwert ist der Betrag, auf den sich Steuerpflichtiger und Betriebsprüfer einigen") behilft man sich daher mit von der Rspr. sanktionierten Teilwertvermutungen sowie mit bestimmten Grenzwerten.[903]

Der Teilwert entspricht in der Regel dem **Wiederbeschaffungswert oder dem Wiederherstellungswert**. Der Wiederbeschaffungs- oder Wiederherstellungswert ermittelt sich nach den Kosten, die anfallen, um das einzelne Wirtschaftsgut in dem Zustand, in dem es sich am Bewertungsstichtag befindet, durch den Betrieb wiederzubeschaffen oder wiederherzustellen. Weist der Steuerpflichtige anhand konkreter, nachprüfbarer Tatsachen nach, dass das Wirtschaftsgut im Falle seines Fehlens mangels Notwendigkeit für die betrieblichen Abläufe nicht oder nicht so ersetzt würde (fehlende Betriebsnotwendigkeit) oder dass der Wert des Wirtschaftsguts unter den bisherigen Wiederbeschaffungs- oder Wiederherstellungswert gesunken ist, so entspricht der Teilwert dem gemeinen Wert (§ 9 BewG). Der **Veräußerungspreis** ist als Teilwert anzusetzen, wenn sich für Erzeugnisse gleicher Art und Güte ein niedrigerer Marktpreis gebildet hat. [904] Die (Wieder-)Herstellungskosten sind auch bei sog. Kuppelerzeugnissen tauglicher Maßstab zur Bestimmung des Teilwerts.[905]

Der Teilwert ist konkret zu beziffern; ein durch eine gewisse Bandbreite bestimmter Rahmen („von – bis") genügt nicht.[906]

900 BFH v. 12.03.2020 – IV R 9/17, BStBl. II 2021, 226.

901 Vgl. RFH v. 14.12.1926, RFHE 20, 87; v. 20.03.1930, RStBl. 1930, 348, 360; vgl. auch die Begründung zu § 6 EStG 1934, RStBl. 1935, 33, 38; vgl. ferner Hensel, Steuerrecht, 3. Aufl. 1933, 89; H/H/R § 6 Anm. 420 ff.; zur Kritik an der Teilwertkritik s. Doralt DStJG 1984, 141; zur Entwicklung des Teilwerts aus der Handelsbilanz und zum Teilwert als Substanzwert Doralt a. a. O., 143 f.; Euler DStJG 1984, 155.

902 Zur Kritik vgl. Doralt und Euler, jew. a. a. O. m. w. N.; vgl. auch Begr. z. 3. StReformG, BT-Drs. 7/1470 (v. 09.01.1974), 257 und Gutachten der Großen Steuerreformkommission, 1971, V Rn. 135, 139 ff. – Zum Vorschlag einer Gesetzeskorrektur vgl. Lange, 75 Jahre Teilwert 2011, 267 f.

903 BFH v. 04.03.1998 – X R 151/94, BFH/NV 1998, 1086; v. 28.06.2001 – IV R 40/97, BStBl. II 2001, 717.

904 BFH v. 12.03.2020 – IV R 9/17, BStBl. II 2021, 226.

905 BFH v. 12.03.2020 – IV R 9/17, BStBl. II 2021, 226.

906 BFH v. 30.01.2014 – X B 63/13, BFH/NV 2014, 689.

293 Die **untere Grenze** ist in der Regel der (Netto-)**Einzelveräußerungspreis** (gemeiner Wert).[907] Die **Obergrenze** wird gebildet durch die **Wiederbeschaffungskosten.** In dem Rahmen zwischen Einzelveräußerungspreis und Wiederbeschaffungskosten liegt der durch Schätzung zu bestimmende Teilwert bei einem hohen Erfolgsbeitrag des Wirtschaftsguts eher an der Obergrenze, bei schlechter Rentabilität und geringem Nutzen eher an der Untergrenze.

Nur **betriebsnotwendige** Wirtschaftsgüter werden, sofern nicht vorhanden, vom gedachten Betriebserwerber durch Aufwendung ihres Wiederbeschaffungspreises substituiert; nur für betriebsnotwendige Wirtschaftsgüter gilt grundsätzlich die Gleichsetzung von Teilwert und Wiederbeschaffungswert. Überzählige Wirtschaftsgüter werden dagegen bei Nichtvorhandensein nicht anderweitig beschafft; ihr Teilwert liegt deshalb unter dem Wiederbeschaffungswert und entspricht dem Einzelveräußerungspreis.[908] Der Teilwert soll auch Anschaffungsnebenkosten umfassen.[909]

Der mit der Ingebrauchnahme eines neuen Wirtschaftsguts regelmäßig eintretende Wertverlust berechtigt nicht zu einer Teilwertabschreibung. Dieser Wertverlust kann nur über die AfA (§ 7 EStG) berücksichtigt werden. Die gegenteilige Auffassung bedeutete die Aufgabe des Anschaffungswertprinzips, das nur in besonderen Fällen eingeschränkt werden darf.

2. Verhältnis Teilwert – gemeiner Wert

294 In vielen Fällen **deckt sich** der Teilwert mit dem gemeinen Wert. Das ist der Fall bei typischen Gebrauchsgegenständen, die im außerbetrieblichen Bereich ebenso denkbar sind wie im betrieblichen Bereich und bei Wertpapieren. Der Teilwert ist in anderen Fällen höher als der gemeine Wert, weil ein Wirtschaftsgut, das in einem funktionalen Zusammenhang mit dem Betrieb steht, in diesem Zusammenhang mehr wert ist, als wenn es aus diesem Zusammenhang herausgelöst und einzeln veräußert wird (Maßgeblichkeit der konkreten betrieblichen Funktion).[910]

Beispiel 1

Ärztemuster, die grundsätzlich einen positiven Teilwert haben, obgleich ihr gemeiner Wert (wegen Unverkäuflichkeit) 0 € beträgt[911] (funktionaler Aspekt)

Beispiel 2

Betriebseinrichtungen ohne Marktwert; aus besonderem betrieblichen Interesse erworbene Beteiligungen zu einem über dem Marktpreis der Anteile liegenden Preis (funktionaler Aspekt)

Beispiel 3

Bei sog. **Verlustprodukten** besagt der Verkauf unter Preis allein noch nicht, dass das Wirtschaftsgut seinen (Teil-)Wert verloren hat, da ein solcher Verkauf ganz unterschiedliche Gründe haben kann, z. B. um ein Produkt auf dem Markt einzuführen, um Konkurrenzprodukte vom Markt zu verdrängen oder um die allgemeine Attraktivität des Geschäfts zu erhöhen[912] (m. E. funktionaler Aspekt)

907 BFH v. 05.10.1972 – IV R 118/70, BStBl. II 1973, 207; bis hin zum Material- und Schrottwert.
908 BFH v. 05.10.1972 – IV R 118/70, BStBl. II 1973, 207.
909 BFH v. 29.04.1999 – IV R 63/97, BStBl. II 2004, 639; m. E. zweifelhaft.
910 BFH v. 21.09.2016 – X R 58/14, BFH/NV 2017, 275.
911 BFH v. 30.01.1980 – I R 89/79, BStBl. II 1980, 327.
912 BFH v. 29.04.1999 – IV R 14/98, BStBl. II 1999, 681; BMF v. 02.09.2016, BStBl. I 2016, 995, Rn. 3.

Der gemeine Wert (mindestens also der Material- oder Schrottwert) bildet **grundsätzlich** die untere Grenze für den Teilwert; in Ausnahmefällen kann er niedriger sein als der gemeine Wert, z. B. wenn Anlagen mit hohen Kosten entfernt werden müssen.[913]

3. Bedeutung der Rentabilität (funktionaler Aspekt)

Ein niedriger Teilwert soll im Allgemeinen nicht damit begründet werden können, dass sich die mit der Herstellung des Wirtschaftsguts verbundene Ertragserwartung nicht in vollem Umfang erfüllt.[914] Eine Teilwertabschreibung auf eine Beteiligung an einer Kapitalgesellschaft verlangt, dass sich der innere Wert gemindert hat.[915] 295

Beispiel 1

Die beschlossene Stilllegung eines Zweigbetriebs infolge einer auf Dauer gegebenen starken Rückläufigkeit der Produktions- und Ertragsverhältnisse rechtfertigt eine Abschreibung auf die **technischen Anlagen**, die wegen des Absatzrückgangs auf Dauer nicht mehr rentabel genutzt werden können. Teilwertabschreibungen auf das **Gebäude** sind jedoch auch in diesem Fall nicht möglich, wenn im Zeitpunkt der Bilanzaufstellung der Betrieb in dem Gebäude noch fortgeführt wird, mag auch zu dieser Zeit ein Verkauf oder eine Vermietung der Anlagen noch nicht möglich gewesen sein. Es kann nicht davon ausgegangen werden, dass ein Erwerber des Betriebs im Rahmen des gesamten Kaufpreises für das Gebäude einen geringeren Preis ansetzen würde als die Herstellungskosten abzüglich der AfA[916] (nicht überzeugend).

Beispiel 2

Eine Teilwertabschreibung kann in Betracht kommen, wenn Nachbarbeschwerden von einem solchen Gewicht sind, dass sie zu Beschränkungen der Betriebsführung oder zur baldigen Betriebseinstellung führen.[917]

Beispiel 3

Eine Forderung aus einem gekündigten Bankdarlehen, bei dem wegen fehlender Solvenz des Schuldners nur noch mit dem Eingang des den nominalen Forderungsbetrag unterschreitenden Erlöses aus der Sicherheitenverwertung und nicht mehr mit Zinszahlungen gerechnet werden kann, ist auf den Betrag des zu erwartenden Erlöses zu reduzieren und auf den Zeitpunkt abzuzinsen, zu dem mit dem Eingang des Erlöses zu rechnen ist.[918]

4. Teilwertabschreibung und Wertaufholung

Gemäß § 6 Abs. 1 Nr. 1 S. 2, Nr. 2 S. 2 EStG *kann* der niedrigere Teilwert angesetzt werden;[919] das Wahlrecht soll nach Abschaffung der formellen Maßgeblichkeit auch bei Gewinnermittlung nach § 5 Abs. 1 EStG ohne GoB-Bindung gelten.[920] 296

Kann der Steuerpflichtige nicht nachweisen, dass die Teilwertminderung anhält, ist steuerrechtlich zwingend zu dem Wert nach § 6 Abs. 1 Nr. 1 S. 1 EStG zurückzukehren (Wertaufholungsgebot);[921] auch handelsrechtlich besteht ein Wertaufholungsgebot, § 253 Abs. 5 S. 1 HGB n. F. (Ausnahme: entgeltlich erworbener Geschäfts- oder Firmenwert).

913 BFH v. 02.03.1973 – III R 88/69, BStBl. II 1973, 475.
914 BFH v. 31.01.1991 – IV R 31/90, BStBl. II 1991, 627.
915 FG Hamburg v. 09.10.2007 – 6 K 262/04, EFG 2008, 466.
916 BFH v. 19.10.1972 – I R 244/70, BStBl. II 1973, 54.
917 BFH v. 29.08.2001 – XI R 26/99, BFH/NV 2002, 625.
918 BFH v. 24.10.2006 – I R 2/06, BStBl. II 2007, 469.
919 Zu Einzelheiten s. Rn. 319ff.
920 R 6.8 Abs. 1 S. 2, 3 EStR; kritisch Schulze-Osterloh DStR 2011, 534; kritisch auch Schmidt/Weber-Grellet § 5 Rn. 26.
921 Nach BFH v. 25.02.2010 – IV R 37/07, BStBl. II 2010, 784, ist das Wertaufholungsgebot auch insoweit verfassungsgemäß, als es frühere Teilwertabschreibungen erfasst. – Vgl. auch BFH v. 18.06.2015 – IV R 6/11, BFH/NV 2015, 1381.

Bei Übertragung eines Firmenwerts ist eine Teilwertabschreibung ausgeschlossen, wenn der (eingestellte) Geschäftsbetrieb durch einen Gesellschafter fortgeführt wird.[922]

Wird eine Beteiligung nach einer Teilwertabschreibung unter (auf das sog. Tauschgutachten des BFH gestützter) Fortführung des Buchwerts gegen die Beteiligung an einer anderen Gesellschaft getauscht, ist für die Bemessung der Anschaffungskosten der erhaltenen Beteiligung im Rahmen des steuerlichen Wertaufholungsgebots auf die historischen Anschaffungskosten der hingegebenen Beteiligung und nicht auf den fortgeführten Buchwert abzustellen.[923]

297 **Teilwertabschreibung (TwA) und Wertaufholung**

§ 6 Abs. 1 Nr. 1 S. 2, Nr. 2 S. 2 EStG:	§ 6 Abs. 1 Nr. 1 S. 4 EStG:	§ 52 Abs. 16 S. 1–5 EStG a. F.:	Besonderheiten:
▪ Steuerliches Wahlrecht zur TwA (keine GoB-Bindung; R 6.8 Abs. 1 EStR 2012) ▪ nicht ausschüttungsbedingte TwA	Wertaufholungsgebot: Stpfl. muss zu jedem Stichtag nachweisen, dass niedrigerer Tw fortbesteht; ▪ Aufholungsgebot auch nach § 7 Abs. 1 S. 7 EStG ▪ keine Rückgängigmachung von Sonderabschreibungen pp. (§ 6 Abs. 1 Nr. 1 S. 1 EStG) ▪ besonders betroffen: Grundstücke und Beteiligungen ▪ bei Verbindlichkeiten Rückgang auf niedrigeren Wert	Wertaufholungsrücklage: Bei Aufstockung kann eine steuerfreie Rücklage gebildet werden; Auflösung in den folgenden vier Jahren	▪ Retrograde Anschaffungskosten- und Teilwertermittlung weiterhin zulässig ▪ Verlustprodukte berechtigen nicht zur TwA (BFH v. 29.04.1999 – IV R 14/98); wie Ärztemuster

5. Technik der Teilwertermittlung

298 Die nachfolgenden Grundsätze gelten für jede Teilwertermittlung, nicht nur für die Teilwertabschreibung.

1. Schritt: Ausgangspunkt jeder Teilwertermittlung ist die Funktionsbestimmung des einzelnen Wirtschaftsguts und die (grobe) Einteilung in betriebsnotwendige Wirtschaftsgüter, in entbehrliche Wirtschaftsgüter und in zur Veräußerung bestimmte Wirtschaftsgüter.
2. Schritt: Anwendung der Fiktionen und der Teilwertvermutungen
3. Schritt: Widerlegung der Teilwertvermutungen
4. Schritt: Abwägung und Ergebnis

Nach dem RFH-Urteil v. 14.12.1926[924] besteht der nach wie vor beste Weg zur Ermittlung des Teilwerts in der Regel darin, zunächst den Wiederbeschaffungspreis zu ermitteln und sodann – ggf. – die Unrentierlichkeit des Betriebs und die Unrentierlichkeit des Gegenstands im Betrieb zu berücksichtigen;[925] der RFH spricht dementsprechend gelegentlich vom „gemeinen Teilwert".[926]

922 FG Nds v. 24.11.2020 – 6 K 334/17, BB 2021, 688, rkr.
923 BFH v. 24.04.2007 – I R 16/06, BStBl. II 2007, 707.
924 RFHE 20, 87, 89.
925 So auch BFH v. 11.07.1961 – I 311/60 S, BStBl. III 1961, 462.
926 Vgl. z.B. RFH v. 20.03.1930, RStBl. 1930, 348.

6. Teilwertvermutungen

a) Bei Anschaffung und Herstellung

Der Teilwert entspricht nach st. Rspr. im Zeitpunkt der Anschaffung/Herstellung oder in einem anschaffungs- oder herstellungsnahen Zeitpunkt den **tatsächlichen Anschaffungs- oder Herstellungskosten**;[927] das gilt auch bei Zahlung eines sog. **Überpreises.**[928] 299

Dieser Grundsatz ist auch anzuwenden, wenn der Steuerpflichtige für die Anschaffung oder Herstellung eines Wirtschaftsguts mehr aufwendet, als ein Dritter hierfür ohne die besondere Beziehung des Wirtschaftsguts zum Betrieb aufgewendet haben würde. Es wird unterstellt, dass dem Steuerpflichtigen das Wirtschaftsgut soviel wert ist, wie er tatsächlich dafür aufgewendet hat, und dass auch ein gedachter Erwerber des Betriebs diesem Umstand bei der Bemessung des Kaufpreises Rechnung tragen würde. Das gilt auch dann, wenn der Steuerpflichtige die überhöhten Kosten aus einer vom Veräußerer erkannten und ausgenutzten Zwangslage heraus aufgewendet hat.[929]

Beispiel

Ein Gewerbetreibender will zur Abrundung seines Grundstücksareals ein unbebautes Nachbargrundstück mit einem Verkehrswert von 300.000 € erwerben. Der Grundstückseigentümer kennt das Interesse des Betriebs an dem Grundstück und treibt den Preis auf 400.000 € hoch. Der Betrieb zahlt diesen Preis. Der Teilwert des Grundstücks beträgt 400.000 €.

b) Zu späteren Zeitpunkten

Zu späteren Zeitpunkten entspricht der Teilwert für **nicht abnutzbare Wirtschaftsgüter** den Wiederbeschaffungskosten, also den aktuellen Anschaffungs- oder Herstellungskosten für das konkrete (zum Teil auch schon ältere) Wirtschaftsgut;[930] bei **abnutzbaren Anlagegütern** ist die Abnutzung zu berücksichtigen, auszugehen ist also von den um die AfA verminderten Anschaffungs- oder Herstellungskosten.[931] Abzustellen ist dabei nicht auf die historischen Kosten, sondern auf die Wiederbeschaffungskosten, die der Steuerpflichtige am Stichtag der Bewertung aufwenden müsste (Wiederbeschaffungs- oder Reproduktionswert).[932] 300

Bei einem gebrauchten abnutzbaren Wirtschaftsgut entspricht der **Wiederbeschaffungswert** den nach Maßgabe des Alters- und Abnutzungsgrads um die entsprechende AfA verminderten Wiederbeschaffungskosten für ein neues Wirtschaftsgut.[933] Die Wiederbeschaffungskosten sind auch maßgeblich beim Vorratsvermögen.[934] Bei Zahlungsmitteln und Forderungen entspricht der Teilwert in der Regel dem Nennbetrag, bei Wertpapieren dem Börsen- oder Marktpreis. Bei **Verbindlichkeiten** entspricht der Teilwert dem Betrag, den ein Erwerber des Betriebs mehr zahlen würde, wenn die Verbindlichkeit nicht bestünde (Bar- oder Zeitwert der Verbindlichkeit).[935]

c) Entkräftung der Teilwertvermutungen

Die Teilwertvermutungen können entkräftet werden. Den Nachweis hat der Steuerpflichtige zu führen.[936] Als Gründe zur Entkräftung der Teilwertvermutungen kommen in Betracht: 301

Äußere Ursachen:

- gesunkene Wiederbeschaffungskosten,

927 Vgl. BFH v. 28.06.2001 – IV R 40/97, BStBl. II 2001, 717.
928 BFH v. 07.02.2002 – IV R 87/99, BStBl. II 2002, 294; v. 26.06.2007 – IV R 71/04, BFH/NV 2008, 347.
929 Vgl. RFH v. 30.08.1932, RStBl. 1933, 30; BFH v. 12.08.1998 – IV B 4/98, BFH/NV 1999, 305.
930 BFH v. 12.08.1998 – IV B 4/98, BFH/NV 1999, 305.
931 Vgl. z.B. RFH v. 20.03.1930, RStBl. 1930, 360; BFH v. 28.06.2001– IV R 40/97, BStBl. II 2001, 717.
932 Vgl. BFH v. 15.10.1997– I R 58/93, BStBl. II 1998, 305; v. 12.08.1998 – IV B 4/98, BFH/NV 1999, 305.
933 Vgl. RFH v. 30.06.1927, RStBl. 1927, 196; BFH v. 02.03.1973 – III R 88/69, BStBl. II 1973, 475.
934 BFH v. 13.10.1976 – I R 79/74, BStBl. II 1977, 540; FG Münster v. 21.11.2018 – 13 K 444/16, BB 2019, 687.
935 BFH v. 02.05.2001 – VIII R 64/93, BFH/NV 2002, 10.
936 Vgl. z.B. RFH v. 16.12.1936, RStBl. 1937, 106; BFH v. 17.01.1978 – VIII R 31/75, BStBl. II 1978, 335; v. 04.03.1998 – X R 151/94, BFH/NV 1998, 1086.

- bei Waren oder Erzeugnissen ein Sinken der voraussichtlichen Verkaufserlöse unter die Selbstkosten (einschließlich eines durchschnittlichen Unternehmergewinns) (als Ausdruck gesunkener Wiederbeschaffungskosten), sofern ausreichende Aufzeichnungen über die Preisherabsetzungen vorgelegt werden;[937] nach Wegfall der Verlustrückstellung genügt m. E. das Sinken unter die Selbstkosten.

Innere Ursachen:

- Wertminderungen durch Mängel, Lagerschäden, Überalterung; Ausfallgefahr/Ausfallrisiko bei Forderungen,
- nachhaltige Rentabilitätsminderung des gesamten Betriebs[938] und
- bei **Fehlmaßnahmen**;[939] die vorgesehene betriebliche Funktion kann nicht erreicht werden.

Als Fehlmaßnahme ist die Anschaffung eines Wirtschaftsguts des Anlagevermögens zu werten, wenn ihr wirtschaftlicher Nutzen bei objektiver Betrachtung deutlich hinter dem für den Erwerb getätigten Aufwand zurückbleibt und demgemäß dieser Aufwand so unwirtschaftlich war, dass er von einem gedachten Erwerber des gesamten Betriebs im Kaufpreis nicht honoriert würde.[940] Eine Fehlmaßnahme liegt insbesondere vor, wenn die überhöhten Aufwendungen auf einem Irrtum des Steuerpflichtigen beruhen, d. h., wenn er anders verfahren wäre, hätte er den Fehler vorher erkannt.[941]

302 Eine Fehlmaßnahme kann beispielsweise angenommen werden,

- wenn der Steuerpflichtige zusätzliche Aufwendungen für ein Schnellbauverfahren trägt, die branchenunüblich sind und ausschließlich im Hinblick auf eine frühere Inbetriebnahme eines Gebäudes gemacht werden,[942] wenn der Steuerpflichtige im Selbstverlag ein Buch herstellt, das sich so schlecht absetzen lässt, dass der Erlös die Herstellungskosten nicht deckt;[943]
- wenn die Pläne für die Errichtung eines Gebäudes so wesentlich geändert werden, dass ein Teil der Aufwendungen für die ursprüngliche Planung verloren ist;[944]
- wenn unvermutet hohe Fundamentierungskosten entstehen, weil der Steuerpflichtige den Mangel der Bodenbeschaffenheit so spät erkannte, dass er in seiner Entscheidung, an anderer Stelle zu bauen, nicht mehr frei war;[945]
- wenn eine Maschine erworben wird, die von vornherein mit technischen Mängeln behaftet ist, oder wenn eine Produktionsanlage erworben und der Vertrieb der Waren gesetzlich verboten wird oder auch bei Erwerb einer dauerhaft „überdimensionierten" Maschine.[946]

Dagegen stellt bei Erwerb eines Geschäftsanteils (oder einer Beteiligung) allein der schlagartige Gewinnrückgang ab dem Zeitpunkt der Geschäftsübernahme noch keine Fehlmaßnahme dar; die Fehlentwicklung muss bereits vor dem Erwerb „im Keim angelegt" gewesen sein.[947] Eine Fehlmaßnahme liegt nicht vor, wenn ein Dritter anstelle des Steuerpflichtigen wegen der besonderen Beziehung des Wirtschaftsguts zu dem Betrieb ebenso gehandelt haben würde.[948]

Für die Bemessung des Teilwerts von Anteilen an einer Betriebskapitalgesellschaft ist eine Gesamtbetrachtung der Ertragsaussichten von Besitz- und Betriebsunternehmen anzustellen.[949]

---

937 So BFH v. 27.11.1983 – IV R 143/80, BStBl. II 1984, 35; s. dazu unten Rn. 354 ff.
938 BFH v. 13.04.1983 – I R 63/79, BStBl. II 1983, 667; v. 13.03.1991 – I R 83/89, BStBl. II 1991, 595.
939 BFH v. 19.05.1998 – I R 54/97, BStBl. II 1999, 277.
940 BFH v. 13.03.1991 – I R 83/89, BStBl. II 1991, 595.
941 RFH v. 22.06.1938, RStBl. 1939, 195; BFH v. 20.05.1988 – III R 151/86, BStBl. II 1989, 269.
942 BFH v. 26.08.1958 – I 80/57 U, BStBl. III 1958, 420.
943 BFH v. 04.06.1959 – IV 115/59 U, BStBl. III 1959, 325.
944 BFH v. 03.08.1966 – IV 309/62, BStBl. III 1966, 670.
945 BFH v. 13.04.1965 – I 131/62, HFR 1965, 425.
946 BFH v. 17.09.1987 – III R 201-202/84, BStBl. II 1988, 488.
947 BFH v. 10.04.1990 – VIII R 170/85, BFH/NV 1991, 226.
948 BFH v. 12.08.1998 – IV B 4/98, BFH/NV 1999, 305.
949 BFH v. 06.11.2003 – IV R 10/01, BFH/NV 2004, 697.

Fall 34: Die ausschüttungsbedingte Teilwertabschreibung – Neutralisierung erworbener Rücklagen 303

Der inländische Privatmann A besitzt 20 % der Anteile an der X-GmbH. Der Anteil umfasst einen Anteil am Stammkapital von 20.000 €, offene Rücklagen i. H. v. 100.000 € und stille Reserven i. H. v. 80.000 €. A veräußert seinen Anteil an B, der den Anteil in sein Betriebsvermögen aufnimmt; der Preis beträgt dem Wert des Anteils entsprechend 40.000 € (20 % von 200.000 €). Nach Erwerb schüttet die X-GmbH die gesamten offenen Rücklagen aus. B fließt daher steuerpflichtiger Kapitalertrag i. H. v. 20.000 € (20 % von 100.000 €) zu. B ist der Meinung, dass sich infolge der Ausschüttung der Wert des Anteils um 20.000 € gemindert habe. Er macht eine Teilwertabschreibung geltend. Zu Recht?

I. Gemäß § 6 Abs. 1 Nr. 2 S. 2 EStG kann statt der Anschaffungskosten der niedrigere Teilwert angesetzt werden. Der Wert der Beteiligung des B an der X-GmbH ist infolge der Ausschüttung um 20.000 € gesunken. Für die Wiederbeschaffung einer vergleichbaren Beteiligung müsste nur noch ein Preis von 20.000 € aufgewendet werden. In Betracht kommt daher eine sog. ausschüttungsbedingte Teilwertabschreibung.[950] Eine ausschüttungsbedingte Teilwertabschreibung setzt ein tatsächliches Absinken des Teilwerts unter den Buchwert aufgrund der Ausschüttung voraus. Allein die Tatsache, dass die Kapitalgesellschaft Gewinne ausgeschüttet hat, rechtfertigt noch keine Teilwertabschreibung.[951] 304

II. Die ausschüttungsbedingte Teilwertabschreibung bedeutet – wie die allgemeine Teilwertabschreibung – eine Korrektur der Anschaffungskosten. Während die allgemeine Teilwertabschreibung etwa auf Fehlmaßnahmen und Verluste zurückzuführen ist, beruht die ausschüttungsbedingte Teilwertabschreibung auf der Ausschüttung miterworbener Rücklagen.[952] Mit der ausschüttungsbedingten Teilwertabschreibung wird der Erwerb der vom Vorgänger erwirtschafteten Rücklagen steuerlich neutralisiert; der Zufluss der Erträge wird durch die Teilwertabschreibung kompensiert.[953] Der Erwerber wird im Ergebnis so gestellt, als ob er die Beteiligung ohne die Rücklagen erworben hätte.

III. Bisher konnte in bestimmten Fällen der ausschüttungsbedingten Teilwertabschreibung § 50 c EStG a. F. entgegenstehen. § 50 c EStG a. F., eine überaus komplizierte Vorschrift,[954] hatte die Funktion, sicherzustellen, dass nicht KSt-anrechnungsberechtigte Steuerpflichtige (wie z. B. Ausländer oder Steuerbefreite) über den Umweg der Veräußerung ihrer Anteile (an einen Anrechnungsberechtigten, der seinen Vorteil in Gestalt eines höheren Preises „weitergab") doch noch in den Genuss der KSt-Anrechnung kommen konnten. Durch die Einfügung des § 50 c Abs. 11 S. 1 EStG a. F.[955] wurde das Verbot der Teilwertabschreibung (durchaus konsequent) auf die Fälle erweitert, in denen die Übertragung auf den Erwerber beim Veräußerer nicht steuerpflichtig war, insbesondere also in allen Fällen der Veräußerung von nicht wesentlichen im Privatvermögen gehaltenen Beteiligungen.

IV. Nach dem StSenkG ist die Notwendigkeit der Regelung infolge der Abschaffung des körperschaftsteuerlichen Anrechnungsverfahrens und der Erweiterung des § 17 (Herabsetzung der Relevanzgrenze auf 1 %) entfallen.[956] Die Vorschrift gilt nur noch für die Fälle, in denen vor dem 01.01.2002 ein Sperrbetrag zu bilden war. B kann daher nach allgemeinen Regeln eine ausschüttungsbedingte Teilwertabschreibung vornehmen.

---

950 BFH v. 13.07.1994 – I B 53/94, BStBl. II 1995, 65.
951 BFH v. 22.12.1999 – I B 158/98, BFH/NV 2000, 710.
952 Vgl. Groh, Teilwertabschreibung nach Beteiligungskauf, in: Unternehmenskauf im Steuerrecht, hrsg. v. Schaumburg, 1997, 149 ff.
953 Vgl. BFH v. 23.10.1996 – I R 55/95, BStBl. II 1998, 90.
954 Vgl. i. E. Schmidt/Weber-Grellet EStG (30. Aufl., 2011) § 50 c Rn. 1 f., 19 f.; kritisch Weber-Grellet BB 1999, 289.
955 Durch das UntRefG 1997 v. 29.10.1997, BGBl. I 2590, BStBl. I, 928; dazu vgl. BFH v. 24.07.2018 – I R 24/16, BeckRS 2018, 37240.
956 BT-Drs. 14/2683, 118.

Ergebnis:

B kann die begehrte Teilwertabschreibung von 20.000 € geltend machen; er kann damit die Ausschüttung der offenen Rücklagen ertragsmäßig neutralisieren.

305 **Übersicht**

Teilwert

- **Definition:**
Teilwert ist der Betrag, den ein Erwerber des ganzen Betriebs im Rahmen des Gesamtkaufpreises für das einzelne Wirtschaftsgut ansetzen würde; dabei ist davon auszugehen, dass der Erwerber den Betrieb fortführt (§ 6 Abs. 1 Nr. 1 S. 3 EStG). Der Teilwert ist ein unternehmensspezifischer Wert; es ist auf die jeweilige betriebliche Funktion des einzelnen Wirtschaftsguts abzustellen.
- **Funktion:**
§ 6 Abs. 1 Nr. 4–7 EStG; der (konkrete, aktuelle, betriebsbezogene) Teilwert ist der von inneren und äußeren Umständen abhängige Wiederbeschaffungswert (z. B. „niedrigerer Teilwert"; stille Reserven); er ist der aktuelle Wert und korrigiert die historischen Kosten („Anpassung an die Wirklichkeit") im Hinblick auf „innere" (z. B. Beschädigung, Fehlmaßnahme) und „äußere" Umstände (z. B. gesunkene Wiederbeschaffungskosten)
- **Anwendungsbereich:**
Ansatz des Teilwerts, wenn aktueller (Wirklichkeits-)Wert benötigt wird, z. B. bei Entnahme, Einlage, Betriebseröffnung, bei Wertverlust (Ausdruck des Vorsichtsprinzips)
- **Teilwertvermutungen**
1. **Ausgangspunkt:** Teilwert = Anschaffungskosten, ggf. ./. AfA
(Teilwertvermutung; gilt auch bei überhöhten Anschaffungskosten)
Grundlage: Es ist anzunehmen, dass der Erwerber des Betriebs dieselben Überlegungen anstellt wie der Vorgänger.
2. **Entkräftung der Teilwertvermutung**, z. B.
   - durch äußere Ursachen: z. B. gesunkene Wiederbeschaffungskosten
   - durch innere Ursachen:
   - Wertminderungen durch Mängel
   - nachhaltige Rentabilitätsminderung des gesamten Betriebs
   - Fehlmaßnahme (unbewusster Fehler)
   - ausschüttungsbedingte Teilwertabschreibung
3. **Rechtsfolgen**
   - Bei Entkräftung der Teilwertvermutung:
   von der funktionalen Bedeutung des Wirtschaftsguts im Betrieb abhängige Wertbestimmung (vom Einzelveräußerungspreis bis zu den Wiederbeschaffungskosten)
   - Gelingt die Entkräftung der Teilwertvermutung nicht, bleibt es bei dem nach Ziff. 1. maßgeblichen Wertansatz.

IV. Weitere Wertmaßstäbe

1. Gemeiner Wert

306 Der gemeine Wert ist der Betrag, der für das Wirtschaftsgut nach seiner Beschaffenheit im gewöhnlichen Geschäftsverkehr bei einer Veräußerung als Preis zu erzielen wäre (vgl. § 9 Abs. 2 BewG, **Einzelveräußerungspreis**). Der gemeine Wert hat Bedeutung beim Tausch (§ 6 Abs. 6 S. 1 EStG), bei unentgeltlichem Erwerb (§ 6 Abs. 4 EStG) und bei der Ermittlung des Aufgabegewinns nach § 16 Abs. 3 EStG; bei Betriebsaufgabe ist für eine auf die Fortführung des Betriebs abgestellte Bewertung kein Raum.

2. Buchwert (Restwert)

307 Der Buchwert ist der Wert, mit dem das einzelne Wirtschaftsgut in der Bilanz ausgewiesen ist. Der – z.B. durch Sonderabschreibungen beeinflusste – Buchwert muss mit dem tatsächlichen Wert nicht übereinstimmen und wird es in der Regel auch nicht. Die Diffe-

renz von Veräußerungspreis und Buchwert (als Ausdruck noch nicht steuermindernd geltend gemachten Aufwandes) ergibt nach Abzug der Veräußerungskosten den Veräußerungsgewinn (vgl. auch § 16 Abs. 2 EStG). Zur Berechnung des Entnahmegewinns (Teilwert ./. Buchwert) ist (auch bei Gewinnermittlung nach § 4 Abs. 3 EStG) vom richtigen (ursprünglichen) Einlagewert auszugehen; der (Rest-)Buchwert ist aus der Summe der tatsächlich vorgenommenen AfA abzuleiten.[957]

3. Substanz- und Ertragswert

Der Substanzwert beziffert den Wert der Substanz, der Ertragswert den potenziellen **308**
Nutzen, der aus dem Einsatz des Wirtschaftsguts resultiert. Substanz- und Ertragswert haben Bedeutung bei der Ermittlung des Geschäftswerts oder z. B. auch des Werts von Beteiligungen. Substanzwert ist in diesem Fall die Differenz zwischen den um die stillen Reserven vermehrten Aktiva und den Passiva (ohne Eigenkapital). Der Ertragswert wird aus den kapitalisierten durchschnittlichen Erträgen abgeleitet.

957 BFH v. 14.11.2007 – XI R 37/06, BFH/NV 2008, 365.

309 **Übersicht**

Bewertung (§ 6 b EStG)

- § 6 EStG: steuerbilanzrechtliche Sonderregelung; handelsrechtliche Vorschriften (insbesondere §§ 252–256 HGB) gelten nur subsidiär
- Sonderregelungen gegenüber § 6 EStG: §§ 6a Abs. 3–5; 6b; 16 Abs. 3 S. 3–5; 17 Abs. 2; 55 EStG; § 5 InvZulG

Anschaffungskosten

Aufwendungen, die geleistet werden, um einen Vermögensgegenstand zu erwerben und ihn in einen betriebsbereiten Zustand zu versetzen, soweit sie dem Vermögensgegenstand **einzeln** zugeordnet werden können (§ 255 Abs. 1 HGB); auch vorbereitende Aufwendungen; Nebenkosten, nachträgliche Aufwendungen und Anschaffungspreisminderungen sind abzusetzen.

Nicht:

Finanzierungskosten

Herstellungskosten

Aufwendungen, die durch den Verbrauch von Gütern und die Inanspruchnahme von Diensten für die Herstellung eines Vermögensgegenstands, seine Erweiterung oder wesentliche Verbesserung entstehen (§ 255 Abs. 2 HGB)

Also:

- Materialein zelkosten
- Material ge meinkosten
- Fertigungsein zelkosten
- Fertigungsgemeinkosten
- Sonderkosten

Nach h.A.:

Aktivierungspflicht:

- Materialkosten
- Materialgemeinkosten
- Fertigungskosten, insb. Fertigungslöhne
- Fertigungsgemeinkosten
- Sonderkosten
- AfA

Aktivierungswahlrecht:

- allg. Verwaltungskosten
- Sonderabsetzungen
- betr. Altersversorgung
- Fremdkapitalzinsen (R 6.3 Abs. 7 EStR)
- freiw. soz. Aufwendungen

Aktivierungsverbot:

- Vertriebskosten
- Teilwertab schrei bungen
- kalkulatorische Zinsen
- Leerkosten
- ESt und VSt
- USt
- allgemeine Forschungskosten

Teilwert

Der Betrag, den ein Erwerber des ganzen Betriebs im Rahmen des Gesamtkaufpreises für das einzelne Wirtschaftsgut ansetzen würde; dabei ist von einer Betriebs fortführung auszugehen (§ 6 Abs. 1 Nr. 1 S. 3 EStG); „Programmnorm"

Korrekturwert („Anpassung an die Wirklichkeit"); konkreter Wiederbeschaffungswert Veränderungen aufgrund innerer (Beschädigung) und äußerer Umstände (z.B. gefallene Wiederbeschaffungskosten)

Fiktionen:

- Erwerb des ganzen Betriebs
- Gesamtkaufpreis + Aufteilung
- Betriebsfort führung

Der Teilwert liegt zwischen Einzelveräußerungspreis (Unter grenze) und Wiederbeschaffungskosten (Ober grenze); abhängig von betrieblicher Funktion

Teilwertvermutungen:

- im **Zeitpunkt der Anschaffung/Herstellung:** die entsprechenden Kosten
- später:Wiederbeschffungskosten nach Maßgabe des Alterungs-/Nutzungsgrades; Entkräftung der Teilwertvermutung bei
  - gesunkenen Wieder beschaffungskosten
  - Verkaufserlösen unter Selbstkosten
  - Mängel, Schäden
  - nachhaltiger Rentabilitätsminderung des gesamten Betriebs
  - Fehlmaßnahme

Gemeiner Wert

Der gemeine Wert wird durch den Preis bestimmt, der im gewöhnlichen Geschäftsverkehr nach der Beschaffenheit des Wirt schaftsgutes bei einer Veräußerung zu erzielen wäre. Dabei sind alle Umstände, die den Preis beeinflussen, zu berücksichtigen.

Ungewöhnliche oder persönliche Verhältnisse sind nicht zu berücksichtigen (§ 9 Abs. 2 BewG); nur subsidiäre Geltung (§ 9 Abs. 1 BewG), maßgeblich z.B. bei

- unentgeltlichem Erwerb (§ 6 Abs. 4 EStG)
- Betriebs aufgabe (§ 16 Abs. 3 EStG)
- Tausch (§ 6 Abs. 6 S. 1 EStG)

C. Bewertungsmethoden

I. Einzelbewertung

§ 6 EStG normiert den Grundsatz der Einzelbewertung: Gegenstand der Bewertung ist jedes einzelne Wirtschaftsgut (vgl. auch § 252 Abs. 1 Nr. 3 HGB). Eine Gesamtbewertung des Betriebsvermögens oder eines Teils des Betriebsvermögens ist unzulässig; so ist es z. B. nicht möglich, eine durch Errichtung eines Konkurrenzunternehmens verursachte Wertminderung durch eine Globalabschreibung zu berücksichtigen.[958] Allerdings sind in bestimmten (eher seltenen) Fällen handelsrechtliche Bewertungseinheiten in die Steuerbilanz zu übernehmen; die Ergebnisse der in der handelsrechtlichen Rechnungslegung zur Absicherung finanzwirtschaftlicher Risiken gebildeten **Bewertungseinheiten** sind auch für die steuerliche Gewinnermittlung maßgeblich (§ 5 Abs. 1 a EStG).[959] 310

Dem Grundsatz der Einzelbewertung widerspricht es auch, verschiedenartige Wirtschaftsgüter auf einem Sammelkonto zusammenzufassen.

So ist es z. B. unzulässig, Grund und Boden und die aufstehenden Gebäude als ein Wirtschaftsgut zu erfassen.[960]

Mit dem Grundsatz der Einzelbewertung unvereinbar ist ferner die Saldierung aktiver Wirtschaftsgüter mit Schulden (z. B. Saldierung des Grundstückswerts mit den darauf lastenden Hypothekenschulden oder der Pensionsverpflichtungen mit Rückdeckungsansprüchen).[961]

Aus praktischen Gründen ist der Grundsatz in einzelnen Fällen durchbrochen. Es würde einen unverhältnismäßigen Aufwand erfordern, wenn z. B. Massengüter streng nach dem Grundsatz der Einzelbewertung aufgenommen und bewertet werden müssten. Handelt es sich z. B. um einen Gesamtbetrag gleichartiger oder annähernd gleichwertiger Verpflichtungen, so ist eine „Herausschätzung" des Teils der mit an Sicherheit grenzender Wahrscheinlichkeit nicht mehr geltend gemachten Forderungen geboten.[962]

II. Gruppenbewertung

Zur Erleichterung der Inventur und Bewertung können unter bestimmten Voraussetzungen auch in der Steuerbilanz gleichartige Wirtschaftsgüter des Vorratsvermögens oder andere gleichartige oder annähernd gleichwertige bewegliche Wirtschaftsgüter nach §§ 240 Abs. 4, 256 S. 1, 284 Abs. 2 Nr. 4 HGB zu einer Gruppe zusammengefasst und als Gruppe bewertet werden (Gruppen- oder Sammelbewertung).[963] Von der Gruppen- kann stets zur Einzelbewertung gewechselt werden.[964] 311

958 RFH v. 25.10.1933, RStBl. 1934, 410.
959 V. 28.04.2006, BGBl. I, 1095; Schmidt/Weber-Gellet § 5 Rn. 70 („Spezialmaßgeblichkeit").
960 BFH v. 16.07.1968 – GrS7/67, BStBl. II 1969, 108 – Aufgabe der sog. Einheitstheorie.
961 BFH v. 25.02.2004 – I R 54/02 DStR 2004, 1118; § 246 Abs. 2 HGB – Verrechnungsverbot.
962 Vgl. BFH v. 27.03.1996 – I R 3/95, BStBl. II 1996, 470.
963 BFH v. 01.10.1992 – IV R 97/91, BStBl. II 1993, 284.
964 BFH v. 15.02.2001 – IV R 5/99, BStBl. II 2001, 548.

1. Annähernd gleichwertige Wirtschaftsgüter

312 Annähernde Gleichwertigkeit ist außerdem gegeben, wenn die maßgeblichen Preise um nicht mehr als 20 % voneinander abweichen. Die in dieser Gruppe zusammenzufassenden Wirtschaftsgüter dürfen nicht völlig verschiedenartig sein.

Beispiel

Eine Schreibwarenhandlung hat am Bilanzstichtag 1.000 Kugelschreiber und 1.000 Druckbleistifte. Die Anschaffungskosten haben je Stück 1 € betragen. Es handelt sich nicht um gleichartige, aber auch nicht um völlig verschiedenartige Wirtschaftsgüter. Die Gleichwertigkeit ist gegeben. Die Zusammenfassung zu einer Gruppe ist möglich. Auch bei geringfügigen Abweichungen der Anschaffungskosten (z. B. Kugelschreiber 1 €, Druckbleistift 0,90 €) wäre die Zusammenfassung in einer Gruppe noch möglich.

2. Gleichartige Wirtschaftsgüter

313 Die zusammenzufassenden Wirtschaftsgüter müssen gleichartig, nicht gleichwertig sein (z. B. Herrensocken verschiedener Preislagen in einem Kaufhaus). Wirtschaftsgüter sind gleichartig, wenn sie gattungs- oder funktionsgleich und annähernd preis- oder wertgleich sind. Voraussetzung ist jedoch, dass für die zusammenzufassenden Wirtschaftsgüter ein Durchschnittswert bekannt ist. Das ist der Fall, wenn bei der Bewertung dieser Wirtschaftsgüter ein ohne Weiteres feststellbarer, nach den Erfahrungen der betreffenden Branche sachgemäßer Durchschnittswert verwendet wird (vgl. R 6.8 Abs. 4 EStR).

III. Durchschnittsbewertung

314 Enthält das **Vorratsvermögen** am Bilanzstichtag Wirtschaftsgüter, die im Verkehr nach Maß, Zahl oder Gewicht bestimmt werden (vertretbare Wirtschaftsgüter), die zu schwankenden Preisen eingekauft worden sind und bei denen im Laufe des Wirtschaftsjahres häufig Zu- und Abgänge stattfanden, so ist eine einwandfreie Bewertung dieser Bestände oft nicht möglich, weil nicht mehr feststellbar ist, aus welchen Zugängen die am Bilanzstichtag vorhandenen Bestände stammen. Die Schwierigkeit der Bewertung ist eine Folge der Unmöglichkeit der Identifikation der am Bilanzstichtag vorhandenen Bestände. Der Wert der Bestände muss daher geschätzt werden.

Beispiel

Ein Mineralölhändler kauft von verschiedenen Raffinerien und zu verschiedenen Zeitpunkten Heizöl und verkauft es an Unternehmer und Endverbraucher. Die Preise haben im Lauf des Jahres bei steigender Tendenz geschwankt. Die Zukäufe wurden in die nur teilweise entleerten Tanks gefüllt. Die Auslieferungen wurden aus verschiedenen Tanks vorgenommen. Im Jahresendbestand befindet sich daher Heizöl, das zu ganz unterschiedlichen Preisen erworben wurde. Eine Einzelbewertung ist nicht möglich.

Bei der in der Praxis entwickelten, im OFH-Gutachten vom 03.06.1949[965] gebilligten Methode sind die am Bilanzstichtag vorhandenen Bestände nach dem **„gewogenen Mittel"** der Anschaffungs- oder Herstellungskosten zu bewerten (R 6.8 Abs. 3 S. 3 EStR).

965 MinBlFin 1949/50, 333.

Beispiel

*Bestand 31.12.2022:	100 Einheiten	zu 100	10.000
Zugänge 2023	200	zu 110	22.000
	50	zu 130	6.500
	350	zu 120	42.000
	300	zu 125	37.500
Summe	1.000		118.000

Durchschnittspreis je Einheit: 118
Sind am 31.12.2023 noch 90 Einheiten, so sind diese mit 90 x 118 = 10.620€ zu bewerten.

Die **Staffelbewertung** ist eine verfeinerte Form der Durchschnittsbewertung, bei der die Durchschnittswerte für kürzere Perioden (Tage, Wochen, Monate, Quartale) unter Berücksichtigung der Abgänge während der Periode ermittelt und fortlaufend in einer Staffel fortgeschrieben werden.

Diese Bewertungsmethode führt zu genaueren Werten als die Durchschnittsbewertung. Sie findet Anwendung bei Handelsbetrieben, wobei insbesondere bei Aufstellung von Monatsbilanzen die Werte in einer monatlichen Staffel entwickelt werden.

Beispiel (vierteljährliche Staffel):

		Durchschnittswert pro Einheit	**EUR**
*Bestand 31.12.2022:	100 Einheiten zu 100		10.000
Zugang 1. Quartal	200 Einheiten zu 110		22.000
Summe	300 Einheiten		32.000
Durchschnittswert des Bestandes		**106,67**	
Abgang 1. Quartal	150 Einheiten zu 106,67		-16.000
*Bestand 31.03.2023	150 Einheiten		16.000
Zugang 2. Quartal	50 Einheiten zu 130		6.500
Summe	200 Einheiten		22.500
Durchschnittswert des Bestandes		**112,50**	
Abgang 2. Quartal	120 Einheiten zu 112,50		-13.500
*Bestand 30.06.2023	80 Einheiten		9.000
usw.			

IV. Bewertung nach der Verbrauchs-/Veräußerungsfolge

315 **§ Fall 35: Lifo im Kfz-Handel?**

Die X-KG betreibt eine Vertragswerkstatt der VW-AG und handelt mit Kfz. Sie bewertete die zum Verkauf bestimmten Fahrzeuge auf der Grundlage der Unterstellung, dass die zuletzt angeschafften Kfz zuerst veräußert würden. Dabei bildete sie für die Neufahrzeuge Bewertungsgruppen nach den Wagentypen ihres Bestands. Der Prüfer vertrat die Auffassung, dass die Anwendung des Lifo-Verfahrens nicht zulässig sei und die Kfz unter Berücksichtigung von Teilwertabschlägen nach ihren individuellen Anschaffungskosten bewertet werden müssten.

316 Fraglich ist, ob die Lifo-Methode angewandt werden darf.

I. Gleichartige Wirtschaftsgüter des Vorratsvermögens können **handelsrechtlich** aufgrund unterstellter Verbrauchs- und Veräußerungsfolgen bewertet werden, soweit das den Grundsätzen ordnungsmäßiger Buchführung entspricht (§ 256 S. 1 HGB). Neben der vereinfachten Ermittlung der Anschaffungs-/Herstellungskosten der einzelnen Wirtschaftsgüter bezwecken diese Methoden, den Endbestand möglichst niedrig zu bewerten, indem man ihn zu den Anschaffungs-/Herstellungskosten der niedrigsten Partien ansetzt. Die teuersten Zugänge werden als Aufwand der Periode behandelt.

II. Bei der sog. **Lifo-Methode** (last in – first out) wird unterstellt, dass die zuletzt beschafften Wirtschaftsgüter zuerst verbraucht oder veräußert werden.[966] Die Lifo-Methode führt häufig zu dem niedrigsten Wertansatz.
In der Praxis kommt die Lifo-Methode bei der Bewertung im Eisenhandel (Stapelung von Blechen) und bei der Bewertung von auf Halden lagernden Rohstoffen vor.

Die Unterstellung, dass die zuletzt beschafften Wirtschaftsgüter zuerst veräußert worden sind, bedeutet, dass die zuerst beschafften Wirtschaftsgüter noch am Lager sind. In Zeiten steigender Preise sind dies die Waren mit den niedrigeren Anschaffungskosten. In Zeiten fallender Preise sind zwar nach der Unterstellung die zuerst beschafften Wirtschaftsgüter mit hohen Anschaffungskosten noch vorrätig; diese müssen aber nach dem Niedrigstwertprinzip mit dem Teilwert (Börsen-, Marktpreis oder sonstige Wiederbeschaffungskosten) vom Bilanzstichtag – also wiederum mit dem niedrigeren Wert – angesetzt werden.

III. Gemäß § 6 Abs. 1 Nr. 2 a EStG ist die **Lifo-Methode steuerlich** unter folgenden Voraussetzungen anwendbar:

- gleichartige Wirtschaftsgüter des Vorratsvermögens,
- Gewinnermittlung nach § 5 EStG,
- Vereinbarkeit mit den Grundsätzen ordnungsmäßiger Buchführung.

Die Vereinbarkeit mit den Grundsätzen ordnungsmäßiger Buchführung bedeutet nicht, dass die Lifo-Methode nur bei entsprechend tatsächlicher Verbrauchs- oder Veräußerungsfolge anwendbar ist.[967] M.E. genügt, dass die fingierte Folge nicht völlig unvereinbar mit dem betrieblichen Geschehensablauf ist.

Beispiel

Die Grundsätze ordnungsmäßiger Buchführung stehen der Lifo-Methode entgegen bei Saisonbetrieben, in denen die Bestände im Laufe des Wirtschaftsjahres stets sofort verbraucht oder veräußert werden, oder bei leicht verderblichen Waren, die stets sofort verbraucht oder veräußert werden.[968]

966 BFH v. 20.06.2000 – VIII R 32/98, BStBl. II 2001, 636; BMF v. 12.05.2015, BStBl. I 2015, 462; Herzig, DB 2014, 1756.
967 BMF v. 12.05.2015, BStBl. I 2015, 462; dazu Köhler StBp 2016, 249.
968 Zur Anwendbarkeit dieser Methode in der Weinwirtschaft vgl. BMF v. 28.03.1990, BStBl. I 1990, 148.

IV. Im Streitfall entspricht die Bewertung nach der sog. Lifo-Methode nicht den handelsrechtlichen Grundsätzen ordnungsmäßiger Buchführung und ist deshalb auch steuerrechtlich ausgeschlossen, wenn Vorräte mit – absolut betrachtet – hohen Erwerbsaufwendungen zu bewerten sind, die Anschaffungskosten ohne Weiteres ermittelt und den einzelnen Vermögensgegenständen angesichts deren individueller Merkmale ohne Schwierigkeiten zugeordnet werden können.[969]

Ergebnis:

Die Anwendung des Lifo-Verfahrens ist nicht zulässig; die Kfz sind – ggf. unter Berücksichtigung von Teilwertabschlägen – nach ihren individuellen Anschaffungskosten zu bewerten.

Bei der **Fifo-Methode** (first in – first out) wird unterstellt, dass die zuerst beschaffte Ware zuerst veräußert worden ist. Diese Methode wirkt sich nur bei tendenziell fallenden Preisen vorteilhaft aus. Die Anwendung der **Fifo-Methode** ist in der **Steuerbilanz** nur in Fällen zulässig, in denen durch die Art der Lagerhaltung sichergestellt ist, dass die angenommene mit der tatsächlichen Verbrauchs-/Veräußerungsfolge übereinstimmt, die Verbrauchs- oder Veräußerungsfolge also nicht unterstellt wird (R 6.9 Abs. 1 EStR).

Beispiel

Von oben beschickte und von unten entleerte Silos; Lager, die aufgrund ihrer technischen Gestaltung auf verschiedenen Seiten be- und entladen werden

V. Festbewertung

Gemäß §§ 240 Abs. 3, 256 S. 2 HGB können Vermögensgegenstände des **Sachanlagevermögens** sowie **Roh-, Hilfs- und Betriebsstoffe**, 317

z. B. Gerüst- und Schalungsteile im Baugewerbe,[970] Modelle, Formen, Werkzeuge, Hotelgeschirr und -inventar, Rebstöcke, Brennstoffvorräte, Signal- und Gleisanlagen,[971]

mit einer gleichbleibenden Menge und einem gleichbleibenden Wert (Festwert) angesetzt werden, wenn

- sie regelmäßig ersetzt werden,
- ihr Gesamtwert für das Unternehmen von nachrangiger Bedeutung ist,
- der Bestand in seiner Größe, seinem Wert und seiner Zusammensetzung nur geringen Veränderungen unterliegt.

Die Bildung von Festwerten zur Erleichterung der Inventur und der Bewertung (nicht zum Ausgleich von Preisschwankungen, insbesondere Preissteigerungen) wird auch steuerlich anerkannt.[972]

Das Festwertverfahren geht davon aus, dass die laufenden Neuzugänge für die betreffende Gruppe von Wirtschaftsgütern für längere Zeit ungefähr dem Verbrauch bzw. dem Ausscheiden dieser Güter entsprechen, dass also ein **gleichbleibender Bestand** und ein **gleichbleibender Wert** unterstellt werden können.

Bei Roh-, Hilfs- und Betriebsstoffen ist der Festwert nach den jeweiligen Anschaffungs- oder Herstellungskosten zu bemessen; bei abnutzbaren Sachanlagen sind zusätzlich AfA zu berücksichtigen.

969 BFH v. 20.06.2000 – VIII R 32/98, BStBl. II 2001, 636; a. A. Mayer-Wegelin DB 2001, 554.

970 Vgl. FinMin NW v. 12.12.1961, BStBl. II 1961, 194.

971 Vgl. im Einzelnen H/H/R § 6 EStG Anm. 130 ff.

972 RFH v. 19.12.1934, RStBl. 1935, 675; v. 20.02.1935, RStBl. 1935, 1113; v. 16.12.1936, RStBl. 1937, 272; OFH-Gutachten v. 03.06.1949, MinBlFin 1949/50, 333; BFH v. 23.03.1972 – V R 139/71, BStBl. II 1972, 683; R 5.4 Abs. 3, H 6.8 EStH; BMF v. 08.03.1993, BStBl. I 1993, 276.

Beispiel

Bildung eines Festwerts für Wirtschaftsgüter mit Anschaffungskosten von 50 und einer Nutzungsdauer von fünf Jahren. Im Bestand befinden sich 500 Wirtschaftsgüter; zu dessen Erhalt werden jährlich 250 Einheiten zugekauft. Bei voller Jahresabschreibung ergibt sich danach folgender Festwert:

Alter in Jahren		Bestand	Anschaffungskosten	AfA Restwert
5	100	5.000	5.000	0
4	100	5.000	4.000	1.000
3	100	5.000	3.000	2.000
2	100	5.000	2.000	3.000
1	**100**	**5.000**	**1.000**	**4.000**
	500	25.000	15.000	10.000

Der Festwert beträgt demnach 10.000 €.
Die in den folgenden Jahren anfallenden regelmäßigen Aufwendungen für die Instandhaltung und Ergänzung des in dem Festwert zusammengefassten Bestandes sind sofort abziehbar. Erhöht sich der Wert des Bestands, so ist der Festwert durch Zuschreibung auf den neuen Wert aufzustocken, wenn die Werterhöhung 10 % des bisherigen Festwerts übersteigt (R 5.4 Abs. 3 S. 2 EStR). Bei einer Werterhöhung bis zu 10 % kann der bisherige Wert beibehalten werden (R 5.4 Abs. 3 S. 5 EStR). Vermindert sich der Bestand, ist der Festwert stets entsprechend herabzusetzen (R 5.4 Abs. 3 S. 4 EStR). Eine körperliche Bestandsaufnahme durch Inventur ist nicht an jedem Bilanzstichtag, sondern in der Regel an jedem 3., spätestens aber an jedem 5. Bilanzstichtag erforderlich (§ 240 Abs. 3 S. 2 HGB; R 5.4 Abs. 3 S. 1 EStR).

VI. Retrograde Ermittlung (Verkaufswertverfahren; Rückrechnung)

318 Einzelhandelsgeschäften und Kaufhäusern mit einem großen Warensortiment, insbesondere im Textileinzelhandel, bereitet die Ermittlung der Anschaffungskosten u.U. erhebliche Schwierigkeiten, weil die Waren schon beim Einkauf mit den Verkaufspreisen ausgezeichnet werden. Rspr. und Verwaltung lassen in diesen Fällen die Bewertung nach dem Verkaufswertverfahren (sog. retrograde Methode[973]) zu, wenn die Rohgewinnaufschläge ohne große Schätzungsfehler festzustellen sind. Die Anschaffungskosten werden durch Rückrechnung ermittelt, indem die kalkulierten Verkaufspreise um die Erlösschmälerungen, die Verwaltungs- und Vertriebsgemeinkosten sowie den Rohgewinn vermindert werden.[974] Für die Teilwertabschreibung von Umlaufvermögen stehen grundsätzlich die progressive[975] sowie die retrograde Methode der Wertermittlung zur Verfügung.

Beispiel

Moderne Herrenhemden, die mit einem Aufschlag von 50 % kalkuliert waren, sollten ursprünglich 90 € kosten; sie wurden schließlich mit einem Verkaufspreis von 72 € ausgezeichnet und angeboten. Die Anschaffungskosten betragen 90 x 2/3 = 60 € (Berechnung auf der Grundlage des ursprünglichen Aufschlags: 60 + 50 %); der ermäßigte Verkaufspreis ist nicht maßgeblich.

Auch die Herstellungskosten selbst hergestellter Erzeugnisse können in besonderen Fällen nach der retrograden Methode ermittelt werden. Die Finanzverwaltung hat eine solche Bewertung in bestimmten Zweigen der Urproduktion zugelassen.

973 FG Münster v. 21.11.2018 – 13 K 444/16, BB 2019, 687.

974 Vgl. RFH v. 10.08.1938, RStBl. 1938, 888; BFH v. 27.10.1983 – IV R 143/80, BStBl. II 1984, 35; v. 09.11.1994 – I R 68/92, BStBl. II 1995, 336; H 6.2 EStH „Waren“; Schmidt/Kulosa § 6 Rn. 252; H/H/R § 6 Anm. 107. – In der BT-Drs. 14/443, 51 (zum StEntlG 99 f.) hat der Finanzausschuss ausdrücklich darauf hingewiesen, dass die retrograde Wertermittlung für die zum Absatz bestimmten Wirtschaftsgüter des Vorratsvermögens weiterhin zulässig bleibe, und zwar sowohl für die Ermittlung der Anschaffungskosten als auch des niedrigeren Teilwerts.

975 Z.B. aus den Herstellungskosten.

So können z. B. die Bewertung der Haldenbestände an Kohlen und Koks bei den Bergbauunternehmen und die Bewertung der Roheisenbestände bei den Hüttenwerken nach der retrograden Methode vorgenommen werden.[976] 319

Übersicht

Bewertungsmethoden

• **Einzelbewertung**	§ 6 Abs. 1 EStG; § 252 Abs. 1 Nr. 3 HGB, Saldierungsverbot
• **Gruppenbewertung**	für bestimmte gleichartige oder gleichwertige Wirtschaftsgüter
• **Durchschnittsbewertung**	nach dem „gewogenen Mittel" der am Bilanzstichtag vorhandenen Bestände; jährliche oder abschnittsweise Berechnung
• **Bewertung nach der Verbrauchs-/ Veräußerungsfolge**	§ 6 Abs. 1 Nr. 2 a EStG: Anwendbarkeit der Lifo-Methode; Fifo-Methode nur bei entsprechender tatsächlicher Verbrauchs-/ Veräußerungsfolge
• **Festbewertung**	Sachanlagevermögen sowie Roh-, Hilfs- und Betriebsstoffe können mit einem gleichbleibenden Wert angesetzt werden, wenn • sie regelmäßig ersetzt werden, • ihr Gesamtwert für das Unternehmen von nachrangiger Bedeutung ist, • der Bestand in seiner Größe, seinem Wert und seiner Zusammen setzung nur geringen Veränderungen unterliegt.
• **Retrograde Ermittlung**	Verkaufswertverfahren im Einzelhandel und in Kaufhäusern; Ermittlung der Anschaffungskosten durch Rückrechnung

976 ESt-Kartei – OFD NW, § 6 Abs. 1 Nr. 2 EStG, Nr. 48 a.

D. Wertherabsetzungen, insbesondere Absetzungen für Abnutzung (AfA)

I. Allgemeines

1. Begriff der Absetzung

320 Regelmäßig mindert sich der Wert eines Wirtschaftsguts durch Nutzung und Verschleiß. Diese Wertminderungen werden bei der Bewertung des Betriebsvermögens durch Abschreibungen erfasst. Abschreibungen sind demnach die Beträge, um die die Ausgangswerte im Jahresabschluss entsprechend der eingetretenen Wertminderung herabgesetzt werden.

Das **Handelsrecht** unterscheidet zwischen planmäßigen und außerplanmäßigen **Abschreibungen** (§ 253 Abs. 3 HGB). Das **Steuerrecht** verwendet stattdessen als Grundbegriff die **Absetzung** und differenziert nach verschiedenen Arten der Absetzung, insbesondere

- Absetzung für Abnutzung (§ 7 Abs. 1 EStG),
- Absetzung für Substanzverringerung (§ 7 Abs. 6 EStG),
- Absetzung für außerordentl. techn. o. wirtschaftl. Abnutzung (§ 7 Abs. 1 S. 7 EStG),
- erhöhte Absetzungen und Sonderabschreibungen (§§ 7 a ff. EStG),
- Teilwertabschreibung (§ 6 Abs. 1 Nr. 1, 2 EStG),
- Bewertungsabschläge.[977]

2. Funktion der Absetzung

321 Abschreibungen haben steuerrechtlich eine doppelte Funktion:[978]

- Verteilung der Anschaffungs- oder Herstellungskosten abnutzbarer Wirtschaftsgüter des Anlagevermögens auf die Wirtschaftsjahre, in denen sie voraussichtlich genutzt werden (Aufwandsverteilung);
- Abwertung der Wirtschaftsgüter bei vorübergehender oder dauernder Wertminderung entsprechend dem Vorsichtsprinzip (Wertverzehr).

Die wirtschaftliche Bedeutung der Abschreibungen besteht in Folgendem:

- periodengerechte Gewinnermittlung,
- korrekte Darstellung der Vermögenslage durch Sichtbarwerden des Wertverzehrs,
- nominelle Kapitalerhaltung (die entsprechenden Ausgaben treten erst nach und nach als Aufwand in Erscheinung),
- Steuerstundung durch Bildung stiller Reserven.

Die Regelungen über die AfA sind Ausfluss des **Verursachungsprinzips**, das eine periodengerechte Gewinnermittlung bezweckt. Bei der Bemessung der AfA-Beträge ist das **Vorsichtsprinzip** zu beachten; im Zweifel ist die voraussichtliche Nutzungsdauer eher kürzer zu bemessen. Dieses Vorgehen führt zur Entstehung sog. **stiller Reserven:** Der Buchwert der abnutzbaren Wirtschaftsgüter ist zumeist niedriger als deren Veräußerungswert. Der Ansatz höherer AfA-Beträge führt im Allgemeinen nicht zu einem endgültigen Steuerausfall. Spätestens wenn der Buchwert auf den Erinnerungswert abgeschrieben oder wenn das Wirtschaftsgut veräußert oder entnommen ist, gleichen sich die zunächst zu hohen Absetzungen aus. Durch die spätere Besteuerung können aller-

977 Krit. Atilgan StuB 2023, 401.

978 Im Einzelnen Bongers FR 2024, 548.

dings Zins- und Progressionsvorteile entstehen; bei Veräußerung des Betriebs ist ein niedrigerer Steuersatz anzuwenden (§ 34 Abs. 2 Nr. 1 EStG). Der **tatsächliche Wertverzehr** ist der Maßstab für die Verteilung der tatsächlichen Kosten.[979] AfA kann nicht mehr nach Rücktritt vom Kaufvertrag in Anspruch genommen werden.[980]

3. Vorrang der steuerrechtlichen Vorschriften

Die speziellen Regelungen der §§ 7 ff. EStG gehen den handelsrechtlichen Vorschriften (v. a. § 253 Abs. 3–5 HGB) vor (so ausdrücklich § 5 Abs. 6 EStG). 322

II. Gegenstand der AfA

Nach § 7 Abs. 1 EStG können nur **abnutzbare Wirtschaftsgüter des Anlagevermögens** abgeschrieben werden. Das hat seinen guten Grund: Für Wirtschaftsgüter des Anlagevermögens, deren Nutzungsdauer unbeschränkt ist (wie etwa Grund und Boden, Beteiligungen, Wertpapiere), kann keine Nutzungsdauer festgelegt werden. Wirtschaftsgüter des Umlaufvermögens sind zum Verbrauch bestimmt. Ihr Verbleib im Betrieb ist im Allgemeinen nur von kurzer Dauer; ein mehrjähriger Nutzen wird nur selten der Fall sein. 323

Aus dem Grundsatz der **Einzelbewertung** folgt, dass die AfA für jedes einzelne Wirtschaftsgut gesondert zu ermitteln ist. Nicht selbstständig abschreibbar sind die einzelnen Teile eines Wirtschaftsguts, mag deren Nutzungsdauer auch von der des Gesamtgegenstandes abweichen.

Grund und Boden und die darauf errichteten **Gebäude** bilden **verschiedene Wirtschaftsgüter** (vgl. § 6 Abs. 1 Nr. 2 EStG).[981] Unselbstständige Gebäudeteile (wie etwa Heizungs-, Fahrstuhl-, Belüftungsanlagen) sind einheitlich mit dem Gebäude abzuschreiben. **Selbstständige Gebäudeteile** – das sind solche, die mit dem Gebäude nicht in einem einheitlichen **Funktions- und Nutzungszusammenhang** stehen (etwa Betriebsvorrichtungen, Einbauten für vorübergehende Zwecke, Ladeneinbauten, teils im Betriebsvermögen, teils im Privatvermögen stehende Gebäude) – sind nach ihrer individuellen Nutzungsdauer abzuschreiben. Auch **Rechte** können der Absetzung unterliegen, sofern sie zeitlich begrenzt sind.

Der AfA unterliegen daher folgende Wirtschaftsgüter:

Abnutzbare bewegliche Wirtschaftsgüter des Anlagevermögens	Abnutzbare unbewegliche Wirtschaftsgüter des Anlagevermögens	Abnutzbare immaterielle Einzelwirtschaftsgüter	Geschäfts- oder Firmenwert und geschäftswertähnliche immaterielle Einzelwirtschaftsgüter
z. B.: ▪ Maschinen ▪ Kraftfahrzeuge ▪ Einrichtung	z. B.: ▪ Gebäude ▪ Gebäudeteile ▪ Außenanlagen	z. B.: ▪ Patente ▪ Erfindungen ▪ Nutzungsrechte	z. B.: ▪ Verlagswert

III. Absetzungsberechtigung

Die Abschreibungsberechtigung richtet sich nach der **personellen und sachlichen Zuordnung** des Wirtschaftsguts (vgl. 4. Abschnitt, Rn. 164, 174); die AfA-Befugnis steht demnach dem bürgerlich-rechtlichen oder dem wirtschaftlichen Eigentümer/Inhaber 324

979 Vgl. Schmidt/Kulosa § 7 Rn. 1 f.
980 BFH v. 19.12.2007 – IX R 50/06, DB 2008, 795.
981 BFH v. 16.07.1968 GrS 7/67, BStBl. II 1969, 108.

zu,[982] allgemein dem, der die Anschaffungs- oder Herstellungskosten getragen hat, also ggf. auch dem Vorbehaltsnießbraucher, nicht aber dem Zuwendungsnießbraucher.[983]

Der Satz, dass derjenige AfA-befugt sei, der das betreffende Wirtschaftsgut zur Erzielung von Einnahmen einsetze,[984] kann für die betrieblichen Einkunftsarten so nicht gelten. Die AfA ist Teil der Bewertung (vgl. § 6 Abs. 1 Nr. 1 i. V. m. § 7, § 5 Abs. 6 EStG), die an die Entscheidung über den Ansatz des jeweiligen Wirtschaftsguts dem Grunde nach anknüpft. Für eine gesonderte Entscheidung über die AfA-Berechtigung besteht kein Anlass.

IV. Bemessungsgrundlage

325 Gemäß § 6 Abs. 1 Nr. 1 S. 1 EStG bilden regelmäßig die tatsächlichen Anschaffungs- oder Herstellungskosten die Bemessungsgrundlage für die Abschreibung. Ausnahmsweise sind folgende Werte anzusetzen:

- bei **Einlagen** der Einlagewert, d. h. der Teilwert oder die im Privatbereich angefallenen und ggf. fortgeführten früheren Anschaffungs- oder Herstellungskosten (vgl. § 6 Abs. 1 Nr. 5, § 7 Abs. 1 S. 5 EStG[985]); die Regelung des § 7 Abs. 1 S. 5 EStG beruht auf der BFH-Rechtsprechung, stellt aber sicher, dass auch nach Einlage mindestens noch die fortgeführten Anschaffungs- oder Herstellungskosten abgesetzt werden können;[986]
- bei der **Eröffnung eines Betriebs** der Einlagewert (§ 6 Abs. 1 Nr. 6 i. V. m. Nr. 5 EStG);
- die anlässlich einer **Betriebsaufgabe** in das Privatvermögen überführten Wirtschaftsgüter sind (im Hinblick auf die Lösung des betrieblichen Zusammenhangs) mit dem gemeinen Wert zu bewerten (§ 16 Abs. 3 S. 3, 7 EStG);[987]
- bei **unentgeltlichem Erwerb** eines Betriebs, Teilbetriebs oder eines Mitunternehmeranteils die Bemessungsgrundlagen des Rechtsvorgängers (§ 6 Abs. 3 EStG; R 5.5 Abs. 3 S. 1, 2 EStR);
- bei betrieblich veranlasster **unentgeltlicher Übertragung** von einzelnen Wirtschaftsgütern aus dem Betriebsvermögen eines Anderen in das Betriebsvermögen des Betriebsinhabers der gemeine Wert (§ 6 Abs. 4 EStG);
- § 11 d EStDV gilt nur für Wirtschaftsgüter des Privatvermögens;[988]
- bei Übertragung von **aufgedeckten stillen Reserven** bzw. **gebildeten steuerfreien Rücklagen** gemäß R 6.6 EStR und § 6 b EStG die um die übertragenen stillen Reserven bzw. steuerfreien Rücklagen verminderten Anschaffungs- oder Herstellungskosten;
- bei **Personengesellschaften** im Rahmen der Übertragung von Wirtschaftsgütern, der Gründung von Personengesellschaften und des Eintritts eines Mitunternehmers der Teilwert oder der Buchwert des bisherigen bzw. des einbringenden Mitunternehmers; bei der **Umwandlung** und **Verschmelzung** von Gesellschaften der Teilwert oder der Buchwert des Rechtsvorgängers. Der Formwechsel ist für die Ermittlung der AfA Anschaffungsvorgang.[989]

Außerdem kann sich die Bemessungsgrundlage für die Abschreibung durch nachträgliche Anschaffungs- oder Herstellungskosten oder nachträgliche Anschaffungspreisminderungen oder Teilwertabschreibungen ändern (s. Rn. 269 f., 341).

---

982 Vgl. dazu z. B. Schmidt/Kulosa § 7 Rn. 51 ff.

983 BFH v. 19.02.2021 – IX B 34/20, BFH/NV 2021, 632.

984 Schmidt/Kulosa § 7 Rn. 51.

985 Zur AfA nach Einlage: BFH v. 18.08.2009 – X R 40/06, DStR 2009, 2655: Teilwert abzüglich bereits in Anspruch genommener AfA; i. E. Levedag DStR 2010, 249; BFH v. 28.10.2009 – VIII R 46/07, DStR 2010, 534; BFH v. 17.03.2010 – X R 34/09, BFH/NV 2010, 1625.

986 Schmidt/Kulosa § 7 Rn. 123.

987 BFH v. 22.02.2021 – IX R 13/19, BB 2021, 2095.

988 BFH v. 04.10.2016 – IX R 26/15, BStBl. II 2017, 343.

989 BFH v. 29.11.2007 – IV R 73/02, BB 2008, 718.

V. Regelmäßige AfA

1. Beginn der AfA

Die Absetzung beginnt bei der 326

- Anschaffung im Zeitpunkt der Lieferung,[990]
- Herstellung im Zeitpunkt der Fertigstellung (§ 9 a EStDV).
- Im Laufe eines Jahres angeschaffte, hergestellte oder ausgeschiedene Anlagen können im Jahr der Anschaffung, Herstellung oder des Ausscheidens grundsätzlich nur zeitanteilig abgeschrieben werden (§ 7 Abs. 1 S. 4 EStG).

Nachträgliche Anschaffungs- oder Herstellungskosten sind so zu berücksichtigen, als wären sie zu Beginn des Jahres aufgewendet worden (R 7.4 Abs. 9 S. 3 EStR). – Fallen Beginn der Nutzungen und Übergang von Lasten und Gefahr auseinander, soll auf den Übergang abzustellen sein.[991] Der Übergang des wirtschaftlichen Eigentums (bei Gefahrübergang) ist sicher (für den Regelfall) ein wichtiges Kriterium, m. E. müssen aber bei früherer Nutzung – wegen des Zusammenhangs von Erträgen und Aufwendungen – diese (einschließlich AfA) schon früher geltend gemacht werden können. Die Formel für den Übergang des wirtschaftlichen Eigentums stellt eben nicht nur auf den Gefahrübergang ab, sondern auch auf den Übergang des Besitzes und auf den Übergang der Nutzungen und der Lasten.[992]

2. Absetzungsdauer

Steuerrechtlich sind die Anschaffungs- oder Herstellungskosten auf die betriebsgewöhnliche Nutzungsdauer zu verteilen (vgl. § 7 Abs. 1 S. 2 EStG). Die **betriebsgewöhnliche Nutzungsdauer** wird bei der Inbetriebnahme geschätzt.[993] Dabei werden die betrieblichen Erfahrungen mit gleichen Anlagegegenständen genutzt oder die sog. amtlichen Abschreibungstabellen zugrunde gelegt. 327

Die **amtlichen Abschreibungstabellen** werden vom BMF unter Mitwirkung der Fachverbände der Wirtschaft erstellt. Bei der Ermittlung der Nutzungsdauer werden die technische und wirtschaftliche Abnutzung berücksichtigt, die sich im Durchschnitt bei einem unter üblichen Bedingungen in einer Schicht arbeitenden Betrieb ergibt. Die in den Abschreibungstabellen angegebenen linearen AfA-Sätze erhöhen sich bei ganzjähriger mehrschichtiger Nutzung (bei Doppelschicht um 25 %; bei Dreifachschicht um 50 %). Ein Abweichen von den Tabellen bedarf der Begründung.[994]

Kurzlebige Wirtschaftsgüter sind sofort absetzbar.[995] Bei gebraucht erworbenen Anlagegegenständen kann aus Vereinfachungsgründen die **Restnutzungsdauer beim Erwerber** so bestimmt werden, als ob kein Eigentumswechsel stattgefunden hätte.

Beispiel

Nach der AfA-Tabelle hat ein Anlagegegenstand eine betriebsgewöhnliche Nutzungsdauer von sechs Jahren. Nachdem Unternehmer A ihn drei Jahre genutzt und abgeschrieben hat, kauft Unternehmer B den Gegenstand. Er schreibt die Anlage auf die Restnutzungsdauer von drei Jahren ab.

990 BFH v. 22.09.2016 – IV R 1/14, BStBl. II 2017, 171; Schmidt/Kulosa § 7 Rn. 145.
991 BFH v. 22.09.2016 – IV R 1/14, BStBl. II 2017, 171.
992 Weber-Grellet BB 2017, 43/8.
993 BFH v. 19.11.1997 – VI R 74/91, BStBl. II 1998, 59.
994 BFH v. 08.11.1996 – VI R 29/96, BFH/NV 1997, 288.
995 BFH v. 26.08.1993 – IV R 127/91, BStBl. II 1994, 232.

Die AfA ist grundsätzlich so zu bemessen, dass die Anschaffungs- oder Herstellungskosten nach Ablauf der betriebsgewöhnlichen Nutzungsdauer voll abgesetzt sind (R 7.4 Abs. 3 S. 1 EStR). In besonderen Fällen ist eine **Absetzung auf den Restwert** möglich. Das kann der Schrottwert sein, wenn er besonders erheblich ist, im Allgemeinen nur bei Seeschiffen,[996] nicht bei Schlachtvieh.[997] Es kann aber auch der voraussichtliche Veräußerungserlös sein, wenn die Abschreibung unter Zugrundelegung der betriebsgewöhnlichen Nutzungsdauer nach den betrieblichen Besonderheiten regelmäßig zu einem erheblichen Ertrag aus dem Abgang von Sachanlagen führt.

Für die lineare Absetzung besteht ein **Absetzungsgebot**. Es sind daher auch in Verlustjahren mindestens die linearen Absetzungen vorzunehmen.

3. Absetzungsmethoden

328

AfA-Methoden		
Lineare AfA (§ 7 Abs. 1 S. 1 EStG)	**Lineare AfA nach Maßgabe der Leistung** (§ 7 Abs. 1 S. 6 EStG)	**Degressive AfA** (§ 7 Abs. 2 EStG a. F.; § 7 Abs. 5a i. d. F. WachstChG)
Gleiche Jahres-Beträge (Zeit-AfA)	Gleiche Beträge pro Leistungseinheit (Leistungs-AfA)	Fallende Jahresbeträge (gleicher AfA-Satz vom jeweiligen Buchwert = Restwert-AfA)
für bewegliche und unbewegliche Wirtschaftsgüter (ohne Gebäude) und immaterielle Wirtschaftsgüter	nur für bewegliche Wirtschaftsgüter	gemäß § 7 Abs. 2 EStG für nach dem 31. Dezember 2019 und vor dem 1. Januar 2023 oder nach dem 31. März 2024 und vor dem 1. Januar 2025 angeschaffte oder hergestellte bewegliche Wirtschaftsgüter und gem. § 7 Abs. 5a EStG i. d. F. WachstChG für ab 2023 errichtete Neubauten[998]

a) Lineare Absetzung

329 Grundtatbestand der AfA ist die lineare AfA (§ 7 Abs. 1 S. 1, 2 EStG), bei der die Anschaffungs-/Herstellungskosten **gleichmäßig** auf die Jahre der voraussichtlichen betriebsgewöhnlichen Nutzungsdauer verteilt werden.

Beispiel

Der Steuerpflichtige erwirbt einen Lkw für 600.000 €; die betriebsgewöhnliche Nutzungsdauer beträgt sechs Jahre. Die Anschaffungskosten werden gleichmäßig auf sechs Jahre verteilt. Die jährliche AfA beträgt 16,7 % der Anschaffungskosten = 100.000 €.

b) Degressive AfA

330 Gemäß § 7 Abs. 2 EStG a. F. (nur noch für nach dem 01.01.2008 und vor dem 01.01.2011[999] angeschaffte Wirtschaftsgüter) konnte die AfA bei beweglichen Wirtschaftsgütern auch in fallenden Jahresbeträgen bemessen werden (degressive AfA). Nach § 7 Abs. 2 S. 2 EStG a. F. war ausschließlich noch die sog. geometrisch-degressive Methode zulässig, nach der die jährlichen Absetzungsbeträge nach einem **unveränderten Prozentsatz vom jeweiligen Buchwert (Restwert)** errechnet wurden.

996 Vgl. BFH v. 04.06.1992 – IV R 101/90, BStBl. II 1993, 276; BFH v. 01.03.2019 – X B 45/18, BFH/NV 2019, 545.

997 BFH v. 24.07.2013 – IV R 1/10, BStBl. II 2014, 246; Scharfenberg/Müller DB 2014, 921: Ansatz eines Schrottwerts generell nur ausnahmsweise.

998 Schmidt/Kulosa § 7 Rn. 212 f.

999 Zu den in den einzelnen Jahren maßgeblichen Sätzen vgl. Schmidt/Kulosa § 7 Rn. 197.

Beispiel

Ausgangsfall wie oben; Einschränkung nach § 7 Abs. 2 S. 2 EStG a. F.: höchstens das Doppelte des Satzes, der bei linearer AfA anzusetzen ist, also 16,7 % x 2 = 33,4 %, maximal aber 20 %.
Daraus folgt:

1. Jahr	120.000	Rest	480.000
2. Jahr	96.000	Rest	384.000
3. Jahr	76.800	Rest	307.200
4. Jahr	61.440	Rest	245.760
5. Jahr	49.152	Rest	196.608
6. Jahr	39.322	Rest	157.286

Der **Übergang** von der linearen zur degressiven AfA ist unzulässig (§ 7 Abs. 3 S. 3 EStG). Zulässig ist aber der Übergang von der degressiven zur linearen AfA (§ 7 Abs. 3 S. 1 EStG).

Vom Zeitpunkt des Übergangs an ist dann der Restwert des Wirtschaftsguts auf die Restnutzungsdauer abzuschreiben (§ 7 Abs. 3 S. 2 EStG). Zweckmäßig erfolgt der Übergang in dem Jahr, in dem die lineare AfA höher ist als die fortgesetzte degressive AfA.

So ist im Beispielsfall bereits im 3. Jahr die lineare AfA höher (96.000 €).

Eine Form degressiver Absetzung ist auch die Absetzung in **fallenden Staffelsätzen**, wie sie in § 7 Abs. 5 EStG für Gebäude vorgesehen ist. Hier wird die Nutzungsdauer in verschiedene Teilabschnitte aufgeteilt (Staffeln); innerhalb der Staffeln wird mit dem gleichen Prozentsatz abgeschrieben, z. B. § 7 Abs. 5 S. 1 Nr. 1 EStG (zum Betriebsvermögen gehörende, nicht zu Wohnzwecken genutzte Gebäude):

in den ersten 4 Jahren	je 10 %	= 40 %
in den folgenden 3 Jahren	je 5 %	= 15 %
in den folgenden 18 Jahren	je 2,5 %	= 45 %

Nach einer Einlage soll eine degressive AfA nicht mehr in Betracht kommen, da die Einlage ein anschaffungsähnlicher Vorgang sei;[1000] § 7 Abs. 5 EStG verlangt, dass das Gebäude im Streitjahr hergestellt worden oder bis zum Ende des Jahres der Fertigstellung angeschafft worden ist.

c) AfA nach Maßgabe der Leistung

Neben linearer und degressiver AfA sieht das Gesetz für bewegliche Wirtschaftsgüter in § 7 Abs. 1 S. 6 EStG noch die in der Praxis wenig gebräuchliche AfA nach Maßgabe der Leistung vor. Wirtschaftlich begründet ist diese Absetzung bei Wirtschaftsgütern, deren Leistung in der Regel erheblich schwankt und deren Verschleiß daher in den einzelnen Wirtschaftsjahren sehr unterschiedlich ist. Nachgewiesen wird der auf das einzelne Jahr entfallende Umfang der Leistung, z. B. bei einer Spezialmaschine durch ein die Anzahl der Arbeitsvorgänge registrierendes Zählwerk oder bei einem Kfz durch den Kilometerzähler. 331

Beispiel

Die voraussichtliche Gesamtleistung des Lkw im Ausgangsfall beträgt 200.000 km. Im 1. Jahr werden 80.000 km zurückgelegt, im 2. Jahr 40.000 km.
AfA im 1. Jahr: 80.000 km von 200.000 km= 40 %
40 % der Anschaffungskosten= 240.000 €
AfA im 2. Jahr: 40.000 km von 200.000 km= 20 %
20 % der Anschaffungskosten= 120.000 €

1000 BFH v. 18.05.2010 – X R 7/08, DStR 2010, 1225; BStBl. II 2014, 13.

Bei der Leistungsabsetzung besteht keine Beschränkung hinsichtlich der Höhe der AfA; sie kommt einer angemessenen Verteilung der Anschaffungs-/Herstellungskosten am nächsten.

Einen Unterfall der Leistungsabsetzung bildet die **Absetzung nach Maßgabe des Substanzverzehrs** (AfS) gemäß § 7 Abs. 6 EStG bei Bergbauunternehmen, Steinbrüchen und ähnlichen Betrieben.[1001] Die jährliche Absetzung bemisst sich nach folgendem Berechnungsmodus:

$$\frac{\text{Anschaffungskosten x jährliche Fördermenge}}{\text{Gesamtsubstanz}}$$

4. Wechsel der Absetzungsmethoden

332 **Handelsrechtlich** sind die auf den vorhergehenden Jahresabschluss angewandten Bewertungsmethoden beizubehalten (§ 252 Abs. 1 Nr. 6 HGB). Die Bewertungsstetigkeit umfasst auch die Absetzungsmethoden. Durch den Grundsatz der Stetigkeit wird eine willkürliche Gestaltung der Jahresabschlüsse eingeschränkt. Ein sachlich vertretbarer Wechsel der Absetzungsmethoden ist daher zulässig (§ 252 Abs. 2 HGB: Abweichungen in begründeten Ausnahmefällen).

Steuerrechtlich ist der Übergang von der degressiven zur linearen Absetzung ausdrücklich gestattet, der umgekehrte Übergang von der linearen zur degressiven Absetzung aber ausgeschlossen (§ 7 Abs. 3 S. 1, 3 EStG). Der Übergang von der leistungsmäßigen zur linearen Absetzung ist immer zulässig, da die lineare Absetzung die Regel ist. Der Übergang von der linearen oder der degressiven zur leistungsmäßigen Absetzung ist zulässig, wenn das wirtschaftlich begründet ist. Ein Übergang von der leistungsmäßigen zur degressiven Abschreibung ist unzulässig.

Methodenwechsel

von	zu	zulässig	unzulässig	besondere Voraussetzung
degressiv	linear leistungsmäßig	x x		wirtschaftlich begründet
leistungsmäßig	degressiv linear	 x	x	
linear	degressiv leistungsmäßig	 x	x	wirtschaftlich begründet

5. Korrektur von Absetzungen (Nachholung und Kürzung)

333 Steuerrechtlich besteht grundsätzlich eine Pflicht zur Absetzung (§ 7 Abs. 1, 4 EStG). Unterlassene AfA können nach h. M. nachgeholt werden, sofern die AfA nicht absichtlich zum Zwecke der Steuerersparnis unterlassen worden ist.[1002] Bisher unterlassene AfA können nicht nachgeholt werden, wenn ein Wirtschaftsgut des notwendigen Betriebsvermögens erstmals bilanziert wird.[1003] Wurden die Anschaffungs- oder Herstellungskosten eines abnutzbaren Wirtschaftsguts des Anlagevermögens in einem bestandskräftig veranlagten Jahr

1001 Vgl. BFH v. 13.09.1988 – VIII R 236/81, BB 1989, 480.

1002 BFH v. 03.07.1980 – IV R 31/77, BStBl. II 1981, 255; Schmidt/Kulosa § 7 Rn. 8 f.

1003 BFH v. 24.10.2001 – X R 153/97, BFH/NV 2002, 265; BFH v. 22.06.2010 – VIII R 3/08, BStBl. II 2010, 1035.

nur unvollständig aktiviert, führt der Grundsatz des formellen Bilanzenzusammenhangs zu einer erfolgswirksamen Nachaktivierung im ersten verfahrensrechtlich noch offenen Jahr.[1004]

Die Nachholung geschieht in der Weise, dass der Restwert auf die Restnutzungsdauer verteilt wird. Dabei wird die Absetzung angewendet, nach der bisher abgeschrieben wurde. Die Absetzung darf also nicht in einem Betrag nachgeholt werden.[1005]

Wurde die AfA unterlassen, um unberechtigte Steuervorteile zu erlangen, darf die AfA mit steuerlicher Wirkung nicht nachgeholt werden. Die unterlassene Absetzung fällt steuerlich voll aus. Sie wird unter Durchbrechung des Bilanzenzusammenhangs erfolgsneutral vom Buchwert abgesetzt. Von diesem niedrigeren Buchwert wird in der Folgezeit abgeschrieben. Teilwertabsetzungen können erst dann erfolgen, wenn der Teilwert niedriger als der erfolgsneutral geminderte fortgeführte Buchwert ist.

Beispiel

U hat Absetzungen i. H. v. 100.000 € für das Jahr 03 bewusst unterlassen, um sie im Jahr 04 nachzuholen. Bei Aufstellung des Jahresabschlusses für das Jahr 03, das einen niedrigen Gewinn erbrachte, zeichnete sich für das Jahr 04 ein hoher Gewinn ab. Durch die Verlagerung der AfA konnte U infolge der Milderung der Steuerprogression im Jahr 04 einen beachtlichen Steuervorteil erzielen. Das wird bei einer Außenprüfung bekannt. Handelsrechtlich bleibt die Nachholung der Absetzungen wirksam. Steuerrechtlich wird sie aber erfolgsneutral gebucht: Privat an AfA.

Bei zu hohen Absetzungen (z. B. unberechtigte Inanspruchnahme einer Sonderabschreibung) werden die fehlerhaften Absetzungen in der Weise korrigiert, dass der (verbliebene) Restbuchwert nach Maßgabe der allgemeinen AfA-Sätze abgeschrieben wird.[1006] Im betrieblichen Bereich können Fehler aufgrund des (formellen) Bilanzenzusammenhangs ganz ähnlich beseitigt werden.

6. Absetzung nachträglicher Herstellungskosten

Werden nachträgliche Anschaffungs- oder Herstellungskosten für Wirtschaftsgüter aufgewendet, bei denen AfA nach § 7 Abs. 1 EStG vorgenommen werden, so bemessen sich vom Jahr der Entstehung der nachträglichen Anschaffungs- oder Herstellungskosten an die AfA nach dem um die nachträglichen Anschaffungs- oder Herstellungskosten vermehrten letzten Buchwert oder Restwert und der Restnutzungsdauer. Bei linearer Absetzung ist die Restnutzungsdauer neu zu schätzen.[1007] Der um die nachträglichen Anschaffungs-/Herstellungskosten erhöhte Buchwert ist auf die neue Restnutzungsdauer zu verteilen (R 7.4 Abs. 9 EStR). 334

Beispiel

Eine Maschine wurde am 20.01.01 für 200.000 € angeschafft. Sie wurde linear auf eine Nutzungsdauer von acht Jahren abgeschrieben. Am 01.09.07 wurde sie mit einem Aufwand von 100.000 € generalüberholt. Die Restnutzungsdauer ab 01.01.07 wird auf drei Jahre geschätzt.

Anschaffungskosten	200.000 €
Absetzungen 01–06: 6 x 25.000 €	150.000 €
Buchwert am 01.01.07	50.000 €
nachträgliche Herstellungskosten	100.000 €
Bemessungsgrundlage für die künftigen Absetzungen	150.000 €
künftige Absetzungen: 150.000 € : 3 =	50.000 €

1004 BFH v. 09.05.2012 – X R 38/10, BStBl. II 2012, 725; BFH v. 29.07.2015 – X R 37/13, BFH/NV 2016, 536; Weber-Grellet BB 2017, 43/9.

1005 BFH v. 03.07.1980 – IV R 31/77, BStBl. II 1981, 255; H 7.4 EStH.

1006 BFH v. 21.11.2013 – IX R 12/13, BStBl. II 2014, 563.

1007 Dazu BFH v. 23.01.2024 – IX R 14/23, DStR 2024, 1112.

Waren die nachträglichen Herstellungskosten so umfassend, dass hierdurch ein **neues Wirtschaftsgut** entstanden ist, so ist die Summe aus Restbuchwert und nachträglichen Herstellungskosten ebenfalls auf die neu zu schätzende Nutzungsdauer abzuschreiben. In diesem Fall kann auch die Absetzungsmethode gewechselt werden (R 7.4 Abs. 9 S. 4 EStR).

VI. AfA bei Gebäuden und selbstständigen Gebäudeteilen

335 Abweichend von den allgemeinen Grundsätzen enthalten § 7 Abs. 4 und 5 EStG für die steuerliche Absetzung von Gebäuden Sonderregelungen. Danach sind Gebäude zwingend mit festen AfA-Sätzen abzuschreiben. Nach § 7 Abs. 5 b EStG sind diese Regelungen auf Gebäudeteile, die selbstständige unbewegliche Wirtschaftsgüter sind, sowie auf Eigentumswohnungen und auf im Teileigentum stehende Räume entsprechend anzuwenden.

Zum Begriff „Gebäude" und „selbstständige Gebäudeteile" vgl. 4. Abschnitt, Rn. 139. Als selbstständige Gebäudeteile in diesem Sinn kommen nur die sonstigen selbstständigen Gebäudeteile gemäß R 4.2 Abs. 3 S. 3 Nr. 5, Abs. 4 EStR in Betracht. Für Betriebsvorrichtungen, Einbauten für vorübergehende Zwecke, Ladeneinbauten, Mietereinbauten (R 4.2 Abs. 3 S. 3 Nr. 1–4 EStR), Hofbefestigungen und Außenanlagen ist § 7 Abs. 5 b EStG anwendbar (R 7.1 Abs. 6 EStR); Bauten auf fremden Grund und Boden,[1008] z. B. Dachausbau des Mieters zum Büro, sind nach § 7 Abs. 4, 5 EStG zu behandeln.[1009] Unselbstständige Gebäudeteile (z. B. Fahrstuhlanlagen, Heizungsanlagen, Beleuchtungsanlagen, Be- und Entlüftungsanlagen) sind zusammen mit dem Gebäude bzw. einem selbstständigen Gebäudeteil abzuschreiben.

1. Lineare AfA

336 Nach § 7 Abs. 4 EStG ist die lineare AfA in folgender Weise geregelt:

Zu einem **Betriebsvermögen gehörende Gebäude** ▪ soweit sie nicht Wohnzwecken dienen ▪ soweit der Bauantrag nach dem 31.03.1985 gestellt wurde (aus Altfassung § 52 Abs. 21 b EStG a. F.)	**Andere Gebäude** Fertigstellung vor dem 01.01.1925	**Andere Gebäude** Fertigstellung nach dem 31.12.1924
	Absetzung in festen Sätzen jährlich	
3 %	2,5 %	2 %
	der Anschaffungs- oder Herstellungskosten	
	Absetzung entsprechend der tatsächlichen Nutzungsdauer, wenn diese	
weniger als 33 Jahre beträgt	weniger als 40 Jahre beträgt	weniger als 50 Jahre beträgt

Die genannten Absetzungssätze sind **Mindestsätze**; eine kürzere Absetzung ist ausgeschlossen.[1010] Eine höhere Absetzung kommt in Betracht, wenn die technischen und wirtschaftlichen Umstände des einzelnen Falles dafür sprechen, dass die tatsächliche Nutzungsdauer geringer ist als gesetzlich angenommen (§ 7 Abs. 4 S. 2 EStG). [1011]

Im Jahr der Anschaffung oder Herstellung und im Jahr der Veräußerung kann die AfA nur zeitanteilig (jedoch auf volle Monate aufgerundet; § 7 Abs. 1 S. 4 EStG) vorgenommen werden.

1008 BFH v. 30.01.1995 – GrS 4/92, BStBl. II 1995, 281; v. 18.07.2001 – X R 111/96, BFH/NV 2002, 173.

1009 BFH v. 04.05.2004 – XI R 43/01, BFH/NV 2004, 1397; BMF v. 10.07.1996, BStBl. I 1996, 689.

1010 BFH v. 28.05.2019 – XI B 2/19, BFH/NV 2020, 561.

1011 Dazu R 7.4 Abs. 3 EStR; BMF v. 22.02.2023, BStBl. I 2023, 332.

Beispiel

Ein Gebäude wird am 01.09.2000 für 400.000 € angeschafft und am 03.03.2006 veräußert:
Jahres-AfA: 400.000 € x 3 %= 12.000 €
AfA im Jahr 2000: 4/12 von 12.000 €= 4.000 €
AfA im Jahr 2006: 3/12 von 12.000 €= 3.000 €

Ein Wechsel von der linearen zur degressiven Gebäude-AfA ist nicht zulässig (vgl. R 7.4 Abs. 7 EStR).

2. Degressive AfA

Nach § 7 Abs. 5a EStG i. d. F. WachstChG ist für ab 2023 errichtete Neubauten wieder eine degressive AfA i. H. v. 6 % vom jeweiligen Restbuchwert zulässig. Der Gesetzgeber verspricht sich damit Investitionsanreize für eine Stabilisierung der Bauwirtschaft; die Inanspruchnahme setzt voraus: 337

- § 7 Abs. 5a EStG i. d. F. WachstChG gilt für Gebäude, über § 7 Abs. 5b EStG i. d. F. WachstChG auch für Eigentumswohnungen und andere selbstständige Gebäudeteile.
- Die begünstigten Gebäude(teile) müssen Wohnzwecken dienen.
- Das Gebäude muss vom Steuerpflichtigen hergestellt (Bauherreneigenschaft) oder bis zum Ende des Jahres der Fertigstellung angeschafft worden sein. Im Fall der Anschaffung müssen Fertigstellung und Erlangung der wirtschaftl. Verfügungsmacht daher im selben Kj. liegen.
- Das Objekt muss in Deutschland oder einem anderen EU-/EWR-Staat liegen. Über den Wortlaut hinaus sind auch Gebäude in der Schweiz einzubeziehen (aufgrund des Freizügigkeitsabkommens zw. der EU und der Schweiz).
- Der Beginn der Herstellung muss im Zeitraum vom 1.10.2023 bis 30.9.2029 liegen. Als Beginn der Herstellung gilt das Datum in der nach landesrechtl. Vorschriften einzureichenden Baubeginnsanzeige (§ 7 Abs. 5a S. 2 EStG i. d. F. WachstChG).
- Die degressive AfA beläuft sich auf 6 % vom jeweiligen Restbuchwert (§ 7 Abs. 5a S. 4 EStG i. d. F. WachstChG). Im Gegensatz zu § 7 Abs. 5 a. F. (degressive AfA in festen, aber in gewissen Zeitabständen sinkenden Jahresbeträgen) handelt es sich um eine geometrisch-degressive AfA mit jährl. abnehmenden Beträgen (wie § 7 Abs. 2 EStG a. F.).
- Ein Übergang zur linearen AfA ist auch dann zulässig, wenn dies dazu dient, anschließend AfaA in Anspruch zu nehmen.
- Eine Kumulation mit § 7b EStG ist möglich (ausdrücklich in § 7b Abs. 1 S. 1 EStG vorgesehen). Nutzt man diese Möglichkeit, können bereits in den ersten vier Jahren 38 % der Anschaffungskosten/Herstellungskosten abgesetzt werden, was zu einer erheblichen Erleichterung der Finanzierung von Neubauten führt.

§ Fall 36: Gebäude-AfA bei Pflicht zum Abbruch 338

Mit Vertrag vom 10.03.2021 veräußerte A ihr mit einem Bürogebäude bebautes Grundstück an die Bundespost. Besitz und Nutzungen, die auf dem Grundstück ruhenden Steuern und öffentlichen Lasten sowie die Gefahr des zufälligen Untergangs und der zufälligen Verschlechterung sollten am 01.04.2023 auf die Post AG übergehen. Zu diesem Zeitpunkt sollte A das Grundstück in abgeräumtem Zustand (das Gebäude war also abzubrechen) übergeben, was auch geschah. Die Baulichkeiten standen zum 31.12.2018 mit ca. 600.000 € zu Buche. Über die bis dahin anzusetzende AfA von 30.000 € hinaus nahm A 2021 und 2022 AfA i. H. v. jährlich 240.000 € vor, sodass die Baulichkeiten am 31.12.2022 noch mit 60.000 € zu Buche standen. Das FA ist der Auffassung, dass A allenfalls die Regel-AfA noch bis zum 31.03.2021 i. H. v. 7.500 € (30.000 : 4) absetzen könne. Zu Recht?

I. A könnte auch nach Eigentumsübergang (Grundstück mit Gebäude, §§ 93, 94 BGB) AfA nach § 7 Abs. 4 EStG geltend machen. Das setzt voraus, dass sie zur Vornahme der AfA berechtigt ist. Im betrieblichen Bereich ist der zur AfA berechtigt, dem das 339 betreffende Wirtschaftsgut als sein Betriebsvermögen zuzuordnen ist. Die **Zuordnung** richtet sich im Zweifel nicht nach formalen Kriterien (und der äußeren Rechtsmacht), sondern nach der sog. wirtschaftlichen (steuerrechtlichen) Betrachtungsweise, die auch Bindungen im Innenverhältnis berücksichtigt. Im Streitfall ist A wirtschaftlicher Eigentümer des Gebäudes geblieben. Sie übte die tatsächliche Herrschaft über das Gebäude aus; die Post AG hatte keinen Herausgabeanspruch, da A sogar verpflichtet war, das Gebäude nach zwei Jahren abzureißen. A war daher noch bis zur Übergabe des Grundstücks zur AfA berechtigt.

II. Anstelle der regelmäßigen AfA (§ 7 Abs. 4 S. 1 EStG) könnte A den verbliebenen Buchwert **nach der tatsächlichen Nutzungsdauer** (§ 7 Abs. 4 S. 2 EStG) abschreiben. Entschließt sich ein Steuerpflichtiger, ein selbst hergestelltes oder mit Nutzungsabsicht erworbenes Gebäude abzureißen, so sind die restlichen Anschaffungs- bzw. Herstellungskosten im Wege der AfA abzusetzen. Durch den Abbruch bewirkt der Steuerpflichtige, dass die Nutzung des Gebäudes beendet und dessen restlicher Wert vernichtet wird. Allerdings kann die der tatsächlichen Nutzungsdauer entsprechende AfA nach § 7 Abs. 4 S. 2 EStG nur vorgenommen werden, wenn der Zeitpunkt der Nutzungsbeendigung des Gebäudes feststeht. Allein die Absicht, ein zunächst noch genutztes Gebäude abzubrechen oder zu veräußern, rechtfertigt keine Verkürzung der Nutzungsdauer.[1012] Im Streitfall stand der Zeitpunkt des Abbruchs durch die vertragliche Verpflichtung des A fest.

Ergebnis:

Entgegen der Auffassung des Finanzamts war A berechtigt, den Restbuchwert auf die noch verbliebene Nutzungszeit verteilt abzuschreiben.

VII. Außerordentliche AfA

1. Bei außergewöhnlicher Abnutzung

340 Den tatsächlichen Gegebenheiten trägt § 7 Abs. 1 S. 7 EStG Rechnung, der ausdrücklich Absetzungen für außergewöhnliche technische oder wirtschaftliche Abnutzung (AfaA) für zulässig erklärt. Nach h. M. besteht eine Pflicht zur Vornahme der erhöhten Absetzung.[1013] Eine außergewöhnliche **technische** Abnutzung ist bei Beeinträchtigung der Substanz (z. B. Beschädigung, Zerstörung) gegeben.

Beispiel

Ein Bürohaus, das 2014 für 600.000 € hergestellt wurde und 2015 aufgrund der Baupreissteigerungen einen Wert von 1.000.000 € hat, erleidet 2023 einen Hochwasserschaden, der zu einer Minderung des Zeitwerts um 30 % führt. Der Steuerpflichtige unterlässt eine Wiederherstellung der überschwemmten Räume, da er sie nicht mehr benötigt. Obwohl der Teilwert des Gebäudes nach dem Hochwasserschaden mit 700.000 € (70 % von 1.000.000) noch weit über den fortgeführten Herstellungskosten liegt, ist eine AfaA von 30 % zulässig.

Herstellungskosten	600.000 €
AfA (9 x 2 % von 600.000)	**108.000 €**
fortgeführte Herstellungskosten	492.000 €
AfaA (30 % von 492.000)	**148.000 €**
Restbuchwert (auf Restnutzungsdauer absetzbar)	344.000 €

Eine außergewöhnliche **wirtschaftliche** Abnutzung ist bei Beeinträchtigung der Funktion (z. B. wenn neuartige Maschinen auf dem Markt angeboten werden) gegeben.

1012 BFH v. 22.08.1984 – I R 198/80, BStBl. II 1985, 126.
1013 BFH v. 01.12.1992 – IX R 333/87, BStBl. II 1994, 12; Werndl in K/S/M § 7 EStG Rn. B 157.

Beispiel 1

Gebäudeteile oder ganze Gebäude müssen abgerissen werden, weil sie aus wirtschaftlichen Gründen nicht mehr verwendbar sind und deshalb durch neue Gebäude ersetzt werden sollen oder weil das Grundstück unbebaut (z. B. als Lager- oder Parkplatz) benötigt wird.[1014] Erwirbt der Steuerpflichtige jedoch ein Grundstück bereits mit der Absicht, das daraufstehende Gebäude abzureißen, ist eine AfaA für das Gebäude ausgeschlossen (vgl. H 6.4 EStH „Abbruchkosten").[1015]
Allerdings kann bei einem geplanten Gebäudeabbruch eine Verkürzung der Nutzungsdauer erst dann angenommen werden, wenn die Gebäudeabbruchvorbereitungen so weit gediehen sind, dass die weitere Nutzung des Hauses in der bisherigen Weise so gut wie ausgeschlossen ist.[1016]

Beispiel 2

Nach Beendigung des Mietvertrags über ein nach den speziellen Bedürfnissen des Erstmieters errichtetes Gebäude stellt sich heraus, dass das Gebäude nur eingeschränkt vermietbar ist.[1017]

Beispiel 3

Produktionsanlagen werden durch Änderungen der Fertigungsverfahren oder des Absatzmarkts entwertet.

Beispiel 4

Laden- oder Gaststätteneinrichtungen veralten vorzeitig durch Mode- und Geschmackswechsel.

Beispiel 5

Eine Rentabilitätsminderung von 7 % ist nicht außergewöhnlich und rechtfertigt keine AfaA.[1018]

2. Abschreibung auf den niedrigeren Teilwert

a) Teilwertabschreibung

Gemäß § 6 Abs. 1 Nr. 1 S. 2, Nr. 2 S. 2 EStG können Wirtschaftsgüter aufgrund einer voraussichtlich dauernden Wertminderung[1019] mit dem niedrigeren Teilwert angesetzt werden. Die Teilwertabschreibung erfasst vor allem Wertminderungen, die mit den Absetzungen wegen gewöhnlicher und außergewöhnlicher Abnutzung nicht berücksichtigt werden, also z. B. Wertminderungen, die auf gesunkenen Wiederbeschaffungskosten oder anderen Markteinflüssen beruhen.[1020] 341

Beispiel

Eine Maschine wurde am 10.01.2022 für 100.000 € von einer Kapitalgesellschaft angeschafft. Sie wurde linear abgeschrieben, wobei eine Nutzungsdauer von fünf Jahren zugrunde gelegt wurde. Am 31.12.2023 bietet der Hersteller der Maschine gleiche Maschinen für 80.000 € an.

Anschaffungskosten	100.000 €
Abschreibungen 2022 bis 2023	40.000 €
Buchwert am 31.12.2023	60.000 €
Wiederbeschaffungsneuwert am 31.12.2023	80.000 €
Vergleichsabschreibung 2022 bis 2023	32.000 €
Vergleichswert am 31.12.2023	48.000 €
Der niedrigere Wert beträgt also	48.000 €

1014 BFH v. 28.03.1973 – I R 115/71, BStBl. II 1973, 678; BFH v. 17.09.2008 – IX R 64/07, BStBl. II 2009, 301.
1015 FG Hessen v. 10.09.2014, EFG 2015, 964, rkr., m. w. N.
1016 BFH v. 08.07.1980 – VIII R 176/78, BStBl. II 1980, 743.
1017 BFH v. 28.10.1980 – VIII R 34/76, BStBl. II 1981, 161, 163.
1018 BFH v. 09.07.2002 – IX R 29/98, BFH/NV 2003, 21.
1019 BMF v. 02.09.2016, BStBl. I 2016, 995; Meyering u. a. DStR 2017, 1175; Weiss BB 2020, 171.
1020 S. auch unten „Bewertung im Einzelnen" Rn. 334 f.

Nach dem Wortlaut des § 6 Abs. 1 Nr. 1 S. 2 EStG besteht ein Abschreibungswahlrecht, das auch bei Gewinnermittlung nach § 5 EStG gelten soll.[1021]

Teilwertabschreibung und AfaA unterscheiden sich in Folgendem:[1022]

- AfaA ist nur bei Wertverzehr aus technischen oder wirtschaftlichen Gründen zulässig; bei Teilwertabschreibungen ist die Art der Wertminderung ohne Bedeutung.
- AfaA kommt nur bei abnutzbaren Anlagegütern in Betracht, die Teilwertabschreibung dagegen bei allen Wirtschaftsgütern.
- Die Teilwertabschreibung ist von der Methode der regelmäßigen AfA unabhängig; AfaA dagegen ist bei degressiver AfA ausgeschlossen (§ 7 Abs. 2 S. 4 EStG a. F.).
- Die AfaA ist nicht an den Teilwert gebunden; dieser kann unterschritten werden.
- Im Unterschied zur Teilwertabschreibung kommt AfaA auch bei der Gewinnermittlung nach § 4 Abs. 3 EStG in Betracht.

Nach der Rspr. des BFH hängt das Merkmal der voraussichtlich dauernden Wertminderung von der Art des Wirtschaftsguts ab; der BFH differenziert zwischen Wirtschaftsgütern des abnutzbaren und des nicht abnutzbaren Anlagevermögens und des Umlaufvermögens. M. E. gilt für alle Fälle gleichermaßen: (1) Die Bewertung ist stichtagsbezogen vorzunehmen (§ 252 Abs. 1 Nr. 3 HGB). (2) Alle prognostischen Möglichkeiten, die im Hinblick auf die weitere Wertentwicklung relevant sind, sind zu berücksichtigen. (3) Eine vorübergehende Wertminderung ist nicht dauerhaft. (4) Entgegen der Auffassung des BMF[1023] ist m. E. bei abnutzbaren Wirtschaftsgütern für die Frage der Dauerhaftigkeit nicht (auch) auf die Höhe der Wertminderung abzustellen; die Höhe der Wertminderung ist für deren Dauerhaftigkeit ohne jede Bedeutung (s. nachfolgende Rn. 342). Auch insoweit gelten die allgemeinen Grundsätze.[1024]

b) Teilwertabschreibung bei abnutzbarem Anlagevermögen

342 Für die Wirtschaftsgüter des **abnutzbaren Anlagevermögens** kann von einer voraussichtlich dauernden Wertminderung ausgegangen werden, wenn der Wert des jeweiligen Wirtschaftsguts zum Bilanzstichtag mindestens für die halbe Restnutzungsdauer unter dem planmäßigen Restbuchwert liegt.[1025] Die verbleibende Nutzungsdauer ist für Gebäude nach § 7 Abs. 4 und 5 EStG, für andere Wirtschaftsgüter grundsätzlich nach den amtlichen AfA-Tabellen zu bestimmen.[1026]

Beispiel

(nach BMF BStBl. I 2016, 995): Der Steuerpflichtige hat eine Maschine zu Anschaffungskosten von 100.000 € erworben. Die Nutzungsdauer beträgt zehn Jahre, die jährliche AfA beträgt 10.000 €. Im Jahre 02 beträgt der Teilwert nur noch 30.000 € bei einer Restnutzungsdauer von acht Jahren. Eine Teilwertabschreibung auf 30.000 € ist zulässig. Die Minderung ist voraussichtlich von Dauer, da der Wert des Wirtschaftsguts zum Bilanzstichtag bei planmäßiger Abschreibung (linke Spalte) erst nach fünf Jahren, das heißt erst nach mehr als der Hälfte der Restnutzungsdauer, erreicht wird. Beträgt der Teilwert 50.000 €, ist eine Teilwertabschreibung auf 50.000 € nicht zulässig. Die Minderung ist voraussichtlich nicht von Dauer, da der Wert des Wirtschaftsguts zum Bilanzstichtag bei planmäßiger Abschreibung schon nach drei Jahren und damit früher als nach mehr als der Hälfte der Restnutzungsdauer erreicht wird.

1021 R 6.8 Abs. 1 S. 2, 3 EStR 2012; Krumm in B/H, § 6 EStG Rn. 802; kritisch Schulze-Osterloh DStR 2011, 534; Schmidt/Weber-Grellet § 5 Rn. 26.

1022 Vgl. dazu Plückebaum DB 1962, 1385, 1417; zur Wertaufholung s. Rn. 323 f.

1023 BMF v. 25.02.2000, BStBl. I 2000, 372.

1024 Ähnlich aus handelsrechtlicher Sicht BeBiKo § 253 HGB Rn. 316.

1025 BFH v. 09.09.2010 – IV 38/08, BFH/NV 2011, 423; BMF v. 02.09.2016, BStBl. I 2016, 995, Rn. 8; dazu Korn kösdi 2016, 19759/63; BMF v. 02.09.2016, BStBl. I 2016, 995.

1026 Beispiele nach BMF v. 25.02.2000, BStBl. I 2000, 372.

Maschine, AK 100 T

	AK	Tw	Tw (Abwandlung)
1. Jahr	100	100	100
2. Jahr	90	90	90
3. Jahr	80	30	50
4. Jahr	70	26,25	43,75
5. Jahr	60	22,5	37,5
6. Jahr	50	18,75	31,25
7. Jahr	40	15	25

M. E. ist die Legitimation dieser Berechnungsmethode fraglich, da sie nicht (nur) auf die Dauer der Wertminderung, sondern auch auf die Höhe der Wertminderung abstellt. Obwohl im Fall der Abwandlung der Teilwert deutlich gesunken ist (Wert im 3. Jahr 50 statt 80), soll eine Teilwertabschreibung nicht möglich sein. M. E. ist auch bei abnutzbaren Wirtschaftsgütern die Höhe der Wertminderung für die Frage der Dauerhaftigkeit ohne Bedeutung; auch bei abnutzbaren Wirtschaftsgütern ist der Wertverlust dauerhaft, wenn keine Anzeichen bestehen, dass der Wertverlust wieder „verschwindet".

c) Teilwertabschreibung bei nicht abnutzbarem Anlagevermögen

Für die Wirtschaftsgüter des nicht abnutzbaren Anlagevermögens ist grundsätzlich darauf abzustellen, ob die Gründe für eine niedrigere Bewertung voraussichtlich anhalten werden.[1027] Von einer voraussichtlich dauernden Wertminderung gemäß § 6 Abs. 1 Nr. 2 S. 2 EStG ist bei börsennotierten Aktien grundsätzlich dann auszugehen, wenn der Börsenwert zum Bilanzstichtag unter denjenigen im Zeitpunkt des Aktienerwerbs gesunken ist und der Kursverlust die Bagatellgrenze von 5 %[1028] der Notierung bei Erwerb überschreitet.[1029] Auf die Kursentwicklung nach dem Bilanzstichtag kommt es hierbei nicht an; allerdings sind sog. werterhellende Erkenntnisse zu berücksichtigen.[1030] Bei verzinslichen Wertpapieren, die eine Forderung in Höhe ihres Nominalwerts verbriefen, ist eine Teilwertabschreibung unter den Nennwert allein wegen gesunkener Kurse regelmäßig nicht zulässig.[1031] Bei der Ermittlung des Teilwerts (Verkehrswerts) von Grund und Boden kommt der Ableitung aus Verkaufspreisen für benachbarte Vergleichsgrundstücke grundsätzlich der Vorrang vor anderen Methoden zu.[1032] 343

Beispiel 1

Der Steuerpflichtige hat festverzinsliche Wertpapiere mit einer Restlaufzeit von vier Jahren, die dazu bestimmt sind, dauernd dem Geschäftsbetrieb zu dienen, zum Wert von 102 % erworben. Die Papiere werden bei Fälligkeit zu 100 % eingelöst. Aufgrund einer nachhaltigen Änderung des Zinsniveaus unterschreitet der Börsenkurs den Einlösebetrag zum Bilanzstichtag auf Dauer und beträgt zum Bilanzstichtag nur noch 98 %. Eine Teilwertabschreibung ist nur auf 100 % zulässig, weil die Papiere bei Fälligkeit zum Nennwert eingelöst werden. Der niedrigere Börsenkurs am Bilanzstichtag ist nicht von Dauer.

1027 BMF v. 02.09.2016, BStBl. I 2016, 995, Rz. 11.

1028 BMF v. 02.09.2016, BStBl. I 2016, 995, Rz. 17 (aber nicht bei festverzinslichen Wertpapieren; Rz. 22).

1029 Im Anlagevermögen befindliche Goldvorräte sind zum Börsenkurs des Bilanzstichtags zu bewerten (FG Hamburg v. 03.06.2020 – 5 K 20/19, DStR 2021, 385, rkr).

1030 BFH v. 21.09.2011 – I R 89/10, BStBl. II 2014, 612. Nach BMF v. 02.09.2016, BStBl. I 2016, 995, Rn. 11 soll bei Wirtschaftsgütern des nicht abnutzbaren Anlagevermögens grundsätzlich darauf abzustellen sein, ob die Gründe für eine niedrigere Bewertung voraussichtlich anhalten werden (kritisch Strahl kösdi 2014, 18961, 18964; Marx StuB 2014, 591; s. a. Adrian/Helios Ubg 2014, 489).

1031 BFH v. 18.04.2018 – I R 37/16, DStR 2018, 1476; Bestätigung von BFH v. 08.06.2011 – I R 98/10, BStBl. II 2012, 716.

1032 BFH v. 19.05.2020 – X R 27/19, BFH/NV 2021, 15.

Beispiel 2

Der Steuerpflichtige hat Aktien der X-AG zum Preis von 100 €/Stück erworben. Die Aktien sind als langfristige Kapitalanlage dazu bestimmt, dauernd dem Geschäftsbetrieb zu dienen.

I. Der Kurs der Aktien schwankt nach der Anschaffung zwischen 70 und 100 €. Am Bilanzstichtag beträgt der Börsenpreis 90 €. Eine Teilwertabschreibung ist nicht zulässig. Der durch die Kursschwankung verursachte niedrigere Börsenpreis am Bilanzstichtag stellt eine nur vorübergehende Wertminderung dar.

II. Die X-AG gerät im Laufe des Wirtschaftsjahres unerwartet in Zahlungsschwierigkeiten und es droht ein Insolvenzverfahren. Der Aktienkurs bricht daraufhin auf 20 € ein. Nachfolgend wird ein Sanierungsplan für die Gesellschaft erstellt. Im Zusammenhang damit erhält die Gesellschaft einen Liquiditätskredit. Daraufhin erholt sich der Aktienkurs auf 40 € und schwankt bis zum Bilanzstichtag zwischen 35 und 40 €. Am Bilanzstichtag beträgt der Kurs 38 €. Der durch die plötzliche Zahlungsnot verursachte Kurseinbruch stellt eine Wertminderung aus besonderem Anlass und keine bloße Kursschwankung dar. Aus diesem Grund ist eine Teilwertabschreibung zulässig, für deren Höhe auch die Kurserholung zu berücksichtigen ist. Die Aktien können hiernach mit 40 €/Stück angesetzt werden. Der demgegenüber niedrigere Börsenpreis am Bilanzstichtag folgt aus einer Kursschwankung und stellt insoweit eine nur vorübergehende Wertminderung dar.

Beispiel 3

Der Steuerpflichtige ist Eigentümer eines mit Altlasten verseuchten Grundstücks. Die ursprünglichen Anschaffungskosten des Grund und Bodens betragen 200.000 €. Zum Bilanzstichtag ermittelt ein Gutachter den Wert des Grundstücks aufgrund der festgestellten Altlast mit nur noch 10.000 €. Die Altlast ist aus umweltrechtlichen Gründen grundsätzlich zu beseitigen. Aus der Sicht am Bilanzstichtag ist daher von einer voraussichtlich dauernden Wertminderung des Grundstücks auszugehen. Wird die Altlast später beseitigt und erhöht sich dementsprechend der Wert des Grundstücks, ist eine Zuschreibung bis höchstens zu den ursprünglichen Anschaffungskosten vorzunehmen.

d) Teilwertabschreibung bei Umlaufvermögen

344 Die Wirtschaftsgüter des **Umlaufvermögens** sind nicht dazu bestimmt, dem Betrieb auf Dauer zu dienen. Sie werden stattdessen regelmäßig für den Verkauf, den Verbrauch oder für die Verwertung (von Forderungen) gehalten. Demgemäß kommt dem Zeitpunkt der Veräußerung oder Verwendung für die Bestimmung einer voraussichtlich dauernden Wertminderung eine besondere Bedeutung zu. Hält die Minderung bis zum Zeitpunkt der Aufstellung der Bilanz oder dem vorangegangenen Verkaufs- oder Verbrauchszeitpunkt an, so ist die Wertminderung voraussichtlich von Dauer, wenn am Bilanzstichtag keine Anzeichen dafür bestehen, dass sich der Wert erholt.[1033] Zusätzliche Erkenntnisse bis zu diesen Zeitpunkten sind zu berücksichtigen. Allgemeine Marktentwicklungen, z. B. Kursschwankungen von börsennotierten Wirtschaftsgütern des Umlaufvermögens, sind zusätzliche Erkenntnisse und als solche in die Beurteilung einer voraussichtlich dauernden Wertminderung der Wirtschaftsgüter zum Bilanzstichtag einzubeziehen.[1034] Eine signifikante Überschuldung und die hiermit verbundene Insolvenzgefahr der Schuldnerin deuten auf eine Teilwertminderung einer (Geld-)Forderung hin; es sind aber auch stille Reserven und die Geschäftschancen zu berücksichtigen, wenn zum Bilanzstichtag noch davon auszugehen war, dass die Schuldnerin ihre Geschäftstätigkeit fortsetzt.[1035]

e) Wertaufholungsgebot

345 Mit der Einführung eines **Wertaufholungsgebots**[1036] anstelle des bislang geltenden Wertbeibehaltungswahlrechts ergibt sich der Wertansatz eines Wirtschaftsguts für jeden Bilanzstichtag aus dem Vergleich der um die zulässigen Abzüge geminderten Anschaf-

1033 BFH v. 23.08.2023 – XI R 36/20, DStR 2023, 2843; BMF v. 02.09.2016, BStBl. I 2016, 995, Rn. 16; Korn, kösdi 2016, 19759, 19765.

1034 BMF v. 02.09.2016, BStBl. I 2016, 995, Rn. 16; FG Köln v. 17.06.2020 – 13 K 2038/16, DStRE 2021, 833, rkr (Kurswert allein nicht entscheidend).

1035 FG München v. 23.03.2015 – 7 K 1790/12, EFG 2015, 1181, rkr; Korn kösdi 2016, 19759, 19766.

1036 BMF v. 02.09.2016, BStBl. I 2016, 995, Rz. 27 f.; zur Verfassungsmäßigkeit BFH v. 24.04.2007 – I R 16/06, BB 2007, 1947.

fungs- oder Herstellungskosten oder des an deren Stelle tretenden Werts als der Bewertungsobergrenze und dem niedrigeren Teilwert als der Bewertungsuntergrenze. Hat sich der Wert des Wirtschaftsguts nach einer vorangegangenen Teilwertabschreibung wieder erhöht, so ist diese Betriebsvermögensmehrung bis zum Erreichen der Bewertungsobergrenze steuerlich zu erfassen. Dabei kommt es nicht darauf an, ob die konkreten Gründe für die vorherige Teilwertabschreibung weggefallen sind. Auch eine Erhöhung des Teilwerts aus anderen Gründen führt zu einer Korrektur des Bilanzansatzes. Gleiches gilt auch, wenn die vorherige Teilwertabschreibung steuerlich nicht oder nicht vollständig wirksam wurde. Grundsätzlich hat der Steuerpflichtige die Bewertungsobergrenze anhand geeigneter Unterlagen (historische Anschaffungs- oder Herstellungskosten) nachzuweisen. Können die historischen Anschaffungs- oder Herstellungskosten nicht nachgewiesen werden, gilt der Buchwert, der in der ältesten noch vorhandenen Bilanz als Anfangswert für das Wirtschaftsgut ausgewiesen ist, als Bewertungsobergrenze, es sei denn, die Finanzbehörde legt – z. B. aufgrund der dort vorhandenen Unterlagen – eine höhere Bewertungsobergrenze dar.[1037] Eine gewinnerhöhende Wertaufholung ist auch dann vorzunehmen, wenn nach einer ausschüttungsbedingten Teilwertabschreibung von GmbH-Anteilen diese später wieder werthaltig geworden sind, weil der GmbH durch einen begünstigten Einbringungsvorgang (§ 20 UmwStG 1995) neues Betriebsvermögen zugeführt worden ist.[1038]

3. Sonderabschreibungen und erhöhte Absetzungen

Sonderabschreibungen sind ein Mittel der Wirtschaftspolitik (Investitionsanreize; sonstige Lenkungszwecke); sie stehen in keinem Zusammenhang mit einer realen Wertminderung des jeweiligen Wirtschaftsguts.[1039] Sie bewirken keine endgültige Steuerersparnis, sondern eine Art zinsloser Steuerstundung. 346

Begrifflich wird zwischen erhöhten Absetzungen (anstelle der AfA nach § 7 EStG), Sonderabschreibungen (zusätzlich neben der AfA nach § 7 EStG) und Bewertungsabschlägen (beim Umlaufvermögen) unterschieden. Degressive AfA fallen nicht darunter.[1040] Die Steuervergünstigung kann auch in der Weise gewährt werden, dass nicht die Aktivseite gemindert, sondern auf der Passivseite sog. steuerfreie Rücklagen (s. o. 4. Abschnitt, Rn. 205) gebildet werden.

§ 7 a EStG enthält **allgemeine Regeln** für erhöhte Absetzungen und Sonderabschreibungen; sie dienen der Vereinheitlichung des Abschreibungsrechts. Spezielle Sonderabschreibungsregelungen gehen vor.[1041] Sind für ein Gebäude Sonderabschreibungen vorgenommen worden, so bemisst sich die Restwert-AfA nach einem neuen Vomhundertsatz, der sich aus der § 7 Abs. 4 EStG zugrunde liegenden Gesamtnutzungsdauer des Gebäudes abzüglich des Begünstigungszeitraums errechnet.[1042]

a) **Erhöhte Absetzungen**

- § 7b EStG a. F.: Erhöhte Absetzungen für Einfamilienhäuser, Zweifamilienhäuser und Eigentumswohnungen (weggefallen)
- § 7c EStG a. F.: Erhöhte Absetzungen für Baumaßnahmen an Gebäuden zur Schaffung neuer Mietwohnungen (weggefallen)
- § 7 d EStG a. F.: Erhöhte Absetzungen für Wirtschaftsgüter, die dem Umweltschutz dienen (aufgehoben)

1037 BMF v. 25.02.2000, BStBl. I 2000, 372.
1038 BFH v. 08.11.2016 – I R 49/15, BStBl. II 2017, 997.
1039 Vgl. Gutachten der Steuerreformkommission 1971, V Rn. 437 ff.; s. a. K-K § 5 V 4.
1040 BFH v. 08.11.1996 – VI R 29/96, BFH/NV 1997, 288.
1041 Zum Kumulationsverbot des § 7 a Abs. 5 EStG vgl. BFH v. 06.02.1992 – IV R 8/91, BStBl. II 1992, 558.
1042 BFH v. 20.06.1990 – I R 155/87, BStBl. II 1992, 622; BMF v. 20.07.1992, BStBl. I 1992, 415.

- § 7 h EStG: Erhöhte Absetzungen bei Gebäuden in Sanierungsgebieten und städtebaulichen Entwicklungsbereichen
- § 7 i EStG: Erhöhte Absetzungen bei Baudenkmalen
- § 7 k EStG a. F.: Erhöhte Absetzungen für Wohnungen mit Sozialbindung (aufgehoben)
- § 7, § 12 Abs. 3 SchutzbauG: Erhöhte Absetzungen für Räume zum Schutz der Zivilbevölkerung

b) **Sonderabschreibungen**

- § 7 b EStG: Sonderabschreibung für Mietwohnungsbau
- § 7 c EStG: Sonderabschreibung für Elektronutzfahrzeuge
- § 7 f EStG a. F.: Bewertungsfreiheit für abnutzbare Wirtschaftsgüter des Anlagevermögens privater Krankenhäuser (aufgehoben)
- § 7 g EStG: Sonderabschreibung zur Förderung kleiner und mittlerer Betriebe für neue bewegliche Wirtschaftsgüter des Anlagevermögens
- § 82 f EStDV: Bewertungsfreiheit für Handelsschiffe, für Schiffe, die der Seefischerei dienen, und für Luftfahrzeuge

347 **Übersicht**

Wertherabsetzungen, insb. Absetzungen für Abnutzung (AfA); §§ 5 Abs. 6, 7 ff. EStG

Allgemeines

1. Funktion: Verteilung der Anschaffungs-/Herstellungskosten
2. Gegenstand: abnutzbare Wirtschaftsgüter des Anlagevermögens
3. Abschreibungsberechtigung: abhängig von der Bilanzierung dem Grunde nach

Formen

1. Regelmäßige AfA
   a. lineare AfA (§ 7 Abs. 1; § 7 Abs. 4 EStG bei Gebäuden und selbstständigen Gebäude teilen)
   b. degressive AfA (bisher § 7 Abs. 2, 5 EStG, fallende Jahres be träge)
   c. nach Maßgabe der Leistung (§ 7 Abs. 1 S. 6 EStG)
   d. nach Maßgabe des Substanz - verzehrs (§ 7 Abs. 6 EStG)
2. Außerordentliche AfA
   a. bei außergewöhnlicher Abnutzung (§ 7 Abs. 1 S. 7 EStG)
   b. Teilwertabschreibung (§ 6 Abs. 1 Nr. 1 S. 2, Nr. 2 S. 2 EStG); Wertaufholungsgebot (§ 6 Abs. 1 Nr. 1 S. 4 EStG)
   c. Sonderabschreibungen (§ 7 a EStG)
      - erhöhte Absetzungen (§§ 7 h, 7 i EStG)
      - Sonderabschreibungen (§§ 7 b, 7 c, 7 g EStG; § 82 f EStDV)
   d. Sofortabsetzung geringwertiger Wirtschaftsgüter (§ 6 Abs. 2 EStG)

VIII. Bewertungsfreiheit für geringwertige Wirtschaftsgüter

348 § 6 Abs. 2 EStG lässt anstelle der an sich gebotenen Aktivierung und Aufwandsverteilung bei abnutzbaren beweglichen Wirtschaftsgütern des Anlagevermögens eine **„Sofortabsetzung“** bzw. eine **„Poolabschreibung“** zu; die Anschaffungs- oder Herstellungskosten können im Jahr der Anschaffung/Herstellung voll als Aufwand gebucht werden. Nach § 6 Abs. 2 S. 1 EStG kann der Aufwand für bestimmte Wirtschaftsgüter mit einem

Wert bis zu 800 € netto (ab Vz 2018) sofort abgesetzt werden. Wirtschaftsgüter mit einem Wert von mehr als 250 € (ab Vz 2018) sind gemäß § 6 Abs. 2 S. 4 EStG in ein besonderes Verzeichnis aufzunehmen. Wirtschaftsgüter mit einem Wert zwischen 250 € und 1.000 € können gemäß 6 Abs. 2 a EStG in einen Sammelposten eingestellt werden; der Posten ist jährlich mit 1/5 (= 20 %) aufzulösen (§ 6 Abs. 2 a S. 2 EStG); bei Bildung eines Sammelpostens kommt gemäß § 6 Abs. 2 a S. 4 EStG nur noch ein Sofortabzug von Wirtschaftsgütern mit einem Wert bis zu 250 € in Betracht.[1043]

Voraussetzungen:

- Geringwertige Wirtschaftsgüter i. S. d. § 6 Abs. 2 EStG
- Abnutzbare bewegliche Wirtschaftsgüter des Anlagevermögens
- Selbstständig nutzbar
- Anschaffungs-/Herstellungskosten bzw. Einlagewert bis 250 € bzw. 800 €
- Bildung eines Sammelpostens bei Wirtschaftsgütern i. S. d. § 6 Abs. 2 a EStG (R 6.13 Abs. 5, 6 EStR)

Bei der Prüfung der **selbstständigen Nutzbarkeit** ist darauf abzustellen, ob das Wirtschaftsgut nach seiner betrieblichen Zweckbestimmung nur zusammen mit anderen Wirtschaftsgütern genutzt werden kann und ob die in den Zusammenhang eingefügten Wirtschaftsgüter technisch aufeinander abgestimmt sind. Kann ein Wirtschaftsgut nach seiner betrieblichen Zweckbestimmung nur im Zusammenhang mit anderen Wirtschaftsgütern des Anlagevermögens genutzt werden und sind die in den Nutzungszusammenhang eingefügten Wirtschaftsgüter technisch aufeinander abgestimmt, so ist die selbstständige Nutzungsfähigkeit auch dann nicht gegeben, wenn das Wirtschaftsgut aus dem betrieblichen Nutzungszusammenhang gelöst und in einen anderen betrieblichen Nutzungszusammenhang eingefügt werden kann.[1044] Dagegen sind Wirtschaftsgüter, die nicht technisch aufeinander abgestimmt sind, z. B. Flachpaletten zur Lagerung von Waren, Teile eines Arztkoffers oder die einzelnen Komponenten einer Musterküche in einem Möbelhaus selbstständig nutzbar.[1045] Besondere wirtschaftliche Bedeutung hat die Regelung für die Investitionszulage; nach § 2 Abs. 1 InvZulG 2010 sind geringwertige Wirtschaftsgüter nicht begünstigt.

Rechtssystematisch betrachtet ergänzt § 6 Abs. 2 EStG nicht § 6 Abs. 1 EStG, sondern 349
§ 7 EStG.[1046] § 6 Abs. 2 EStG bezweckt in erster Linie eine **Vereinfachung der betrieblichen Rechnungslegung**; Buchführung und Bilanz sollen nicht über Jahre hinweg durch die Aufnahme geringwertiger Wirtschaftsgüter belastet werden.[1047] Aus diesem Grund brauchen auch keine Erinnerungswerte (Ansatz mit 1 €) angesetzt zu werden. Der mit der Sofortabschreibung verbundene Finanzierungseffekt tritt dagegen durch die Beschränkung auf Wirtschaftsgüter im Wert bis zu 250 € weitgehend zurück. Die frühere Bindung an die **Handelsbilanz** ist entfallen.

E. Zuschreibungen

Zuschreibungen sind buchmäßige Erhöhungen von Bilanzwerten der vorangegangenen 350
Jahresbilanz.

Handelsrechtlich kommen sie in Betracht

- zur Korrektur fehlerhafter Bilanzansätze,
- nach außerplanmäßigen Abschreibungen, wenn die Gründe dafür nicht mehr bestehen (§ 253 Abs. 5 HGB).

1043 Schmidt/Kulosa § 6 Rn. 591 ff.; Endert/Sepetauz BBK 2012, 828; Köhler StBp 2014, 40; BMF v. 30.09.2010, DStR 2010, 2034.
1044 BFH v. 06.10.1995 – III R 101/93, BStBl. II 1996, 166 für maschinengebundene Werkzeuge.
1045 BFH v. 07.09.2000 – III R 71/97, BStBl. II 2001, 41; v. 20.11.2003 – III B 37/03, BFH/NV 2004, 370.
1046 Werndl in K/S/M § 6 EStG Rn. I 20.
1047 Vgl. auch Begründung zum EStG v. 16.10.1934, RStBl. 1935, 38 und zum EStÄG v. 01.02.1938, RStBl. 1938, 100.

Steuerrechtlich sind Zuschreibungen zur Korrektur fehlerhafter Bilanzansätze und neuerdings zur Rückgängigmachung von Teilwertabschreibungen (§ 6 Abs. 1 Nr. 1 S. 4 EStG) geboten, die sich als obsolet erwiesen haben. Das Realisationsprinzip steht einer Zuschreibung nicht entgegen. Sofern die Wertobergrenze der Anschaffungs- oder Herstellungskosten beachtet wird, wird nicht realisierter Gewinn nicht ausgewiesen.

351 **Fall 37: Ansatz von Zwischenwerten**

Der steuerpflichtige A kauft Anfang 2013 Aktien für 200.000 €, die er als langfristige Kapitalanlage im Anlagevermögen ausweist. Durch die Kursentwicklung sinkt der Teilwert zum 31.12.2022 vorübergehend auf 150.000 €; er steigt bis zum 31.12.2023 auf 210.000 €.
Mit welchen Werten können bzw. müssen die Aktien in den Bilanzen zum 31.12.2022 und 31.12.2023 ausgewiesen werden?

352 I. Die Bewertung der Aktien richtet sich nach § 6 Abs. 1 Nr. 2 EStG. Danach sind nicht abnutzbare Wirtschaftsgüter des Anlagevermögens grundsätzlich mit den Anschaffungskosten anzusetzen. Anstelle der Anschaffungskosten kann nach S. 2 der niedrigere Teilwert angesetzt werden. Nach st. Rspr. des RFH konnte der Steuerpflichtige aber auch einen beliebigen Zwischenwert ansetzen;[1048] A könnte danach die Aktien in der Bilanz auf den 31.12.2022 mit jedem Wert zwischen 150.000 € und 200.000 € ansetzen.

II. In der Bilanz zum 31.12.2023 muss A den gestiegenen Teilwert auch dann ansetzen, wenn dieser höher ist als der letzte Bilanzansatz (§ 6 Abs. 1 Nr. 2 S. 4 EStG); er muss zu den ursprünglichen Anschaffungskosten zurückkehren.

Ergebnis:

A kann (in der Steuerbilanz) m. E. die Aktien mit dem niedrigeren Teilwert ansetzen; in der Bilanz zum 31.12.2023 muss er zu den Anschaffungskosten zurückkehren.

F. Der Zeit- und Zinsfaktor bei der Bewertung

I. Frühere Rechtslage und Entwicklung

353 Der Wert von Wirtschaftsgütern wird auch durch den Faktor „Zeit" bestimmt.[1049] Eine Forderung mit dem Nennwert von 100, die erst in fünf Jahren fällig ist, ist weniger wert als eine Forderung, deren Erfüllung sofort verlangt werden kann.[1050] Ebenso wird der Erwerber eines Betriebs eine sofort zu leistende Verbindlichkeit höher ansetzen als eine Verbindlichkeit, die erst in späteren Jahren zu begleichen ist.[1051]

Früher enthielt das Bilanzsteuerrecht – mit Ausnahme der Regelung des § 6 a Abs. 3 S. 3 EStG für die Pensionsrückstellung – keine Zinsregelung; das Bilanzsteuerrecht war „zinslos".[1052] Für Fragen der Abzinsung wurde über § 5 Abs. 1 EStG auf die GoB und das Handelsrecht zurückgegriffen. Auf der Aktivseite wurde und wird generell abgezinst;[1053] die Behandlung der Passivseite war streitig. Nach BFH[1054] waren auch Verlustrückstellungen abzuzinsen; der Große Senat[1055] konnte die Frage offenlassen.[1056]

1048 Vgl. RFH v. 10.10.1939, RStBl. 1940, 577.
1049 Vgl. zum Thema allgemein Böcking, Bilanzrechtstheorie und Verzinslichkeit, 1988.
1050 Vgl. BFH v. 11.12.1986 – IV R 222/84, BStBl. II 1987, 553, 556.
1051 Rose StbJb 1973/74, 301, 327 ff.
1052 Weber-Grellet FS Schmidt 1993, 161.
1053 Vgl. Schmidt/Weber-Grellet § 5 Rn. 270 „Abzinsung".
1054 BFH v. 19.07.1983 – VIII R 160, 79, BStBl. II 1984, 56.
1055 GrS Beschl. v. 23.06.1997 – GrS 2/93, BStBl. II 1997, 735.
1056 Dazu Küting/Kessler DStR 1997, 1665/72; Weber-Grellet DB 1997, 2233, 2237.

II. Neuregelung durch StEntlG 99 ff.

Nach § 6 Abs. 1 Nr. 3 a Buchst. e) EStG sind Rückstellungen mit einem Zinssatz von 5,5 % abzuzinsen;[1057] § 6 Abs. 1 Nr. 3 S. 2 EStG (Abzinsung von Verbindlichkeiten) ist durch 4. Corona StHG aufgehoben worden.[1058] Der Zinssatz war im Jahr 2010 noch verfassungsgemäß.[1059] Das bedeutet, dass nicht der nominelle Nennbetrag als Aufwand geltend gemacht werden kann, sondern nur der abgezinste Betrag. Die Verbindlichkeit/Rückstellung wird praktisch in einen Kapitalanteil und einen Zinsanteil zerlegt. 354

Gegen die Abzinsung von Rückstellungen (= zunächst weniger Aufwand), die später als zwölf Monate nach dem Bilanzstichtag zu erfüllen sind, ist bilanzsteuerrechtlich wenig einzuwenden.[1060]

III. Ausnahmen

Ausnahmen bestehen für Rückstellungen für kurzfristige Verbindlichkeiten (Laufzeit vom Bilanzstichtag an von weniger als 12 Monaten) und (zur Verhinderung des Ausweises eines nicht realisierten Gewinns) für Verbindlichkeiten, die auf einer Anzahlung oder Vorauszahlung beruhen.[1061] 355

Beispiel

Der Anlagenbauer M verpflichtet sich gegenüber dem Produzenten P zur Fertigung einer Anlage. Die Anlage soll zum 31.12.2023 geliefert werden; der Kaufpreis von 10 Mio. € soll bereits zum 31.12.2022 gezahlt werden. Bei Erhalt einer Anzahlung wird gebucht: per Geld an Anzahlung 10 Mio. € und zum 31.12.2023 per Anzahlung an Ertrag 10 Mio. €. Dieser Passivposten „Anzahlung" ist nicht abzuzinsen, da es sich um eine gewinnneutrale Abgrenzung handelt. Die Abzinsung würde zur vorgezogenen Gewinnrealisierung führen.

G. Bewertung und Stichtagsprinzip

§ Fall 38: Die unverhoffte Erbschaft 356

A hatte 2022 eine Forderung gegen S erworben. Vollstreckungsversuche Ende 2023 und Anfang 2024 blieben erfolglos. A wollte daher die Forderung in der Bilanz auf den 31.12.2023 als wertlos abschreiben. Im Mai 2024, noch vor der Bilanzaufstellung, zahlt S, da er unverhofft eine Erbschaft gemacht hat.
Wie ist die Forderung auf den 31.12.2023 zu bewerten?

I. Forderungen sind gemäß § 6 Abs. 1 Nr. 2 EStG grundsätzlich mit dem **Nennwert** auszuweisen. Ist ihr **Teilwert** niedriger, kann dieser angesetzt werden. 357
Nach dem **Stichtagsprinzip** sind für die Bewertung die Verhältnisse, die am Bilanzstichtag bestanden haben, maßgebend (§ 252 Abs. 1 Nr. 3 HGB).[1062] Abzustellen ist – zumindest bei der Steuerbilanz – auf die objektiv gegebenen Verhältnisse im Zeit-

1057 BFH v. 06.05.2015 – I R 7/14, BFH/NV 2016, 69; BFH v. 13.07.2017 – VI R 62/15, BStBl. II 2018, 15 (auch unverzinsliche Darlehen); das gilt auch für Gesellschafterdarlehen (BFH v. 06.10.2009 – I R 4/08, BFHE 226, 347, DStR 2009, 2587; BFH v. 27.01.2010 – I R 35/09, DStR 2010, 531).

1058 Korn ködsi 2023, 23074; zur Umsetzung Tiede StuB 2023, 881.

1059 BFH v. 22.05.2019 – X R 19/17, BStBl. II 2019, 795 – (Der vergleichbare) § 233 a AO ist für bis einschließlich in das Jahr 2018 fallende Verzinsungszeiträume weiter anwendbar; der Gesetzgeber ist verpflichtet, bis zum 31. Juli 2022 eine verfassungsgemäße Neuregelung zu treffen (BVerfG v. 08.07.2021 1 BvR 2237/14 – 1 BVR 2237/14 und BVR 2422/17).

1060 Siegel StuB 1999, 195/7; Schmidt/Kulosa § 6 Rn. 454. – Zur Gesetzesbegründung s. BT-Drs. 14/23, 171.

1061 Zur Problematik bereits Clemm, FS Schmidt 1993, 177, 188.

1062 BFH v. 22.05.2019 – X R 19/17, BStBl. II 2019, 795.

punkt der Bilanzaufstellung.[1063] Das Gebot objektiver Richtigkeit gilt für Rechts- und m. E. auch für Tatsachenfragen; letzteres ist streitig.

II. **Wertminderungen**, die **am Bilanzstichtag objektiv bereits eingetreten** waren, von denen der Steuerpflichtige aber erst in der Zeit zwischen Bilanzstichtag und Bilanzerstellung Kenntnis erlangt, sind bei der Bewertung am Bilanzstichtag zu berücksichtigen (§ 252 Abs. 1 Nr. 4 HGB)[1064] (sog. Wertaufhellungstheorie). Dogmatisch bedeutet die **Wertaufhellungstheorie** eine gewisse Einschränkung des Stichtagsprinzips durch Berücksichtigung nachträglich bekannt gewordener (nicht: neuer) Fakten.[1065]

Der Unterschied zwischen nicht berücksichtigungsfähigen wertbeeinflussenden Ereignissen und berücksichtigungsfähigen wertaufhellenden Fakten wird durch folgende **Beispiele** verdeutlicht:[1066]

- Ein Gebäude brennt nach dem Bilanzstichtag ab. Eine Abschreibung wegen außergewöhnlicher Abnutzung kann erst in der Folgebilanz vorgenommen werden, weil das Gebäude am Bilanzstichtag objektiv noch vorhanden war.
- Stellt dagegen ein Kaufmann zwischen Bilanzstichtag und Bilanzerstellung fest, dass sein Gebäude von Schwamm befallen ist, kann er die Wertminderung bereits berücksichtigen, weil die Wertminderung am Bilanzstichtag objektiv bestanden hat.
- Geht ein Schuldner des Kaufmanns in den ersten Monaten nach dem Bilanzstichtag in Insolvenz, so kann im Allgemeinen davon ausgegangen werden, dass die Forderungen bereits am Bilanzstichtag wertlos waren. Die Insolvenz bedeutet in diesen Fällen regelmäßig eine wertaufhellende Erkenntnis nach dem Bilanzstichtag über eine bereits am Bilanzstichtag eingetretene Wertminderung. Etwas anderes gilt aber, wenn die Insolvenz durch unerwartete, nach dem Bilanzstichtag eingetretene Umstände veranlasst sein sollte.

III. Wertminderungen, die auf Ereignissen beruhen, die **nach dem Bilanzstichtag eingetreten** sind, können nicht auf den Bilanzstichtag zurückbezogen, sondern erst in der Folgebilanz berücksichtigt werden.

Das gilt z. B. für die Bewertung von Forderungen, deren Wert sich durch eine Verschlechterung der Wirtschaftslage nach dem Bilanzstichtag vermindert,[1067] oder für eine nachträgliche gerichtliche Entscheidung.[1068] Für die Bewertung von Forderungen in ausländischer Währung sind die Kurse am Bilanzstichtag maßgebend; eine ungünstige Kursentwicklung nach dem Bilanzstichtag (z. B. Abwertung der ausländischen und Aufwertung der inländischen Währung nach dem Bilanzstichtag) kann nicht auf den Bilanzstichtag zurückbezogen werden.[1069]

Auch Abschreibungen, die in der bloßen Aussicht auf eine Entwertung vorgenommen werden, sind nicht möglich.[1070]

In engen Grenzen hat die Rspr. aber einen am Bilanzstichtag für den vorsichtigen Kaufmann **vorhersehbaren**, tatsächlich aber erst **kurz nach dem Bilanzstichtag eingetretenen** Wertverfall bereits am Bilanzstichtag berücksichtigt.

So hat der RFH in dem Urteil vom 28.06.1933[1071] eine kurz nach dem Bilanzstichtag erfolgte Preissenkung für preisgebundene Waren, die die Folge eines vor dem Bilanzstichtag eingetretenen allgemeinen Preissturzes für nicht preisgebundene Waren war, auf den Bilanzstichtag zurückbezogen. Der BFH hat in dem Urteil vom 16.04.1953[1072] bei Importwaren die Preisentwicklung in angemessener Zeit nach dem Bilanzstichtag (etwa vier bis sechs Wochen) berücksichtigt.

1063 Vgl. BFH v. 30.01.2013 – GrS 1/10, BStBl. II 2013, 317; Weber-Grellet, Abschied vom subjektiven Fehlerbegriff, DStR 2013, 729.

1064 Vgl. BFH v. 20.08.2003 – I R 49/02, BStBl. II 2003, 941; Schmidt/Weber-Grellet § 5 Rn. 81.

1065 Im Einzelnen Weber-Grellet, Die Unterschiede handels- und steuerrechtlicher Wertaufhellung, FS Reiß 2008, 483.

1066 Nach RFH v. 02.03.1932, RStBl. 1932, 510.

1067 RFH v. 02.06.1932, RStBl. 1932, 824.

1068 BFH v. 26.02.2014 – I R 12/14, BFH/NV 2014, 1544.

1069 RFH v. 04.09.1934, RStBl. 1934, 1366.

1070 RFH v. 30.04.1941, RStBl. 1941, 894.

1071 RStBl. 1934, 253.

1072 BFH v. 16.04.1953 – VI 119/52 S, BStBl. III 1953, 192.

IV. Im Streitfall ist die Erbschaft erst im Mai 2024 angefallen. Es handelt sich um eine neue, wertbestimmende Tatsache, die bei der Bewertung der Forderung zum 31.12.2023 nicht berücksichtigt werden darf.

Ergebnis:

Die Forderung konnte in der Bilanz zum 31.12.2023 abgeschrieben werden, da sie am Bilanzstichtag wertlos war.

H. Bewertung im Einzelnen

I. Nicht abnutzbare Wirtschaftsgüter

1. Grund und Boden

a) Anschaffungskosten

Zu den Anschaffungskosten des Grund und Bodens – und nicht zu den Kosten für das Gebäude, dazu vgl. unten 346 ff. – gehören neben dem Kaufpreis, den übernommenen Schulden und den Anschaffungsnebenkosten auch (vgl. im Einzelnen H 6.4 EStH): **358**

- (Erstmalige) Erschließungsbeiträge und Straßenanliegerbeiträge;[1073] bei Modernisierung dagegen Erhaltungsaufwand,[1074]
- Beiträge, die von den Gemeinden aufgrund der Kommunalabgabengesetze der Länder zur Deckung des Aufwands für die Anschaffung, Herstellung, Erweiterung oder Verbesserung von Straßen, Wegen, Plätzen und sonstigen öffentlichen Einrichtungen und Anlagen von dem Grundstückseigentümer erhoben werden,[1075]
- Kanalbaubeiträge (Kanalanschlussgebühren), die für den erstmaligen Anschluss an gemeindliche Abwasserbeseitigungsanlagen entrichtet werden müssen, nicht dagegen Hausanschlusskosten, die für die Herstellung der Zuleitungsanlagen von dem Haus zu dem öffentlichen Kanal entrichtet werden müssen,[1076]
- Beiträge für sonstige Anlagen außerhalb des Grundstücks, insbesondere für Anlagen zur Versorgung mit Elektrizität, Gas, Wärme und Wasser;[1077] Beiträge für Zweit- oder Zusatzerschließung, wenn sich der Wert des Grundstücks erhöht,[1078]
- Ausgleichsbeträge nach § 154 BauGB (H 6.4 EStH),
- Zahlungen für die Ablösung eines Überleitungsrechts.[1079]

Denkbar sind auch nachträgliche Herstellungskosten, z. B. Aufwendungen für die verkehrstechnische Anbindung eines Grundstücks.[1080]

b) Bebauter Grund und Boden

Grund und Boden und aufstehende Gebäude sind nicht nur getrennt in der Bilanz auszuweisen (vgl. 4. Abschnitt, Rn. 137), sondern auch getrennt und unabhängig voneinander zu bewerten. Eine bei einem Gebäude eintretende Wertminderung führt **359**

1073 Vgl. BFH v. 03.07.1997 – III R 114/95, BStBl. II 1997, 811: Anschluss an die Wasserversorgung; v. 01.03.2002 – VIII B 110/01, BFH/NV 2002, 1143.

1074 BFH v. 16.07.1996 – IX R 55/94, BFH/NV 1997, 178; BFH v. 06.04.2016 – X R 29/14, BFH/NV 2016, 1541 (zur Ersetzung einer funktionsfähigen Abwassergrube).

1075 BFH v. 19.02.1974 – VIII R 65/72, BStBl. II 1974, 337.

1076 BFH v. 04.11.1986 – VIII R 3222/83, BStBl. II 1987, 333; v. 02.05.1990 – VIII R 198/85, BFH/NV 1991, 29.

1077 Zu den Beiträgen zur Schaffung von Fußgängerzonen vgl. BFH v. 26.01.1984, BStBl. II 1984, 480; v. 12.04.1984 – IV R 137/80, BStBl. II 1984, 489; v. 14.03.1989 – IX R 138/88, BFH/NV 1989, 633.

1078 BFH v. 19.12.1995 – IX R 5/95, BStBl. II 1996, 134; H 6.4 EStH.

1079 FG Nürnberg v. 17.09.2001 – I 282/2000, DStRE 2002, 194.

1080 Niedersächsisches FG v. 11.02.2014 – 8 K 62/13, EFG 2014, 1282.

deshalb auch dann zu einer Teilwertabschreibung, wenn dem Wertrückgang des Gebäudes eine entsprechende Wertsteigerung des Grundstücks gegenübersteht.[1081] Erwirbt der Steuerpflichtige ein bebautes Grundstück, so ist der Kaufpreis für den Grund und Boden und das aufstehende Gebäude getrennt zu verbuchen. Bei Vereinbarung eines Gesamtkaufpreises ist dieser, wie auch die Anschaffungsnebenkosten, auf Grund und Boden und Gebäude aufzuteilen.

2. Beteiligungen und andere Finanzanlagen

360 § **Fall 39: Nichts als Ärger – zur Beteiligung an einem Atomkraftwerk**

Das Energieversorgungsunternehmen E hat 2008 eine Beteiligung an einem Atomkraftwerk, das in der Rechtsform einer GmbH betrieben wird, erworben. Im Jahr 2022 beteiligt sich E an einer Kapitalerhöhung. Im Jahr 2023 macht E gegenüber dem Finanzamt eine Teilwertabschreibung auf die Beteiligung geltend. Ertrag sei auf Dauer nicht zu erzielen; der Substanzwert sei wegen exorbitant hoher Beseitigungskosten ebenfalls nicht positiv. Die Beteiligung bringe nur Kosten und Ärger.
Ist eine Teilwertabschreibung berechtigt?

361 I. Beteiligungen (als Unterfall der Finanzanlagen; vgl. § 266 Abs. 2 A. III. 3. HGB) gehören gemäß § 6 Abs. 1 Nr. 2 EStG zu den **nicht abnutzbaren Wirtschaftsgütern**. Nach § 271 Abs. 1 HGB sind Beteiligungen verbriefte oder unverbriefte Anteile an anderen Unternehmen, die bestimmt sind, dem eigenen Geschäftsbetrieb durch Herstellung einer dauernden Verbindung zu dem anderen Unternehmen zu dienen. Als Beteiligung gelten im Zweifel **Anteile an einer Kapitalgesellschaft**, deren Nennbeträge insgesamt den fünften Teil des Nennkapitals dieser Gesellschaft überschreiten.

Voraussetzung ist, dass ein **Gesellschaftsverhältnis** vorliegt; ein partiarisches Darlehen genügt nicht. Die Herstellung einer dauernden Verbindung zu dem anderen Unternehmen bedeutet, dass – über den bloßen Anteilsbesitz aus Anlage- und Renditegründen hinaus – der Anteil zu unternehmerischen Zwecken gehalten wird.

Eine **Beteiligung an einer Personengesellschaft** wird nach h. M. – wegen der Dominanz der einheitlichen und gesonderten Feststellung und des § 15 Abs. 1 S. 1 Nr. 2 EStG – in der Steuerbilanz nicht ausgewiesen.[1082]

Die Beteiligung an einer Personengesellschaft kann zwar durchaus zum Betriebsvermögen gehören; maßgeblich ist aber allein das Ergebnis der einheitlichen und gesonderten Gewinnfeststellung. Der Gewinn bzw. Verlust der Gesellschaft wird bei dem Gesellschafter ohne Rücksicht auf Ausschüttung, Zufluss, Entnahmerecht, Teilwertabschreibungen usw. erfasst. Teilwertabschreibungen auf den Gesellschaftsanteil im Rahmen der eigenen Gewinnermittlung des Gesellschafters sind nicht möglich, denn die Verluste, die eine Teilwertabschreibung des Anteils rechtfertigen könnten, gehen zu gegebener Zeit in den Gewinn- bzw. Verlustanteil nach § 15 Abs. 1 S. 1 Nr. 2 EStG oder in den Veräußerungsgewinn bzw. -verlust nach § 16 EStG ein.[1083]

II. Hauptsächlicher **Bewertungsmaßstab** sind die **Anschaffungskosten** (Kaufpreis zuzüglich Nebenkosten). Gesellschaftlich veranlasste Leistungen (Einlagen) werden als – ggf. nachträgliche oder zusätzliche – Anschaffungskosten der Beteiligung beurteilt.[1084] Kapitalrückzahlung führt zur Minderung der Anschaffungskosten, nach a. A. zu einer Teilwertabschreibung.[1085]

1081 BFH v. 16.07.1968 – GrS 7/67, BStBl. II 1969, 108.

1082 Vgl. BFH v. 26.06.1990 – VIII R 81/85, BStBl. II 1994, 645; v. 18.02.1993 – IV R 40/92, BStBl. II 1994, 224; Schmidt/Weber-Grellet § 5 Rn. 270 „Beteiligung an PersGes".

1083 K-K § 10 III.

1084 Z. B. RFH v. 12.02.1936, RStBl. 1936, 787; v. 16.06.1937, RStBl. 1937, 1007.

1085 Wegen Einzelheiten s. H/H/R § 6 EStG Anm. 612.

Bei Finanzanlagen in Gestalt von Gläubigerrechten (Ausleihungen, Darlehen, Schuldverschreibungen usw.) gilt steuerbilanziell als Anschaffungspreis grundsätzlich der Nennwert;[1086] ein Disagio ist zu passivieren.

III. Die Beteiligung kann bei Vorliegen besonderer Gründe, z. B.: 362

- Absinken des Ertragswerts durch gesunkene Börsenkurse,
- nachhaltige Ertragsschwäche,
- Verluste der Beteiligungsgesellschaft,
- Fehlinvestitionen

(nicht z. B. bei Anlaufverlusten oder Sanierungsmaßnahmen durch Kapitalzuführung), auf den **niedrigeren Teilwert** abgeschrieben werden.[1087] Beim Wegfall dieser Gründe sind Zuschreibungen bis zur Höhe der Anschaffungskosten geboten (s. o. Abschnitt 5, Rn. 296 ff., 345).

Bei der Ermittlung des Teilwerts einer Beteiligung an einer Kapitalgesellschaft sind zu berücksichtigen und gegeneinander abzuwägen:

- Substanzwert (ermittelt nach dem Vermögen der Gesellschaft zu Wiederbeschaffungskosten),
- Ertragswert (Ertragsaussichten der Gesellschaft),
- die quantifizierbare funktionale Bedeutung der Beteiligung für den Betrieb des Steuerpflichtigen.[1088]

Da eine Vermutung besteht, dass die Bewertung einer Beteiligung mit den Anschaffungskosten die Regel und die mit einem niedrigeren Teilwert die Ausnahme ist, muss derjenige, der die Bewertung der Beteiligung mit dem Teilwert geltend macht, die Voraussetzungen dafür darlegen.[1089]

IV. Im Streitfall könnte E die **Vermutung**, dass der Teilwert der Beteiligung den Anschaffungskosten entspricht, **entkräften**, indem er nachweist, dass die Wiederbeschaffungskosten für ein entsprechendes Wirtschaftsgut gesunken sind, dass das Wirtschaftsgut mangelhaft ist oder dass eine Fehlmaßnahme vorliegt.

Derartige Gründe liegen nicht vor. Auch der Umstand, dass Ertrags- und Substanzwert nicht vorhanden sind, kann an dieser Beurteilung nichts ändern. Es ist davon auszugehen, dass E sich nicht ohne Grund an dem Atomkraftwerk (z. B. aus Gründen der Forschung und Entwicklung) beteiligt hat. Gegen eine Teilwertabschreibung spricht insbesondere auch die Teilnahme an der Kapitalerhöhung. Diese zeigt deutlich, dass E selbst davon ausgeht, dass die Beteiligung die Anschaffungskosten wert ist. Insofern besteht auch hier die Vermutung der Ausgeglichenheit von Leistung und Gegenleistung.

Ergebnis:

Die Entkräftung der Teilwertvermutung ist nicht gelungen; das FA hat die beantragte Teilwertabschreibung zu Recht versagt.

1086 BFH v. 23.04.1975 – I R 236/72, BStBl. II 1975, 875.

1087 BFH v. 09.03.2000 – X B 106/99, BFH/NV 2000, 1184; BFH v. 18.06.2015 – IV R 6/11, BFH/NV 2015, 1381.

1088 BFH v. 27.07.1988 – I R 104/84, BStBl. II 1989, 274.

1089 BFH v. 07.11.1990 – I R 116/96, BStBl. II 1991, 342.

363 **Fall 40: Teilwertabschreibung auf ein eigenkapitalersetzendes Darlehen – Teilwertabschreibung in den Fällen der Betriebsaufspaltung**

A und H sind je zur Hälfte Gesellschafter der Besitz-GbR und der Betriebs-GmbH. Die GbR verpachtet die Betriebsgrundstücke und die Geschäftsausstattung an die GmbH. Die Anteile an der GmbH waren in den Bilanzen der GbR aktiviert. Ebenfalls auf der Aktivseite ihrer Bilanz wies die GbR einen Posten für „Ausleihungen an Unternehmen, mit denen ein Beteiligungsverhältnis besteht", aus. Bei Aufstellung des Jahresabschlusses für die GmbH wurde der Saldo des Passivpostens um 250.000 € gemindert und zum Zwecke der Insolvenzvermeidung unter der Bilanzposition „Eigene Mittel" als „Darlehen gemäß § 32 a GmbHG" ausgewiesen. Auf Zinsen sollte bis zum Verlustausgleich verzichtet werden. In Höhe der bei der GmbH „umgebuchten" Beträge nahm die GbR Teilwertabschreibungen vor. Das FG war der Auffassung, dass schon deshalb keine Abschreibung möglich sei, weil eine verdeckte Einlage gegeben sei. Zu Recht?

364 I. Bei den unter dem Bilanzposten „Ausleihungen an Unternehmen, mit denen ein Beteiligungsverhältnis besteht" zusammengefassten Leistungen der GbR an die GmbH handelt es sich nicht um verdeckte Einlagen in die GmbH. Das FG hat nicht festgestellt, dass das zugeführte Kapital dauerhaft in das Vermögen der empfangenden Gesellschaft übergehen sollte und eine Rückzahlung nicht beabsichtigt war.

II. Das Konto „Ausleihungen an Unternehmen, mit denen ein Beteiligungsverhältnis besteht" weist eine Forderung der GbR gegen die GmbH aus. Forderungen können bereits dann mit einem unter die Anschaffungskosten gesunkenen Teilwert zu bewerten sein, wenn sich die Bonität des Schuldners nachträglich verschlechtert hat. Das betrifft grundsätzlich auch Forderungen gegenüber verbundenen Unternehmen.

365 III. Nach Auffassung des IV. Senats[1090] muss für die Bewertung eigenkapitalersetzender Darlehensforderungen jedenfalls dann eine Ausnahme gelten, wenn zwischen Gläubiger und Schuldner eine Betriebsaufspaltung bestehe.[1091] Zwar seien nach st. Rspr. des BFH Besitz- und Betriebsunternehmen eigenständige Subjekte der Einkunftserzielung, die ihre Gewinne getrennt voneinander ermittelten. Deshalb würden auch Forderungen und Verbindlichkeiten zwischen den Unternehmen in den jeweiligen Steuerbilanzen ausgewiesen, wobei es keinen Grundsatz gebe, dass beide Unternehmen durchgängig korrespondierend bilanzieren müssten. Dennoch komme eine Teilwertabschreibung eigenkapitalersetzender Darlehen zwischen Besitz- und Betriebsunternehmen nur nach den Kriterien in Betracht, die für die Abschreibung des Teilwerts der Beteiligung an der Kapitalgesellschaft selbst gelten („Gesamtbetrachtung des Unternehmensverbundes").

Bei der Bestimmung des Werts der Beteiligung könne nicht allein auf die funktionale Bedeutung der Betriebsgesellschaft für die im Rahmen einer Betriebsaufspaltung verwirklichte unternehmerische Gesamtbetätigung abgestellt werden. Weise der Steuerpflichtige nach, dass die Ertragsaussichten von Besitz- und Betriebsunternehmen (Gesamtbetrachtung) in einem solchen Maße gesunken seien, dass ein Erwerber des Besitzunternehmens für die zu dessen Betriebsvermögen gehörenden Anteile an der Besitzkapitalgesellschaft einen hinter den Anschaffungskosten zurückbleibenden Preis zahlen würde, könne eine diesbezügliche Teilwertabschreibung vorgenommen werden. Dies gelte entsprechend für von dem Besitzunternehmen der Betriebsgesellschaft gewährte eigenkapitalersetzende Darlehen. Eine Teilwertabschreibung könne auch nicht unter Hinweis auf die Rspr. des BFH zu Sanierungszuschüssen versagt werden.

366 IV. Das FG Köln[1092] ist der Auffassung, dass eine Teilwertabschreibung auf ein eigenkapitalersetzendes Darlehen, das ein Gesellschafter seiner Kapitalgesellschaft gewähre, um deren wirtschaftliche Krise zu überwinden und deren zukünftige Rentabilität wiederherzustellen, erst dann möglich sei, wenn aufgrund der weiteren Entwicklung erkennbar sei, dass der Belebungsmaßnahme der Erfolg versagt bleiben

1090 BFH v. 06.11.2003 – IV R 10/01, BStBl. II 2004, 416.
1091 Zur Bilanzierung bei Betriebsaufspaltung Winnefeld Rn. M 105 ff.
1092 FG Köln v. 19.11.1998, EFG 1999, 374.

werde. Auch das FG Köln geht davon aus, dass für die Abschreibung eigenkapitalersetzender Darlehen die gleichen Wertungen maßgebend seien, die für die Abschreibbarkeit von Beteiligungen gälten. Eine Teilwertabschreibung sei bei Anlaufverlusten erst dann möglich, wenn aufgrund der weiteren Entwicklungen erkennbar sei, dass den getroffenen Belebungsmaßnahmen der Erfolg versagt bleibe.[1093]

V. Stellungnahme: In den Fällen der **Betriebsaufspaltung** und bei der **Abschreibung eigenkapitalersetzender Darlehen** gelten besondere Regeln. 367

1. Im Fall der Betriebsaufspaltung ist zu berücksichtigen, dass das Besitzunternehmen und die Betriebsgesellschaft wirtschaftlich verbunden sind. Die Betriebsaufspaltung ist durch eine sachliche und personelle Verflechtung von Besitzunternehmen und Betriebsgesellschaft gekennzeichnet. Die sachliche Verflechtung im Rahmen einer Betriebsaufspaltung wird regelmäßig durch die Überlassung (bereits) einer wesentlichen Betriebsgrundlage seitens der Besitzgesellschaft an die Betriebsgesellschaft begründet; eine personelle Verflechtung liegt vor, sofern die hinter beiden (selbstständigen) Unternehmen stehenden Personen einen einheitlichen geschäftlichen Betätigungswillen haben. Davon ist auszugehen, wenn dieselbe Person oder Personengruppe an beiden Unternehmen mehrheitlich beteiligt ist, sodass die das Besitzunternehmen tatsächlich beherrschende(n) Person(en), in der Lage ist/sind, auch in der Betriebsgesellschaft ihren Willen durchzusetzen.[1094]
   Die Teilwertberichtigung einer Forderung des Besitzunternehmens gegen die Betriebsgesellschaft macht eine Gesamtbetrachtung der Ertragsaussichten von Besitz- und Betriebsunternehmen notwendig.[1095] Sind die Ertragsaussichten dauerhaft so gering, dass der gedachte Erwerber des Besitzunternehmens für die Anteile am Betriebsunternehmen einen Preis zahlen würde, der unter dem Buchwert der Beteiligung am Betriebsunternehmen liegt, ist (auch) eine Teilwertabschreibung der Darlehensforderung (Pachtforderung) gerechtfertigt.[1096] Hintergrund dieser Beurteilung ist der Umstand, dass Besitzunternehmen und Betriebsgesellschaft formal getrennt sind, dass sie aber in funktionaler Hinsicht eine Einheit bilden.
2. Dieselben Grundsätze galten auch für eigenkapitalersetzende Darlehen.[1097] Im Fall der Betriebsaufspaltung sind die besonderen Grundsätze durch die Verbundenheit von Besitzunternehmen und Betriebsgesellschaft gerechtfertigt, im Fall eigenkapitalersetzender Darlehen durch ein Verhalten, das auf der Eigenschaft als Gesellschafter beruht.
   Nach früherer Rechtslage waren sog. „kapitalersetzende" Gesellschafterdarlehen, die der GmbH in der Krise gewährt oder belassen wurden, wie haftendes Eigenkapital zu behandeln. Infolgedessen war es der Gesellschaft gemäß den Rechtsprechungsregeln entsprechend §§ 30, 31 und nach Maßgabe der §§ 32 a, 32 b GmbHG a. F. in der Krise untersagt, das Darlehen an den Gesellschafter zurückzuzahlen. Mit der Streichung der Rechtsprechungsregeln und der Aufhebung der §§ 32 a, 32 b GmbHG hat das Tatbestandsmerkmal „kapitalersetzend" nach neuer Rechtslage keine Bedeutung mehr; auch das Bestehen einer Krise der GmbH ist nicht mehr entscheidend.[1098] Gesellschafterdarlehen sind jetzt im Insolvenz- und Anfechtungsrecht

1093 Vgl. BFH v. 20.05.1965 – IV 49/65 U, BStBl. III 1965, 503.
1094 BFH v. 08.11.1971 – GrS 2/71, BStBl. II 1972, 63; Schmidt/Wacker § 15 Rn. 800 ff.
1095 BFH v. 06.11.2003 – IV R 10/01, BStBl. II 2004, 416.
1096 BFH v. 14.10.2009 – X R 45/06, BStBl. II 2010, 274.
1097 BFH v. 06.11.2003 – IV R 10/01, BStBl. II 2004, 416; BFH v. 14.10.2009 – X R 45/06, BStBl. II 2010, 274.
1098 BGH v. 30.04.2015 – IX ZR 196/13, ZIP 2015, 1130. – Der BFH hat sich dieser Auffassung – zu § 17 EStG – angeschlossen (BFH v. 11.07.2017 – IX R 36/15, BB 2017, 2478).

geregelt; in der Insolvenz sind Gesellschafterdarlehen unabhängig von einem etwaigen kapitalersetzenden Charakter generell als nachrangig einzustufen.

Ergebnis:

Eine verdeckte Einlage ist nicht gegeben; die Forderung ist nach wie vor als solche auszuweisen. Eine Teilwertabschreibung verlangt in diesen Fällen eine Gesamtbetrachtung der Ertragsaussichten von Besitz- und Betriebsunternehmen. Sind zu den jeweiligen Stichtagen die Ertragsaussichten dauerhaft so gering, dass ein gedachter Erwerber des Besitzunternehmens für die Anteile am Betriebsunternehmen nur einen Preis unter dem Buchwert der Beteiligung am Betriebsunternehmen zahlen würde, wäre (auch) eine Teilwertabschreibung der Darlehensforderung (Pachtforderung) gerechtfertigt. Darlehen (und Teilwertabschreibung) werden nicht von § 3 Nr. 40 EStG erfasst.[1099] Nach § 3 c Abs. 2 S. 2–6 EStG i. d. F. Zollkodex-AnpG gilt das Teilabzugsverbot nunmehr auch bei Wertminderungen von im Betriebsvermögen gewährten Gesellschafterdarlehen.

II. Abnutzbares Anlagevermögen

1. Gebäude

a) Anschaffungs- und Herstellungskosten

368 Die Anschaffungskosten bestehen aus dem vertraglichen Entgelt und etwaigen Anschaffungsnebenkosten. Bei Erwerb eines bebauten Grundstücks ist der Kaufpreis anhand objektiver Umstände, in Zweifelsfällen im Verhältnis der Teilwerte, aufzuteilen. Wegen der Abgrenzung zu anschaffungsnahen Aufwendungen und zum Erhaltungsaufwand vgl. 4. Abschnitt, Rn. 143 nicht von § 3 Nr. 40 EStG erfasst. Die **Herstellungskosten** umfassen die Materialkosten und die Fertigungslöhne. Zu den Herstellungskosten gehören ferner die Planungskosten, und zwar auch dann, wenn die ursprüngliche Planung erheblich verändert worden ist.[1100]

Bei Aufwendungen für Maßnahmen, die der Erschließung und dem Anschluss an das öffentliche Ver- und Entsorgungsnetz dienen, ist wie folgt zu differenzieren:

- **Erschließungsbeiträge und ähnliche Abgaben:**
  Der BFH stellt in seiner Rspr. darauf ab, ob die Abgabepflicht den Steuerpflichtigen in seiner Eigenschaft als Grundstückseigentümer (dann Anschaffungskosten des Grund und Bodens; z. B. Straßenanliegerbeiträge und Erschließungsbeiträge i. S. d. §§ 127–135 BauGB)[1101] oder wegen besonderer Nutzung des Grundstücks (dann Gebäudeherstellungskosten bzw. sofort abziehbare Betriebsausgaben; vgl. die Beispiele in H 6.4 EStH) trifft. Den Gebäudeherstellungskosten sind z. B. Zahlungen zur Ablösung der Verpflichtung zum Bau von Stellplätzen an die Gemeinde zuzuordnen.[1102]
- **Anschluss an die öffentliche Ver- und Entsorgung:**
  Aufwendungen, die für Anlagen **außerhalb** des Grundstücks anfallen, sind grundsätzlich als Anschaffungskosten für den Grund und Boden anzusetzen.[1103] Dagegen gehören Aufwendungen von der Grundstücksgrenze bis zum Haus zu den Gebäudekosten (vgl. H 6.4 EStH „Hausanschlusskosten").

Aufwendungen, die der **Verbesserung** der Ver- oder Entsorgung dienen (Ersatzmaßnahmen), können sofort als Betriebsausgaben abgezogen werden.[1104]

1099 BFH v. 18.04.2012 – X R 5/10, BStBl. II 2013, 785.
1100 Vgl. BFH v. 29.11.1983 – VIII R 96/81, BStBl. II 1984, 303, 306.
1101 BFH v. 03.07.1997 – III R 114/95, BStBl. II 1997, 811.
1102 BFH v. 08.03.1984 – IX R 45/80, BStBl. II 1984, 702.
1103 BFH v. 06.07.1972 – VIII R 20/72, BStBl. II 1972, 790.
1104 BFH v. 03.07.1997 – III R 114/95, BStBl. II 1997, 811.

b) Anschaffungs- und Herstellungskosten bei Abbruch von Gebäuden

§ Fall 41: Nachhaltige Folgen eines Gebäudeabbruchs 369

Unternehmer A erwarb mit Kaufvertrag vom 29.08.2022 ein Grundstück mit Bürogebäude und Lagerhalle. Der Kaufpreis betrug 500.000 €; 230.000 € entfielen auf die Baulichkeiten. Nach Erteilung einer Abbruchgenehmigung im Februar 2023 ließ A das Anwesen nahezu vollständig abreißen und errichtete an seiner Stelle ein Fabrikationsgebäude, das Mitte 2024 fertig gestellt wurde. A hatte zunächst die Baugenehmigung für einen Umbau beantragt. In der Baubeschreibung wurden die Umbaukosten mit 900.000 € beziffert. Nach dem Inhalt der Bauakte soll der geplante Umbau einem Neubau gleichkommen. A beantragt, den Restwert des Gebäudes und die Abbruchkosten im Jahr 2023 in voller Höhe als Betriebsausgaben abzuziehen. Zu Recht?

I. A könnte den Restbuchwert und die Abbruchkosten sofort als Betriebsausgaben abziehen, sofern mit diesen Aufwendungen nicht die Herstellung eines neuen Wirtschaftsguts bezweckt war. 370

II. Die Rspr. unterscheidet in den Fällen des Gebäudeabbruchs zwischen Gebäuden, bei denen der Entschluss zum Abbruch erst nach ihrer Anschaffung oder Herstellung gefasst worden ist und die bereits in der Absicht des Abbruchs angeschafft wurden. Von Bedeutung ist ferner, ob das Gebäude bereits verbraucht ist (vgl. H 6.4 EStH „Abbruchkosten").

- Erwirbt ein Steuerpflichtiger ein Grundstück mit einem im Zeitpunkt des Erwerbs **objektiv wertlosen Gebäude**, das er nach dem Erwerb abbricht, so entfällt der volle Anschaffungspreis auf den Grund und Boden, gleichgültig, ob der Steuerpflichtige den Grund und Boden als solchen nutzen oder anstelle des abgerissenen Gebäudes ein neues errichten will.[1105]
- Reißt der Steuerpflichtige ein Gebäude ab, das sich seit längerer Zeit in seinem Eigentum befindet oder das er für Zwecke der Dauernutzung errichtet oder erworben hat, so kann der Restbuchwert des Gebäudes durch eine **Absetzung für außergewöhnliche Abnutzung** abgeschrieben werden.[1106] Die Abbruchkosten sind Betriebsausgaben.[1107] Das gilt selbst dann, wenn ein erst vor Kurzem errichtetes Gebäude abgebrochen und an seine Stelle ein überraschend möglich gewordener, seit Langem geplanter Betriebserweiterungsbau tritt.[1108]
- Plant der Steuerpflichtige den Abbruch eines zum Privatvermögen gehörenden Gebäudes und die Errichtung eines Betriebsgebäudes (Einlage mit Abbruchabsicht), gehören der Wert des abgebrochenen Gebäudes und die Abbruchkosten zu den Herstellungskosten des neu zu errichtenden Gebäudes.[1109]
- Erwirbt ein Steuerpflichtiger ein Grundstück mit einem **technisch nicht verbrauchten und wirtschaftlich nicht veralteten Gebäude** in der Absicht, es abzureißen, um den Grund und Boden als solchen zu nutzen, so gehören der Anschaffungspreis und die Abbruchkosten zu den Anschaffungskosten des Grund und Bodens. Wird dagegen das Gebäude abgebrochen, um ein neues zu errichten oder eine Mehrheit von anderen Wirtschaftsgütern zu schaffen, gehören der Buchwert des abgebrochenen Gebäudes und die Abbruchkosten zu den Herstellungskosten des neuen Gebäudes[1110] bzw. der anderen Wirtschaftsgüter.[1111]
- Wird ein Gebäude **innerhalb von drei Jahren nach dem Erwerb abgebrochen**, besteht nach Ansicht des BFH[1112] die widerlegbare Vermutung, dass das Gebäude in Abbruchabsicht erworben worden ist. Maßgeblich ist die Absicht im Zeitpunkt des Erwerbs.[1113] Der Steuerpflichtige kann den sog. Anscheinsbeweis z. B. durch den Nachweis erschüttern, dass die beabsichtigte Nutzung deshalb unterblieb, weil die Anschaffung sich als Fehlmaßnahme erwies. Gegen eine Abbruchabsicht spricht auch, wenn der Steuerpflichtige nach der An-

1105 BFH v. 15.02.1989 – X R 97/87, BStBl. II 1989, 604.
1106 Ähnlich auch der öVwGH; dazu Zorn RdW 2006, 248.
1107 BFH v. 03.12.1964 – IV 422/62 S, BStBl. III 1965, 323.
1108 BFH v. 28.03.1973 – I R 115/71, BStBl. II 1973, 678.
1109 BFH v. 09.02.1983 – I R 29/79, BStBl. II 1983, 451.
1110 BFH v. 26.06.2001 – IX R 22/98, BFH/NV 2002, 16; a. A. FG Köln v. 27.11.2013, EFG 2014, 527, rkr.
1111 BFH v. 15.11.1978 – I R 2/76, BStBl. II 1979, 299.
1112 BFH v. 12.06.1979 – GrS 1/77 BStBl. II 1978, 620; BFH v. 13.11.1979 – VIII R 93/73, BStBl. II 1980, 69.
1113 BFH v. 15.10.1996 – IX R 2/93, BStBl. II 1997, 325.

schaffung Baupläne für einen Umbau entwerfen lässt.[1114] Für den Beginn der 3-Jahres-Frist ist in der Regel der Abschluss des obligatorischen Rechtsgeschäfts maßgeblich.[1115]

- Abbruchkosten bilden Herstellungskosten des neu errichteten Gebäudes, wenn das abgerissene Gebäude zuvor nicht zur **Erzielung von Einkünften** genutzt wurde.[1116]

III. Im Streitfall wurde das technisch und wirtschaftlich noch nicht verbrauchte Gebäude erworben, um es unter nahezu völliger Aufgabe der vorhandenen Bausubstanz umzugestalten. Dieser Sachverhalt steht einem vollständigen Abbruch gleich. Wer also ein Gebäude in der Absicht erwirbt, es alsbald unter Aufgabe erheblicher Bausubstanz grundlegend umzubauen, und dieses dann innerhalb von drei Jahren nach dem Erwerb abreißen und einen Neubau errichten lässt, kann weder Absetzungen für außergewöhnliche Abnutzung noch die Aufwendungen für den Abbruch als Betriebsausgaben abziehen.[1117]

Ergebnis:

A war nicht berechtigt, den Restbuchwert und die Abbruchkosten als Betriebsausgaben abzuziehen; diese Aufwendungen gehören vielmehr zu den Herstellungskosten des neuen Gebäudes.

371

Anschaffungs- und Herstellungskosten bei Abbruch von Gebäuden		
Abbruch eines bei Erwerb objektiv **wertlosen** Gebäudes	→	AK GruBo
Abbruch eines bei Erwerb **werthaltigen** Gebäudes		
▪ bei Erwerb mit (vermuteter) Abbruchabsicht	→	AK GruBo o. HK d. Neubaus (abh. v. geplanter Nutzung)
▪ bei Erwerb ohne Abbruchabsicht	→	Absetzung des Gebäudewerts
Abbruch eines seit **längerer Zeit** im Eigentum befindlichen Gebäudes	→	AfaA oder – bei Einlage mit Abbruchabsicht – HK d. Neubaus
„Vermutungen“: Wird ein Gebäude **innerhalb von drei Jahren nach dem Erwerb abgebrochen**, besteht nach BFH-Auffassung die widerlegbare Vermutung, dass das Gebäude in Abbruchabsicht erworben worden ist; damit AK GruBo oder HK des Neubaus (abhängig von geplanter Nutzung).		

2. Geschäftswert und geschäftswertähnliche Wirtschaftsgüter

a) Allgemeines

372 Die Bewertung des Geschäftswerts richtet sich grundsätzlich nach den allgemeinen Regeln des § 6 Abs. 1 Nr. 1 EStG, also Ansatz (1) der Anschaffungskosten vermindert um die AfA nach § 7 Abs. 1 S. 3 EStG, (2) des Teilwerts bei (verdeckter) Einlage[1118] (§ 6 Abs. 6 S. 2 EStG) oder (3) des niedrigeren Teilwerts (s. auch 5. Abschnitt, Rn. 255).

Angesichts des vorgeschriebenen Abschreibungszeitraums von 15 Jahren[1119] ist es steuerlich nach wie vor interessant, beim Erwerb eines Unternehmens zu einem über den Substanzwert liegenden Preis einzelne immaterielle Wirtschaftsgüter (z. B. Markenrechte, Belieferungsrechte) vom Geschäftswert abzuspalten und nach § 7 EStG gesondert abzuschreiben.

1114 Wegen weiterer Fälle vgl. H/H/R § 6 EStG Anm. 352.
1115 BFH v. 06.02.1979 – VIII R 105/75, BStBl. II 1979, 509.
1116 BFH v. 16.04.2002 – IX R 50/00, BStBl. II 2002, 805.
1117 BFH v. 04.12.1984 – IX R 5/79, BStBl. II 1985, 208.
1118 BFH v. 25.10.1995 – I R 104/94, BFHE 179, 265.
1119 Dazu BFH v. 28.09.1993 – VIII R 67/92, BStBl. II 1994, 449.

b) Anschaffungskosten

Die Aktivierung eines Geschäftswerts setzt die Aufwendung von entsprechenden Anschaffungskosten voraus. Da der Geschäftswert nur mit einem Betrieb, Teilbetrieb oder Mitunternehmeranteil übertragen werden kann, ist regelmäßig der Gesamtkaufpreis aufzuteilen. 373

Maßgeblich ist in erster Linie die Vorstellung der Beteiligten; hilfsweise ist davon auszugehen, dass als Wert aller übrigen (einschließlich der immateriellen) Wirtschaftsgüter deren Teilwert angesetzt sein soll und der Rest („Überpreis") auf den Geschäftswert entfällt.[1120] Die Beteiligten haben es nicht in der Hand, den auf einen Geschäftswert entfallenden Kaufpreisanteil in einzelne Faktoren nur für Zwecke der bilanzrechtlichen Behandlung zu zerlegen.[1121]

Die Vermutung, dass der Überpreis auf den Geschäftswert entfällt, ist widerlegbar. Der Mehrbetrag kann z.B. für die Abfindung eines lästigen Gesellschafters oder auch aus anderen Motiven (Streitvermeidung, finanzielle Absicherung des Ausscheidenden) gezahlt werden; die Abfindung ist als Aufwand zu verbuchen.[1122]

Wird ein Konkurrenzunternehmen erworben, in der Absicht, es zu liquidieren, so entfällt ein eventueller Mehrbetrag nicht auf die Anschaffung des Geschäftswerts des erworbenen Unternehmens; vielmehr bildet er Aufwendungen auf den eigenen Geschäftswert, die wegen § 5 Abs. 2 EStG sofort abziehbar sind.

c) Teilwertabschreibung

Anstelle der Anschaffungskosten ist der niedrigere Teilwert anzusetzen, wenn sich die Zahlung des Mehrbetrags unmittelbar als Fehlmaßnahme erweist oder wenn nachgewiesen wird, dass der Teilwert des Geschäftswerts in seiner Gesamtheit unter den seinerzeit gezahlten und aktivierten Betrag gesunken bzw. überhaupt nicht mehr vorhanden ist (vgl. 5. Abschnitt, Rn. 296). Anhaltspunkte für ein **Sinken des Geschäftswerts** bilden eine nachhaltige Rentabilitätsminderung bei Stagnation oder Rückgang von Umsatz und Gewinn. Diese Anhaltspunkte müssen sich durch eine Kontrollrechnung nach einer anerkannten Berechnungsmethode bestätigen lassen.[1123] 374

- Bei der **indirekten Methode**[1124] wird der Geschäftswert durch Abzug des Substanzwerts (Summe der Teilwerte der einzelnen Wirtschaftsgüter vermindert um die Schulden) vom Gesamtwert des Unternehmens ermittelt, der anhand der nachhaltig erzielbaren Durchschnittsgewinne (Normalverzinsung: 10 %)[1125] berechnet wird; dabei ist ein angemessener Unternehmerlohn abzuziehen.[1126] Der Abschlag für Fehlerquellen und Risiken beträgt 50 % (!).

Beispiel

Ein Unternehmen mit einem Buchkapital von 150.000 € hat einen realen Substanzwert von 200.000 €. Der nachhaltig erzielbare Durchschnittsgewinn (nach Abzug eines Unternehmerlohns von 40.000 €) beträgt 50.000 € jährlich. Der Geschäftswert ist nach der indirekten Methode folgendermaßen zu berechnen:

Ertragswert= 10 x 50.000 €	500.000 €
abzüglich Substanzwert	200.000 €
Mehrwert	300.000 €
abzüglich Risikoabschlag (50 %)	150.000 €
Geschäftswert	150.000 €

1120 BFH v. 17.09.1987 – III R 272/83, BStBl. II 1988, 441.
1121 BFH v. 26.07.1972 – I R 146/70, BStBl. II 1972, 937 m.w.N.
1122 BFH v. 11.10.1960 – I 229/59 U, BStBl. III 1960, 509.
1123 BFH v. 13.04.1983 – I R 63/79, BStBl. II 1983, 667.
1124 BFH v. 11.10.1960 – I 229/59 U, BStBl. III 1960, 509; v. 19.03.1987 – IV R 85/85, BFH/NV 1987, 580; Leissle StuW 1953, 643.
1125 Vgl. BFH v. 13.04.1983 – I R 63/79, BStBl. II 1983, 667.
1126 BFH v. 08.12.1976 – I R 215/73, BStBl. II 1977, 409.

- Die sog. **Mittelwertmethode** ermöglicht die direkte Ermittlung des Geschäftswerts nach der Formel:[1127]
  (Ertragswert ./. Substanzwert) : 2
  Sie führt zu denselben Ergebnissen wie die indirekte Methode.
- Bei der sog. **direkten Methode** wird der Geschäftswert durch Kapitalisierung des sog. Übergewinns ermittelt.[1128]

Beispiel

nachhaltig erzielbarer Gewinn (geschätzt)	90.000 €
./. Unternehmerlohn	40.000 €
./. Verzinsung des investierten Kapitals (200.000 x 10 %)	20.000 €
= Übergewinn	30.000 €
Kapitalisierung (Faktor 10)	300.000 €
Geschäftswert	300.000 €

Ein sachlicher Unterschied zwischen den einzelnen Berechnungsmethoden ist nicht zu erkennen. Sie arbeiten mit denselben Größen und müssen zwangsläufig zu identischen Ergebnissen führen. Der nach der sog. direkten Methode ermittelte Geschäftswert ist doppelt so hoch, weil der hälftige Fehlerabschlag nicht vorgenommen wurde.

Den Berechnungsmethoden haften erhebliche Unsicherheiten an; insbesondere die Wahl des üblichen Zinssatzes und des entsprechenden Kapitalisierungsfaktors hat ganz erhebliche Auswirkung auf die Höhe des Geschäftswerts.

Bei einem Zinssatz von 5 % beträgt der Kapitalisierungsfaktor 20, bei 15 % dagegen lediglich 6,7. Die Ermittlung des Geschäftswerts nach diesen Methoden ist im Grunde nur eine grobe Schätzung; sie kann daher lediglich Hilfsfunktion haben.

d) Praxiswert

375 **§ Fall 42: Der Praxiswert bei Bildung einer Sozietät**

Rechtsanwalt A betreibt eine Anwaltskanzlei. Im Jahr 2022 nimmt er B und C in die Kanzlei auf und verkauft Anfang Januar zum Preis von 60.000 € den Praxiswert seiner bisherigen Einzelpraxis an die GbR. Für 2022 bis 2024 macht die GbR im Rahmen ihrer Gewinnermittlungen Abschreibungen auf den Praxiswert i. H. v. je 20.000 € als Betriebsausgaben geltend. Zu Recht?

376 I. Der **derivativ erworbene Praxiswert** ist grundsätzlich ein Wirtschaftsgut, das der Absetzung unterliegt.[1129] Die Nutzungsdauer ist im Einzelfall zu schätzen; sie wird allgemein im Durchschnitt mit drei bis fünf Jahren angenommen.[1130]

Die Abnutzbarkeit des Praxiswerts wird damit begründet, dass der Wert einer freiberuflichen Praxis im Wesentlichen auf dem persönlichen Verhältnis zum Praxisinhaber beruht, das nach dessen Ausscheiden zwangsläufig endet.

II. Nach früherer Auffassung traf diese Annahme bei **Sozietätsgründung** nicht zu. Da das für den Praxiswert maßgebliche Vertrauensverhältnis fortbestehe, könne in

1127 Vgl. BFH v. 15.09.2004 – I R 7/02, BStBl. II 2005, 867, unter III 2 f. f ee.

1128 BFH v. 24.04.1980 – IV R 61/77, BStBl. II 1980, 690.

1129 BFH v. 24.02.1994 – IV R 33/93, BStBl. II 1994, 590; v. 15.05.1997 – IV R 33/95, BFH/NV 1997, 751; Schmidt/Weber-Grellet § 5 Rn. 228; K-K § 5 XI 2.

1130 BFH v. 22.04.1998 – IV B 24/97, BFH/NV 1998, 1467.

Fällen dieser Art nicht angenommen werden, dass sich der Praxiswert verflüchtige.[1131] In den Fällen, in denen sich der Praxiswert nicht abnutze, weil der Unternehmer weiterhin entscheidenden Einfluss im Unternehmen ausübe, sei es nach Auffassung des BMF aber nicht zu beanstanden, wenn der Praxiswert unter Zugrundelegung einer **Nutzungsdauer von 15 Jahren** entsprechend § 7 Abs. 1 S. 3 EStG abgeschrieben werde.[1132]

III. Für die Zeit nach Inkrafttreten des BiRiLiG vertritt der BFH[1133] die Auffassung, dass auch der anlässlich der Gründung einer Sozietät aufgedeckte Praxiswert ein abnutzbares Wirtschaftsgut darstelle. Allerdings trage die weitere Mitwirkung des bisherigen Inhabers der Einzelpraxis dazu bei, dass die Chance des Eintretenden, ein eigenes Vertrauensverhältnis aufzubauen, länger erhalten bleibe als im Fall des Inhaberwechsels. Dabei geht der BFH typisierend davon aus, dass die betriebsgewöhnliche Nutzungsdauer eines derivativ erworbenen „Sozietätspraxiswerts" doppelt so lang ist wie die Nutzungsdauer des Werts einer erworbenen Einzelpraxis. Die in § 7 Abs. 1 S. 3 EStG normierte betriebsgewöhnliche Nutzungsdauer sei hingegen auf den Praxiswert nicht anwendbar.

IV. Der Auffassung des IV. Senats ist zu folgen, da sie die Besonderheiten des Sozietätspraxiswerts in angemessener Weise berücksichtigt, ohne auf die nicht passende Regelung des § 7 Abs. 1 S. 3 EStG zurückgreifen zu müssen. Danach ist der Sozietätspraxiswert auf eine Nutzungsdauer von sechs bis zehn Jahren zu schätzen. Mangels weiterer Anhaltspunkte ist auf den Mittelwert von acht Jahren abzustellen. Die BGB-Gesellschaft kann danach in den Jahren 2022 bis 2024 jährlich einen Betrag von 7.500 € abschreiben.

V. Auch in Höhe des auf A entfallenden Anteils ist nach Auffassung des IV. Senats die Abschreibung zulässig. Der IV. Senat geht davon aus, dass der Praxiswert in voller Höhe, also auch soweit er auf A entfällt, durch die Veräußerung an die GbR realisiert worden ist. Hier hat der an sich eher der Einzelbetrachtung zuneigende IV. Senat auf die Einheit der GbR abgestellt. Geht man von der Richtigkeit dieser Erkenntnis aus, so kommt eine negative Ergänzungsbilanz für A, mit deren Hilfe die auf ihn entfallende AfA storniert wird, nicht in Betracht.

Ergebnis:

Die Sozietät A, B und C kann den von A erworbenen Praxiswert auf acht Jahre verteilt abschreiben. In den Zeiträumen 2022 bis 2024 kann sie jedes Jahr einen Betrag von 7.500 € absetzen.

e) Geschäftswertähnliche Wirtschaftsgüter

Absetzungen auf immaterielle Einzelwirtschaftsgüter hängen davon ab, ob sich der Vorteil als solcher innerhalb einer bestimmten Zeit „verflüchtigt". Ist das der Fall, kann § 7 Abs. 1 S. 3 EStG ggf. entsprechend angewandt werden,[1134] z. B. bei Verlagswerten, bei einer Kundenkartei, bei Werkzeugverwendungsrechten, bei einem Kundenstamm, bei einem Milcheinzugsgebiet. Vertreterrechte sind wie ein Praxiswert zu behandeln.[1135] 377

Dagegen kommt AfA nicht in Betracht bei sog. immerwährenden Rechten, wie etwa einer Güterfernverkehrskonzession,[1136] einer Linienkonzession[1137] oder einem Brennrecht.[1138]

1131 So st. BFH-Rspr., BFH v. 23.05.1985 – IV R 81/83, BFH/NV 1985, 31.
1132 Vgl. BMF v. 20.11.1986, BStBl. I 1986, 532 und OFD Münster v. 12.08.1987, FR 1987, 451.
1133 Urt. v. 24.02.1994 – IV R 33/93, BStBl. II 1994, 590; vgl. auch Schmidt/Wacker § 18 Rn. 208.
1134 Vgl. BMF v. 20.11.1985, BStBl. I 1985, 522; BFH v. 28.05.1998 – IV R 48/97, BStBl. II 1998, 775; H/H/R § 5 EStG Anm. 381.
1135 BFH v. 12.07.2007 – X R 5/05, DStR 2007, 1809.
1136 BFH v. 17.02.1993 – I R 48/92, BFH/NV 1994, 455.
1137 BFH v. 15.12.1993 – X R 102/92, BFH/NV 1994, 543.
1138 Vgl. BFH v. 01.08.1990 – II R 17/87, BStBl. II 1990, 879; BMF v. 22.02.1989, BB 1989, 745.

III. Umlaufvermögen

1. Vorratsvermögen

a) Allgemeines

378 Zu den Wirtschaftsgütern des Vorratsvermögens gehören nach § 266 Abs. 2 B. I. HGB Roh-, Hilfs- und Betriebsstoffe,[1139] unfertige Erzeugnisse, unfertige Leistungen, fertige Erzeugnisse, Waren, geleistete Anzahlungen.

Zum Vorratsvermögen gehören auch:

- Ärztemuster in der pharmazeutischen Industrie,[1140]
- Baumschulkulturen,[1141]
- Brennstoffelemente für Atomreaktoren,[1142]
- Grundstücke eines gewerblichen Grundstückshändlers, die nicht eindeutig zum Zweck der Vermögensanlage bebaut werden,[1143]
- Grundstücke eines Bauunternehmers, der auf dem Grundstück schlüsselfertige, zur Veräußerung bestimmte Häuser errichtet,[1144]
- Reparaturmaterialien und Ersatzteile, die auf Vorrat für eigene Anlagen angeschafft worden sind.[1145]

Für Wirtschaftsgüter des Vorratsvermögens gilt der Grundsatz der Einzelbewertung. In einer Reihe von Fällen scheitert die Ermittlung der individuellen Anschaffungs- und Herstellungskosten allerdings daran, dass die Zu- und Abgänge nicht verfolgt werden können. Von dem Grundsatz der Einzelbewertung sind daher eine Reihe von Ausnahmen zugelassen, vgl. oben 307.

b) Ansatz des niedrigeren Teilwerts

379 Im Unterschied zur früheren Rechtslage haben auch Steuerpflichtige, die ihren Gewinn nach § 5 EStG ermitteln – unabhängig von den handelsrechtlichen Grundsätzen (Niederstwertprinzip) – ein Wahlrecht, Wirtschaftsgüter des Vorratsvermögens mit dem niedrigeren Teilwert zu bewerten (R 6.8 Abs. 1 S. 3 EStR).[1146]

aa) Gesunkene Wiederbeschaffungskosten

380 Niedrigere Wiederbeschaffungskosten rechtfertigen nur dann eine entsprechende Teilwertabschreibung, wenn die Einkaufspreise am Markt nachhaltig gesunken sind und die Ursache im Rückgang des allgemeinen Preisniveaus liegt.[1147]

Die Teilwertabschreibung bei gesunkenen Wiederbeschaffungskosten wird nicht dadurch ausgeschlossen, dass ein entsprechender Rückgang der Verkaufspreise nicht eingetreten ist (R 6.8 Abs. 2 S. 1 EStR) oder dass die Waren dieser Art am Bilanzstichtag bereits fest verkauft sind, der Kaufvertrag aber noch von keiner Seite erfüllt ist[1148] (möglicherweise im Hinblick auf die Abschaffung der Verlustrückstellung überholt).

Der Nachweis über gesunkene Wiederbeschaffungskosten kann durch amtliche Kurszettel der Produktionsbörsen, Preislisten, Angebote der Lieferanten, Eingangsrechnungen usw. geführt werden.

1139 Vgl. BFH v. 02.12.1987 – X R 19/81, BStBl. II 1988, 502; R 6.8 Abs. 1 EStR; BMF v. 25.03.1976, BStBl. I 1976, 246, Tz. 24.

1140 BFH v. 20.10.1976 – I R 112/75, BStBl. II 1977, 278.

1141 BFH v. 03.12.1970 – IV R 170/67, BStBl. II 1971, 321.

1142 BMF v. 18.12.1973, BB 1974, 25.

1143 BFH v. 16.01.1969 – IV R 34/67, BStBl. II 1969, 375.

1144 BFH v. 03.09.1959 – IV 119/58 U, BStBl. III 1959, 423.

1145 BFH v. 17.05.1968 – VI R 232/67, BStBl. II 1968, 568.

1146 Dazu Weber-Grellet DB 2009, 2402; a. A. für Teilwertabschreibung BMF v. 12.03.2010, BStBl. I 2010, 239 Rn. 15.

1147 BFH v. 24.02.1994 – IV R 18/92, BStBl. II 1994, 514; H/H/R § 6 EStG Anm. 452 ff.

1148 BFH v. 29.07.1965 – IV 164/63 U, BStBl. III 1965, 648.

bb) Gesunkene Wiederherstellungskosten

Sind die Kosten zur Herstellung von Wirtschaftsgütern des Vorratsvermögens am Bilanzstichtag nachhaltig gegenüber dem Zeitpunkt der Herstellung gesunken, so entspricht der Teilwert dieser Wirtschaftsgüter den niedrigeren Wiederherstellungskosten, und zwar auch dann, wenn die Verkaufspreise nicht entsprechend sinken. 381

Die Ermittlung der Wiederherstellungskosten erfordert die Berücksichtigung der am Bilanzstichtag geltenden Preise und Löhne für die gesamten Aufwendungen.[1149] Dabei sind nur solche Preisänderungen zu berücksichtigen, die zu einer nachhaltigen, die Herstellungskosten voraussichtlich für längere Zeit beeinflussenden Änderung des Preisspiegels führen.[1150]

cc) Gesunkene Verkaufspreise

§ Fall 43: Steuerliches Fracksausen 382

Herrenausstatter H hat zum Bilanzstichtag 31.12.2023 noch Fräcke auf Lager, deren Anschaffungskosten 2.000 € pro Stück betragen haben. H wollte die Fräcke ursprünglich für 4.000 € zzgl. USt verkaufen. Aufgrund eines veränderten Marktverhaltens musste er jedoch den Verkaufspreis auf 3.000 € zzgl. USt herabsetzen. Aus der GuV-Rechnung für das Jahr 2022 ergeben sich folgende Zahlen:

Erlöse	1.000.000 €
Wareneinsatz	600.000 €
betrieblicher Aufwand	300.000 €
insgesamt	**900.000 €**
Reingewinn	100.000 €

Mit welchem Wert sind die Fräcke in der Bilanz auszuweisen?

I. Gemäß § 6 Abs. 1 Nr. 2 EStG sind Wirtschaftsgüter des Umlaufvermögens mit den Anschaffungs- oder Herstellungskosten anzusetzen; ist der Teilwert niedriger, kann dieser angesetzt werden. 383

II. Auch ein Rückgang der Verkaufspreise kann zu einer Abschreibung auf den niedrigeren Teilwert führen[1151] (zur retrograden Ermittlung der Anschaffungskosten vgl. oben 5. Abschnitt, Rn. 318). Ankaufspreise und Verkaufspreise sind zwei Seiten einer Medaille. Ist der Verkaufspreis bei Vorratsgütern gesunken, weil sich ihr Wert durch lange Lagerung, Änderung des modischen Geschmacks, Beschädigung oder ähnliche Gründe gemindert hat, ist eine Teilwertabschreibung nach h.M. insoweit gerechtfertigt, als die voraussichtlichen Verkaufserlöse die Selbstkosten (= Anschaffungskosten der Ware zzgl. Aufschlag für den auf sie entfallenden Anteil am betrieblichen Aufwand) zzgl. des durchschnittlichen Unternehmergewinns nicht erreichen.[1152]

> In Fällen dieser Art hat der Steuerpflichtige aus den Verhältnissen seines Betriebs gewonnene Unterlagen (z.B. über die Entwicklung der Preise oder über die Lagerdauer) vorzulegen, die eine sachgemäße Schätzung des Teilwerts ermöglichen. In der Regel sind die tatsächlich erzielten Verkaufspreise für die im Wert geminderten Wirtschaftsgüter in der Weise und in einer so großen Zahl von Fällen nachzuweisen, dass sich daraus ein repräsentativer Querschnitt für die zu bewertenden Wirtschaftsgüter ergibt und allgemeine Schlussfolgerungen gezogen werden können.[1153]

1149 BFH v. 13.10.1976 – I R 79/74, BStBl. II 1977, 540; H/H/R § 6 EStG Anm. 1009.

1150 BFH v. 08.10.1957 – IV 504/56 U, BStBl. III 1957, 432.

1151 BMF v. 02.09.2016, BStBl. I 2016, 995, Rn. 3.

1152 BFH v. 27.10.1983 – IV R 143/80, BStBl. II 1984, 35; v. 25.07.2000 – VIII R 6.6/97, BStBl. II 2001, 566; FG Münster v. 21.11.2018 – 13 K 444/16, BB 2019, 687; R 6.8 Abs. 2 S. 3 EStR.

1153 BFH v. 27.10.1983 – IV R 143/80, BStBl. II 1984, 35.

384 III. Nach diesen Grundsätzen ist die Teilwertabschreibung wie folgt zu ermitteln:

Anschaffungskosten des einzelnen Fracks	2.000 €
+ Anteil des betrieblichen Aufwands am Wareneinsatz = 50 %	1.000 €
+ durchschnittlicher Unternehmergewinn; 16,66 % (100 : 600) des Wareneinsatzes	**332 €**
= Selbstkosten zzgl. Unternehmergewinn	3.332 €
Voraussichtlich noch erzielbarer Verkaufspreis (netto)	3.000 €
Unterdeckung = Teilwertabschreibung	332 €
Teilwert zum 31.12.2023	2.668 €

385 IV. Die retrograde Teilwertermittlung (wie sie auch in den EStR in Gestalt der sog. Subtraktionsmethode und der Formelmethode für anwendbar gehalten wird; R 6.8 EStR; H 6.8 EStH)[1154] leitet den Teilwert durch Rückrechnung aus dem mutmaßlichen Verkaufserlös ab. Nach der sog. Subtraktionsmethode ergibt sich der Teilwert aus dem noch erzielbaren Verkaufserlös abzüglich des anteiligen durchschnittlichen Unternehmergewinns und abzüglich des noch nach dem Bilanzstichtag anfallenden betrieblichen Aufwands.

Beispiel

für die Subtraktionsmethode (nach H 6.8 EStH):

Der Stpfl. hat einen Warenbestand einer zu bewertenden Gruppe mit Anschaffungskosten von 10.000 €. Der Rohgewinnaufschlagssatz für diese Warengruppe beträgt 100 %. Der noch erzielbare Verkaufspreis beträgt 40 % des ursprünglichen Verkaufspreises (40 % von 20.000 € = 8.000 €). Der durchschnittliche Unternehmergewinn beträgt 5 % des noch erzielbaren Verkaufspreises (= 400 €). Nach dem Bilanzstichtag fallen ausweislich der Betriebsabrechnung noch 70 % der betrieblichen Kosten an. Die betrieblichen Kosten errechnen sich ausgehend von dem ursprünglich geplanten Verkaufspreis (20.000 €), der um die Anschaffungskosten und den durchschnittlichen Unternehmergewinn, bezogen auf den ursprünglichen Verkaufspreis (5 % von 20.000 € = 1.000 €), vermindert wird.

- Niedrigerer Teilwert = voraussichtlich erzielbarer Verkaufserlös ./. durchschnittlicher Unternehmergewinn ./. des nach dem Bilanzstichtag noch anfallenden betrieblichen Aufwands
- x = 8.000 € ./. 400 € ./. 70 % von 9.000 € (ursprünglicher Verkaufspreis 20.000 € ./. durchschnittlicher Unternehmergewinn 1.000 € ./. Anschaffungskosten 10.000 €)
- x = 8.000 € ./. 400 € ./. 6.300 €
- x = 1.300 €

Die sog. **Formelmethode** ist in den Fällen, in denen der Stpfl. keine Betriebsabrechnung hat, die die für die Ermittlung des Teilwerts nach der Subtraktionsmethode notwendigen Daten liefert, anzuwenden.

Beispiel

nach H 6.8 EStH:

Der Stpfl. hat einen Warenbestand einer zu bewertenden Gruppe mit Anschaffungskosten von 10.000 €. Sein durchschnittlicher Rohgewinnaufschlagssatz beträgt 150 % der Anschaffungskosten. Der noch erzielbare Verkaufspreis beträgt 75 % des ursprünglichen Verkaufspreises (75 % von 25.000 € = 18.750 €). Der durchschnittliche Unternehmergewinn beträgt 5 % des ursprünglichen Verkaufspreises, das entspricht 12,5 % der Anschaffungskosten. Die nach dem Bilanzstichtag noch anfallenden betrieblichen Kosten, d. h. der dann noch anfallende Kostenanteil des ursprünglichen Rohgewinnaufschlagsatzes ohne den hierin enthaltenen Gewinnanteil, werden mit 60 % geschätzt.

1154 BFH v. 07.09.2005 – VIII R 1/03, BStBl. II 2006, 298; BMF v 02.09.2016, BStBl. I 2016, 995, Rn. 3; Saure DStR 2017, 408 verweist auf die verbesserten Möglichkeiten der IT.

x = 18.750 €: (1 + 12,5 % + 137,5 % x 60 %)
x = 18.750 €: (1 + 0,125 + 0,825)
x = 18.750 €: 1,95
x = 9.615 €

V. Im Streitfall ist m.E. eine retrograde Ermittlung überhaupt nicht zulässig, da die Anschaffungskosten feststehen. Der betriebliche Aufwand und der durchschnittliche Unternehmergewinn sind unerheblich. Es bestehen keine Anzeichen, dass der Wert des einzelnen Fracks unter die Anschaffungskosten von 2.000 € gefallen ist.

Ergebnis:

Eine Abschreibung (unter die Anschaffungskosten) auf den niedrigeren Teilwert kommt nicht in Betracht.

2. Forderungen

Fall 44: Das günstige Mitarbeiterdarlehen 386

A gewährt seinen Mitarbeitern, die mindestens fünf Jahre dem Betrieb angehört haben, regelmäßig Darlehen zu günstigen Konditionen; die Mitarbeiter sollen dadurch an das Unternehmen gebunden werden. Dieser Übung entsprechend erhält B zum 01.01.2023 ein Darlehen i.H.v. 50.000 €. Das Darlehen ist am Ende der Laufzeit von 20 Jahren zu tilgen. Die Zinsen i.H.v. 4 % p.a. sind jeweils zum 31.12. fällig und erstmals am 27.12.2023 gezahlt worden.
Mit welchem Wert ist die Forderung in der Steuerbilanz anzusetzen?

I. Die Darlehensforderung gegen B gehört zum Betriebsvermögen des A; sie ist gemäß § 6 Abs. 1 Nr. 2 EStG zu bewerten, also mit den Anschaffungskosten, ggf. mit dem niedrigeren Teilwert. 387

II. Anschaffungskosten im engeren Sinn sind nur bei dem entgeltlichen Erwerb einer bereits bestehenden Forderung durch Zession gegeben. Welcher Betrag in anderen Fällen als Anschaffungskosten anzusetzen ist, richtet sich nach den Grundsätzen ordnungsmäßiger Buchführung.

Für Forderungen aus der **Veräußerung** von Wirtschaftsgütern bestimmen sich die Anschaffungskosten nach dem **Nennwert** der Forderungen.[1155] Dieser Grundsatz gilt sinngemäß für Forderungen aus sonstigen Leistungen. Auch bei Forderungen aus **Darlehenshingaben** bestimmen sich die Anschaffungskosten nach dem Nennwert.[1156] Liegt in diesem Fall der Auszahlungsbetrag unter dem Nennbetrag des hingegebenen Darlehens, muss in Höhe des Unterschiedsbetrags ein **passiver Rechnungsabgrenzungsposten** gebildet werden, der während der Laufzeit des Darlehens gleichmäßig gewinnerhöhend aufzulösen ist.[1157]

Bei **unverzinslichen Darlehen** entsprechen die Anschaffungskosten ebenfalls dem Nennwert.[1158] Die bei nicht- oder unterverzinslichen Forderungen vorzunehmende Abzinsung (s. dazu oben 5. Abschnitt, Rn. 354) wird überwiegend unter Zugrundelegung eines Zinssatzes von 5,5 % berechnet.[1159] Sachgerechter ist der **Marktzins („Maß-Zinssatz")**, da sich ein fiktiver Erwerber an diesem orientieren würde.[1160]

Eine Abzinsung kommt nicht in Betracht, wenn die unverzinsliche Forderung bei wirtschaftlicher Betrachtung verzinslich ist, d.h., wenn anstelle einer Zinszahlung eine Gegenleistung des Darlehensnehmers in anderer Form tritt (verdeckter Zins). Ein solcher Fall ist z.B. gegeben, wenn eine Brauerei an Gaststätten zinslose Darlehen gegen Einräumung einer Bierlieferungsverpflichtung gewährt.[1161]

1155 BFH v. 09.07.1981 – IV R 35/78, BStBl. II 1981, 734; v. 07.05.1998 – IV R 24/97, BFH/NV 1998, 1471.
1156 BFH v. 31.01.1980 – IV R 126/76, BStBl. II 1980, 491.
1157 Vgl. BFH v. 24.11.1971 – I R 109/71, BStBl. II 1972, 179.
1158 BFH v. 25.06.1974 – VIII R 163/71, BStBl. II 1975, 431; v. 22.01.1991– VIII R 7/86, BFH/NV 1991, 451.
1159 Vgl. BFH v. 21.10.1980 – VIII R 190/78, BStBl. II 1981, 160; zweifelnd BFH v. 07.07.1983, BStBl. II 1983, 753.
1160 Schmidt/Kulosa § 6 Rn. 298.
1161 BFH v. 26.02.1975 – I R 72/73, BStBl. II 1976, 13.

388 III. Teilwertabschreibung

Der buchführende Kaufmann hat bei der Bewertung zweifelhafter Forderungen (sog. Dubiose) nach Handelsrecht wie nach Steuerrecht einen relativ weiten Spielraum, gleichwohl verlangt der BFH eine möglichst präzise Bewertung. Zu bewerten ist die einzelne Forderung mit ihren individuellen Risiken, die in den objektiv am Bilanzstichtag gegebenen und spätestens zum Tag der Bilanzaufstellung bekannt gewordenen Verhältnissen begründet sind.

1. Forderungen sind mit dem Nennwert anzusetzen, ggf. mit dem niedrigeren Teilwert. Der Teilwert (beizulegender Wert) von Geldforderungen kann im Allgemeinen nur im Wege der Schätzung ermittelt werden; diese steht im Ermessen des vorsichtig, nach der allgemeinen Lebenserfahrung bewertenden Kaufmanns. Allerdings muss die Schätzung eine objektive Grundlage in den am Bilanzstichtag gegebenen Verhältnissen finden.[1162]
2. Zweifelhafte Forderungen sind mit ihrem wahrscheinlichen Wert anzusetzen,[1163] uneinbringliche Forderungen sind abzuschreiben. Forderungen sind z.B. **zweifelhaft**, wenn der Schuldner sich in Zahlungsverzug befindet, bei Nichtbeachtung von Mahnungen, wenn der Eingang der Zahlung ungewiss ist oder wenn ein Mahnbescheid erwirkt ist, wenn Mängelrügen wegen mangelhafter Lieferung geltend gemacht sind. Die bloße Möglichkeit zukünftiger Mängelrügen beeinflusst jedoch nicht den Wert der Forderung; sie rechtfertigt allenfalls die Bildung einer Rückstellung.
3. Die Zahlungsfähigkeit und die Zahlungswilligkeit (Bonität) eines Schuldners sind dabei individuell nach dessen Verhältnissen zu ermitteln.
4. Dass ein Kunde trotz bestehender Zahlungsschwierigkeiten weiterhin beliefert wird, macht die Vornahme einer Wertberichtigung nicht unzulässig.[1164]
5. Zu bewerten ist die einzelne Forderung unter Berücksichtigung der jeweiligen Risiken ihrer Realisierung, die bei Auslandsforderungen höher einzustufen sein können als bei Inlandsforderungen.

389 6. Auch Geldforderungen sind unter Berücksichtigung wertaufhellender Umstände zu bewerten (§ 252 Abs. 1 Nr. 4 HGB; s.o. Rn. 357). Die bis zum Tag der Bilanzerstellung erlangten Kenntnisse über den Wert von Forderungen zum Bilanzstichtag sind zu berücksichtigen. Nach dem Tag der Bilanzerstellung eingetretene Umstände oder erlangte Kenntnisse sind unbeachtlich. Auch der Umstand einer späteren (teilweisen) Erfüllung der Forderung kann deren Wert zum Bilanzstichtag „aufhellen".
   Forderungen, deren Ausfall am Bilanzstichtag zweifelsfrei feststeht, müssen ausgebucht (abgeschrieben) werden (§ 6 Abs. 1 Nr. 2, § 5 Abs. 1 EStG i.V.m. § 253 Abs. 4 S. 1 HGB).[1165]

390 7. Forderungen sind **uneinbringlich**, wenn am Bilanzstichtag feststeht, dass eine Bezahlung nicht erreicht wird und sie in voller Höhe ausfallen werden. Der Teilwert beträgt 0 €. Forderungen sind uneinbringlich, wenn

- das Insolvenzverfahren des Schuldners mangels Masse eingestellt ist,
- die Insolvenzmasse zur Deckung der – nicht bevorrechtigten – Forderungen nicht ausreicht,
- die Zwangsvollstreckung fruchtlos verlaufen ist und auch in absehbarer Zeit fruchtlos bleiben wird,

---

1162 BFH v. 20.08.2003 – I R 49/02, BStBl. II 2003, 941.

1163 BGH v. 20.01.2022 – III ZR 194/19, BB 2022, 622.

1164 Zur Einzelwertberichtigung bei Kreditinstituten s. BMF v. 21.03.2024, BStBl. I 2024, 701.

1165 BFH v. 09.05.1996 – IV R 64/93, BStBl. II 1996, 642.

- der Schuldner eine eidesstattliche Versicherung gemäß § 807 ZPO geleistet hat und in absehbarer Zeit mit einer Verbesserung seiner Vermögenslage nicht zu rechnen ist,
- der Schuldner verstorben, verzogen oder ausgewandert ist, ohne Vermögenswerte zu hinterlassen,
- die Forderung durch Gerichtsentscheid für unberechtigt erklärt wurde,
- der Schuldner mit Recht die Einrede der Verjährung erhebt.

Uneinbringliche Forderungen, deren Ausfall am Bilanzstichtag zweifelsfrei feststeht, muss der Kaufmann stets voll abschreiben.[1166] Für die übrigen Forderungen kann er dem voraussichtlich zu erwartenden Ausfall durch eine entsprechende **Minderbewertung des Aktivpostens „Forderungen"** Rechnung tragen.[1167]

Das AktG (§ 152 Abs. 6 AktG a. F.) erlaubte passive Wertberichtigungen. Passive Wertberichtigungsposten haben die Aufgabe, Vermögenspositionen, die auf der Aktivseite zu hoch bewertet sind, richtig zu stellen. Anstelle einer Korrektur des im Wert geminderten Wirtschaftsguts bleibt dieses in der ursprünglichen Höhe in der Bilanz stehen; die Berichtigung wird durch den Ansatz eines entsprechenden Passivpostens vorgenommen. Die Gliederung der Bilanz, wie sie nach § 266 HGB vorgesehen ist, enthält für Wertberichtigungen keinen Gliederungsposten mehr. Wertberichtigungen dürfen daher bei Kapitalgesellschaften nur noch aktivisch vorgenommen werden.

8. Die Rspr. lässt – der kaufmännischen Übung folgend – auch **pauschale Wertberichtigungen** zu, wenn es sich um eine Zusammenfassung gleichartiger Wirtschaftsgüter oder Risiken handelt und die individuelle Bewertung mit Schwierigkeiten verbunden oder unzumutbar ist, wenn die Inanspruchnahme des Unternehmers nach den betriebsindividuellen und branchenüblichen Erfahrungen wahrscheinlich ist.[1168] 391

Bei der Bewertung seiner Außenstände kann der Kaufmann jede Forderung einzeln oder alle Forderungen pauschal bewerten. Im Wirtschaftsleben ist aber auch weithin ein **gemischtes Verfahren** verbreitet, indem ein Teil der Außenstände einzeln, der Rest pauschal bewertet wird. Auch dieses Mischverfahren entspricht den Grundsätzen ordnungsmäßiger Buchführung.[1169]

Beispiel

Der Nennbetrag der Forderungen aus Warenlieferungen beträgt 200.000 €. Eine Forderung von 20.000 € richtet sich gegen die A-GmbH, die nach Einstellung des Insolvenzverfahrens wegen Vermögenslosigkeit gelöscht ist. Aus einer Forderung von 10.000 € gegen B ist nur eine Quote von 60 % zu erwarten. In den letzten Jahren betrugen die Forderungsausfälle im Durchschnitt 2 %.
Die Forderungen gegen die A-GmbH sind endgültig ausgefallen und daher abzuschreiben. Zu aktivieren sind also 180.000 €. Die Wertberichtigungen können nach dem Mischverfahren wie folgt berechnet werden:

Forderung gegen B (40 % von 10.000 €)	4.000 €
restliche Forderungen (2 % von 170.000 €)	3.400 €
Wertberichtigung insgesamt	7.400 €

Eine Wertberichtigung auf eine an sich uneinbringliche oder minderwertige Forderung ist nicht möglich, solange der Steuerpflichtige eine Gegenschuld hat, die gegen die Außenstände **aufgerechnet** werden kann.[1170] Dasselbe gilt, wenn die Forderung **gesichert** ist (z. B. durch Hypotheken, Sicherungsübereignungen, Bürgschaften und dergleichen).

1166 RFH v. 07.04.1936, RStBl. 1936, 755.
1167 BGH v. 20.01.2022 – III ZR 194/19, BB 2022, 622.
1168 BFH v. 07.05.1998 – IV R 24/97, BFH/NV 98, 1471; v. 06.05.2003 – VIII B 163/02, BFH/NV 2003, 1313.
1169 BFH v. 01.04.1958 – I 60/57 U, BStBl. III 1958, 291.
1170 BFH v. 30.09.1965 – IV 215/65 U, BStBl. III 1965, 686.

392 IV. Der niedrigere Teilwert einer Forderung kann auch durch eine **niedrige Verzinsung** begründet sein. Der niedrigere Teilwert kann nach der **Zinsdifferenzmethode** und nach der **Diskontmethode** ermittelt werden.[1171] Beide Methoden führen zu demselben Ergebnis. Bei niedrig verzinslicher Ratentilgung ist das Zinsdifferenzverfahren einfacher auszuführen; die Diskontmethode erfordert in diesen Fällen die Berechnung zweier Rentenbarwerte.

Die Höhe des Teilwerts hängt von dem anzuwendenden Kalkulationszinsfuß ab; je höher der Kalkulationszinsfuß, desto niedriger der Teilwert. In dem Erlass des FinMin NRW vom 28.03.1980[1172] ist ein Kalkulationszinsfuß i. H. v. 5,5 % festgelegt; entsprechend § 12 Abs. 3 S. 2 BewG. Eine solche Behandlung ist bedenklich; maßgeblich ist im Bereich des Steuerbilanzrechts nicht ein für andere Zwecke festgelegter Zinssatz, sondern der Marktzins.[1173]

Eine Teilwertabschreibung kommt nicht in Betracht, wenn ein Sanierungszuschuss zusagegemäß erst in späteren Veranlagungszeiträumen fällig und abschnittsweise ausgezahlt wird.[1174]

V. Im Streitfall besteht die Besonderheit, dass B Arbeitnehmer des A ist. Unverzinsliche Darlehen an Betriebsangehörige sind eine besondere Form betrieblicher Sozialleistungen. Es ist davon auszugehen, dass ein gedachter Erwerber des gesamten fortzuführenden Unternehmens (§ 6 Abs. 1 Nr. 1 S. 3 EStG) im Rahmen eines Gesamtkaufpreises für aus sozialen Gründen gewährte niedrigverzinsliche oder unverzinsliche Darlehensforderungen an Arbeitnehmer den Nennwert vergüten würde. Er würde die Darlehenspraxis seines Rechtsvorgängers in aller Regel fortführen und deshalb die mit dem niedrigen Zinsertrag angestrebten unternehmerischen Zwecke ebenso zum Maßstab seiner Preisvorstellungen machen wie beim Erwerb einer Betriebskantine oder von Fahrzeugen zur Beförderung von Betriebsangehörigen.[1175]

Auch die Rspr. des BFH zur „Teilwert-Vermutung“ steht einer Abschreibung der Darlehensforderungen auf einen unter den Anschaffungskosten liegenden Wert entgegen. Nach st. Rspr. des BFH besteht eine Vermutung dafür, dass sich im Zeitpunkt der Anschaffung eines Wirtschaftsguts dessen Anschaffungskosten mit dem Teilwert decken, sofern keine „Fehlmaßnahme“ vorliegt.[1176] Wie für andere Wirtschaftsgüter besteht auch für Darlehen die Vermutung, dass ihr Teilwert im Zeitpunkt der Anschaffung den tatsächlichen Anschaffungskosten, also dem Nennwert, entsprach.[1177] Die Unverzinslichkeit einer Forderung – im Unterschied zu einer (ungewissen) Verbindlichkeit – rechtfertigt keine Teilwertabschreibung.[1178] Auch ein unverzinsliches kapitalersetzendes Darlehen kann nicht ohne Weiteres auf den niedrigeren Teilwert abgeschrieben werden.[1179] Die Teilwertvermutung kann widerlegt werden, wenn eine Fehlmaßnahme vorliegt.[1180] Hierfür bestehen jedoch im Streitfall keine Anhaltspunkte.

Ergebnis:

Die Anschaffungskosten des Darlehens entsprechen dessen Nennbetrag; eine Abschreibung auf den niedrigeren Teilwert kommt nicht in Betracht, da die Teilwertvermutung nicht entkräftet worden ist.

1171 Vgl. BFH v. 17.10.1980 – III R 52/79, BStBl. II 1981, 247; Jobsky BB 1980, 1741.

1172 DB 1980, 809.

1173 Vgl. Slomma BB 1980, 559.

1174 BFH v. 24.07.2013 – IV R 30/10, BFH/NV 2014, 304.

1175 BFH v. 24.01.1990 – I R 145/86, BStBl. II 1990, 639; v. 22.01.1991 – VIII R 7/86, BFH/NV 1991, 451; vgl. ferner BMF v. 17.01.1990, BStBl. I 1990, 71 u. v. 05.06.1990, BStBl. I 1990, 239.

1176 BFH v. 17.01.1978 – VIII R 31/75, BStBl. II 1978, 335; H/H/R § 6 EStG Anm. 452 ff.; Schmidt/Kulosa § 6 Rn. 246.

1177 Vgl. BFH v. 09.07.1981 – IV R 35/78, BStBl. II 1981, 734.

1178 BFH v. 24.10.2012 – I R 43/11, BStBl. II 2013, 162.

1179 BFH v. 10.11.2005 – IV R 13/04, BStBl. II 2006, 409.

1180 Vgl. BFH v. 09.07.1981 – IV R 35/78, BStBl. II 1981, 734.

Die Anschaffungskosten einer **Forderung in ausländischer Währung** ergeben sich aus dem im Zeitpunkt ihrer Begründung notierten Tageskurs in Euro.[1181] Sinkt der Kurs der ausländischen Währung (z. B. durch eine Abwertung der ausländischen oder Aufwertung der inländischen Währung), so ist die Forderung unter Zugrundelegung des am Bilanzstichtag geltenden Tageskurses auf den niedrigeren Teilwert abzuschreiben. Dabei sind grundsätzlich die **Kurse des Bilanzstichtags** maßgeblich. 393

Eine weitergehende Teilwertabschreibung kann nicht damit begründet werden, dass der Kurs der ausländischen Währung am Stichtag nicht mehr dem wirklichen Wert entsprochen habe und deshalb mit einem Kurssturz zu rechnen gewesen sei.[1182] Abweichend hiervon hat der RFH im Urteil vom 07.12.1938[1183] eine Wertberichtigung für Kursverluste zu Recht zugelassen, wenn es wahrscheinlich ist, dass der Kurs der ausländischen Währung nach dem Bilanzstichtag und vor dem Eingang der Forderung sinkt. Die bloße Möglichkeit einer Währungsänderung genügt dagegen nicht.[1184] Steigt der Kurs der Auslandswährung, so muss eine etwaige Teilwertabschreibung rückgängig gemacht werden. Der sich für die Forderung ergebende Wertansatz darf die Anschaffungskosten aber nicht übersteigen (§ 6 Abs. 1 Nr. 2 S. 3 EStG).

3. Finanzinstrumente

Finanzinstrumente i. S. d. § 340 HGB (vgl. ferner § 2 WpHG; § 1 Abs. 11 KWG; z. B. Derivate, Optionen, Warenkontrakte)[1185] sind mit dem „beizulegenden Zeitwert" abzüglich eines Risikoabschlags zu bewerten (§ 6 Abs. 1 Nr. 2 b EStG); es handelt sich um eine Ausnahme vom Realisationsprinzip. 394

IV. Verbindlichkeiten

Fall 45: Fallende Zinsen – steigende Schulden 395

Bauunternehmer A nimmt zum 31.12.2022 einen Kredit von 100.000 € auf. Der Kredit läuft fünf Jahre und ist mit jährlich 8 % zu verzinsen. Nach einem Jahr verbessern sich die allgemeinen Kreditbedingungen; derselbe Kredit wäre nunmehr zu einem Zinssatz von 5,5 % zu erhalten. Mit welchem Wert hat A die Verbindlichkeit in der Steuerbilanz auf den 31.12.2023 auszuweisen?

I. Nach § 6 Abs. 1 Nr. 3 EStG sind Verbindlichkeiten unter sinngemäßer Anwendung des § 6 Abs. 1 Nr. 2 EStG – d. h. sinngemäß wie nicht abnutzbares Anlagevermögen und Umlaufvermögen – zu bewerten (s. a. H 6.10 EStH). 396
Da das Anlage- und Umlaufvermögen aus „positiven" Wirtschaftsgütern besteht, können die Bewertungsregelungen des § 6 Abs. 1 Nr. 2 EStG nur im übertragenen Sinne angewendet werden: Das Niederstwertprinzip für das Umlaufvermögen entspricht dem **Höchstwertprinzip** für Schulden.[1186]
Verbindlichkeiten sind demnach grundsätzlich mit den Anschaffungskosten (Rückzahlungsbetrag/Erfüllungsbetrag; „Wegschaffungskosten") anzusetzen. Ist der **Teilwert niedriger** (= Gewinnerhöhung), darf der Teilwert nicht angesetzt werden, weil dies zum unzulässigen Ausweis eines nicht realisierten Gewinns führen würde. Ist der **Teilwert** der Verbindlichkeit **höher** als die Anschaffungskosten, so ist die Bewertung der Verbindlichkeit mit dem höheren Teilwert für den Steuerpflichtigen, der seinen Gewinn freiwillig nach § 4 Abs. 1 EStG ermittelt, zulässig, aber nicht

1181 BFH v. 19.01.1978 – IV R 61/73, BStBl. II 1978, 295; Schmidt/Kulosa § 6 Rn. 22; zur Neuregelung der Währungsumrechnung nach HGB durch das BilMoG (ab 2010) s. Zwirner/Künkele StuB 2009, 517.

1182 RFH v. 04.09.1934, RStBl. 1934, 1366; BFH v. 07.08.1951 – I 38/51 U, BStBl. III 1951, 190.

1183 RStBl. 1939, 196.

1184 So auch BFH v. 19.01.1978 – IV R 61/73, BStBl. II 1978, 295.

1185 Werndl in K/S/M § 6 EStG Rn. Ca 7.

1186 Vgl. BFH v. 12.12.1951 – I 102/51 U, BStBl. III 1952, 33.

zwingend. Dagegen ist bei der Gewinnermittlung nach § 5 EStG die Bewertung von kurz- und mittelfristigen Verbindlichkeiten mit dem höheren Teilwert verbindlich, weil diese Verbindlichkeiten dem Umlaufvermögen gleichzusetzen sind.[1187] Langfristige Verbindlichkeiten müssen entsprechend den Bewertungsregeln für das Anlagevermögen nur dann mit einem höheren Teilwert angesetzt werden, wenn dieser nachhaltig steigt.[1188]

II. Die **Anschaffungskosten einer Schuld** entsprechen in den Fällen, in denen die Schuld aus einer an den Steuerpflichtigen erbrachten Lieferung oder sonstigen Leistung entstanden ist, grundsätzlich dem Betrag, der dem Steuerpflichtigen in Rechnung gestellt wird. Da es bei Verbindlichkeiten keine Anschaffungskosten im eigentlichen Sinne gibt, ist für den Wertansatz der Betrag maßgeblich, der erforderlich ist, um den Betrieb von der Verbindlichkeit zu befreien (vgl. § 253 Abs. 1 S. 2 HGB).[1189] Die Vereinbarung der Erhöhung des Rückzahlungsbetrags wegen vorzeitiger Rückzahlung („eingesparter Zins“) soll (noch) nicht zu Aufwand führen.[1190]

397 III. Der **Teilwert einer Verbindlichkeit** ist der Betrag, den ein Erwerber des Betriebs mehr zahlen würde, wenn die Verbindlichkeit nicht bestünde, d. h. der Betrag, mit dem der Erwerber die Verbindlichkeit in der Übernahmebilanz ansetzen würde.[1191] Bei der Bestimmung des Teilwerts von Verbindlichkeiten (Rückstellungen) ist der Betrag maßgeblich, den der fiktive Erwerber mehr für das Unternehmen zahlen würde, wenn er diese Belastung nicht übernehmen müsste.[1192]

Der Teilwert einer Verbindlichkeit entspricht im Zeitpunkt der Schuldaufnahme regelmäßig den Anschaffungskosten, d. h. regelmäßig dem Nennwert. Das gilt auch für Verbindlichkeiten, bei denen im Darlehensvertrag ein Zins vereinbart wird, der über dem Marktzins liegt. Es wird unterstellt, dass der Erwerber eines Betriebs den Kredit zu den gleichen Bedingungen aufnehmen würde. Die Grundsätze für überhöhte Aufwendungen bei positiven Wirtschaftsgütern gelten sinngemäß (s. o. 5. Abschnitt, Rn. 277).

Fälle, in denen eine Verbindlichkeit mit einem vom Nennwert abweichenden (geringeren) Teilwert auszuweisen ist, sind höchst selten; die schlechte wirtschaftliche Situation (z. B. ein Vermögensverlust) führt nicht zu einer „Aufstockung“. Verbindlichkeiten sind bis zur Insolvenz auszuweisen. Allein die (bevorstehende) Liquidation oder ein Rangrücktritt sind (noch) kein Anlass zur Ausbuchung; Verbindlichkeiten sind in der Liquidation „bis zuletzt“ zu passivieren.[1193]

Zweifelhaft ist, ob eine seit der Darlehensaufnahme eingetretene Verbesserung der allgemeinen Kreditbedingungen es rechtfertigt, eine Schuld mit einem über den Anschaffungskosten liegenden Teilwert auszuweisen.[1194]

Kirchhof/Schindler[1195] bejahen diese Möglichkeit für die Fälle, in denen eine so tiefgehende Änderung der Kreditbedingungen eintritt, dass die Bedingungen des vom Steuerpflichtigen aufgenommenen Kredits außerhalb derjenigen Bedingungen liegen, zu denen der Steuerpflichtige am

1187 RFH v. 21.01.1942, RStBl. 1942, 378; BMF v. 02.09.2016, BStBl. I 2016, 995, Rz. 34.

1188 RFH v.19.10.1938, Kartei EStG 1938 § 6 Nr. 3 R. 5; BMF v. 02.09.2016, BStBl. I 2016, 995, Rz. 30.

1189 BFH v. 07.07.1983 – IV R 47/80, BStBl. II 1983, 753; H 6.10 EStH.

1190 Vgl. FG Münster v. 30.06.2015 – 13 K 984/13 K G, BB 2015, 2353, rkr; kritisch Hahne BB 2015, 2354.

1191 Vgl. BFH v. 20.11.1969 – IV R 22/68, BStBl. II 1970, 309; BFH v. 13.12.1972 – I R 8/70, BStBl. II 1973, 217.

1192 BFH v. 13.12.1972 – I R 8/70, BStBl. II 1973, 217; Mujkanovic, SteuerStud 1994, 341, 344.

1193 Schmidt/Weber-Grellet § 5 Rn. 313. – Schmidt/Kulosa § 6 Rn. 451: kein Ansatz eines niedrigeren Teilwerts.

1194 Zur Bewertung einer Schuldscheindarlehens-Forderung bei steigenden Zinsen vgl. BFH v. 19.05.1998 – I R 54/97, BStBl. II 1999, 277.

1195 Kirchhof/Schindler § 6 EStG Rn. 147.

Bewertungsstichtag allenfalls noch einen Kredit erlangen könnte.[1196] Der Wert der Verbindlichkeit lässt sich wie folgt errechnen:

Zinsleistung p. a. 8.000 €, für noch 4 Jahre	
Barwert : 3,602 x 8.000	= 28.816
+ Barwert des Kapitals, abgezinst zu 5,5 % 100.000 x 0,8072	**= 80.720**
	109.536

Ein Heraufgehen auf den höheren Teilwert könnte zweifelhaft sein, da hierdurch der Zinsaufwand folgender Jahre unzulässigerweise vorverlagert werden könnte. Diese Zweifel werden in gewisser Weise durch das BFH-Urteil IV R 3/69[1197] bestätigt; darin lehnt es der BFH ab, ein aktiviertes Disagio im Hinblick auf eine Verbesserung der allgemeinen Kreditbedingungen vorzeitig abzuschreiben. Diese Ablehnung begründet der BFH damit, dass das Disagio kein Wirtschaftsgut, sondern ein lediglich der periodischen Verteilung dienender Posten der Rechnungsabgrenzung sei.

M. E. führt die Hochverzinslichkeit nicht zu „realisiertem Aufwand"; die Hochverzinslichkeit ist erst Aufwand kommender Jahre. Der Maßstab des „gedachten Erwerbers" ist ungeeignet, weil dieser nicht in Perioden denkt; dass eine hochverzinsliche Verbindlichkeit den Betrieb auf Dauer stärker belastet, steht außer Frage.

Ergebnis:

Die Darlehensverbindlichkeit hat A zum 31.12.2023 mit 100.000 € auszuweisen.

Verbindlichkeiten in ausländischer Währung 398

Bei der Bewertung von Verbindlichkeiten in ausländischer Währung sind die für Forderungen in ausländischer Währung entwickelten Grundsätze im übertragenen Sinne anzuwenden (vgl. Rn. 357).[1198] Die Anschaffungskosten ergeben sich aus dem im Zeitpunkt ihrer Entstehung notierten **Tageskurs** in Euro.[1199]

Steigt der Kurs der ausländischen Währung, z. B. infolge einer Aufwertung der Auslands- oder einer Abwertung der Inlandswährung, ist die Verbindlichkeit mit dem höheren Teilwert auszuweisen, der sich unter Zugrundelegung des am Bilanzstichtag maßgebenden Umrechnungskurses ergibt. Sinkt der Kurs der ausländischen Währung, so kann dies allenfalls zu einer Rückgängigmachung einer früheren Teilwerterhöhung führen. Der Wertansatz der Verbindlichkeit darf aber keinesfalls die Anschaffungskosten unterschreiten (s. a. H 6.10 EStH). Bei langfristigen Fremdwährungsverbindlichkeiten kommt eine Teilwertberichtigung wegen Kursschwankungen grundsätzlich nicht in Betracht;[1200] Ausnahmen (z. B. bei „fundamentalen" Änderungen) sind möglich.[1201]

1196 In einem ähnlichen Sinn äußern sich die RFH-Urteile v. 19.12.1928, RStBl. 1929, 139; v. 25.04.1934, RStBl. 1934, 945; v. 30.04.1935, RStBl. 1935, 1001.

1197 BFH v. 20.11.1969 – IV R 3/69, BStBl. II 1970, 209.

1198 Schmidt/Weber-Grellet § 5 Rn. 270 „Fremdwährung"; Schmidt/Kulosa § 6 Rn. 22.

1199 BFH v. 16.12.1977 – III R 92/75, BStBl. II 1978, 233.

1200 BFH v. 23.04.2009 – IV R 62/06, DStR 2009, 1256; BMF v. 02.09.2016, BStBl. I 2016, 995, Rn. 32.

1201 BFH v. 10.06.2021 – IV R 18/18, DStR 2021, 2518; BFH v. 02.07.2021 – XI R 29/18, DStR 2021, 2513; Weber-Grellet BB 2022, 43, FR 2022, 86.

V. Rückstellungen

1. Rückstellungen wegen ungewisser Verbindlichkeiten

399 **Fall 46: Rekultivierung bei steigenden Preisen**

Ein Gelände wird von Anfang 2021 bis Ende 2023 planmäßig ausgebeutet und anschließend rekultiviert. Die Rekultivierungskosten werden Ende 2022 nach zuverlässigen Schätzungen 121.000 € betragen. Auf der Basis der Preisverhältnisse am Bilanzstichtag 2022 betragen sie 100.000 €, am Bilanzstichtag 2023 110.000 €. In welcher Höhe sind zu den einzelnen Stichtagen Rückstellungen zu bilden?

400 I. Grundsätzlich sind Rückstellungen mit dem Betrag auszuweisen, der bei vernünftiger kaufmännischer Beurteilung nach den Verhältnissen am Bilanzstichtag wahrscheinlich zur Erfüllung notwendig ist (§ 253 Abs. 1 S. 2; § 252 Abs. 1 Nr. 3 HGB; H 6.11 EStH). § 6 Abs. 1 Nr. 3 a EStG enthält (beispielhaft) objektivierungsbedingte Konkretisierungen:

- Berücksichtigung der Erfahrungen der Vergangenheit (Buchst. a)),
- Bewertung von ungewissen Sachleistungsverpflichtungen mit den Vollkosten (Buchst. b)),
- Saldierung mit künftigen Vorteilen (Buchst. c)),
- Bildung von Ansammlungsrückstellungen (Buchst. d)),
- generelles Abzinsungsgebot (Buchst. e)); dazu s. o. Rn. 353,
- Maßgeblichkeit der am Bilanzstichtag gegebenen Werte (Buchst. f)).

Seit Inkrafttreten des BilMoG ist die Verwaltung der Auffassung, dass mit Ausnahme von Pensionsrückstellungen die Höhe der Rückstellung in der Steuerbilanz den zulässigen Ansatz in der Handelsbilanz nicht überschreiten dürfe (R. 6.11 Abs. 3 EStR).[1202] Diese Auffassung lässt sich aus dem Wortlaut des § 6 EStG nicht ableiten und widerspricht m. E. der Abschaffung der formellen Maßgeblichkeit, dem „Ausbau des § 6 EStG“ und der Systematik des bilanzsteuerrechtlichen Bewertungsrechts.[1203] §§ 6, 7 EStG enthalten das selbstständige bilanzsteuerrechtliche Bewertungsrecht; ein Rückgriff auf die GoB ist grundsätzlich obsolet; der Maßgeblichkeitsgrundsatz hat im Bereich der Bewertung nur (noch) ganz untergeordnete Bedeutung. Der Hinweis auf die Begründung zum StEntlG 99 ff. (FinA BT-Drs. 14/443, 23) ist bedeutungslos, da zwischenzeitlich mit dem BilMoG die formelle Maßgeblichkeit abgeschafft worden ist. § 5 EStG verweist auf die GoB, nach § 6 Abs. 1 S. 1 EStG gilt für die Bewertung (nur) „das Folgende“. Steuerliche Wahlrechte können nun grundsätzlich abweichend von den handelsrechtlichen GoB ausgeübt werden **(genereller Vorrang steuerlicher Wahlrechte)** mit der Möglichkeit einer eigenständigen StB-Politik. Diese klare Aussage, die dem Wortlaut, der Systematik und der Tendenz des BFH v. 30.01.2013 GrS 1/10 BStBl. II 2013, 317 entspricht, sollte nicht für „GoB-konforme“ Wahlrechte (z. B. § 6 Abs. 1 Nr. Nr. 2 a EStG) relativiert werden;[1204] für eine Reduktion des § 5 Abs. 1 S. 2 EStG besteht keine hinreichende Legitimation. Auch eine konkrete Maßgeblichkeit (Bindung an den konkreten HB-Ansatz) besteht nicht.[1205]

401 II. Nach § 6 Abs. 1 Nr. 3 a Buchst. a) EStG ist bei Rückstellungen für gleichartige Verpflichtungen zu berücksichtigen, in welchem Umfang der Steuerpflichtige in der Vergangenheit in Anspruch genommen wurde.[1206]

Besondere Bedeutung hat diese Regelung im Bereich der Versicherungswirtschaft für Schadensrückstellungen (Rückstellungen für noch nicht abgewickelte Versicherungsfälle; vgl. § 20 Abs. 2 KStG). Die Neuregelung führt im Bereich der Versicherungswirtschaft hinsichtlich der bisherigen Behandlung der Schadensermittlungskosten und der Schadensbearbeitungskosten (vgl.

1202 BFH v. 11.10.2012 – I R 66/11, BStBl. II 2013, 676, hat sich der Auffassung der Verwaltung angeschlossen.
1203 Wie hier Schmidt/Weber-Grellet § 5 Rn. 26; Künkele/Zwirner StuB 2012, 439; Marx FR 2017, 449; Weber-Grellet FR 2023, 576; s. auch Rn. 243.
1204 So aber Drüen/Mundfortz DB 2014, 2245, 2250.
1205 Schmidt/Weber-Grellet § 5 Rn. 60.
1206 Schmidt/Kulosa § 6 Rn. 479.

§ 341 g Abs. 1 S. 2 HGB: Berücksichtigung der gesamten Schadensregulierungsaufwendungen) zu keiner Rechtsänderung.[1207] Allerdings soll bei geeigneten Schätzungsgrundlagen das bisher in der Versicherungsbranche beanspruchte Vorsichtsprinzip zurückgedrängt werden.[1208]

Allgemein gilt: Ist die ungewisse Verbindlichkeit auf eine Geldleistung gerichtet, ist der (abgezinste) Betrag anzusetzen, der nach den Preisverhältnissen am Bilanzstichtag wahrscheinlich zu leisten ist.[1209] Dazu ist eine Einzel- oder Pauschalbewertung (z.B. bei Garantierückstellungen) in der Regel durch Schätzung erforderlich.[1210]

Pauschalrückstellungen für Gewährleistungsverpflichtungen sind zu bilden, wenn die Inanspruchnahme des Unternehmers nach den betriebsindividuellen und branchenüblichen Erfahrungen wahrscheinlich ist. Es kommt auf die aus der Sicht des Unternehmens zu erwartende tatsächliche, nicht auf eine nach der Einschätzung der Vertragspartner mögliche Inanspruchnahme an. Das bilanzrechtliche Vorsichtsprinzip fordert nicht, dass bei mehreren Schätzungsalternativen die pessimistischste zu wählen ist.[1211]

III. Ist die Rückstellung auf eine **Sachleistungsverpflichtung** gerichtet, sind die (vom Umfang der Leistung abhängigen) Einzelkosten und angemessene Teile der notwendigen Gemeinkosten anzusetzen (§ 6 Abs. 1 Nr. 3 a Buchst. b) EStG); die zunächst vorgesehene Beschränkung auf variable Kosten – unter Ausschluss der Fixkosten – wurde fallengelassen.[1212] 402

Sachleistungsverpflichtungen sind Verpflichtungen, die nicht auf Zahlung eines Geldbetrags gerichtet sind, also auch Dienst- und Werkleistungen, z.B. also Verpflichtungen im Rahmen eines Tausches, Entfernungsverpflichtungen, Reparaturverpflichtungen, Urlaubsverpflichtungen, Rückgabeverpflichtungen.[1213] Finanzierungskosten (als fixe Gemeinkosten) in Zusammenhang mit einer Rückstellung für die Verpflichtung zur Aufbewahrung von Geschäftsunterlagen sind einzubeziehen.[1214]

Anzusetzen sind die (eingeschränkten) Vollkosten (die Einzel- und notwendigen Gemeinkosten, ggf. auch Abschreibungen); [1215] kalkulatorische Kosten sind nicht anzusetzen.[1216] Diese Regelung beruht auf demselben (steuerrechtlichen) Vollkosten-Prinzip, das bereits auf der Aktivseite bei der Herstellungskosten-Berechnung praktiziert wird (§ 255 Abs. 2 S. 2, 3 HGB; R 6.3 Abs. 1 EStR). Der gesetzlichen Regelung ist keine Beschränkung auf Material- und Fertigungsgemeinkosten zu entnehmen.[1217] Rückstellungen für Sachleistungsverpflichtungen sind danach mit den voraussichtlich tatsächlich anfallenden Kosten, also mit den **Vollkosten**, auszuweisen.

IV. Künftige Vorteile, die mit der Erfüllung der Verpflichtung voraussichtlich verbunden sein werden, sind, soweit sie nicht als Forderung zu aktivieren sind, bei ihrer Bewertung wertmindernd zu berücksichtigen (**Vorteilskompensation**; § 6 Abs. 1 Nr. 3 a Buchst. c) EStG).[1218] 403

Die Kompensation verlangt einen unmittelbaren Zusammenhang zwischen Verpflichtung und Vorteil. Diese Beurteilung entspricht der bisherigen Rspr.;[1219] Rückgriffsansprüche sind bei der Bewertung einer Rückstellung zu berücksichtigen, (1.) wenn sie in einem unmittelbaren Zu-

1207 So Finanzausschuss BT-Drs. 14/443, 52, oben.

1208 Begr. zum EntwStEntlG 1998 – BMF v. 18.07.1997.

1209 Z.B. BFH v. 15.07.1998 – I R 24/96, BStBl. II 1998, 728; H 6.11 EStH.

1210 EuGH v. 14.09.1999 – C-275/97, DStR 1999, 1645; K/S/M § 5 EStG Rn. D 245; Moxter DB 1998, 269; grundlegend Perlet/Baumgärtel FS Beisse 1997, 389 Rn. 69.

1211 BFH v. 06.05.2003 – VIII B 163/02, BFH/NV 2003, 1313; FG Hbg v. 26.11.2013 – 3 K 81/13, BeckRS 2014, 94529.

1212 BT-Drs. 14/23, 240; vgl. auch Schmidt/Kulosa § 6 Rn. 441 f.

1213 BeBiKo § 253 HGB Rn. 54; K/S/M § 6 EStG Rn. D 42.

1214 BFH v. 11.10.2012 – I R 66/11, BStBl. II 2013, 676.

1215 Schmidt/Kulosa § 6 Rn. 481.

1216 BFH v. 08.10.1987 – IX R 54/81, BStBl. II 1988, 57; H 6.11 EStH.

1217 A.A. Stobbe FR 1999, 405, 416.

1218 BFH v. 31.05.2017 – X R 29/15, BFH/NV 2017, 1597; Schmidt/Kulosa § 6 Rn. 483.

1219 BFH v. 17.02.1993 – X R 60/89, BStBl. II 1993, 437 m.w.N.; v. 03.08.1993 – VIII R 37/92, BStBl. II 1994, 444; v. 08.02.1995 – I R 72/94, BStBl. II 1995, 412.

sammenhang mit der drohenden Inanspruchnahme stehen, (2.) in rechtlich verbindlicher Weise der Entstehung oder Erfüllung der Verbindlichkeit zwangsläufig nachfolgen und (3.) vollwertig sind, weil sie vom Rückgriffsschuldner nicht bestritten werden und dessen Bonität nicht zweifelhaft ist. Eine Gegenrechnung ist unzulässig, wenn der Vorteil zu aktivieren, also als selbstständiges Wirtschaftsgut auszuweisen ist, oder wenn nur die bloße Möglichkeit besteht, dass künftig Vorteile eintreten könnten. Ein künftiger Vorteil (z. B. sog. Kippentgelte im Zusammenhang mit einer Rekultivierungsverpflichtung) ist bereits dann i. S. von § 6 Abs. 1 Nr. 3 a Buchst. c) EStG mit der Erfüllung einer Verpflichtung voraussichtlich verbunden und führt zur Minderung einer Rückstellung, wenn mehr Gründe für als gegen den Vorteilseintritt sprechen.[1220] Der Abschluss schuldrechtlicher Verträge ist nicht erforderlich.[1221] Geringerer künftiger (Personal-)Aufwand ist nicht zur Kompensation geeignet.[1222]

Ebenso kann eine erhaltene Vorauszahlung nicht im Hinblick auf die Möglichkeit, sie verzinslich anzulegen, gemindert werden,[1223] wobei m. E. der Passivposten „Erhaltene Anzahlung" ohnehin kein Aufwandsposten ist und dessen Minderung – wie bei der Abzinsung – stets zu einer vorgezogenen Gewinnrealisation führen würde.

V. Rückstellungen für Verpflichtungen, für deren Entstehen der laufende Betrieb ursächlich ist, die also (bei wirtschaftlicher Betrachtung) nach und nach über mehrere Wirtschaftsjahre entstehen, sind zeitanteilig in gleichen Raten anzusammeln (Ansammlungsrückstellungen; § 6 Abs. 1 Nr. 3 a Buchst. d) S. 1 EStG). Zu unterscheiden ist zwischen der „echten" Ansammlungsrückstellung (Aufwand bereits in voller Höhe entstanden, aber Verteilung nach Maßgabe wirtschaftlicher Verursachung) und der „unechten Ansammlungsrückstellung" (bei ungleichmäßiger Ansammlung).[1224]

Besteht die Verpflichtung, ein betrieblich genutztes Gebäude nach zehn Jahren abzureißen, so sind wirtschaftlich betrachtet diese Jahre in ihrer Gesamtheit ursächlich für die Entstehung der Verpflichtung. Die Abbruchverpflichtung entsteht wirtschaftlich jährlich zu einem Zehntel.[1225]

Rückstellungen für Rückbauverpflichtungen sind zeitanteilig in gleichen Raten anzusammeln und ggf. stichtagsbezogen anzupassen, wenn sich der notwendige Beseitigungsaufwand verändert; Rückstellungen für Deponie-Rekultivierung sind nach der tatsächlichen Inanspruchnahme anzusammeln.[1226] Die angesammelten Rückstellungen für Deponie-Rekultivierung sowie für Rückbauverpflichtungen sind abzuzinsen.[1227] Liegt für die Verpflichtung zur Stilllegung („im weiteren Sinn") von Kernkraftwerken dieser Zeitpunkt nicht fest, beträgt der Ansammlungszeitraum 25 Jahre (§ 6 Abs. 1 Nr. 3 a Buchst. d) S. 3 EStG).[1228]
Zur Berechnung der Zuführungen zu der Rückstellung kommen vier verschiedene Methoden in Betracht:[1229]

1220 BFH v. 31.05.2017 – X R 29/15, BFH/NV 2017, 1597.

1221 BFH v. 21.08.2013 – I B 60/12, BFH/NV 2014, 29. Weitere Fälle: Rückgriffsrechte gegen Versicherer; Rückgriffsforderungen eines Bauunternehmers gegen seinen Subunternehmer bei Garantieverpflichtungen; Forderungsübergang kraft Gesetzes, z. B. bei Bürgschaft; Ausgleichsansprüche gegen Urlaubskasse.

1222 FG Baden-Württemberg v. 12.09.2017 – 6 K 1472/16, EFG 2018, 1343, rkr.

1223 So Finanzausschuss BT-Drs. 14/443, 52.

1224 Schmidt/Kulosa § 6 Rn. 486; Kahle/Kopp Grundzüge, S. 413; Finanzausschuss BT-Drs. 14/443, 52.

1225 So bereits BFH v. 19.02.1975 – I R 28/73, BStBl. II 1975, 480: Zur Frage der Abzinsung bei der Bildung von Rückstellungen für Rekultivierungskosten, Einplanierungskosten und Abbruchkosten für Gebäude eines Steinbruchunternehmens.

1226 BFH v. 02.07.2014 – I R 46/12, BStBl. II 2014, 979; Schmidt/Kulosa § 6 Rn. 477. – Keine Rückstellung vor Abnahme (FG Münster v. 15.09.2021 – 13 K 3059/19 G, F, BB 2022, 113 Ls).

1227 BFH v. 05.05.2011 – IV R 32/07, BStBl. II 2012, 98

1228 Kritisch Günkel/Fenzl DStR 1999, 649/56: anstelle Stilllegung besser Beendigung des Betriebs.

1229 Vgl. Jacobs DStR 1988, 238, 243 f.

Zuführungen zu den Rückstellungen in den einzelnen Jahren					Summe der Rückstellungsbeträge
Jahre		2021	2022	2023	
A.	jährl. Zuführung zu den Rückstellungen auf der Basis der **Preisverhältnisse zum Zeitpunkt der Erfüllung**; so häufige Praxis	40.334 €	40.333 €	40.333 €	121.000 €
B.	jährl. Zuführung auf Basis der **Preisverhältnisse zum Zeitpunkt des jew. Stichtags**	33.333 €	36.667 €	40.333 €	110.333 €
C.	jährl. Zuführung auf der Basis der **Verhältnisse zum Stichtag + Zukunftsanpassung** (BFH I R 28/73*)	33.333 €	38.334 €	49.333 €	121.000 €
D.	jährl. Zuführung auf der Basis der **Preisverhältnisse am Stichtag + Nachholungen** (Alternative)	33.333 €	40.000 €	47.667 €	121.000 €

*BFH v. 19.02.1975 – I R 28/73, BStBl. II 1975, 480, 482: Danach sind zunächst die Kosten zu errechnen, die nach den Preisverhältnissen des Bilanzstichtags erforderlich wären. Von dem so ermittelten Wert ist derjenige Betrag abzuziehen, der bereits für frühere Bilanzstichtage der Rückstellung zugeführt wurde. Der Teil des Restbetrags, der sich bei gleichmäßiger Aufteilung auf die einzelnen Jahre bis zur Erfüllung der Verbindlichkeit für das laufende Wirtschaftsjahr ergibt, ist der Rückstellung auf den Bilanzstichtag zuzuführen; Berechnung für das 2. Jahr: (110.000 € – 33.333 €) : 2 = 38.334. Zur Berechnung nach Maßgabe der Preisverhältnisse am Stichtag vgl. auch BFH v. 07.10.1982 – IV R 39/80, BStBl. II 1983, 104.

Zu bevorzugen ist Alternative D.[1230] Sie erfasst die Preisverhältnisse am Bilanzstichtag und rechnet die bereits gebildeten Rückstellungen auf die Verhältnisse des Stichtags hoch. Für das 2. Jahr wird die Rückstellung nach folgender Berechnung gebildet: 110.000 € x 2/3 – 33.333 € = 40.000 € (oder: 110.000 € : 3= 36.700 €; 10.000 € : 3 = 3.300 €; 36.700 € + 3.300 € = 40.000 €). Das ist bei den Alternativen B. und C. nicht der Fall. Die Alternative A. ist abzulehnen, weil sie nicht die Verhältnisse zum jeweiligen Bilanzstichtag berücksichtigt.

VI. Rückstellungen sind nach den Verhältnissen des Bilanzstichtags zu bewerten (§ 6 Abs. 1 Nr. 3 a Buchst. f) EStG).[1231]

Ergebnis:

Die Rückstellung für Rekultivierung ist zum Bilanzstichtag 2021 mit 33.333 €, zum Bilanzstichtag 2022 mit 73.333 € und zum Bilanzstichtag 2023 mit 121.000 € auszuweisen.

1230 So auch Institut „Finanzen und Steuer", Grüner Brief Nr. 294; s. auch Kahle/Kopp Grundzüge S. 216 f.

1231 Bei Verlängerung des Pachtvertrags ist der Ansammlungszeitraum stichtagsbezogen anzupassen (BFH v. 02.07.2014 – I R 46/12, BStBl. II 2014, 979; m. E. keine Abweichung von BFH v. 19.02.1975 – I R 28/73, BStBl. II 1975, 480, 482).

404 **Übersicht**

Rückstellungen – Bewertung

§ 5 Abs. 4 b EStG: keine RSt für AK/HK	• (Klarstellung); so bereits Fettabscheider-Urteil (BFH v. 19.08.1998 – XI R 8/96, BStBl. II 1999, 18; BFH v. 08.11.2016 – I R 35/15, BStBl. II 2017, 768) • Keine RSt für Mox-Brennelemente (m. E. Konkretisierung der Grundregel); Kritik: angeblich kombinierter Entsorgungs- und Herstellungsvorgang • Auflösung im ersten offenen Vz im Hinblick auf den klarstellenden Charakter im vollenUmfang (§ 52 Abs. 14 EStG a. F.)
§ 6 Abs. 1 Nr. 3 a Buchst. a) EStG	Berücksichtigung der Erfahrungen in der Vergangenheit • Entspricht bisheriger Praxis • Realitätsferne Vorsicht unangebracht • Besondere Bedeutung bei Schadensrückstellungen
§ 6 Abs. 1 Nr. 3 a Buchst. b) EStG	Bewertung der Sachleistungsverpflichtungen • Entfernungs-, Rückgabeverpflichtungen • Ansatz der Einzel- und der notwendigen Gemeinkosten (= Vollkosten); nicht nur variable Kosten
§ 6 Abs. 1 Nr. 3 a Buchst. c) EStG	Vorteilskompensation • Unmittelbarer Zusammenhang zwischen Verpflichtung und Vorteil • Z. B. Kippgebühren; Bürgschaft; Ausgleichsansprüche
§ 6 Abs. 1 Nr. 3 a Buchst. d) EStG	Ansammlungs-RSt (Kahle/Kopp, Grundzüge, S. 413) • Echte Ansammlungs-RSt (Aufwand bereits in voller Höhe entstanden, aber Verteilung nach Maßgabe wirtschaftlicher Verursachung) • Unechte Ansammlungsrückstellung (bei ungleichmäßiger Ansammlung)

§ 6 Abs. 1 Nr. 3, Nr. 3 a Buchst. e) EStG	Abzinsungsgebot für Rückstellungen
	• Ausnahmen
	  ▪ Kurze Laufzeit (weniger als 12 Monate)
	  ▪ Anzahlungen
	• Auflösung (Aufzinsung) nach voraussichtlicher Laufzeit, sonst über 10 Jahre (entspricht ungefähr Zinssatz von 5,5 %)
	• Verfassungsrechtlich unbedenklich

§ 6 Abs. 1 Nr. 3, Nr. 3 a Buchst. f) EStG (i. d. F. BilMoG)	Bewertung der Rückstellungen nach den am jeweiligen Bilanzstichtag gegebenen Verhältnissen

2. Rückstellungen für drohende Verluste aus schwebenden Geschäften

405 Rückstellungen für drohende Verluste aus schwebenden Geschäften (s. 4. Abschnitt, Rn. 216) dürfen nach § 5 Abs. 4 a EStG steuerrechtlich nicht mehr ausgewiesen werden.[1232]

VI. Betriebseröffnung

406 **Fall 47: Eröffnung eines gewerblichen Grundstückshandels**

A besitzt in seinem Privatvermögen ein Grundstück, das mit einem Mietwohnhaus bebaut ist; die Wohnungen sind vermietet. A beabsichtigt, das vorhandene Gebäude abzureißen, ein neues mit 30 Eigentumswohnungen zu errichten und diese dann einzeln zu verkaufen. Am 06.04.2023 lässt A von seinem

1232 Schmidt/Weber-Grellet § 5 Rn. 450 f.

Architekten einen Bauplan erstellen; am 12.05.2023 wird eine Bauvoranfrage zur Zulässigkeit des Vorhabens eingereicht. Ende Mai werden die bestehenden Mietverträge einvernehmlich aufgehoben. Nach der Räumung wird das Gebäude abgebrochen. A interessiert vor allem, ob und ggf. mit welchem Wert das Grundstück nebst Gebäude in das Betriebsvermögen aufzunehmen ist.

I. A könnte mit den geplanten Bau- und Veräußerungsmaßnahmen einen **gewerblichen Grundstückshandel** betreiben. 407
Nach der Rspr. des BFH ist das der Fall, wenn innerhalb eines kurzen Zeitraumes eine größere Anzahl von (mindestens vier) Eigentumswohnungen im engen zeitlichen Zusammenhang mit der Errichtung (in der Regel bis zu fünf Jahren) veräußert werden.[1233] Der Umfang der von A geplanten Maßnahmen ist demnach als gewerbliche Betätigung zu werten.

II. Bei einem gewerblichen Grundstückshandel **beginnt** der Gewerbebetrieb in der Regel zu dem Zeitpunkt, in dem der Steuerpflichtige Tätigkeiten aufnimmt, die objektiv erkennbar auf die Vorbereitung der Grundstücksgeschäfte gerichtet sind.[1234]
Danach hat A am 06.04.2023 mit der gewerblichen Tätigkeit begonnen. Auf diesen Zeitpunkt hat A eine Eröffnungsbilanz (vgl. § 242 Abs. 1 HGB; § 6 Abs. 1 EStDV) aufzustellen.

Die Eröffnung eines Betriebs i. S. d. § 6 Abs. 1 Nr. 6 EStG ist nicht nur die Neugründung, sondern auch die Wiedereröffnung eines ruhenden Betriebs und der Übergang von der Liebhaberei oder privaten Vermögensverwaltung zur gewerblichen Tätigkeit, ferner auch der Eintritt eines bestehenden Betriebs in die inländische Besteuerung.[1235]

III. Gemäß § 6 Abs. 1 Nr. 6 EStG richtet sich die **Bewertung** bei Betriebseröffnung nach § 6 Abs. 1 Nr. 5 EStG, also nach den Einlageregeln. Durch den Ansatz des Teilwerts sollen Überbewertungen, die bei der Eröffnung des Betriebs wegen der fehlenden Zweischneidigkeit der Eröffnungsbilanz unschädlich sind, verhindert werden.
Im Fall der Betriebseröffnung ist der Teilwert der Preis, den ein Fremder für das Wirtschaftsgut aufgewendet hätte, wenn er anstelle des Steuerpflichtigen den Betrieb eröffnet und fortgeführt hätte, im Allgemeinen also die Beschaffungskosten, die in der Regel dem gemeinen Wert entsprechen.[1236] Der Umstand, dass A bereits bei Betriebseröffnung beabsichtigt, das bestehende Gebäude abzureißen, hat keinen Einfluss auf den Teilwert; denn es hat außer Betracht zu bleiben, wie der Erwerber später das Gebäude verwenden will. Wer auf dem allgemeinen Markt ein Gebäude veräußert, wird die Verwertungsabsichten des Erwerbers nicht preismindernd berücksichtigen.[1237]

IV. Allerdings kommt dem Umstand der **von Anfang an bestehenden Abbruchabsicht** insofern (später) Bedeutung zu, als der Buchwert des Gebäudes und die Abbruchkosten den Herstellungskosten der Eigentumswohnungen zuzuordnen sind.[1238]

Ergebnis:

Grundstück und Gebäude sind mit den Beschaffungskosten in die Eröffnungsbilanz aufzunehmen. Die Absicht, das Gebäude abzureißen, führt nicht zu einem Teilwert von 0 €.

1233 Schmidt/Wacker § 15 Rn. 53.
1234 BFH v. 21.06.2001 – III R 27/98, BFH/NV 2001, 1641; Schmidt/Wacker § 15 Rn. 129.
1235 H/H/R § 6 EStG Anm. 900.
1236 BFH v. 10.07.1991 – VIII R 126/86, BStBl. II 1991, 840; Schmidt/Kulosa § 6 Rn. 633.
1237 BFH v. 09.02.1983 – I R 29/79, BStBl. II 1983, 451.
1238 Vgl. BFH v. 12.06.1978 – GrS 1/77, BStBl. II 1978, 620.

VII. Entgeltlicher Betriebserwerb

408 Ein Betrieb wird entgeltlich erworben, wenn ein bereits bestehender (laufender oder stillgelegter) Betrieb gegen Entgelt übernommen wird. [1239] Das Entgelt kann in Geld, in geldwerten Sachgütern oder auch lediglich in der Übernahme von Verbindlichkeiten bestehen. Gemäß § 6 Abs. 1 Nr. 7 EStG sind die Wirtschaftsgüter mit dem Teilwert, höchstens mit den Anschaffungskosten, stets also mit dem niedrigeren der beiden Werte anzusetzen.[1240] Ist der Teilwert der Wirtschaftsgüter insgesamt niedriger, ist in der Regel davon auszugehen, dass der Mehrbetrag für einen **Geschäftswert (Firmenwert)** gezahlt worden ist (vgl. 4. Abschnitt, Rn. 161); dieser ist in Höhe des Mehrbetrags zu aktivieren.[1241]

VIII. Unentgeltlicher Erwerb

409

Transaktionen ohne echte Anschaffungskosten/Herstellungskosten

§ 6 Abs. 3 EStG	§ 6 Abs. 5 EStG	§ 6 Abs. 6 EStG
unentgeltliche Betriebsübertragung pp.: Buchwertfortführung **§ 6 Abs. 4 EStG** unentgeltliche WG-Übertragung in BV eines anderen Stpfl.; Ak bei aufnehmenden BV: **gemeiner Wert**	Bw-Fortführung, soweit stille Reserven gesichert bei Transaktion (u. umgekehrt): BMF v. 08.12.2011, BStBl. I 2011, 1279. 1. in anderes BV desselben Stpfl. 2. aus BV in SBV desselben Stpfl. 3. aus SBV in anderes SBV desselben Stpfl. 4. aus BV in GHV 5. aus SBV in GHV 6. aus SBV A in SBV B 7. § 6 Abs. 5 S. 4–6 EStG: Korrektur bei Veräußerung/Entnahme innerhalb der Sperrfrist 8. nicht bei Schwestergesellschaften (BFH v. 10.04.2013 – I R 80/12, DStR 2013, 2158 – BVerfG v. 28.11.2023 – 2 BvL 8/13)	1. Tausch: **Übertragung**; Anschaffungskosten des erh. WG = **gemeiner Wert** des hingegeb. WG 2. verdeckte Einlage (vE); Übertragung (aus BV und PV): Erhöhung der Anschaffungskosten der Beteiligung um **Teilwert** des eingelegten WG

- Wertmaßstäbe:
  - Gemeiner Wert (allgemeiner Maßstab; z. B. bei unentgeltl. WG-Übertragung, Tausch)
  - Teilwert: bei Entnahmen/Einlagen und gesellschaftlicher Verbundenheit (also auch bei verdeckten Einlagen)

- Schutz und Begünstigung betrieblicher Einheiten
- Grundsatz: Korrespondenz der Wertansätze

- **Transaktionen:** Einlage, verdeckte Einlage, Einbringung, Überführung, Übertragung
- Einlage aus Privatvermögen in Betriebsvermögen desselben Stpfl.
- Überführung in anderes BV (SBV) desselben Stpfl. (§ 6 Abs. 5 S. 3 Nr. 1, 2 EStG)
- Übertragung auf andere Person (§ 6 Abs. 5 S. 3 Nr. 3 EStG)
- Verdeckte Einlage: unentgeltliche Übertragung von Gesellschafter auf (Kapital-)Gesellschaft

Verdeckte Einlage = Einlage in Kapitalgesellschaft ohne Gewährung von Gesellschaftsrechten. Für Personengesellschaften enthält § 6 Abs. 5 EStG eine vergleichbare Regelung; eine (steuerneutrale) Begründung einer mitunternehmerischen Betriebsaufspaltung ist nicht mehr möglich.

Einbringung: Übertragung von WG auf Gesellschaft gegen Gewährung von Gesellschaftsrechten; Sonderregelung in §§ 20 ff. UmwStG für Einbringung von Unternehmensteilen; keine Buchwertfortführung bei Aufnahme eines Gesellschafters gegen Zuzahlung (BFH v. 17.09.2014 – IV R 33/11, BStBl. II 2015, 717). – Übertragung einzelner WG:
- in Kapitalgesellschaft wie verdeckte Einlage; § 6 Abs. 6 EStG entspr.
- in Personengesellschaft § 6 Abs. 5 EStG entspr.

Realteilung (§ 16 Abs. 3 S. 2 ff. EStG):
- bei Aufteilung in betriebliche Einheiten und auch einzelne WG: Buchwert-Fortführung; eine Realteilungsbilanz ist bei Buchwertfortführung und weiterer Überschussrechnung nicht erforderlich (BFH v. 11.04.2013 – III R 32/12, BStBl. II 2014, 242).
- bei Veräußerung/Entnahme innerhalb der Sperrfrist: Korrektur (Teilwert-Ansatz)

1239 Zur AfA-Berechnung nach entgeltlichem Erwerb eines Anteils an einer vermögensverwaltenden Personengesellschaft s. BFH v. 03.05.2022 – IX R 22/19, DStR 2022, 1945 (Geltung bilanzsteuerrechtlicher Grundsätze; dazu Ratschow HFR 2022, 1016); BFH v. 14.11.2023 – IX R 1/22, DStR 2024, 92.

1240 Schmidt/Kulosa § 6 Rn. 638 f.

1241 BFH v. 27.02.1992 – IV R 129/90, BStBl. II 1992, 841.

Unentgeltlich erworben werden kann im Wege der Gesamtrechtsnachfolge (Erbschaft) oder der Einzelrechtsnachfolge (Schenkung). Der unentgeltliche Erwerb kann auf die Übertragung eines Betriebs, Teilbetriebs, Mitunternehmeranteils oder auf die Übertragung einzelner Wirtschaftsgüter gerichtet, er kann betrieblich oder außerbetrieblich veranlasst sein. Die Problematik des unentgeltlichen Erwerbs besteht darin, dass der Wert des Wirtschaftsguts nicht aus den Anschaffungs- oder Herstellungskosten abgeleitet werden kann. Zu unterscheiden ist zwischen dem Erwerb einzelner Wirtschaftsgüter (§ 6 Abs. 4 EStG) und dem Erwerb eines Betriebs, eines Teilbetriebs und eines Mitunternehmeranteils (§ 6 Abs. 3 EStG).

a) Der unentgeltliche Erwerb **einzelner Wirtschaftsgüter** kann betrieblich oder privat veranlasst sein. 410

aa) Werden aus **betrieblichem** Anlass einzelne Wirtschaftsgüter aus einem Betriebsvermögen unentgeltlich in das Betriebsvermögen eines anderen Steuerpflichtigen übertragen (Betriebseinnahme), so gilt für den Erwerber der gemeine Wert als Anschaffungskosten (§ 6 Abs. 4 EStG).

Beispiel

Erhält der Steuerpflichtige von einem Geschäftsfreund Geschenke, sind diese mit den gedachten Wiederbeschaffungskosten des Steuerpflichtigen für das einzelne Wirtschaftsgut zu erfassen und erhöhen so den Gewinn, und zwar selbst dann, wenn der Schenker die Aufwendungen nach § 4 Abs. 5 Nr. 1 EStG nicht absetzen kann.[1242]

§ 6 Abs. 4 EStG gilt auch, wenn der Empfänger aus betrieblichem Anlass eine Zuwendung aus dem Privatvermögen erhält.[1243]

Beispiel

Privatmann A bestellt bei dem Tischler T eine Wohnzimmereinrichtung. Zur schnelleren Erledigung des Auftrags schenkt A, der T als Briefmarkensammler kennt, T eine Ersttagsausgabe. Die Ersttagsausgabe hat T mit dem gemeinen Wert anzusetzen. Ein „Umweg" über das Privatvermögen des T (mit nachfolgender Einlage) ist nicht anzunehmen; das Ergebnis dürfte indes kaum anders sein.

bb) Die Behandlung der Fälle des unentgeltlichen Erwerbs einzelner Wirtschaftsgüter aus **privater** Veranlassung ist nach wie vor nicht ausdrücklich geregelt. Der unentgeltliche Erwerb einzelner Wirtschaftsgüter aus privater Veranlassung fällt grundsätzlich im außerbetrieblichen Bereich an. Ist das unentgeltlich erworbene Wirtschaftsgut infolge des Eigentumswechsels notwendiges Betriebsvermögen geworden, so muss nach dem privaten Vermögensanfall zwangsläufig eine den Gewinn nicht erhöhende Einlage nachfolgen. 411

Beispiel

Die nicht am Betrieb beteiligte Ehefrau schenkt ihrem Ehemann ein ihr allein gehörendes Grundstück, das vom Ehemann betrieblich genutzt wurde und weiter genutzt wird. Da beim unentgeltlichen Erwerb der Erwerber die Position des Rechtsvorgängers grundsätzlich fortsetzt, muss die Einlage so bewertet werden, wie der Rechtsvorgänger sie zu bewerten hätte, wenn er das Wirtschaftsgut selbst in einen ihm gehörenden Betrieb einlegen würde. Deshalb muss der unentgeltliche Erwerber die Einlage grundsätzlich mit dem Teilwert bewerten. Er darf sie höchstens mit den Anschaffungs- oder Herstellungskosten bewerten, wenn der letzte entgeltliche Erwerb oder die Herstellung durch den Rechtsvorgänger innerhalb der letzten drei Jahre vor der Einlage durch den Steuerpflichtigen erfolgt ist.

1242 Vgl. BFH v. 05.07.1996 – VI R 10/96, BStBl. II 1996, 545.

1243 Schmidt/Kulosa § 6 Rn. 751.

412 b) Wird ein **Betrieb, ein Teilbetrieb oder ein Anteil eines Mitunternehmers** unentgeltlich übertragen, so hat der Rechtsnachfolger die Buchwerte des Rechtsvorgängers fortzuführen (§ 6 Abs. 3 EStG).[1244] Es entspricht allgemeinen Regeln des Steuerrechts, die unentgeltliche Übertragung betrieblicher Einheiten nicht als gewinnrealisierende Betriebsaufgabe oder -veräußerung zu werten.[1245] Dabei ist es grundsätzlich unerheblich, ob der unentgeltliche Erwerb auf betrieblicher oder außerbetrieblicher Veranlassung beruht. Die außerbetriebliche Veranlassung (z. B. Schenkung, Erbschaft) dürfte die Regel sein. In vergleichbarer Weise kann auch bei der sog. **Realteilung** auf eine Gewinnrealisierung verzichtet werden (§ 16 Abs. 3 S. 2 ff. EStG).[1246]

c) **Teilentgeltlicher Erwerb**

413 **§ Fall 48: Betriebsübergang vom Vater auf den Sohn**

A überträgt seinen Betrieb (gemeiner Wert der Aktiva 800.000 €) im Rahmen der vorweggenommenen Erbfolge auf seinen Sohn B; B hat alle Verbindlichkeiten (200.000 €) zu übernehmen. Gleichzeitig verpflichtet er sich, seinen Eltern Versorgungsleistungen in angemessener Höhe zu erbringen und seine Schwester mit 100.000 € abzufinden.
Wie ist der Vorgang einkommensteuerrechtlich zu bewerten?

414 Gemäß § 6 Abs. 3 EStG hat bei einer unentgeltlichen Betriebsübertragung der Rechtsnachfolger die Werte des Vorgängers fortzuführen. Diese Regelung betrifft den „Grundfall“. Fraglich ist, wie die weiteren Verpflichtungen, die neben der an sich unentgeltlichen Übertragung anfallen, zu beurteilen sind.

I. Die frühere Rspr. unterschied zwischen einer (unentgeltlichen) Schenkung unter Auflage (z. B. bei Übernahme von Versorgungsleistungen, bei Einräumung von Nutzungsrechten und bei Gleichstellungsgeldern) und einer (teilentgeltlichen) gemischten Schenkung (z. B. bei Leistungen aus dem nicht übernommenen [Betriebs-]Vermögen).

II. Durch den Beschluss des Großen Senats vom 05.07.1990[1247] ist diese Rspr. geändert worden. Der BFH geht nunmehr davon aus, dass – unabhängig von der Qualifikation als Auflagen- oder gemischte Schenkung – die Betriebsübertragung eine teilentgeltliche Veräußerung sein kann – mit der Folge, dass Veräußerungsgewinne und Anschaffungskosten (AK) entstehen können. Dieser Beschluss ist zu Gegenständen des Privatvermögens ergangen.

Danach gilt:
1. Übernahme von Verbindlichkeiten: AK (+)
2. Abstandszahlungen (i. d. R. an den Übergeber; „Übergabeschilling“): AK (+)
3. Gleichstellungsgelder (z. B. an Geschwister): AK (+)
4. Ausgleichsleistungen, die nicht in Geld bestehen, also aus dem übernommenen Vermögen geleistet werden: AK (–)
5. Versorgungsleistungen: AK (–) Vorrang der §§ 10, 22 EStG; Ausgrenzung aus dem Bereich der (teil-)entgeltlichen Geschäfte
6. Vorbehaltene Nutzungsrechte: AK (–) nur Teilübertragung des Vermögens

1244 Schmidt/Kulosa § 6 Rn. 691 ff.; keine unentgeltliche Betriebsübertragung bei Vorbehalt eines Nießbrauchs an der wesentlichen Betriebsgrundlage (BFH v. 25.01.2017 – X R 59/14, BB 2017, 1586).

1245 BFH v. 05.07.1990 – GrS 2/89, BStBl. II 1990, 837.

1246 Bisher BFH v. 18.05.1995– IV R 20/94, BStBl. II 1996, 70.

1247 GrS 4-6/89, BStBl. II 1990, 847; dazu Schmidt/Wacker § 16 Rn. 50 ff. m. w. N.

III. Für den betrieblichen Bereich gelten Besonderheiten, die ihren Grund in der Regelung des § 6 Abs. 3 EStG haben, der die „einfache" Betriebsübertragung erfolgsneutral behandelt.
   1. Bei einer Betriebsübertragung stellt die Übernahme von Betriebsschulden kein Entgelt dar, wohl aber die Übernahme von Privatschulden.[1248]
   2. Die (teilentgeltliche) Betriebsübertragung kann nicht – anders als bei Privatvermögen – in einen entgeltlichen und einen unentgeltlichen Teil aufgespalten werden; die Übertragung ist einheitlich zu beurteilen; sog. Einheitstheorie.[1249] Anschaffungskosten entstehen also erst, wenn die Entgelte den Nettobuchwert übersteigen; in diesem Fall müssen die Buchwerte aufgestockt werden.

Ergebnis:

B sind keine Anschaffungskosten entstanden: Die Übernahme betrieblicher Verbindlichkeiten sowie die zugesagten Versorgungsleistungen haben außer Betracht zu bleiben; das Gleichstellungsgeld an die Schwester überschreitet nicht den Nettobuchwert von 600.000 €.

Abwandlung

Das Gleichstellungsgeld soll 700.000 € betragen.

Ergebnis:

In diesem Fall entsteht bei A ein tarifbegünstigter Veräußerungsgewinn von 100.000 €; Sohn B kann die Buchwerte der Aktiva um 100.000 € aufstocken.

Nach dem sog. Erbauseinandersetzungs-Beschluss des Großen Senats vom 05.07.1990[1250] 415
sind Erbfall und **Erbauseinandersetzung** zu unterscheiden. Mit dem Erbfall werden die Miterben eines Unternehmens Mitunternehmer, auch wenn sie später aufgrund einer Erbauseinandersetzung ausscheiden.

Der Übergang eines ganzen Betriebs durch Erbfall vom Erblasser auf den oder die Erben (§ 1922 Abs. 1 BGB) ist weder Veräußerung noch Betriebsaufgabe, sondern eine unentgeltliche „Übertragung" i. S. d. § 6 Abs. 3 EStG. Der Erbe hat die Buchwerte fortzuführen.

Die Erbauseinandersetzung führt zur Realteilung des Gesamthandsvermögens der Erbengemeinschaft; sie ist grundsätzlich ein unentgeltlicher Vorgang. Entgeltlichkeit liegt nur insoweit vor, als ein Miterbe bei der Erbauseinandersetzung wertmäßig mehr erhält, als ihm nach seiner Erbquote zusteht, und er für dieses Mehr an seine Miterben einen Ausgleich leistet. Hier können Veräußerungserlöse und – korrespondierend – Anschaffungskosten anfallen. In diese Wertberechnung ist nach Ansicht des IV. Senats[1251] ein durch Sonderrechtsnachfolge übergegangener Mitunternehmeranteil einzubeziehen.[1252]

1248 Schmidt/Wacker § 16 Rn. 57.

1249 Vgl. BFH v. 16.12.1992 – XI R 34/92, BStBl. II 1993, 436; Schmidt/Wacker § 16 Rn. 65, jeweils m. w. N. – Im Fall einer „teilentgeltlichen Betriebsaufgabe" soll die Einheitstheorie nicht anwendbar sein (BFH v. 22.10.2013 – X R 14/11, DStR 2014, 80).

1250 GrS 2/89, BStBl. II 1990, 837; dazu vgl. Schmidt/Wacker § 18 Rn. 590 ff.

1251 BFH v. 13.12.1990 – IV R 107/89, BStBl. II 1992, 510.

1252 Zu Besonderheiten bei der Übertragung eines Betriebs an einen Vermächtnisnehmer und zur Auseinandersetzung bei einer Nachfolgeklausel vgl. BFH v. 24.09.1991 – III R 36/90, BStBl. II 1992, 300; v. 27.07.1993 – VIII R 72/90, BStBl. II 1994, 625; v. 13.02.1997 – IV R 15/96, BStBl. II 1997, 535.

416

Übersicht

Bewertung

Wirtschaftsgüter	1. Gesetzliche Grundlage	2. Bewertungsgrundsatz	3. Abweichungsmöglichkeit	4. Bewertungswahlrecht oder Zwang zur Abweichung	5. Bewertungshöchstgrenze (bei Schulden): Bewertungsmindestgrenze	6. Wertaufholungsgebot
I. **Abnutzbares Anlagevermögen** (Gebäude, Maschinen, Kfz)	§ 6 Abs. 1 Nr. 1 EStG	Anschaffungs- oder Herstellungskosten (oder stellvertretender – stv. Wert) abzgl. Absetzungen nach § 7 EStG (AfA, AfS, außergewöhnliche Absetzungen)	Niedrigerer Teilwert		Anschaffungs- oder Herstellungskosten bzw. Wert nach § 6 Abs. 1 Nr. 5, 6 EStG, abzgl. AfA	Wertaufholungsgebot (§ 6 Abs. 1 Nr. 1 S. 4 EStG)
II. **Nicht abnutzbares Anlagevermögen** (Grund u. Boden, Beteiligungen, Wertpapiere)	§ 6 Abs. 1 Nr. 2 EStG	Anschaffungskosten (o. stv. Wert)	Niedrigerer Teilwert	Handelsrechtliche Abhängigkeit nach BilMoG str.	Anschaffungskosten	Wertaufholungsgebot (§ 6 Abs. 1 Nr. 2 S. 3 EStG)
III. **Umlaufvermögen** (Vorräte, Forderungen, Zahlungsmittel, Wertpapiere)	§ 6 Abs. 1 Nr. 2 EStG	Anschaffungs- oder Herstellungskosten (oder stv. Wert)	Niedrigerer Teilwert		Anschaffungs- oder Herstellungskosten	Wertaufholungsgebot (§ 6 Abs. 1 Nr. 2 S. 3 EStG)
IV. **Verbindlichkeiten** Rückstellungen	§ 6 Abs. 1 Nr. 3, Nr. 3 a EStG	Anschaffungskosten (= Nennbetrag); Wegschaffungskosten"; Abzinsung	Höherer Teilwert (bei Schulden entspricht dem niedrigeren Teilwert der höhere Wert der Schuld)		Anschaffungskosten (= Nennbetrag)	Wertaufholungsgebot (§ 6 Abs. 1 Nr. 3 S. 1, Nr. 2 S. 3 EStG)
V. **Entnahmen**	§ 6 Abs. 1 Nr. 4 EStG	Teilwert	Kosten bei privater Pkw-Nutzung: Buchwert bei unentgeltlicher Überlassung zur Förderung der Erziehung, Volks- und Berufsbildung			
VI. **Einlagen** und Geschäftseröffnung	§ 6 Abs. 1 Nr. 5 u. 6 EStG	Teilwert	Niedrigere Anschaffungs- oder Herstellungskosten	Zwang, wenn Anschaffung oder Herstellung in den letzten 3 Jahren erfolgt ist oder Einlage relevanter Beteiligungen an Kapitalgesellschaften		
VII. **Geringwertige Anlagegüter**	§ 6 Abs. 2, 2 a EStG	Anschaffungs- oder Herstellungskosten bzw. stv. Wert	0 € im Jahr der Anschaffung oder Herstellung; Einstellung in Sammelposten	Wahlrecht	Anschaffungs- oder Herstellungskosten bzw. Wert nach § 6 Abs. 1 Nr. 5, 6 EStG, abzgl. AfA	

6. Abschnitt Korrekturen

A. Entnahmen und Einlagen

I. Begriff und Bedeutung

Der – im Regelfall unentgeltliche – Wechsel von Wirtschaftsgütern aus dem betrieblichen in den außerbetrieblichen Bereich und umgekehrt führt zu Entnahmen und Einlagen.[1253] 417

Eine Einlage ist die Überführung eines zumindest im wirtschaftlichen Eigentum des Unternehmers stehenden Wirtschaftsguts[1254] durch zweckändernde Widmung aus dem Privatvermögen in das Betriebsvermögen, ohne dass, soweit es sich um ein Einzelunternehmen handelt, ein Eigentums- oder Inhaberwechsel stattfindet. Bei der Entnahme vollzieht sich der Wechsel aus dem Betriebs- in das Privatvermögen.

Die Korrektur der Betriebsvermögensdifferenz um Einlagen und Entnahmen hat den Zweck, nicht betrieblich veranlasste Wertveränderungen (Zu- und Abgänge) zu eliminieren (Korrekturfunktion). Einlage und Entnahme verändern das Betriebs(eigen)kapital, berühren aber nicht den Gewinn.

Dementsprechend sind nach der Definition des § 4 Abs. 1 S. 2, 8 EStG Entnahmen die Wirtschaftsgüter, die der Steuerpflichtige dem Betrieb für betriebsfremde Zwecke entnommen hat, und Einlagen die Wirtschaftsgüter, die der Steuerpflichtige dem Betrieb zugeführt hat. Während im Körperschaftsteuerrecht, insbesondere im Bereich der verdeckten Gewinnausschüttung, zwischen betrieblicher und gesellschaftlicher Veranlassung unterschieden wird, ist bei Einzelunternehmen und Mitunternehmerschaften die **betriebliche** von der **„unternehmerischen“ Veranlassung** zu trennen; Einlage und Entnahme beruhen – im Gegensatz zu Betriebseinnahme und -ausgabe – nicht auf betrieblicher, sondern auf (mit-)unternehmerischer Veranlassung.

Einlage und Entnahme setzen das (Fort-)Bestehen des Betriebs voraus. Die Aufgabe des Betriebs[1255] oder dessen unentgeltliche Übertragung auf einen Dritten (vgl. § 6 Abs. 3 EStG) sind keine Entnahme. Die erstmalige aus Anlass der Betriebsgründung erfolgte Zuführung von Wirtschaftsgütern zum Buchwert ist keine Einlage[1256] (vgl. aber § 6 Abs. 1 Nr. 6 EStG).

II. Gegenstand von Einlage und Entnahme

§ Fall 49: Einlage verlustbringender Wirtschaftsgüter – ein Steuersparmodell? 418

A ist Inhaber einer Einzelfirma, die Formen und Maschinen herstellt. Abnehmer der Produkte ist die GmbH B, die mit diesen Anlagen Sanitärartikel herstellt und vertreibt. Daneben befasst sich B mit kostspieligen technischen Versuchen, die bereits in den Vorjahren zu Verlusten in Millionenhöhe geführt haben, die A, der an der GmbH zu 55 % beteiligt ist, durch Einlagen aus seinem Privatvermögen deckte. A beschließt, die GmbH-Beteiligung in den Betrieb der Einzelfirma einzulegen; die verlustdeckenden Zuschüsse an die GmbH bucht er zunächst als nachträgliche Anschaffungskosten auf die Beteiligung; den sich danach ergebenden Buchwert schreibt er auf den erheblich niedrigeren Teilwert gewinnmindernd ab. War A berechtigt, die GmbH-Beteiligung in das Betriebsvermögen der Einzelfirma einzulegen?

1253 BFH v. 15.01.1970 – IV 134/64, BStBl. II 1970, 3; Schmidt/Loschelder § 4 Rn. 220ff.

1254 Vgl. Schmidt/Loschelder § 4 Rn. 221.

1255 BFH v. 25.06.1970 – IV 350/64, BStBl. II 1970, 719.

1256 BFH v. 28.10.1964 – IV 153/62 U, BStBl. III 1965, 15.

419 I. **Einlegbar** sind gemäß § 4 Abs. 1 S. 8 EStG (alle) Wirtschaftsgüter.
Aus der Funktion, alle nicht betrieblich veranlassten Wertveränderungen bei der Gewinnermittlung auszuscheiden, folgt zwangsläufig, dass der in § 4 Abs. 1 S. 2, 8 EStG verwendete **Wirtschaftsgut-Begriff** weit gefasst sein muss. Dieser Zweck kommt im Gesetz klar zum Ausdruck, indem als **entnehmbare** Wirtschaftsgüter beispielsweise Barentnahmen, Waren und Erzeugnisse (sog. Sachentnahmen), aber auch Nutzungen (also nicht nur Nutzungsrechte) und Leistungen benannt werden. Wirtschaftsgüter in diesem Sinn liegen daher auch dann vor, wenn sie nach allgemeinen Regeln (z. B. § 5 Abs. 2 EStG) nicht zu bilanzieren wären.
Immaterielle Wirtschaftsgüter (z. B. ein Verlagswert) können – mit Ausnahme eines Geschäfts- oder Firmenwerts (nicht isoliert übertragbar) – ebenfalls Gegenstand von Entnahme und Einlage sein;[1257] § 5 Abs. 2 EStG tritt zurück.
Ungewisse (bestrittene) betriebliche Forderungen (noch kein Wirtschaftsgut) können nicht entnommen werden.[1258] Ebenfalls kein Wirtschaftsgut in diesem Sinne ist die **eigene Arbeitskraft** des Unternehmers.[1259]

Beispiel

Behandlung von Familienangehörigen durch einen Arzt; keine Wertabgabe aus dem betrieblichen Bereich; Tätigkeiten dieser Art vollziehen sich ausschließlich im privaten Bereich.

Die **Einlage schlichter Nutzungen und Leistungen** ist nach der Rspr. nur relevant, wenn **eigenes** betriebsfremdes Vermögen zu betrieblichen Zwecken eingesetzt wird.

Beispiel

Nutzung des privaten Pkw zu betrieblichen Zwecken (Geschäftsreise) oder Nutzung einer Eigentumswohnung im Rahmen einer betrieblich veranlassten doppelten Haushaltsführung: Buchung: per Aufwand an Einlage. Generell nicht berücksichtigt werden kann dagegen sog. **Drittaufwand** (schlichte Nutzung fremden Vermögens zu betrieblichen Zwecken).[1260]
Der Nicht-Eigentümer-Ehegatte ist bei betrieblicher Nutzung des Ehegattengrundstücks nicht zur AfA befugt.[1261]

Auch (eigene) **Nutzungsrechte** (auch obligatorische und unentgeltlich erworbene) können Gegenstand einer Einlage sein, m. E. mit Besonderheiten bei der Absetzung (!).[1262]
Hinsichtlich der GmbH-Beteiligung besteht kein Zweifel, dass es sich um ein einlegbares Wirtschaftsgut handelt.

II. Weitere Voraussetzung ist aber, dass die Beteiligung als **Betriebsvermögen** qualifiziert werden kann. Eingelegt und entnommen werden können nur Wirtschaftsgüter, die durch Herstellung bzw. Lösung des betrieblichen Zusammenhangs Wirtschaftsgüter des notwendigen oder gewillkürten Betriebsvermögens werden konnten bzw. waren.
Wirtschaftsgüter des notwendigen Privatvermögens scheiden dagegen aus, selbst wenn sie fälschlich in der Bilanz als Betriebsvermögen behandelt wurden (gewinnneutrale Ausbuchung).[1263]
Danach können Wirtschaftsgüter, bei denen bereits erkennbar ist, dass sie dem Betrieb keinen Nutzen, sondern nur noch Verluste bringen, nicht eingelegt werden.[1264]

1257 BFH v. 26.05.1994 – IV B 33/93, BFH/NV 1995, 102.
1258 BFH v. 10.02.1994 – IV R 37/92, BStBl. II 1994, 564.
1259 BFH v. 04.08.1959 – I 69/58 U, BStBl. III 1959 421.
1260 BFH v. 26.10.1987 – GrS 2/86, BStBl. II 1988, 348; BFH v. 23.08.1999 – GrS 3/97, BStBl. II 1999, 782.
1261 BFH v. 21.02.2017 – VIII R 10/14, BStBl. II 2017, 819.
1262 Weber-Grellet BB 2020, 43/4; oben Rn. 147.
1263 Vgl. BFH v. 16.03.1983 – IV R 36/79, BStBl. II 1983, 459; Schmidt/Wacker § 15 Rn. 495.
1264 BFH v. 19.02.1997 – XI R 1/96, BStBl. II 1997, 399.

III. Im Streitfall hatte die Einzelfirma des A an der GmbH-Beteiligung ein betriebliches Interesse. Indes ist es bei dem Umfang der Geschäftsbeziehungen zwischen A und B ausgeschlossen, dass A aus den Lieferungen an B einen Gewinn erzielen wird, der die Verluste der B ausgleichen kann. Bei objektiver Betrachtung kann A nicht davon ausgehen, dass der Wert der Beteiligung in absehbarer und kalkulierbarer Zeit die Aufwendungen deckt. Nach Lage des Falles ist davon auszugehen, dass die Einbringung der GmbH-Beteiligung keinem anderen Zweck diente, als dem, die von A geleisteten Zuschüsse aus der Privat- in die Betriebssphäre zu verlagern und damit steuermindernde Wirkung zu verschaffen.

Ergebnis:

A war nicht berechtigt, die GmbH-Beteiligung in das Betriebsvermögen seiner Einzelfirma einzulegen.

III. Betrieb; betriebsfremde Zwecke

§ Fall 50: Auslandsverlagerung – Gefahr für stille Reserven 420

A und B betreiben ein Unternehmen. Seit dem 01.08.2023 unterhalten sie in Österreich eine weitere Fabrik als Zweigbetrieb und Betriebsstätte der inländischen OHG mit getrennter Buchführung und gesonderten Bilanzen. Unter erfolgsneutraler Ausbuchung überführen sie Wirtschaftsgüter des beweglichen Anlagevermögens aus dem Hauptbetrieb in die Betriebsstätte nach Österreich. Der Buchwert der Güter beträgt 600.000 €, der Teilwert 900.000 €. A und B sind der Auffassung, dass eine Gewinnrealisierung nicht eingetreten sei, da die Wirtschaftsgüter den betrieblichen Bereich der OHG nicht verlassen hätten. Das Finanzamt ist anderer Auffassung. Zu Recht?

I. Gemäß § 4 Abs. 1 S. 2, § 6 Abs. 1 Nr. 4 EStG sind Entnahmen für betriebsfremde Zwecke mit dem Teilwert anzusetzen. 421

II. Was den „Betrieb" eines Steuerpflichtigen umfasst, ist umstritten. Das Meinungsspektrum reicht von der Summe aller Betriebe i.S.d. § 2 Abs. 2 Nr. 1 EStG bis zu jedem einzelnen Betrieb gleich welcher Einkunftsart. Der Große Senat[1265] hat sich nicht auf eine bestimmte Definition festgelegt, sondern stellt entscheidend auf den jeweiligen Zusammenhang ab; im Vordergrund steht dabei die Erfassung der stillen Reserven.

Dieser Verzicht hat allerdings die Konsequenz, dass nicht allgemein gesagt werden kann, unter welchen Voraussetzungen betriebsfremde Zwecke vorliegen. Das führt dazu, dass der Begriff „betriebsfremde Zwecke" je nach Sachlage auf das gesamte betriebliche Vermögen oder auf die jeweilige wirtschaftliche Einheit zu beziehen ist.[1266]

Ein **betriebsfremder Zweck** ist grundsätzlich nicht gegeben, wenn ein Steuerpflichtiger Wirtschaftsgüter von einem Betrieb in einen anderen Betrieb überführt;[1267] der Ab- und Zugang ist jeweils mit dem Buchwert anzusetzen. Eine Entnahme liegt ebenfalls nicht vor, wenn ein Wirtschaftsgut aus einem nicht gewerblichen Betrieb in einen gewerblichen Betrieb überführt wird.

Eine Entnahme ist dagegen stets anzunehmen, wenn ein Wirtschaftsgut aus dem betrieblichen in den **außerbetrieblichen Bereich** („für sich, für seinen Haushalt oder für andere betriebsfremde Zwecke") übergeht.[1268]

1265 BFH v. 07.10.1974 – GrS 1/73, BStBl. II 1975, 168.

1266 Vgl. im Einzelnen Plückebaum StuW 1967, 689; Schmidt/Loschelder § 4 Rn. 242.

1267 BFH v. 17.08.1972 – IV R 26/69, BStBl. II 1972, 903; vgl. auch BFH v. 09.12.1986 – VIII R 26/80, BStBl. II 1987, 342.

1268 BFH v. 07.02.1964 – VI 19/63 U, BStBl. III 1964, 328.

Beispiel

Verschenkung eines Betriebsgrundstückes;[1269] Verwendung eines betrieblichen Wirtschaftsguts zur Erlangung eines Gegenstandes des Privatvermögens oder zur Befreiung von einer privaten Schuld[1270]

Sie liegt aber auch vor, wenn ein Wirtschaftsgut von einem Betrieb in einen anderen übergeht und dabei die steuerliche Erfassung der stillen Reserven nicht gewährleistet ist.[1271]

422 Nach der **finalen Entnahmelehre** ist bei der Auslegung des Tatbestandsmerkmals „betriebsfremde Zwecke" nicht abstrakt auf einen bestimmten Betriebsbegriff abzustellen. Vielmehr ist das Merkmal „betriebsfremd" auch unter Berücksichtigung des Zwecks der Entnahmevorschriften, nämlich der Erfassung der stillen Reserven, auszulegen. Der I. Senat des BFH hat die finale Entnahmelehre aufgegeben;[1272] das BMF wendet das Urteil I R 77/06 über den Einzelfall hinaus nicht an.[1273] § 4 Abs. 1 S. 3, 4 EStG i. d. F. JStG 2010 ordnet (nunmehr) an, dass der Ausschluss oder die Beschränkung des Besteuerungsrechts einer Entnahme gleichsteht.[1274]

III. Dieser Sachlage entsprechend ist eine Entnahme auch bei Überführung eines Wirtschaftsguts in eine ausländische Betriebsstätte anzunehmen, sofern die in den überführten Wirtschaftsgütern enthaltenen stillen Reserven anderenfalls endgültig der inländischen Besteuerung entgehen würden.[1275] Das ist der Fall; hinsichtlich der überführten Wirtschaftsgüter steht nach Art. 13 Abs. 3 DBA-Österreich das Besteuerungsrecht grundsätzlich der Republik Österreich zu.

423 IV. Die Überführung von Wirtschaftsgütern des Anlagevermögens vom Stammhaus in die Betriebsstätte führt zu einem sog. „Entstrickungstatbestand" gemäß § 4 Abs. 1 S. 3, 4 i. V. m. § 4 g Abs. 1, 2 EStG. Hinsichtlich der Besteuerung der stillen Reserven für Wirtschaftsgüter des Anlagevermögens räumt der Gesetzgeber dem Stammhaus (als unbeschränkt Steuerpflichtiger) auf Antrag ein aufgeschobenes Besteuerungsrecht ein, d. h., die stillen Reserven können über einen Zeitraum von fünf Jahren verteilt versteuert werden. Hierzu ist ein Ausgleichsposten zu bilden (gemäß § 4 g EStG), welcher im Wirtschaftsjahr der Bildung und in den vier folgenden Wirtschaftsjahren zu jeweils 1/5 gewinnerhöhend aufzulösen ist (§ 4 g Abs. 2 EStG). Der Fünfjahreszeitraum gilt unabhängig von der tatsächlichen Restnutzungsdauer des überführten Wirtschaftsguts.

per Entnahme (Teilwert) 500	an WG (Buchwert) 100
	an Ertrag 400
per Ertrag 400	an Ausgleichsposten 400
per Ausgleichsposten 80	an Ertrag 80 (1/5 pro Jahr)

1269 BFH v. 02.08.1983 – VIII R 15/80, BStBl. II 1983, 736.

1270 BFH v. 23.06.1981 – VIII R 41/79, BStBl. II 1982, 18.

1271 BFH v. 07.10.1974 – GrS 1/73, BStBl. II 1975, 168: finaler Entnahmebegriff; vgl. ferner BFH v. 14.06.1988 – VIII R 387/83, BStBl. II 1989, 187: auch zur Nichtberücksichtigung der GewSt bei der steuerlichen Erfassung der stillen Reserven.

1272 BFH, v. 17.07.2008 – I R 77/06, BStBl. II 2009, 464.

1273 BMF v. 20.05.2009, BStBl. I 2009, 671: zu BFH I R 77/06 (Aufgabe der finalen Entnahmetheorie).

1274 § 4 Abs. 1 S. 4 EStG i. d. F. JStG 2010: Ein Ausschluss oder eine Beschränkung des Besteuerungsrechts hinsichtlich des Gewinns aus der Veräußerung eines Wirtschaftsguts liegt insbesondere vor, wenn ein bisher einer inländischen Betriebsstätte des Steuerpflichtigen zuzuordnendes Wirtschaftsgut einer ausländischen Betriebsstätte zuzuordnen ist. – Dazu Mitschke DB 2009, 1376. – Zur Erneuerung der allgemeinen Entstrickungsvorschriften (§ 4 Abs. 1 S. 4, § 16 Abs. 3 a EStG) durch das JStG 2010 vgl. Lendewig/Jaschke StuB 2011, 90; BMF v. 18.11.2011, BStBl. I 2011, 1278 (zu BFH I R 77/06 und I R 99/08).

1275 Steuerentstrickung, BFH v. 13.11.1990 – VIII R 152/86, BStBl. II 1991, 94; kritisch K-K § 7 III 2 d; Hellwig DStR 1979, 335. – A.A. nunmehr BFH v. 17.07.2008 – I R 77/06, BStBl. II 2009, 464 (zust. Kahle/Franke IStR 2009, 406); Nichtanwendung BMF v. 20.05.2009, IStR 2009, 436.

Hinsichtlich des Ausgleichspostens gelten folgende Voraussetzungen: 1. Das Stammhaus muss der unbeschränkten Steuerpflicht unterliegen; es muss sich um Wirtschaftsgüter des Anlagevermögens handeln und es muss sich um eine Überführung in einen EU-Staat handeln. 2. Der Steuerpflichtige muss einen besonderen Antrag stellen, welcher unwiderruflich und für alle Wirtschaftsgüter einheitlich auszuüben ist. Der Ausgleichsposten ist für jedes Wirtschaftsgut getrennt auszuweisen. Schließlich gilt eine besondere Anzeigepflicht für Entnahmen i. S. d. § 4 Abs. 1 S. 3 EStG (§ 4 g Abs. 5 EStG).[1276]

Europarechtlich dürfte die deutsche Regelung mit Art. 59 AEUV (Grundsatz der Niederlassungsfreiheit) vereinbar sein, da den Steuerpflichtigen die Möglichkeit eingeräumt ist, die Erhebung der Steuer aufzuschieben, um einen vorzeitigen Liquiditätsabfluss zu vermeiden.[1277]

Ergebnis:

Die Überführung der Wirtschaftsgüter in die österreichische Betriebsstätte erfüllt den Entnahme-/Entstrickungstatbestand. Die stillen Reserven sind zu erfassen; die Auflösung kann über fünf Jahre verteilt werden.

IV. Einlage-/Entnahmehandlung und -wille; Irrtum

1. Einlage-/Entnahmehandlung

Der Tatbestand von Einlage und Entnahme verlangt eine **eindeutige Erklärung**; schlüs- 424
siges Verhalten genügt.[1278] Die Handlung muss den Willen des Unternehmers, den betrieblichen Zusammenhang zu begründen oder zu lösen, zum Ausdruck bringen.[1279]

Welche Anforderungen an die Entnahme-/Einlagehandlung zu richten sind, hängt von der Art des betroffenen Wirtschaftsguts ab: Bei Wirtschaftsgütern, die betriebliche Funktionen erfüllen und damit objektiv erkennbar dem Betrieb unmittelbar zu dienen bestimmt sind **(notwendiges Betriebsvermögen)**, ist neben der Aufnahme der betrieblichen Nutzung eine weitere Einlagehandlung (z. B. Erklärung, Buchung, Bewusstsein) nicht erforderlich;[1280] entsprechend liegt eine (konkludente) Entnahme dieser Wirtschaftsgüter vor, wenn sich die tatsächlichen oder rechtlichen Beziehungen zum Betrieb in der Weise geändert haben, dass sie notwendigerweise zum Privatvermögen gehören.[1281] Der Begriff der „Zwangsentnahme", wie er gelegentlich in der Rechtsprechung verwendet wird,[1282] ist mit der Systematik des Gesetzes nicht vereinbar.

Beispiel

Ein bislang betrieblich genutztes Gebäude wird auf Dauer zu eigenen Wohnzwecken genutzt;[1283] die Belastung des Grundstücks mit einem Erbbaurecht reicht hingegen nicht aus, es sei denn, die belasteten Grundstücke werden anschließend mit privat genutzten Wohnhäusern bebaut.[1284]

1276 Broemel/Endert Überführung von Wirtschaftsgütern in ausländische Betriebsstätten BBK 2013, 208.

1277 Vgl. EuGH v. 29.11.2011 – C-371/10 – National Grid Indus, EuZW 2012, 951 ff.; EuGH v. 21.05.2015 – C-657/13 – Verder LabTec, DStR 2015, 1166; Schnitger, Die Entstrickung im Steuerrecht IFSt Nr. 487 (4/2013), 64 ff.

1278 BFH v. 11.12.2002 – XI R 48/00, BFH/NV 2003, 895.

1279 BFH v. 29.07.2017 – III R 42/13, BStBl. II 2017, 339; Schmidt/Loschelder § 4 Rn. 234.

1280 BFH v. 13.05.2014 – III B 152/13, DStRE 2014, 965.

1281 BFH v. 06.11.1991 – X R 27/90, BStBl. II 1993, 391.

1282 BFH v. 31.03.2021 – VI R 30/18, BFH/NV 2021, 1232: Zwangsentnahme" infolge der Bestellung von Erbbaurechten.

1283 BFH v. 30.06.1987 – VIII R 353/82, BStBl. II 1988, 418.

1284 BFH v. 31.03.2021 – VI R 30/18 , BFH/NV 2021, 1232.

In besonders gelagerten Fällen soll ein **Rechtsvorgang** genügen, der das Wirtschaftsgut aus dem Betriebsvermögen ausscheiden lässt.[1285] Voraussetzung ist allerdings, dass der die Entnahmehandlung substituierende Rechtsvorgang durch das Einwirken **außersteuerrechtlicher Normen** veranlasst ist, wie etwa in dem Fall, dass ein bislang zum Betriebsvermögen gehörendes Wirtschaftsgut durch einen Todes-/Erbfall notwendiges Privatvermögen wird;[1286] eine von der bisherigen Behandlung abweichende steuerrechtliche Beurteilung oder das Eingreifen einer anderen Besteuerungsnorm erfüllen diese Voraussetzung dagegen nicht, also keine Entnahme bei:

Beispiel 1

Strukturwandel vom gewerblichen zum landwirtschaftlichen Betrieb (= tatsächliches Geschehen; keine gewinnrealisierende Betriebsaufgabe)[1287]

Beispiel 2

Behandlung eines landwirtschaftlichen Betriebs von einem bestimmten Zeitpunkt an als Liebhaberei[1288]

Beispiel 3

Abschluss eines DBA[1289]

Beispiel 4

Wechsel der Gewinnermittlungsart (§ 4 Abs. 1 S. 6, 7 EStG)

Fehlt eine Einlage-/Entnahmehandlung, kann sie nicht rückwirkend nachgeholt werden, auch nicht dadurch, dass die Bilanz nach dem Bilanzstichtag berichtigt wird, da sie nicht unrichtig ist.[1290] Eine Entnahme kann ferner nicht durch eine andere buchmäßige Behandlung oder durch „rückwirkende" Einbuchung einer Einlage/Entnahme aufgehoben werden.[1291]

Bei Wirtschaftsgütern des **gewillkürten Betriebs-/Privatvermögens** (gegenwärtig keine betriebliche Funktion, aber objektive Eignung, „indifferenter Nutzungszustand"),[1292] muss die Begründung oder Lösung des betrieblichen Zusammenhangs durch eine eindeutige – ggf. auch schlüssige – Handlung (Buchung, Erklärung gegenüber dem Finanzamt etc.) kundgetan werden.[1293] Eine bloße Nutzungsänderung führt demnach nicht zwangsläufig zu einer Einlage oder Entnahme.

Entnahmehandlung kann ausnahmsweise auch eine **Veräußerung im bürgerlich-rechtlichen Sinne** sein.[1294]

Beispiel

Tausch eines betrieblichen Wirtschaftsguts gegen ein Wirtschaftsgut des notwendigen Privatvermögens

1285 BFH v. 26.01.1995 – IVR 39/93, BFH/NV 1995, 873.

1286 BFH v. 07.10.1974 – GrS 1/73, BStBl. II 1975, 168, 171; vgl. ferner BFH v. 13.12.1983 – VIII R 90/81, BStBl. II 1984, 474, 478: Zwangsrealisierung stiller Reserven infolge des Wegfalls des einheitlichen geschäftlichen Betätigungswillens im Rahmen einer Betriebsaufspaltung.

1287 BFH v. 07.10.1974 – GrS 1/73, BStBl. II 1975, 168; BFH v. 11.05.2016 – X R 61/14, BB 2016, 1813 (dazu Weber-Grellet BB 2017, 43, 49).

1288 BFH v. 29.10.1981 – IV R 138/78, BStBl. II 1982, 381.

1289 BFH v. 16.01.1975 – VIII R 3/74, BStBl. II 1976, 246.

1290 BFH v. 02.10.1997– IV R 84/96, BStBl. II 1998, 104.

1291 Vgl. BFH v. 02.08.1983 – VIII R 15/80, BStBl. II 1983, 736; zur Rückgängigmachung von Entnahmen bei unwirksamen Rechtsgeschäften vgl. Barth BB 1989, 746.

1292 Vgl. BFH v. 30.01.1986 – IV R 270/84, BStBl. II 1986, 516.

1293 BFH v. 30.11.1989 – IV R 49/88, BFH/NV 1991, 363.

1294 BFH v. 23.06.1981 – VIII R 41/79, BStBl. II 1982, 18.

2. Einlage-/Entnahmewille

Einlage und Entnahme als steuerrechtliche Willenserklärungen erfordern neben einem bestimmten äußeren Verhalten einen entsprechenden Einlage-/Entnahmewillen (zu Ausnahmen s. o.); äußerlich erkennbare Verhaltensweisen oder Erklärungen sind nur relevant, wenn sie von einem entsprechenden Willen getragen werden.[1295] 425

Beispiel 1

Der Wille, ein Wirtschaftsgut im Wege der Bilanzberichtigung gewinnneutral aus dem Betriebsvermögen herauszunehmen, ist nicht der Wille zu einer gewinnrealisierenden Entnahme; eine unrichtige Ausbuchung ist vielmehr rückgängig zu machen.[1296]

Beispiel 2

In vergleichbarer Weise fehlt ein Einlagewille, wenn ein Steuerpflichtiger ein Wirtschaftsgut einbucht, weil er irrtümlich der Ansicht ist, es handele sich um notwendiges Betriebsvermögen[1297] oder wenn ein vom Betriebsprüfer irrtümlich aufgenommenes Grundstück im folgenden Jahr buchmäßig erfasst wird.[1298]

Beispiel 3

Der diebstahlsbedingte Verlust eines Pkw während einer privaten Umwegfahrt ist keine Entnahme.[1299]

Unbeachtlich sind dagegen die **Motive** und **Absichten**, die den Steuerpflichtigen zur Entnahme/Einlage veranlasst haben.[1300]

Beispiel 4

Die Absicht der späteren betrieblichen Wiederverwendung steht einer Entnahme nicht entgegen, wenn der betriebliche Zusammenhang zunächst endgültig gelöst wird.[1301]

Auch ein **Irrtum** über die Rechtsfolgen von Einlage und Entnahme, z. B. bei irrigen Vorstellungen hinsichtlich der Höhe des durch die Entnahme realisierten Teilwerts,[1302] berechtigt nicht, diese Vorgänge unberücksichtigt zu lassen. Wird ein Grundstück verschenkt und damit entnommen, so kann die Entnahme nicht durch Rückübertragung und Einlage des Grundstücks rückgängig gemacht werden.[1303] Bei einem **geheimen Vorbehalt** muss sich der Steuerpflichtige an dem objektiven Erklärungswert seines äußerlich erkennbaren Verhaltens festhalten lassen.[1304] Die **Nachholung** eines unterbliebenen Einlagenabzugs ist in einem späteren Zeitraum nicht möglich.[1305]

1295 BFH v. 05.04.2006 – X B 181/05, DB 2007, 14; Schmidt/Loschelder § 4 Rn. 235; Weber-Grellet NWB Fach 3, 14869.
1296 BFH v. 21.07.1982 – I R 97/78, BStBl. II 1983, 288; v. 18.03.1983 – IV R 36/79, BStBl. II 1983, 459, 462 f.
1297 BFH v. 04.04.1973 – I R 159/71, BStBl. II 1973, 628.
1298 BFH v. 13.10.1983 – I R 76/79, BStBl. II 1984, 294.
1299 Weber-Grellet NWB Fach 3, 14869, 14873.
1300 BFH v. 06.11.1973 – VIII R 12/71, BStBl. II 1974, 67.
1301 BFH v. 19.06.1975 – VIII R 13/74, BStBl. II 1975, 811.
1302 BFH v. 20.09.1989 – X R 140/87, BStBl. II 1990, 368.
1303 BFH v. 02.08.1983 – VIII R 15/80, BStBl. II 1983, 736.
1304 BFH v. 19.03.1981 – IV R 39/78, BStBl. II 1981, 731.
1305 BFH v. 16.05.2013 – III R 54/12, BFHNV 2013, 1916.

V. Einlage und Entnahme bei Kapitalgesellschaften

426 **Fall 51: Ein einfacher Fall?**

Die Tochtergesellschaft T 1 gewährt ihrer Schwestergesellschaft T 2 unentgeltlich ein zinsloses Darlehen. Der Zinsvorteil beträgt 10.000 €. Wie sind die ertragsteuerlichen Konsequenzen, insbesondere bei der Muttergesellschaft M, einer GmbH?

427 I. Die Vorschriften über Einlagen und Entnahmen i. S. d. § 4 Abs. 1 S. 2 und 8 EStG sind bei der Gewinnermittlung für Kapitalgesellschaften nur eingeschränkt anwendbar (zu Personengesellschaften vgl. 8. Abschnitt, Rn. 463). Einlage und Entnahme in diesem Sinn setzen das Vorhandensein einer betrieblichen und einer privaten Sphäre voraus. Das ist bei Kapitalgesellschaften grundsätzlich nicht der Fall; diese verfügen nach der (umstrittenen) BFH-Rechtsprechung[1306] nur über eine betriebliche Sphäre, von der die private Sphäre der Gesellschafter wegen der Selbstständigkeit der Kapitalgesellschaft als juristischer Person strikt zu trennen ist.
An die Stelle der Entnahmevorschriften treten bei Kapitalgesellschaften die Vorschriften über **offene und verdeckte Ausschüttungen** (vgl. § 8 Abs. 3 KStG).
Zuführungen der Gesellschafter an die Gesellschaft in Erfüllung gesellschaftlicher Verpflichtungen („causa societatis") werden ebenso wie die Zuführungen natürlicher Personen aus der Privat- in die Betriebssphäre als (verdeckte) Einlage bezeichnet (i. E. § 6 Abs. 6 S. 2 EStG).[1307] Sieht man von den rechtsformbedingten Besonderheiten ab, unterscheidet sich die **gesellschaftlich veranlasste Einlage** in ihrem Grundgehalt nicht von der (mit-)unternehmerischen Einlage i. S. d. § 4 Abs. 1 S. 8 EStG. Es ist deshalb gerechtfertigt, den Einlagebegriff des Einkommensteuerrechts auch im Bereich der Kapitalgesellschaften entsprechend – also in einer dem Körperschaftsteuerrecht angepassten Weise – anzuwenden; beim Vermögensvergleich sind gesellschaftliche Einlagen daher ebenfalls abzuziehen.[1308]

II. Im Streitfall ist die unentgeltliche Nutzungsüberlassung gemäß § 8 Abs. 3 KStG als verdeckte Gewinnausschüttung der T 1 an M zu erfassen.[1309] M erlangt insofern einen Vorteil, als sie keine eigenen Mittel aufzuwenden braucht, um ihrerseits diese Leistung als zusätzlichen Gesellschafterbeitrag an T 2 zu erbringen.[1310]

Die Einnahme der M besteht in dem Nettobetrag i. H. v. 10.000 €; der früher anzusetzende Körperschaftsteueranrechnungsanspruch gemäß § 20 Abs. 1 Nr. 3, Abs. 3 EStG a. F. i. H. v. 4.285 € (= 3/7 der Nettodividende; 10.000 € x 3/7) ist nach dem Halb- bzw. Teileinkünfteverfahren nicht mehr zu berücksichtigen. Die Weitergabe des Vorteils von M an T 2 kann nicht als verdeckte Einlage erfasst werden;[1311] die Nutzung fremden Vermögens – so der BFH – kann nicht Gegenstand einer Einlage sein. Dementsprechend ist die Weitergabe des Zinsvorteils i. H. v. 10.000 € bei M nicht als Anschaffungskosten auf die Beteiligung, sondern als Betriebsausgabe anzusetzen („Vorteilsverbrauch").

Bei T 2 wird der Vorgang buchmäßig überhaupt nicht berücksichtigt; sie erzielt infolge des ihr verdeckt zugewandten Nutzungsvorteils ein höheres steuerliches Ergebnis, weil sie Betriebsausgaben einspart.

1306 BFH v. 12.06.2013 – I R 109-111/10, DStR 2013, 2100.

1307 BFH v. 09.06.1997 – GrS 1/94, BStBl. II 1998, 307; Weber-Grellet DB 1998, 1532.

1308 BFH v. 26.10.1987 – GrS 2/86, BStBl. II 1988, 348, 354.

1309 Ob die „Verschiebungen" zwischen T 1 und T 2 wirklich als verdeckte Gewinnausschüttung erfasst werden müssen, scheint durchaus zweifelhaft; eine schlichte Korrektur nach Fremdvergleichsgrundsätzen würde eigentlich ausreichen. – Die Mutter erhält keinen Vermögensvorteil (zur Diskussion vgl. Hausmann StuW 2014, 305, 2015, 195; Schwarz StuW 2015, 191).

1310 BFH v. 19.05.2005 – IV R 3/04, DStRE 2005, 1241.

1311 BFH v. 26.10.1987 – GrS 2/86, BStBl. II 1988, 348.

Ergebnis:

T 1 schüttet i.H. des Zinsvorteils an M verdeckt Gewinn aus; die verdeckte Gewinnausschüttung führt zu einer Einkommenserhöhung und zu einer Steuerbelastung von 15 % (§ 23 Abs. 1 KStG). M gibt den empfangenen Vorteil i.H.v. 10.000 €, der bei ihr gemäß § 8 b Abs. 1 KStG steuerlich außer Ansatz bleibt, an T 2 weiter. Bei T 2 erhöht sich das steuerliche Ergebnis wegen eingesparter Betriebsausgaben. Im Ergebnis wird damit die Vorteilsgewährung zwischen Schwestergesellschaften auch nach dem Halb-/Teileinkünfteverfahren nur einmal besteuert.

VI. Bewertung von Entnahmen

1. Bewertung mit dem Teilwert

Die Entnahme ist eine nicht betrieblich veranlasste Wertabgabe, die nicht zu Erlös- **428**
schmälerungen im betrieblichen Bereich führen darf. Das wird dadurch sichergestellt, dass Entnahmen mit dem Teilwert bewertet werden (§ 6 Abs. 1 Nr. 4 EStG).[1312]

Für die Höhe des Wertansatzes der Entnahme kommt es stets darauf an, worin die Wertabgabe des Betriebs besteht.[1313] Entnimmt der Steuerpflichtige ein Wirtschaftsgut, das er im Betrieb hergestellt hat, nach seiner Herstellung, so hat er das entnommene Wirtschaftsgut mit dem Teilwert zu bewerten. Hierbei werden auch die stillen Reserven aufgedeckt, die auf der eigenen Arbeitskraft des Unternehmers beruhen.

Beispiel

Ein Bauunternehmer errichtet auf einem zum Betriebsvermögen gehörenden unbebauten Grundstück ein Mietwohnhaus, das er nach der Fertigstellung entnimmt. Gegenstand der Entnahme ist der Grund und Boden und das fertige Haus.

Der Teilwert des Wirtschaftsguts ist auch dann maßgeblich, wenn der Steuerpflichtige ein Wirtschaftsgut entnimmt, das er in seiner Bilanz bisher aufgrund eines speziellen Bilanzierungsverbots (z.B. § 5 Abs. 2 EStG) nicht ausweisen durfte.

Beispiel

Entnahme eines im Betrieb geschaffenen immateriellen Wirtschaftsguts

Stellt ein Steuerpflichtiger dagegen im privaten Bereich ein Wirtschaftsgut her, für das er Wirtschaftsgüter, Nutzungen und Leistungen des Betriebs in Anspruch nimmt, so wird nicht das fertige Wirtschaftsgut entnommen. Gegenstand der Entnahme sind vielmehr die für die Fertigung verwendeten, aus dem Betrieb entnommenen Wirtschaftsgüter, die mit dem Teilwert zu bewerten sind, und die vom Betrieb beanspruchten Nutzungen und Leistungen, die mit den Selbstkosten (inkl. anteilige Material- und Lohnkosten einschließlich der darauf entfallenden Gemeinkostenzuschläge) zu bewerten sind.[1314] Die eigene Arbeitskraft bleibt unberücksichtigt.[1315]

Beispiel

Ein Bauunternehmer errichtet auf einem zum Privatvermögen gehörenden unbebauten Grundstück ein Einfamilienhaus. Er entnimmt Baumaterialien mit Wiederbeschaffungskosten von 70.000 €. Die auf den Bau entfallenden vom Betrieb gezahlten Lohnkosten betragen 50.000 €. – Es liegt eine Sachentnahme vor, die mit 70.000 € zu bewerten ist, und eine Leistungsentnahme, die mit 50.000 € anzusetzen ist.

1312 Schmidt/Kulosa § 6 Rn. 511 ff.; oben Rn. 277 ff.
1313 BFH v. 22.07.1988 – III R 175/85, BStBl. II 1988, 995.
1314 BFH v. 24.05.1989 – I R 213/85, BStBl. II 1990, 8; vgl. auch Schmidt/Kulosa § 6 Rn. 517; Korn KÖSDI 21, 22126.
1315 BFH v. 04.08.1959 – I 69/58 U, BStBl. III 1959, 421.

Probleme bereitet die Bewertung der Nutzungsentnahme, bei der das benutzte Wirtschaftsgut beschädigt oder zerstört wird.

Nach Auffassung des I. BFH-Senats[1316] können durch die private Nutzung solcher Wirtschaftsgüter zwar stille Reserven vernichtet werden, sie würden jedoch nicht in das Privatvermögen überführt. Damit fehle es bzgl. der vernichteten stillen Reserven an der Verwirklichung eines unter § 4 Abs. 1 S. 2 EStG fallenden Tatbestands.[1317] Dies sei der Grund, weshalb stille Reserven bei der Bewertung einer Nutzungsentnahme außer Betracht bleiben müssten. Demgegenüber ist der VIII. Senat der Meinung,[1318] dass in die Bewertung der Nutzungsentnahme die im Buchwertansatz des Pkw ruhenden stillen Reserven einzubeziehen seien, wenn der zum Betriebsvermögen gehörende Pkw während einer privat veranlassten Fahrt durch Unfall zerstört oder erheblich beschädigt werde; die Nutzungsentnahme sei also mit dem Teilwert anzusetzen. Werde ein zum Betriebsvermögen gehörender Pkw auf einer Privatfahrt durch Unfall beschädigt oder zerstört, so minderten die dadurch entstandenen Vermögensverluste nach st. Rspr. des BFH den Betriebsgewinn nicht.

M. E. umfasst die Entnahme lediglich den unfallbedingten Buchwertabgang. Zu einer Realisierung der stillen Reserven ist es gerade nicht gekommen; insoweit fehlt auch eine willentliche Entnahmehandlung. Die unterschiedliche Behandlung von Nutzungsentnahme und Gegenstandsentnahme hatte bereits der Große Senat in dem Beschluss vom 26.10.1987[1319] vorgenommen. Die Sachentnahme bewirkt auch die Aufdeckung stiller Reserven, die Nutzungsentnahme nimmt lediglich eine Zuordnungsentscheidung vor.[1320] Die Beurteilung des in dem Buchwertansatz enthaltenen Aufwands als privat veranlasst bedeutet daher einen sachgerechten Mittelweg zwischen der völligen Nichtbeachtung der Privatnutzung (Buchwertabgang als betrieblicher Aufwand) auf der einen Seite und der zusätzlichen Erfassung der stillen Reserven auf der anderen Seite.[1321] Für rechnerisch abgeschriebene Kraftfahrzeuge des Privatvermögens können bei einem Unfall auf der Fahrt zwischen Wohnung und Arbeitsstätte keine Werbungskosten (keine AfaA) abgezogen werden.[1322]

2. Sachspenden

429 Leistet ein Unternehmer eine Sachspende an eine steuerbefreite Körperschaft, die gemeinnützigen, mildtätigen, wissenschaftlichen oder kirchlichen Zwecken dient, so liegt regelmäßig keine Betriebsausgabe vor, weil die Aufwendungen nicht betrieblich veranlasst sind. Es wird unterstellt, dass die Zuwendung von dem (Mit-)Unternehmer aus außerbetrieblicher Veranlassung geleistet wird. Das setzt voraus, dass das zu Spendenzwecken verwendete Wirtschaftsgut zunächst entnommen wird. Auch die Entnahme von Gegenständen für Sachspenden ist grundsätzlich mit dem Teilwert zu bewerten.

Abweichend hiervon ist gemäß § 6 Abs. 1 Nr. 4 S. 4 und 5 EStG eine Bewertung mit dem **Buchwert** möglich (Buchwertprivileg),[1323]

wenn die folgenden Voraussetzungen erfüllt sind:

Der Spendenempfänger muss eine nach § 5 Abs. 1 Nr. 9 KStG von der Körperschaftsteuer befreite Körperschaft (Personenvereinigung, Vermögensmasse) oder eine Körperschaft, Anstalt oder Stiftung des öffentlichen Rechts sein. Der Spendenempfänger muss ausschließlich und unmittelbar der Förderung mildtätiger, wissenschaftlicher oder als besonders förderungswürdig anerkannter kultureller Zwecke oder der Förderung der Erziehung, Volks- und Berufsbildung dienen.

- Die Zuwendung des entnommenen Wirtschaftsguts an den Spendenempfänger muss in unmittelbarem Anschluss an seine Entnahme erfolgen.
- Die Zuwendung muss in einem Wirtschaftsgut, nicht aber in einer Nutzung oder Leistung bestehen.

1316 Urt. v. 24.05.1989 – I R 213/85, BStBl. II 1990, 8.

1317 Dazu auch Weber-Grellet NWB Fach 3, 14869.

1318 Beschl. v. 23.01.2001 – VIII R 48/98, BStBl. II 2001, 395 – Vorlage an GrS; Rücknahme der Vorlage aus verfahrensrechtlichen Gründen; BFH v. 16.03.2004 – VIII R 48/98, BFH/NV 2004, 1152.

1319 GrS 2/86, BStBl. II 1988, 348.

1320 Jüptner DStZ 2001, 811, 816.

1321 Dazu Schmidt/Kulosa § 6 Rn. 506 m. w. N.

1322 BFH v. 21.08.2012 – VIII R 33/09, BStBl. II 2013, 171.

1323 BFH v. 05.02.2002 – VIII R 53/99, BStBl. II 2003, 237.

Durch den Verzicht auf die Besteuerung der stillen Reserven soll die Spendenbereitschaft gefördert werden.[1324]

VII. Bewertung von Einlagen

1. Bewertung mit dem Teilwert

Gemäß § 6 Abs. 1 Nr. 5 S. 1 EStG sind Einlagen grundsätzlich mit dem Teilwert für den Zeitpunkt der Zuführung anzusetzen.[1325] Durch diese Regelung werden steuerlich nur solche Wertveränderungen berücksichtigt, die sich während der Zeit der Zugehörigkeit zum Betriebsvermögen ergeben. Die zuvor im privaten Bereich eingetretenen Werterhöhungen oder Wertminderungen bleiben im betrieblichen Bereich steuerlich unberücksichtigt. 430

Beispiel

Ein Steuerpflichtiger hat 2017 privat Bilder für 10.000 € gekauft. Er legt die Bilder 2022 (zum Zwecke der Büroausstattung) in sein Betriebsvermögen ein. Der Teilwert beläuft sich zu diesem Zeitpunkt auf 100.000 €. 2023 verkauft der Steuerpflichtige die Bilder für 105.000 €. Er muss nur 5.000 € versteuern, da die Papiere 2022 mit 100.000 € eingebucht wurden.

2. Bewertung von kurz vor der Einlage angeschafften oder hergestellten Wirtschaftsgütern

Wirtschaftsgüter – mit Ausnahme „relevanter" Beteiligungen – sind mit dem Teilwert, höchstens mit den Anschaffungs- oder Herstellungskosten anzusetzen, wenn das zugeführte Wirtschaftsgut innerhalb der letzten drei Jahre vor dem Zeitpunkt der Zuführung angeschafft oder hergestellt wurde (§ 6 Abs. 1 Nr. 5 S. 1 Buchst. a) EStG; Missbrauchsabwehr). Maßgebend ist in diesen Fällen also stets der niedrigere der beiden Werte. 431

Beispiel

Ein Gewerbetreibender erwirbt im Jahr 2021 privat

Skulpturen	10.000 €,
Bilder für	15.000 €.

Er legt die Gegenstände 2023 in das Betriebsvermögen ein. Der Teilwert zum Zeitpunkt der Einlage beträgt:

Skulpturen	8.000 €,
Bilder	20.000 €.

Die Einlage ist dementsprechend zu bewerten:

Skulpturen	8.000 €,
Bilder	15.000 €.

Wird ein abnutzbares Wirtschaftsgut eingelegt, sind die Anschaffungs- oder Herstellungskosten um die Absetzungen für Abnutzung zu kürzen, die auf den Zeitraum zwischen der Anschaffung oder Herstellung und der Einlage entfallen (§ 6 Abs. 1 Nr. 5 S. 2 EStG).[1326]

1324 Zur Nichtabziehbarkeit von Sachspenden an ausländische Empfänger BFH v. 09.05.2007 – XI R 56/05, BFH/NV 2007, 1764.
1325 Zur Einlage eines Kiesvorkommens BFH v. 04.12.2006 – GrS 1/05, BStBl. II 2007, 508.
1326 Vgl. BFH v. 27.01.1994 – IV R 101/92, BStBl. II 1994, 638 zur Einlage geringwertiger Wirtschaftsgüter.

Ist die Einlage ein Wirtschaftsgut, das vor der Zuführung aus einem Betriebsvermögen des Steuerpflichtigen entnommen wurde, tritt an die Stelle der Anschaffungs- oder Herstellungskosten der Wert, mit dem die Entnahme angesetzt worden ist, und an die Stelle der Anschaffung oder Herstellung der Zeitpunkt der Entnahme (§ 6 Abs. 1 Nr. 5 S. 3 EStG).[1327] Der Sinn dieser Regelung besteht darin, zu verhindern, dass durch Wertsteigerungen bedingte Gewinne in das – steuerfreie – Privatvermögen verlagert werden, indem man Wirtschaftsgüter für kurze Zeit entnimmt oder den Einlagezeitpunkt hinausschiebt.

Beispiel

A ist bekannt, dass ein ihm gehörendes Brachgelände in einen Bebauungsplan aufgenommen und Teil eines Wohngebiets werden soll. Er entnimmt das Grundstück und legt es nach zwei Jahren wieder ein. Trotz der durch die Verabschiedung des Bebauungsplanes eingetretenen Teilwerterhöhung ist das Grundstück mit dem ursprünglichen Entnahmewert einzulegen (§ 6 Abs. 1 Nr. 5 S. 3 EStG).

In den Fällen des unentgeltlichen Erwerbs sind die Verhältnisse des Rechtsvorgängers einzubeziehen.

Beträgt der Zeitraum zwischen entgeltlichem Erwerb durch den Rechtsvorgänger und der Einlage durch den Steuerpflichtigen nicht mehr als drei Jahre, kann die Einlage höchstens mit den Anschaffungskosten des Rechtsvorgängers bewertet werden.

3. Einlage „relevanter" Beteiligungen

432 Besteht die Einlage in einer „relevanten" Beteiligung i. S. d. § 17 EStG ist die Bewertung unabhängig von der Besitzdauer des Steuerpflichtigen mit dem Teilwert, höchstens mit den Anschaffungskosten vorzunehmen (§ 6 Abs. 1 Nr. 5 S. 1 Buchst. b) EStG). Maßgebend für die Bewertung der Einlage ist hier stets der niedrigere der Wertansätze. Sind die Anschaffungskosten niedriger als der Teilwert, sind die Anschaffungskosten anzusetzen. Dadurch wird sichergestellt, dass bei einer etwaigen späteren Veräußerung der „relevanten" Beteiligung durch den Betrieb auch **die im Privatvermögen eingetretene Wertsteigerung** steuerlich erfasst wird, wie dies auch bei einer Veräußerung aus dem Privatvermögen nach § 17 EStG geschehen wäre. Allerdings entfällt in diesen Fällen der Freibetrag nach § 17 Abs. 3 EStG; die Tarifermäßigung nach § 34 Abs. 1 EStG kommt ohnehin nur noch in Betracht, wenn die veräußerte relevante Beteiligung das gesamte Nennkapital der Gesellschaft umfasst und als Teilbetrieb gilt (§ 16 Abs. 1 Nr. 1 EStG). Hat der Steuerpflichtige die eingelegte „relevante" Beteiligung unentgeltlich erworben, so sind die effektiven Anschaffungskosten des Rechtsvorgängers maßgebend, der die Beteiligung zuletzt entgeltlich erworben hat (§ 6 Abs. 1 Nr. 5 S. 1 Buchst. b) i. V. m. § 17 Abs. 2 S. 5 EStG).

4. Nutzungen und Nutzungsrechte

433 Überlässt ein Steuerpflichtiger seinem Betrieb ein ihm gehörendes Wirtschaftsgut zur Nutzung und beträgt der Grad der betrieblichen Nutzung mehr als 50 %, so wird das Wirtschaftsgut notwendiges Betriebsvermögen. In diesem Fall gilt das **Wirtschaftsgut** als eingelegt. Die Bewertung der Einlage richtet sich nach den vorstehenden Grundsätzen.

1327 Vgl. auch BFH v. 14.07.1993 – X R 74-75/90, BStBl. II 1994, 15; FG Köln v. 25.02.2021 – 11 K 2686/18, EFG 2021, 1902, Rev IX R 7/21.

Wird das Wirtschaftsgut kein Betriebsvermögen, so sind nur die **Nutzungen** eingelegt. Sie sind mit den anteiligen Selbstkosten zu bewerten.[1328]

Hinsichtlich des Einlagewerts unentgeltlich eingeräumter Nutzungsrechte ist zu differenzieren:
- Bei **vorbehaltenen** Nutzungsrechten sind die abschreibbaren Anschaffungs- oder Herstellungskosten anzusetzen, die der Nutzungsberechtigte für das Wirtschaftsgut ursprünglich selbst getragen hat und die er auch während der Dauer des Nutzungsrechts im Wege der AfA unmittelbar gewinnmindernd geltend machen könnte, wenn nicht nur das Nutzungsrecht, sondern das betrieblich genutzte Wirtschaftsgut selbst zu seinem Betriebsvermögen gehören würde;[1329] daneben können die bei der Nutzung anfallenden laufenden Kosten abgesetzt werden.
- Bei **zugewendeten** Nutzungsrechten ist zu unterscheiden, ob der, der das Nutzungsrecht einräumt, dieses bereits entgeltlich erworben hat (dann Einlage mit dem Teilwert) oder ob das Nutzungsrecht erstmals begründet wird (dann sog. teilwertloses Nutzungsrecht).[1330] In diesem Fall kann auch nicht die Summe der (restlichen) AfA-Beträge des Rechtsvorgängers als (reduzierter) Teilwert angesetzt werden (nicht absetzbarer „Drittaufwand").[1331]

5. Rechtsfolgen von Einlage und Entnahme

In das Betriebsvermögen eingelegte Wirtschaftsgüter nehmen künftig – bis sie veräußert, verbraucht oder wieder entnommen werden – am Betriebsvermögensvergleich teil; die Bewertung im Zeitpunkt der Einlage richtet sich nach § 6 Abs. 1 Nr. 5 EStG. Erträge und Aufwendungen, die in Zusammenhang mit eingelegten Wirtschaftsgütern stehen, sind vom Zeitpunkt der Einlage an Betriebseinnahmen oder -ausgaben; ggf. sind Rechnungsabgrenzungsposten zu bilden. Ein im Privatvermögen entdecktes Kiesvorkommen (Bodenschatz) ist bei Zuführung zum Betriebsvermögen gemäß § 6 Abs. 1 Nr. 5 S. 1 Hs. 1 EStG mit dem Teilwert anzusetzen; bei dem Abbau des Kiesvorkommens dürfen aber (im Hinblick auf die „Bruttobesteuerung" des Kiesvorkommens) Absetzungen für Substanzverringerung nicht vorgenommen werden.[1332] Ungeklärte Einlagen sind als Betriebseinnahmen zu erfassen.[1333] 434

Die Rechtsfolgen einer Entnahme sind entgegengesetzt (vgl. § 6 Abs. 1 Nr. 4 EStG); durch die Bewertung der Entnahme mit dem Teilwert werden ggf. entstandene stille Reserven („stille Wertzuwächse") aufgedeckt.

1328 BFH v. 27.10.1988 – GrS 2/86, BStBl. II 1988, 348, 353.

1329 BFH v. 16.12.1988 – III R 113/85, BStBl. II 1989, 763.

1330 Vgl. Schmidt/Weber-Grellet § 5 Rn. 176; Schmidt/Kulosa § 6 Rn. 548; im Einzelnen noch vieles streitig.

1331 BFH v. 10.04.1990 – VIII R 289/84, BStBl. II 1990, 741; v. 24.04.1990 – IX R 9/86, BStBl. II 1990, 888 v. 20.09.1990 – IV R 300/84, BStBl. II 1991, 82; anders noch BFH v. 02.08.1983 – VIII R 170/78, BStBl. II 1983, 735.

1332 BFH v. 04.12.2006 – GrS 1/05, BStBl. II 2007, 508; BFH v. 04.02.2016 – IV R 46/12, BStBl. II 2016, 607; Weber-Grellet DStR 2007, 1788, BB 2017, 43, 47.

1333 BFH v. 03.04.2013 – X B 8/12, BFH/NV 2013, 1065.

435

Übersicht

Entnahme und Einlage

I. Gegenstand	II. Voraussetzungen	III. Bewertung
Entnahme (§ 4 Abs. 1 S. 2 EStG) ■ Übertragung eines Wirtschaftsgutes (Barentnahmen, Waren, Erzeugnisse, Nutzungen und Leistungen) aus dem **betrieblichen** in den **außerbetrieblichen** Bereich ■ Übertragung eines Wirtschaftsgutes auf einen anderen Betrieb des Steuerpflichtigen, sofern die Erfassung der stillen Reserven nicht gewährleistet ist (**finaler** Entnahmebegriff; str.)	(Steuerrechtliche Willenserklärung) Handlung (objektiver Tatbestand) ↓ ■ Herstellung/Lösung des betrieblichen Zusammenhangs; schlüssiges Verhalten genügt ■ bei gewillkürtem Betriebs-/Privatvermögen: besondere **Kundgabe** (z.B. Buchung) ■ **ausnahmsweise:** – Veräußerung im bürgerlich-rechtlichen Sinn (BFH, BStBl. 1982 II, 18) – Rechtsvorgang (Einwirken außersteuerrechtlicher Normen) – nicht ausreichend: ∘ Strukturwandel ∘ rechtl. Umqualifizierung als Liebhaberei ∘ Abschluss eines DBA Wille (subjektiver Tatbestand) ↓ ■ Einlage-/Entnahmewille ■ Vorstellung, ein Wirtschaftsgut gewinnneutral auszubuchen, führt nicht zu einer Entnahme ■ **Motive** und **Absichten** sowie **Irrtum über die Rechtsfolgen** sind **unbeachtlich**	■ grundsätzlich: **Teilwert** ■ **Ausnahmen:** – **Nutzungsentnahme:** Selbstkosten; bei Gebäudenutzung: Mietwert – Entnahme von **Sachspenden:** unter bestimmten Voraussetzungen Buchwert – bei Einlagen höchstens Anschaffungs-/Herstellungskosten (abzgl. AfA), wenn **innerhalb von drei Jahren** angeschafft oder hergestellt (§ 6 Abs. 1 Nr. 5 S. 1 Buchst. a) und 2 EStG) oder Entnahmewert (§ 6 Abs. 1 Nr. 5 S. 3 EStG) – bei Einlage von **relevanten Beteiligungen** i.S.d. § 17 EStG generell höchstens mit den Anschaffungskosten (§ 6 Abs. 1 Nr. 5 S. 1 Buchst. b) EStG) – **Nutzungseinlage** (eigenes betriebsfremdes Vermögen): Selbstkosten – Einlage unentgeltlich erworbener Nutzungsrechte: ∘ bei vorbehaltenen Nutzungsrechten: Summe der Rest-AfA ∘ bei zugewendeten Nutzungsrechten: - bereits vom Vorgänger entgeltlich erworben: Teilwert - bei erstmaliger Begründung: „teilwertloses" Nutzungsrecht; str.
Einlage (§ 4 Abs. 1 S. 8 EStG) ■ Übertragung von Wirtschaftsgütern (Bareinzahlungen und sonstige Wirtschaftsgüter) in den **betrieblichen** Bereich **auch:** Nutzungsrechte Nutzung eigenen betriebsfremden Vermögens (Nutzung des privaten Pkw zu betrieblichen Zwecken) **nicht:** Nutzung **fremden** Vermögens (Ausnahme evtl.: betriebliche Nutzung von Vermögen eines Angehörigen); verlustbringende Wirtschaftsgüter		
Besonderheiten ■ Gegenstände des notwendigen Privatvermögens können weder Gegenstand einer Einlage noch einer Entnahme sein (ggf. durch gewinnneutrale Ausbuchung zu korrigieren) ■ § 5 Abs. 2 EStG und andere Bilanzierungsverbote stehen einer Entnahme/Einlage nicht entgegen ■ bei **Kapitalgesellschaften** (s. BFH, BStBl. 1988 II, 348) – „Entnahme" nur in Gestalt von (verdeckten) **Gewinnausschüttungen** – „Einlagen" möglich – **(Dritt-) Nutzungseinlage unzulässig**		

B. Steuerfreie Einnahmen und nicht oder beschränkt abziehbare Betriebsausgaben

I. Steuerfreie Einnahmen

Einnahmen, die nach §§ 3, 3 b EStG steuerfrei sind, sind auch bei betrieblicher Veranlassung (Betriebseinnahmen) **kraft besonderer gesetzlicher Anordnung** aus dem Betriebsvermögensvergleich herauszunehmen und außerhalb der Bilanz abzurechnen. Dasselbe gilt bei Steuerbefreiungen aufgrund eines DBA. 436

II. Nicht oder beschränkt abziehbare Betriebsausgaben

Fall 52: Der schnelle Dachdecker 437

Die A-GmbH betreibt eine Dachdeckerei sowie die industrielle Fertigung von Aluminium- und Kupferprofilen mit angeschlossenem Handel. Der Umsatz beträgt ca. 3 Mio. €/Jahr; der jährliche Gewinn liegt bei 50.000 €. Im Juli 2022 erwarb sie ein Mercedes Benz-Coupé zum Preis von 65.000 € netto. Die Gesamtkosten pro km belaufen sich auf ca. 1,00 €. Die A-GmbH geht von einer vierjährigen Nutzungsdauer aus. Anfang 2024 veräußert sie das Coupé für 37.500 €. Die A-GmbH fragt, wie sie die Aufwendungen steuerlich geltend machen kann.

I. Die Aufwendungen für das Coupé sind **betrieblich veranlasst**, da es zur Nutzung innerhalb des Betriebs bestimmt ist (§ 4 Abs. 4 EStG). 438

II. Durch § 4 Abs. 5 EStG wird der Abzug von Aufwendungen, die zwar betrieblich veranlasst sind (Betriebsausgaben), die aber objektiv **die Lebensführung berühren** (unangemessener Repräsentationsaufwand, vgl. § 4 Abs. 5 S. 1 Nr. 7 EStG), über das Abzugsverbot des § 12 Nr. 1 EStG hinaus (vgl. § 4 Abs. 5 S. 3 EStG) eingeschränkt;[1334] vgl. ferner für den Bereich des Körperschaftsteuerrechts §§ 9, 10 KStG.

Die Nr. 1–6 b, 8–13 regeln Einzelfälle, u. a.:
- Geschäftsfreundegeschenke,
- Gästehäuser,
- Aufwendungen für Jagd oder Fischerei,
- Mehraufwendungen für Verpflegung,
- Fahrtkosten,
- Mehraufwendungen für eine betrieblich veranlasste doppelte Haushaltsführung,
- häusliches Arbeitszimmer,
- Geldbußen,
- Hinterziehungszinsen,
- Ausgleichszahlungen bei Organschaft;

Nr. 7 enthält eine Art Generalklausel.[1335]

Nach § 4 Abs. 7 EStG müssen die Aufwendungen i. S. d. § 4 Abs. 5 S. 1 Nr. 1–4, 6 b und 7 EStG einzeln und getrennt von den übrigen Aufzeichnungen zeitnah aufgezeichnet werden.[1336] Diese Voraussetzung ist **materielle** Voraussetzung für den Betriebsausgabenabzug. Ein Abzug als Betriebsausgabe kommt in den Fällen, in denen

1334 BFH v. 19.02.2002 – IV B 50/00, BFH/NV 2002, 1145; zur Neuinterpretation des § 12 EStG (Aufgabe des Aufteilungsverbots) vgl. BFH v. 21.09.2009 – GrS 1/06, BStBl. II 2010, 672.

1335 BFH v. 10.10.2017 – X R 33/16, BStBl. II 2018, 185.

1336 Vgl. BFH v. 19.08.1999 – IV R 20/99, BStBl. II 2000, 203; vgl. auch R 4.11 EStR.

die einzelne und getrennte Aufzeichnung fehlt, selbst dann nicht in Betracht, wenn die übrigen Voraussetzungen (Angemessenheit; Nichtüberschreiten von Höchstbeträgen) erfüllt sind.[1337]
Wirtschaftsgüter, die in den Anwendungsbereich des § 4 Abs. 5 EStG fallen, gehören zum Betriebsvermögen; sie werden mit den gesamten Anschaffungs-/Herstellungskosten aktiviert. Die nicht abziehbaren Aufwendungen sind dem Gewinn nach h. M. außerhalb der Bilanz hinzuzurechnen. Bei der Veräußerung/Entnahme dieser Wirtschaftsgüter ist der um die nicht abziehbaren Aufwendungen (z. B. AfA) gekürzte Buchwert zugrunde zu legen, da sich anderenfalls diese Aufwendungen im Zeitpunkt der Veräußerung gewinnmindernd (wegen des höheren Buchwerts, der gegenzurechnen ist) auswirken würden.[1338]

III. Als die Lebensführung berührende Aufwendungen, die auf ihre Angemessenheit zu prüfen sind, kommen vor allem Aufwendungen im **repräsentativen Bereich** in Betracht; dazu gehören auch Aufwendungen für Personenkraftwagen der oberen Preisklassen, insbesondere bei teilweiser Privatnutzung.[1339]
Ob ein unangemessener beruflicher Aufwand i. S. d. § 4 Abs. 5 S. 1 Nr. 7 EStG i. V. m. § 9 Abs. 5 S. 1 EStG vorliegt, ist danach zu beurteilen, ob ein ordentlicher und gewissenhafter Steuerpflichtiger – ungeachtet seiner Freiheit, den Umfang seiner Erwerbsaufwendungen selbst bestimmen zu dürfen – angesichts der erwarteten Vorteile und Kosten die Aufwendungen ebenfalls auf sich genommen haben würde.[1340]
Entsprechend der Zielsetzung des § 4 Abs. 5 Nr. 7 EStG, Missbräuche zu verhindern, will Nr. 7 nicht den Mercedes vom Volkswagen abgrenzen, sondern ein übliches Betriebsfahrzeug vom Sportwagen, Rennwagen oder Sportflugzeug.[1341] Dementsprechend ist nach H 4.10 Abs. 12 EStH von Nr. 7 nur Gebrauch zu machen, wenn die Aufwendungen ins Gewicht fallen und die Grenze des Angemessenen erheblich überschreiten.

Im Rahmen der Angemessenheitsprüfung sind **alle Umstände des Einzelfalls** zu berücksichtigen; neben der Größe des Unternehmens (u. a. Höhe von Umsatz und Gewinn) sind vor allem das Verhältnis von Kosten und Nutzen, die Bedeutung des (Repräsentations-)Aufwands für den Geschäftserfolg und seine Üblichkeit zu vergleichbaren Betrieben als Kriterien heranzuziehen.

Bei einer Veräußerung darf der Repräsentationsaufwand, der nicht als laufender Aufwand abgezogen werden durfte, nicht als zusätzlicher Aufwand berücksichtigt werden;[1342] problematisch ist indes, dass der X. Senat im Übrigen dem Veräußerungserlös den „vollen" verbliebenen Buchwert gegenrechnen will („Veräußerungspreis abzüglich Buchwert").[1343]

IV. Bei Beachtung dieser Grundsätze können die Aufwendungen nur i. H. v. 50.000 € als angemessen angesehen werden.[1344] Unter Würdigung aller Umstände (Coupé, Serienfahrzeug bester Qualität, Art und Größe des Unternehmens, Notwendigkeit und Nutzen geschäftlicher Repräsentation, Kosten pro km) hätte ein ordentlicher und gewissenhafter Geschäftsleiter eines Unternehmens dieser Art und Größe für ein allein zur Personenbeförderung geeignetes Fahrzeug allenfalls 50.000 € auf-

1337 BFH v. 15.12.1966 – IV R 235/66, BStBl. III 1967, 286.
1338 BFH v. 12.11.1973 – VIII R 40/69, BStBl. II 1974, 207.
1339 Vgl. FG Nürnberg v. 27.01.2012 – 7 K 966/2009, DStRE 2012, 1491; R 4.10 Abs. 12 EStR.
1340 BFH v. 19.01.2017 – VI R 37/15, BStBl. II 2017, 526.
1341 Zwirner/Krauß DStR 2024, 734; Keitel DStR 2024, 1855; Schmidt/Loschelder § 4 Rn. 601 f.
1342 BFH v. 25.03.2015 – X R 14/12, BFH/NV 2015, 973.
1343 Weber-Grellet FR 2015, 944.
1344 BFH v. 19.07.1996 – I B 110/95, BFH/NV 1997, 27: 85.000 € sind unangemessen; ähnlich BFH v. 29.04.2014 – VIII R 20/12, DStR 2014, 1590 (für Ferrari eines Tierarztes).

gewendet. Der darüber hinausgehende Betrag ist als unangemessener, die Lebensführung berührender Repräsentationsaufwand nicht abziehbar.
Daraus ergibt sich für das Coupé folgende bilanzielle Behandlung:

	tatsächlich	angemessen	(nach h. M.) außerhalb der Bilanz dem Gewinn hinzuzurechnen (m. E. nur der angemessene Betrag abziehbar)
Anschaffungskosten	65.000 €	50.000 €	
AfA 2022 (6 Monate)	8.125 €	6.250 €	1.875 €
Jahres-AfA 2023	**16.250 €**	12.500 €	3.750 €
Buchwert bei Veräußerung	40.625 €		

Der Buchwert (40.625 €) ist vom Veräußerungserlös (37.500 €) abzuziehen, sodass sich für die A-GmbH ein Veräußerungsverlust von 3.075 € ergibt.[1345]
Der Buchwert darf nicht um die AfA-Kürzungen erhöht werden, da sich anderenfalls die unangemessenen Aufwendungen in Gestalt eines höheren Veräußerungsverlusts (./. 8.700 €) doch noch steuerlich auswirken würden (s. o. 4. Abschnitt, Rn. 185).

Ergebnis:

Die A-GmbH kann Absetzungen nur insoweit vornehmen, als die Anschaffungskosten für das Coupé nicht unangemessen sind. Bei der Ermittlung des Veräußerungserlöses ist der um die nicht abziehbaren Aufwendungen gekürzte Buchwert anzusetzen.

Schuldzinsen sind nach § 4 Abs. 4 a EStG nicht abziehbar, wenn Überentnahmen getätigt worden sind (zur sog. **Zinsschranke** vgl. § 4 h EStG i. d. F. UntStRefG 2008).[1346] Während bisher § 8 a KStG a. F. lediglich die langfristige Finanzierung einer Kapitalgesellschaft durch ihren wesentlich beteiligten Anteilseigner, einer ihm nahe stehenden Person oder durch einen rückgriffsberechtigten Dritten einschränkte, sind von den Regelungen der §§ 4 h EStG und 8 a KStG alle Arten der Fremdfinanzierung, also auch die klassische Bankenfinanzierung betroffen. Dies gilt unabhängig von der Rechtsform des Unternehmens. Ziel der Regelung ist es, die Eigenkapitalquote der Unternehmen zu erhöhen sowie – vor allem – dem Abfluss von Steuersubstrat in das Ausland entgegenzuwirken. Kleinere und mittelständische Unternehmen sind durch eine Freigrenze von den Regelungen ausgenommen.[1347] 439

1345 Die Angemessenheit der laufenden Kosten kann anhand der Höhe der Kosten pro km begrenzt werden (FG Nürnberg v. 27.01.2012–7 K 966/2009, EFG 2012,1238: 2 €).

1346 Vgl. BFH v. 29.03.2007 – IV R 72/02, BFH/NV 2007, 1960.

1347 Vgl. § 4 h Abs. 2 S. 1 Buchst. a) EStG; Zinsaufwendungen von weniger als drei Millionen Euro.

7. Abschnitt Bilanzberichtigung und -änderung

A. Bilanzberichtigung

440 Nach § 4 Abs. 2 EStG kann der Steuerpflichtige unter den dort genannten Voraussetzungen die Bilanz auch nach ihrer Einreichung beim Finanzamt ändern. Unter den Begriff der Änderung fallen die **Bilanzberichtigung** (Fehlerkorrektur) und die **Änderung der Bilanz** im engeren Sinne (abweichende Wahlrechtsausübung).[1348]

I. Begriff der Bilanzberichtigung

441 Eine Berichtigung der Bilanz ist notwendig, wenn ein Ansatz in der Bilanz **unrichtig** ist. Das ist der Fall, wenn ein Bilanzansatz gegen eine zwingende Vorschrift des Steuerrechts oder gegen die einkommensteuerlich zu beachtenden handelsrechtlichen Grundsätze ordnungsmäßiger Buchführung verstößt.[1349] Der steuerrechtliche Fehlerbegriff ist – abweichend vom handelsrechtlichen – „objektiv" zu verstehen (objektiver Fehlerbegriff).[1350] § 4 Abs. 2 S. 1 EStG setzt allein voraus, dass die Vermögensübersicht nicht den Grundsätzen ordnungsmäßiger Buchführung unter Befolgung der Vorschriften des EStG entspricht. Die „objektive Nicht-Entsprechung" genügt; das Wissen des Steuerpflichtigen ist nicht maßgeblich. Auch eine nach den Erkenntnismöglichkeiten eines ordentlich handelnden Kaufmanns aufgestellte Bilanz kann falsch sein; steuerrechtlich ist an objektive Umstände anzuknüpfen.

Das Finanzamt hat dementsprechend alle Fehler im Rahmen der Bestandskraft zu berichtigen; umstritten ist, ob den Steuerpflichtigen gemäß § 153 AO eine „fortlaufende Bilanzberichtigungspflicht" trifft.[1351]

Beispiel 1

Ein Unternehmer weist in seiner Bilanz ein immaterielles Wirtschaftsgut aus, das er selbst geschaffen hat. Er verstößt gegen das Bilanzierungsverbot des § 5 Abs. 2 EStG, das den Ausweis von immateriellen Wirtschaftsgütern nur zulässt, wenn sie entgeltlich erworben wurden. Die Bilanz ist unrichtig.

Beispiel 2

Ein Unternehmer nimmt bei einem absetzbaren Wirtschaftsgut keine Absetzungen vor. Es liegt ein Verstoß gegen zwingende handelsrechtliche und steuerrechtliche Bewertungsvorschriften vor. Die Bilanz ist unrichtig.

1348 Im Einzelnen Tiedchen HdJ I/16 (7/2020).

1349 BFH v. 12.11.1992 – IV R 59/91, BStBl. II 1993, 392; Schoor Bilanzberichtigung StBp 2016, 221.

1350 BFH v. 31.01.2013 – GrS 1/10, BStBl. II 2013, 317. Dazu im Einzelnen Weber-Grellet, Abschied vom subjektiven Fehlerbegriff, DStR 2013, 729; Weber-Grellet, Wider den subjektiven Fehlerbegriff – ein Beitrag zur Stärkung des Steuerrechts, KSzW 2013, 311.

1351 Verneinend Schlötter, Ubg 2014, 22.

II. Bilanzberichtigung und Veranlagung

Fall 53: Die falsche Rückstellung 442

A hat in seiner Bilanz zum 31.12.2018 eine Rückstellung wegen eines angeblichen Anspruchs eines Geschäftskunden auf Schadensersatz i. H. v. 5.000 € gebildet. Die Einkommensteuer wird entsprechend festgesetzt; der Bescheid wird bestandskräftig. Bei einer Betriebsprüfung im Jahr 2023 wird festgestellt, dass die Rückstellung nicht hätte gebildet werden dürfen, weil keine Anhaltspunkte für die Inanspruchnahme des A gegeben waren.
Kann der Ansatz noch berichtigt werden?

I. § 4 Abs. 2 EStG selbst enthält keine zeitliche Beschränkung; dementsprechend können nach allgemeiner Meinung auch Bilanzen zurückliegender Jahre geändert werden, solange noch keine auf der unrichtigen Bilanz basierenden Steuerbescheide ergangen sind. 443

II. Problematisch ist das Verhältnis von Bilanzberichtigung und Verfahrensrecht. Nach übereinstimmender Auffassung kann ein falscher Bilanzansatz mit steuerlicher Wirkung[1352] nur berichtigt werden, wenn die Änderung der Steuerfestsetzung verfahrensrechtlich zulässig ist. An diesen Tatbestand werden jedoch unterschiedliche Rechtsfolgen geknüpft:

- Nach einer Literaturmeinung[1353] ist als Anfangsvermögen das **tatsächliche Endvermögen** des Vorjahres, nicht aber das, welches der Veranlagung zugrunde gelegen hat, anzusetzen **(Grundsatz des materiellen Bilanzenzusammenhangs)**. Die Konsequenz dieser Auffassung ist, dass der falsche Bilanzansatz grundsätzlich nicht mehr mit steuerlicher Wirkung berichtigt werden kann. 444
- Demgegenüber liegt der von der Rspr. vertretenen Auffassung der sog. Grundsatz des **formellen Bilanzenzusammenhangs** (Ansatz des **„Veranlagungsvermögens“**) zugrunde.[1354] Die Zweischneidigkeit der Bilanz führt zu einer Berichtigung des Bilanzansatzes mit steuerlicher Wirkung („Fehlertransportfunktion“).[1355] Im Ergebnis bewirkt diese Auffassung eine korrekte Erfassung des Totalgewinns, verzichtet aber auf einen periodengerechten Ansatz des jährlichen Gewinns. Der Grundsatz des formellen Bilanzenzusammenhangs trägt den (systembedingten) Unzulänglichkeiten des Bilanzsteuerrechts Rechnung, das in vielen Fällen nur an Wahrscheinlichkeiten anknüpft und daher über die AO hinausgehende Korrekturmöglichkeiten verlangt. Der Grundsatz des formellen Bilanzenzusammenhangs sowie die daraus abgeleitete erfolgswirksame Korrektur fehlerhafter Bilanzansätze gilt nicht nur für den unzutreffenden Ausweis von Wirtschaftsgütern, sondern erfasst grundsätzlich alle in die Vermögensübersicht (Bilanz) aufgenommenen und unzutreffend ausgewiesenen (oder unzutreffenderweise nicht ausgewiesenen) Bilanzposten und damit auch den fehlerhaften Ausweis betrieblicher Beteiligungen an einer vermögensverwaltenden Personengesellschaft.[1356] Der Grundsatz des formellen Bilanzenzusammenhangs ist nur anwendbar, wenn der bestandskräftigen Ver- 445

1352 Vgl. dazu BFH v. 07.05.1969 – I R 47/67, BStBl. II 1969, 464.

1353 Vgl. Wieczorek DStR 1991, 1; von Groll FS Kruse 2001, 445, jew. m. w. N.

1354 BFH v. 09.04.2019 – X R 23/16 DB 2019, 1656. – Die Grundsätze des formellen Bilanzenzusammenhangs sind auch bei der Auflösung einer § 7 g EStG-Rücklage anzuwenden (BFH v. 30.04.2013 – I B 151/12, BFH/NV 2013, 1572). Bei der unentgeltlichen Übertragung eines Betriebs gilt der Grundsatz des formellen Bilanzenzusammenhangs auch für den Rechtsnachfolger (BFH v. 06.05.2024 - III R 7/22, DStR 2024, 1918).Unbeachtlich sind die Grundsätze des formellen Bilanzenzusammenhangs (wegen fehlender Zweischneidigkeit) bei erstmaliger Bilanzaufstellung (BFH v. 26.11.2008 – X R 23/05, BStBl. II 2009, 407); BFH VIII R 33/13.

1355 St.Rspr.: BFH v. 22.10.2003 – I R 37/02, BStBl. II 2004, 121.

1356 BFH v. 25.06.2014 – I R 29/13, BFH/NV 2015, 27.

anlagung des Vorjahres eine vom Steuerpflichtigen erstellte oder berichtigte Bilanz zugrunde lag.[1357] Der Grundsatz des formellen Bilanzenzusammenhangs greift ausnahmsweise auch bei einer Korrektur durch das FA, wenn der Steuerpflichtige zur Bilanzberichtigung verpflichtet war.[1358] Der „transportierte" Fehler ist im Jahr seiner Berichtigung nach den in diesem Jahr geltenden Regelungen zu beseitigen.[1359]

Beispiel 1

Die zu Unrecht unterbliebene Aktivierung einer Forderung wird im Folgejahr nachgeholt; das Betriebsvermögen des Folgejahres erhöht sich.

Beispiel 2

Eine zu Unrecht in der Vergangenheit ausgebuchte Verbindlichkeit ist in der Schlussbilanz des ersten Wirtschaftsjahrs, dessen Gewinn verfahrensrechtlich noch berücksichtigt werden kann, wieder zu passivieren.[1360]

Beispiel 3

Die irrtümlich zu niedrig bemessene AfA wird dadurch richtig gestellt, dass die unterlassenen Absetzungen auf die Restnutzungsdauer verteilt werden;[1361] umgekehrt ist bei überhöhter AfA zu verfahren.[1362]

Beispiel 4

Die unter Verstoß gegen § 6 a EStG gebildete Pensionsrückstellung ist im ersten noch nicht bestandskräftigen Veranlagungszeitraum aufzulösen.

Beispiel 5

Zur Berechnung des Entnahmegewinns (Teilwert ./. Buchwert) ist (auch bei Gewinnermittlung nach § 4 Abs. 3 EStG) vom richtigen (ursprünglichen) Einlagewert auszugehen; abzuziehen ist die Summe der tatsächlich vorgenommenen AfA.[1363]

Beispiel 6

Werden Sonderbetriebsausgaben, die aus privaten Mitteln bestritten worden sind, im Jahr der Entstehung des Aufwands nicht berücksichtigt, kommt eine erfolgswirksame Nachholung in einem Folgejahr nach den Grundsätzen des formellen Bilanzenzusammenhangs nicht in Betracht.[1364]

Nur ausnahmsweise erlaubt die Rspr. unter Anwendung des Grundsatzes von **Treu und Glauben** eine Durchbrechung des formellen Bilanzenzusammenhangs durch Berichtigung der Anfangsbilanz und damit eine erfolgsneutrale Richtigstellung des Bilanzansatzes.[1365]

Diese Möglichkeit besteht, wenn der Steuerpflichtige den falschen Ansatz früher bereits mit Erfolg als richtig verfochten oder wenn er den fehlerhaften Bilanzansatz zur Erlangung ungerechtfertigter steuerlicher Vorteile vorgenommen hatte.[1366]

1357 FG Sachsen-Anhalt v. 27.02.2019 – 3 K 972/14, EFG 2019, 857, rkr.
1358 FG Sachsen-Anhalt v. 27.02.2019 – 3 K 972/14, EFG 2019, 857, rkr.
1359 BFH v. 27.07.2023 – IV R 15/20, BStBl. II 2023, 1032; Weber-Grellet FR 2023, 1041.
1360 BFH v. 08.11.2018 – IV R 38/16, BFH/NV 2019, 551.
1361 RFH v. 03.02.1937, RStBl. 1937, 909; v. 19.12.1939, RStBl. 1940, 603.
1362 BFH v. 21.11.2013 – IX R 12/13, BStBl. II 2014, 562; ähnlich BFH v. 28.04.2020 – IX R 14/19, DStR 2020, 1715.
1363 BFH v. 14.11.2007 – XI R 37/06, BFH/NV 2008, 365.
1364 BFH v. 17.06.2019 – IV R 19/16, BStBl. II 2019, 614; Weber-Grellet BB 2020, 43/9.
1365 BFH v. 19.01.1982 – VIII R 21/77, BStBl. II 1982, 456.
1366 RFH v. 23.10.1929, RStBl. 1930, 344; v. 15.09.1937, RStBl. 1937, 1143; BFH v. 03.07.1956 – I 344/55 U, BStBl. III 1956, 250.

Beispiel

Hat ein Steuerpflichtiger die AfA bewusst unterlassen, so dürfen die unterlassenen Absetzungen nicht nachgeholt werden. Ist eine Berichtigung der Vorbilanzen nicht möglich, so ist der Bilanzenzusammenhang durch Einstellung des richtigen Bilanzansatzes in die Anfangsbilanz des ersten berichtigungsfähigen Jahres zu durchbrechen.[1367]

Ebenfalls nicht erfolgswirksam behandelt die Rspr. die Fälle, in denen ein entnommenes Wirtschaftsgut irrtümlich noch als Betriebsvermögen bilanziert wurde, da § 6 Abs. 1 Nr. 4 EStG nur im Jahr der Entnahme eine Bewertung mit dem Teilwert vorsehe,[1368] oder auch die Fälle, in denen ein bereits eingelegtes Wirtschaftsgut bilanzberichtigend eingebucht wird.[1369] Ebenso sind Wirtschaftsgüter, die von vornherein zu Unrecht bilanziert waren, gewinnneutral herauszunehmen.[1370] Nicht anzuwenden sein sollen die Grundsätze des Bilanzenzusammenhangs bei fehlerhaftem Eigenkapital.[1371] 446

Stellungnahme: Die Lehre vom formellen Bilanzenzusammenhang ist Ausdruck und Spiegelbild der strukturellen Schwächen des Bilanzsteuerrechts, das zum Teil mit relativ unsicheren Parametern (z. B. mit „Wahrscheinlichkeiten") arbeitet und dessen Ansätze dem Grund und der Höhe nach ggf. der Korrektur bedürfen;[1372] das BVerfG hat die Grundsätze gebilligt.[1373] Unter diesem Aspekt ist zu überlegen, ob nicht einer Erfolgsermittlung, die – wie die Überschussrechnung nach § 4 Abs. 3 EStG – an das sichere Zahlungsprinzip anknüpft, steuerrechtlich der Vorzug zu geben ist. [1374]

III. In diesem Zusammenhang ist allerdings zu beachten, dass – auch fehlerhafte – Bilanzansätze, die **lediglich vorläufiger Natur** sind, wie z. B. Rückstellungen, bei Eintritt neuer oder abschließender Erkenntnisse (vergleichbar einer vorläufigen Festsetzung) in späteren Jahren – unter Beachtung des Verfahrensrechts – **erfolgswirksam** korrigiert werden können.

Ergebnis:

Eine Berichtigung ist erst beim Endvermögen für ein noch nicht bestandskräftig veranlagtes Wirtschaftsjahr möglich.[1375] Die zu Unrecht gebildete Rückstellung ist daher im ersten noch „offenen" Veranlagungszeitraum erfolgswirksam aufzulösen.

B. Bilanzänderung

Eine Bilanzänderung i. e. S. ist gegeben, wenn der Steuerpflichtige einen zulässigen Ansatz in der Bilanz durch einen anderen ebenfalls zulässigen Ansatz ersetzen will, d. h., wenn er ein ihm zustehendes **Bilanzierungs- und Bewertungswahlrecht anders ausüben** will als in der ursprünglich eingereichten Bilanz.[1376] Von der Bilanzänderung sind die Maßnahmen zu unterscheiden, die den Zweck haben, nach Ablauf des Geschäftsjahres Betriebsvorgänge (z. B. Entnahme, Veräußerung, verdeckte Gewinn- 447

1367 RFH v. 08.08.1934, RStBl. 1935, 920.

1368 BFH v. 21.10.1976 – IV R 222/72, BStBl. II 1977, 148; zur berechtigten Kritik vgl. o. V., HFR 1977, 59: fatalistischer Positivismus als Ausdruck eines emotionalen Unbehagens gegenüber der inneren Logik von BFH v. 29.11.1965 – GrS 1/65 S, BStBl. III 1966, 142.

1369 BFH v. 12.10.1977 – I R 248/74, BStBl. II 1978, 191.

1370 BFH v. 09.09.1980 – VIII R 64/79, BStBl. II 1981, 125.

1371 BFH v. 08.02.2017 – X B 138/16, BFH/NV 2017, 579.

1372 Weber-Grellet FR 2002, 210.

1373 BVerfG v. 05.07.2005 – 2 BvR 492/04, HFR 2005, 1019.

1374 Kahle FS Böcking 2021, 571/7 zu einer „vereinfachten Vermögensrechnung".

1375 BFH v. 13.02.2003 – IV R 72/00, BFH/NV 2003, 1155.

1376 BFH v. 09.04.1981 – I R 191/77, BStBl. II 1981, 620; v. 17.07.2008 – I R 85/07, DStR 2008, 2007; Schoor, Bilanzänderung, StBp 2018, 261.

ausschüttung) wieder rückgängig zu machen; sie bedeuten eine **rückwirkende Sachverhaltsgestaltung** und sind steuerrechtlich grundsätzlich nicht anzuerkennen.[1377]

Nach § 4 Abs. 2 S. 2 EStG ist eine Bilanzänderung nur noch zulässig, wenn sie in einem engen zeitlichen und sachlichen Zusammenhang mit einer Bilanzberichtigung steht und soweit sich die Berichtigung auf den Gewinn ausgewirkt hat. Ein Zusammenhang mit einer Bilanzberichtigung liegt auch dann vor, wenn sich die Gewinnänderung aus der Berichtigung der fehlerhaften Verbuchung von Entnahmen und Einlagen ergibt.[1378] Auch für die Änderung einer Überleitungsrechnung i. S. d. § 60 Abs. 2 S. 2 EStDV gilt § 4 Abs. 2 S. 2 EStG.[1379]

Begründet wurde die Abschaffung der Bilanzänderung nach Einreichung der Bilanz beim FA damit, dass die bisherige Regelung dem bilanzierenden Steuerpflichtigen Gestaltungsspielräume eröffnet habe, die dem Prinzip der Gleichmäßigkeit der Besteuerung und dem Leistungsfähigkeitsprinzip widersprächen; außerdem sei im Hinblick auf Umwandlungsvorgänge, bei denen die Besteuerung des übertragenden und des übernehmenden Rechtsträgers aufeinander abgestimmt seien, die Verlässlichkeit des eingereichten Buchführungswerks notwendig.[1380]

Eine Bilanzänderung nach § 4 Abs. 2 S. 2 EStG soll unzulässig sein, wenn die Änderung des steuerrechtlichen Gewinns auf einer Hinzurechnung außerhalb der Steuerbilanz beruhe.[1381]

1377 BFH v. 02.10.1997 – IV R 84/96, BStBl. II 1998, 104.

1378 BFH v. 31.05.2007 – IV R 25/06, BFH/NV 2007, 2086. – Eine Bilanzänderung kommt nach nachträglicher Rechtsprechungsänderung (Archivierungsrückstellung) nach Maßgabe des von der Rspr. vertretenen subjektiven Fehlerbegriffs nicht in Betracht (BFH v. 17.07.2008 – I R 85/07, DStR 2008, 2007).

1379 BFH v. 27.05.2020 – XI R 12/18, BB 2020, 2543.

1380 BT-Drs. 14/23, 168.

1381 BFH v. 27.05.2020 – XI R 8/18, BStBl. II 2020, 772; kritisch Weber-Grellet BB 2021, 43.

448

Übersicht

Bilanzänderung (§ 4 Abs. 2 EStG)

Bilanzberichtigung	**Bilanzänderung** (im engeren Sinne)
▪ Verstoß gegen **zwingendes** Bilanzsteuerrecht (falscher Bilanzansatz dem Grunde oder der Höhe nach) ▪ **Notwendigkeit** der Korrektur ▪ bei **früheren** Fehlern: – **Literatur: erfolgsneutraler** Ansatz des tatsächlichen (richtigen) Endvermögens als Anfangsvermögen **(Grundsatz des materiellen Bilanzzusammenhangs)**, es sei denn, dass steuerverfahrensrechtlich eine Berichtigung des Fehlers möglich ist – **Rechtsprechung:** frühere Fehler werden durch Ansatz des **Veranlagungsvermögens** (sog. **formeller Bilanzzusammenhang**) aufgrund der Zweischneidigkeit der Bilanz automatisch ausgeglichen; nur **ausnahmsweise** erfolgsneutrale Richtigstellung des Fehlers	▪ andere Ausübung eines **Wahlrechts** (Austausch **zulässiger** Ansätze) ▪ nach Einreichung beim FA nur Saldierung mit Bilanzberichtigung zulässig

8. Abschnitt Gewinnermittlung bei Personengesellschaften (Mitunternehmerschaften)[1382]

A. Grundlagen

449 Die Personengesellschaft, insbesondere OHG, KG, BGB-Gesellschaft, (in einkommensteuerrechtlicher Terminologie: Mitunternehmerschaft) als solche ist nicht einkommensteuerpflichtig. Besteuert wird der Gewinn (einschließlich der sog. Sondervergütungen) unmittelbar bei den Gesellschaftern (Mitunternehmern). Die Gewinnermittlung wird im Wege der einheitlichen und gesonderten Feststellung (§§ 179 ff. AO) durchgeführt.

Grundsätzlich gelten für die steuerliche Gewinnermittlung die allgemeinen Regeln. Besonderheiten ergeben sich dadurch, dass einzelne Gesellschafter Sondervermögen halten und dass die Gesellschaft in Beziehungen zu ihren Gesellschaftern tritt (Sondervergütungen).

Die von einem Gesellschafter (Mitunternehmer) zu versteuernden gewerblichen Einkünfte bestehen aus seinem **Anteil am Gesamtgewinn der Mitunternehmerschaft**.

Dieser Anteil umfasst

- den in § 15 Abs. 1 S. 1 Nr. 2 EStG an erster Stelle genannten Anteil am Gewinn oder Verlust der Gesellschaft, so wie er sich aus der aus der Handelsbilanz abgeleiteten Steuerbilanz ergibt **(Steuerbilanzgewinn 1. Stufe)** und
- aus dem Ergebnis einer etwaigen **Sonderbilanz** (einschl. Ergänzungsbilanz), in der die in § 15 Abs. 1 S. 1 Nr. 2 EStG an zweiter Stelle genannten **Sondervergütungen** erfasst werden.[1383]

I. Bilanzbündeltheorie

450 Der sog. Bilanzbündeltheorie lag die Vorstellung zugrunde, dass die Mitunternehmer ihren Gewinn wie ein Einzelunternehmer ermitteln. Die Bilanz der Gesellschaft bestand danach in nichts anderem als in der Zusammenfassung der Einzelbilanzen (vgl. auch § 14 EStReformG 1975, der noch die Grundsätze der Bilanzbündeltheorie gesetzlich verankern sollte).[1384]

Der wesentliche Mangel der Bilanzbündeltheorie bestand darin, dass aus einer Vielheit von Unternehmensträgern auf eine Vielheit von Betrieben geschlossen wurde.[1385]

II. Einheit der Gesellschaft

451 Anfang der siebziger Jahre hat die Rspr. schrittweise von diesen Vorstellungen Abstand genommen[1386] und – insbesondere aufgrund der Kritik von Meßmer,[1387] unter Einfluss

1382 BFH v. 14.04.2005 – XI R 82/03, BStBl. II 2005, 752, zur Abgrenzung „Bürogemeinschaft – Mitunternehmerschaft"; Florstedt, Stand und Entwicklung der steuerrechtlichen Mitunternehmerdoktrin, 2015.

1383 BFH v. 14.11.1985 – IV R 63/83, BStBl. II 1986, 58.

1384 BT-Drs. 7/1470, 21, 248.

1385 So z. B. E. Becker, Grundlagen der ESt, 1940, 97 ff., 98; zur Entwicklung von Rspr. und Schrifttum vgl. Weber-Grellet DStR 1982, 699 m. w. N.; Birk Rn. 1137 ff.

1386 BFH v. 05.07.1972 – I R 230/70, BStBl. II 1972, 928; v. 28.01.1976 – I R 84, 74, BStBl. II 1976, 744; v. 10.07.1980 – IV R 136/77, BStBl. II 1981, 84.

1387 StbJb 1972/73, 127.

der Arbeiten von Flume[1388] und im Anschluss an die zivilrechtliche Entwicklung[1389] – zunehmend die **Vereinheitlichung der Gesellschaft** gegenüber den Gesellschaftern betont.[1390]

Diese Entwicklung hat durch das ausdrückliche Bekenntnis des Großen Senats[1391] zur **begrenzten Steuerrechtssubjektivität** der Personengesellschaft einen gewissen Abschluss erreicht:

„Eine Personengesellschaft ist … für die ESt oder KSt insoweit Steuerrechtssubjekt, als sie in der Einheit ihrer Gesellschafter Merkmale eines Besteuerungstatbestandes verwirklicht, welche den Gesellschaftern für deren Besteuerung zuzurechnen sind. Solche Merkmale sind insbesondere die Verwirklichung oder Nichtverwirklichung des Tatbestandes einer bestimmten Einkunftsart und das Erzielen von Gewinn und Überschuss im Rahmen dieser Einkunftsart."[1392]

Mit dieser Entwicklung, die in der Folgezeit konsequent fortgeführt wurde,[1393] haben BFH-Rechtsprechung und die h.M. in der Lit. die im Zivilrecht vorherrschende Auffassung aufgenommen und auf das Steuerrecht übertragen. Mittlerweile ist aber der Höhepunkt der Einheitsbetrachtung überschritten. Die Rspr.[1394] hat eine **pragmatische Position** bezogen, die den steuerrechtlichen Notwendigkeiten Rechnung trägt und von Fall zu Fall entscheidet, welcher Aspekt maßgeblich ist.[1395] Ausdruck dieser ambivalenten Position ist die Anerkennung personenidentischer Personengesellschaften,[1396] die Anerkennung von Rechtsverhältnissen zwischen Personengesellschaft und Gesellschafter, die Anerkennung von Sonderbetriebsvermögen, die Berücksichtigung persönlicher Verhältnisse und – im Bereich der Bilanztechnik – die additive Methode, die von überzogenen Bilanzrechtskonstruktionen die Finger lässt, und der „Durchgriff" durch die Gesellschaft zur Beurteilung der Verhältnisse der Gesellschafter (so z.B. für den gewerblichen Grundstückshandel bei Beteiligung an einer Grundstücksgesellschaft).[1397] Beteiligt sich eine vermögensverwaltende Personengesellschaft (Obergesellschaft) mit Einkünften aus Vermietung und Verpachtung an einer gewerblich tätigen anderen Personengesellschaft (Untergesellschaft), so hat das zur Folge, dass die gesamten Einkünfte der Obergesellschaft als Einkünfte aus Gewerbebetrieb gelten.[1398] Die gewerblichen Einkünfte im Sonderbereich eines Gesellschafters entfalten auf die freiberuflichen Einkünfte der Gesellschaft keine Abfärbewirkung.[1399]

Die durch das MoPeG bewirkten Änderungen lassen das Steuerbilanzrecht der Personengesellschaft eher unberührt.[1400] Ausweislich der Gesetzesbegründung[1401] soll das MoPeG nicht zu Änderungen an den ertragsteuerlichen Grundsätzen bei der Besteuerung von Personengesellschaften führen.[1402] Der Wechsel vom gesamthänderisch gebundenen Vermögen der Gesellschafter zum originären Vermögen der Gesellschaft erfordert steuerrechtlich keine Korrekturen. Dabei ist zu berücksichtigen,

1388 DB 1973, 786; ders. ZHR 136 (1972), 177; ders., FS Raiser 1974, 27 und Knobbe-Keuk StuW 1974, 1; DStR 1979, 183; K-K § 9 Abs. 1.

1389 BGH v. 29.01.2001 – II ZR 331/00, BGHZ 146, 341: Die (Außen-)Gesellschaft bürgerlichen Rechts besitzt Rechtsfähigkeit, soweit sie durch Teilnahme am Rechtsverkehr eigene Rechte und Pflichten begründet.

1390 Prinz DB 2022, 11, zu Entwicklungstendenzen im Hinblick auf das KöMoG v. 25.06.2021, BGBl. I 2021, 2050 (Option für Personengesellschaften gem. § 1a KStG) und auf das MoPeG v. 10.08.2021, BGBl. I 2021, 3436 (eigene Rechtsträgerschaft der GbR; Abschaffung des Gesamthandsvermögens; § 713 BGB).

1391 Beschl. v. 25.06.1984 – GrS 4/82, BStBl. II 1984, 751, 761. – Zum heutigen Stand vgl. Blischke, Die Mitunternehmerschaft im Einkommensteuerrecht, 2020.

1392 So auch BFH v. 29.10.2019 – IX R 38/17, BStBl. II 2021, 202.

1393 Vgl. BFH v. 25.02.1991 – GrS 7/89, BStBl. II 1991, 691 zur sog. doppelstöckigen GmbH & Co. KG; BFH v. 31.07.1991 – VIII R 23/89, BStBl. II 1992, 375 zur Selbstständigkeit personenidentischer Personengesellschaften; BFH v. 31.01.1992 – VIII B 33/90, BStBl. II 1992, 559 zur Beiladung der Personengesellschaft – „Die Gesellschaft ist immer dabei".

1394 Vgl. nur BFH v. 03.05.1993 – GrS 3/92, BStBl. II 1993, 616 u. v. 16.02.1994 – XI R 50/88, BStBl. II 1994, 364 zum Verlustabzug nach § 10 a GewStG; BFH v. 03.07.1995 – GrS 1/93, BStBl. II 1995, 617: keine Abschirmwirkung der Personengesellschaft bei der Beurteilung des gewerblichen Grundstückshandels.

1395 Schmidt/Wacker § 15 Rn. 163 f.; Kempermann DStZ 1995, 225, 226 f.; Gschwendtner DStZ 1998, 335, 344.

1396 BFH v. 26.01.1995 – IV R 73/93, BStBl. II 1995, 589.

1397 Vgl. BFH v. 03.07.1995 – GrS 1/93, BStBl. II 1995, 617.

1398 § 15 Abs. 3 Nr. 1 Alt. 2 EStG i. d. F. JStG 2007; BT-Drs. 16/2712, 44; Schmidt/Wacker § 15 Rn. 189; gegen BFH v. 06.10.2004 – IX R 53/01, BStBl. II 2005, 383.

1399 BFH v. 28.06.2006 – XI R 31/05, BStBl. II 2007, 378.

1400 Weber-Grellet BB 2022, 2345.

1401 BT-Drucks. 19/27635, 107. – Nach § 39 Abs. 2 Nr. 2 S. 1 AO (i. d. F. KreditzweitmarktförderungsG v. 22.12.2023, BGBl. I 2023 Nr. 411, 59) werden Wirtschaftsgüter, die mehreren zur gesamten Hand oder einer rechtsfähigen Personengesellschaft zustehen, den Beteiligten oder Gesellschaftern anteilig zugerechnet, soweit eine getrennte Zurechnung für die Besteuerung erforderlich ist. Und nach S. 2 (neu) gelten rechtsfähige Personengesellschaften für Zwecke der Ertragsbesteuerung als Gesamthand und deren Vermögen als Gesamthandsvermögen.

1402 Stapperfend u. a., in: H/H/R, EStG/KStG (hrsg. von Hey u.a.), 311. Lieferung, 6/2022, § 15 EStG, Rn. 643.

dass die Gesamthand bereits eine „Vorstufe" zu einem einheitlichen Vermögen bildete. Entgegen der Auffassung von Müller-Gatermann[1403] hat sich durch den Abschied vom Gesamthandsvermögen ertragsteuerrechtlich nichts geändert.

B. Mitunternehmer

452 Nach st. Rspr. des BFH erfüllt die Voraussetzungen des § 15 Abs. 1 S. 1 Nr. 2 EStG nur der Gesellschafter, der zugleich auch Mitunternehmer ist.[1404] Mitunternehmer ist, wer aufgrund eines zivilrechtlichen Gemeinschaftsverhältnisses (oder eines wirtschaftlich damit vergleichbaren Gemeinschaftsverhältnisses) Unternehmerinitiative entfalten kann und ein Unternehmerrisiko trägt.[1405] Beide Merkmale müssen vorliegen; sie sind in gewissem Umfang kompensierbar: Mitunternehmer ist auch, wer geringes Risiko trägt, aber ausgeprägt Initiative entfaltet.[1406]

Mitunternehmerinitiative bedeutet Teilnahme an unternehmerischen Entscheidungen, wie sie Geschäftsführern und leitenden Angestellten obliegen. Ausreichend sind aber auch die Stimm-, Kontroll- und Widerspruchsrechte, wie sie nach dem Regelstatut des HGB (§§ 164, 166 HGB) den Kommanditisten eingeräumt sind.[1407]

Mitunternehmerrisiko bedeutet die gesellschaftsrechtliche (oder dieser wirtschaftlich vergleichbare) Teilhabe am Erfolg oder Misserfolg des Gewerbebetriebs, in der Regel durch Beteiligung an Gewinn und Verlust und an den stillen Reserven des Unternehmens. Eine erfolgsabhängige Vergütung allein genügt nicht. Dazu bedürfte es z. B. gleichzeitiger Verpachtung wertvollen Anlagevermögens oder bedeutsamer Kapitalausstattung in Form hoher Darlehen, stiller Beteiligung oder Bürgschaften.[1408]

Die Beurteilung einer Mitunternehmerschaft ist nicht abhängig von der Bezeichnung und der Beurteilung der Betroffenen. Ein Rechtsverhältnis, das von den Beteiligten z. B. als Dienst- oder Pachtvertrag bezeichnet wird, kann zivilrechtlich in Wahrheit ein Gesellschaftsverhältnis sein; in diesem Fall liegt eine sog. **verdeckte Mitunternehmerschaft** (häufig unzutreffend als faktische Mitunternehmerschaft bezeichnet) vor.[1409]

C. Sondervergütungen (§ 15 Abs. 1 S. 1 Nr. 2 S. 1 Hs. 2 EStG)

453 Die Aufnahme der Sondervergütungen in § 15 Nr. 2 EStG 1934 sollte in einkommensteuerlicher Sicht nur deklaratorische Bedeutung haben. Der Gesetzgeber hatte diese Regelung in erster Linie im Hinblick auf das GewStG aufgenommen.

Nach der heute h. M. von der Einheit der Personengesellschaft, die dazu führt, dass sich Gesellschaft und Gesellschafter wie Dritte gegenüberstehen, hat die Vorschrift **konstitutive Bedeutung** erlangt: Der von der Gesellschaft vorgenommene Betriebsausgabenabzug ist durch Hinzurechnung wieder auszugleichen.[1410] Das gilt auch bei Pensionszahlungen an ehemalige Mitunternehmer (korrespondierende

1403 Müller-Gatermann FR 2022, 637.

1404 BFH v. 25.06.1984 – GrS 4/82, BStBl. II 1984, 751, 769; v. 01.08.1996 – VIII R 12/94, BStBl. II 1997, 272; Schmidt/Wacker § 15 Rn. 262 f.

1405 BFH v. 07.11.2000 – VIII R 16/97, BStBl. II 2001, 186; v. 22.01.2004 – IV R 44/02, BFH/NV 2004, 867; BFH v. 14.04.2005 – XI R 82/03, BStBl. II 2005, 752.

1406 BFH v. 14.10.2003 – VIII B 281/02, BFH/NV 2004, 188.

1407 BFH v. 14.04.2005 – XI R 82/03, BStBl. II 2005, 752; Birk Rn. 1152.

1408 BFH v. 14.04.2005 – XI R 82/03, BStBl. II 2005, 752; BFH v. 13.07.2017 – IV R 41/14, BStBl. II 2017, 1133; Birk Rn. 1156.

1409 BFH v. 01.08.1996 – VIII R 12/94, BStBl. II 1997, 272; v. 07.07.1998 – IV B 62/97, BFH/NV 1999, 167; Schmidt/Wacker § 15 Rn. 280 f.

1410 So z. B. Schmidt/Wacker § 15 Rn. 560; Birk Rn. 1184 f.

Bilanzierung).[1411] Der mittelbar beteiligte Gesellschafter steht dem unmittelbar beteiligten Gesellschafter gleich (§ 15 Abs. 1 S. 1 Nr. 2 S. 2 EStG).[1412]

Entgelte für Dienstleistungen eines Gesellschafters sind Sondervergütungen i. S. v. § 15 Abs. 1 S. 1 Nr. 2 S. 1 Hs. 2 EStG (und kein Gewinn vorab), wenn sie auf einem besonderen Schuldverhältnis beruhen oder zwar im Gesellschaftsvertrag vereinbart sind, aber nach Abrede der Gesellschafter Aufwand der Gesellschaft sein sollen und auch dann gezahlt werden sollen, wenn die Gesellschaft keinen Gewinn erzielt.[1413]

Sondervergütungen sind über das GuV-Konto zu buchen (bei Gesellschaft: per Aufwand an Geld, bei Gesellschafter: per Geld an Ertrag), der Gewinn vorab hingegen über das Kapitalkonto (bei Gesellschaft: per Kapital an Geld; bei Gesellschafter: per Geld an Kapital).

I. Rechtsgrundlage für Sonderbetriebsvermögen

§ 15 Abs. 1 S. 1 Nr. 2 EStG legitimiert die Bildung von Sonderbetriebsvermögen. Sind Vergütungen für die Hingabe von Darlehen oder für die Überlassung von Wirtschaftsgütern gewerblicher Natur, müssen sie im Wege des Betriebsvermögensvergleichs gemäß §§ 4 Abs. 1, 5 EStG ermittelt werden können. Dies kann nur durch Sonderbilanzen und Sonder-GuV-Rechnungen geschehen.[1414] **454**

II. Gleichstellung mit Einzelunternehmer

Durch § 15 Abs. 1 S. 1 Nr. 2 S. 1 Hs. 2 EStG werden dem Grundsatz der Selbstständigkeit der Personengesellschaft Grenzen gesetzt: **455**

Bestimmte Vergütungen der Gesellschaft an die Gesellschafter, die unter Fremden ohne Weiteres Betriebsausgaben wären, sind den Einkünften aus Gewerbebetrieb zuzurechnen. Die Hinzurechnung bezweckt die Gleichstellung von Mitunternehmer und Einzelunternehmer (Gleichstellungsfunktion). Im Wege teleologischer Reduktion wird § 15 Abs. 1 S. 1 Nr. 2 S. 1 Hs. 2 EStG aber nur auf solche Leistungen der Gesellschafter angewandt, die **durch das Gesellschaftsverhältnis veranlasst** sind, die mit anderen Worten als Beitrag zur Förderung des Gesellschaftszwecks angesehen werden können (sog. **Beitragsgedanke**).[1415] Nicht erfasst werden demnach Leistungen, die nur mehr oder weniger zufällig mit der Mitunternehmereigenschaft zusammentreffen und bei denen ein wirtschaftlicher Zusammenhang zwischen Leistung und Mitunternehmerschaft ausgeschlossen erscheint.[1416]

Beispiel

Ein Rechtsanwalt, der an einer Publikums-KG geringfügig beteiligt ist, erhält von dieser gelegentlich einen Auftrag zur Führung eines Prozesses.[1417]

1411 BFH v. 06.03.2014 – IV R 14/11, BStBl. II 2014, 624; BFH v. 21.12.2017 – IV R 44/14, BFH/NV 2018. 407 (Rückstellung und korrespondierende Sondervergütung).

1412 Zu dieser Regelung, die die Entscheidung des GrS v. 25.02.1991 – GrS 7/89, BStBl. II 1991, 691 „korrigiert", vgl. Ebenroth/Willburger BB 1992, 1043.

1413 BFH v. 07.02.2002 – IV R 62/00, BStBl. II 2005, 88; Schmidt/Wacker § 15 Rn. 440.

1414 Weber-Grellet DStR 1983, 19; Schmidt/Wacker § 15 Rn. 507 ff.; Birk Rn. 1190.

1415 Vgl. BFH v. 12.02.1992 – I B 42, 43/92, BFH/NV 1993, 156; Schmidt/Wacker § 15 Rn. 562.

1416 Vgl. BFH v. 11.12.1986 – IV R 222/84, BStBl. II 1987, 553; v. 01.02.2001– IV R 3/00, BStBl. II 2001, 520.

1417 Vgl. BFH v. 24.01.1980 – IV R 154, 155/77, BStBl. II 1980, 269, 271; v. 25.01.1980 – IV R 159/78, BStBl. II 1980, 275.

III. Qualifikationsnorm

456 Sondervergütungen, die bei **isolierter** Betrachtungsweise einer anderen oder auch keiner Einkunftsart zuzurechnen wären, werden als Sondervergütungen zu gewerblichen Einkünften.[1418]

Beispiel

Mitunternehmer A verpachtet ein ihm allein gehörendes Grundstück an die A-B-C-OHG; das Entgelt für die Nutzungsüberlassung ist gemäß § 15 Abs. 1 S. 1 Nr. 2 S. 1 Hs. 2 EStG als gewerblicher Ertrag zu erfassen.

IV. Zuordnungsnorm – Grundsatz: Vorrang der Mitunternehmerschaft

1. Grundsatz

457 Wird der Gesellschafter einer Personengesellschaft, der zugleich einen eigenen Betrieb unterhält, in diesem Betrieb ausschließlich für die Personengesellschaft i. S. d. § 15 Abs. 1 S. 1 Nr. 2 EStG tätig, so ist das Betriebsvermögen des eigenen Betriebs dem Sonderbetriebsvermögen des Gesellschafters zuzurechnen. § 15 Abs. 1 S. 1 Nr. 2 EStG löst die **Bilanzierungskonkurrenz** zwischen Eigenbetrieb und Betrieb der Personengesellschaft unter gewissen Voraussetzungen **zugunsten des Vorrangs der Mitunternehmerschaft** und **gegen den Subsidiaritätsgedanken.**[1419] Diese Grundsätze gelten in gleicher Weise, wenn ein Wirtschaftsgut, das zum Sonderbetriebsvermögen I eines Gesellschafters gehört und gleichzeitig dessen Beitrag an einer weiteren Personengesellschaft stärkt und damit Sonderbetriebsvermögen II bei dieser Gesellschaft darstellt.[1420]

2. Einschränkungen

458 Der (grundsätzliche) Vorrang der Mitunternehmerschaft (und der Zuordnung zum Sonderbetriebsvermögen) wird zunehmend begrenzt, z. B.

- bei einer entgeltlichen Nutzungsüberlassung zwischen zwei gewerblich tätigen Personengesellschaften, sofern das Nutzungsentgelt angemessen ist;[1421]
- bei der Überlassung zwischen Schwestergesellschaften;[1422]
- im Fall der sog. mitunternehmerischen Betriebsaufspaltung.[1423]

Entsprechend hat der X. Senat entschieden, dass Vergütungen, die ein Vermittler von Beteiligungen an Personengesellschaften (Publikums-KG) von einem Dritten (Emissionshaus) für die Zeichnung eigener Beteiligungen an diesen Gesellschaften erhält („Eigenprovisionen“), regelmäßig Betriebseinnahmen im Rahmen seiner gewerblichen Vermittlungstätigkeit sind; sie sind nicht in der Gewinnermittlung der KG (als Sonderbetriebseinnahmen oder Minderung der anteilig auf den Zeichner entfallenden Anschaffungskosten) zu berücksichtigen.[1424]

1418 BFH v. 12.02.1992 – I B 42, 43/92, BFH/NV 1993, 156; v. 08.04.1992 – XI R 37/88, BStBl. II 1992, 812.

1419 BFH v. 24.03.1999 – I R 114/97, BStBl. II 2000, 399; v. 24.11.1998 – VIII R 61/97, BStBl. II 1999, 483; Döllerer, DStZ 1992, 646; Schmidt/Wacker § 15 Rn. 534.

1420 BFH v. 06.10.1987 – VIII R 137/84, BStBl. II 1988, 679.

1421 BFH v. 06.11.1980 – IV R 5/77, BStBl. II 1981, 307; v. 19.02.1981 – IV R 141/77, BStBl. II 1981, 433.

1422 BFH v. 22.11.1994 – VIII R 63/93, BStBl. II 1996, 93; v. 26.11.1996 – VIII R 42/94, BStBl. II 1998, 328.

1423 BFH v. 18.08.2005 – IV R 59/04, BStBl. II 2005, 830: Vorrang des Betriebsvermögens des Besitzunternehmens; Betriebsunternehmen ist als Personengesellschaft, insbesondere als GmbH & Co. KG, organisiert; BFH v. 30.08.2007 – IV R 50/05, BFH/NV 2008, 141; dazu BMF v. 07.12.2006, BStBl. I 2006, 766.

1424 BFH v. 14.03.2012 – X R 24/10, BStBl. II 2012, 498.

D. Steuerbilanz; Sonder- und Ergänzungsbilanzen

I. Steuerbilanz der Gesellschaft

Hinsichtlich Inhalt und Umfang des Betriebsvermögens gelten prinzipiell die allgemeinen Grundsätze. Das bedeutet, dass auch bei Gesamthandsvermögen die betriebliche Veranlassung in jedem Einzelfall zu prüfen ist und dass Gesamthandsvermögen auch zum Privatvermögen gehören kann.[1425] 459

Beispiel

Ein zum Gesellschaftsvermögen gehörendes Wohnhaus, das eigenen Wohnzwecken der Gesellschafter dient, gehört nicht zum Betriebsvermögen.

II. Sonderbilanz

§ **Fall 54: Betriebsaufgabe mit Sonderbetriebsvermögen** 460

Zum 31.12.2021 gibt die J-KG, deren alleiniger Komplementär J ist, ihren Betrieb auf. Zum Sonderbetriebsvermögen des J gehörte die Beteiligung an der K & J -GmbH; diese wurde in das Sonderbetriebsvermögen des J bei der K-GmbH & Co. KG überführt. Den aus der Veräußerung des Anlagevermögens der J-KG auf J entfallenden Anteil stellte das FA als laufenden Gewinn fest. J hingegen macht die Tarifermäßigung nach §§ 16, 34 EStG geltend. Zu Recht?

I. J kann die Tarifermäßigung beanspruchen, wenn bei der Betriebsaufgabe alle wesentlichen Betriebsgrundlagen aufgegeben wurden. Zum Betriebsvermögen der J-KG gehörte auch das Sonderbetriebsvermögen des J. 461

II. Neben dem gesamthänderisch gebundenen Vermögen, das allen Gesellschaftern (und damit der Gesellschaft) zusteht, kann auch Vermögen, das nur einem oder mehreren Gesellschaftern zuzurechnen ist, dem Betrieb der Gesellschaft gewidmet sein.
Sonderbilanz und Ergänzungsbilanz sind die notwendige Konsequenz der Einheitsbetrachtung.[1426] Dieses Vermögen ist – nach h.M. entgegen den handelsrechtlichen Grundsätzen ordnungsmäßiger Buchführung, die den Ausweis von Gesellschaftervermögen verbieten[1427] – gesondert als sog. notwendiges oder auch gewillkürtes Sonderbetriebsvermögen (besser Betriebssondervermögen) in Sonderbilanzen zu erfassen;[1428] der Akt der Willkürung besteht in der Überlassung.[1429]
Dabei ist nach Rspr. und h.M. im Schrifttum zu unterscheiden zwischen dem Sonderbetriebsvermögen I und Sonderbetriebsvermögen II.
Zum **Sonderbetriebsvermögen I** zählen die Wirtschaftsgüter, die der Mitunternehmerschaft zur Nutzung überlassen werden. Zum **Sonderbetriebsvermögen II** (und damit zum betrieblichen Bereich) werden Wirtschaftsgüter gerechnet, die der eigenen Beteiligung an der Mitunternehmerschaft dienen, z.B. die dem Kommanditisten gehörenden Anteile an der Komplementär-GmbH[1430] oder eine Bürgschaftsver-

1425 Vgl. BFH v. 30.06.1987 – VIII R 353/82, BStBl. II 1988, 418.
1426 Gschwendtner DStR 1993, 817; kritisch Schön DStR 1993, 185; Schmidt/Wacker § 15 Rn. 401.
1427 A.A. Weber-Grellet DStR 1983, 16, 19 m.w.N.
1428 BFH v. 07.04.1992 – VIII R 86/87, BStBl. II 1993, 21; Schmidt/Wacker § 15 Rn. 475.
1429 Vgl. FG Schleswig-Holstein v. 30.11.2005 – 3 K 50316/03, EFG 2006, 335.
1430 BFH v. 23.01.2001 – VIII R 12/99, BFH/NV 2001, 843; v. 28.08.2003 – IV R 46/02, BStBl. II 2004, 216.

bindlichkeit des Besitzgesellschafters;[1431] Sonderbetriebsvermögen II kommt grundsätzlich nur in Betracht, wenn das betreffende Wirtschaftsgut geeignet ist, besonderen Einfluss auf die Personengesellschaft auszuüben und damit unmittelbar die Stellung des Gesellschafters in der Personengesellschaft zu stärken.[1432]

Sonderbetriebsvermögen I
- dient der Gesellschaft
  - Nutzung von Wirtschaftsgütern des Mitunternehmers durch die Gesellschaft

Sonderbetriebsvermögen II
- dient der Gesellschafterstellung
  - Beteiligung an Komplementär-GmbH oder an der Betriebskapitalgesellschaft
  - Darlehen an Betriebs-GmbH
  - Bürgschaftsverpflichtung zugunsten der Betriebskapitalgesellschaft
  - auch Beteiligung an Kapitalgesellschaft (Kahle/Kopp StuB 2021, 568)

Die Erstellung von Sonderbilanzen – nebst Sonder-GuV-Rechnungen – bewirkt eine klare **bilanzielle Abgrenzung** des Gesellschaftsvermögens. In der Sonderbilanz eines Gesellschafters ist dessen gesamtes Sonderbetriebsvermögen zu erfassen. Veränderungen des Sonderbetriebsvermögens im Laufe eines Jahres, wie Zugänge, Abgänge, Abschreibungen, beeinflussen die Sonderbilanz zum Schluss des Jahres. Aufwendungen und Erträge, die mit dem Sonderbetriebsvermögen in Zusammenhang stehen, werden entsprechend in einer Sonder-GuV-Rechnung erfasst.

III. Die Beteiligung an der K & J GmbH wurde nicht „realisiert", sondern – zum Buchwert – in ein anderes Sonderbetriebsvermögen des J überführt (§ 6 Abs. 5 S. 2 EStG). Diese Überführung stünde einer steuerbegünstigten Aufgabe des Mitunternehmeranteils entgegen, wenn die GmbH-Beteiligung zu den wesentlichen Betriebsgrundlagen der J-KG gehörte; in diesem Fall wären nicht alle wesentlichen Betriebsgrundlagen realisiert worden. Es ist also zu prüfen, ob die Beteiligung erhebliche stille Reserven enthielt oder ob sie aus anderen Gründen von wesentlicher Bedeutung war (z. B. weil sie der Schaffung von Geschäftsverbindungen diente).[1433]

Ergebnis:

Die ermäßigte Besteuerung der Aufgabe des Anteils an der J-KG hängt von der Bedeutung der im Sonderbetriebsvermögen gehaltenen Beteiligung an der K & J GmbH ab.

III. Ergänzungsbilanz

462 Ergänzungsbilanzen dienen der Korrektur der Wertansätze in der Steuerbilanz in Bezug auf den einzelnen Mitunternehmer (Gleichstellung mit Einzelunternehmer).[1434]

Veräußert ein Gesellschafter seinen Gesellschaftsanteil ganz oder teilweise an einen gesellschaftsfremden Dritten (§ 16 Abs. 1 Nr. 2 EStG), so ändert sich die Zusammensetzung des Gesellschafterkreises. Die **Veräußerung eines Gesellschaftsanteils** kann zum Buchwert, d. h. zum Nominalwert des Kapitalkontos des Veräußerers einschließlich der Kapitalunterkonten, sie kann aber auch zu einem höheren Wert als dem Buchwert erfolgen. Die Veräußerung unter Buchwert ist ebenfalls möglich, in der Praxis aber selten.

Eine Veräußerung des Mitunternehmeranteils **zum Buchwert** ist steuerlich problemlos. Bei dem Veräußerer entsteht weder ein Gewinn noch ein Verlust, der Erwerber übernimmt das Kapitalkonto des Veräußerers. Die Bilanz der Gesellschaft bleibt durch den Gesellschafterwechsel unverändert; lediglich das Kapitalkonto des Veräußerers trägt nicht mehr den Namen des Veräußerers, sondern den des Erwerbers. Erfolgt die Veräußerung des Mitunternehmeranteils zu einem **höheren Wert als**

1431 BFH v. 18.12.2001 – VIII R 27/00, BStBl. II 2002, 733.

1432 Die Minderheitsbeteiligung des Kommanditisten an der geschäftsführungsbefugten Komplementär-GmbH von weniger als 10 % soll nach BFH v. 16.04.2015 – IV R 1/12, BStBl. II 2015, 705 nicht dem Sonderbetriebsvermögen II zuzuordnen sein, wenn – ausgehend vom gesetzlich normierten Regelfall – in den Angelegenheiten der Gesellschaft die Abstimmung nach der Mehrheit der abgegebenen Stimmen erfolgt (wohl auch nicht Sonderbetriebsvermögen I; dann Privatvermögen?, m. E. zweifelhaft).

1433 Vgl. BFH v. 02.10.1997– IV R 84/96, BStBl. II 1998, 104.

1434 BFH v. 20.11.2014 – IV R 1/11, FR 2015, 552; Schmidt/Wacker § 15 Rn. 460; Niehus StuW 2002, 116; Ley HdJ VII 5 [9/19] Rn. 1.

dem Kapitalkonto des Veräußerers, so werden in dem Mitunternehmeranteil steckende stille Reserven aufgedeckt. Dies führt beim Veräußerer zur Entstehung eines Veräußerungsgewinns i. S. d. § 16 EStG, auf den die Begünstigungsvorschriften der §§ 16 Abs. 4, 34 EStG anzuwenden sind. Der Erwerber hat die aufgedeckten stillen Reserven zu aktivieren;[1435] er kann also nicht den über das Kapitalkonto des Veräußerers hinausgehenden Kaufpreis sofort als Aufwand absetzen.

In aller Regel werden die verbliebenen Gesellschafter nicht damit einverstanden sein, dass diese zusätzliche Aktivierung in der Bilanz der Gesellschaft erfolgt und damit auch ihr Gewinnanteil erhöht wird. Sie werden vielmehr darauf bestehen, dass dort die bisherigen Buchwerte unverändert fortgeführt werden. Die Aktivierung der aufgedeckten stillen Reserven wird dann zweckmäßigerweise in einer Ergänzungsbilanz des jeweiligen Gesellschafters zur Bilanz der Gesellschaft vorgenommen.[1436] Die stillen Reserven sind bei den Wirtschaftsgütern zu aktivieren, bei denen sie vorhanden waren. Die Auflösung der positiven Ergänzungsbilanz des Neugesellschafters bewirkt (bei weiterer Anteilsveräußerung) nicht die zwangsweise Auflösung der negativen Ergänzungsbilanzen der Altgesellschafter.[1437]

Darüber hinaus sind in den Ergänzungsbilanzen auch **individuelle Abschreibungen** und **Rücklagen** zu erfassen[1438] (vgl. nachfolgenden Fall 56, Rn. 470).

E. Transaktionen

I. Einlage und Entnahme

Die Einlage- und Entnahmevorschriften (§ 4 Abs. 1 S. 2, 8 EStG) sind grundsätzlich auch bei der Ermittlung des Gewinns einer Personengesellschaft i. S. d. § 15 Abs. 1 S. 1 Nr. 2 EStG und der Gewinnanteile der Mitunternehmer/Gesellschafter anzuwenden;[1439] dies gilt auch nach Abkehr von der sog. Bilanzbündeltheorie durch die neuere Rspr.[1440] Entnahmen sind die **Wertabgaben** der **Gesellschaft** an einen **Gesellschafter**, die **nicht betrieblich veranlasst** sind. Das sind vor allem die Zuwendungen, die ihre Ursache im Gesellschaftsverhältnis haben (in der Regel Vorleistungen auf den Gewinnanteil eines Gesellschafters oder auch Rückgewähr von Einlagen). **463**

Dagegen werden die Wertabgänge aus dem Gesellschaftsvermögen zugunsten eines Gesellschafters, die **betrieblich veranlasst** sind und wie unter fremden Dritten auf einem besonderen Rechtsgrund beruhen – z. B. auf einem Kaufvertrag –, grundsätzlich nicht (auch nicht anteilig, sofern der erwerbende Gesellschafter betroffen ist)[1441] als Entnahme erfasst.[1442]

Die Übertragung eines Wirtschaftsguts aus dem Gesamthandsvermögen in das Privatvermögen eines Gesellschafters ist aber dann als Entnahme zu werten, wenn die Personengesellschaft für die Übertragung ein zu niedriges Entgelt erhält und dafür keine betriebliche Veranlassung besteht (sog. **verdeckte Entnahme**, die der verdeckten Gewinnausschüttung bei Kapitalgesellschaften

---

1435 Ergänzungsrechnung bei vermögensverwaltender Personengesellschaft (BFH v. 29.10.2019 – IX R 38/17, BStBl. II 2021, 202).

1436 BFH v. 18.02.1993 – IV R 40/92, BStBl. II 1994, 224; zu deren Rechtsgrundlage und dem Versuch einer Rechtfertigung aus „einheitstheoretischer" Sicht Gschwendtner DStR 1993, 817.

1437 BFH v. 23.03.2023 – IV R 27/19, DStR 2023, 1125; Weber-Grellet FR 2023, 702.

1438 BFH v. 13.10.1983 – IV R 160/78, BStBl. II 1984, 101, 105.

1439 Vgl. Groh DB 1988, 514; Schmidt/Loschelder § 4 Rn. 270 „Personengesellschaft"; Schmidt/Wacker § 15 Rn. 660 ff.; K-K § 10 Abs. 1 3, § 11 Abs. 3 2.

1440 Vgl. BFH v. 31.03.1977 – IV R 58/73, BStBl. II 1977, 823; v. 28.09.1995 – IV R 39/94, BStBl. II 1996, 276.

1441 Vgl. BFH v. 10.07.1980 – IV R 136/77, BStBl. II 1981, 84; v. 24.03.1983, BStBl. II 1983, 598.

1442 BFH v. 31.03.1977– IV R 58/73, BStBl. II 1977, 823.

ähnlich ist);[1443] die Differenz zwischen dem vereinbarten Preis und dem Teilwert des Wirtschaftsguts ist als Entnahmegewinn dem erwerbenden Gesellschafter zuzurechnen.[1444]

Für Übertragungen aus oder in das **Sonderbetriebsvermögen** bestehen keine Besonderheiten im Vergleich zu Einzelunternehmen.[1445] Wird ein Wirtschaftsgut dem Betriebsvermögen der Gesellschaft unter Aufrechterhaltung der gesamthänderischen Bindung entnommen, z. B. unentgeltliche und dauernde Überlassung eines Einfamilienhauses an einen Gesellschafter zu privaten Wohnzwecken, ist der Entnahmegewinn den Gesellschaftern nach Maßgabe des Gewinnverteilungsschlüssels zuzurechnen.[1446]

Die vorstehend dargestellten Grundsätze gelten entsprechend für die **Einlage von Wirtschaftsgütern**. Überlässt dagegen der Gesellschafter einer Personengesellschaft, die einen Gewerbebetrieb unterhält, Wirtschaftsgüter ohne Entgelt zur Nutzung (Nutzungseinlage), so erhöht die Nutzungsüberlassung den Gewinn der Gesellschaft durch Nichtanfall von Betriebsausgaben; hieran sind die Gesellschafter nach Maßgabe ihres Gewinnanteils beteiligt. Der Abzug einer Einlage in Höhe des Nutzungswerts kommt nicht in Betracht.[1447]

II. Überführung und Übertragung von einzelnen Wirtschaftsgütern

464 Nach § 6 Abs. 5 S. 2 EStG führt auch der Wechsel zwischen Betriebsvermögen und Sonderbetriebsvermögen desselben Steuerpflichtigen nicht zur Gewinnrealisierung. Sonderbetriebsvermögen ist Einzelvermögen des einzelnen Steuerpflichtigen; es besteht daher keine Veranlassung, eine Gewinnrealisierung eintreten zu lassen. Ebenso verhält es sich nach § 6 Abs. 5 S. 3 EStG beim Wechsel zwischen Gesamthandsvermögen und Sonderbetriebsvermögen und beim Wechsel aus dem Sonderbetriebsvermögen des einen in das Sonderbetriebsvermögen eines anderen Mitunternehmers.[1448] Die Regelung erlaubt nicht die buchwertneutrale Übertragung von Wirtschaftsgütern zwischen beteiligungsidentischen Schwesterpersonengesellschaften.[1449] § 6 Abs. 5 S. 4 EStG normiert Sperrfristen, bei deren Nichtbeachtung der Teilwert anzusetzen ist; § 6 Abs. 5 S. 5 EStG soll das Überspringen stiller Reserven auf Kapitalgesellschaften verhindern.[1450]

Die Neuregelung durch das UntStFG v. 20.12.2001 bedeutet eine Wiedereinführung des Mitunternehmer-Erlasses;[1451] allerdings besteht ein **Zwang** zur Buchwertfortführung, dem jedoch durch eine entgeltliche Veräußerung ausgewichen werden kann. Begünstigt ist gemäß §§ 20 ff. UmwStG nach wie vor die Einbringung eines Betriebs, Teilbetriebs oder Mitunternehmeranteils in eine Kapitalgesellschaft und nach § 24 UmwStG in eine Personengesellschaft. Die Einbringung einzelner Wirtschaftsgüter ist nicht begünstigt.

1443 Hellwig FS Döllerer 1988, 205, 217: „Halbgeschwister"; vgl. auch Schmidt/Wacker § 15 Rn. 666.
1444 BFH v. 06.08.1985 – VIII R 280/82, BStBl. II 1986, 17, 19; v. 20.10.2003 – VIII R 15/00, BFH/NV 2004, 46.
1445 Schmidt/Wacker § 15 Rn. 666, 674 f.
1446 Vgl. BFH v. 30.06.1987 – VIII R 353/82, BStBl. II 1988, 418.
1447 So BFH v. 26.10.1987 – GrS 2/86, BStBl. II 1988, 348, 354.
1448 BFH v. 16.12.2015 – IV R 18/12, DStRE 2016, 513.
1449 BVerfG v. 28.11.2023 – 2 BvL 8/13, DStR 2024, 155.
1450 Schmidt/Kulosa § 6 Rn. 721 f.
1451 BMF v. 20.12.1977, BStBl. I 1978, 8, z. B. Tz 35, 38, 57.

III. Einbringung

Fall 55: Einbringung einzelner Wirtschaftsgüter in eine neu gegründete KG 465

Die Kommanditistin K bringt in einer neu gegründeten KG Grundstücke ihres Einzelunternehmens in die Gesellschaft zu Buchwerten ein. Auf der Passivseite wurde die Einbringung teils als Kommanditeinlage und im Übrigen als Darlehensverbindlichkeit erfasst. Das Finanzamt berechnete den Veräußerungsgewinn nach der sog. Trennungstheorie, indem es dem (vermeintlichen) Erlös nur die anteiligen Buchwerte gegenüberstellte. Das FG wies die Klage ab.[1452]

Hat K Gewinn erzielt und – wenn ja – wie hoch?

I. K könnte dadurch einen Veräußerungsgewinn erzielt haben, dass sie ihre Betriebsgrundstücke in die KG einbrachte. Die Veräußerung von Wirtschaftsgütern führt im Allgemeinen zur **Realisation und zur Aufdeckung der stillen Reserven**. Allerdings bestehen Ausnahmen von diesem Grundsatz, z.B. in den Fällen der Einbringung gemäß § 20 UmwStG[1453] oder auch in den Fällen des § 6 Abs. 5 EStG. 466

Kennzeichen einer Einbringung ist die Übertragung eines Betriebs (oder eines Teils oder eines Wirtschaftsguts) auf eine Gesellschaft gegen die Gewährung von Gesellschaftsanteilen. Die Gewährung von „neuen" Anteilen" ist essenzielle Voraussetzung einer Einbringung.[1454] Die Einbringung ist m.E. eine spezielle Form der Einlage. Zweifelhaft ist, ob die Einbringung wirklich als entgeltlicher Vorgang qualifiziert werden muss,[1455] da das „verschobene Vermögen" im (wirtschaftlichen) Grunde beim selben Eigentümer bleibt, nur eben in anderer Rechtsform.

Gemäß § 6 Abs. 5 S. 3 Nr. 1 EStG kann der Buchwert fortgeführt werden, soweit ein Wirtschaftsgut unentgeltlich oder gegen Gewährung oder Minderung von Gesellschaftsrechten aus einem Betriebsvermögen des Mitunternehmers in das Gesamthandsvermögen einer Mitunternehmerschaft überführt wird.[1456] Die Einbringung „gegen Kapitaleinlage" ist unproblematisch; fraglich ist, ob aus der Darlehensgewährung auf eine **entgeltliche Veräußerung** geschlossen werden kann.

II. **Das FG** wertete im Hinblick auf die Darlehensgewährung den Vorgang als teilentgeltlich; die Anwendung der „reinen Trennungstheorie" führe zur Aufdeckung eines Teils der stillen Reserven. Dies entspreche zum einen dem Leistungsfähigkeitsprinzip und trage zum anderen dem Umstand Rechnung, dass in dem Vorgang sowohl eine entgeltliche Veräußerung als auch eine Schenkung liege.

III. Nach **Auffassung des BFH**[1457] habe das FG die Einräumung der Darlehensforderung zutreffend als Gegenleistung der KG an die Klägerin angesehen. Daher frage es sich, ob bzw. in welchem Umfang eine Gewinnrealisierung eingetreten sei. Zur weiteren Förderung des Verfahrens werde das BMF aufgefordert, dem Verfahren beizutreten und darauf einzugehen, ob dem Streitfall ein teilentgeltlicher Vorgang oder aber eine vollentgeltliche Übertragung in Gestalt einer Einbringung gegen Mischentgelt zugrunde liege, ob der strengen oder der modifizierten Trennungstheorie zu folgen sei

1452 FG Baden-Württemberg v. 23.05.2012 – 14 K 2982/10, BeckRS 2013, 94158; BFH v.19.03.2014 – X R 28/12, BStBl. II 2014, 629: Beitrittsaufforderung an das BMF; BFH v. 27.10.2015 – X R 28/12, DStR 2015, 2834 – Vorlage an den Großen Senat; BFH v. 10.10.2018 – X R 28/12, BFH/NV 2019, 39 – Aufhebung des Vorlagebeschlusses nach Erledigung des Rechtsstreits in der Hauptsache (dazu Dräger/Dorn NWB 2019, 17).

1453 Art. 2 Buchst. d) FusionsRL 2009/133/EG: Im Sinne dieser Richtlinie ist „Einbringung von Unternehmensteilen" der Vorgang, durch den eine Gesellschaft, ohne aufgelöst zu werden, ihren Betrieb insgesamt oder einen oder mehrere Teilbetriebe in eine andere Gesellschaft gegen Gewährung von Anteilen am Gesellschaftskapital der übernehmenden Gesellschaft einbringt.

1454 Widmann/Mayer § 20 UmwStG Rn. 134.

1455 So die h.M., z.B. BFH v. 29.7.2015 – IV R 15/14, BStBl. II 2016, 593; a.A. Weber-Grellet, DB 2019, 2201.

1456 Zur Aufgabe der Gesamtplanbetrachtung bei Zusammentreffen von § 6 Abs. 3 EStG und § 6 Abs. 5 EStG durch die Verwaltung (anders weiterhin bei Anwendung der §§ 16, 34 EStG) vgl. BMF v. 20.11.2019, BStBl. I 2019, 1291.

1457 BFH v. 19.03.2014 – X R 28/12, BStBl. II 2014, 629.

und welche Auswirkungen die „modifizierte Trennungstheorie“ auf die Beurteilung teilentgeltlicher Übertragungen von Wirtschaftsgütern des Privatvermögens habe.

IV. M.E. ist bereits **fraglich, ob überhaupt eine Veräußerung gegeben** ist. Denn die Formulierung „Einbringung gegen Gesellschaftsrechte“, die ein Austauschverhältnis insinuiert und die der Gesetzgeber in § 6 Abs. 5 S. 3 EStG übernommen hat,[1458] ist irreführend, da die Gesellschaftsrechte ja dem Kommanditisten bereits gehören. Wirtschaftlich betrachtet ändert sich durch die Einbringung von Wirtschaftsgütern in eine „eigene (100 %-)KG“ nichts.[1459] Das Wirtschaftsgut wird lediglich in ein „Sondervermögen“ ausgegliedert.
Diese Überlegung gilt auch für den Fall, dass der Buchwert der eingebrachten Wirtschaftsgüter die Einlage übersteigt und insoweit eine Darlehensverbindlichkeit ausgewiesen wird. Eine Darlehensverbindlichkeit zwischen einer Personengesellschaft und ihrem 100 %-Gesellschafter ist wirtschaftlich betrachtet ein „Nullum“, da Schuldner und Gläubiger identisch sind („Konfusion“). Die Einbringung eines Wirtschaftsguts in eine Einmann-KG kann daher m.E. nicht zur Aufdeckung stiller Reserven führen.

V. Nimmt man mit der Rspr. „Teilentgeltlichkeit“ an, so stellt sich die Frage, in welcher Höhe der Buchwert zu berücksichtigen ist und den Veräußerungsgewinn mindert. Die Trennungstheorie versucht, dem jeweiligen Veräußerungstatbestand (in Abgrenzung zur (teil-)unentgeltlichen Übertragung) den entsprechenden (Anschaffungs-)Aufwand zuzuordnen; die Trennungstheorie zerlegt – gesetzeskonform – die teilentgeltliche Veräußerung in eine unentgeltliche Übertragung und eine entgeltliche Veräußerung; sie ist daher die zutreffende Grundlage für teilentgeltliche Veräußerungen, etwa bei § 17 EStG,[1460] bei § 20 EStG[1461] oder auch bei § 23 EStG;[1462] dabei ist m.E. nach Maßgabe der reinen Trennungstheorie zu verfahren.[1463] Bei Veräußerung von Betrieben wird bei teilentgeltlicher Veräußerung die sog. Einheitstheorie angewandt. Das bedeutet, dass der Vorgang nicht in einen unentgeltlichen und einen entgeltlichen Betriebsübergang aufgeteilt wird. Die Einheitstheorie führt (bei Teilentgelt) zu einem niedrigeren Gewinn beim Veräußerer und zu niedrigeren Anschaffungskosten beim Erwerber. Es kann infolgedessen zu Gewinnverschiebungen kommen, theoretisch dürften sich aber wegen der korrespondierenden Behandlung der Bemessungsgrundlagen Vor- und Nachteile (von Steuersatzunterschieden und Zeitverschiebungen abgesehen) ausgleichen. Die Einheitstheorie ist dogmatisch eher schwer zu begründen und lässt sich nur mit dem Gedanken der Vereinfachung rechtfertigen.[1464]
Bei dieser Ausgangslage stellen sich m.E. folgende Fragen, die grundsätzliche Antworten verlangen:
- Sind teilentgeltliche Vorgänge grundsätzlich in eine unentgeltliche Übertragung und eine entgeltliche Veräußerung zu zerlegen?
- Ist die sog. Trennungstheorie überhaupt eine Theorie; verhält es sich nicht so, dass die Zerlegung eines teilentgeltlichen Vorgangs eine einfache gesetzeskonforme Auslegung des steuerrechtlichen Veräußerungstatbestandes bedeutet (zu X R 28/12)?

1458 Dazu im Einzelnen Weber-Grellet DB 2019, 2201.
1459 Die Besonderheit der Einmann-GmbH & Co. KG erkennt auch der BFH an (BFH v. 26.06.2014 – IV R 31/12, DB 2014, 2565).
1460 Schmidt/Levedag § 17 Rn. 98.
1461 Schmidt/Levedag § 20 Rn. 233.
1462 Schmidt/Weber-Grellet § 23 Rn. 51.
1463 Dornheim, DStZ 2013, 397, 400; so auch die Tendenz des X. Senats.
1464 Für die Einheitstheorie (zur Begünstigung notwendiger Umstrukturierungen) etwa Berninghaus FS Haarmann 2015, 337.

- Ist die Einbringung eines Grundstücks (unter dem Verkehrswert) wirklich eine Schenkung und ist die Übernahme eines Darlehens wirklich ein Entgelt (zu IV R 11/12)?
- Ist die („zusätzliche") Einräumung einer Darlehensforderung durch die KG zugunsten der Allein-Gesellschafterin wirklich Entgelt oder lediglich (wegen Identität von Gesellschafter und Gesellschaft) ein „gesonderter" Teil des Kapitalkontos (zu X R 28/12)?
- Sollte – nach Maßgabe der sog. Trennungstheorie – zur Bilanzbündeltheorie zurückgekehrt werden, nachdem die (unvollkommen praktizierte) Einheitstheorie mehr Schwierigkeiten als Nutzen gebracht hat?
- Kann eine Realisierung (dem Grunde nach) von der Höhe des Buchwerts abhängig sein (zu IV R 11/12)?

Ergebnis:

Folgt man der gegenwärtigen Position der Rspr., dürfte eine teilentgeltliche Veräußerung anzunehmen sein; die K hätte bei Einbringung einen Teil der stillen Reserven aufgedeckt.

IV. Verdeckte Einlage

1. Gesetzliche Regelungen

- § 6 Abs. 6 EStG: Wird ein einzelnes Wirtschaftsgut im Wege des Tausches übertragen, bemessen sich die Anschaffungskosten nach dem gemeinen Wert des hingegebenen Wirtschaftsguts. Erfolgt die Übertragung im Wege der verdeckten Einlage, erhöhen sich die Anschaffungskosten der Beteiligung an der Kapitalgesellschaft um den Teilwert des eingelegten Wirtschaftsguts. In den Fällen des Abs. 1 Nr. 5 S. 1 Buchst. a) erhöhen sich die Anschaffungskosten i. S. d. S. 2 um den Einlagewert des Wirtschaftsguts. Absatz 5 bleibt unberührt. 467
- § 17 Abs. 1 S. 2 EStG: Die verdeckte Einlage von Anteilen an einer Kapitalgesellschaft in eine Kapitalgesellschaft steht der Veräußerung der Anteile gleich.
- § 20 Abs. 2 S. 2 Hs. 1 EStG: Als Veräußerung i. S. d. S. 1 gilt auch die Einlösung, Rückzahlung, Abtretung oder verdeckte Einlage in eine Kapitalgesellschaft.
- § 20 Abs. 4 S. 2 EStG: In den Fällen der verdeckten Einlage tritt an die Stelle der Einnahmen aus der Veräußerung der Wirtschaftsgüter ihr gemeiner Wert; der Gewinn ist für das Kalenderjahr der verdeckten Einlage anzusetzen.
- § 23 Abs. 1 S. 5 EStG: Als Veräußerung i. S. d. S. 1 Nr. 1 gilt auch 1. die Einlage eines Wirtschaftsguts in das Betriebsvermögen, wenn die Veräußerung aus dem Betriebsvermögen innerhalb eines Zeitraums von zehn Jahren seit Anschaffung des Wirtschaftsguts erfolgt, und 2. die verdeckte Einlage in eine Kapitalgesellschaft.
- § 32 a Abs. 2 S. 1 KStG: Soweit gegenüber dem Gesellschafter ein Steuerbescheid oder ein Feststellungsbescheid hinsichtlich der Berücksichtigung einer verdeckten Einlage erlassen, aufgehoben oder geändert wird, kann ein Steuerbescheid gegenüber der Körperschaft, welcher der Vermögensvorteil zugewendet wurde, aufgehoben, erlassen oder geändert werden.

2. Definition und Bedeutung

Diesen Regelungen entsprechend beurteilt der BFH eine verdeckte Einlage – im Unterschied zur offenen Einlage gegen Gewährung von Gesellschaftsrechten – als die Zuwendung eines einlagefähigen Vermögensvorteils seitens eines Anteilseigners oder einer 468 ihm nahe stehenden Person an seine Kapitalgesellschaft ohne wertadäquate Gegenleistung, die ihre Ursache im Gesellschaftsverhältnis habe.[1465]

Die verdeckte Einlage tritt in unterschiedlichen Zusammenhängen in Erscheinung. Die verdeckte Einlage führt zur Gewinnrealisierung; sie kann Sanierungen erschweren. Die verdeckte Einlage ist kein Tauschgeschäft. Es besteht ein Verbot der verdeckten Nutzungseinlage (Großer Senat: die Nutzung sei kein Wirtschaftsgut; eine Nutzungsrechtseinlage würde zu einer Besteuerungslücke führen). Der wahre Grund des Verbots ist m. E. die Unzulässigkeit der Drittnutzungseinlage.

F. Gewinnermittlung

469 Nach den dargelegten Grundsätzen ist Grundlage für den Vermögensvergleich der Gesellschaft die aus der Handelsbilanz abgeleitete **Steuerbilanz der Gesellschaft**, nicht etwa gedachte oder auch wirkliche Einzelbilanzen der Gesellschafter. Daher ist zunächst der Gewinn/Verlust der Gesellschaft zu ermitteln, der dann auf die Gesellschafter (Mitunternehmer) zu verteilen ist.[1466]

Im Unterschied zum Einzelunternehmen, bei dem es immer nur ein Kapitalkonto gibt, wird bei Personengesellschaften für jeden Gesellschafter ein Kapitalkonto, häufiger werden sogar zwei Kapitalkonten geführt. Das eine Konto weist das sog. **Festkapital** (das zumeist im Gesellschaftsvertrag bestimmte Beteiligungskapital) aus **(Kapitalkonto I)**; das zweite Konto wird als **variables Konto** (**Kapitalkonto II**, Verrechnungskonto oder auch Darlehenskonto genannt) geführt. Auf diesem werden die Gewinnanteile gutgeschrieben und die Privatkonten verrechnet. Bei der KG ist die Zweiteilung der Kapitalkonten bereits wegen der Rechtsstellung der Kommanditisten unvermeidlich; denn gemäß § 172 HGB ist deren Haftung auf die Einlage beschränkt. Es liegt keine Einbringung gegen Gewährung von Gesellschaftsrechten vor (sondern nur eine „unentgeltliche" Einlage; keine AfA), wenn der Gegenwert des übertragenen Wirtschaftsguts allein dem Kapitalkonto II gutgeschrieben wird.[1467]

Die Wertansätze in der Steuerbilanz sind um die Ansätze der **Sonderbilanzen** und der **Ergänzungsbilanzen** zu komplettieren.

Abschließend geklärt sein dürfte, wie die Steuerbilanz der Gesellschaft mit den Ergänzungs- und Sonderbilanzen zusammenzufassen ist; die Idee einer **Gesamtbilanz**[1468] hat sich nicht durchgesetzt. Vielmehr sind die gewerblichen Einkünfte durch Addition der Ergebnisse der Steuerbilanz nebst Ergänzungs- und Sonderbilanzen zu ermitteln.[1469]

470 § **Fall 56: Für jeden etwas – Steuerbilanz, Ergänzungsbilanz, Sonderbilanz**

An der A, B & Co. KG sind als Komplementäre A und B sowie als Kommanditisten C, D und die E & A OHG beteiligt. A und B erhalten eine jährliche Tätigkeitsvergütung von je 60.000 €. Im Übrigen richtet sich die Gewinnverteilung nach dem Stand der Kapitalkonten I in der einheitlichen Handels- und Steuerbilanz der KG. Die E & A OHG hat der KG Saatgut geliefert (zu fremdüblichen Bedingungen) und Beratungsleistungen im Wert von 1500 € erbracht.

1465 BFH v. 09.11.2010 – IX R 24/09, BStBl. II 2011, 799; vgl. auch BFH v. 26.10.1987 – GrS 2/86, BStBl. II 1988, 348, und v. 09.06.1997 – GrS 1/94, BStBl. II 1998, 307; BFH v. 09.11.2010 – IX R 24/09, BStBl. II 2011, 799; vgl. auch BFH v. 26.10.1987 – GrS 2/86, BStBl. II 1988, 348 und v. 09.06.1997 – GrS 1/94, BStBl. II 1998, 307; BFH v. 15.03.2017 – I R 67/15, BB 2017, 2159; zur verdeckten Einlage vgl. auch Weber-Grellet DB 1998, 1532.

1466 BFH v. 10.11.1980 – GrS 1/79, BStBl. II 1981, 164; v. 25.06.1984 – GrS 4/82, BStBl. II 1984, 751, 768.

1467 BFH v. 29.07.2015 – IV R 15/14, BStBl. II 2016, 593.

1468 Vgl. Döllerer DStZ 1983, 179, 183; Mellwig FS Döllerer 1988, 411: konsolidierte Gesamtbilanz; Uelner, JbFStR 1979/80, 338, 350: strukturierte Gesamtbilanz.

1469 BFH v. 30.08.2001 – IV R 4/00, BFH/NV 2001, 1657; Schmidt/Wacker § 15 Rn. 403 f.; aber nach einheitlicher Gewinnermittlungsmethode (BFH v. 24.08.2010 – VIII B 28/10, BFH/NV 2010, 2272).

D hat seinen Kommanditanteil am 01.07.2023 auf der Grundlage einer zu diesem Zeitpunkt nach handels- und steuerrechtlichen Vorschriften aufgestellten Bilanz der KG (s. Anlage) von F erworben. D ist mit der Vereinbarung in die Gesellschaft eingetreten, die Kapitalkonten des F in der Bilanz der KG unverändert zu übernehmen. Wegen der schlechten Ertragsaussichten der KG zahlte D an F aber nur 35.000 €. Den Kaufpreis hat er fremdfinanziert. Das entsprechende Darlehen über 35.000 € ist in den ersten drei Jahren tilgungsfrei; die erste Zinszahlung für die Zeit vom 01.07.–31.12.2023 i. H. v. 3.500 € wurde am 31.12.2023 bezahlt. D hält den Anteil an der KG im Betriebsvermögen seines Einzelunternehmens. Bereits seit zwei Jahren vermietet D eine Lagerhalle an die KG; die Jahresmiete beträgt 40.000 €. Der Mietvertrag bleibt auch nach dem Eintritt als Kommanditist bestehen.

Die Lagerhalle stand am 31.12.2022 mit 260.000 € zu Buche; der dazugehörige Grund und Boden mit 180.000 €. Die jährliche AfA beträgt 40.000 €; die jährlichen laufenden Kosten für das Grundstück von 10.000 € trägt nach wie vor D selbst. Die gemeinen Werte betragen am 01.07.2023 für den Grund und Boden 300.000 €, für die Lagerhalle 320.000 €; die Teilwerte sind identisch.

Aktiva		Passiva	
Grund und Boden	300.000 €	Kapitalkonten I	
Gebäude	144.000 €	A	30.000 €
Fuhrpark	80.000 €	B	30.000 €
Beteiligung	100.000	C	60.000 €
Vorräte	50.000 €	F	60.000 €
Kasse	7.000 €	E & A OHG	120.000 €
Forderungen	19.000 €	Kapitalkonten II (Verrechnungskonten)	
Verlust	40.000 €	A	-10.000 €
	740.000 €	B	-23.000 €
		C	5.000 €
		F	3.000 €
		Verbindlichkeiten	465.000 €
			740.000 €
Teilwerte am 01.07.2021			
Grund und Boden	400.000 €	Kapitalkonten	317.000 €
Gebäude	180.000 €	Verbindlichkeiten	450.000 €
Fuhrpark	91.000 €		767.000 €
Beteiligung	20.000 €		
Vorräte	50.000 €		
Kasse	7.000 €		
Forderungen	19.000 €		
	767.000 €		

Aufgabe

Alle erforderlichen Bilanzen zur Ermittlung des Gewinns bzw. des Verlusts, der den Gesellschaftern der A und B & Co. KG aus ihrem Anteil für den Veranlagungszeitraum 2023 steuerlich zuzurechnen ist, sind aufzustellen und zu erläutern. Ferner ist für D darzustellen, welche Auswirkungen sich aus der Anteilsübernahme an der KG für sein Einzelunternehmen ergeben; D möchte in seiner Bilanz den Gewinn minimieren.

471 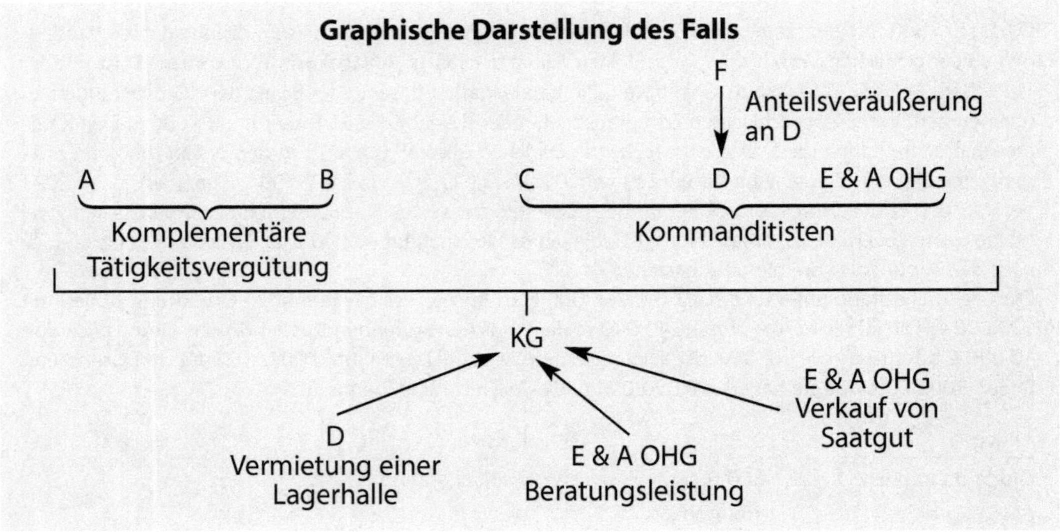

I. Nach h. M. wird die Gewinnermittlung bei einer Personengesellschaft für Zwecke der Einkünfteermittlung der allein steuerpflichtigen Gesellschafter zweistufig vorgenommen:

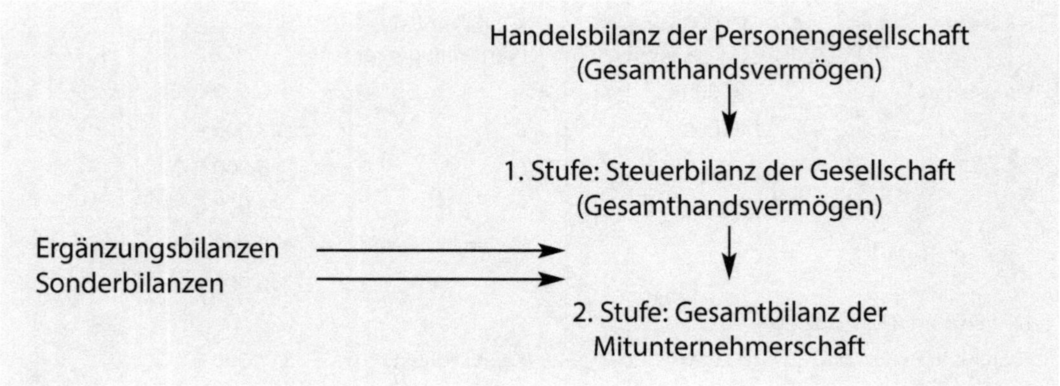

Bei den im Fall gestellten Problemen genügt zur Ermittlung des Gewinns aus Gewerbebetrieb die additive Methode, die auf eine Gesamtbilanz verzichten kann. Zur Bearbeitung des Falls sind

1. das **Gesamthandsvermögen** in der Steuerbilanz der KG darzustellen,
2. **ergänzende Werte zum Gesamthandsvermögen**, die nur einzelne Gesellschafter betreffen, in Ergänzungsbilanzen zu erfassen, sodass der „Gewinnanteil" (§ 15 Abs. 1 S. 1 Nr. 2 S. 1 Hs. 1 EStG) festgestellt werden kann, und sodann
3. die **Sondervergütungen** i. S. d. § 15 Abs. 1 S. 1 Nr. 2 S. 1 Hs. 2 EStG zu ermitteln durch entsprechende Sonderbilanzen.

472 II. Steuerbilanz 1. Stufe der KG

Auch beim additiven Verfahren sind nach herrschender Ansicht in einem ersten Schritt in der Steuerbilanz der KG die sog. Sondervergütungen als **Betriebsausgaben** zu erfassen. Die in der Handels- und Steuerbilanz der KG gewinnmindernd berücksichtigten Vergütungen gegenüber Mitunternehmern brauchen also – unabhängig von der Qualifikation auf der Empfängerseite – nicht korrigiert zu werden. Dies geschieht ggf. in den Sonderbilanzen der Mitunternehmer.

Auf der Grundlage der Zwischenbilanz zum 01.07.2023 kann durch Fortschreibung die Steuerbilanz 1. Stufe der KG zum 31.12.2023 gewonnen werden, indem insbesondere die Wertansätze für Gebäude und Fuhrpark um die Halbjahres-AfA (18.000 € und 10.000 €) vermindert und für Vorräte, Kasse und Forderungen die fortgeschriebenen Bestände eingesetzt werden.

Die bis 31.12.2023 fortgeschriebene Steuerbilanz der KG hat daher folgendes Aussehen:

Steuerbilanz zum 31.12.2023

Grund und Boden	300.000 €	Kapitalkonten I	
Gebäude	126.000 €	A	30.000 €
Fuhrpark	70.000 €	B	30.000 €
Beteiligung	100.000 €	C	60.000 €
Vorräte	40.000 €	D	60.000 €
Kasse	12.000 €	A & E OHG	120.000 €
Forderungen	17.000 €	Kapitalkonten II	
Verlust	**75.000 €**	A	-10.000 €
	740.000 €	B	-23.000 €
		C	5.000 €
		D	3.000 €
		Verbindlichkeiten	**465.000 €**
			740.000 €

III. Ergänzungsbilanz für D 473

Da sich D bei seinem Eintritt in die KG verpflichtet hat, die Kapitalkonten seines Rechtsvorgängers F fortzuführen, hat er den Differenzbetrag zwischen dem Kaufpreis und dem Buchwert des übernommenen Kapitalkontos in einer Ergänzungsbilanz auszuweisen. Der Buchwert des von F zum 01.07.2023 übernommenen Gesellschaftsanteils betrug:

Kapitalkonto	60.000 €
Kapitalkonto II	3.000 €
/ Verlustanteil (20 % von 40.000)	**-8.000 €**
Buchwert des Kapitalkontos	55.000 €

Den bei seinem Eintritt ausgehandelten Minderbetrag von 20.000 € hat D in seiner Ergänzungsbilanz zu aktivieren und auf die Wirtschaftsgüter der Gesellschaft zu verteilen, wobei der Ansatz eines negativen Geschäftswerts nicht zulässig ist.
Der Maßstab, nach dem die **Verteilung der Minderwerte** auf die Wirtschaftsgüter vorzunehmen ist, kann fraglich sein. Während für die Aufteilung von Mehrwerten korrekterweise eine Aufstockung auf die Buchwerte nach dem Verhältnis der stillen Reserven (Teilwert ./. Buchwert) gefordert wird, da hierdurch eine Einhaltung der Bewertungsobergrenze „Teilwert“ und der Ansatz eines (positiven) Geschäftswerts möglich ist, ergeben sich keine entsprechenden Sachgesetzlichkeiten für eine Abstockung. Unproblematisch ist allerdings die Vorabzurechnung des Minderbetrags auf die Wirtschaftsgüter, die tatsächlich überbewertet sind (hier die Beteiligung); der Restbetrag ist nach dem Verhältnis der Teilwerte zu verteilen. Die Verteilung hat sich auf Wirtschaftsgüter und Verbindlichkeiten zu beziehen (!).
Von dem Minderbetrag von insgesamt 20.000 € (55.000 € ./. 35.000 €) entfallen demnach zunächst 20 % von 80.000 € (100.000 € ./. 20.000 €) = 16.000 € auf den Anteil des D an der Überbewertung der Beteiligung. Der verbleibende Minderbetrag von 4.000 € ist nach dem Verhältnis der Teilwerte auf alle übrigen positiven

und negativen Wirtschaftsgüter mit Ausnahme des Bestands an Geld bzw. Kasse zu verteilen. Das ergibt:

Teilwert (in 1.000 €)		Verteilung des Minderwerts v. 4.000 €	
Grund und Boden	400 €	400/310	= 5.161 €
Gebäude	180 €	180/310	= 2.323 €
Fuhrpark	91 €	91/310	= 1.174 €
Beteiligung	20 €	20/310	= 258 €
Vorräte	50 €	50/310	= 645 €
Forderungen	19 €	19/310	**= 245 €**
Summe	760 €		9.806 €
Verbindlichkeiten	**– 450 €**	– 450/310	**-5.806 €**
	310 €		= 4.000 €

Die Ergänzungsbilanz des D hat danach zum Eintrittszeitpunkt folgendes Aussehen:

Ergänzungsbilanz zum 01.07.2023 für D

Minderkapital	20.000 €	Minderwert:	
		Grund und Boden	5.161 €
		Gebäude	2.323 €
		Fuhrpark	1.174 €
		Beteiligung (16.000 € + 258 €)	16.258 €
		Vorräte	645 €
Minderlast Verbindlichkeiten	**5.806 €**	Forderungen	**245 €**
	25.806 €		25.806 €

474 Diese Werte sind bis zum 31.12.2023 fortzuschreiben. Die – die Wertansätze der Gesamthandsbilanz ergänzenden – Minderwerte auf Vorräte und Forderungen sind aufzulösen. Nach dem Sachverhalt sind die – bei D wegen Minderkapitals abgewerteten – Forderungen eingegangen; die aus demselben Grund niedrig bewerteten Vorräte sind veräußert worden; diese Geschäftsvorfälle führen bei D zu (Sonder-)Ertrag. Die Minderwerte auf Gebäude und Fuhrpark sind entsprechend der AfA in der Hauptbilanz zu vermindern. So verringert sich für die Zeit vom 01.07.–31.12.2023 der Minderwert der Gebäude um 12,5 % = 290,38 € und derjenige auf den Fuhrpark ebenfalls um 12,5 % = 146,75 €. Damit haben ergänzende GuV-Rechnung und Ergänzungsbilanz folgendes Aussehen:

Ergänzende GuV vom 01.07.–31.12.2023

	„Erträge" aus der Auflösung der Minderwerte (Korrektur der Hauptbilanz/GuV-Rechnung)	
	Gebäude	290 €
	Fuhrpark	147 €
	Vorräte	645 €
	Forderungen	**245 €**
		1.327 €

Ergänzungsbilanz D zum 31.12.2023

Minderkapital	20.000 €	Minderwerte Grund und Boden	5.161 €
Minderlast Verbindlichkeit	**5.806 €**	Gebäude	2.033 €
	25.806 €	Fuhrpark	1.027 €
		Beteiligung	16.258 €
		Gewinn	**1.327 €**
			25.806 €

IV. Sonderbilanzen 475

1. Sonderbilanzen der Gesellschafter A und B
   Die Gesellschafter A und B haben ihre Tätigkeitsvergütung von je 60.000 € als **Sonderbetriebseinnahmen** zu erfassen. Folglich entsteht in ihren Sonderbilanzen zum 31.12.2023 ein Gewinn von jeweils 60.000 €.
2. Sonderbilanzen des D
   Bei seinem Eintritt in die KG und dem Erwerb der Mitunternehmerstellung wird die von D vermietete Lagerhalle zusammen mit dem zugehörigen Grund und Boden zu notwendigem Betriebsvermögen der KG. Eine Gewinnrealisierung tritt nach h.M. nicht ein. Eine Fortschreibung der Buchwerte entspricht der Zielsetzung des D, seinen Gewinnausweis für das Jahr 2023 zu minimieren. D übernimmt folglich die Lagerhalle und den dazugehörenden Grund und Boden am 01.07.2023 in sein Sonderbetriebsvermögen I bei der KG:

Sonderbetriebsvermögen I des D zum 01.07.2023

Grund und Boden	180.000 €	Sonderkapital	420.000 €
Lagerhalle (fortgeschriebener Wert; AfA 20 T)	240.000 €		

Sonderbetriebsvermögen II des D zum 01.07.2023

Minderkapital	35.000 €	Darlehen	35.000 €

Fortgeführt bis zum 31.12.2023 unter Erfassung aller erfolgswirksamen Vorfälle ergibt sich:

Sonderbetriebsvermögen I des D zum 31.12.2023			
Grund und Boden	180.000 €	Sonderkapital	420.000 €
Gebäude	240.000 €	Entnahme (Mieteinnahmen)	– 20.000 €
–AfA	– 20.000 €	Einlage (Kosten Lagerhalle)	5.000 €
	= 220.000 €		
Verlust	5.000 €		
Sonderbetriebsvermögen II des D zum 31.12.2023			
Minderkapital	35.000 €	Darlehen	35.000 €
Verlust	3.500 €	Einlage (Zinsen)	3.500 €

3. Sonderbilanz der E & A OHG
   Die Abwicklung der Saatgutlieferung wie unter fremden Dritten führt nicht zur Anwendung des § 15 Abs. 1 S. 1 Nr. 2 S. 1 Hs. 2 EStG.
   Die E & A OHG ist allerdings für die K tätig geworden, sodass das Beratungshonorar als **Sonderbetriebseinnahme** der OHG zu erfassen ist; sie führt im Sonderbetriebsvermögen der E & A OHG zu einem Gewinn zum 31.12.2023 i. H. v. 1.500 €.

476 V. Gewinn- und Verlustanteile der KG-Gesellschafter

	Stbil. 1. Stufe	Ergbilanz	SBV I	SBV II	Addition
A	– 7.500 €	–	60.000 €		52.500 €
B	– 7.500 €	–	60.000 €	–	52.500 €
C	–15.000 €	–	–	–	–15.000 €
D	– 7.000 €	1.327 €	–5.000 €	– 3.500 €	–14.173 €
E & A OHG	–30.000 €	–	1.500 €	–	–28.500 €
F	– 8.000 €	+1.327 €	–	–	– 8.000 €
Gesamt	–75.000 €		+116.500 €	– 3.500 €	+39.327 €

477 VI. Erwerb des KG-Anteils in der Bilanz des Einzelunternehmens des D
In der Handelsbilanz hat D die Beteiligung mit den Anschaffungskosten von 35.000 € zu aktivieren. Auf der Aktivseite dieser Bilanz werden die Posten für die Lagerhalle und den zugehörigen Grund und Boden fortgeführt; als Verbindlichkeit hat D ab dem 01.07.2023 den Darlehensbetrag zur Finanzierung der KG-Beteiligung mit dem Rückzahlungsbetrag von 35.000 € zu passivieren.
In der **Steuerbilanz** dagegen hat der **Posten „Beteiligung" keine eigenständige Bedeutung**;[1470] der Posten spiegelt lediglich das steuerliche Kapitalkonto bei der KG wieder (sog. Spiegelbildmethode).[1471] Das steuerliche Kapitalkonto setzt sich zusammen aus dem Kapitalkonto der Gesamthandsbilanz und den Kapitalkonten der Ergänzungs- und Sonderbilanzen. Dementsprechend ergibt sich für das Einzelunternehmen ein Ansatz in der Steuerbilanz i. H. v. 420.000 €.

1470 Schmidt/Weber-Grellet § 5 Rn. 270 „Beteiligung an PersGes".
1471 Weber-Grellet BB 2022, 2345/2347.

Kapitalkonten	zum 01.07.2023		zum 31.12.2023
▪ Gesamthandsbilanz	55.000 €	– 7.000 €	48.000 €
▪ Ergänzungsbilanz	– 20.000 €	+ 1.327 €	– 18.673 €
▪ Sonderbilanz I	420.000 €	– 5.000 €	415.000 €
▪ Sonderbilanz II	– 35.000 €	– 3.500 €	– 38.500 €
	420.000 €		405.827 €

Im Unterschied zur Handelsbilanz werden in der Steuerbilanz des Einzelunternehmens des D die Posten „Lagerhalle“, „Grund und Boden Lagerhalle“ und „Verbindlichkeiten Beteiligung“ nicht mehr angesetzt.

Ergebnis:

Der Gewinn der Gesellschafter der A, B & Co. KG ist aus der Steuerbilanz 1. Stufe und den notwendigen Ergänzungs- und Sonderbilanzen zu ermitteln. Die Ergebnisse der einzelnen Bilanzen sind für die einzelnen Gesellschafter im Wege der Addition zusammenzuführen.

In der für das Einzelunternehmen des D zu erstellenden Steuerbilanz hat der Posten „Beteiligung“ für die Gewinnermittlung keine eigenständige Bedeutung, da insoweit das Ergebnis der einheitlichen und gesonderten Gewinnfeststellung vorgeht.

G. Negative Kapitalkonten (§ 15 a EStG)

Fall 57: Verlustausgleich mit Gewinnen im Sonderbetriebsvermögen 478

Kommanditist A ist an der B KG beteiligt. Sein Kapitalkonto beträgt zum 31.12.2023 10.000 €. Die KG hat im Jahr 2021 einen Verlust erzielt; auf A entfällt ein Verlustanteil von 80.000 €. Für ein der KG gewährtes Darlehen hat A Sonderbetriebseinnahmen i. H. v. 30.000 € erhalten. Die Sonderbetriebseinnahmen aus Grundstücksüberlassung betragen 25.000 €, die Sonderbetriebsausgaben 35.000 €.
A fragt, ob und in welchem Umfang er den Verlustanteil mit den Ergebnissen aus dem Sonderbetriebsvermögen verrechnen kann.

I. Nach § 15 a Abs. 1 S. 1 EStG darf der einem Kommanditisten zuzurechnende Anteil am Verlust der KG weder mit anderen Einkünften aus Gewerbebetrieb noch mit Einkünften aus anderen Einkunftsarten ausgeglichen werden, soweit ein negatives Kapitalkonto des Kommanditisten entsteht oder sich erhöht. Ebenso wie die Bilanzen von Einzelunternehmen können auch die Bilanzen von Personengesellschaften negative Kapitalkonten enthalten. Das tatsächliche Vermögen der Gesellschaft ist infolge von stillen Reserven in derartigen Fällen allerdings zumeist positiv. Die negativen Kapitalkonten können sowohl durch Entnahmen als auch durch Verluste entstanden sein. 479

Die steuerliche Behandlung eines negativen Kapitalkontos hängt von der Art der Haftung des Gesellschafters ab. Zu unterscheiden ist, ob die Verluste

- einem **vollhaftenden Gesellschafter** (z. B. OHG-Gesellschafter oder Komplementär) oder
- einem **lediglich beschränkt haftenden Gesellschafter** (Kommanditist; atypisch stiller Gesellschafter) zuzurechnen sind.[1472]

Entsteht oder erhöht sich ein negatives Kapitalkonto bei einem vollhaftenden Gesellschafter durch Entnahmen, so hat dies keinen Einfluss auf die Gewinnermittlung und -verteilung. Es gelten die allgemeinen Grundsätze, d. h., die Entnahmen

1472 Zum Wechsel vom beschränkt zum vollhaftenden Gesellschafter vgl. BFH v. 12.02.2004 – IV R 70/02, BStBl. II 2004, 423.

sind steuerlich erfolgsneutral zu berücksichtigen. Verluste, die bei einem vollhaftenden Gesellschafter zu einem negativen Kapitalkonto führen, werden steuerlich grundsätzlich anerkannt.

Dagegen war die steuerrechtliche Anerkennung des negativen Kapitalkontos von Kommanditisten, das insbesondere von sog. Verlustzuweisungsgesellschaften genutzt wurde, nach bisherigem Recht umstritten. Nach Auffassung des BFH waren den Kommanditisten auch insoweit Verluste zuzurechnen, die zu einem negativen Kapitalkonto führten, es sei denn, dass nach den Verhältnissen am Bilanzstichtag **feststand**, dass ein Ausgleich des negativen Kapitalkontos mit künftigen Gewinnanteilen nicht mehr in Betracht kam.[1473]

480 II. **§ 15 a EStG**, der das Betätigungsfeld von Verlustzuweisungsgesellschaften einschränken will,[1474] geht ebenfalls davon aus, dass dem Kommanditisten Verluste zugerechnet werden können, obwohl er wegen seiner beschränkten Haftung nicht für sie einzustehen braucht. Der Kommanditist kann aber einen solchen Verlust nicht mit anderen positiven Einkünften ausgleichen oder nach § 10 d EStG abziehen (§ 15 a Abs. 1 S. 1 Hs. 2 EStG).[1475] Er muss den Verlust vielmehr vortragen und gemäß § 15 a Abs. 2 EStG mit späteren Gewinnen verrechnen. Diese Regelung ist sachgerecht, da mit den entstandenen Verlusten letztlich der belastet wird, der sie im Ergebnis auch zu tragen hat.

Beispiel

Der Kommanditist A ist an einer KG mit 20.000 € beteiligt. Die Einlage ist eingezahlt. Für das Jahr 2020 erhält er von der KG eine Verlustzuweisung i. H. v. 250 % seines Anteils. Sein Kapitalkonto wird durch den Verlust von 50.000 € negativ. Es beträgt nunmehr ./. 30.000 €. Bei seiner Einkommensteuerveranlagung kann A lediglich einen Verlust in Höhe seiner Einlage von 20.000 € mit seinen sonstigen positiven Einkünften ausgleichen. 30.000 € sind nicht ausgleichsfähig (§ 15 a Abs. 1 S. 1 EStG).

A werden in den folgenden Jahren von der KG die folgenden Verluste bzw. Gewinne zugerechnet:

Jahr	Verlust T	Gewinn T
2021	20 €	–
2022	–	20 €
2023	–	25 €
2024	–	35 €

Im Jahr 2021 erhöht sich das negative Kapitalkonto und der verrechenbare (nicht ausgleichsfähige) Verlust um 20.000 € auf 50.000 €. Im Jahr 2022 wird der Gewinn steuerlich in ganzer Höhe gegen die Vorjahresverluste verrechnet, der verrechenbare Verlust und das negative Kapitalkonto verringern sich auf 30.000 €. Im Jahr 2023 kann der Gewinn ebenfalls verrechnet werden, sodass das negative Kapitalkonto, ebenso wie das verrechenbare Verlustvolumen, sich um 25.000 € auf 5.000 € vermindern. Im Jahr 2024 ist der Gewinn mit dem verbleibenden Verlust von 5.000 € zu verrechnen. A muss den verbleibenden Gewinn von 30.000 € als Einkünfte aus Gewerbebetrieb versteuern.

481 III. Zur Feststellung, ob das Kapitalkonto des Kommanditisten positiv oder negativ ist, muss von dem steuerlichen Kapitalkonto ausgegangen werden; das Sonderbetriebsvermögen ist außer Betracht zu lassen.[1476]

1473 BFH v. 10.11.1980 – GrS 1/79, BStBl. II 1981, 164; v. 26.05.1981 – IV R 47/78, BStBl. II 1981, 795.

1474 Zum Normzweck Schmidt/Wacker § 15 a Rn. 1.

1475 Zur Nichtvererblichkeit des Verlustvortrags vgl. BFH v. 17.12.2007 – GrS 2/04, DStR 2008, 545.

1476 BFH v. 13.10.1998 – VIII R 78/97, BStBl. II 1999, 163; BMF v. 20.02.1992, BStBl. I 1992, 123; Söffing DStR 1993, 1541. Zur erweiterten Verlustausgleichsmöglichkeit nach § 15 a Abs. 1 S. 2 EStG vgl. BFH v. 14.05.1991 – VIII R 111/86, BStBl. II 1992, 164; v. 28.05.1993 – VIII B 11/92, BStBl. II 1993, 665.

Beispiel

A hat neben seiner Kommandit-Beteiligung von 20.000 € der KG eine Maschine im Wert von 60.000 € überlassen. Die Maschine bildet bei Gesellschafter A Sonderbetriebsvermögen. Er kann Verlustzuweisungen nur bis zu 20.000 € mit seinen sonstigen Einkünften ausgleichen, obwohl sein Kapitalkonto 80.000 € beträgt.

IV. (Freiwillige) Einlagen, die zum Ausgleich eines negativen Kapitalkontos geleistet[1477] und im Wirtschaftsjahr der Einlage nicht durch ausgleichsfähige Verluste verbraucht werden, führen regelmäßig zum Ansatz eines Korrekturpostens mit der weiteren Folge, dass – abweichend vom Wortlaut des § 15 a Abs. 1 S. 1 EStG – Verluste späterer Wirtschaftsjahre bis zum Verbrauch dieses Postens auch dann als ausgleichsfähig zu qualifizieren sind, wenn hierdurch (erneut) ein negatives Kapitalkonto entsteht oder sich erhöht.[1478]

V. **Verluste**, die im **Sonderbetriebsvermögen** anfallen, sind von der Regelung des § 15 a EStG im Gegensatz zu Gesellschaftsverlusten nicht betroffen. Sie dürfen in voller Höhe abgezogen werden.[1479]

Beispiel

(wie oben): Die KG weist A im Jahr 2019 einen Verlust von 100.000 € zu. Bei A übersteigen die Sonderbetriebsausgaben die Sonderbetriebseinnahmen um 5.000 €. A kann den Gesellschaftsverlust bis zur Höhe von 20.000 € ausgleichen. Die restlichen 80.000 € Verluste sind nur mit künftigen Gesellschaftsgewinnen verrechenbar. Zusätzlich darf A den Verlust aus dem Sonderbetriebsvermögen in voller Höhe mit seinen sonstigen positiven Einkünften ausgleichen.

Verluste der Gesellschaft sind somit von den im Sonderbetriebsvermögen entstandenen Verlusten zu trennen. Verluste, die in **Ergänzungsbilanzen** entstehen, gehören zu den Verlusten der Gesellschaft und nicht zu den Verlusten im Sonderbetriebsvermögen.[1480]

VI. Streitig ist ferner, ob **Gewinne** im Sonderbetriebsvermögensbereich mit Verlusten der Gesellschaft verrechnet werden dürfen. 482

- Nach früher h. M. in der Lit.[1481] konnte der Anteil am Verlust der KG mit einem insgesamt positiven Ergebnis des Kommanditisten im Bereich seines Sonderbetriebsvermögens verrechnet werden.
- Nach neuerer Auffassung[1482] kann ein verrechenbarer KG-Verlustanteil nicht mit positiven Sonderbilanzergebnissen desselben Wirtschaftsjahres ausgeglichen werden. Ein solcher Ausgleich soll dem Gesetzeszweck widersprechen; die Außenhaftung des Kommanditisten für Anteile am KG-Verlust, die zu einem negativen Kapitalkonto führten, werde durch den Sonderbetriebsvermögensbereich nicht erweitert.

Folgt man der BFH-Auffassung, so kommt eine Saldierung mit den Ergebnissen des Sonderbetriebsvermögens nicht in Betracht.

Ergebnis:

Der Verlustanteil von 80.000 € ist nicht mit dem „Gesamtgewinn" aus dem Sonderbetriebsvermögensbereich (20.000 €) zu verrechnen. Der Verlust i. H. v. 80.000 € ist nur i. H. v. 10.000 € ausgleichs- und abzugsfähig; darüber hinaus entsteht ein negatives Kapitalkonto.

1477 BFH v. 02.02.2017 – IV R 47/13, DB 2017, 698: nur in das Gesamthandsvermögen geleistete Einlagen.
1478 BFH v. 14.10.2003 – VIII R 32/01, BStBl. II 2004, 359.
1479 BFH v. 13.10.1998 – VIII R 78/97, BStBl. II 1999, 163.
1480 BFH v. 30.03.1993 – VIII R 63/91, BStBl. II 1993, 706.
1481 Schmidt, 17. Aufl., § 15 a Rn. 105 m. w. N.
1482 BFH v.13.10.1998 – VIII R 78/97, BStBl. II 1999,163; Ruban FS Klein 1994, 781; Schmidt/Wacker § 15 a Rn. 62.

483 Um missbräuchlichen Gestaltungsmaßnahmen durch die Steuerpflichtigen vorzubeugen, enthält § 15 a Abs. 3 EStG Regelungen für die Fälle der **Einlage-** und **Haftungsminderung.** Eine Einlageminderung liegt vor, soweit ein negatives Kapitalkonto durch Entnahmen entsteht bzw. erhöht wird. In Höhe der Einlageminderung muss dem Kommanditisten ein Gewinn hinzugerechnet werden (Gewinnhinzurechnung). Durch die Hinzurechnung wird erreicht, dass früher ausgleichsfähige Verluste rückgängig gemacht und stattdessen zu verrechenbaren Verlusten werden.

Beispiel

A hat der KG ein Darlehen i. H. v. 30.000 € gewährt. Für das Jahr 01 erhält er eine Verlustzuweisung von 60.000 €. Von dem Verlust sind 30.000 € voll ausgleichsfähig und 30.000 € mit künftigen Gewinnen verrechenbar. Das Kapitalkonto beträgt am 31.12.01 ./. 30.000 €. Im Jahr 02 wird das Darlehen gekündigt und zurückgezahlt.

Das negative Kapitalkonto erhöht sich durch die Darlehensrückzahlung im Jahr 02 auf 60.000 €. Steuerlich liegt eine Einlageminderung vor. Dem Kommanditisten A ist für das Jahr 02 in Höhe der Einlageminderung ein (fiktiver) Gewinn hinzuzurechnen. Der Verlustausgleich im Jahr 01 wird demnach im Jahr 02 wieder rückgängig gemacht. A hat nunmehr ein Verlustverrechnungsvolumen von 60.000 €.

Ist das Kapitalkonto eines Kommanditisten im Zeitpunkt der Veräußerung seiner Beteiligung negativ, so können die bisher **nicht verrechneten Verluste** mit dem **Veräußerungsgewinn ausgeglichen** werden. Bei unentgeltlicher Übertragung (z. B. Erbschaft) gehen die Verluste auf den Rechtsnachfolger über. Im Liquidationsfall können nicht verrechnete Verluste mit dem Gewinn aus der Aufdeckung stiller Reserven verrechnet werden.

Soweit ein Ausgleich oder eine Verrechnung von Verlusten bei einem Kommanditisten nicht möglich ist, werden die Verluste dem Gesellschafter zugeschrieben, der sie endgültig trägt. Dies ist in der Regel ein Komplementär. Der Kommanditist kann diese Verluste nicht mehr geltend machen.

484

Übersicht

Besteuerung der Personengesellschaften (§ 15 Abs. 1 S. 1 Nr. 2 EStG)

I. **Grundlagen:**
Die Rspr. geht von der begrenzten Steuerrechtssubjektivität der Personengesellschaft („Einheitsgedanke"; Übernahme zivilrechtlicher Vorstellungen) aus; die Bilanzbündeltheorie („Vielheitsgedanke") ist überholt.
II. **Subjektiver Anwendungsbereich**
§ 15 Abs. 1 S. 1 Nr. 2 EStG erfasst nur die Gesellschafter, die auch **Mitunternehmer** sind; das verlangt:
- Mitunternehmerinitiative (Teilnahme an unternehmerischen Entscheidungen; zumindest nach Regelstatut des HGB)
- Mitunternehmerrisiko (Teilhabe an Erfolg und Misserfolg, auch an den stillen Reserven)

Auch verdeckte Gesellschaftsverhältnisse werden erfasst (BFH v. 01.07.2003 – VIII R 2/03, BFH/NV 2003, 1564).
III. **Objektiver Anwendungsbereich**
§ 15 Abs. 1 S. 1 Nr. 2 S. 1 Hs. 1 EStG: Anteile am Gewinn der Gesellschaft
§ 15 Abs. 1 S. 1 Nr. 2 S. 1 Hs. 2 EStG: Sondervergütung für
- Tätigkeit im Dienste der Gesellschaft
- Hingabe von Darlehen
- Überlassung von Wirtschaftsgütern
- Bei Lehre von der Einheit der Personengesellschaft konstitutive Bedeutung
- Gleichstellungsfunktion (Mitunternehmer und Einzelunternehmer)
- Nur solche Leistungen werden erfasst, die durch das Gesellschaftsverhältnis veranlasst sind (Beitragsgedanke)
- Qualifi kationsnorm (Vergütungen, die bei isolierter Betrachtung einer anderen oder auch keiner Einkunftsart zuzuordnen wären, werden als Sondervergütungen zu gewerbl. Einkünften)
- Zuordnungsnorm: Grundsätzlich Vorrang der Mitunternehmerschaft bei Bilanzierungskonkurrenz; Subsidiarität bei Schwestergesellschaften und bei mitunternehmerischer Betriebsaufspaltung (BFH v. 24.03.1999 – I R 114/97, BStBl. II 2000, 399)
- Im Ergebnis keine Auswirkung auf die Höhe des Gesamtgewinns; lediglich Umverteilung im Gesellschafterkreis

IV. **Gewinnermittlung**
1. **Steuerbilanz der Gesellschaft** (ggf. abgeleitet aus Handelsbilanz) mit
- Kapitalkonto I (zumeist das Einlagekapital; Festkonto)
- Kapitalkonto II (Verrechnungs-, Darlehenskonto)

2. **Sonderbilanzen** (für einz. Gesellschafter, die Sonderbetriebsvermögen halten)
- Sonderbetriebsvermögen I: dient der Gesellschaft (Nutzung von Gesellschaftervermögen durch die Gesellschaft)
- Sonderbetriebsvermögen II: dient der Gesellschafterstellung (z. B. Anteil an Komplementär-GmbH)

3. **Ergänzungsbilanzen:** Korrektur der unterschiedlichen Verhältnisse einzelner Gesellschafter, z. B. bei Rücklagen, die an bestimmte persönliche, nicht von allen Gesellschaftern erfüllte Voraussetzungen anknüpfen, oder bei Erwerb eines Anteils über oder unter dem Buchwert (Auf-/Abstockung)
4. Zusammenfassung von 1.–3.: im Wege der sog. **additiven Methode** (BFH XI R 38/89, -BStBl. II 1992, 797); Lit. z. T.: konsolidierte/strukturierte Gesamtbilanz; praktische Bedeutung eher gering; **verfahrensrechtlich:** Gewinnermittlung im Wege der einheitlichen und gesonderten Gewinnfeststellung (§§ 179 ff. AO)
V. **Entnahme/Einlage:**
- Prinzipiell Geltung der allgemeinen Grundsätze
- Einlage/Entnahme = **gesellschaftlich veranlasste** Wertveränderungen (im Gegensatz zu betrieblich veranlassten Wertveränderungen)
- **Verdeckte** Entnahme/Einlage: wenn unangemessenes Entgelt; Differenz gesellschaftl. veranlasst

VI. **§ 15 a EStG (negative Kapitalkonten): ratio legis:** Negative Kapitalkonten bei beschränkt haftenden Gesellschaftern prinzipiell zulässig, aber Verluste nur bis zur Höhe der Einlage mit anderen positiven Einkünften oder nach § 10 d EStG verrechenbar; Verluste vortragsfähig

9. Abschnitt Einnahmenüberschussrechnung (§ 4 Abs. 3 EStG) – Exkurs

A. Systematik der Überschussrechnung

485 Steuerpflichtige, die nicht verpflichtet sind, Bücher zu führen und dies auch nicht freiwillig tun, können als Betriebsergebnis die Differenz zwischen Betriebseinnahmen und Betriebsausgaben ansetzen (Wahlrecht).[1483] Die Überschussrechnung muss nicht jedes Jahr erneut gewählt werden.[1484] Das Wahlrecht entfällt erst mit Aufstellung des Abschlusses.[1485]

Die Einnahmenüberschussrechnung nach § 4 Abs. 3 EStG ist eine vereinfachte Form der Gewinnermittlung nach § 4 Abs. 1 EStG.[1486] Sie ist deshalb in der Regel so abzugrenzen und auszulegen, dass sie auf Dauer gesehen zu dem gleichen Ergebnis führt wie der Vermögensvergleich.[1487]

Kategorien der Gewinnermittlung sind – von Ausnahmen abgesehen – allein Betriebseinnahmen und Betriebsausgaben; der Wert des – selbstverständlich auch beim Überschussrechner vorhandenen – Betriebsvermögens ist prinzipiell ohne Bedeutung; Inventuren sind nicht erforderlich. Überschussrechnung und Bestandsvergleich unterscheiden sich in erster Linie durch den Zeitpunkt der Erfolgsauswirkung: Während bei der Überschussrechnung grundsätzlich das **Zahlungsprinzip** gilt (Ausnahme: § 4 Abs. 3 S. 3–5 EStG),[1488] ist beim Bestandsvergleich für den Erfolgsausweis das Prinzip der wirtschaftlichen Verursachung maßgeblich. § 6 Abs. 7 EStG verlangt die (entsprechende) Anwendung des § 6 Abs. 3 bis 6 EStG (bei Übertragungen), die Anwendung des § 6 Abs. 1 Nr. 1 a EStG (anschaffungsnahe Aufwendungen) und des § 6 Abs. 1 Nr. 4 bis 7 EStG (Entnahme/Einlagen pp.). Für Wirtschaftsjahre, die nach dem 31.12.2003 beginnen, ist ein Vordruck „Einnahmenüberschussrechnung-EÜR" zu verwenden.[1489] Für die Vorlage des amtlichen Vordrucks „EÜR" besteht eine Rechtsgrundlage.[1490]

Bei der Überschussrechnung werden alle Geschäftsvorfälle grundsätzlich nur einfach erfasst, als Betriebseinnahme oder -ausgabe; Forderungen, Abgrenzungsposten, Verbindlichkeiten, Rückstellungen sind demnach ohne Belang. Ihrer Rechtsnatur nach ist die Überschussrechnung keine Geldrechnung, da die Betriebseinnahmen und -ausgaben auch in Sach- und Dienstleistungen bestehen können; die meisten Betriebseinnahmen und -ausgaben fallen jedoch als Geldleistungen an.

486 Alle dem Betrieb aus betrieblicher Veranlassung zufließenden Geldbeträge werden als Betriebseinnahmen und alle aus betrieblicher Veranlassung abfließenden Geldbeträge werden als Betriebsausgaben berücksichtigt. So führt der Warenverkauf gegen bar sofort zu einer Betriebseinnahme, während der Warenverkauf auf Kredit nicht im Augenblick des Abgangs der Ware, sondern erst bei Eingang des Kaufpreises zu einer Betriebseinnahme führt. Entsprechendes gilt für die Erfassung der Betriebsausgabe bei Kauf von Ware. Besteht das Entgelt für eine erbrachte Lieferung oder sonstige Leistung nicht in Bargeld, sondern in einer Gegenlieferung oder -leistung, so ist anstatt des Geldes der empfangene geldwerte Vorteil als Betriebseinnahme zu erfassen.

1483 Die Ausübung des Wahlrechts kann gesperrt sein, wenn nach ausländischem Recht eine Buchführungs- und Bilanzierungspflicht besteht (BFH v. 20.04.2021 – IV R 20/17, BFH/NV 2021, 1256).

1484 BFH v. 24.09.2008 – X R 58/06, BStBl. II 2009I, 368; R 4.1 Abs. 2 S. 5 EStR.

1485 BFH v. 19.03.2009 – IV R 57/07, BStBl. II 2009, 659.

1486 Im Einzelnen Kahle/Kopp, FR 2020, 1117; FR 2021, 55.

1487 St.Rspr., vgl. BFH v. 04.07.1990 – GrS 2-3/88, BStBl. II 1990, 817, unter C II 6; zur Ausübung des Wahlrechts vgl. BFH v. 05.04.1999 – IV R 68/98, BStBl. II 1999, 481; ausführlich Korn, Gewinnermittlung nach § 4 Abs. 3 EStG, kösdi 2014, 19001.

1488 Dazu BFH v. 16.02.1995 – IV R 29/94, BStBl. II 1995, 635; v. 29.11.2007 – IV R 81/05, BStBl. II 2008, 561: Für die Berechnung der AfA sind auch bei § 4 Abs. 3 EStG bilanzsteuerrechtliche Grundsätze maßgeblich.

1489 BMF v. 02.09.2024, BStBl. I 2024, 1148.

1490 BFH v. 16.11.2011 – X R 18/09, BStBl. II 2012, 129.

Beispiel

Ein Tierarzt erhält für seine Tätigkeit von einem Bauern Naturalien. Der geldwerte Vorteil ist Betriebseinnahme.

Betriebseinnahmen und -ausgaben sind in dem Kalenderjahr zu berücksichtigen, in dem sie zu- oder abgeflossen sind (§ 11 EStG).[1491] Eine Ausnahme von diesem Grundsatz besteht nur für solche regelmäßig wiederkehrenden Einnahmen (Ausgaben), die der Steuerpflichtige kurze Zeit vor Beginn oder nach Beendigung eines Wirtschaftsjahres erhält (leistet) und die wirtschaftlich ein anderes Kalenderjahr betreffen. Diese Einnahmen (Ausgaben) werden nicht im Jahr der Zahlung, sondern in dem Jahr berücksichtigt, zu dem sie wirtschaftlich gehören.

Beispiel

Ein Gewerbetreibender zahlt die am 02.01. fällige Januar-Miete für seine Geschäftsräume bereits am 28. Dezember des Vorjahres. Die Betriebsausgabe ist im laufenden Jahr zu berücksichtigen.

(Auch) die Überschussrechnung verlangt, dass die Betriebseinnahmen und Betriebsausgaben durch Belege nachgewiesen werden.[1492]

Aufzeichnungen sind nur aufzubewahren, soweit dies aufgrund anderer Steuergesetze, z. B. nach § 4 Abs. 3 S. 5, Abs. 7 EStG und nach § 22 UStG gefordert ist.[1493]

B. Betriebseinnahmen

§ Fall 58: Gegenleistung von Betriebsausgaben als Betriebseinnahmen 487

Landwirt A kauft bei seiner Genossenschaft gegen Barzahlung Saatgut ein. Das Saatgut nimmt er sofort mit. Muss A in seiner Überschussrechnung das Saatgut als Betriebseinnahme erfassen?

I. A ist unter den Voraussetzungen des § 13 a Abs. 2 S. 1 EStG berechtigt, seinen Gewinn durch Vergleich der Betriebseinnahmen mit den Betriebsausgaben zu ermitteln. 488

II. Das Saatgut könnte als Betriebseinnahme in Gestalt eines geldwerten Vorteils zu erfassen sein.

1. Betriebseinnahmen sind von unmittelbarer Bedeutung nur bei der Überschussrechnung; beim Betriebsvermögensvergleich ist die entsprechende Größe die erfolgswirksame Vermehrung des Betriebsvermögens (der Ertrag). Betriebseinnahme und Ertrag sind insofern identisch, als sie nur betrieblich veranlasste (erfolgswirksame) Zugänge von Vermögenswerten erfassen. Mittelbar von Bedeutung ist der Begriff der Betriebseinnahme – auch ohne ausdrückliche Verweisung, vgl. §§ 4 Abs. 1, 5 Abs. 6 EStG – beim Betriebsvermögensvergleich (vgl. z. B. §§ 3 ff. EStG).

1491 BFH v. 12.07.1990 – IV R 137-138/89, BB 1991, 600.
1492 BFH v. 26.02.2004 – XI R 25/02, BFH/NV 2004, 858 zur Aufbewahrungspflicht von sog. Schichtzetteln im Taxigewerbe.
1493 BFH v. 12.02.2020 – X R 8/18, BFH/NV 2020, 1045.

Der Begriff der Betriebseinnahme ist gesetzlich nicht definiert. In Anlehnung an § 8 Abs. 1 und § 4 Abs. 4 EStG sind nach st. Rspr.[1494] Betriebseinnahmen alle Zugänge in Geld oder Geldeswert, die durch den Betrieb veranlasst sind.[1495]

Diese Definition ist teils zu weit, teils unpräzise. Korrekter ist es, als Betriebseinnahmen alle realen (z. B. keine Forderungen) und erfolgswirksamen (z. B. keine Darlehensmittel) Zuflüsse in Geld oder Geldeswert, die durch den Betrieb veranlasst sind, zu erfassen, mit Ausnahme der Gegenleistungen von Betriebsausgaben (z. B. eingekaufte Waren).

2. Ebenso wie im Bereich der Betriebsausgaben lässt sich auch bei den Betriebseinnahmen das **Merkmal der betrieblichen Veranlassung** nicht durch Rückgriff auf bestimmte (Kausal-)Theorien ableiten.[1496] Entscheidend ist vielmehr eine Abwägung aller Umstände, die der jeweiligen Einnahme zugrunde liegen, unter besonderer Berücksichtigung des Unternehmensgegenstandes, der Art der Einnahme und der Abwicklung des der Einnahme zugrunde liegenden Geschäfts; gewisse Bedeutung hat auch die Motivation des Leistenden.

Betrieblich veranlasst sind vor allem die Einnahmen, die aus Geschäften anfallen, die den Gegenstand des Unternehmens ausmachen und die unter Einsatz betrieblicher Mittel erwirtschaftet werden; ebenfalls betrieblich veranlasst sind Einnahmen aus Hilfsgeschäften (z. B. Veräußerung von Anlagegütern), aus Nebengeschäften sowie aus Abfindungen oder Entschädigungen im betrieblichen Bereich[1497] sowie sonstige Vorteile, soweit sie mit dem Betrieb in einem engen sachlichen Zusammenhang stehen.[1498]

Auch unentgeltliche Einnahmen (wie z. B. Zuschüsse oder Geschenke) sind betrieblich veranlasst, wenn sie mit dem Betrieb in sachlichem Zusammenhang stehen, z. B. wenn eine Brauerei anlässlich des Geburtstags eines Gastwirts einen außerordentlichen Bierbezug durch ein Sachgeschenk honorieren will.[1499]

Nicht betrieblich veranlasst sind dagegen Einnahmen, wie z. B. Preise, mit denen das Lebenswerk oder das Gesamtschaffen ausgezeichnet werden sollen.[1500]

3. Der Zugang des Saatguts ist ein geldwerter Vorteil, der durch den Betrieb veranlasst ist. Legt man die BFH-Definition zugrunde, wäre eine Betriebseinnahme gegeben. Diese Auffassung kann nicht überzeugen. **Gegenleistungen für Betriebsausgaben** werden bei der Überschussrechnung nicht als Betriebseinnahmen erfasst, da – im Unterschied zum Bestandsvergleich – alle Geschäftsvorfälle nur einfach berücksichtigt werden. Aus diesem Grund bleibt außer Betracht, dass im Allgemeinen mit jeder Betriebsausgabe ein Zugang von Werten verbunden ist. Das Totalergebnis wird dadurch nicht berührt; es tritt aber eine zeitliche Verschiebung ein. Der Saatguteinkauf würde erst bei Veräußerung der damit erzeugten Früchte als Betriebsausgabe (Aufwand) erfasst.

Ergebnis:

Im Rahmen der Überschussrechnung ist das Saatgut nicht als Betriebseinnahme anzusetzen; den gezahlten Betrag kann A gewinnwirksam als Betriebsausgabe abziehen.

1494 Vgl. BFH v. 18.05.1995 – IV R 43/93, BFH/NV 1996, 26.
1495 Ferner Schmidt/Loschelder § 4 Rn. 420 f.
1496 Vgl. dazu Walz StuW 1986, 21: unfruchtbares Scheingefecht; Birk Rn. 988.
1497 Vgl. BFH v. 18.05.1995 – IV R 43/93, BFH/NV 1996, 26.
1498 BFH v. 13.03.1991 – X R 24/89, BFH/NV 1991, 537.
1499 BFH v. 17.09.1987 – III R 225/83, BStBl. II 1988, 324.
1500 BFH v. 14.03.1989 – I R 83/85, BStBl. II 1989, 650.

C. Betriebsausgaben

Fall 59: Beiträge an einen Berufsverband 489

Die A KG betreibt Warenhäuser. Sie ist Mitglied des Wirtschaftsrats der CDU, dessen tatsächliche Geschäftsführung sich mit seiner Satzung deckt. Die A KG fragt, ob sie den Mitgliedsbeitrag als Betriebsausgabe absetzen kann.

I. Gemäß § 4 Abs. 4 EStG sind Betriebsausgaben die Aufwendungen, die durch den Betrieb veranlasst sind.[1501] 490

Zu unterscheiden sind

- hinsichtlich des **Umfangs**:
  - nicht abziehbare Betriebsausgaben (vgl. z. B. § 4 Abs. 5 Nr. 3, Nr. 4, § 3 c, § 50 Abs. 1 EStG; § 160 AO),
  - begrenzt abziehbare Betriebsausgaben (vgl. z. B. § 4 Abs. 5 Nr. 1, Nr. 2 EStG),
  - unbegrenzt abziehbare Betriebsausgaben (z. B. laufende Betriebsaufwendungen);
- in **zeitlicher** Hinsicht:
  - sofort abziehbare Betriebsausgaben (z. B. laufender Aufwand),
  - nicht (bzw. nicht in vollem Umfang) sofort abziehbare Betriebsausgaben (z. B. Anschaffungskosten für Wirtschaftsgüter[1502]).

Im Unterschied zu Betriebsausgaben, die im Rahmen der Gewinnermittlung nach § 4 Abs. 3 EStG bei Zahlung abzuziehen sind, ist betrieblicher Aufwand (bei der Gewinnermittlung nach §§ 4 Abs. 1, 5 Abs. 1 EStG) im Zeitpunkt seiner wirtschaftlichen Belastung (Verursachung) gewinnmindernd zu berücksichtigen.[1503] Der Ausweis von Aufwand ist rechtlich nur unvollkommen geregelt; Anhaltspunkte ergeben sich aus § 252 Abs. 1 Nr. 5 HGB, aus § 5 Abs. 2 a, Abs. 4 a, Abs. 4 b, Abs. 5 EStG.[1504] Die Kriterien für die wirtschaftliche Belastung (Verursachung) entsprechen denen, die für die Rückstellungsbildung gelten.[1505] Hat sich die Verpflichtung zu einer wirtschaftlichen Belastung verdichtet, ist der entsprechende Aufwand nach Maßgabe des Belastungsprinzips grundsätzlich abziehbar; hingegen ist (künftiger) Aufwand, der noch nicht zu einer wirtschaftlichen Belastung geführt hat, grundsätzlich noch nicht absetzbar.[1506] Ergänzt wird der Grundsatz der wirtschaftlichen Belastung (Verursachung) durch den Gedanken der Nettorealisation, dem das Moxter'sche Alimentationsprinzip zugrunde liegt,[1507] passivierungsbegrenzend z. B. bei der Aktivierung von Herstellungskosten und bei halbfertigen Arbeiten und passivierungserweiternd bei der Zuordnung künftiger Aufwendungen zu realisierten Erträgen, z. B. bei Garantierückstellungen, bei der Passivierung nachträglicher Buchungskosten, bei Jahresabschlusskosten oder als Erfüllungsrückstand. [1508]

II. Bei der Frage nach der betrieblichen Veranlassung ist nach der Rspr. in folgender Weise zu differenzieren:

- **Gewollte** Aufwendungen sind betrieblich veranlasst, wenn sie objektiv mit dem 491
  Betrieb zusammenhängen (betrieblicher Sachzusammenhang) und subjektiv dem Betrieb zu dienen bestimmt sind;[1509] diesen zweigliedrigen, objektive und subjek-

---

1501 BFH v. 29.03.2000 – X R 99/95, BFH/NV 2000, 1188; v. 29.07.2003 – XI B 237/02, BFH/NV 2003, 1576; zur Abgrenzung vom Aufwand der GuV-Rechnung vgl. 2. Abschnitt Rn. 32 ff.

1502 Vgl. § 4 Abs. 3 S. 4 EStG.

1503 Buchung: per Aufwand an Verbindlichkeit/Rückstellung.

1504 Im Einzelnen Weber-Grellet DB 2002, 2180; s. auch oben Rn. 35, 36, 122.

1505 Dazu Schmidt/Weber-Grellet § 5 Rn. 80, 386.

1506 So jetzt auch BFH v. 15.04.2015 – I R 44/14, BStBl. II 2015, 769.

1507 Münchener Kommentar/Ballwieser § 252 HGB, Rn. 65; zur bilanzsteuerrechtlichen Position Moxter's Weber-Grellet BB 2019, 2411.

1508 Weber-Grellet DB 2002, 2180/2; FR 2004, 1016.

1509 Vgl. BFH v. 21.11.1983 – GrS 2/82, BStBl. II 1984, 160; v. 01.10.1993 – III R 32/92, BStBl. II 1994, 179.

tive Elemente enthaltenden, Veranlassungsbegriff legt der BFH in vergleichbarer Weise auch der Definition von Betriebsvermögen zugrunde.[1510] Dabei wird der subjektive Tatbestand in aller Regel durch das Vorliegen des objektiven Tatbestands indiziert.

- Bei **ungewollten** Aufwendungen fehlt zwangsläufig das subjektive Element; in diesen Fällen genügt ein objektiver betrieblicher Sachzusammenhang,[1511] der auch vorliegt, wenn ein privater Gegenstand bei betrieblicher Nutzung beschädigt wird. Der **Sachzusammenhang** zwischen Aufwendung und Betrieb kann eng (unmittelbar) sein (z. B. Betriebsmieten, Lohn, betriebliche Steuern und Versicherungen etc.); aber auch ein weiterer – nur mittelbarer – Sachzusammenhang genügt, sofern eine außerbetriebliche Veranlassung ausscheidet.

Aufwendungen, die zugleich durch Lebensführung oder private Neigungen und Betrieb veranlasst sind (sog. **gemischte Aufwendungen**), sind (auch) durch den Betrieb veranlasst, also Betriebsausgaben;[1512] sie sind soweit möglich anhand objektiver Merkmale aufzuteilen.[1513] Allerdings ließen Rspr. und Verwaltung bisher schon in bestimmten Fällen (z. B. bei privater Pkw-Nutzung) die Aufteilung auch aufgrund einer nicht leicht und einwandfrei nachprüfbaren Schätzung zu.

Privat (außerbetrieblich) veranlasste Aufwendungen (z. B. Aufwendungen für die Stundung oder Finanzierung von Pflichtteilsverbindlichkeiten) sind nicht abziehbar.[1514]

III. Ob eine Aufwendung notwendig, angemessen, üblich und geeignet oder zweckmäßig ist, ist für die betriebliche Veranlassung prinzipiell unerheblich (freies Ermessen des Stpfl.), es sei denn, dass die Lebensführung bzw. der private Bereich des Stpfl. berührt werden.[1515]

IV. Aufwendungen können bereits **vor** Betriebseröffnung betrieblich veranlasst sein (vorab entstandene bzw. vorweggenommene vorbereitende Betriebsausgaben). In diesem Fall ist allerdings besonders darauf zu achten, dass ein ausreichender Zusammenhang mit dem noch zu eröffnenden Betrieb besteht.[1516]

Nach Beendigung des Betriebs (durch Betriebsaufgabe oder Betriebsveräußerung) anfallende Aufwendungen können ebenfalls betrieblich veranlasst sein (z. B. nachträgliche Kaufpreisrückzahlungen wegen mangelhafter Lieferung, nachträgliche Schuldentilgung; Zinszahlungen auf Verbindlichkeiten, die bis zur Beendigung des Betriebs nicht getilgt werden konnten).[1517]

V. Bei der Feststellung, ob Betriebsausgaben vorliegen, ergänzen sich die Amtsermittlungspflicht der Verwaltung (vgl. § 88 AO) und die Mitwirkungspflicht des Stpfl. (§ 90 AO). Lassen sich erhebliche Umstände letztendlich nicht feststellen, trifft die **objektive Beweislast** den Stpfl. Ist die Höhe der Betriebsausgaben zweifelhaft, so können die Besteuerungsgrundlagen gemäß § 162 AO geschätzt werden.[1518]

1510 Vgl. BFH v. 08.12.1997 – GrS 1-2/95, BStBl. II 1998, 193 zum Zweikonten-Modell.
1511 Vgl. z. B. BFH v. 06.05.1976 – IV R 79/73, BStBl. II 1976, 560.
1512 So auch Wassermeyer StuW 1981, 245; a. A. Söhn DStjG 1980, 13, 76.
1513 Zur Neuinterpretation des § 12 EStG vgl. BFH v. 21.09.2009 – GrS 1/06, BStBl. II 2010, 672.
1514 Vgl. BMF v. 11.08.1994, BStBl. I 1994, 603 m. w. N.
1515 Vgl. BFH v. 30.08.2001 – IV B 79, 80/01, BStBl. II 2001, 837.
1516 BFH v. 15.04.1992 – III R 96/88, BStBl. II 1992, 819.
1517 BFH v. 15.04.1992 – III R 96/88, BStBl. II 1992, 819.
1518 Zur Schätzung nach einem sog. Zeitreihenvergleich BFH v. 14.05.2013 – X B 183/12, BFH/NV 2013, 1223.

VI. Beitragszahlungen an einen Verein oder eine ähnliche Institution stehen in einem objektiven Zusammenhang mit dem Betrieb, wenn es sich dabei um einen Berufsverband handelt, der Ziele verfolgt, welche die Erhaltung und Fortentwicklung des Betriebs betreffen. Nach seiner Satzung verfolgt der CDU-Wirtschaftsrat diese Ziele. Allerdings muss auch die tatsächliche Geschäftsführung des Verbands mit den satzungsmäßigen Zielen übereinstimmen. Dies wäre zu verneinen, wenn die Tätigkeit des Wirtschaftsrats durch Verfolgung von allgemein-politischen Belangen ein berufsverbandsschädliches Ausmaß i. S. d. Grundsätze des BFH-Gutachtens vom 17.05.1952[1519] erreichen würde. Das ist nach dem Sachverhalt nicht der Fall.[1520]

Ergebnis:

Die A KG kann die Beitragszahlung an den CDU-Wirtschaftsrat als Betriebsausgabe abziehen.

D. Einzelfragen

I. Gewillkürtes Betriebsvermögen

Die Gewinnermittlung durch Einnahmenüberschussrechnung (§ 4 Abs. 3 EStG) steht der Bildung gewillkürten Betriebsvermögens nicht entgegen.[1521] Bei der Einnahmenüberschussrechnung ist die Zuordnung eines Wirtschaftsguts zum gewillkürten Betriebsvermögen in unmissverständlicher Weise durch entsprechende, zeitnah erstellte Aufzeichnungen auszuweisen. Die Zuordnung eines gemischt genutzten Wirtschaftsguts zum gewillkürten Betriebsvermögen scheidet aus, wenn das Wirtschaftsgut nur in geringfügigem Umfang betrieblich genutzt wird und daher zum notwendigen Privatvermögen gehört. Als geringfügig ist ein betrieblicher Anteil von weniger als 10 % der gesamten Nutzung anzusehen. **492**

Der BFH hat sich damit einer schon längere Zeit in der Lit. vertretenen Auffassung angeschlossen.[1522] Nun kann z. B. auch ein Freiberufler einen Pkw, der zu weniger als 50 % betrieblich genutzt wird, in das Betriebsvermögen einlegen (zur Berechnung des Privatanteils vgl. § 4 Abs. 5 S. 1 Nr. 6, § 6 Abs. 1 Nr. 4 S. 2 f. EStG).

Geht ein Stpfl. mit Gewinnermittlung nach § 4 Abs. 1 oder § 5 EStG zur Gewinnermittlung nach § 4 Abs. 3 EStG über, konnte er schon bisher zu Recht als gewillkürtes Betriebsvermögen ausgewiesenes Vermögen auch weiterhin als gewillkürtes Betriebsvermögen ausweisen (§ 4 Abs. 1 S. 6 EStG); im Fall einer Nutzungsänderung konnte er ein Wirtschaftsgut als gewillkürtes Betriebsvermögen ausweisen, wenn dies auch bei Gewinnermittlung nach § 4 Abs. 1 oder § 5 EStG möglich war (§ 4 Abs. 1 S. 7 EStG).

II. Darlehen

Aufgenommene Darlehen sind (wegen fehlender Erfolgswirksamkeit) keine Betriebseinnahmen, die Tilgungsleistungen keine Betriebsausgaben. Hingegebene Darlehen sind keine Betriebsausgaben, die Tilgungszahlungen keine Betriebseinnahmen.[1523] Der Verlust einer Darlehensforderung, die betrieblich veranlasst ist, führt zu einer Betriebsausgabe in **493**

1519 BFH v. 17.05.1952 – I D 2/52 S, BStBl. III 1952, 228.

1520 Vgl. aber BFH v. 13.08.1993 – IV R 51/92, BStBl. II 1994, 33; zur Abgrenzung von Betriebsausgaben und Spenden bei Zuwendungen an politische Parteien vgl. BFH v. 25.01.1996 – IV R 15/95, BStBl. II 1996, 431.

1521 BFH v. 02.10.2003 – IV R 13/03, BFH/NV 2004, 132 – Änderung der Rspr.

1522 Vgl. Schmidt/Loschelder § 4 Rn. 42; Kanzler in H/H/R § 4 EStG Anm. 537, jew. m. w. N.; Drüen DB 2003, 2351.

1523 BFH v. 08.10.1969 – I R 94/67, BStBl. II 1970, 44.

dem Zeitpunkt, in dem der Verlust feststeht,[1524] der Erlass einer Darlehensverbindlichkeit führt zu einer Betriebseinnahme.[1525]

III. Durchlaufende Posten

494 Durchlaufende Posten, d. h. Beträge, die erkennbar im fremden Namen und für fremde Rechnung vereinnahmt und verausgabt werden (z. B. Gerichtskostenvorschüsse, Fremdgelder) gehören weder zu den Betriebseinnahmen noch zu den Betriebsausgaben (§ 4 Abs. 3 S. 2 EStG).[1526] Vereinnahmte und verausgabte Umsatzsteuerbeträge sind keine durchlaufenden Posten.[1527] Bei einem Betriebsvermögensvergleich ist die Regelung nicht anwendbar.[1528]

Die Veruntreuung von Fremdgeldern führt nicht zu Betriebseinnahmen.[1529] Ein durchlaufender Posten entfällt, wenn gegen den entsprechenden Herausgabeanspruch aufgerechnet wird.[1530]

Unerheblich ist, ob die Ausgabe der Einnahme folgt oder ob die Einnahme nachträglich eine zuvor im Namen und für Rechnung eines anderen vorgenommene Ausgabe ersetzen soll (sog. Auslagenersatz); unerheblich ist auch, ob Einnahme und Ausgabe in denselben Veranlagungszeitraum fallen. Keine durchlaufenden Posten sind die vereinnahmten und verausgabten Umsatzsteuerbeträge. Wird der Durchlauf endgültig unterbrochen, ist die entsprechende Leistung erfolgswirksam zu erfassen.

IV. Einlagen/Entnahmen

495 Ebenso wie beim Bestandsvergleich ist auch bei der Überschussrechnung nach § 4 Abs. 3 EStG die Differenz von Betriebseinnahmen und -ausgaben um Entnahmen und Einlagen zu korrigieren, wenngleich dieser Grundsatz im Gesetz nur am Rande Ausdruck findet (vgl. § 4 Abs. 3 S. 4 EStG). Dem Charakter der Überschussrechnung entsprechend, die nur Betriebseinnahmen und -ausgaben kennt, ist der Wert der Entnahmen den Betriebseinnahmen und der Wert der Einlagen den Betriebsausgaben hinzuzurechnen; die durch § 4 Abs. 3 S. 3, 4 EStG bedingten Besonderheiten sind zu berücksichtigen.[1531]

Die Einlage und Entnahme von Geld ist bei der Überschussrechnung nicht zu erfassen. Entgegen anders lautenden Begründungen hat das seinen Grund allein darin, dass „Buchwert“ und „Teilwert“ von Geld identisch sind; Einlage und Entnahme von Geld wirken sich auf den Gewinn nicht aus.

V. (Geld-) Verluste

496 Geldverluste (z. B. durch Unterschlagung, Diebstahl, Brand, Abhandenkommen) können Betriebsausgaben sein, wenn sie (wie z. B. bei einer Unterschlagung durch einen Angestellten in den Büroräumen) dem betrieblichen Bereich zuzuordnen sind; der

1524 BFH v. 11.03.1976 – IV R 185/71, BStBl. II 1976, 380.

1525 BFH v. 06.03.1997 – IV R 47/95, BStBl. II 1997, 509.

1526 BFH v. 20.07.1982 – VIII R 143/77, BStBl. II 1983, 196; BFH v. 29.09.2020 – VIII R 14/17, DStR 2021, 464 (kein durchlaufender Posten bei Aufrechnung).

1527 FG Hamburg v. 10.06.2022 – 2 K 55/21, DStRE 2023, 750.

1528 BFH v. 13.08.1997 – I R 85/96, BStBl. II 1998, 161. Für Pfandgelder sieht der BFH allerdings für den Regelfall eine erfolgsneutrale Verausgabung (an den Großhändler) und Vereinnahmung (vom Kunden) vor (BFH v. 06.10.2009 – I R 36/07, BStBl. II 2010, 232).

1529 BFH v. 16.12.2014 – VIII R 19/12, BStBl. II 2015, 643.

1530 BFH v. 29.09.2020 – VIII R 14/17, BStBl. II 2021, 431.

1531 Vgl. BFH v. 18.09.1986 – IV R 50/86, BStBl. II 1986, 907; v. 12.03.1992 – IV R 31/91, BFH/NV 1993, 405.

betriebliche Zusammenhang muss anhand konkreter und objektiv greifbarer Anhaltspunkte festgestellt werden,[1532] z. B. Aufbewahrung des Geldes im betrieblichen Bereich, Bereithaltung eines abgezählten Betrags zur Begleichung einer betrieblichen Verbindlichkeit, Abhebung des Geldes von einem betrieblichen Konto. Ersatzleistungen sind ggf. als Betriebseinnahmen zu erfassen.[1533] Der Verlust der Beteiligung an einer Kapitalgesellschaft, die zum notwendigen Betriebsvermögen gehört, kann (entspr. § 4 Abs. 3 S. 4 EStG) gewinnmindernd berücksichtigt werden.[1534]

VI. Tausch

Da die Überschussrechnung ihrer Natur nach keine Geldrechnung ist, sind auch Tauschvorgänge zu berücksichtigen. Sind Leistung und Gegenleistung dem betrieblichen Bereich zuzuordnen, sind eine Einnahme und eine Ausgabe anzusetzen; betreffen Leistung und/oder Gegenleistung Gegenstände des Anlagevermögens, sind die durch § 4 Abs. 3 S. 3, 4 EStG bedingten Besonderheiten zu beachten. 497

Ist lediglich die Leistung dem betrieblichen Bereich zuzuordnen, ist nur eine Einnahme anzusetzen.

Beispiel

Ein Arzt nimmt für seine Behandlung ein Schmuckstück in Zahlung.

Im umgekehrten Fall handelt es sich um nur eine Ausgabe.

Beispiel

Ein Handwerker tauscht ein privates Klavier gegen eine Motorsäge.
Sacheinnahmen und -ausgaben sind mit dem gemeinen Wert gemäß § 9 BewG anzusetzen.[1535]

VII. Teilwertabschreibungen

Teilwertabschreibungen sind bei der Überschussrechnung nicht zulässig. § 6 Abs. 1 Nr. 1 und 2 EStG gilt kraft ausdrücklicher Anordnung nur für Wirtschaftsgüter, die nach § 4 Abs. 1 oder § 5 EStG als Betriebsvermögen anzusetzen sind; eine entsprechende Anwendung des § 6 Abs. 1 Nr. 1, 2 EStG scheidet ebenfalls aus, da sie dem Vereinfachungscharakter der Überschussrechnung widerspräche.[1536] 498

VIII. Umlaufvermögen

Entgegen der (noch) in BFH v. 22.02.1973[1537] geäußerten Auffassung, kann zum Betrieb des Überschussrechners auch Umlaufvermögen (insbesondere Waren und Vorräte) ge- 499

1532 BFH v. 28.11.1991 – XI R 35/89, BStBl. II 1992, 343; v. 29.03.2000 – X R 99/95, BFH/NV 2000, 1188.. – Zum Verlust einer GmbH-Beteiligung im Betriebsvermögen eines Überschussrechners vgl. BFH v. 31.01.2024 – X R 11/22, DStR 2024, 1976.
1533 BFH v. 20.11.2003 – IV R 31/02, BFH/NV 2004, 567.
1534 BFH v. 31.01.2024 – X R 11/22, DStR 2024, 1976.
1535 BFH v. 12.03.1992 – IV R 29/91, BStBl. II 1993, 36 zum Dentalgold eines Zahnarztes.
1536 BFH v. 05.11.2015 – III R 13/13, BStBl. II 2016, 468.
1537 BFH v. 22.02.1973 – IV R 69/69, BStBl. II 1973, 480.

hören.[1538] Allerdings ist der Bestand an Umlaufvermögen für die Gewinnermittlung nach § 4 Abs. 3 EStG ohne Bedeutung, da sich die Anschaffung von Gütern des Umlaufvermögens bereits oder erst im Zeitpunkt der Bezahlung als Betriebsausgabe auswirkt.

IX. Anlagevermögen

500 Gemäß § 4 Abs. 3 S. 4 EStG sind die Anschaffungs- oder Herstellungskosten für nicht abnutzbare Wirtschaftsgüter des Anlagevermögens, für Anteile an Kapitalgesellschaften, für Wertpapiere und vergleichbare nicht verbriefte Forderungen und Rechte, für Grund und Boden sowie Gebäude des Umlaufvermögens erst im Zeitpunkt des Zuflusses des Veräußerungserlöses oder bei Entnahme im Zeitpunkt der Entnahme als Betriebsausgaben zu berücksichtigen. Goldbarren sind keine Wertpapiere, sodass deren Ankauf zu sofort abziehbaren Betriebsausgaben führt („Goldfinger-Modell").[1539]

X. Umsatzsteuer

501 Die Umsatzsteuer gehört nicht zu den durchlaufenden Posten i. S. d. § 4 Abs. 3 S. 2 EStG. Vereinnahmte Umsatzsteuerbeträge (für den Umsatz vom Empfänger geschuldete Umsatzsteuer und vom Finanzamt erstattete Vorsteuer) sind bei Zufluss als Betriebseinnahmen, verausgabte Umsatzsteuerbeträge (gezahlte – abziehbare – Vorsteuer einschl. Einfuhrumsatzsteuer und an das Finanzamt abgeführte Umsatzsteuerbeträge) bei Abfluss als Betriebsausgaben anzusetzen.[1540] Ist die Vorsteuer nicht abziehbar (vgl. §§ 15 Abs. 2, 19 Abs. 1 UStG; § 9 b EStG), ist sie den Anschaffungs- oder Herstellungskosten des jeweiligen Wirtschaftsguts zuzurechnen und entsprechend zu behandeln.

Eine für das vorangegangene Kalenderjahr geschuldete und zu Beginn des Folgejahres entrichtete Umsatzsteuer-Vorauszahlung ist als regelmäßig wiederkehrende Ausgabe im vorangegangenen Veranlagungszeitraum abziehbar.[1541]

E. Wechsel der Gewinnermittlungsart

502 Beim Wechsel zwischen Bestandsvergleich und Überschussrechnung sind Korrekturen vorzunehmen, die allein den Zweck haben, die zutreffende Gewinnauswirkung der einzelnen Geschäftsvorfälle sicherzustellen. Geschäftsvorfälle, deren Erfolg (Ertrag/Aufwand) noch nicht erfasst ist und nach den Regeln der neuen Gewinnermittlungsart auch nicht mehr erfasst würde, sind hinzuzurechnen; Geschäftsvorfälle, die bereits erfasst sind und nach der neuen Gewinnermittlungsart erneut erfasst würden, sind abzurechnen.[1542]

1538 BFH v. 28.11.1991 – XI R 35/89, BStBl. II 1992, 343.

1539 BFH v. 19.01.2017 – IV R 50/14, BStBl. II 2017, 443; FG Hessen v. 26.06.2023, EFG 2023, 1523, Rev I R 50/23.

1540 BFH v. 13.11.1986 – IV R 211/83, BStBl. II 1987, 374.

1541 BFH v. 01.08.2007 – XI R 48/05, BFH/NV 2007, 2187.

1542 BFH v. 09.11.2000 – IV R 18/00, BStBl. II 2001, 102; BFH v. 02.06.2016 – IV R 39/13, BStBl. II 2017I, 154. – Bei Einbringungen nach § 24 UmwStG ist ein Übergang zum Bestandsvergleich nicht mehr erforderlich, wenn die Einbringung in vollem Umfang zu Buchwerten erfolgt (OFD NRW DStR 2016, 1031).

503

Übersicht

Berichtigung des Gewinns bei Wechsel der Gewinnermittlungsart

Übergang	**Berichtigung des Gewinns im ersten Jahr nach dem Übergang:**
1. von der Einnahmenüberschussrechnung zum Bestandsvergleich, zur Durchschnittssatzgewinnermittlung oder zur Richtsatzschätzung	Der Gewinn des ersten Jahres ist in der Anfangsbilanz insbesondere um die folgenden Hinzurechnungen und Abrechnungen zu berichtigen: + Warenanfangsbestand + Warenforderungsanfangsbestand + sonstige Forderungen – Warenschuldenanfangsbestand + Anfangsbilanzwert (Anschaffungskosten) der nicht abnutzbaren Wirtschafts güter des Anlagevermögens (mit Ausnahme des Grund und Bodens), soweit diese während der Dauer der Einnahmenüberschussrechnung angeschafft und ihre Anschaffungskosten vor dem 01.01.1971 als Betriebsausgaben abgesetzt wurden, ohne dass ein Zuschlag nach § 4 Abs. 3 S. 2 EStG in den vor dem Steuerneuordnungsgesetz geltenden Fassungen gemacht wurde
2. vom Bestandsvergleich, von der Durchschnittssatzgewinnermittlung oder von der Richtsatzschätzung zur Einnahmenüberschussrechnung	Der Überschuss der Betriebseinnahmen über die Betriebsausgaben ist im ersten Jahr insbesondere um die folgenden Hinzurechnungen und Abrechnungen zu berichtigen: + Warenschuldenendbestand des Vorjahres – Warenendbestand des Vorjahres – Warenforderungsbestand des Vorjahres – sonstige Forderungen Sind in früheren Jahren Korrektivposten gebildet und noch nicht oder noch nicht in voller Höhe aufgelöst worden, so ist dies bei Hinzurechnung des Unterschiedsbetrags zu berücksichtigen; noch nicht aufgelöste Zuschläge vermindern, noch nicht aufgelöste Abschläge erhöhen den Unterschiedsbetrag.

Die vorstehende Übersicht ist nicht erschöpfend. Beim Wechsel der Gewinnermittlungsart sind auch andere als die oben bezeichneten Positionen durch Zu- und Abrechnungen zu berücksichtigen. Das gilt insbesondere für die Rechnungsabgrenzungsposten, z. B. im Voraus gezahlte Miete und im Voraus vereinnahmte Zinsen, sowie für Rückstellungen (Anl. zu H 4.6 EStH).

504

Übersicht

Überschussrechnung gemäß § 4 Abs. 3 EStG

Grundsätze

- Gegenüberstellung von Betriebseinnahmen und -ausgaben
- Überschussrechnung und Bestandsvergleich müssen auf Dauer denselben Gesamtgewinn ergeben **(Grundsatz der Totalgewinnidentität)**
- Keine Geldrechnung, da Betriebseinnahmen und -ausgaben auch in Sach- und Dienstleistungen bestehen können
- Kategorien der Überschussrechnung sind dem Grundsatz nach allein Betriebseinnahmen und -ausgaben; Betriebsvermögen selbstverständlich vorhanden, aber für Gewinnermittlung irrelevant.
- Maßgeblich sind der Zufl uss von Betriebseinnahmen und der Abfl uss von Betriebsausgaben.

Ausnahmen:

- § 4 Abs. 3 S. 2 EStG: Durchlaufende Posten werden nicht erfasst;
- § 4 Abs. 3 S. 3–5 EStG: Anschaffungskosten für abnutzbare Anlagegüter werden im Wege der AfA verteilt; Anschaffungskosten für nicht abnutzbare Anlagegüter sind bei Veräußerung/Entnahme zu berücksichtigen.

Anwendungsbereich

- Stpfl., die nicht verpflichtet sind, Bücher zu führen und dies auch nicht freiwillig tun, insbesondere also Kleinlandwirte, Kleingewerbebetreiber und selbstständig Tätige
- Wahlrecht des Steuerpflichtigen
- (§ 4 Abs. 3 S. 1 EStG:„… kann …")

Technik

- Geordnete Zusammenstellung von Betriebseinnahmen und -ausgaben
- § 4 Abs. 3 EStG statuiert keine generelle Aufzeichnungspflicht; best. Einzelaufzeichnungspflichten sind auch bei § 4 Abs. 3 EStG zu beachten (BFH v. 12.02.2020 – X R 8/18, BFH/NV 2020, 1045).
- Es existieren keine allgemeinen anerkannten Regeln einer ordnungsmäßigen Überschussrechnung.
- Allerdings für Veranlagungszeiträume ab 2004 formalisierte Einnahmenüberschussrechnung durch standardisierten Vordruck EÜR (§ 60 Abs. 4 EStDV)

Betriebseinnahmen

- Gesetzlich nicht definiert
- Alle realen (z. B. keine Forderungen) und erfolgswirksamen (z. B. keine Darlehenszuflüsse) Zuflüsse in Geld oder Geldeswert, die durch den Betrieb veranlasst sind, mit Ausnahme der Gegenleistungen von Betriebsausgaben (z. B. eingekaufte Waren). Die betriebliche Veranlassung ist gegeben bei einem sachlichen Zusammenhang mit dem Betrieb; der sachliche Zusammenhang ist aufgrund einer Abwägung aller Umstände zu prüfen.

Betriebsausgaben

- § 4 Abs. 4 EStG: Alle Aufwendungen, die durch den Betrieb veranlasst sind (betrieblicher Sachzusammenhang); nicht abziehbare, begrenzt abziehbare, unbeschränkt abziehbare Betriebsausgaben; sofort und nicht sofort abziehbare Betriebsausgaben

Besonderheiten

- Gewillkürtes Betriebsvermögen nun auch nach Rspr. zulässig (BFH v. 02.10.2003– IV R 13/03, BFH/NV 2004, 132).

Einlage/Entnahme

- Auch bei der Überschussrechnung zu erfassen; Entnahmen wie Betriebseinnahmen, Einlagen wie Betriebsausgaben, Geldeinlagen/-entnahmen sind nicht anzusetzen (Buchwert = Teilwert; keine Gewinnauswirkung; teleologische Reduktion)

Darlehen

- Keine erfolgswirksamen Vorgänge; lediglich „Vermögensumschichtung" (wie bei Bestandsvergleich); entspr. Zinsen sind allerdings Betriebseinnahmen/-ausgaben

Teilwertabschreibung

- Bei Überschussrechnung nicht zulässig (vgl. § 6 Abs. 1 Nr. 1 und 2 EStG); praktisches Bedürfnis im Übrigen gering

Wechsel der Gewinnermittlungsart

- Korrekturen zur Sicherstellung der zutreffenden Gewinnauswirkung geboten

10. Abschnitt Zur Technik der Steuerbilanz

A. Notwendigkeit von Anpassungen

Der handels- und der steuerrechtliche Gewinn können sich z. B. dadurch unterscheiden, dass 505

- in § 4 Abs. 5 EStG aufgeführte Aufwendungen bei der steuerlichen Gewinnermittlung nicht als abziehbare Betriebsausgaben berücksichtigt werden, in der Handelsbilanz dagegen als Aufwand verrechnet werden müssen;
- durch steuerliche Vorschriften der betriebliche Aufwand anders als in der Handelsbilanz zu verteilen ist, sodass die Periodengewinne in beiden Bilanzen unterschiedlich abgegrenzt werden (z. B. bei Begrenzung der degressiven Abschreibung, Aktivierungszwang angemessener Abschreibungen bei der Ermittlung der Herstellungskosten);
- die handelsrechtliche Regelung weiter ist als die steuerrechtliche (z. B. progressive AfA);
- in der Steuerbilanz handelsrechtliche Aktivierungswahlrechte grundsätzlich als Aktivierungsgebote, handelsrechtliche Passivierungswahlrechte grundsätzlich als Passivierungsverbote zu behandeln sind.

In diesen und weiteren Fällen sind die handelsrechtlichen Ansätze und Beträge gemäß § 60 Abs. 2 EStDV durch Zusätze oder Anmerkungen den steuerlichen Vorschriften anzupassen.[1543] Der Steuerpflichtige kann auch eine den steuerlichen Vorschriften entsprechende Vermögensübersicht (Steuerbilanz) beifügen.

Danach bestehen folgende Möglichkeiten: 506

- Die Handelsbilanz wird bereits nach steuerlichen Gesichtspunkten erstellt **(„Einheitsbilanz")**;

  so wird ganz überwiegend von Einzelgewerbetreibenden und Personengesellschaften und vielfach auch von mittleren und kleineren GmbHs verfahren.[1544]

- Die Handelsbilanz, die nicht oder nicht in vollem Umfang den steuerlichen Vorschriften entspricht, wird korrigiert und mit **Zusätzen** und Anmerkungen versehen;

  diese Änderungen können in einer sog. Mehr-Weniger-Rechnung dargestellt werden.

- Neben der Handelsbilanz wird eine **gesonderte Steuerbilanz** aufgestellt;

  das ist insbesondere bei Publikumskapitalgesellschaften der Fall.

Die Abweichungen zwischen Handels- und Steuerbilanz können fast alle Posten der Aktivseite betreffen; auf der Passivseite sind zumeist nur Posten des Fremdkapitals betroffen.

Bei den Posten der Aktivseite ist ein Mehr (+) immer eine Gewinn- bzw. Kapitalvermehrung (z. B. eine Großreparatur einer Maschine wurde zu Unrecht als Aufwand gebucht und nicht aktiviert), ein Weniger (–) eine Gewinn- oder Kapitalminderung.

Umgekehrt ist es bei den Passiva. Hier bedeutet ein Mehr (+) (z. B. die unterlassene Bildung einer erforderlichen Rückstellung) eine Gewinn- bzw. Kapitalminderung, ein Weniger (–) dagegen eine Gewinn- bzw. Kapitalerhöhung.

1543 Sog. Überleitungsrechnung (BFH v. 27.05.2020 – XI R 12/18, BB 2020, 2543).

1544 Vgl. K-K § 2 Abs. 1 2; Bühler/Scherpf § 11 Abs. 1.

Neben den Veränderungen von Posten des Aktivvermögens und des Fremdkapitals können sich auch Änderungen ergeben, bei denen lediglich das Eigenkapital (Änderungen von Entnahmen und Einlagen) umgeschichtet wird (z. B. privat veranlasste Ausgaben, die als Aufwand gebucht wurden, oder betriebliche Aufwendungen, die als Entnahme erfasst wurden). Aufwendungen dieser Art berühren allein das Kapitalkonto, nicht aber Positionen des Aktivvermögens oder des Fremdkapitals; sie haben für die folgenden Jahre keine Bedeutung mehr.

Diese Verrechnungen können innerhalb wie auch außerhalb der Bilanz vorgenommen werden. Aus praktischen Gründen kann die Korrektur außerhalb der Bilanz vorteilhafter sein.[1545]

Änderungen ergeben sich ferner nach Betriebsprüfungen; in diesen Fällen muss die Steuerbilanz den geänderten Werten des Prüfers angepasst werden (von der Steuerbilanz zur Prüferbilanz); dieser Vorgang kann ebenso wie die Anpassung der Handelsbilanz vorgenommen werden.

B. Technik der Anpassung durch Mehr-Weniger-Rechnung

507 Die Mehr-Weniger-Rechnung ist eine kurzgefasste, zumeist tabellarische Übersicht über die Gewinnauswirkungen aufgrund von Bilanzberichtigungen und Bilanzänderungen bzw. aufgrund von Änderungen einzelner Posten der GuV-Rechnung (auch Plus-Minus-Rechnung oder Ergebnis-Rechnung).

Die Mehr-Weniger-Rechnung hat den Zweck, die Unterschiede zwischen der Steuerbilanz und der Handelsbilanz aufzuzeigen. Bei Außenprüfungen dient sie als Hilfsmittel, die Gewinnberichtigungen darzustellen, ohne eine berichtigte GuV-Rechnung erstellen zu müssen.

Die Mehr-Weniger-Rechnungen gehen entweder von der Bilanz oder von der GuV-Rechnung aus:

I. Bilanzmethode

508 Dieser Methode liegen die Regeln des Betriebsvermögensvergleichs zugrunde; sie geht davon aus, dass die Berichtigung oder Änderung eines Bilanzpostens sich stets auf den Gewinn auswirkt. Dabei ist zu beachten, dass eine solche Abweichung vom ursprünglichen Bilanzansatz nicht nur das Endkapital des laufenden Jahres verändert, sondern immer auch Einfluss auf den Gewinn des folgenden Jahres hat (zwingende Folge des Bilanzenzusammenhangs). Ferner ist zu beachten, dass beim Betriebsvermögensvergleich nicht nur das Kapital (Betriebsvermögen) des laufenden Jahres mit dem Kapital des Vorjahres verglichen wird, sondern dass die Vermögensveränderung noch durch Zurechnung der Entnahmen und Kürzung der Einlagen zu korrigieren ist, da die Entnahmen und Einlagen das Endkapital des laufenden Jahres verändert haben, aber sich nicht auf den Gewinn des Betriebs auswirken dürfen.

1545 Bühler/Scherpf § 11 Abs. 2, 2 d.

Es ist daher notwendig, die Entnahmen und Einlagen in der Mehr-Weniger-Rechnung nach der Bilanzmethode einzubeziehen und sie wie Bilanzposten zu behandeln, obwohl es sich hierbei um keine Bilanzposten im eigentlichen Sinne handelt.

Beispiel

Ein Unternehmer hat am 10.07.01 eine Maschine für 50.000 € zzgl. 9.500 € USt erworben und entsprechend einer betriebsgewöhnlichen Nutzungsdauer von fünf Jahren mit 20 % abgeschrieben, wobei für das Jahr 01 die volle AfA angesetzt wurde; außerdem wurden Transportkosten i. H. v. 2.000 € (netto) sofort als Aufwand gebucht. Richtigerweise hätte nur 1/2 Jahres-AfA abgezogen werden dürfen; Transportkosten gehören zu den Anschaffungskosten. Die in Rechnung gestellte Umsatzsteuer wurde zu Recht als Vorsteuer gebucht. Darüber hinaus ist eine betriebliche Stromrechnung i. H. v. 800 € zzgl. 152 € USt mit privaten Mitteln bar beglichen worden.

Im Rahmen einer Außenprüfung erstellt der Prüfer für die Maschine folgende Kontenentwicklung: 509

HB/StB		**PB**	**Unterschied**
Zugang 10.07.01	50.000 €	52.000 €	
AfA (20/10 %)	**./. 10.000 €**	**5.200 €**	
Buchwert 31.12.01	40.000 €	46.800 €	+ 6.800 €
AfA 02	./. 10.000 €	**10.400 €**	
Buchwert 31.12.02	30.000 €	36.400 €	+ 6.400 €
AfA 03	**./. 10.000 €**	**10.400 €**	
Buchwert 31.12.03	20.000 €	26.000 €	+ 6.000 €

Mehr- und Weniger-Rechnung nach Bilanzmethode

Posten	Tz	01		02		03		...	
		+	./.	+	./.	+	./.	+	./.
Maschinen Forderungen Einlage	–	6.800 € 152 €	952 €	6.400 €	6.800 €	6.000 €	6.400 €		
Summe der Änderungen	–	6.952 €	952 €	6.400 €	6.800 €	6.000 €	6.400 €		
Saldierte Änderungen (höhere Summe abz. Niedrigere Summe + oder -)	–	6.000 €		- 400 €		- 400 €			
Gewinn nach HB/StB	–	60.000 €		50.000 €		65.000 €			
Gewinn aufgrund AP	–	66.000 €		49.600 €		64.600 €			

II. GuV-Methode

Dieser Methode liegen die Regeln der GuV-Rechnung (Aufwands- und Ertragskonten) zugrunde, d. h., es muss bei einer steuerlich anderen Beurteilung des Vorganges die entsprechende Auswirkung auf den jeweiligen Aufwands- oder Ertragsposten dargestellt werden. Eine Korrektur um Entnahmen und Einlagen ist notwendig, da die GuV-Rechnung von vornherein nur betrieblich veranlasste Vorgänge aufnimmt. 510

Mehr- und Weniger-Rechnung nach GuV-Methode									
Posten	Tz	01		02		03		...	
		+	./.	+	./.	+	./.	+	./.
Afa-Maschinen		4.800 €			400 €		400 €		
Transportaufwand		2.000 €	952 €						
Betriebskosten		152 €							
Vorsteuer									
Summe der Änderungen	–	6.952 €	952 €		400 €		400 €		
Saldierte Änderungen (höhere Summe abz. Niedrigere Summe + oder ./.)	–	6.000 €		- 400 €		- 400 €			
Gewinn nach HB/StB	–	60.000 €		50.000 €		65.000 €			
Gewinn aufgrund AP	–	66.00 €		49.600 €		64.600 €			

Daneben ist es auch möglich, beide Methoden in gewisser Weise zu verbinden und wie bei einem Buchungssatz dem jeweiligen Bilanzposten den jeweiligen Erfolgsposten gegenüberzustellen. Diese Darstellung zeigt auf einen Blick die Veränderungen in der Bilanz und in der GuV- Rechnung.

		01	
Bilanzposten	Erfolgsposten	+	–
Maschine	AfA (4.800 €)		
	Transportkosten (2.000 €)	6.800 €	
Einlage	Betriebskosten		952 €
Forderung	Vorsteuer	152 €	
		6.952 €	
		./. 952 €	←
		6.000 €	

§ Fall 60: Ein schöner Abschluss ziert die Übung

511

Der Gewerbetreibende A, der seine Umsätze nach den allgemeinen Vorschriften des UStG mit 19 % versteuert, hat folgende Jahresabschlussbilanzen (Handelsbilanzen) aufgestellt:

Tz	Bilanzposten	31.12.01	31.12.02
	Aktiva		
1	Grund und Boden	–	30.000 €
2	Gebäude	–	162.000 €
3	Maschinen	32.000 €	32.000 €
4	Fahrzeuge	8.000 €	6.000 €
5	Vorräte	50.000 €	70.000 €
6	Forderungen	2.300 €	2.300 €
	Sonst. Aktiva	110.200 €	140.300 €
	Summe	202.500 €	442.600 €
	Passiva	–	
7	Darlehen	120.000 €	120.000 €
	USt-Schuld	3.000 €	7.000 €
8	Sonst. Verbindlichkeiten	3.000 €	40.000 €
9	Rückstellungen	–	4.500 €
	Kapital 31.12.	76.500 €	271.100 €
	Summe	202.500 €	442.600 €

Betriebsvermögensvergleich

Kapital 31.12.02	271.100 €	
./. Kapital 01.01.02	81.500 €	(s Prüfungspunkt Nr. 5)
	189.600 €	
+ Entnahmen	12.100 €	
./. Einlagen	30.000 €	
= Gewinn	171.700 €	

Die Prüfung der Bilanz zum 31.12.02 ergibt folgendes Bild:

1. Grund und Boden
   Das Grundstück wurde 02 mit privaten Geldern für betriebliche Zwecke erworben (per GruBo an Einlage). Grunderwerbsteuer (600 €) und Notarkosten (900 € zzgl. 171 € USt) wurden ebenfalls mit privaten Mitteln beglichen, aber nicht gebucht.
2. Gebäude
   Die Herstellungskosten betrugen 180.000 €; der Bauantrag wurde am 15.01.02 gestellt.
   Das Gebäude wurde am 01.11.02 bezugsfertig und dient zu 100 % eigenbetrieblichen Zwecken. AfA wurde degressiv mit 10 % bemessen.
3. Maschinen
   Die AfA von 4.000 € ist nicht gebucht worden.
4. Fahrzeuge
   Der Pkw wurde 02 zu 40 % privat genutzt. Die gesamten Fahrzeugkosten von 5.600 € und die AfA von 2.000 € wurden als Aufwand gebucht.
   Den Pkw schenkte A zu Weihnachten seiner Frau; der Teilwert betrug 10.000 €. Der Abgang wurde nicht gebucht.
5. Vorräte
   Die Ende 01 vorhandenen Vorräte mit Anschaffungskosten von 50.000 € hatten einen Teilwert von 55.000 €. Bei der Konteneröffnung für 02 wurden 55.000 € auf dem Wareneinkaufskonto vorgetragen und das Kapital vom 01.01.02 entsprechend erhöht.
   Die Vorräte wurden zum 31.12.02 um 10.000 € zu niedrig bewertet. Private Warenentnahmen im Teilwert von 6.500 € wurden nicht gebucht.

6. Forderungen
   Die ausgewiesene Forderung ist durch Warenlieferungen an das Finanzamt entstanden. Sie wurde im Juni 02 mit fälliger Einkommen- und Kirchensteuer verrechnet. Der Vorgang wurde nicht gebucht.
7. Darlehen
   Die fälligen Tilgungsraten von 8.000 € wurden mit privaten Mitteln gezahlt. Die Tilgung wurde nicht gebucht.
8. Sonstige Verbindlichkeiten
   Das noch zu zahlende Steuerberaterhonorar i. H. v. 1.200 € zzgl. 228 € USt wurde nicht gebucht. Die Rechnung, die für 02 geleistete Buchführungsarbeiten ausgestellt war, lag am Bilanzstichtag bereits vor.
9. Rückstellungen
   Bei dem bilanzierten Betrag handelt es sich um die noch zu leistende Einkommensteuernachzahlung für 01; gebucht wurde: per Betriebssteuern an Rückstellungen 4.500 €.

Aufgabe

Die Bilanz zum 31.12.02 ist zu prüfen und eine berichtigte Steuerbilanz aufzustellen. Betriebsvermögensvergleich und Kapitalentwicklung sind darzustellen.
Die Bilanzberichtigungen sind zu begründen und die Erfolgsauswirkung darzulegen.
Die Änderungen sind in einer Mehr-Weniger-Rechnung zusammenzufassen.

512 I. **Berichtigungen**

1. Grund und Boden
   Die mit privaten Mitteln beglichenen Erwerbsnebenkosten sind zu aktivieren. Da um diesen Betrag auch die Einlagen zu erhöhen sind, ergibt sich keine Gewinnauswirkung (per Grundstück an Einlage).
2. Gebäude
   Der Gebäudeansatz ist korrekt. A kann die AfA gemäß § 7 Abs. 5 EStG mit 10 % ansetzen. Gegen die Inanspruchnahme der vollen Jahres-AfA bestehen keine Bedenken.[1546]
3. Maschinen
   Die Korrektur lautet: per AfA an Maschine 4.000 €; der Gewinn mindert sich um 4.000 €.
4. Fahrzeug
   Die auf die Privatnutzung entfallenden Pkw-Kosten sind nicht absetzbar (per Entnahme an Aufwand 3.040 €); keine Gewinnauswirkung: die Minderung des Betriebsvermögens wird durch die Entnahme neutralisiert.
   In Höhe der Differenz von Teilwert (10.000 €) und Buchwert (6.000 €) des Pkw entsteht ein Entnahmegewinn von 4.000 € (per Entnahme 10.000 € an Pkw 6.000 € und Ertrag 4.000) €.
   Umsatzsteuerlich liegt eine unentgeltliche Wertabgabe (§ 3 Abs. 1 b Nr. 1 UStG) vor. Der noch zu zahlende Steuerbetrag von 1.900 € erhöht die zu passivierende USt-Schuld und die Entnahmen (per Entnahme an USt-Schuld); keine Gewinnauswirkung.
5. Vorräte
   Wegen der unzulässigen Durchbrechung des Bilanzenzusammenhangs (Ansatz des höheren Teilwerts) erscheint ein um 5.000 € zu hohes Anfangskapital; der Wareneinsatz wird ebenfalls um 5.000 € zu hoch ausgewiesen; Gewinnauswirkung: + 5.000 €. Die Korrektur der Bewertung der Vorräte führt zu einem um 10.000 € höheren Betriebsvermögen; andererseits ist der Wareneinsatz um 10.000 € zu hoch ausgewiesen; Gewinnauswirkung: + 10.000 €.

1546 BFH v. 19.02.1974 – VIII R 114/69, BStBl. II 1974, 704.

Die private Warenentnahme ist zu buchen: per Entnahme an Aufwand. Beim Betriebsvermögensvergleich führt die Hinzurechnung der Entnahme zu einem höheren Gewinn, bei der GuV-Rechnung mindert sich der Aufwand; Gewinnauswirkung: + 6.500 €.
Die umsatzsteuerliche unentgeltliche Wertabgabe hat keine Gewinnauswirkung (Verminderung des Betriebsvermögens, Erhöhung der Entnahmen; s. o.).

6. Forderungen
   Die Verrechnung der Warenforderung mit der Einkommen- und Kirchensteuer stellt eine Entnahme dar; Buchung: per Entnahme an Forderung. Der Minderung des Betriebsvermögens (Abgang der Forderung) steht die Hinzurechnung der Entnahme gegenüber; keine Gewinnauswirkung.
7. Darlehen
   Die Darlehenstilgung mit privaten Mitteln führt zu einer Einlage (per Darlehensschuld an Einlage); das höhere Betriebsvermögen (Minderung der Darlehensschuld) wird durch die Einlage ausgeglichen; keine Gewinnauswirkung.
8. Sonstige Verbindlichkeiten
   Zu buchen ist: per Aufwand 1.200 € und Vorsteuer 228 € an Verbindlichkeit 1.428 €. In der Erfolgsrechnung erhöht sich der Aufwand, beim Betriebsvermögensvergleich mindert sich das Betriebsvermögen; Gewinnauswirkung: ./. 1.200 €.
9. Rückstellungen
   Die Buchung ist zu stornieren; die Einkommensteuer gehört zu den nicht abziehbaren Personensteuern; Buchung: per Rückstellung an Betriebssteuern. Der Aufwand mindert sich; Gewinnauswirkung: + 4.500 €.

II. Korrektur nach der Bilanzmethode 513

1. Berichtigte Steuerbilanz (Berechnung der USt-Schuld: 9.736 € = 7.000 € + 1.900 € (Nr. 4) + 1.235 € (Nr. 6) ./. 228 € (Nr. 8) ./. 171 € (Nr. 1))

Tz	Bilanzposten	HB	PB
	Aktiva		
1	Grund und Boden	30.000 €	31.500 €
2	Gebäude	162.000 €	162.000 €
3	Maschinen	32.000 €	28.000 €
4	Fahrzeuge	6.000 €	–
5	Vorräte	70.000 €	80.000 €
6	Forderungen	2.300 €	–
	Sonst. Aktiva	140.300 €	140.300 €
	Summe	**442.600 €**	**441.800 €**
	Passiva		
7	Darlehen	120.000 €	112.000 €
	USt-Schuld	7.000 €	9.736 €
8	Sonst. Verbindlichkeiten	40.000 €	41.428 €
	Rückstellungen	4.500 €	–
	Kapital	271.100 €	278.636 €
9	Summe	**442.600 €**	**441.800 €**

2. Berichtigung der Entnahmen und Einlagen

Entnahmen lt. HB		12.100 €
+	private Autokosten	3.040 €
+	Pkw-Entnahme	10.000 €
+	private Warenentnahme	6.500 €
+	Verrechnung mit ESt u. KiSt	2.300 €
+	USt auf unentgeltliche Wertabgabe	
▪ Pkw-Entnahme ▪ Warenentnahme	1.900 € (Nr. 4) 1.235 € (Nr. 6)	3.135 €
Entnahmen lt. PB		37.075 €
Einlagen lt. HB		30.000 €
+ Erwerbsnebenkosten GruBo (Nr. 1)		1.671 €
+ Darlehenstilgung mit privaten Mitteln		8.000 €
Einlagen lt. PB		39.644 €

3. Kapitalentwicklung	HB	PB
Kapital 01.01.02	81.500 €	76.500 €
./. Entnahmen	12.100 €	37.075 €
+ Einlagen	30.000 €	39.671 €
+ Gewinn	171.700 €	199.540 €
Kapital 31.12.02	271.100 €	278.636 €

*= 30.000 € (Einlagen) + 8.000 € (Nr. 7) + 1.671 € (Nr. 1) = 39.671 €

514 III. **Korrektur nach der sog. Mehr-Weniger-Rechnung („kombinierte Methode")**

Tz	Bilanzposten	Tz	Erfolgsposten	+	–
3	Maschinen	3	AfA		4.000 €
5	Vorräte	5	Wareneinsatz	10.000 €	
8	Sonst. Verbindlichk.	8	Gebühren	4.500 €	1.200 €
9	Rückstellungen	9	Betriebssteuern	5.000 €	
5	Kapital	5	Wareneinsatz	3.040 €	
	Entnahmen	4	Autokosten und AfA		
		4	Sonst. betr. Einträge	4.000 €	
		5	Wareneinsatz	6.500 €	
	Summen			33.040 €	5.200 €
				./. 5.200 €	
	Mehrheitsgewinn (Saldo)			27.840 €	
	+ Gewinn lt. HB			171.700 €	
	= Gewinn lt. PB			199.540 €	

Ergebnis:

Sowohl nach dem Betriebsvermögensvergleich aufgrund der berichtigten Steuerbilanz (Prüferbilanz) als auch nach der Mehr-Weniger-Rechnung beträgt der Gewinn für A 199.540 € (zur notwendigen Identität des Ergebnisses s.o. 2. Abschnitt, Rn. 39.

11. Abschnitt Der aktuelle Fall

Passive Rechnungsabgrenzung erhaltener Zahlungen bei zeitraumbezogenen Leistungen (IV R 22/20) 515

Im Streitjahr war die Klägerin an der Entwicklung von zwölf großen Bauprojekten beteiligt. Die Klägerin nahm in ihrer Gewinnermittlung für jedes der Projekte eine passive Rechnungsabgrenzung, insgesamt i. H. v. 5 Mio € (bei Regieerlösen von ca. 12.750.000 €) vor. Der Rechnungsabgrenzung lag eine Aufteilung der von der Klägerin zu erbringenden Leistungen in fünf Phasen (1. Akquisition, 2. Initiierung, 3. Vorbereitung, 4. Durchführung, 5. Nachlauf) zugrunde.
Bei einer Außenprüfung beanstandete der Prüfer den Ansatz des passiven RAP. Es fehle der erforderliche zeitliche und sachliche Zusammenhang zwischen den in den Projektverträgen zugrunde gelegten Zahlungsplänen und den durch die Klägerin zu erbringenden Leistungen. Die Leistungsermittlungen beruhten nur auf Schätzungen der Klägerin, deren Grundlagen nicht bekannt seien. Es sei allerdings von einem Erfüllungsrückstand der Klägerin zum 31.12.2008 auszugehen, der auf 2,5 Mio. € geschätzt werde; insoweit sei eine Rückstellung zu bilden. Die dagegen gerichtete Klage hatte keinen Erfolg.[1547]
Zu Recht?

I. Bildung von passiven Rechnungsabgrenzungsposten

Rechnungsabgrenzungsposten (§ 5 Abs. 5 EStG) sind Verrechnungsposten zur periodengerechten Gewinnermittlung;[1548] sie dienen dazu, Einnahmen und Ausgaben als Ertrag oder Aufwand dem Wirtschaftsjahr zuzuordnen, zu dem sie wirtschaftlich gehören (§ 252 Abs. 1 Nr. 5 HGB). 516

II. Entscheidung des BFH

Der BFH wies die Revision zurück.[1549] Das FG habe zu Recht entschieden, dass die Voraussetzungen für die Bildung eines passiven RAP auf der Grundlage der von ihm getroffenen Feststellungen der zugrunde liegenden Vertragsverhältnisse nicht vorlägen und die begehrte Gewinnminderung auch nicht durch Passivierung der Honorarzahlungen als erhaltene Anzahlungen erreicht werden könne. Nicht zu beanstanden sei die Entscheidung des FG auch insoweit, als es eine Erhöhung der vom FA bereits berücksichtigten Rückstellung für einen Erfüllungsrückstand der Klägerin abgelehnt habe. Auch die hilfsweise beantragte Einholung einer Vorabentscheidung des EuGH nach Art. 267 AEUV komme nicht in Betracht. 517

III. Stellungnahme

Entgegen den Ausführungen des IV. Senats beruht der Nichtausweis schwebender Verträge nicht auf der Gleichwertigkeit und Ausgeglichenheit der aus dem Vertrag resultierenden Ansprüche und Verpflichtungen, sondern auf der noch nicht erfolgten Realisierung,[1550] darf – zweitens – ein drohender Verlust nach Abschaffung der Verlustrückstellung (§ 5 Abs. 4a EStG) nicht mehr ausgewiesen werden und fällt – drittens – ein Erfüllungsrückstand nicht im Rahmen eines schwebenden Geschäfts an, sondern ist Teil eines bereits teilweise realisierten Geschäfts.[1551] 518
Zu Recht lehnt der IV. Senat den Ansatz eines passiven RAP ab; wegen der für eine Rechnungsabgrenzung nach § 5 Abs. 5 S. 1 Nr. 2 EStG erforderlichen zeitlichen Zurechnung des Entgelts („bestimmte Zeit“) müsse die noch ausstehende Gegenleis-

1547 FG Düsseldorf v. 14.7.2020 – 10 K 2970/15 F, EFG 2020, 1395.
1548 Schmidt/Weber-Grellet § 5 Rn. 241; s. auch oben Rn. 214.
1549 BFH v. 26.07.2023 – IV R 22/20, BStBl. II 2023, 1091.
1550 Schmidt/Weber-Grellet § 5 Rn. 76.
1551 Dazu Weber-Grellet, FS Doralt, 2007, 501, 510.

tung zeitbezogen oder periodisch aufteilbar sein. Die Vorschrift diene der erforderlichen Objektivierung der Rechnungslegung (Ausdruck des Objektivierungsprinzips[1552]). Als Zeitmaßstab könne nur eine Größe anerkannt werden, die – wie etwa ein kalendermäßig festgelegter oder berechenbarer Zeitraum – nicht von vornherein Zweifel über Beginn und Ende des Zeitraums aufkommen lasse. Individuelle Schätzungen der Dauer der Gegenleistung seien nicht ausreichend, wohl aber eine Schätzung aufgrund allgemeingültiger Maßstäbe.

Bedenken bestehen indes gegen den Ausweis eines Erfüllungsrückstandes.[1553] Der Prüfer hat künftigen (noch nicht im abgelaufenen Wirtschaftsjahr verursachten) Aufwand abgesetzt, der den vorab gezahlten Projektentwicklungshonoraren entsprechen soll, hat also nicht die Honorare per RAP storniert, sondern den abziehbaren Aufwand erhöht; die (nicht zulässige) passivische Ertragsabgrenzung (per Geld an RAP) wird durch eine Aufwandszurechnung (per Aufwand an Rückstellung) ersetzt. Entgegen der Auffassung des IV. Senats darf der Erfüllungsrückstand nicht zur Ertragsabgrenzung herangezogen werden; ein Erfüllungsrückstand kann nur dann angesetzt werden, wenn der entsprechende Aufwand bereits im abgelaufenen Wirtschaftsjahr wirtschaftlich verursacht ist; künftiger Aufwand darf nicht berücksichtigt werden.

Der Erfüllungsrückstand ist der bilanzielle Ausdruck einer in der Vergangenheit (im abgelaufenen Veranlagungszeitraum) realisierten, aber noch nicht erfüllten Leistungspflicht. Er beruht auf dem Prinzip der Nettorealisation und dient der periodengerechten Ergebniszuordnung.[1554] So ist etwa bei einer Instandhaltungsrückstellung der Instandhaltungsbedarf bereits verursacht, die Instandhaltung ist aber noch nicht erbracht (per Aufwand an Instandhaltungsrückstellung). Bei einer Urlaubsrückstellung ist der mit dem Urlaub verbundene Aufwand bereits dem abgelaufenen Jahr zuzuordnen; bei einer Nachbetreuungsverpflichtung ist die Verpflichtung (der Nachbetreuungsaufwand) bereits wirtschaftlich in der Vergangenheit verursacht, die Leistung aber noch nicht erfüllt (per Aufwand an Nachbetreuungsverpflichtung).

Im abgelaufenen Jahr verursachter Aufwand ist im Hinblick auf die „von der Klägerin bis dahin zu erbringenden Leistungen im Verhältnis zu den bereits erhaltenen Honoraren bei einzelnen Projekten" (so die Formulierung des FG) nicht gegeben. Die noch zu erbringenden Leistungen sind kein Aufwand des abgelaufenen Jahres und sie werden es auch nicht dadurch, dass die Honorare bereits im Voraus gezahlt worden sind. Wenn also die Klägerin mit ihren Leistungen zeitlich im Rückstand gewesen sein sollte, ist dies kein Grund, den damit verbundenen Aufwand als Aufwand des abgelaufenen Wirtschaftsjahres zu erfassen. Dieser Aufwand entsteht erst mit (der späteren) Leistungserbringung.

Die Auffassung des IV. Senats steht insoweit auch im Widerspruch zu den engen Voraussetzungen eines passiven RAP. Der IV. Senat weist zutreffend darauf hin, dass die Bildung eines passiven RAP bestimmte (einschränkende) Voraussetzungen enthalte, die durch Buchung einer Anzahlung nicht ausgehebelt werden dürften. Dieses Problem stellt sich auch im Verhältnis zum Erfüllungsrückstand. Bei einem Gesamtumsatz von knapp 13 Mio € begehrt die Klägerin einen Erfüllungsrückstand von ca. 5 Mio € und hat das FA einen Rückstand von 2,5 Mio € berücksichtigt. Mit Hilfe des „ertragsabgrenzenden" Erfüllungsrückstandes können auf diese Weise die Voraussetzungen des § 5 Abs. 5 S. 1 Nr. 2 EStG leicht umgangen werden.

1552 Schmidt/Weber-Grellet § 5 Rn. 250.

1553 So auch *Prinz* DStR 2024, 208.

1554 Weber-Grellet, FS Doralt, 2007, 501, 513.

Ergebnis:

* Zahlungen führen zu Erträgen (per Geld an Ertrag), können allerdings ggf. als Anzahlungen oder als RAP (per Geld an Anzahlung/RAP) „storniert/neutralisiert" werden. Wenn die entsprechenden Voraussetzungen (als Anzahlung/RAP) nicht vorliegen, ist eine Gewinnrealisierung unausweichlich. 519
* (Getätigte) Aufwendungen sind als Geldabgänge, als Verbindlichkeiten oder als Rückstellungen auszuweisen (per Aufwand an Geld/Verbindlichkeit/Rückstellung). Im Fall IV R 22/20 hätte die Klägerin ggf. ohne Weiteres entsprechenden Aufwand geltend machen können.
* Bilanzsteuerrechtlich unzulässig ist es hingegen, eine erhaltene Zahlung als Rückstellung (bzw. Erfüllungsrückstand) zu erfassen (per Bank an Rückstellung). Beide Ebenen (Erträge und Aufwendungen) sind strikt zu trennen und nach ihren jeweiligen Regeln zu erfassen.

Stichwortverzeichnis

Die Zahlen verweisen auf die Randnummern.

Literaturverzeichnis

Adler/Düring/Schmaltz	Rechnungslegung und Prüfung der Unternehmen, Kommentar zum HGB u.a. 6. Auflage 2011 zitiert: A/D/S
Baetge/Kirsch/Thiele	Bilanzen 16. Auflage 2021 zitiert: Baetge/Kirsch/Thiele
Becker	Grundlagen der Einkommensteuer, 1940
Beck'scher Bilanzkommentar	Der Jahresabschluss nach Handels- und Steuerrecht, Das Dritte Buch des HGB 14. Auflage 2024 zitiert: BeBiKo
Birk/Desens/Tappe	Steuerrecht, insbes. § 5, Abschn. E 26. Auflage 2023 zitiert: Birk
Brandis/Heuermann (vormals Blümich)	Kommentar zum EStG, KStG, GewStG Loseblatt, Stand 2023 zitiert: B/H
BMF	Amtliches Einkommensteuer-Handbuch 2023 (mit EStR/EStH)
Bohl/Wiechmann	IFRS für Juristen, 2. Auflage 2010 zitiert: Bohl/Wiechmann
Bühler/Scherpf	Bilanz und Steuer 7. Auflage 1971
Deubert/Förschle/Störk	Sonderbilanzen – Von der Gründungsbilanz bis zur Liquidationsbilanz 6. Auflage 2021
Ebber	Die Abbildung von Nutzungsrechten in Handels- und Steuerbilanz, 2011
Endriss (Hrsg.)	Bilanzbuchhalter-Handbuch 12. Auflage 2019
Falterbaum/Bolk/Reiß/Kirchner	Buchführung und Bilanz 23. Auflage 2020 zitiert: Falterbaum
Federmann/Müller	Bilanzierung nach Handelsrecht, Steuerrecht und IFRS 13. Auflage 2018
Großfeld/Luttermann	Bilanzrecht 4. Auflage 2005
Handbuch des Jahresabschlusses in Einzeldarstellungen	herausgegeben von Schulze-Osterloh/Hennrichs/Wüstemann Loseblatt, Stand 2023 zitiert: Bearbeiter HdJ
HdR	Beck'sches Handbuch der Rechnungslegung Böcking/Gros/Oser/Scheffler/Thoma (Hrsg.) Loseblatt, Stand 2024
Herrmann/Heuer/Raupach	Kommentar zum EStG und KStG Loseblatt, Stand 2020 zitiert: H/H/R
Hopt	Kommentar zum HGB 43. Auflage 2024 zitiert: Hopt
Hopt/Merkt	Bilanzrecht, 2010
Hüttemann/Schön	Unternehmenssteuerrecht, 2024
Jacobs	Das Bilanzierungsproblem in der Ertragsteuerbilanz, 1971
Kahle/Kopp	Grundzüge der Handels- und Steuerbilanz, 2. Auflage 2021

Kölner Kommentar zum Rechnungslegungsrecht	herausgegeben von Claussen/Scherrer, 2010
Kirchhof/Söhn/Mellinghoff	Kommentar zum EStG, Loseblatt, Stand 2023 zitiert: Bearbeiter in K/S/M
Knobbe-Keuk	Bilanz- und Unternehmenssteuerrecht 9. Auflage 1993 zitiert: K-K
Koller/Kindler/Roth/Drüen	Kommentar zum HGB 10. Auflage 2023 zitiert: Koller
Lange, Christian	75 Jahre Teilwert, 2011
Leffson, Ulrich	Die Grundsätze ordnungsmäßiger Buchführung 7. Auflage 1987
Lion	Das Bilanzsteuerrecht 2. Auflage 1925
Lüdicke/Sistermann	Unternehmensteuerrecht, 2. Aufl. 2018
Mayr	Rückstellungen, 2004
Moxter	Bilanzrechtsprechung 6. Auflage 2007
Moxter	Grundsätze ordnungsgemäßer Rechnungslegung, 2003
Musil/Weber-Grellet	Europäisches Steuerrecht, 2. Auflage 2022
Noack/Servatius/Haas	Kommentar zum GmbH-Gesetz 23. Auflage 2022 zitiert: N/S/H
Schmalenbach	Dynamische Bilanz 13. Auflage 1962
Schmidt	Kommentar zum EStG 43. Auflage 2024 zitiert: Schmidt/Bearbeiter, in Übersichten auch „S/..."
Streck	Kommentar zum KStG 10. Auflage 2022 zitiert: Streck/Bearbeiter
Thiel/Lüdtke-Handjery	Bilanzrecht 6. Auflage 2010
Tipke/Lang	Steuerrecht 24. Auflage 2021 zitiert: Bearbeiter T/L; insbes. Kap. 9 (Hennrichs, Bilanzsteuerrecht)
Tipke/Kruse	Kommentar zur Abgabenordnung/ Finanzgerichtsordnung Stand 2020
Titz	Das Bilanzsteuerrecht in Gegenwart und Zukunft, Wien 2012
Weber-Grellet	Steuerbilanzrecht, 1996
Weber-Grellet	Steuern im modernen Verfassungsstaat, 2001
Wilhelm/Hennig	Kleines Handbuch der Steuerbilanz 2. Auflage 2002
Winnefeld	Bilanz-Handbuch 5. Auflage 2015
Wöhe/Mock	Die Handels- und Steuerbilanz 7. Auflage 2020